JN299524

COSTUME IN DETAIL. WOMEN'S DRESS 1730–1930

スタイル・寸法・色・柄・素材まで

図解
貴婦人のドレスデザイン
1730～1930年

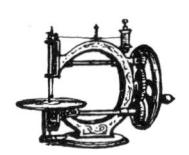

［著］ナンシー・ブラッドフィールド
［訳］ダイナワード

マール社

Costume in Detail 1730-1930

by Nancy Bradfield

Copyright © Nancy Sayer 1968 1981 1997 2001 2003 2005 2007 2009
Japanese translation rights arranged with Erick Dobby Publishing Limited
through Japan UNI Agency, Inc., Tokyo.

装幀：安藤 公美（井上則人デザイン事務所）

図解 貴婦人のドレスデザイン 1730〜1930年
スタイル・寸法・色・柄・素材まで

2013年 6月20日　第1刷発行
2021年12月20日　第4刷発行

著　　者　ナンシー・ブラッドフィールド
訳　　者　株式会社ダイナワード
発 行 者　田上 妙子
印刷・製本　中央精版印刷株式会社
発 行 所　株式会社マール社
　　　　　〒113-0033　東京都文京区本郷1-20-9
　　　　　T E L　03-3812-5437
　　　　　F A X　03-3814-8872
　　　　　https://www.maar.com/

ISBN978-4-8373-0634-4　Printed in Japan
©Maar-sha Publishing Company LTD., 2013
※乱丁・落丁の場合はお取り替えいたします。

p.3
＊1：デスマスク　死者の容貌を残すために、死者の顔から直に型取りをしてつくった面。死面。

＊2：ナショナル・トラスト（The National Trust）　歴史的建造物と、美しい自然の保護を目的とする、英国の民間団体。

＊3：マナーハウス（manor house）　荘園領主、貴族の邸宅。

はじめに

　イングランドに残されている古い衣服の中で最も美しいものと言えば、ウェストミンスター寺院（Westminster Abbey）の地下墓所に保存された彫像が身に着けている服が挙げられるでしょう。

　何百年にもわたり、王や女王をはじめとする高貴な人々の葬儀には、木やロウで作った等身大の彫像に正装させ、棺の上に乗せて教会まで運ぶという慣習がありました。彫像の顔は、生前の面影を忠実に再現したもの、またはデスマスク[*1]を使い、多くの場合その人物の身分にふさわしい衣服やアンダーウェアを着せてありました。

　この慣習は18世紀になっても行われ、最後にこの地下墓所に彫像が運び込まれたのは、1743年に執り行われたバッキンガム公爵キャサリン夫人（Duchess of Buckingham Catherine）の葬儀の時でした。

　リアルな彫像が身に着けている外側の衣服はじっくりと観察できますが、内側に着ているものを見ることはできません。人々がそれを目にすることができたのは1933年、彫像の清掃をした時のことでした。服飾史に関心のある者にとって、その際に撮影された写真は非常に興味深いものです。

　今も英国各地で保管されている古い衣服は、大切にしまい込まれてめったに表に出ることはありませんが、中には時が経つうちに博物館に寄贈され、人々の目を楽しませるものもあります。16世紀や17世紀の衣服はあまり残っていませんが、18世紀以降のものは男性用・女性用共に、今もかなりの数が存在します。

　そのほとんどが女性のもので、ウェディング・ドレスやイブニング・ドレスが多数を占めます。素材の美しさや思い出として価値があるためです。しかしこれらの衣服だけでは、当時の流行を理解するには十分ではありません。シンプルなモーニング・ドレスやアフタヌーン・ドレスが、非常に手の込んだ婚礼衣装としてみなされることもしばしばありました。

　女性の衣服は、男性のものに比べてデザインや素材がバラエティ豊かです。流行の変化は男性服より激しく、アンダーウェアも好奇心をかきたてます。ドレスの内側は、時として外側よりも複雑で、外側のデザインと同じくらい興味深いものがあります。過去の衣服を完全に理解するには、ドレスの内側、つまりファウンデーションやアンダーウェアの正しい知識が欠かせません。そして、こうした研究は全て、個人が所有するコレクションに基づいています。展示されるものや一般の人々の目に触れるものはごく一部で、素材がもろくなっていたり、または損傷が激しいなどの理由で公開できないものもあります。それらの繊細な魅力が永遠に失われてしまう前に、私は詳しい調査を始めました。

　当初は男性の衣服も掲載しようと考えましたが、それではページ数が非常に多くなってしまうか、女性の衣服をいくつか削ることになると気づきました。

　ファッションの変遷を見るためには、少なくとも200年の期間を追う必要があります。その期間の服でさえ紹介しきれないほどの量があり、この本で掲載しているものはほんの一部で、数々の貴重なアクセサリーについては、一部を取り上げることしかできない状態でした。

　この研究を行う貴重な出発点となったのは、現在はナショナル・トラスト[*2]が管理するスノースヒル（Snowshill）にあるマナーハウス[*3]である、スノースヒル・マナー（Snowshill Manor）の、チャールズ・ウェイド・コレクション（Charles Wade Collection）でした。ここから地元に密着した研究の輪が広がったのです。

　ある日、スノースヒルから数十キロの場所にあるチャスルトン・ハウス（Chastleton House）を調べていた際に、こうした調査でもめったにない胸躍る瞬間が訪れました。

　引き出しの奥深くしまい込まれていた衣服の中から、レースを発見したのです。それは繊細な葉の柄が織り込まれた、黒に近い暗い紫色のガーゼ素材でした。おそらくショールであろうと思いながら広げてみると、驚いたことにそれは完全な形をとどめたガーゼのオーバードレスで、1830年代風の大きな袖が付いていました。私は大喜びでそのドレスを仕事部屋に運びました。そして、ドレスを調べるうちに、何やら見覚えがあることに気づきました。この暗い紫色とほぼ同じ色のサテンに、淡い黄褐色のしみのような斑点が入った細いパイピングを見たことがあったのです。それは2年ほど前に見つけた、大きなパフ・スリーブが付いたサテンのアンダードレスと、同じ生地に刺繍を施

したレティキュールです。どちらも、全く同じ生地でした。私はその時のサテンの斑点が気になりました。染色の失敗なのでしょうか、それともこういうデザインなのでしょうか？　そして、このガーゼのドレスは、そのアンダードレスと1対になるはずではないでしょうか？

　実際に合わせてみると予想した通りで、チャスルトン・ハウス（Chastleton House）は寛大にも無期限の貸与という名目でドレスを譲渡し、優雅で魅力的なガーゼのドレスが再び完全な姿に戻るよう配慮してくださいました。

　後に皆で推測したのですが、おそらく前世紀にこの館で暮らした女主人は、他のレースと共にこのガーゼのオーバードレスをしまい込み、シンプルなサテンのアンダードレスはお気に入りのメイドにあげてしまったのではないでしょうか。そして時が過ぎ、偶然にもこのドレスはチャールズ・ウェイド（Charles Wade）のコレクションに加わったのです。（このドレスの解説はp156〜157）

　数年にわたる調査の間には、素晴らしい体験をしました。常に優しく親切に家に招き入れてくれる、とても魅力的な人々と出会えたことです。その気配りや協力には、いくら感謝の言葉を尽くしても足りません。皆さんの支えなくしてこの研究は成し遂げられなかったでしょう。そして何よりも、常に私を助け、家の中で顔を合わせるたびにコスチュームの話ばかりする私に耐えてくれた、夫のハロルド・セイヤー（Harold Sayer）と娘のウェンディ（Wendy）に感謝します。

ナンシー・ブラッドフィールド（Nancy Bradfield）

謝辞

　ドレスやアクセサリーの提供に加えて、様々な形で助言や支援をしてくださった次の皆様に心から感謝をささげます。ゴールドン・ベネット（Gordon Bennett）、T・スタンレー・ブラウン（T. Stanley Brown）、ミセス A・カートライト（Mrs A. Cartwright）、ミス A・チャトウィン（Miss A. Chatwin）、A・クラットン・ブロック夫妻（Mr and Mrs A. Clutton-Brock）、ポール・クロスフィールド（Paul Crosfield）、スノースヒル・マナー学芸員（Curator of Snowshill Manor）、ミス A・エクレス（Miss A. Eccles）、ミセス J・フィソン（Mrs J. Fison）、フリーセン男爵婦人レディ・キャロライン（Lady Caroline Baroness Friesen）、ドナルド・ホール（Donald Hall）、故ミセス V・ハンズ（the late Mrs V. Hands）、ミス N・ホーカー（Miss N. Hawker）、ハート司令官（Commander Hart）、ミセス J・B・フートン（Mrs J. B. Hooton）、ミセス M・J・キング（Mrs M. J. King）、ミス P・レウィス（Miss P. Lewis）、グロスターシャー・カレッジ・オブ・アート司書（Librarian of Gloucestershire College of Art）、ミセス M・マクベス（Mrs M. Macbeth）、ミセス M・S・マラム（Mrs M. S. Mallam）、ミセス M・マーティン（Mrs M. Martin）、H・W・マクスウェル（H. W. Maxwell）、スノースヒル・マナー前学芸員（Previously Curator of Snowshill Manor）、ジョン E・ネルメス（John E. Nelmes）、F・ノリス（F. Norris）、ミス J・プロクター（Miss J. Proctor）、ミス ウルスラ・ラッドフォード（Miss Ursula Radford）、リチャード・ラッドウェイ（Richard Radway）、ゴールドン・ラムスデン（Gordon Ramsden）、ミセス ウィッカム・スティード（Mrs Wickham Steed）、故 E・G・スペンサー・チャーチル長官（the late Captain E. G. Spencer-Churchill）、ローレンス・E・タナー C・V・O, F・S・A（Lawrence E. Tanner C.V.O., F.S.A.）、ウェストミンスター寺院司書（Liberarian, Westminster Abbey）、ミス フリーダ・ウィルス（Miss Freda Wills）、ミセス グウェン・ホワイト（Mrs Gwen White）、ウェストミンスター寺院主席司祭および司教座聖堂参事会（the Dean and Chapter of Westminster Abbey）、ヴィクトリア・アンド・アルバート博物館（Victoria and Albert Museum）。

ナンシー・ブラッドフィールド（Nancy Bradfield）

目次

はじめに ... 3
謝辞 ... 4
第1章 1730〜1800年 ... 6
第2章 1800〜1835年 ... 90
第3章 1835〜1870年 ... 166
第4章 1870〜1900年 ... 232
第5章 1900〜1930年 ... 296

付録
−1806／1814／1913年のドレスのさらなる詳細研究
... 376

1890年代のサイクリング ... 386
参考文献 ... 390
索引 ... 391
用語集 ... 396

1735～1936年

ホガース（William Hogarth）*1 作の連作絵画の一場面より、『婚約万端整って（The Marriage Contract）』。
右側の、未来の花嫁が着ている後ろがゆったりとしたガウン（ドレスの意）は、豪華な刺繍を施したカフスと、ロビングが付いている。左側の男性、スクワンダーフィールド（Squanderfield）子爵は、ブロケードの大きなカフスが付いた、青いジュストコールに、長いベストを合わせている。

1775年

絵画『ゾファニー家の人々（Family grope by Zoffany）』より。娘はピンクのドレスにプラム色（暗い赤）のヘッドドレス、女性は白とグレーのドレス、男性はグレーの服と、赤い絹の裏地が付いたコートを着ている。この無名の家族の絵は、1891年にレディ・サラ・スペンサー（Lady Sarah Spencer）が、ロイヤル・アカデミー（英国王立美術院）で展示し、のちに売却されたもの。

1796年頃

スタックポール・コート（Stackpole Court）にある2枚組の大きな絵画より。レノルズ（Joshua Reynolds）*2 の描いた初代コーダー男爵ジョン（John, 1st Baron Cawdor）と、ウィリアム・ビーチー卿（Sir W. Beechey）の描いた、5代目カーライル伯爵（5th Earl of Carlisle）の令嬢、コーダー男爵キャロライン夫人（Caroline, Baroness Cawdor）。夫人のドレスは白いモスリンで、男爵の赤いコートには、毛皮のカフスと裏地が付いている。

＊1：ホガース（William Hogarth）[1697-1764] イギリスの画家、版画家。イギリス風刺画、戯画の始祖とされる。
＊2：レノルズ（Joshua Reynolds）[1723-1792] イギリスの肖像画家。

第1章
1730〜1800年

　70年間に渡って、女性のドレスにはスカートを膨らませるためにフープ入りのペチコートが好んで用いられた。様々な形のフープが使われ、16世紀中頃のファージンゲールから19世紀のクリノリンまで、全てほぼ同じ方法だった。18世紀初頭の10年間は、小さなパッド型のバッスルをドレスの下にひもで留め、オーバースカートの背後に寄せたループ状のドレープを強調した。この方法はその後も長く宮中服で使われており、1735年のバッキンガム公爵キャサリン夫人（Duchess of Buckingham）の葬儀のために作られた彫像が身に着けている、戴冠式の礼服も同様のスタイルである。ただし、フープ付きのペチコートは、すでに1720年から登場している。

　初期のファウンデーションは、植物の茎や鯨のヒゲなどを使ってペチコートをドーム形に膨らませている。1740〜50年代には前部と後部が平らになり、扇のように裾を横に広げた形となる。この、腰の両側に広がる楕円形のフープは1740〜60年代に流行し、宮廷服として1810年後期まで見ることができた。つり鐘形のフープはこの時代を通して使われたが、1780年頃からの数年間は再びパッド型のバッスルが人気となり、1780年代には徐々にサイズが小さくなった。

　生地は、シルエットやスタイルを決める上で大きな役割を果たした。18世紀前半の大きく広がったフープ形ファウンデーションには、厚手の絹や、張りのあるブロケードをかぶせるスタイルが多く見られた。しかし、スカートの幅が狭くなり、のちに柄入りの綿地が使われるようになると、ドレスは様々な形でループ状にたくし上げたスタイルとなり、1770〜80年代にはポロネーズ・スタイルが流行する。

　こうした美しい絹のドレスの特徴をよく表すものに、1780年まで50年以上にわたって流行したローブ・ア・ラ・フランセーズがある。人々が身に着けるようになったのは1710年頃からだが、実際にはそれ以前から知られていた。これはフランス発祥のスタイルで、ピープス（Samuel Pepys）[*1]の1669年3月2日の日記にも、人気のスタイルと記されている。

　そして18世紀の終わりにさしかかると、柄物の綿と白無地のモスリンが登場し、ドレスは体にぴったりと沿ってドレープを寄せたものに変わる。

　この時代のスタイルを語る際に欠かせない数々の付属品は、一部を除き、その多くが失われてしまった。こうした小さな品々の中でも特に、付けぼくろは、女性の化粧室に欠かせないアイテムだった。ピープスが1660年代に記したところによると、最初に使用されたのは17世紀初頭のこと。最も流行したのは1770年代で、18世紀の終わりにも使われていたという記録が残っている。1799年12月1日発行の『ザ・レディース・マンスリー・ミュージアム（The Lady's Monthly Museum）』には次のような投稿が載っている。「英国の全てのご婦人方へお知らせです。皆様のために個性的な秘密の付けぼくろをデザインしました。そして、これらの品を置くに最もふさわしい場所、ボンド・ストリート（Bond Street）の私の館にある鏡の間で皆様にご披露できることを光栄に思います」。この投稿にある署名「フラッパー（THE FLAPPER）[*2]」と言えば、すぐに思い浮かぶのは20世紀の流行である。しかしドレスの世界においては、1799年から1920年にかけて非常に多くの流行や変化が起きていた。

*1：ピープス（Samuel Pepys）[1633-1703] イギリスの日記作者、官吏。
*2：フラッパー（THE FLAPPER）奔放な現代娘を意味し、特に1920年代、従来の慣習にとらわれずに自由に振る舞った若い女性のことをいう。

1730～1740年

p8～9：緑とピンクのストライプに、花模様の絹製ブロケードのローブ（ドレスの意）。前あきで、ゆったりとした幅広の袖が付き、肘から下は幅の広いカフスになっている。前身頃上部の、折り畳んだ部分は失われている。身頃には麻の裏地が付き、袖は緑の絹で途中まで裏地が付いている。厚みのあるブロケードを縫い合わせた、張りのある生地。別仕立てのボーン入りスタマッカーは18世紀頃のもので、前面に鉄製のバンドを入れ、裏地にはポケットが付いている。
スノースヒル・コレクション (Snowshill Collection)

◆ 1740年頃：チャールズ・フィリップス (Charles Philips) 作、『園遊会 (A Garden Party)』より

ボーンの入った白いネッカチーフをスタマッカーに重ねている

刺繍を施した薄地のエプロン

◆ 緑とピンクの絹製ブロケードのローブ

背面

背中側に倒した袖のギャザー

袖の外周：45.7cm

カフス前部：8.3cm

スカート脇丈：106.7cm

29.2cm

後ろスカート丈：111.8cm

◆ 18世紀頃のスタマッカー

裏面

ポケットが見える

1.9cm幅の鉄製のバンドと、細いボーンが入っている

0.6cm

0.6cm

麻の裏地

ブロケード（擦り切れて色あせている）

芯地には、隙間なく13本のボーン（鯨のヒゲ）入り

35.6cm

前面

折り返しの中に縫い目

縫い目

縫い目

1730年代のドレスは無地で装飾がなく、体に沿った長い上身頃にたっぷりとギャザーやプリーツを寄せたスカートが付き、ドーム形のフープ付きペチコートを着ていた。1740年代になるとスカートの幅が広がり、前面をあけてペチコートを見せるようになる。

◆ 1739年：シャルダン（Jean Baptiste Siméon Chardin）*作、『家政婦（The Governess）』より

- 白いキャップ
- ネッカチーフ
- ビブ・フロント付きの白いエプロンを、青とライラック色（明るい紫色）のストライプのガウンに重ねている

◆ 緑とピンクの絹製ブロケードのドレス

白い麻の裏地を付けた身頃は、前あきのA～B間の端を折ってある

側面

前面

ブロケードの前面の折り込み部分が失われている

袖は上半分のみ、緑の絹の裏地付き

裏地は15.2cmに渡って袖に縫い留めてある

カフス後ろ側：15.9cm

スカート側面拡大図
- 後ろスカート
- 前スカート

前スカート丈：111.8cm

裏面
絹
← 12.7cm →

プリーツは麻の裏地に縫い留めてある

寸法直しをしてある

縫い目

12.7cm

織り端

縫い目

後ろ中心

中心に向けて倒したプリーツ

深緑の葉柄とピンクの花柄：8.3cm

薄緑の葉柄とピンクの花柄：7cm

7cm

5.1cm

ブロケードの横幅：55.9cm
耳には、マスタード・イエロー（からし色）の糸が入っている

身頃の前端は通常内側に折り返されており、別仕立てのスタマッカーを付けていた。ここで取り上げた絹製ブロケードのドレスは、こういったドレスとは若干異なるが、裏地にポケットが付いている点が興味深い。ポケットにはハーブを入れ、香りを楽しんだものと思われる。幅広のカフスは、この時代の典型的なデザインである。

*：シャルダン（Jean Baptiste Siméon Chardin）[1699-1779] フランスの画家。庶民の生活に密着した静物・風俗画を多く描く。

1735～1745年

p10～11：緑の絹を使った前あきのローブ（ドレスの意）と、揃いの靴。深く折り返したカフスと大きく広がったスカートは、どちらも40年代初頭の特徴的なデザインである。緑の絹地には青と明るい黄色の糸を使った斑点状の柄があり、青と黄色の小さな点で四角い柄模様を作っている。このドレスは、非常に丁寧に縫われている。スタマッカーは失われている。

スノースヒル・コレクション（Snowshill Collection）

◆ 緑の柄模様の絹を使ったドレス

背面

背丈：30.5cm
袖の外周：38.1cm
上身頃の背の中心部分とスカートは、続け裁ちされている
カフス前部：3.2cm

◆ 1748年：イギリス形のフープ付きペチコート

大きくしなやかなフープ付きペチコートは、持ち上げるための取っ手が付いている

後ろ中心に向けて倒したプリーツ

模様拡大図
- 緑の絹地
- 黄色の斑点
- 黄色の斑点
- 青の斑点

◆ 揃いの靴

緑のダマスク織りの絹製

5.7cm
バックル付き
22.2cm
白い子ヤギ革
革の靴底
カーブしている

絹の布幅：40.6cm

ホガース（Hogarth）の絵には、この時代のドレスが多数描かれている。この図のドレスは、p10右上に描いたような、横に広がるタイプのフープ付きペチコートの上に着たと思われる。襟元からスタマッカーにかけては、白いネッカチーフで覆うのが常であった。また、小さなラウンド・イヤード・キャップを、ピンクのリボンで結んで付けていた。

◆ 緑の柄模様の絹を使ったドレス

前面

上身頃と袖に白い麻の裏地付き

この部分は鳩目穴なし

縫い目

13.3cm

カフスは裏地なし

スカートの脇丈：91.4cm

縫い目

縫い目

耳

耳

◆ 1741年：ウィリアム・ジェームス（William James）＊が描いた2枚の作品『ノースウィック・パーク・コレクション（Northwick Park collection）』より

白いキャップ

茶色のガウン ピーコック・ブルー（青緑）のサテンの裏地付き

黄色のペチコート

黒いショール

白いエプロン

ピンクのサテン

鉛の重りを縫い留めた麻のパッチ 現在は失われている

前身頃と折り返し部分は続け裁ちになっている

上身頃の裏地はここまで

ポケットのあき

後ろへ向けて倒したプリーツ

前部分はプリーツに畳んで整えている

このような着こなしは、ウィリアム・ジェームス（William James）の『ロンドン旧証券取引所（The Old Stocks Market, London）』という作品の細部に描かれている。また、ジェームスの他の細密画『教会内部のファウンテン・コート（Fountain Court of the Inner Temple）』には、エプロンを着けた姿が描かれている。

＊：ウィリアム・ジェームス（William James）[1892-1942] アメリカの作家、画家。

18世紀前半

p12：色あせた青いダマスク織りのステイズと、赤い絹のステイズ。青いステイズは前後とも編み上げて閉じる方式で、全体に計6本の縫い目が入っている。赤い絹のステイズも、前後とも編み上げて閉じ、計10本の縫い目があり、付属のスタマッカーは失われている。

p13：緑の麻のステイズと青い絹のストッキング、黒いサテンの靴。ステイズは背中を編み上げて閉じ、計6本の縫い目が入っている。これらには全て細いボーンが入り、麻の裏地が付いている。ストッキングには飾り刺繍が施してある。靴はロー・ヒールで、黒いバックルが付いている。

スノースヒル・コレクション
（Showshill Collection）

◆ 青いダマスク織りのステイズ

[前面]
細いボーンが縦に細かく入り、麻の裏地が付いている。表地は濃い青の地に、色あせた花柄

[背面]
後ろ背丈
48.3cm

両側に3本の縫い目

31.8cm

◆ 赤い絹のステイズ
（少々擦り切れあり）

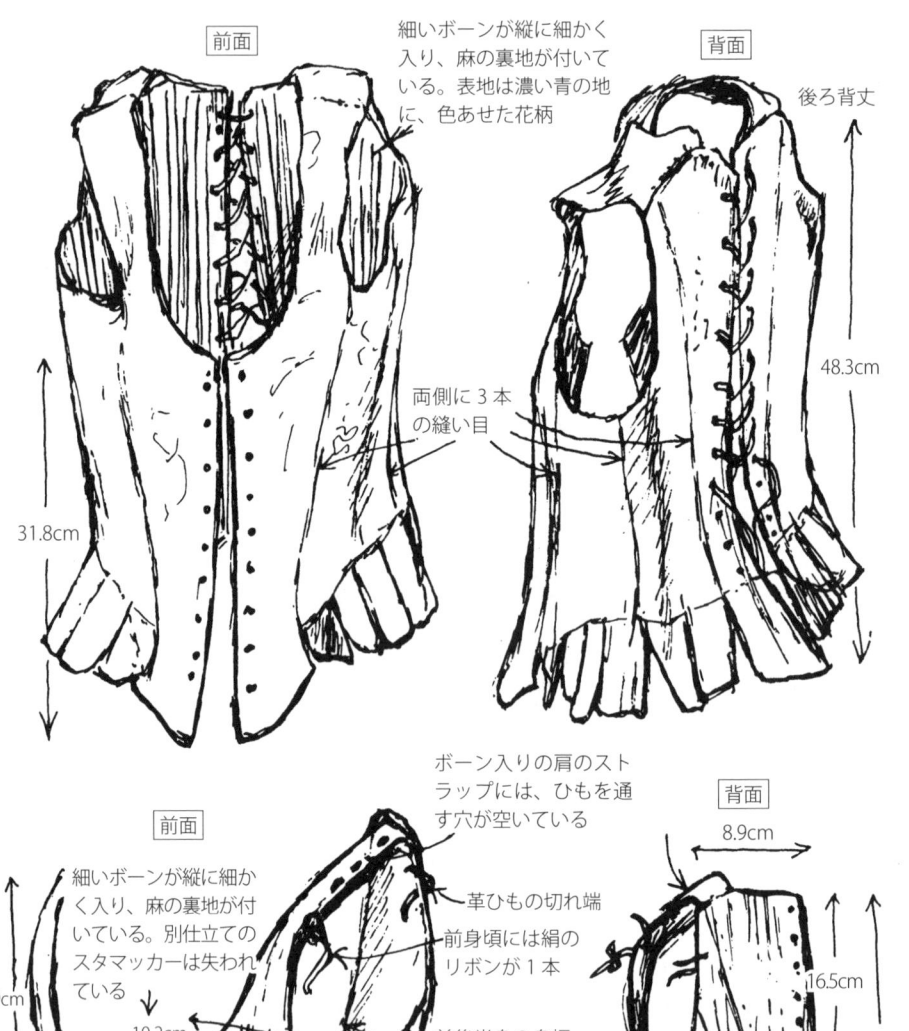

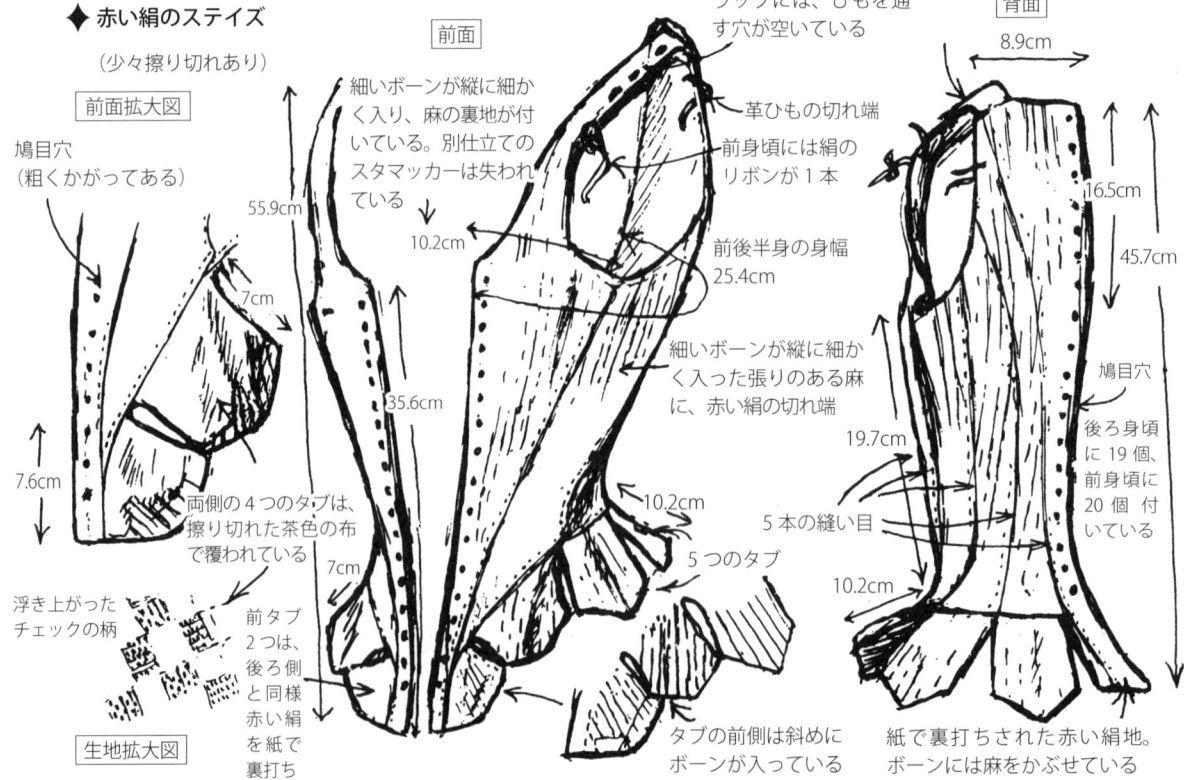

[前面拡大図]
鳩目穴（粗くかがってある）
7cm
7.6cm
両側の4つのタブは、擦り切れた茶色の布で覆われている

浮き上がったチェックの柄
前タブ2つは、後ろ側と同様赤い絹を紙で裏打ち
[生地拡大図]

[前面]
細いボーンが縦に細かく入り、麻の裏地が付いている。別仕立てのスタマッカーは失われている
55.9cm
10.2cm
35.6cm
細いボーンが縦に細かく入った張りのある麻に、赤い絹の切れ端
10.2cm
7cm
5つのタブ
タブの前側は斜めにボーンが入っている

ボーン入りの肩のストラップには、ひもを通す穴が空いている
革ひもの切れ端
前身頃には絹のリボンが1本
前後半身の身幅 25.4cm

[背面]
8.9cm
16.5cm
45.7cm
鳩目穴 後ろ身頃に19個、前身頃に20個付いている
19.7cm
5本の縫い目
10.2cm
紙で裏打ちされた赤い絹地。ボーンには麻をかぶせている

ホガース（William Hogarth）は他のどの画家より率直にアンダーウェアを描いた。ここではシュミーズ、ステイズ、ガーター付きストッキング、靴を取り上げた。このステイズの丈は長めだが、時代が進むにつれてウエストラインが高くなっていき、丈が短くなる。どのステイズも細かくボーンが入れられ、丁寧に縫われている。

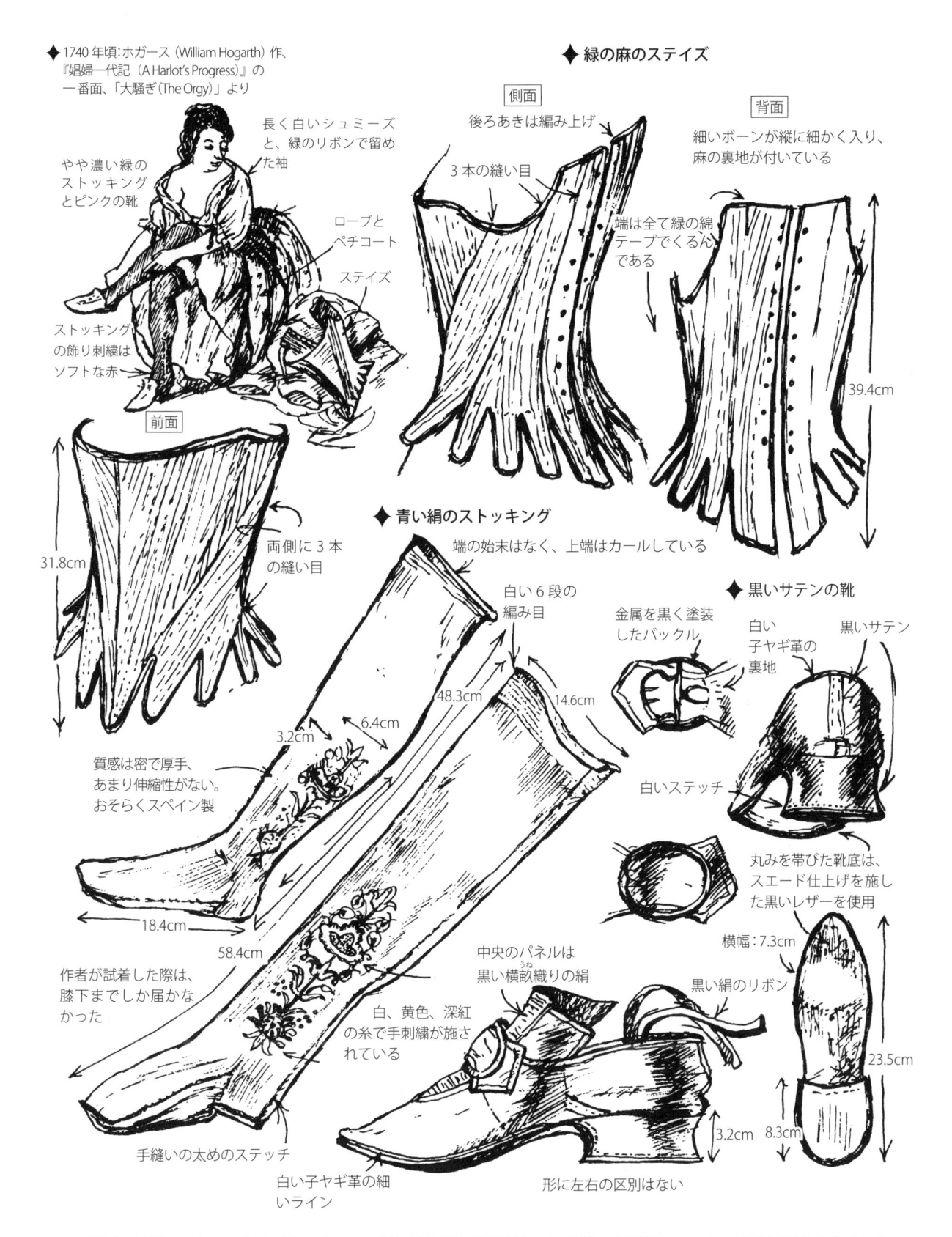

◆ 1740年頃：ホガース（William Hogarth）作、『娼婦一代記（A Harlot's Progress）』の一番面、「大騒ぎ（The Orgy）」より

やや濃い緑のストッキングとピンクの靴

長く白いシュミーズと、緑のリボンで留めた袖

ローブとペチコート

ステイズ

ストッキングの飾り刺繍はソフトな赤

◆ 緑の麻のステイズ

[側面]
後ろあきは編み上げ
3本の縫い目
端は全て緑の綿テープでくるんである

[背面]
細いボーンが縦に細かく入り、麻の裏地が付いている

39.4cm

[前面]
31.8cm
両側に3本の縫い目

◆ 青い絹のストッキング

端の始末はなく、上端はカールしている
白い6段の編み目
48.3cm
14.6cm
3.2cm　6.4cm
質感は密で厚手、あまり伸縮性がない。おそらくスペイン製
18.4cm
58.4cm
作者が試着した際は、膝下までしか届かなかった
白、黄色、深紅の糸で手刺繍が施されている
手縫いの太めのステッチ
白い子ヤギ革の細いライン

◆ 黒いサテンの靴

金属を黒く塗装したバックル
白い子ヤギ革の裏地
黒いサテン
白いステッチ

丸みを帯びた靴底は、スエード仕上げを施した黒いレザーを使用

中央のパネルは黒い横畝織りの絹
黒い絹のリボン

横幅：7.3cm
23.5cm
3.2cm　8.3cm
形に左右の区別はない

ここで取り上げた3点のステイズは、ボーンの間に針を通す隙間がないほど縫い目が細かいため、非常に硬く丈夫である。ストッキングは膝の上または下で、ガーターを使って留められている。黒い靴は硬く、ヒールは幅広で重厚なため、付属のリボンを結んで履いたことが分かる。

1740～1750年

p14～15：マスタード・イエロー（からし色）の綾織りの絹を使ったドレス。前を閉じる形式である。前面にひだを寄せた長いウィングド・カフスは、裁ち出し見返しになっており、鉛の重りを入れている。上身頃と袖には麻の裏地付き、スカートは裏地無し。肩が見えるほど広くあいた襟。スタマッカーは失われている。内側に着たシュミーズに付けたラッフルが、カフスの下から見える。
スノースヒル・コレクション
（Snowshill Collection）

◆ **マスタード・イエローの絹のドレス**

背面

◆ 1738年：ホガース（William Hogarth）作『ストロード家の人々（The Strode Family）』より

ラウンド・イヤード・キャップ

身頃の背丈：31.8cm

6.4cm

25.4cm

1.9cm

後ろカフス：12.7cm

20.3cm

ピンクのドレスと白いエプロン

折り込まれたプリーツは、脇の位置でひだ山が突き合わせになっている

後ろスカート丈：97.8cm

生地拡大図
黄色と白で描き出された花びら模様

縫い目
1.9cm
縫い目
縫い目
縫い目

スカートの裾の折り返しは、マスタード・イエローの毛織物のリボンを乗せて始末してある

この綾織りの絹で作られたドレスの色（マスタード・イエロー）は、1755～75年に作られた希少な毛織物のドレスの色に似ている。この色は18世紀に流行し、男女の衣服に使われた。このドレスと同じ形のウィングド・カフスは、のちほど紹介する、銀のレースを使ったロビングとスタマッカーのセットにも見られる。

前面あき拡大図

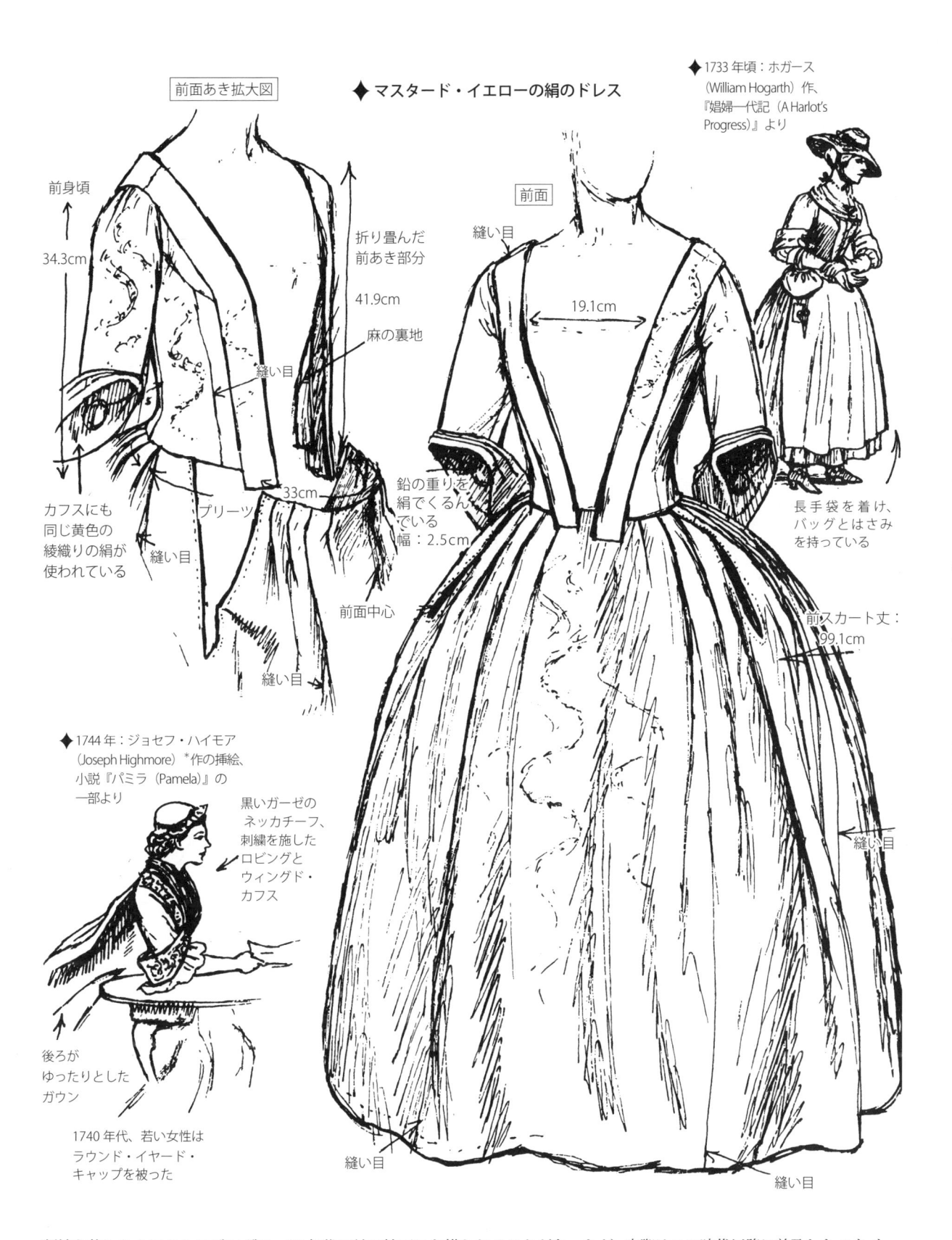

◆ マスタード・イエローの絹のドレス

◆ 1733年頃：ホガース（William Hogarth）作、『娼婦一代記（A Harlot's Progress）』より

前身頃
34.3cm

折り畳んだ前あき部分
41.9cm

麻の裏地

縫い目

前面

縫い目

19.1cm

カフスにも同じ黄色の綾織りの絹が使われている

縫い目

プリーツ

33cm

鉛の重りを絹でくるんでいる
幅：2.5cm

前面中心

縫い目

長手袋を着け、バッグとはさみを持っている

前スカート丈：99.1cm

◆ 1744年：ジョセフ・ハイモア（Joseph Highmore）*作の挿絵、小説『パミラ（Pamela）』の一部より

黒いガーゼのネッカチーフ、刺繍を施したロビングとウィングド・カフス

後ろがゆったりとしたガウン

1740年代、若い女性はラウンド・イヤード・キャップを被った

縫い目

縫い目

縫い目

刺繍を施したカフスとロビングは、50年代以前の絵画にも描かれることがあったが、実際はこの時代以降に普及したスタイルである。冒頭で紹介した2点のドレス（p8〜11参照）のように、上身頃の背中のプリーツとスカートは、ひと続きに裁断されている。

＊：ジョセフ・ハイモア（Joseph Highmore）[1692-1780] イギリスの画家、肖像画家。

1720〜1750年

◆生成りのウーステッドの乗馬用ジャケット

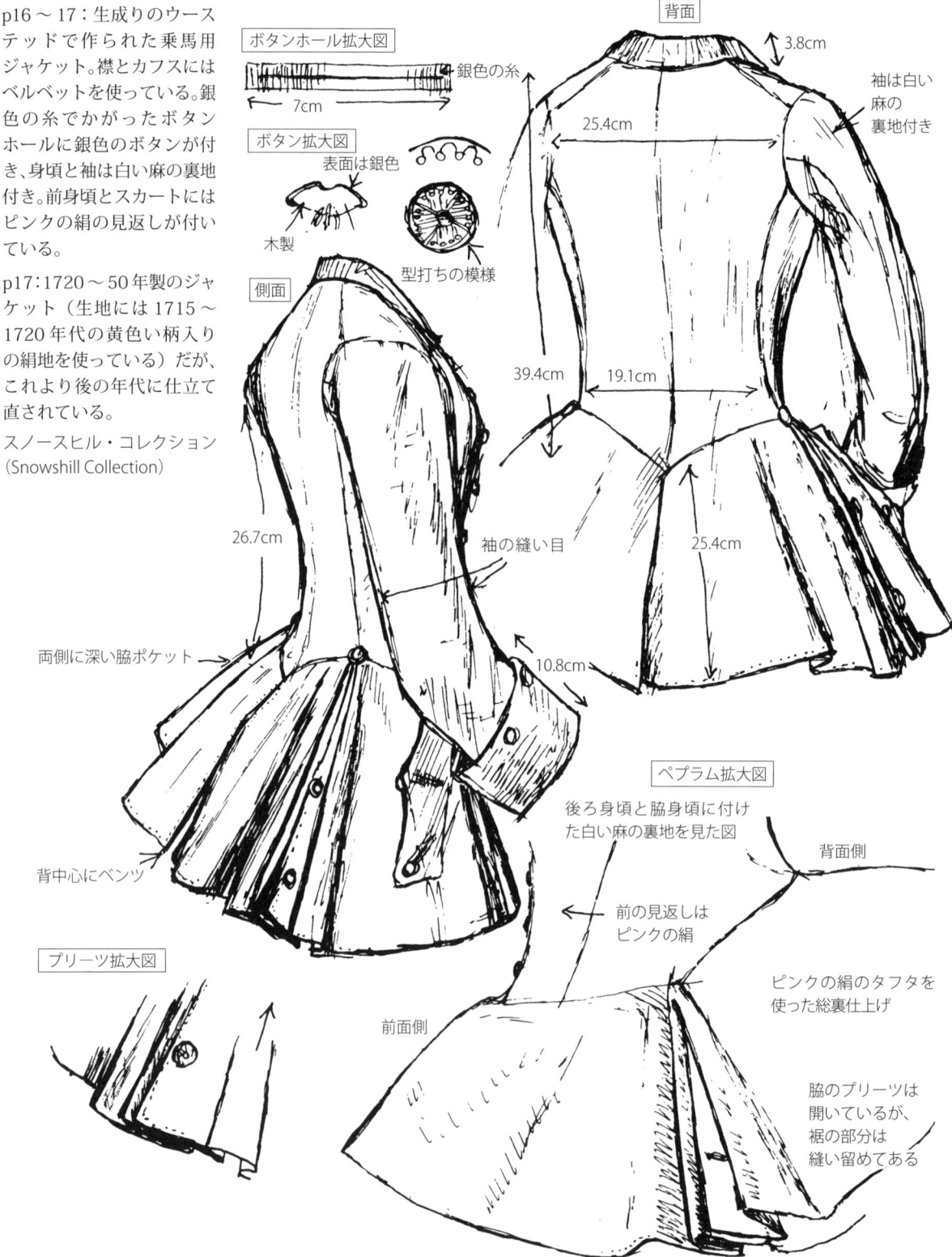

p16〜17：生成りのウーステッドで作られた乗馬用ジャケット。襟とカフスにはベルベットを使っている。銀色の糸でかがったボタンホールに銀色のボタンが付き、身頃と袖は白い麻の裏地付き。前身頃とスカートにはピンクの絹の見返しが付いている。

p17：1720〜50年製のジャケット（生地には1715〜1720年代の黄色い柄入りの絹地を使っている）だが、これより後の年代に仕立て直されている。

スノースヒル・コレクション (Snowshill Collection)

ボタンホール拡大図 ←7cm→ 銀色の糸

ボタン拡大図 表面は銀色 木製 型打ちの模様

背面 3.8cm 25.4cm 袖は白い麻の裏地付き 39.4cm 19.1cm 25.4cm 10.8cm

側面 26.7cm 両側に深い脇ポケット 袖の縫い目 背中心にベンツ

プリーツ拡大図

ペプラム拡大図 後ろ身頃と脇身頃に付けた白い麻の裏地を見た図 前面側 背面側 前の見返しはピンクの絹 ピンクの絹のタフタを使った総裏仕上げ 脇のプリーツは開いているが、裾の部分は縫い留めてある

この乗馬ジャケットは男性ファッションの影響を受け、胴回りが細長く絞られ、腰を覆うペプラムにはたっぷりとしたプリーツが入っている。おそらく、フープ入りペチコートを付けて膨らませたスカートと合わせて着用されたのであろう。このコーディネートには三角帽子を合わせた。

◆ 生成りのウーステッドの乗馬用ジャケット

[前面]

- ベルベットの襟 襟の裏側は、身頃の共布を使用
- 生成りの綿に銀の糸でかがったボタンホール
- 胸の立体感を出すダーツが入っている
- 前身頃丈：43.2cm
- ベルベットのカフス
- ペプラム部分の前丈：26.7cm

[縁飾り拡大図]

- ピンクオレンジ
- 黄色
- 白
- 0.6cm
- 目の細かいガーゼに、糸の太さの違いで柄を浮き出させている

[ペプラム裏面]

- 裏地なし
- 背中心

◆ 黄色い柄入りの絹地ジャケット

[前面]

- 両袖ぐりからダーツ
- プリーツを寄せた、目の細かいガーゼの縁飾り
- 白い絹の裏地
- かぎホック
- プリーツを寄せたガーゼの縁飾り
- 麻の裏地

[背面]

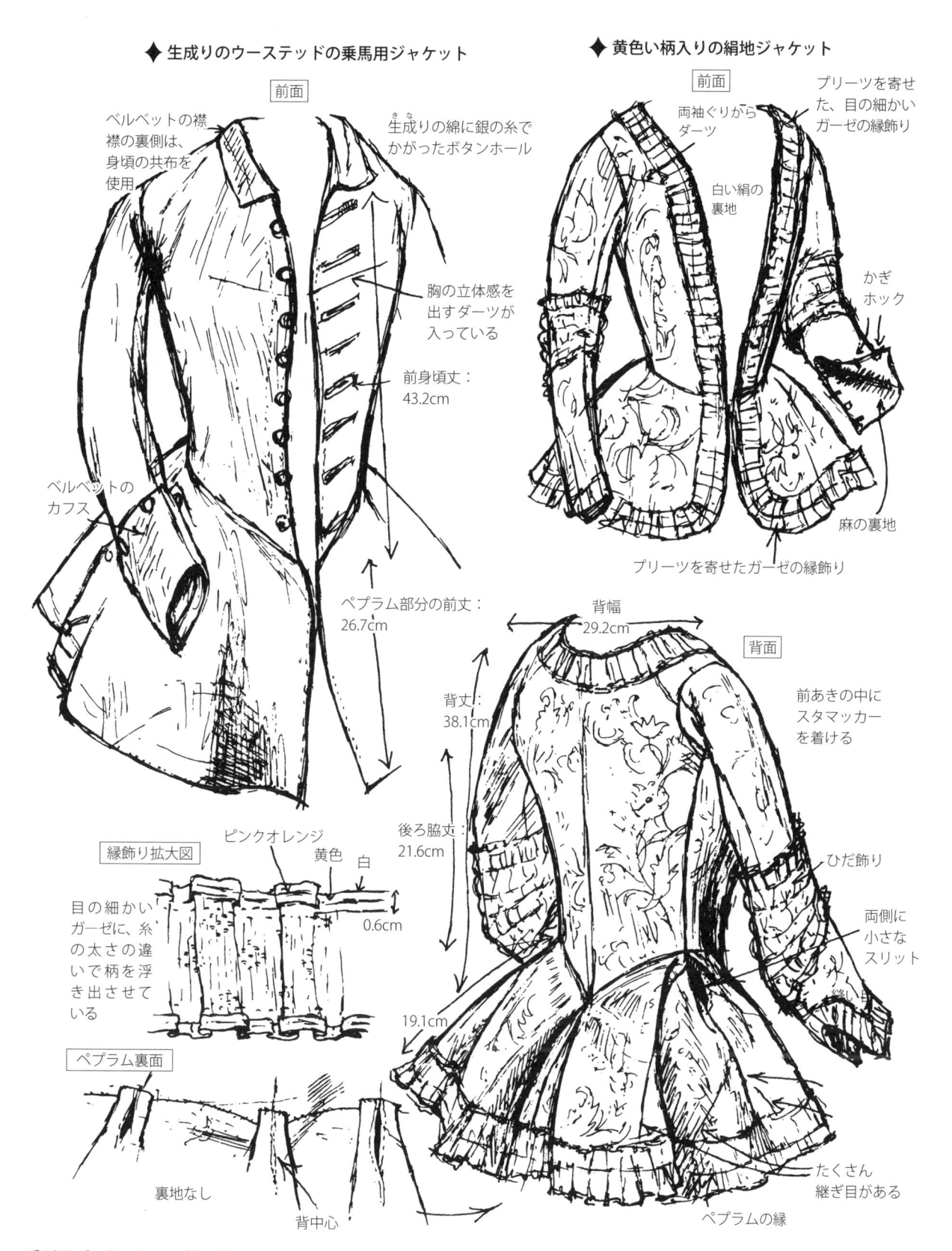

- 背幅 29.2cm
- 背丈：38.1cm
- 後ろ脇丈：21.6cm
- 19.1cm
- 前あきの中にスタマッカーを着ける
- ひだ飾り
- 両側に小さなスリット
- たくさん継ぎ目がある
- ペプラムの縁

乗馬用ジャケットと同様の裁断は、これらの図とはまた別の、マスタード・イエロー（からし色）、ピンク、深緑、白、青を使った厚手の柄織り絹で作られた、1730〜1750年頃のスタイルのジャケットにも見られる。黄色い柄入りの絹のジャケットは、ひだを寄せたガーゼの装飾と袖の形から、1770〜1780年に仕立て直されたと推測される。

1742～1752年

p18～19：ローブ・ア・ラ・フランセーズと呼ばれる、背中に畳んだ幅広いボックス・プリーツが裾まで続いているガウン（ドレスの意）。青い絹のダマスク織りに、淡い青とシルバーグレーの柄、青いリボン飾り付き。広く大きく開いた襟。上身頃は前で閉じており、スカートは前あき、両脇には深いスリットのポケットがある。ガウンの背中側は、肩から裾まで絹が続いている。総裏仕上げである。
スノースヒル・コレクション (Showshill Collection)

◆1730年頃：ロバート・セイヤー (Robert Sayer) 刊、作者不詳の版画より

◆青いダマスク織りの絹のローブ・ア・ラ・フランセーズ

背面

6.4cm
19.1cm
3.8cm
白い麻の裏地
縫い目：22.9cm
ポケットのスリット：26.7cm
152.4cm
縫い目
縫い目
縫い目

袖のひだ飾り拡大図
3.8cm
袖はリボンのひだ飾りで装飾されている

襟の縁飾り拡大図
6.4cm
青い絹のリボン
サテンの縁
2段の細い糸

この気品あふれるドレスは、持ち主がとても気に入っていたもののようで、かなり摩耗している。大きな花柄は、18世紀前半の絵画に描かれたスタイルの中に、似たものがいくつも見られる。

◆ 青いダマスク織りの絹のローブ・ア・ラ・フランセーズ

[背面拡大図]

- リボンの装飾が片方失われている
- 後ろ中心の縫い目
- 15.2cm
- 内側のプリーツはウエストまで「ステッチ」で押さえてある
- 二重のボックス・プリーツ

[前面]

- ダマスク織りの柄は、前身頃や袖の左右で一致していない
- 17.8cm
- かぎホック
- 脇縫い目
- ポケットのスリット
- 継ぎ目
- 5.7cm
- プリーツは脇の縫い目に向かって両側から畳み込まれている
- 継ぎ目
- 前側のプリーツは広く、ステッチで押さえてあり、淡い青の絹の裏地が付いている
- 前スカート丈：105.4cm
- 14cm

[ダマスク織り拡大図]

- 耳
- 布幅：50.8cm
- サテンの地色は、深みのある青
- 柄は淡い青とシルバーグレー
- 耳
- 50.8cm
- 柄部分は 91.4cm の幅で繰り返している

ドレスの背中側にある編み上げや、深く大きく開いたネックラインは、このコレクションにあるローブ・ア・ラ・フランセーズの中でもかなり初期のものであることを示している。上身頃と同様、スカート全体にも裏地が付いていて、これが保存に役立ったことは間違いない。スカートの裏地のくすんだ赤い色が、絹地に暖かみを加えている。

1742〜1752年

♦ 青いダマスク織りの絹のローブ・ア・ラ・フランセーズ

p20〜21：引き続き、青いダマスク織りの絹のローブ・ア・ラ・フランセーズの解説。細身の袖は肘までの長さで、胸元の開きと同じ青い絹のリボンで装飾されている。上身頃と袖には白い麻の裏地が、背中のプリーツにはピンクの綿の裏地が付いている。スカートはくすんだ赤の中厚の綿を使った総裏仕上げで、前脇部分には青い薄手の絹の見返しが付けられている。上身頃は、裏地の背の中心を編み上げて着用した。
スノースヒル・コレクション
（Showshill Collection）

裏面

上身頃と袖：白い麻の裏地

後ろのプリーツ：ピンクの綿の裏地

上部：真鍮製の針金の平たいループと丸いかぎホックが内側に10組

30.5cm

下部：真鍮製の針金のかぎホックが6個

スリットあき

留めひも

編み上げ用ひも

こちら側は全て、真鍮製の丸い針金ループ

くすんだ赤の丈夫な綿の裏地

♦ 1731年：ジャン=フランソワ・ド・トロワ（JF. de Troy）*作『愛の告白（La Declaration of love）』より

大きな花柄を配したダマスク織り

刺繡を施したローブとペチコート

薄手の青い絹を、赤い綿の裏地に縫い付けてある

裾に付け足した青い麻のテープ

ガウンの後ろ脇部分は、ひどく擦り切れている

裏地拡大図

ダマスク織り

くすんだ赤の綿の裏地

スカートの後ろ中心近くの裾の縁には、粗い目の茶色い麻を付け足している

青い麻のテープを裾の縁に付け足している

14cm

104.1cm

上にある女性を描いた小さなスケッチのスカートの形から、このスタイルのドレスに横に広がるフープ付ペチコートを合わせていたことがわかる。これは1760年頃のエリザベス女王（Queen Elizabeth）の彫像が着ているものや、p48のペチコートと似ている。

*：ジャン=フランソワ・ド・トロワ（JF. de Troy）[1679-1752] フランスの画家。

◆ 青いダマスク織りの絹のローブ・ア・ラ・フランセーズ

[側面拡大図]　[側面]

縫い目
継ぎが当てられている
背中に畳まれた、陰ひだにステッチ
ひだを寄せたリボン
プリーツの陰ひだ部分は、17.8cmに渡りステッチで押さえてある
6.4cm
20.3cm
15.2cm
前身頃はひどく擦り切れている
二重のボックス・プリーツ
脇に向かって倒したプリーツ
縫い目
スリットのあき止まり
縫い目

◆ 1742年：フィリップ・メルシエ（Philip Mercier）＊の作品より

フォーコンバーグ（Fauconberg）という姉妹が着ているドレスの素材とデザインに共通点が見られる。特に上半身が似ている

10〜12歳の子ども

前側のみ、淡い青の絹の裏地が付いている

縫い目　　縫い目

上下に向けて施された袖のフリル飾りは、少女のドレスに好んで用いられた

フープ付きペチコートでスカートを横に広げることで、首から裾へ続く長いプリーツを引き立て、美しい絹地の魅力を最大限に表現している。上身頃に付けたかぎホックの数や配置が興味深い。これらも、このドレスが何年かにわたって着用されたことを示している。

＊：フィリップ・メルシエ（Philip Mercier）[1689-1760] イギリスの肖像画家。

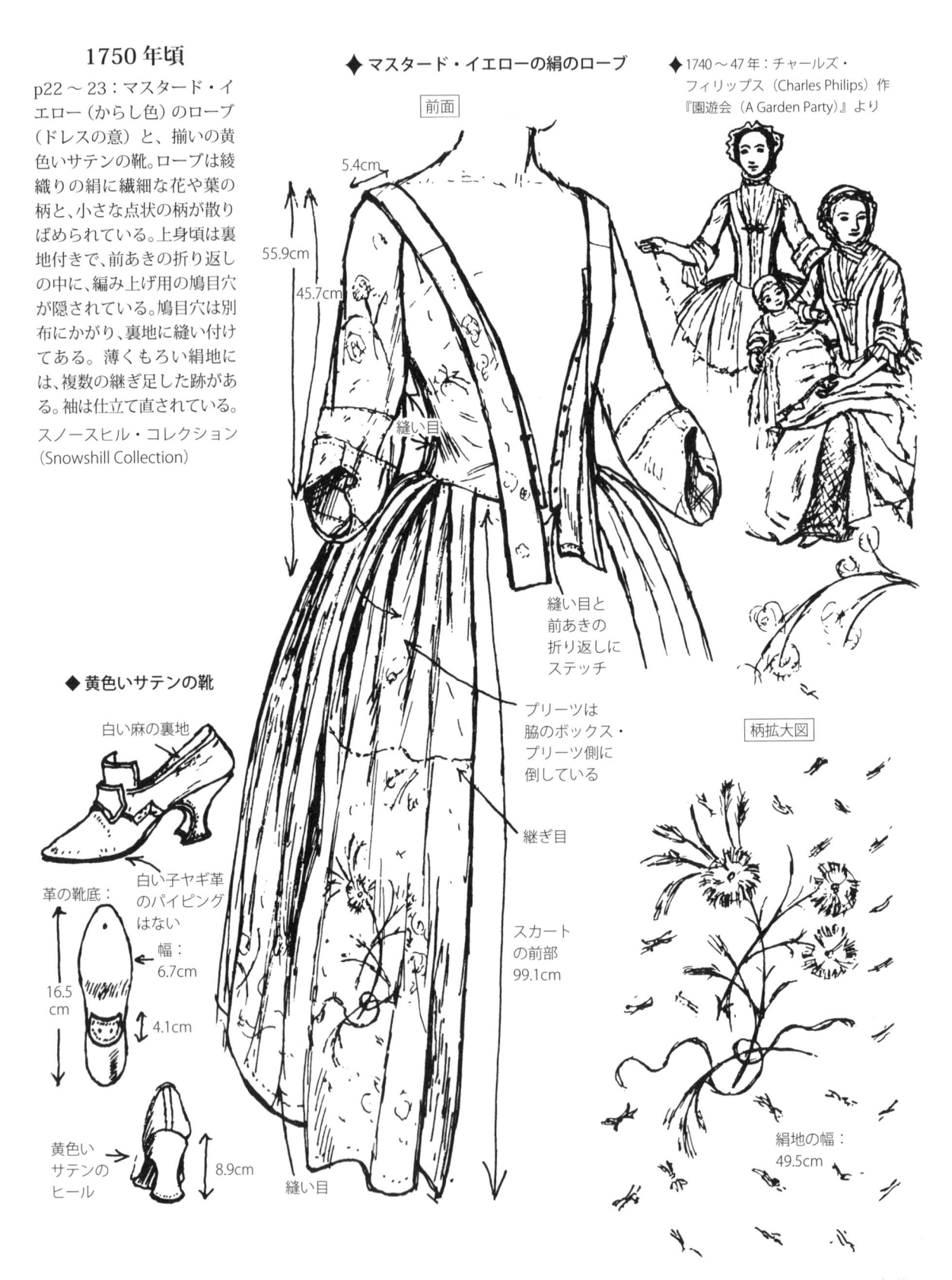

1750年頃

p22〜23：マスタード・イエロー（からし色）のローブ（ドレスの意）と、揃いの黄色いサテンの靴。ローブは綾織りの絹に繊細な花や葉の柄と、小さな点状の柄が散りばめられている。上身頃は裏地付きで、前あきの折り返しの中に、編み上げ用の鳩目穴が隠されている。鳩目穴は別布にかがり、裏地に縫い付けてある。薄くもろい絹地には、複数の継ぎ足した跡がある。袖は仕立て直されている。スノースヒル・コレクション（Snowshill Collection）

◆ マスタード・イエローの絹のローブ

前面

5.4cm
55.9cm
45.7cm
縫い目

◆ 1740〜47年：チャールズ・フィリップス（Charles Philips）作『園遊会（A Garden Party）』より

◆ 黄色いサテンの靴

白い麻の裏地
白い子ヤギ革のパイピングはない
革の靴底：
幅：6.7cm
16.5cm
4.1cm
黄色いサテンのヒール
8.9cm

縫い目と前あきの折り返しにステッチ

プリーツは脇のボックス・プリーツ側に倒している

継ぎ目

スカートの前部 99.1cm

縫い目

柄拡大図

絹地の幅：49.5cm

この前あきのローブのデザインは非常にシンプルで、手の込んだ仕上げや装飾の跡は見られない。おそらく、1750年代に普及した小さめのつり鐘形フープ付きペチコートを合わせていたと思われる。前あきとペチコートを隠すために、長いエプロンを着用するのが常であったが、この図ではエプロンがないため、ペチコートが見えている。

♦ マスタード・イエローの絹のローブ

[裏面]　　　　　　　　　　　　　　　　　　　[背面]

このドレスの前身頃はスタマッカーを
編み上げて装着したと思われる

袖ぐりの位置が
高く小さい

上身頃と袖は、
白い麻の裏地付き

鳩目穴

ウエスト：
50.8cm

袖は
この位置まで
裏地付き

ポケットの
スリットはない

継ぎ目

黄色の絹

麻の見返し

[袖拡大図]

筒形をしている
袖幅：27.9cm

25.4cm

7.6cm

36.8cm

7.6cm

12.7cm

縫い目

縫い目

縫い目

縫い目

袖には仕立て直された跡があり、
このドレスはp18～21のローブ・
ア・ラ・フランセーズのガウン同様、
ひどく摩耗している

この図のドレスの上身頃は長く、ウエストの位置が低いが、1750年代の後半になるとウエストの位置は少し上がる。靴は、これ以前より少し華奢になり、ヒールは細く高めで、つま先は丸みを帯びてきている。

1745～1755年

p22～23：ローブ・ア・ラ・フランセーズ風のジャケット、別名「フレンチ・ジャケット」。アイボリー（象牙色）のブロケードを使い、花や枝の広がった柄には、ピンク、緑、くすんだ黄色、白、淡い青が使われている。白い麻の裏地は、背の中心で編み上げて着用する。背中のプリーツの上半分には裏地がない。着脱用のかぎホックが付いた前面のタブがスタマッカーになっている。
スノースヒル・コレクション（Showshill Collection）

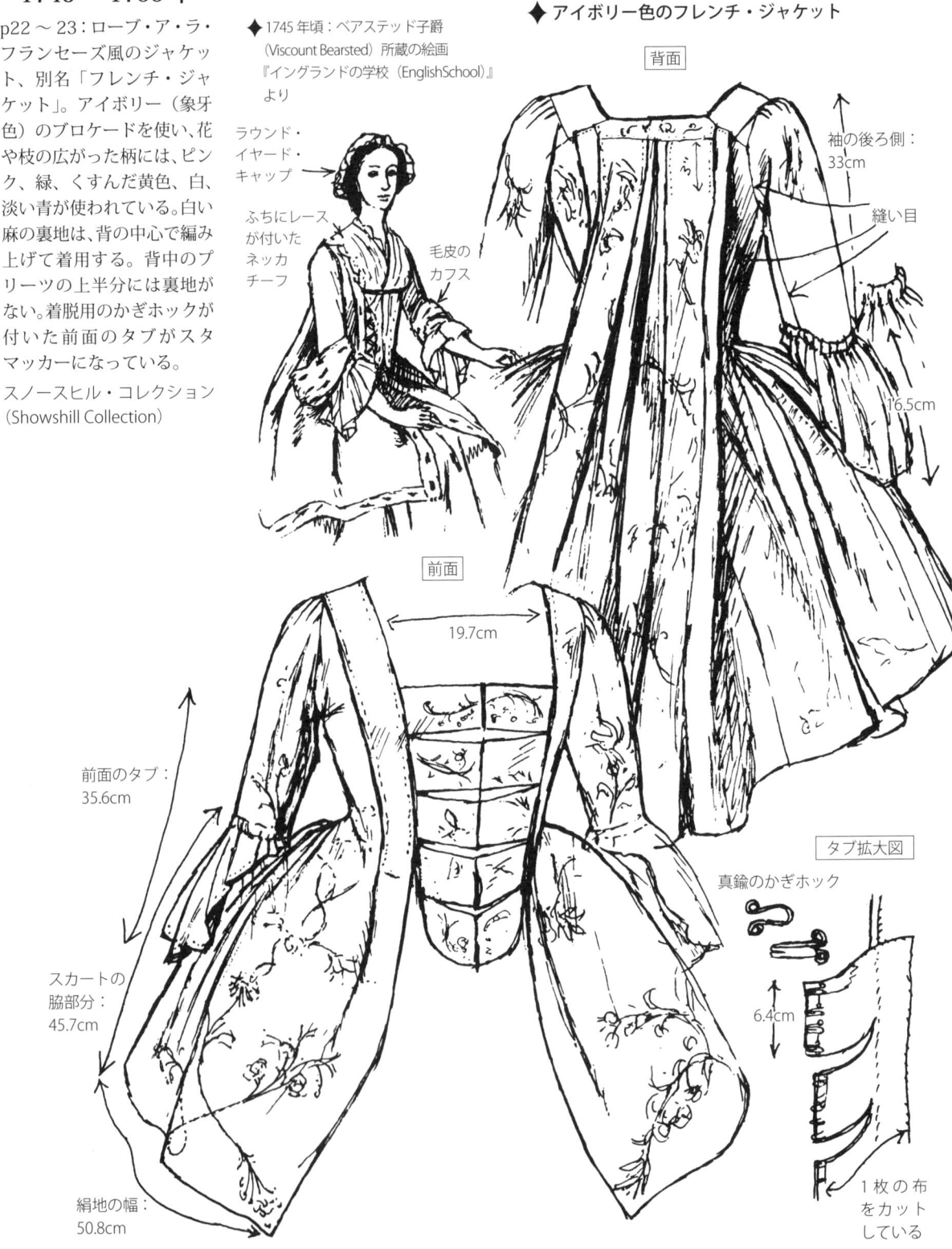

◆ 1745年頃：ベアステッド子爵（Viscount Bearsted）所蔵の絵画『イングランドの学校（English School）』より

ラウンド・イヤード・キャップ
ふちにレースが付いたネッカチーフ
毛皮のカフス

◆ アイボリー色のフレンチ・ジャケット

背面

袖の後ろ側：33cm
縫い目
16.5cm

前面
19.7cm

前面のタブ：35.6cm
スカートの脇部分：45.7cm
絹地の幅：50.8cm

タブ拡大図
真鍮のかぎホック
6.4cm
1枚の布をカットしている

ペチコートを履き、襟元にネッカチーフを添え、背中に畳んだ幅広いボックス・プリーツが裾まで続いているジャケットは、イングランドで1745～1780年頃に着用されたが、フランスではそれ以前から着られていた。フランスで着用されたものは、シンプルなウィングド・カフス（左上の女性のイラストでは全体に毛皮を使っている）か、この図のジャケットのように扇形の

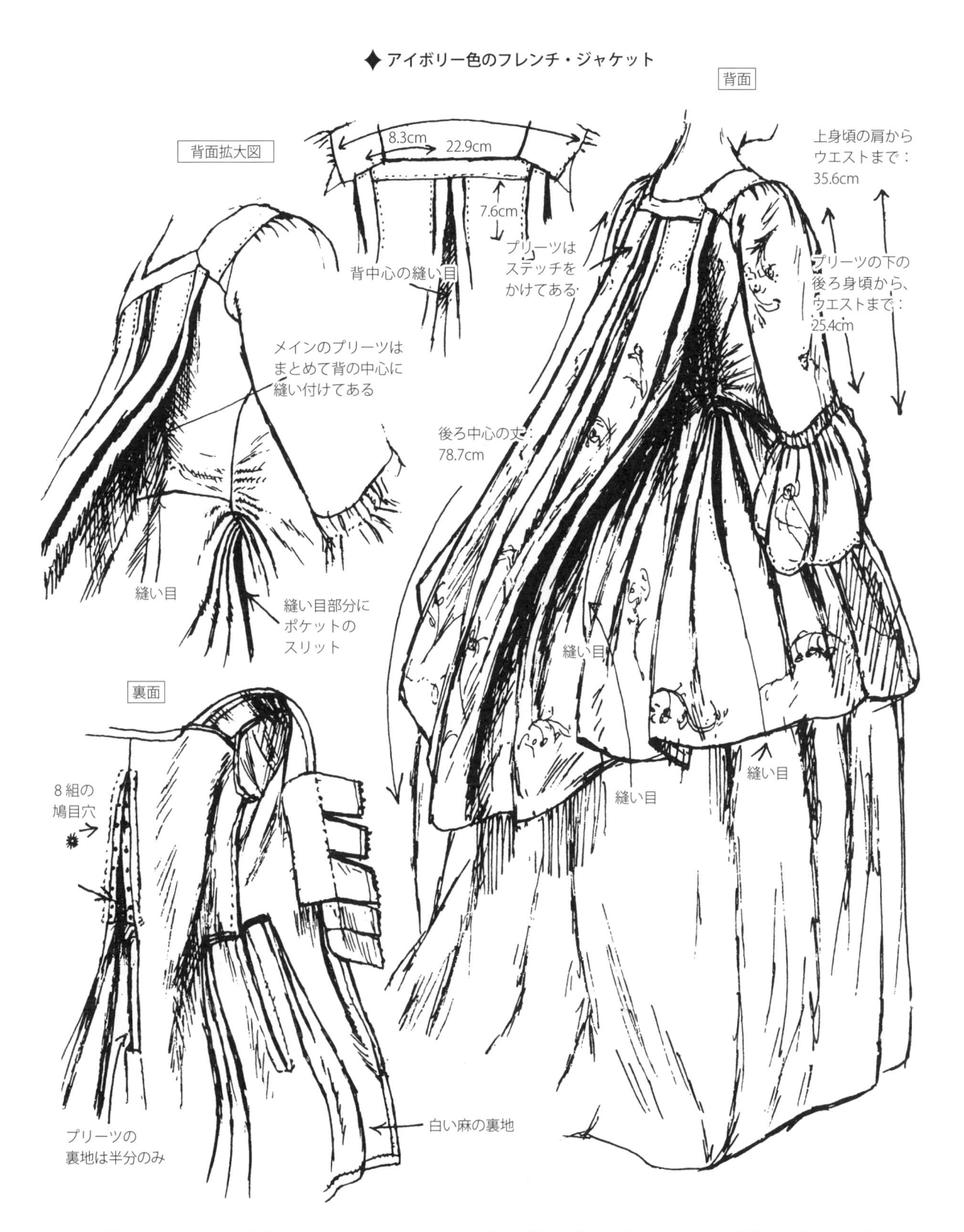

◆ アイボリー色のフレンチ・ジャケット

背面

背面拡大図

8.3cm 22.9cm

7.6cm

背中心の縫い目

プリーツはステッチをかけてある

メインのプリーツはまとめて背の中心に縫い付けてある

上身頃の肩からウエストまで：35.6cm

プリーツの下の後ろ身頃から、ウエストまで：25.4cm

後ろ中心の丈：78.7cm

縫い目

縫い目部分にポケットのスリット

裏面

8組の鳩目穴

縫い目

縫い目

プリーツの裏地は半分のみ

白い麻の裏地

カフスが付いており、のちに帯状のフリルや、ひだを寄せたリボンで袖口を飾るようになる。この時代は円形のフープでペチコートを支えており、横に広がるフープも流行していた。

25

1745〜1755年

p26〜27：キルティングを施した、白いサテンのフード付きジャケットと、揃いのペチコート。裏地は白い絹、芯には上質な羊毛を使っている。ジャケットと袖は、白い麻の裏地付き。後ろ身頃に6本、前身頃に2本のボーンが入っている。前面に付けたすず製のワイヤーの丸いかぎホックで着脱する。現在、全体的に非常にもろくなっている。

スノースヒル・コレクション（Snowshill Collection）

♦ 白いサテンのフード付きジャケット

フード
頭頂部と側部に花柄のキルティング
15.2cm
縫い目

前面

3.2cm
1.9cm

キルティング拡大図

袖口拡大図
フリルで切り替え

縫い目部分にポケットのスリット

側面
ウエストから裾まで102.9cm

縫い目

縫い目

この図のジャケットはとても貴重かつ、美しいキルティングの衣服の例として現在有名になっている。しかし、全体的に傷みが激しく、特にペチコートの状態が悪いため、展示は難しい。中背で体格の良い女性のために作られたものである。

♦ 白いサテンのフード付きジャケット

[裏面]

2本組のボーン

すず製の丸い針金を使ったかぎホック

前身頃と後ろ身頃はボーン入り

[背面]

袖の端

6.4cm

38.1cm

背丈：35.6cm

ウエスト

33cm

麻の裏地は、ジャケットとペプラムのプリーツをつなぐウエスト部分で縫い留められてはおらず、ステッチで軽く留められているのみ

細い縁

縫い目

[ペチコート]

上端はテープでくるまれ、ひもが付いている

プリーツは、後ろ中心のあきに向けて倒されている

花柄の平均的な大きさ 45.7cm

縫い目

[裾の縁拡大図]

麻の別布の縁が付いている

裾全周：406.4cm

縫い目

絹地の布幅：50.8cm

胸の部分はネッカチーフで覆われ、袖からはフリルがのぞいていたと思われる。前面の花柄は端から端まで左右対称にキルティングされているが、ジャケットの背中側の柄は左右対称ではない。フープ付きのペチコートと一緒に着用した。

18世紀

p28：登場初期の女性用キルティング・ベストと、菱形のキルティングを施した、青いサテンのペチコート。ベストは白い麻と、張りのある麻をクリーム色の絹糸で縫い合わせたキルティングの上に細かいコード刺繍を施している。

p29：青いサテンのペチコートよりも後に作られた2枚のペチコートと、同じく1740年頃のペチコート。2枚のペチコートは青い絹製で、裾部分に丁寧な刺繍が施されている。キルティングの芯材は、綿と子羊の毛。
スノースヒル・コレクション
(Snowshill Collection)

◆ キルティング・ベスト

前面

4.8cm

A から B の幅：15.2cm

白い麻にキルティングを施した、女性用の上身頃（ベスト）
背面

26.7cm

バスト：66cm
ウエスト：55.9cm

34.3cm

17.8cm

◆ 青いサテンのペチコート

前面

1730〜1740年頃のもの

ワイヤーを丸くしたかぎホック

淡い青のサテン

後ろ中心に向かって倒したプリーツ

キルティングの芯は原綿
裏地はグレーの毛織物

20.3cm

14cm

菱形の大きさ：19.8cm²

縁には、青い絹のリボンが丁寧にまつられている

ベスト刺繍拡大図

7cm

3.8cm

キルティングに細かいコード刺繍

上質な白い麻の上身頃（ベスト）に、繊細なキルティングが施してある。着用された様子はなく、非常に良い状態で保存されている。1710年頃、シンプルなキルティングのペチコートは、防寒のため服の下に着用されるものだった。

◆ **2種類の青い絹のペチコート**

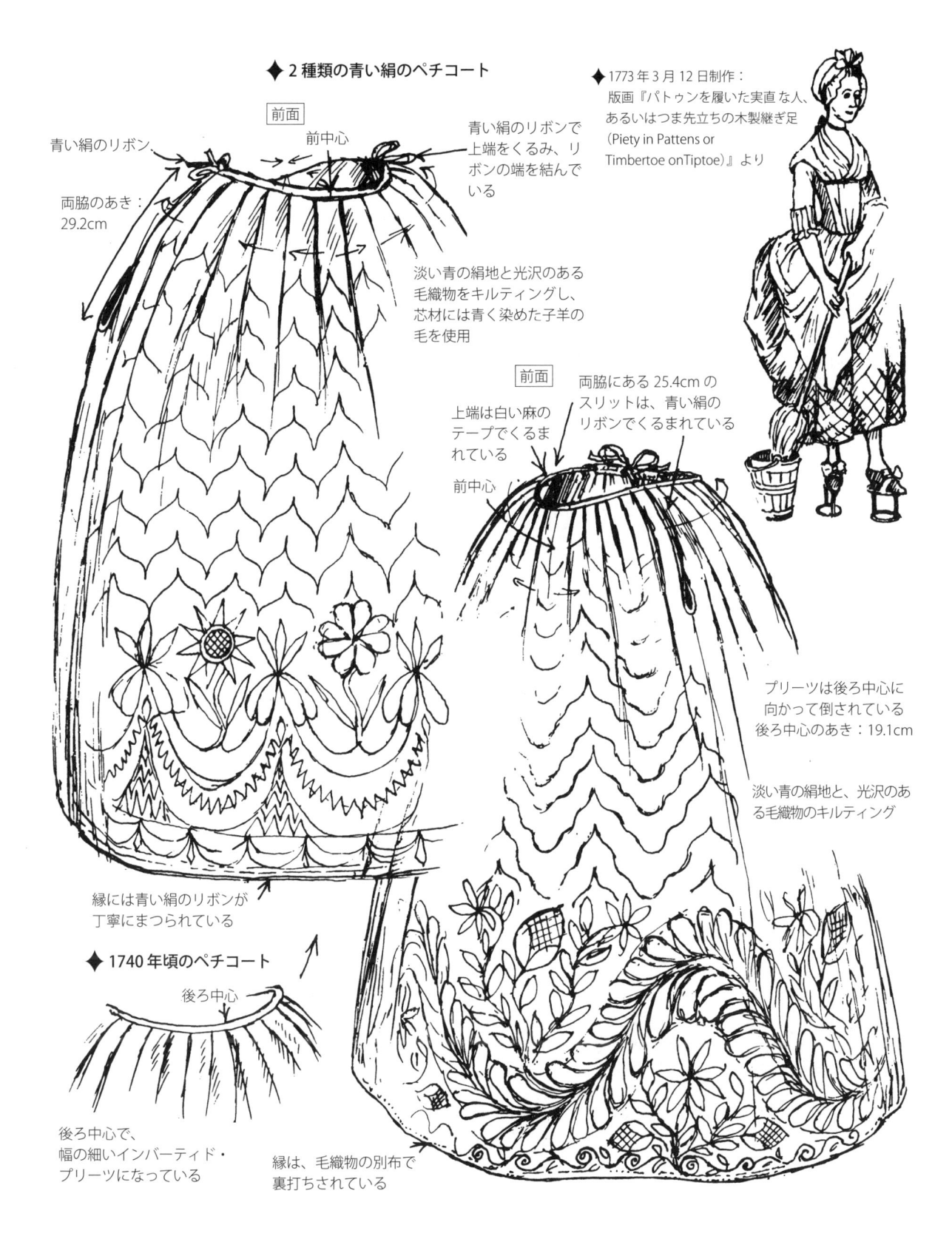

◆ 1773年3月12日制作：
版画『パトゥンを履いた実直な人、あるいはつま先立ちの木製継ぎ足 (Piety in Pattens or Timbertoe onTiptoe)』より

[前面]

青い絹のリボン

前中心

青い絹のリボンで上端をくるみ、リボンの端を結んでいる

両脇のあき：29.2cm

淡い青の絹地と光沢のある毛織物をキルティングし、芯材には青く染めた子羊の毛を使用

[前面]

上端は白い麻のテープでくるまれている

前中心

両脇にある25.4cmのスリットは、青い絹のリボンでくるまれている

プリーツは後ろ中心に向かって倒されている
後ろ中心のあき：19.1cm

淡い青の絹地と、光沢のある毛織物のキルティング

縁には青い絹のリボンが丁寧にまつられている

◆ **1740年頃のペチコート**

後ろ中心

後ろ中心で、幅の細いインバーティド・プリーツになっている

縁は、毛織物の別布で裏打ちされている

1740年代になると、スカートの前をあけてペチコートを見せるようになる。すると、ペチコートには手の込んだキルティングが施されるようになり、ドレスの重要なアイテムとなった。ただし、その名は「ペチコート」のまま変わらなかった。シンプルなキルティングのペチコートも、右上に掲載した1773年の女性の絵のように、長い間着用された。

1740〜70年代

p30〜31：複雑なキルティングを施した数点のペチコート。ピンク、淡い青、淡い生成りのサテンと白い絹を使い、3種類の留め具が使われている。キルティングの裏地は主に「カラマンカ」と呼ばれる艶のある毛織物、芯材は上質の羊毛と青く染めた子羊の毛を層にしている。1点は後から手を加え、細かいギャザーを寄せてウエスト・バンドに縫い留めてある。
スノースヒル・コレクション
(Snowshill Collection)

◆ 白いキルティングのペチコート

白い絹地と白い毛織物のキルティング
芯材は上質な羊毛

前中心

丈 100.3cm

◆ ピンクのキルティングのペチコート

淡いピンクのサテンと毛織物のキルティング
芯は上質な羊毛

ピンクの絹

脇のスリット

全体にシンプルな繰り返しの柄

絹地の布幅 45.7cm

◆ 青いキルティングのペチコート

布幅：43.2cm

淡い青のサテンと毛織物のキルティング

芯は上質な羊毛

青いリボンでウエストと裾を始末

布幅：44.5cm

白いペチコート拡大図

後ろあき

手縫いのループ
ホックは紛失

上部の白い絹を白い綿で補強

縫い目

3.8cm

縫い目にポケット用の小さなスリット

プリーツは前側に倒している

キルティングの風合いは一定ではなく、縫製の細かさは様々である。ステッチは曲線を使ったものと、角張ったものがある。ここに挙げた例は淡い色ばかりで、特に青が多いが、他の鮮やかな色も使われていた。

◆ 青いキルティングのペチコート

青い絹と艶のある毛織物（カラマンカ）を
キルティングし、芯材は青く染めた子羊の毛を使用

青い絹地の縁取りとリボン
前中心
スリット

◆ 1769年：ゾファニー（Zoffany）*作
『ブラッドショー家
（The Bradshaw Family）』より

緑の絹地
赤いリボンと
スタマッカー
カラッシュ
赤いサテン

◆ クリーム色のキルティングの
　ペチコート

クリーム系の生成りのサテンに、
張りのある毛織物をキルティング

上質で張りのある
クリーム色の毛織物
を二重織り

非常に細かい
ギャザー

前
縫い目　縫い目

平らに広げた
サテン地

内側に
青い絹の
テープ

ボーン
麻のくるみボタン
後ろあき

裏地は、
薄くて非常に張りのある
目の緻密な毛織物

サテンの幅：
44.5cm

右上のゾファニー（Zoffany）*の作品では、深い緑のローブを着た祖母が、鮮やかな赤いサテンのペチコートを履いている。
彼女はエプロンを横に持ち上げ、ペチコートを見せている。また、白い長手袋を着け、白い裏地の付いた黒い絹のカラッシュ
を腕に下げている。

＊：ゾファニー（Zoffany）[1733-1810]　ドイツ生まれの、イギリスの画家、肖像画家。

1750年頃

p32～33：張りのある淡い青の絹を使ったガウン（ドレスの意）。銀色の糸で花柄の刺繍が施されている。上身頃と袖は白い麻の裏地付き。ひだが流れ落ちるカフスは3枚重ねだが、1枚は失われている。上身頃の前あきは編み上げになっており、本来付いていたはずの前身頃、もしくはスタマッカーも失われている。

p32：ピンクのサテンの靴。銀色の糸で刺繍が施され、白い子ヤギ革の裏地が付いている。ヒールは「ポンパドール」と呼ばれる形である。

スノースヒル・コレクション
(Snowshill Collection)

◆ 青い絹の花柄のガウン

裏面

- 14cm
- 50.8cm
- 上身頃と袖は上質な白い麻の裏地付き
- プリーツは裏地と上身頃の背中部分に縫い付けてある
- 淡い青の絹のひもが、スタマッカー前面の最上部に結び付けてある
- 真鍮の針金を使った、6個の丸いかぎホック
- 背中心のタック
- 後ろの幅 18.4cm
- 後ろ中心プリーツと縫い目
- 124.5cmのひもが、左右1本ずつ最上部のループに結び付けてある
- 裏地のないスカートのプリーツ
- カットされていない絹地
- 耳
- 縫い目
- 1.9cm
- ひもの端を真鍮で補強
- 後ろのプリーツは首から裾まで絹地2枚分

◆ ピンクのサテンの靴

別名「かかと部分、もしくは腰革のないスリッパ」

- 銀糸の刺繍付き
- 白い子ヤギ革
- ヒールは白い革製のポンパドール、またはフレンチ・ヒール
- サテン
- 16.5cm
- 2.2cm
- 白い革
- ヒール部分
- 8.3cm
- 横幅：6.7cm
- ヒール底
- 丸みを帯びた茶色い革の靴底

刺繍拡大図

- 絹地の表側：銀色の無地に斑点模様の枝
- 葉と花は、銀色に青の仕上げ
- 5.7cm
- 絹地の表側：計4種類の銀糸を使用　裏側では、この糸は少ししか見えない
- 絹地の布幅：54.6cm

図のような絹地に大きな花柄を施したドレスは、1740年代から1750年代に見られる。ここで取り上げた優雅でありながらシンプルなこのドレスの柄には、その特徴がよく表れている。残念ながら張りのある絹地は裂け始めている。この頃からドレスはフランスの影響が大きくなり、手の込んだ装飾が増えていく。

| スタマッカーの装飾拡大図 | ◆ 青い絹の花柄のガウン | ◆ 1755年：ラ・トゥール（Maurice Quentin de La Tou）*作 |

このスタマッカーは、後から付けられたもの

絹のひも

[前面]

『ポンパドール夫人（Madame de Pompadour）』ルーヴル美術館所蔵より

ギャザーを寄せたネットを白いサテンに重ねている

レース

レースとリボンの付いたガウンを着ている

銀色のレースが付いていた跡だろうか？

フレンチ・ヒールの靴を履いている

1.6cm レース
3.2cm
10.2cm

35.6cm

始末していない布端を外側にした縁

張りのある絹地に大きな花柄

10.2cm 袖の縁飾りに付けられたレース

前スカートの長さ：91.4cm

レースの柄は非常に種類が多い

縫い目　　縫い目

ペチコートのウエストから裾の縁までの丈：99.1cm

右上の小さな絵に描かれたドレスのスタマッカーに付いているリボンも、手の込んだ装飾の例である。このドレスに本来付けられていた前身頃（スタマッカー）は、おそらく同様のものであっただろう。ピンクのサテンを使った靴は、この時期はミュールとは呼ばれていない。ミュールは16世紀の名称で、19世紀になり復活した。

＊：ラ・トゥール（Maurice Quentin de La Tou）[1704-1788]　フランスの画家。パステルで肖像画を多く描く。

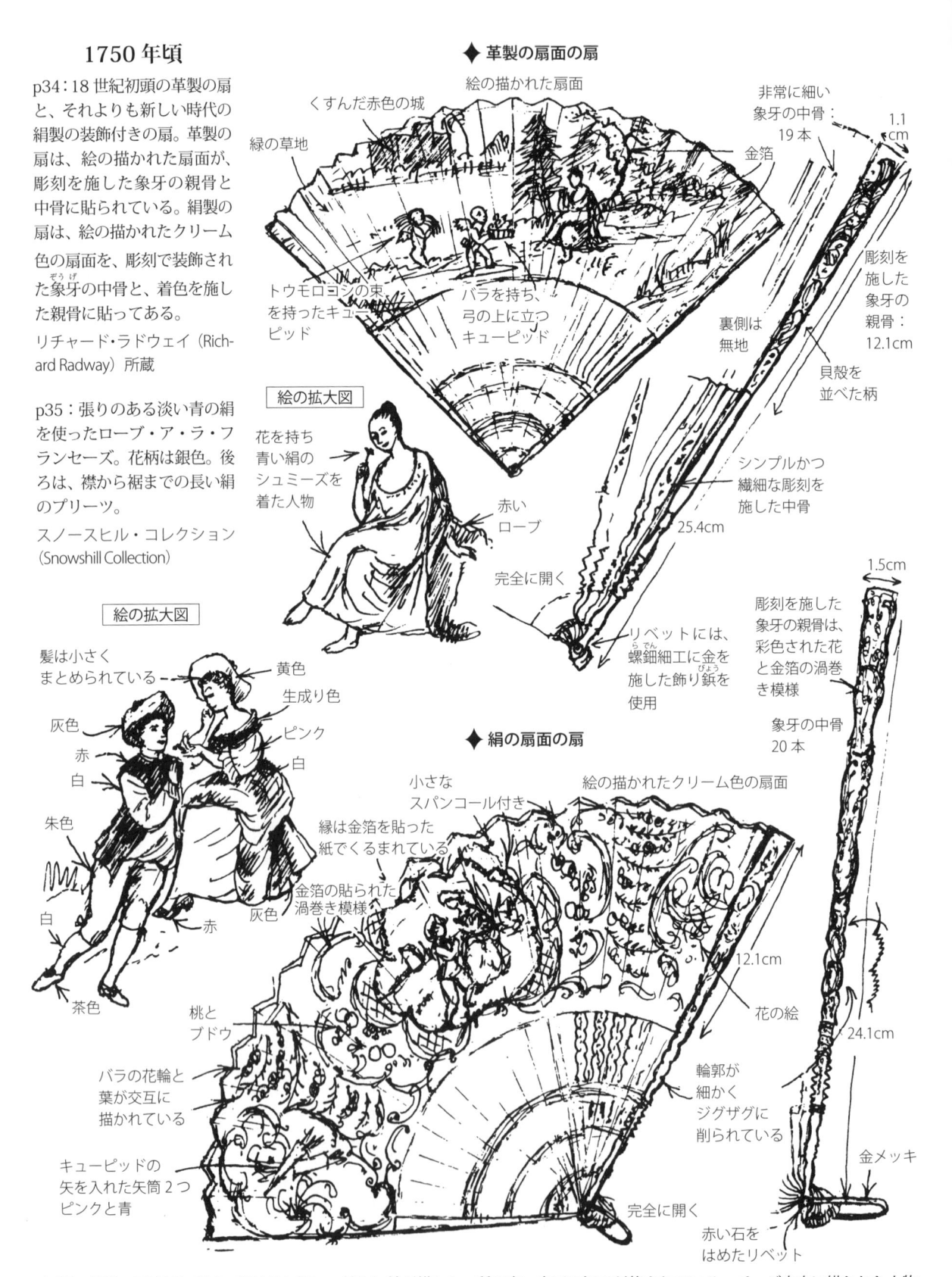

1750年頃

p34：18世紀初頭の革製の扇と、それよりも新しい時代の絹製の装飾付きの扇。革製の扇は、絵の描かれた扇面が、彫刻を施した象牙の親骨と中骨に貼られている。絹製の扇は、絵の描かれたクリーム色の扇面を、彫刻で装飾された象牙の中骨と、着色を施した親骨に貼ってある。
リチャード・ラドウェイ（Richard Radway）所蔵

p35：張りのある淡い青の絹を使ったローブ・ア・ラ・フランセーズ。花柄は銀色。後ろは、襟から裾までの長い絹のプリーツ。
スノースヒル・コレクション（Snowshill Collection）

◆ 革製の扇面の扇

- 絵の描かれた扇面
- くすんだ赤色の城
- 緑の草地
- 非常に細い象牙の中骨：19本　1.1cm
- 金箔
- トウモロコシの束を持ったキューピッド
- バラを持ち、弓の上に立つキューピッド
- 裏側は無地
- 彫刻を施した象牙の親骨：12.1cm
- 貝殻を並べた柄

絵の拡大図
- 花を持ち青い絹のシュミーズを着た人物
- 赤いローブ
- 完全に開く
- シンプルかつ繊細な彫刻を施した中骨
- 25.4cm
- リベットには、螺鈿細工に金を施した飾り鋲を使用

絵の拡大図
- 髪は小さくまとめられている
- 灰色／赤／白／朱色／白／茶色
- 黄色／生成り色／ピンク／白／灰色／赤

◆ 絹の扇面の扇

- 小さなスパンコール付き
- 絵の描かれたクリーム色の扇面
- 縁は金箔を貼った紙でくるまれている
- 金箔の貼られた渦巻き模様
- 彫刻を施した象牙の親骨は、彩色された花と金箔の渦巻き模様
- 1.5cm
- 象牙の中骨20本
- 12.1cm
- 花の絵
- 桃とブドウ
- バラの花輪と葉が交互に描かれている
- 輪郭が細かくジグザグに削られている
- キューピッドの矢を入れた矢筒2つ　ピンクと青
- 24.1cm
- 完全に開く
- 赤い石をはめたリベット
- 金メッキ

初期の革製の扇は特に軽く、閉じると細い。美しい絵が描かれ、質の良い中国の細工が施されている。ページ中央に描かれた人物は、胸元の開いたシュミーズを着ている。絹製の扇は装飾が増え、1750〜1790年代のフランスの影響を受けている。親骨も扇面も、より手の込んだ作りになっており、絵は緻密で、細かい図柄が繊細に描かれている。

♦ 淡い青のローブ・ア・ラ・フランセーズ

[背面] 背中のプリーツの全幅：22.2cm

[プリーツ拡大図]

プリーツは、裏側で裏地と上身頃の脇に縫い付けてある

[袖口拡大図]

袖に付いた扇形のカフスのうち、最も長い3枚目はなく、前部のみが残っている

3枚目はここでカットされている

5.1cm

2.5cm

1.9cm

24.1cm

6.4cm

17.1cm

24.1cm

スカート脇丈 111.8cm

スカート前部を除き、柄は全体的に左右対称

縫い目

継ぎ目

縫い目

後ろ全体の丈：152.4cm

縫い目

縫い目

プリーツ中心の縫い目

この青と銀色のドレスには、たっぷりとしたプリーツと幅の広いスカートが付いており、フープ付きペチコートの上から身に着けた。

1755〜1765年

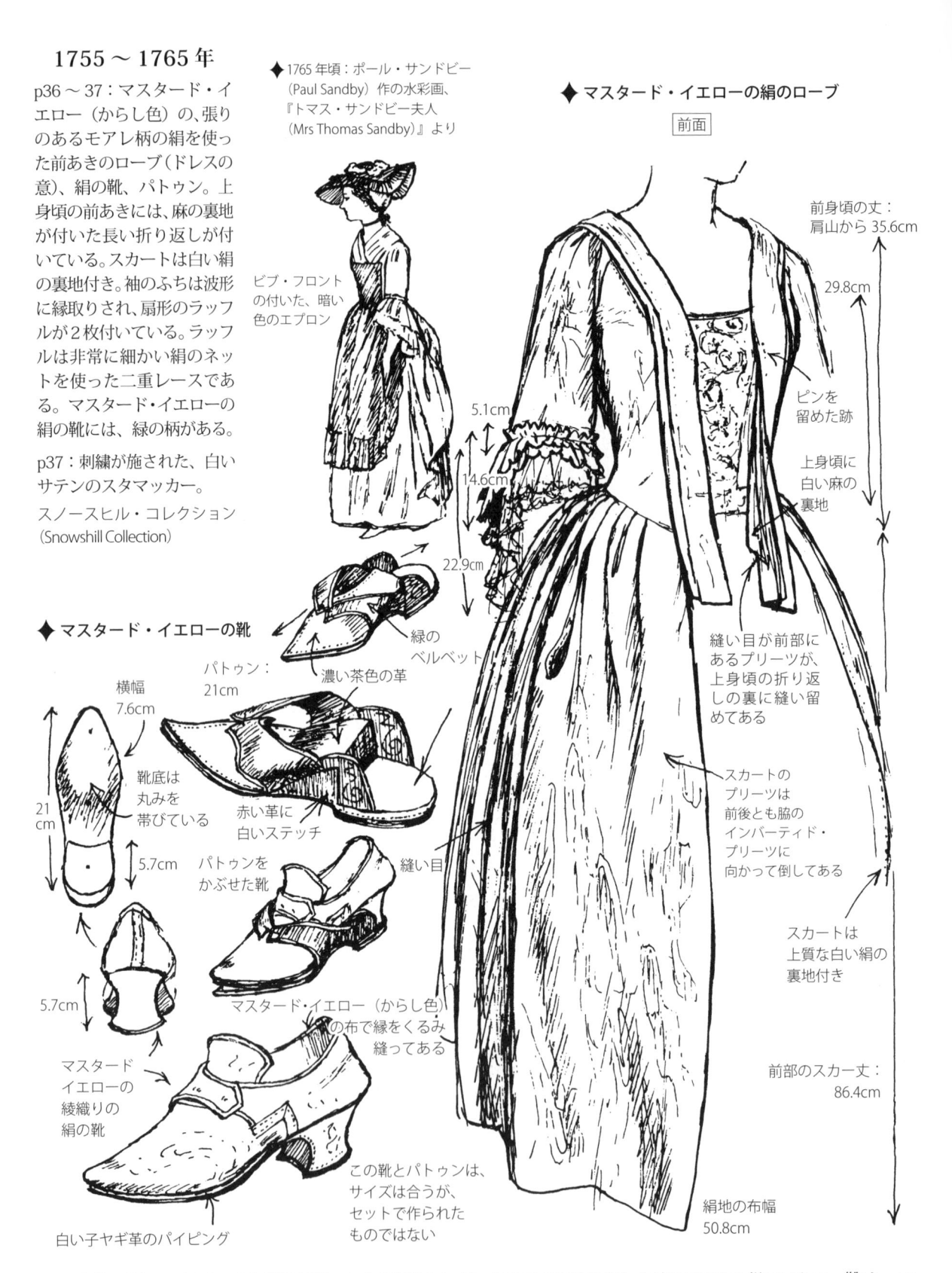

p36〜37：マスタード・イエロー（からし色）の、張りのあるモアレ柄の絹を使った前あきのローブ（ドレスの意）、絹の靴、パトゥン。上身頃の前あきには、麻の裏地が付いた長い折り返しが付いている。スカートは白い絹の裏地付き。袖のふちは波形に縁取りされ、扇形のラッフルが2枚付いている。ラッフルは非常に細かい絹のネットを使った二重レースである。マスタード・イエローの絹の靴には、緑の柄がある。

p37：刺繍が施された、白いサテンのスタマッカー。
スノースヒル・コレクション（Snowshill Collection）

◆1765年頃：ポール・サンドビー（Paul Sandby）作の水彩画、『トマス・サンドビー夫人（Mrs Thomas Sandby）』より

ビブ・フロントの付いた、暗い色のエプロン

◆マスタード・イエローの絹のローブ
前面

前身頃の丈：肩山から35.6cm

29.8cm

ピンを留めた跡

上身頃に白い麻の裏地

5.1cm
14.6cm
22.9cm

縫い目が前部にあるプリーツが、上身頃の折り返しの裏に縫い留めてある

スカートのプリーツは前後とも脇のインバーティド・プリーツに向かって倒してある

スカートは上質な白い絹の裏地付き

前部のスカー丈：86.4cm

絹地の布幅 50.8cm

◆マスタード・イエローの靴

横幅 7.6cm
パトゥン：21cm
緑のベルベット
濃い茶色の革
21cm
5.7cm
靴底は丸みを帯びている
赤い革に白いステッチ
パトゥンをかぶせた靴
縫い目
5.7cm
マスタード・イエロー（からし色）の布で縁をくるみ縫ってある
マスタードイエローの綾織りの絹の靴
白い子ヤギ革のパイピング
この靴とパトゥンは、サイズは合うが、セットで作られたものではない

この時代のドレスでスカートに裏地が付いたものは珍しいが、この絹の裏地は後から付け足された様子はない。靴は、18世紀前半に見られた重いタイプのものである。この靴に被せたパトゥン（木靴）は、屋外で靴を守るための、ガロッシュのような形のオーバーシューズで、もとは緑の靴に合わせたものと思われる。

◆ **白いサテンの刺繍入りスタマッカー**　　　　　◆ **マスタード・イエローの絹のローブ**

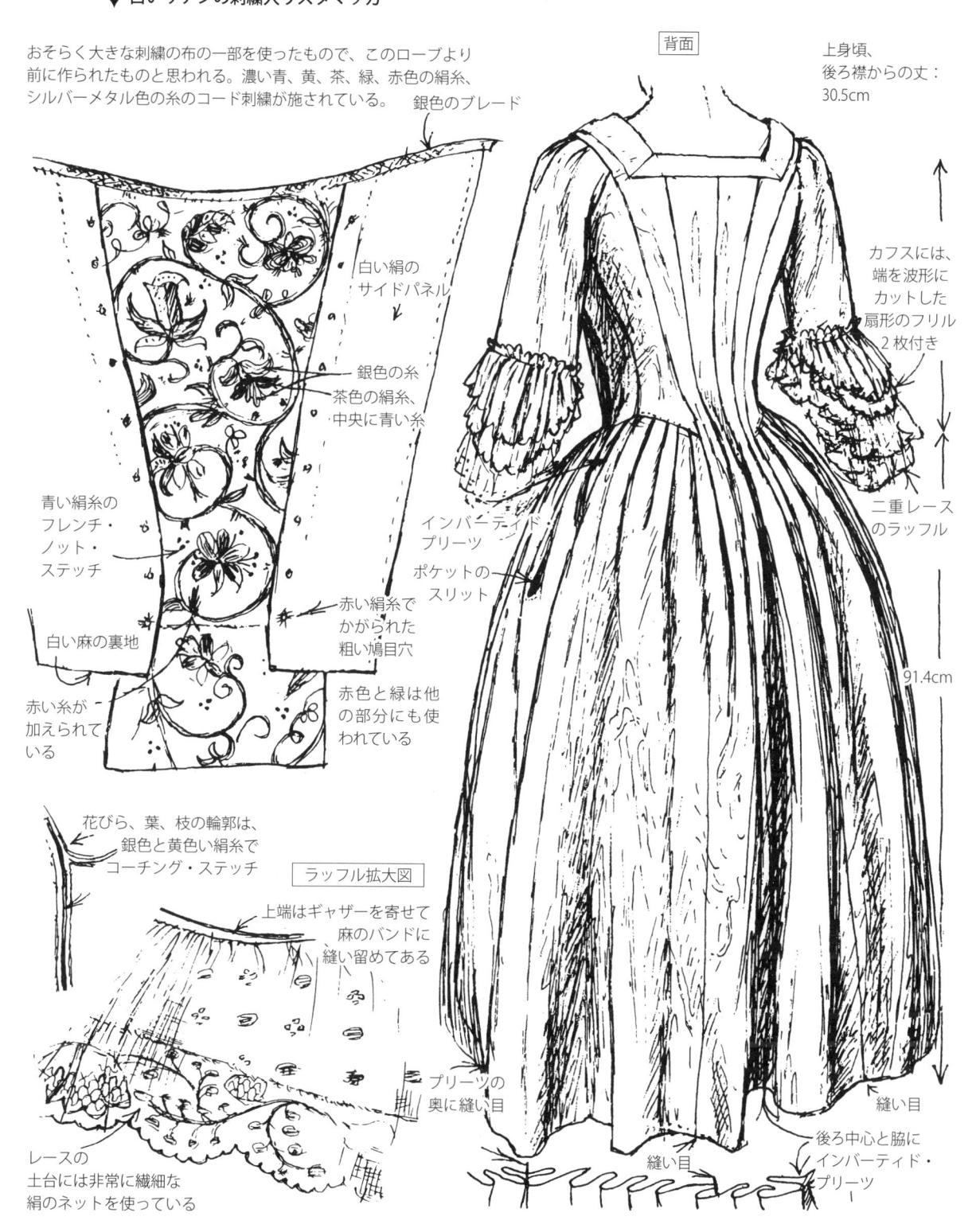

おそらく大きな刺繍の布の一部を使ったもので、このローブより前に作られたものと思われる。濃い青、黄、茶、緑、赤色の絹糸、シルバーメタル色の糸のコード刺繍が施されている。

背面

上身頃、後ろ襟からの丈：30.5cm

銀色のブレード

白い絹のサイドパネル

銀色の糸

茶色の絹糸、中央に青い糸

カフスには、端を波形にカットした扇形のフリル2枚付き

青い絹糸のフレンチ・ノット・ステッチ

白い麻の裏地

赤い絹糸でかがられた粗い鳩目穴

赤色と緑は他の部分にも使われている

赤い糸が加えられている

インバーティドプリーツ

ポケットのスリット

二重レースのラッフル

91.4cm

花びら、葉、枝の輪郭は、銀色と黄色い絹糸でコーチング・ステッチ

ラッフル拡大図

上端はギャザーを寄せて麻のバンドに縫い留めてある

プリーツの奥に縫い目

縫い目

縫い目

後ろ中心と脇にインバーティド・プリーツ

レースの土台には非常に繊細な絹のネットを使っている

刺繍を施したスタマッカーは、ドレスよりかなり古く、おそらく17世紀前半のものと思われる。レースのラッフルは、このコレクションにある別のドレスと全く同じもので、そちらのドレスも同様にスカートに絹の裏地が付いている。

37

1755〜1775年

p38〜39：明るいマスタード・イエロー（からし色）の上質な毛織物を使った前あきのローブ（ドレスの意）と、揃いのスタマッカー2点。袖には2枚のフラウンスに、共布を使ったプリーツの装飾が付いている。上身頃と袖は麻の裏地付き。

p39：1724〜1750年頃の白い綿の刺繍付きポケットと、ピンクと銀色の小さな「ギニーバッグ」と呼ばれる女性用財布、または小銭入れ、クリーム色のネットを使った細長いバッグ。ネットのバッグは、銀の装飾付き。
スノースヒル・コレクション（Snowshill Collection）

◆ マスタード・イエローの毛織物のローブ
背面
共布を使った装飾の中央だけを身頃に留めつけてある
縫い目
流れるような扇形のカフス：17.8cm
スカート丈：95.3cm
毛織物の布幅：41.3cm
縫い目

◆ 揃いのスタマッカー：1
裏地なし
20.3cm
30.5cm

装飾拡大図
端はピンキングされている
ポケットのスリット
中央のステッチで両側を留めている

◆ 揃いのスタマッカー：2
裏地なし
上端にはプリーツの装飾が付いていた跡がある
27.9cm
27.9cm
全ての装飾に、同じマスタード・イエロー（からし色）の布を使用

この上質の毛織物を使った前あきのローブは、保存状態が良い貴重な品で、ヴィクトリア・アンド・アルバート博物館（Victoria and Albert Museum）に数年間展示されたもの。1枚のドレスに2枚のスタマッカーが付いているのは珍しい。この時代の、シンプルながら流行したドレスの好例である。

◆ **マスタード・イエローの毛織物のローブ**

前面

共布を使ったプリーツの装飾

白い麻の裏地

後ろ身頃：30.5cm

扇形のカフスのフリル
前面の幅：2.5cm

袖：16.5cm

脇の縫い目：21.6cm

前あきの折り返しは、この部分だけ縫い留めてある

継ぎ目

縫い目
ポケットのスリット

縫い目
ポケットのスリット

◆ **ピンクと銀色のギニーバッグ**

開いた図

バッグを開くひも

閉じるひも

明るいピンクの絹

ピンクと銀メッキのひも

銀の糸をコイル状にしたパーツを引いて開ける

サイズはクルミほど

ピンク地に銀糸のステッチ

銀色の地にピンク

柄が浮き出た銀メッキ

真珠

銀の地に黄色

柄は黄色、ピンク、青

銀色の地に青い糸

銀メッキを施した糸をビーズに通してある

銀のワイヤーと銀糸のループに銀糸の刺繍

◆ **刺繍付きポケット**

素材は白い綿と羊毛の混紡

白いテープ

12.7cm

ウエストで結ぶひもの端は切り取られている

細く白いテープでくるんである

暗い緑のチェーンステッチ

21.6cm

細い毛糸で刺繍を施し、白い麻で裏打ちされている

赤、ピンク、緑

18.4cm

淡い緑と黄色

地はストライプ

◆ **クリーム色のネットの細長いバッグ**

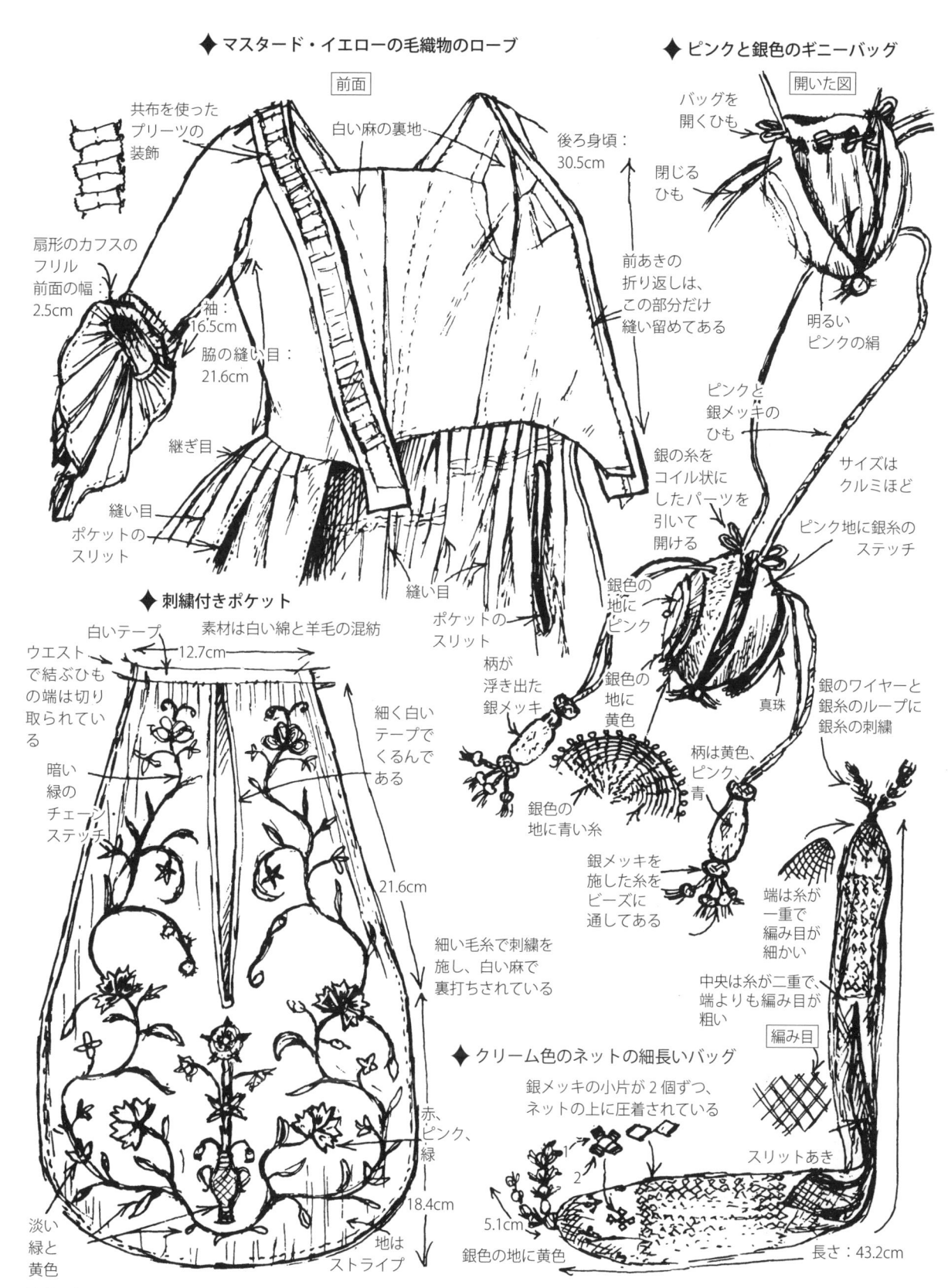

銀メッキの小片が2個ずつ、ネットの上に圧着されている

スリットあき

端は糸が一重で編み目が細かい

中央は糸が二重で、端よりも編み目が粗い

編み目

5.1cm

銀色の地に黄色

長さ：43.2cm

刺繍を施した吊り下げ式のポケットは、2つで1組だったのであろう。ピンクと銀色の小さなギニーバッグはとても凝った作りで、美しく仕上がっている。細長いネット状のバッグも同様に手の込んだ作りで美しく、クリーム色の絹に、銀メッキを施した小さな装飾が付いている。

39

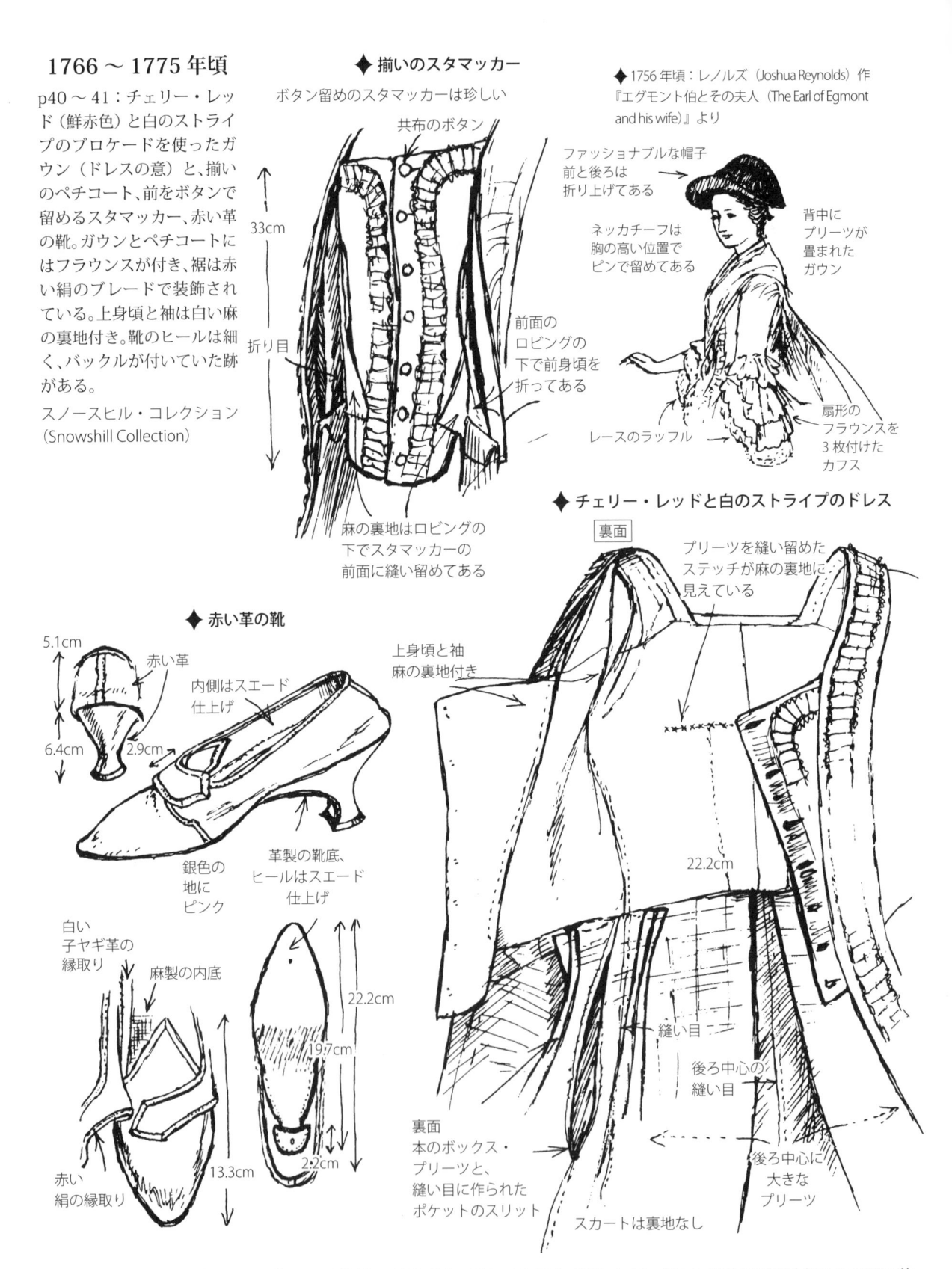

1766〜1775年頃

p40〜41：チェリー・レッド（鮮赤色）と白のストライプのブロケードを使ったガウン（ドレスの意）と、揃いのペチコート、前をボタンで留めるスタマッカー、赤い革の靴。ガウンとペチコートにはフラウンスが付き、裾は赤い絹のブレードで装飾されている。上身頃と袖は白い麻の裏地付き。靴のヒールは細く、バックルが付いていた跡がある。
スノースヒル・コレクション（Snowshill Collection）

◆ 揃いのスタマッカー
ボタン留めのスタマッカーは珍しい

- 共布のボタン
- 33cm
- 折り目
- 前面のロビングの下で前身頃を折ってある
- 麻の裏地はロビングの下でスタマッカーの前面に縫い留めてある

◆ 1756年頃：レノルズ（Joshua Reynolds）作『エグモント伯とその夫人（The Earl of Egmont and his wife）』より

- ファッショナブルな帽子　前と後ろは折り上げてある
- ネッカチーフは胸の高い位置でピンで留めてある
- 背中にプリーツが畳まれたガウン
- レースのラッフル
- 扇形のフラウンスを3枚付けたカフス

◆ 赤い革の靴

- 5.1cm
- 赤い革
- 6.4cm
- 2.9cm
- 内側はスエード仕上げ
- 銀色の地にピンク
- 革製の靴底、ヒールはスエード仕上げ
- 白い子ヤギ革の縁取り
- 麻製の内底
- 赤い絹の縁取り
- 22.2cm
- 19.7cm
- 2.2cm
- 13.3cm

◆ チェリー・レッドと白のストライプのドレス

裏面

- プリーツを縫い留めたステッチが麻の裏地に見えている
- 上身頃と袖 麻の裏地付き
- 22.2cm
- 縫い目
- 後ろ中心の縫い目
- 後ろ中心に大きなプリーツ
- スカートは裏地なし
- 裏面 本のボックス・プリーツと、縫い目に作られたポケットのスリット

背中に畳んだ幅広いボックス・プリーツが裾まで続くガウンはとても長く流行したが、使われる絹の種類や柄はこの間に移りかわった。また、この時代になると、背中のプリーツはそのまま垂らすのではなく、動かぬよう縫い留められるようになった。そのため、上半身は体に沿ったシルエットになっている。

◆ チェリー・レッドと白のストライプのドレスと
揃いのペチコート

装飾拡大図

赤い絹のブレード

赤い絹でくるんだワイヤー

フラウンスとへり飾りの全ての縁に付いている

ひだやプリーツを寄せた装飾、または縁飾り

ふちに赤い絹のブレード

前面

5.1cm

◆ 1766年頃：ギャリック（Garrick）＊の戯曲「レーテ（Lethe）」（おそらくドルーリー・レーン（Drury Lane）劇場で記念上演された際の1場面より

麻と綿のパネルに青い柄をプリントした例

つばを折り上げた帽子

「ローブ・ア・ラ・フランセーズ」とスタマッカー

モスリンもしくはレースのラッフル

3枚重ねた袖のフラウンス

ポケットのスリット

サイドを膨らませるフープ付きペチコート、またはパニエ
上の女性の図のようにローブを支える

ローブの前
スカート丈：
102.9cm

フラウンス：
22.2cm

91.4cm

A

縫い目AからBまでの布幅：48.3cm

B

縫い目

この装飾は裾に近づくに従って幅広くなっている

18世紀後半になると、靴のヒールの幅が狭くなり、甲の下は深くカーブし、形もずっと細いものに変化する。靴底は軽くなり、底の丸みはなくなる。時代が進むにつれ、ヒール部分は小さくなっていく。

＊：ギャリック（Garrick）[1717-1779] イギリスの俳優、劇場経営者。

1766～1775 年頃

p42～43:引き続き、チェリー・レッド（鮮赤色）と白のストライプのブロケードのガウンと、揃いのペチコートの解説。白いストライプの上にはピンクと緑の花柄があしらわれている。下にはサイドを膨らませるフープ付きペチコートを着用した。袖に付けた3枚の扇形のカフスは、細い赤色のブレードで装飾されていて、全てのプリーツも同様である。

p42 右下:純金製の「ノッティング・シャトル」と呼ばれる手芸道具。
スノースヒル・コレクション
（Snowshill Collection）

◆ 1766～1770年頃：
ゾファニー（Zoffany）作
『ジョン・ハーヴェイ長官と家族
（Capt. John Harvey and his family）』より

ノッティング・シャトルとバッグを持つミセスハーヴェイ（Mrs. Harvey）

◆ チェリー・レッドと白のストライプのドレス

袖拡大図

絹地のストライプは通常、この袖とは違って、袖の丸みに沿って横に出る

21.6cm

後ろ中心でプリーツを畳んでいる

プリーツの布端の縫い目は、背中のメインのプリーツの中に隠されている

つり下げポケット用に、両脇の縫い目にスリットがある

縫い目

袖は白い麻の裏地付き

◆ 揃いのペチコート

全面装飾拡大図

装飾性の高いフラウンスと裾飾りが前面のみについている

5.7cm
7.6cm
22.2cm
7.6cm
7.6cm

フラウンスと縁飾り

絹地の布幅：48.3cm

◆ 揃いのペチコート

縁をくるんだ赤いテープの端を、後ろ中心で結んでいる

ペチコートにもスリットがある

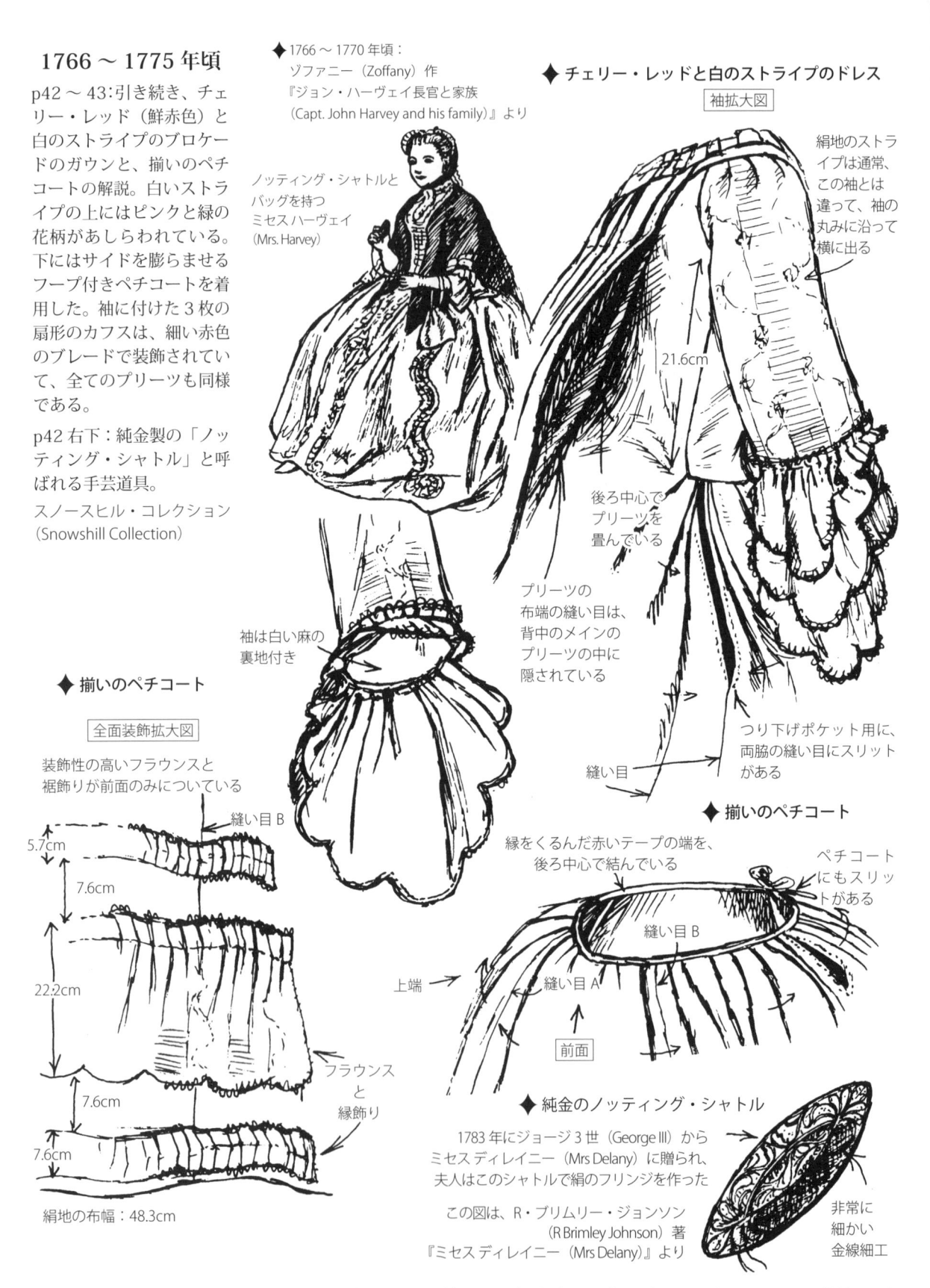

縫い目B
縫い目A
上端
前面

◆ 純金のノッティング・シャトル

1783年にジョージ3世（George III）からミセスディレイニー（Mrs Delany）に贈られ、夫人はこのシャトルで絹のフリンジを作った

この図は、R・ブリムリー・ジョンソン（R Brimley Johnson）著『ミセスディレイニー（Mrs Delany）』より

非常に細かい金線細工

この変わったドレスにおける2つの興味深い点、それは、前のページで紹介したボタン留めのスタマッカーと、絹地のストライプが横ではなく縦に出るように裁断された袖である。

◆ チェリー・レッドと白のストライプのドレス

ブロケード拡大図

← 畝織りの 赤 → ← 無地の 白 → ← 赤 → ← 白 → ← 赤 →

ピンクと緑で刺繍された花柄

裏面
ピンクや緑の絹糸は見えていない
赤と白の縦ストライプの上に、
ピンクの緯糸(よこいと)が見えているのみ

背面

背中のプリーツは上から11.4cmのステッチで固定されている

11.4cm

30.5cm

2枚目のフラウンスは袖を一周し、さらに袖の前面でフリルになっている

スカート脇の丈：119.4cm

襟から裾までの長さ：152.4cm

中心の縫い目

縫い目

縫い目

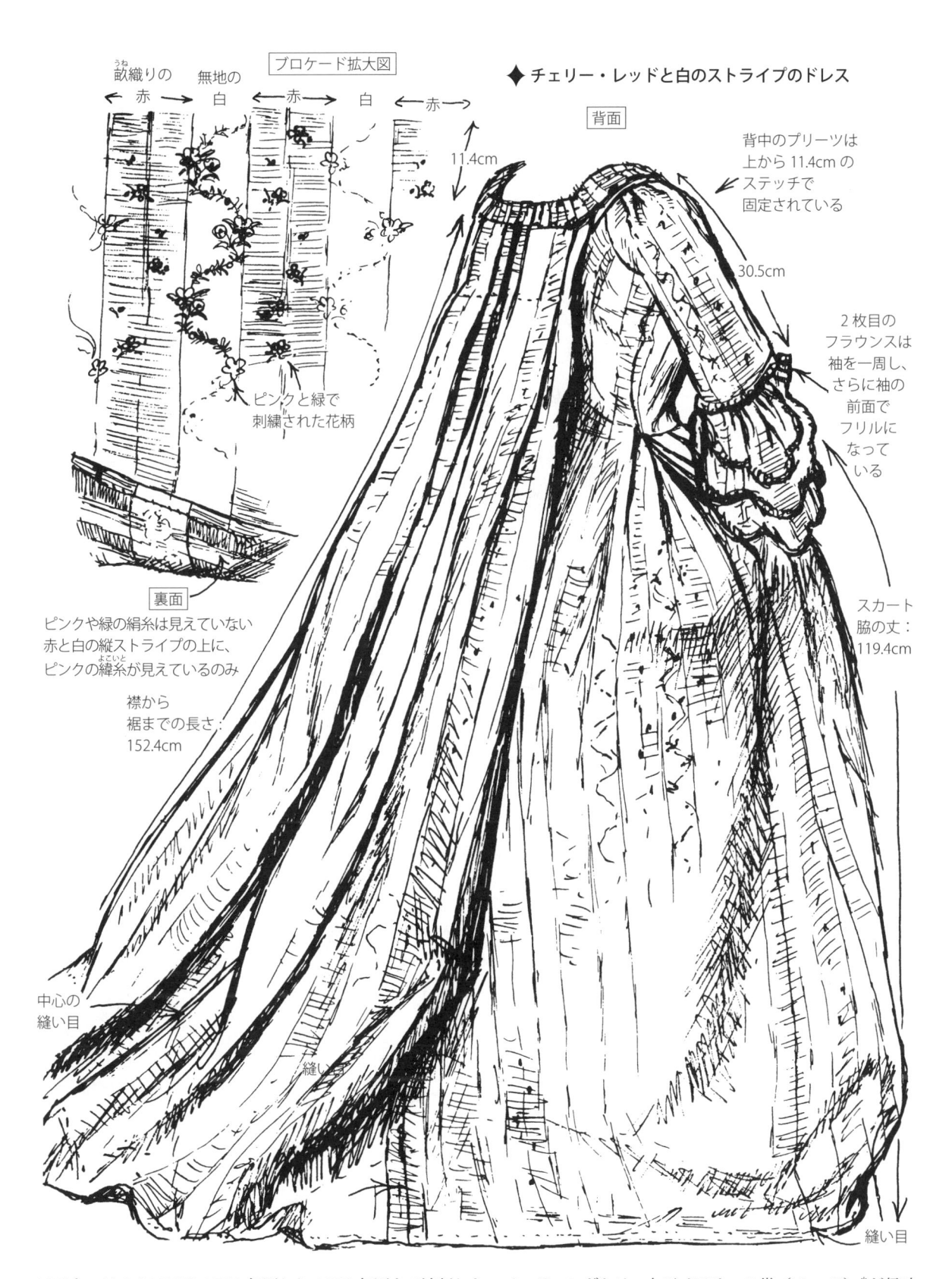

フラウンスのカフスは1750年頃から1775年頃まで流行した。ノッティングとは、女王メアリー2世（Mary II）*が趣味にした手芸法で、17世紀終わり頃にイングランドで人気となり、18世紀の終わりまで流行が続いた。p6中央で紹介した絵画に登場する女性は、シャトルを手にしている。

＊：メアリー2世（Queen Mary II）[1662-1694] スチュアート朝のイギリス女王。（在位1689〜1694）。

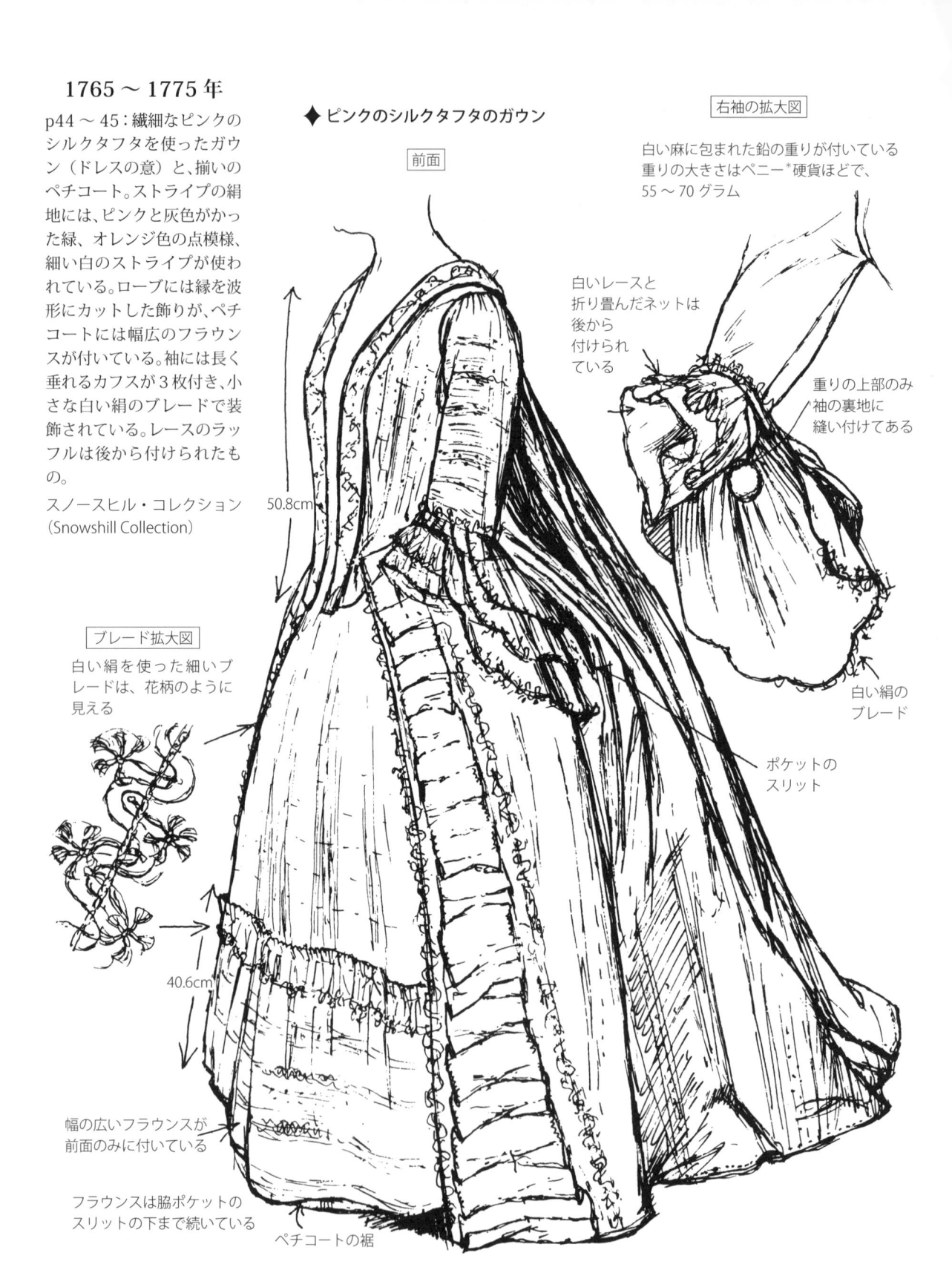

1765～1775年

p44～45：繊細なピンクのシルクタフタを使ったガウン（ドレスの意）と、揃いのペチコート。ストライプの絹地には、ピンクと灰色がかった緑、オレンジ色の点模様、細い白のストライプが使われている。ローブには縁を波形にカットした飾りが、ペチコートには幅広のフラウンスが付いている。袖には長く垂れるカフスが3枚付き、小さな白い絹のブレードで装飾されている。レースのラッフルは後から付けられたもの。
スノースヒル・コレクション（Snowshill Collection）

◆ ピンクのシルクタフタのガウン

前面

右袖の拡大図

白い麻に包まれた鉛の重りが付いている
重りの大きさはペニー*硬貨ほどで、55～70グラム

白いレースと折り畳んだネットは後から付けられている

重りの上部のみ袖の裏地に縫い付けてある

50.8cm

白い絹のブレード

ブレード拡大図

白い絹を使った細いブレードは、花柄のように見える

ポケットのスリット

40.6cm

幅の広いフラウンスが前面のみに付いている

フラウンスは脇ポケットのスリットの下まで続いている

ペチコートの裾

この時代の典型的なガウンの素晴らしい例である。この頃になると、柔らかくさらさらした絹地は色が薄く、生地自体も軽くなり、図のようなストライプが一般的になる。この図では、袖とペチコートのフラウンスのストライプ柄は横縞になっている。

*：ペニー（penny）ペニー銅貨、イギリスの補助通貨単位。

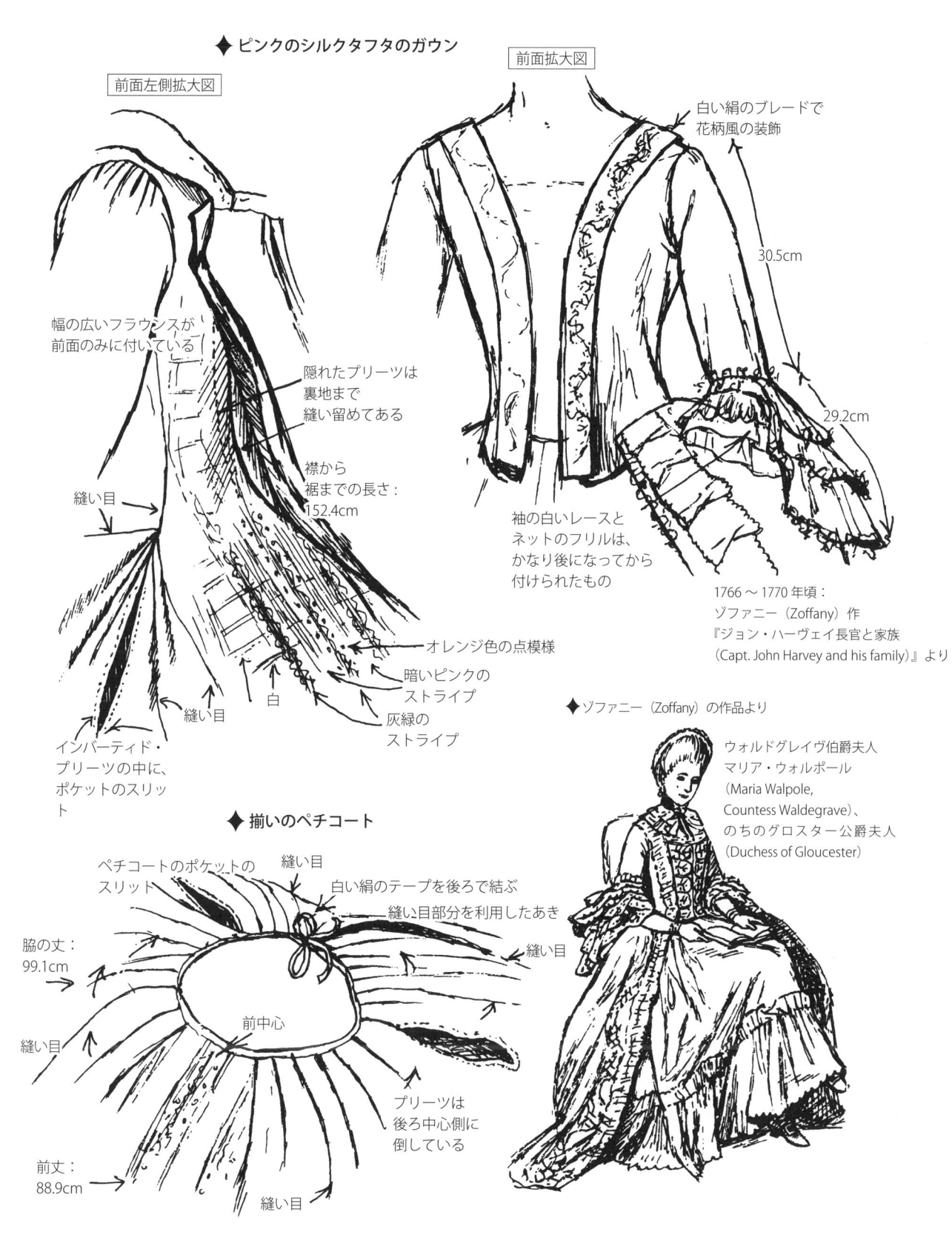

♦ ピンクのシルクタフタのガウン

前面左側拡大図

前面拡大図

白い絹のブレードで花柄風の装飾

30.5cm

29.2cm

幅の広いフラウンスが前面のみに付いている

隠れたプリーツは裏地まで縫い留めてある

襟から裾までの長さ：152.4cm

縫い目

袖の白いレースとネットのフリルは、かなり後になってから付けられたもの

オレンジ色の点模様

暗いピンクのストライプ

白

灰緑のストライプ

縫い目

インバーティド・プリーツの中に、ポケットのスリット

1766～1770年頃：ゾファニー（Zoffany）作『ジョン・ハーヴェイ長官と家族（Capt. John Harvey and his family）』より

♦ 揃いのペチコート

ペチコートのポケットのスリット

縫い目

白い絹のテープを後ろで結ぶ

縫い目部分を利用したあき

脇の丈：99.1cm

縫い目

縫い目

前中心

プリーツは後ろ中心側に倒している

縫い目

前丈：88.9cm

縫い目

♦ ゾファニー（Zoffany）の作品より

ウォルドグレイヴ伯爵夫人マリア・ウォルポール（Maria Walpole, Countess Waldegrave）、のちのグロスター公爵夫人（Duchess of Gloucester）

白いブレードの装飾が特に繊細で魅力的である。袖の肘部分に付けた鉛の重りがそのまま残っており、非常に興味深い。これは絹地がまっすぐ、滑らかに落ちるよう付けられたものである。レースのラッフルは摩耗していると思われる。

1765〜1775年　　　　　　◆ピンクのシルクタフタのガウン

p46〜47：引き続き、繊細なピンクのシルクタフタを使ったガウン（ドレスの意）と、そろいのペチコートの解説。ストライプの絹地には、ピンクと灰色がかった緑に、オレンジ色の点模様、白の細い縦線が使われている。装飾にはフラウンス、縁飾り、ブレードが使われている。袖に付いた扇形のカフス部分の裏には、小さな鉛の重りが隠されている。上身頃と袖は麻の裏地付き。スタマッカーは失われている。
スノースヒル・コレクション
(Snowshill Collection)

◆1760年：ポール・サンドビー（Paul Sandby）作『レディ・ベティ・ハーコート（Lady Betty Harcourt）』より

帽子はネットキャップの上から結んである

長手袋

無地のペチコート

背面拡大図

白い絹の装飾

5.1cm

2.5cm

このプリーツの端は、縫い込まないで立たせてある

縫い目

背中のプリーツを形作る布の畳まれ方

裏面

麻の裏地に、わずかな分量のセンタープリーツ

背中のプリーツを縫い留めてある

袖は白い麻の裏地付き

23.5cm

波形にピンキングされた布端

細長く畳んだ麻が余分に付けてある

白い麻の細い見返し

絹

上身頃は麻の裏地付き

絹

縫い目

前あきの布端はカーブしている

この図のようなドレスには、少し細身のフープを合わせることが流行した。スカートはまっすぐに落として床に流すか、ギャザーを寄せて持ち上げられた。持ち上げる場合は、前裾をポケットのスリットから引き出した。

◆ ピンクのシルクタフタのガウン

背面

◆ 1775年：ジャン・ミシェル・モロー
（Jean Michel Moreau）のスケッチより

前で結んだネッカチーフ

ひだを寄せたリボンのネックバンド

小さなキャップとリボン

巻き髪

中にプリーツが畳み込まれている

スカート脇の丈：106.7cm

後ろ総丈：147.3cm

縫い目

縫い目

絹地の布幅：49.5cm

縫い目

このドレスに着用したスタマッカーは残っていないが、おそらく共布で作られていたと思われる。1750～1770年には共布で作ることが普通だった。また、おそらく前ページのマリア・ウォルポール（Maria Walpole）の絵のように、装飾やリボンが付いていたであろう。ヘアスタイルは、1770年代になると髪を高く膨らませ、凝ったものになっていく。

＊1：ジャン・ミシェル・モロー（Jean Michel Moreau）[1741-1814] フランスの画家、版画家、素描家。

47

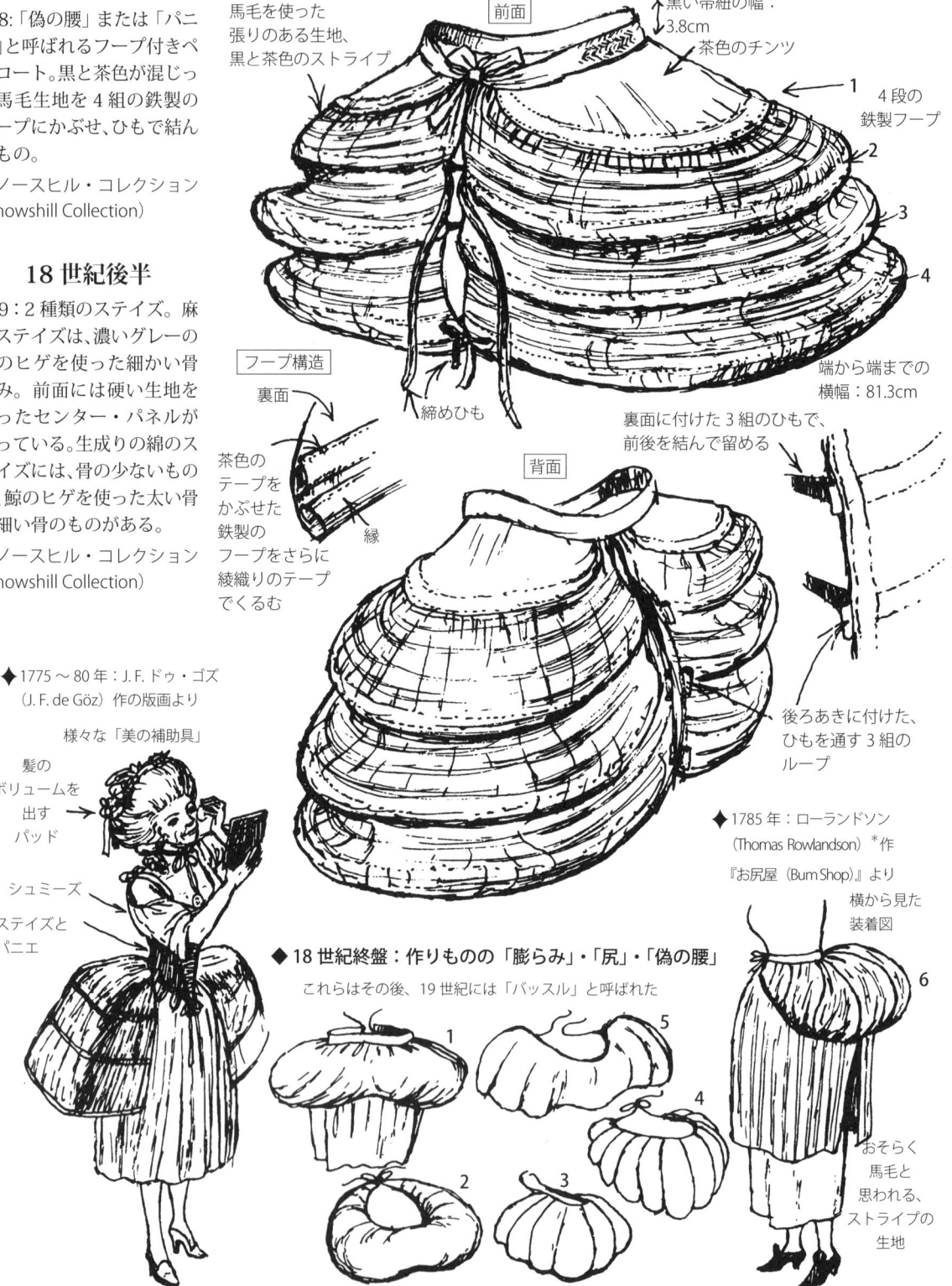

18世紀半ば

p48:「偽の腰」または「パニエ」と呼ばれるフープ付きペチコート。黒と茶色が混じった馬毛を4組の鉄製のフープにかぶせ、ひもで結んだもの。
スノースヒル・コレクション（Snowshill Collection）

18世紀後半

p49：2種類のステイズ。麻のステイズは、濃いグレーの鯨のヒゲを使った細かい骨組み。前面には硬い生地を使ったセンター・パネルが入っている。生成りの綿のステイズには、骨の少ないものや、鯨のヒゲを使った太い骨や細い骨のものがある。
スノースヒル・コレクション（Snowshill Collection）

◆「偽の腰」または「パニエ」

[前面] 馬毛を使った張りのある生地、黒と茶色のストライプ / 黒い帯紐の幅：3.8cm / 茶色のチンツ / 1 / 2 / 3 / 4 / 4段の鉄製フープ / 端から端までの横幅：81.3cm / 締めひも

[フープ構造] 裏面 / 縁 / 茶色のテープをかぶせた鉄製のフープをさらに綾織りのテープでくるむ

[背面] 裏面に付けた3組のひもで、前後を結んで留める / 後ろあきに付けた、ひもを通す3組のループ

◆1775～80年：J.F.ドゥ・ゴズ（J.F. de Göz）作の版画より

様々な「美の補助具」
- 髪のボリュームを出すパッド
- シュミーズ
- ステイズとパニエ

◆18世紀終盤：作りものの「膨らみ」・「尻」・「偽の腰」
これらはその後、19世紀には「バッスル」と呼ばれた

1 / 2 / 3 / 4 / 5

◆1785年：ローランドソン（Thomas Rowlandson）*作『お尻屋（Bum Shop）』より
横から見た装着図 / 6 / おそらく馬毛と思われる、ストライプの生地

この図にある1740年代から60年代のサイドを膨らませるフープ付きペチコート、別名「偽の腰」、または「パニエ」は初期のスタイルで、1750年には蝶番（ちょうつがい）構造で畳めるように改良されたものが出現する。これはやがて普段着には使用されなくなり、宮廷服にのみ使われるようになった。しかし1780年代に流行した「偽の尻」の一部にも、横と後ろが膨らんだものが存在する。「パニエ」や「バッスル」という名前は、18世紀には使われていなかった。

*：ローランドソン（Thomas Rowlandson）[1756〔57〕-1827] イギリスの風刺画家。18世紀末から19世紀初頭のイギリス社会を活き活きと描いた。

◆ 麻のステイズ

[前面]
- 狭い間隔で並ぶ細いボーン
- 上部脇の縁は、子ヤギ革でくるまれている
- 前、脇、後ろの縫い目はテープの上からステッチをかけて補強
- 30.5cm
- ふちは白い子ヤギ革でくるまれている
- 細い骨を全体に入れている

[広げた図]
- 張りのある麻布を2枚重ねて使用 1枚は非常に粗く、1枚はそれより目の細かいもの
- 補強素材（芯地）
- 子ヤギ革
- 綿地の見返し
- 前面
- 背面

[背面]
- テープで縁取り
- 丁寧にかがった鳩目穴

◆ 1791年：H・ハンフリー（H.Humphrey）のエッチングより

- 短めのステイズ
- おそらく綿の詰め物が入っている

18世紀後期の新案のビュスチエ、またの名を「偽バスト」

◆ 生成りの綿のステイズ

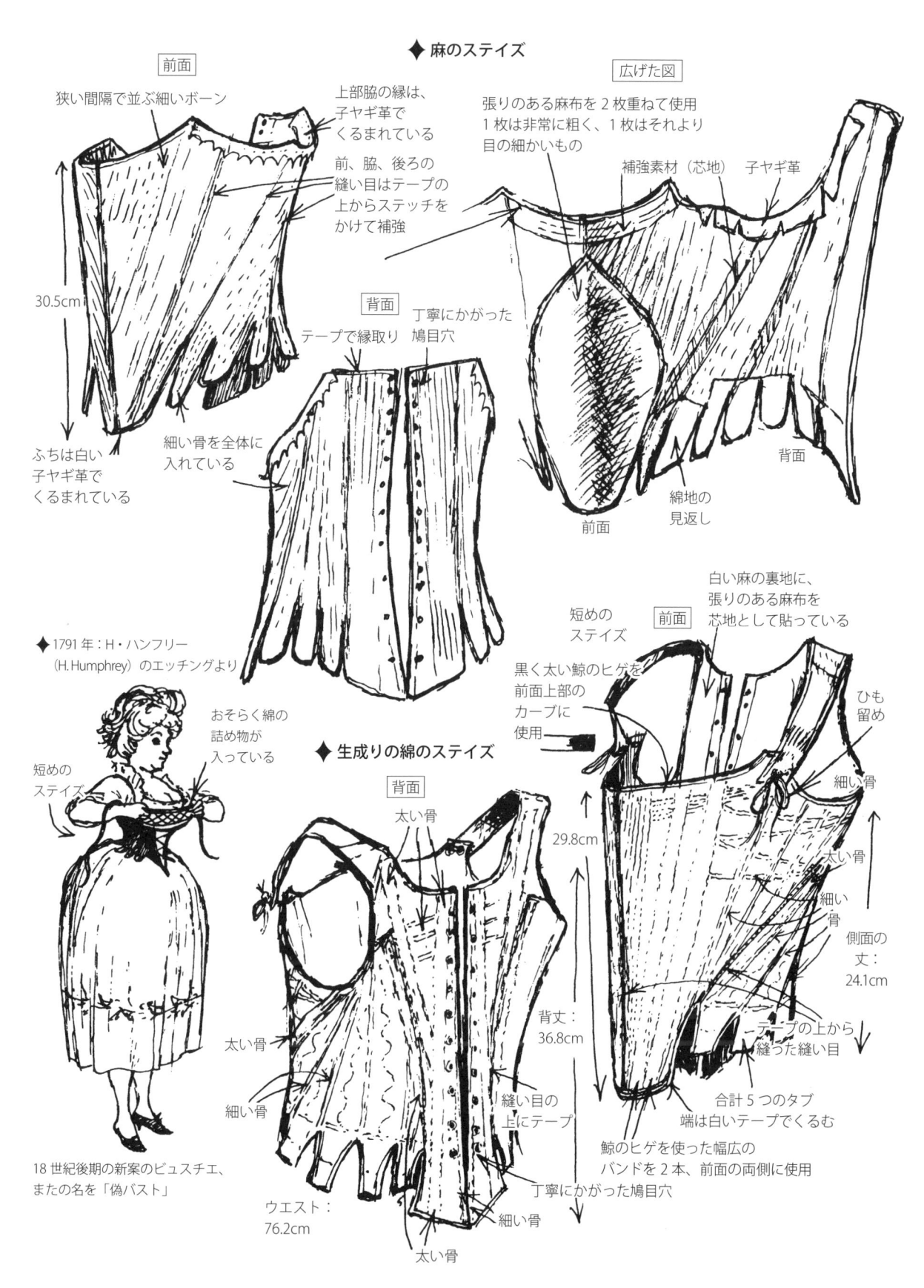

[背面]
- 太い骨
- 細い骨
- 太い骨
- 縫い目の上にテープ
- 丁寧にかがった鳩目穴
- 細い骨
- 太い骨
- ウエスト：76.2cm
- 背丈：36.8cm

[前面]
- 短めのステイズ
- 白い麻の裏地に、張りのある麻布を芯地として貼っている
- 黒く太い鯨のヒゲを前面上部のカーブに使用
- ひも留め
- 細い骨
- 太い骨
- 細い骨
- 側面の丈：24.1cm
- 29.8cm
- テープの上から縫った縫い目
- 合計5つのタブ 端は白いテープでくるむ
- 鯨のヒゲを使った幅広のバンドを2本、前面の両側に使用

どちらのステイズもウエストの位置が高く、とても丁寧に縫製されている。

1770〜1775年

p50: 淡いローズピンク（薄ばら色）とシルバーグレーのジャケット。柄はピンクのバラと水玉の模様に、青と緑のストライプ。クリーム色の綿の裏地付き。カフスの形は、この時代よりも古いスタイルである。

p51: 目の細かな、張りのあるクリーム色の絹を使ったジャケット。美しい花や枝の柄を精巧に手刺繍した生地は、このスタイルのジャケットより前の時代に作られたもの。

スノースヒル・コレクション
(Snowshill Collection)

◆ ローズピンクとシルバーグレーのジャケット

背面

- バラの花柄と、交互に並んだ青のストライプ、緑の細いストライプ
- 縫い目
- 接ぎ目
- 縫い目
- 縫い目
- 背面の後ろ中心
- 縫い目
- クリーム色の薄い綿の裏地

前面

- 2本の青いストライプ
- 布の接ぎ目
- 24.8cm
- 12.7cm
- 縫い目
- 淡いローズピンクの絹地に青と緑のストライプ、ピンクのバラと水玉模様
- 縫い目
- バラの花柄の下に、2本の青いストライプ
- 25.4cm
- 6.4cm
- 40.6cm
- 21cm
- 脇のまち
- 脇のまち
- 2本の青いストライプ

調べてみると、この2点のジャケットはとても興味深いものであった。まず、このページのジャケットは、サイズから見て年配の女性のために作られたものに違いない。カフスは、その女性が若い頃に流行した形のものにしたようである。

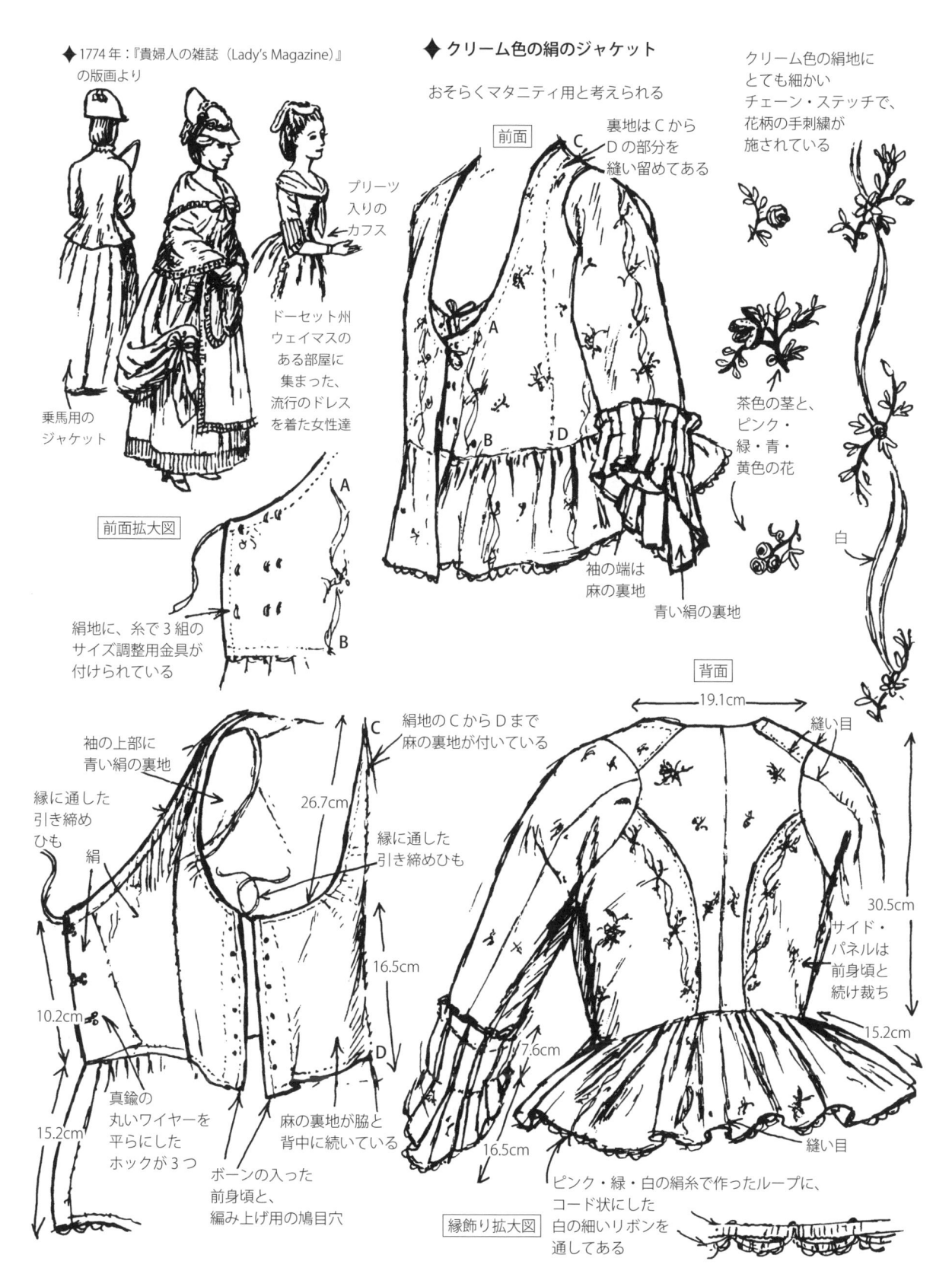

◆ 1774年：『貴婦人の雑誌（Lady's Magazine）』の版画より

乗馬用のジャケット

プリーツ入りのカフス

ドーセット州ウェイマスのある部屋に集まった、流行のドレスを着た女性達

前面拡大図

絹地に、糸で3組のサイズ調整用金具が付けられている

◆ クリーム色の絹のジャケット

おそらくマタニティ用と考えられる

前面

裏地はCからDの部分を縫い留めてある

袖の端は麻の裏地

青い絹の裏地

クリーム色の絹地にとても細かいチェーン・ステッチで、花柄の手刺繍が施されている

茶色の茎と、ピンク・緑・青・黄色の花

白

袖の上部に青い絹の裏地

縁に通した引き締めひも

絹

絹地のCからDまで麻の裏地が付いている

26.7cm

縁に通した引き締めひも

16.5cm

10.2cm

15.2cm

真鍮の丸いワイヤーを平らにしたホックが3つ

ボーンの入った前身頃と、編み上げ用の鳩目穴

麻の裏地が脇と背中に続いている

背面

19.1cm

縫い目

30.5cm

サイド・パネルは前身頃と続け裁ち

15.2cm

7.6cm

16.5cm

ピンク・緑・白の絹糸で作ったループに、コード状にした白の細いリボンを通してある

縁飾り拡大図

縫い目

一方、クリーム色の絹のジャケットは、前あきの調節機能から見て、マタニティ用だと推測できる。刺繍のステッチの種類は多く、特にチェーン・ステッチはとても細い。この刺繍はジャケットを縫う前に生地に施されている。前身頃とサイド・パネルは続けて裁断され、背中の縫い目近くまで続いている。

1766年〜1770年

p52〜53：黄色と白のストライプの柔らかい綾織りの絹に、続き模様の花柄のガウン（ドレスの意）。上身頃の前は閉じてウエスト・バンドに縫い留められ、白い絹のブレードで装飾されている。とても細かな目の絹のネットを使った2枚重ねのラッフルは、ネットの縁にレースを付けたもので、ドレスの生地同様、非常にもろくなっている。スカートは絹の裏地付き。丁寧な作りで、柄は左右対称になっている。
スノースヒル・コレクション
(Snowshill Collection)

◆ 黄色と白の綾織りの絹のガウン

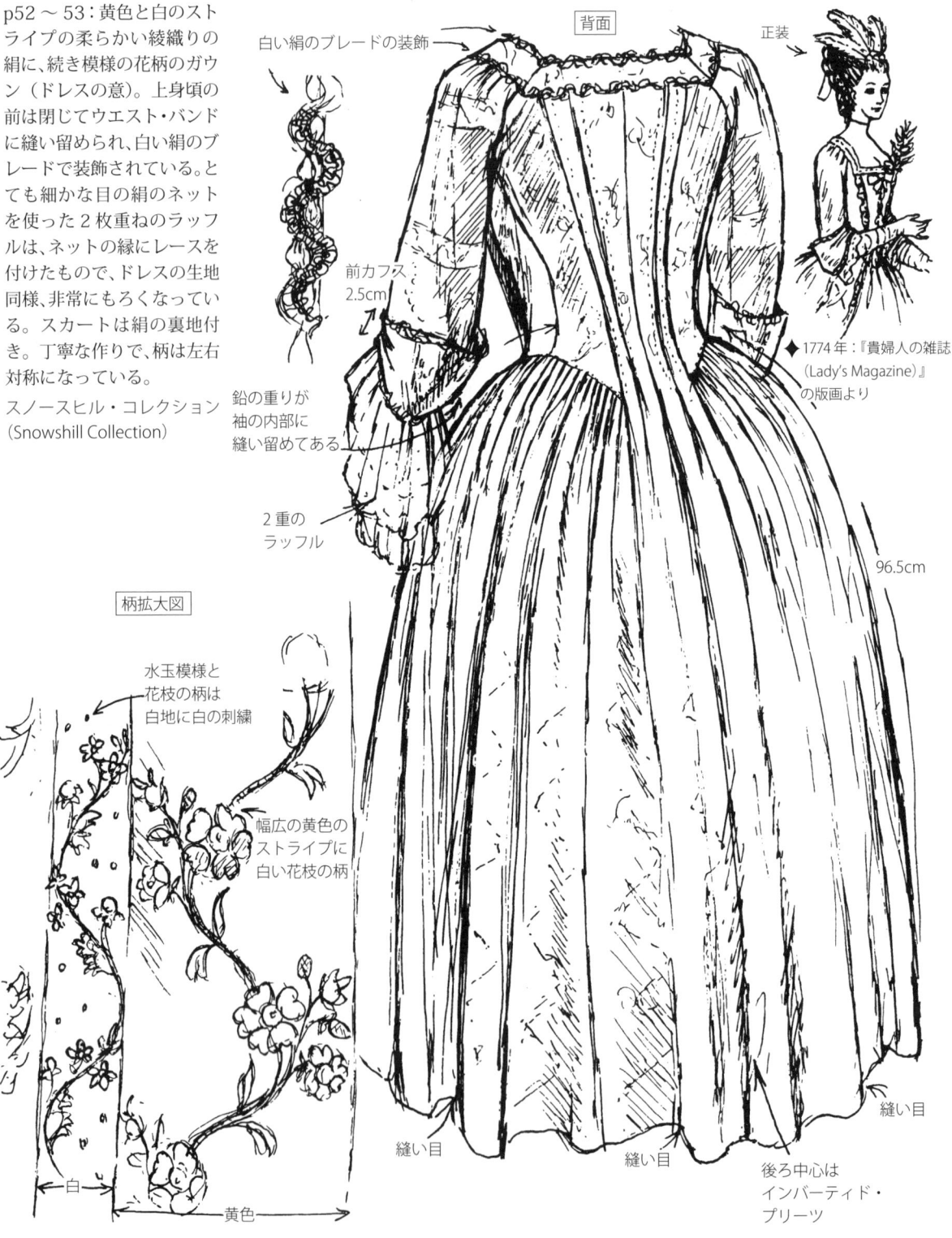

背面

白い絹のブレードの装飾

正装

前カフス
2.5cm

鉛の重りが袖の内部に縫い留めてある

2重のラッフル

1774年：『貴婦人の雑誌
(Lady's Magazine)』の版画より

96.5cm

柄拡大図

水玉模様と花枝の柄は白地に白の刺繍

幅広の黄色のストライプに白い花枝の柄

白 　　黄色

縫い目　　縫い目　　縫い目

後ろ中心はインバーティド・プリーツ

スカートの裏地には表地同様の上質な白い絹地を使い、繊細なネットとレースのラッフルを付けた、魅力的なガウンである。このガウンより少し古い、黄色いモアレ柄の絹のドレスと同じ持ち主のものに違いない。袖に付けられた鉛の重りの形も興味深い。

◆ 黄色と白の綾織りの絹のガウン

[前面]

上身頃（袖の縫い目からウエストまでの前丈）：30.5cm

黄色のストライプ

肩からの飾り帯は、中心部分のみを身頃に縫い留めてある

[裏面]

袖のストライプは黄色と白の横縞

白い麻の裏地

編み上げ用と思われる部位

留め具が使われた跡はない

留めひも

カフス：12.7cm

後ろ脇丈：33cm

プリーツは後ろへ倒している

[袖前面拡大図]

左袖

カフスの中に縫い付けられた鉛の重りは、白い麻でくるまれている

3.8cm

88.9cm

レースのラッフルはとても細かい目の絹のネット地を使い縁にレースを付けてある

ネット地のレース

絹地の布幅：59.1cm

白と黄色のストライプ

スカートの裏地は白い薄手の絹

[レース拡大図]

このラッフルは非常にもろくなっている

この頃になると、スタマッカーはドレスと同じ布で作られ、1770年頃までには、別布の装飾を使わずに、上身頃のあきを合わせて前を閉じるようになる。この図も同様のデザインだが、前身頃を飾る別仕立ての帯の装飾は、古いスタイルである。

1775年頃

p54〜55：明るい黄色の無地のシルクタフタを使った、「ポロネーズ」と呼ばれる形のガウン（ドレスの意）。背中のプリーツは後ろ身頃に縫い付けられ、ウエストに向かって細くなっている。生地はこれまでと同じように、襟元から裾まで1枚の絹地を使っている。上身頃と袖は白い麻の裏地付き。襟元にプリーツの装飾があり、上身頃の前中心は閉じられている。ガウンを束ねて引き上げるため、絹のひもで作ったループをスカートの中の両側に8つずつ縫い付けてある。丁寧に縫製されている。
スノースヒル・コレクション（Snowshill Collection）

◆ 黄色い無地のシルクタフタのガウン

◆ 1779〜1781年頃：ゾファニー（Zoffany）作『シャープ一家（The Sharp Family）』より

背面

2本のプリーツ

後ろ中心：38.1cm

袖下の寸法：20.3cm

脇丈：20.3cm

縫い目

キャサリン・シャープ（Catherine Sharp）、ジョージ三世（George III）*の侍従医、ウィリアム・シャープ（William Sharp）の姪

ミス オリーブ・ロイド=ベイカー（Miss Olive Lloyd-Baker）のコレクションより

シュミーズの袖

目の細かいガーゼのエプロン

34.3cm

縫い目

縫い目

襟元の装飾拡大図

縫い目

ドレスと同じ黄色いシルクタフタ

上下を波形にピンキングしている

3.8cm

プリーツの陰ひだのところを、細かく縫い留めてある

縫い目

絹地の布幅：48.3cm

後ろ中心は襟元から裾まで一枚の布

ウエストに向かって巧みに細くシェイプした後ろ身頃のプリーツは、ウエストを華奢に見せる効果がある。だだし横から見た場合はそうでもない。スカートのプリーツは細く等間隔に畳まれている。上品な方法でスカートを持ち上げている。

＊：ジョージ3世（George III）[1738-1820] イギリス王（在位 1760-1820）。治世中には産業革命が起こった。

◆ 黄色い無地のシルクタフタのガウン

◆ 1779〜1781年頃：ゾファニー（Zoffany）作『シャープ一家（The Sharp Family）』より

フランシス・シャープ（Frances Sharp）、ジョージ三世（George III）の侍従医、ウィリアム・シャープ（William Sharp）の姉妹で、ミセス T. J. ロイド＝ベイカー（Mrs T J Lloyd-Baker）の叔母

ミス オリーブ・ロイド＝ベイカー（Miss Olive Lloyd-Baker）のコレクションより

前面拡大図

- 上身頃と袖は白い麻の裏地付き
- 3.2cm
- 絹のひもの跡
- 留め具を使った跡はない
- プリーツを留めてある
- プリーツは後ろに倒している
- 縫い目
- 縫い目
- 黄色い絹のひもで作った小さなループを、両側に各8カ所、スカートの裾まで縫い付けてある

前面

- 麻の裏地
- 上身頃の前中心：38.1cm
- 縫い目
- ウエストから裾までのスカート丈：104.1cm

背面拡大図

- プリーツは襟元から裾までひと続きの絹地
- 上身頃の後ろ中心
- AからBの幅：5.7cm
- 7.6cm
- プリーツは後ろへ倒されている
- 縫い目
- 後ろ中心のインバーティド・プリーツ

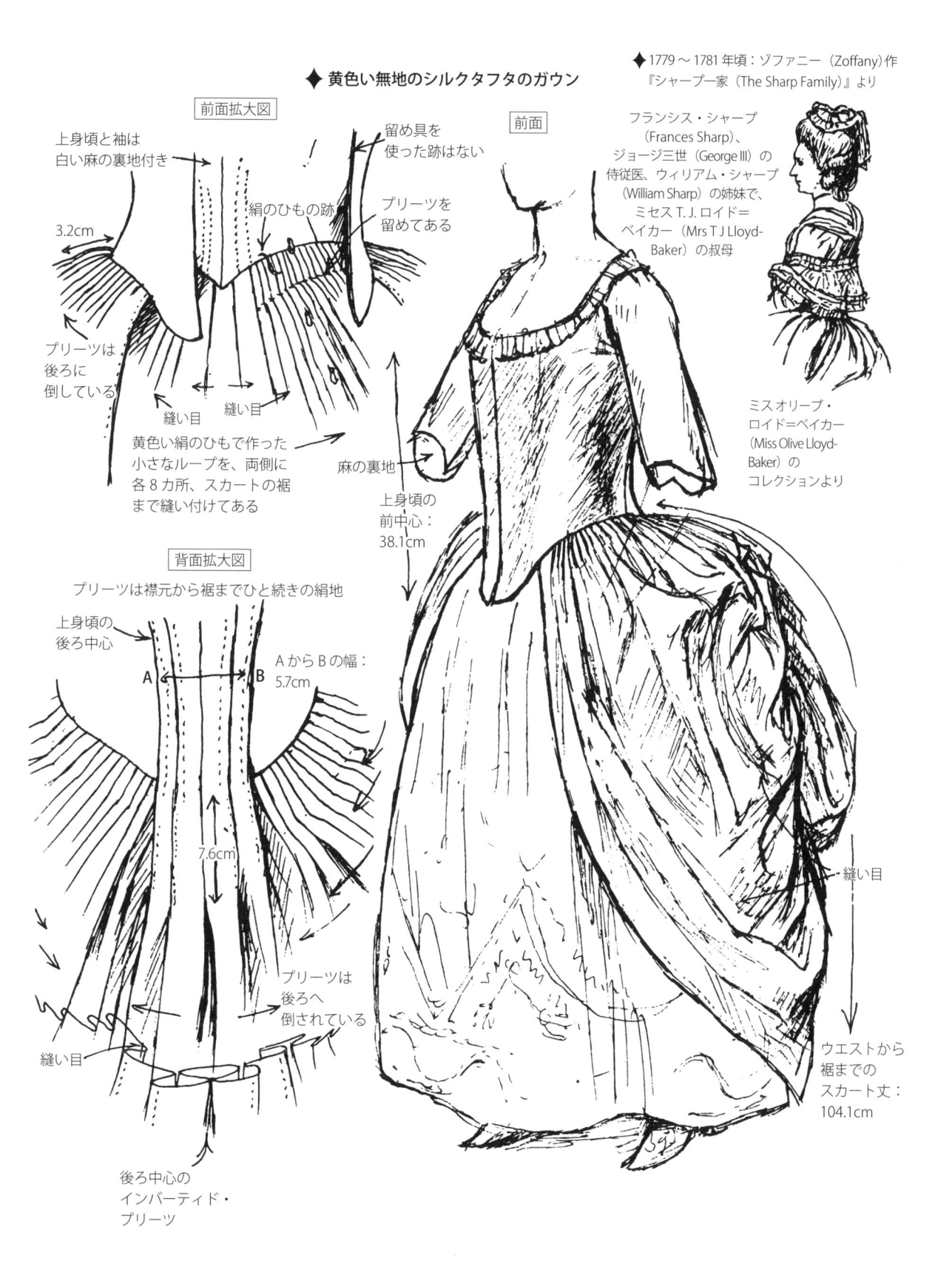

このドレスは若い女性にふさわしいガウンで、フォーマルな場以外で着用できる。ポロネーズは1770年代の典型的なスタイルである。1770〜75年頃は、前を閉じた上身頃がこの図のように少し長くなり、柔らかい扇形のカフスの流行は終わっている。

1770～1780年

p56～57：白いタフタのガウン（ドレスの意）。上身頃の前は閉じてあり、2本の長いボーンが背中心に入っている。上身頃と袖は白い麻の裏地付き。当時は鉛の重りを2個ずつ、袖の肘の部分に縫い付けてあった。カフスは失われている。スカートのプリーツは非常に丁寧に作られていて、ウエストに向けて細く絞った上身頃に縫い付けられている。背中のプリーツはとても細かく畳まれている。また、丁寧にプリーツを寄せた装飾が付いている。
スノースヒル・コレクション（Snowshill Collection）

◆ 白いタフタのガウン

[襟元の装飾拡大図]

ピンキングした端

[背面]

←12.7cm→
A B

ドレスの背中側
襟元：A～Bから
裾：C～Dまでは
1枚の布である

袖ぐりは小さく、位置が高め

縫い目　継ぎ目

こちら側の重りは失われている

重り

袖の装飾も失われている

丸い鉛の重りが2つ
両袖とも1つは
失われている

重りの大きさは
旧5シリング*貨幣
の半分ほど

ポケットのスリット

側面スカート丈：91.4cm

縫い目

後ろスカート丈：94cm

縫い目

[前面拡大図]

縁にはこの部分から細い丸ひもを通してある

←12.7cm→

縫い目

8.9cm

C　縫い目　D

縫い目

このドレスも、プリーツや装飾、縫製の質がとても良く、さらに絹地の保存状態が良い。背中側のプリーツはとても細かく、布は襟元から裾まで継ぎ目なしで続いている。上身頃の背中側にボーンが入っている点が、このドレスの興味深いところである。

＊：シリング（shilling）　イギリスの補助通貨単位。1971年に廃止された。

◆ 白いタフタのガウン

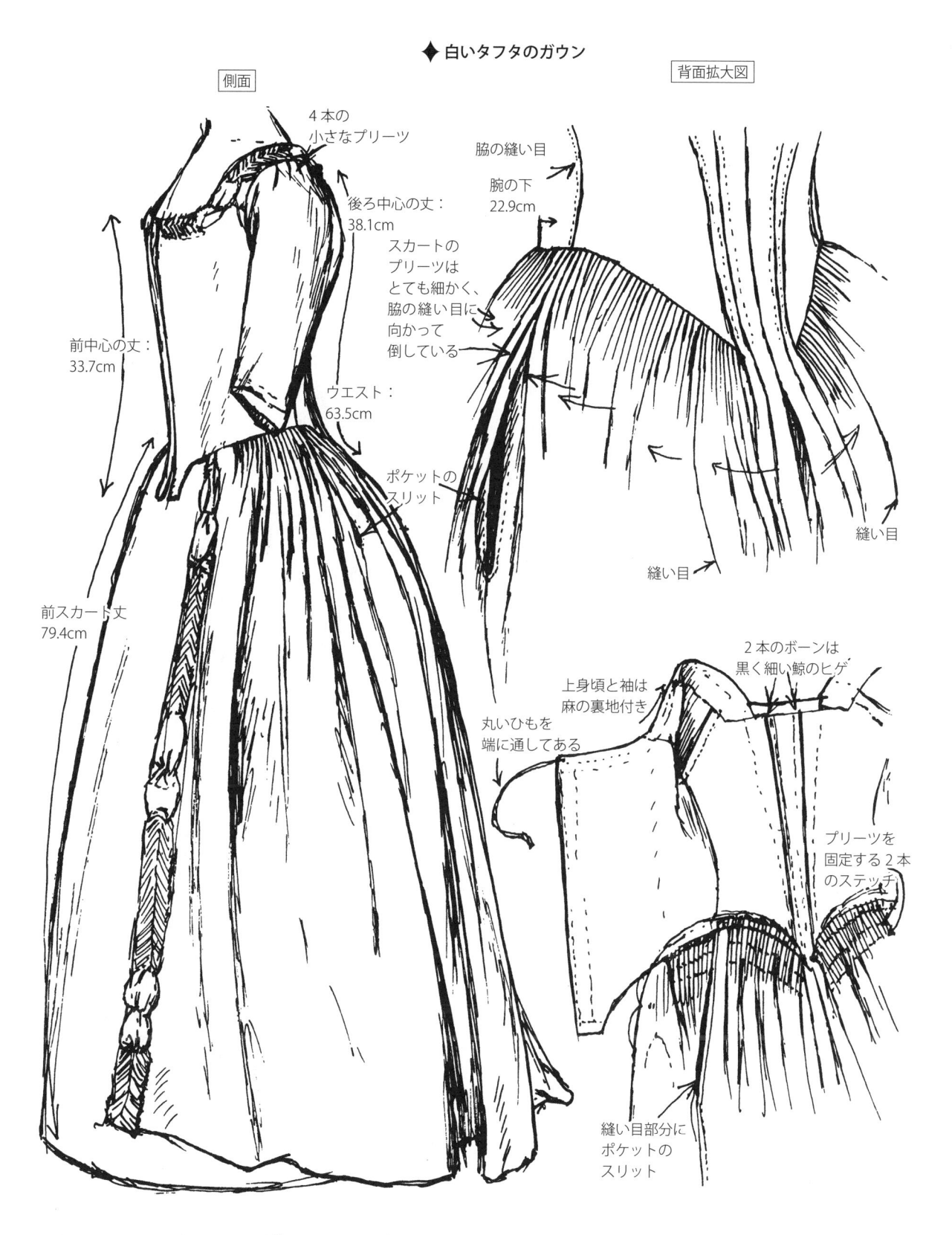

側面 / 背面拡大図

- 4本の小さなプリーツ
- 脇の縫い目
- 腕の下 22.9cm
- 後ろ中心の丈：38.1cm
- スカートのプリーツはとても細かく、脇の縫い目に向かって倒している
- 前中心の丈：33.7cm
- ウエスト：63.5cm
- ポケットのスリット
- 縫い目
- 縫い目
- 前スカート丈 79.4cm
- 2本のボーンは黒く細い鯨のヒゲ
- 上身頃と袖は麻の裏地付き
- 丸いひもを端に通してある
- プリーツを固定する2本のステッチ
- 縫い目部分にポケットのスリット

スノースヒル・コレクションに所蔵されている同年代の他のドレスにも、同じようにボーン入りのものがある。6本のボーン入りが2着、12本のボーン入りが1着である。このドレスには留め具の形跡が全くなく、また摩耗した様子もない。

1770〜1780年

p58〜59：クリーム色の綾織りの絹を使った前あきのローブ（ドレスの意）。柄は、ピンクがかった赤いサテンのストライプ2本の中央に黒の細い線。また、細いクリーム色のサテンのストライプの両脇に、黒い点模様の縁取りがしてある。背中のプリーツはとても細く、背中心に向けて倒し、縫い留めてある。上身頃と袖は白い麻の裏地付き。

p58：ストライプの絹の靴。三角形のフレンチ・ヒールが付いている。
スノースヒル・コレクション (Snowshill Collection)

◆ クリーム色の綾織りの絹のローブ

前面

◆ 1779年：J・F・リゴー（J. F. Rigaud）作『ロッカー家の人々（The Locker Family）』より

髪におしろいは付けていない

縫い目

袖は仕立て直され、細い縁取りが付いている

24.1cm

肘から袖口：7.6cm

両袖に継ぎ足した縫い目がある

前身頃のあきはぴったり合う

前あきのローブとペチコートに、薄手のエプロンを着けている

[柄拡大図]

ピンクがかった赤く細いサテンのストライプの間に、黒の細い線

2.5cm

クリーム色のサテンのストライプ

両脇に黒い点描の縁取り

裾には異なるストライプの絹地を付け足してある

7cm　0.6cm

スカート後ろ脇の丈：102.9cm

◆ ストライプの絹の靴

縁にクリーム色のサテンを貼ってある

クリーム色、黄色、銀色の絹糸

ヒールはクリーム色のサテン

8.9cm

バックルは失われている

2.2cm

AからBの幅：6.7cm

18.4cm

縫い目

縫い目

シンプルに美しく作られたドレス。このドレスの背中のデザインは非常に珍しい。プリーツを外側に倒したドレスは多いが、このような形式はあまり見つかっていないからである。前身頃のあきはぴったり合うが、留め具の跡はない。内側に隠したかぎホックか、編み上げ方式を使ったのであろう。

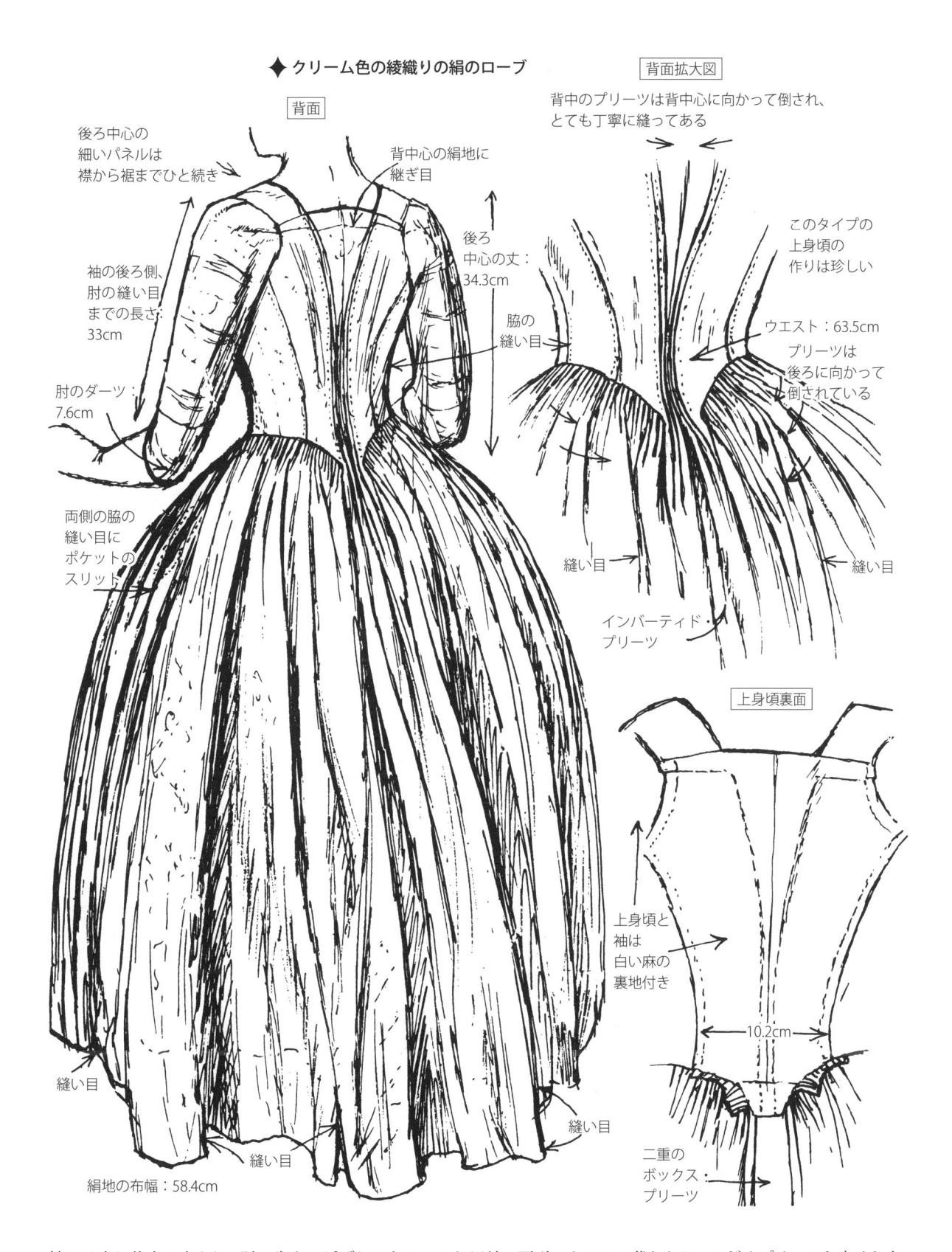

◆ クリーム色の綾織りの絹のローブ

背面

背面拡大図

後ろ中心の細いパネルは襟から裾までひと続き

背中心の絹地に継ぎ目

背中のプリーツは背中心に向かって倒され、とても丁寧に縫ってある

袖の後ろ側、肘の縫い目までの長さ 33cm

後ろ中心の丈：34.3cm

このタイプの上身頃の作りは珍しい

肘のダーツ：7.6cm

脇の縫い目

ウエスト：63.5cm

プリーツは後ろに向かって倒されている

両側の脇の縫い目にポケットのスリット

縫い目

縫い目

インバーティド・プリーツ

上身頃裏面

上身頃と袖は白い麻の裏地付き

10.2cm

縫い目

縫い目

縫い目

二重のボックス・プリーツ

絹地の布幅：58.4cm

袖口は少し仕立て直され、肘の先まで延ばしてある。これ以前の扇形のカフスの代わりに、ひだやプリーツを寄せた布を使うこともあった。p58 右上の女性の絵に、その様子が描かれている。

1770〜1790年

p60：小さな麦わら帽子2点と、光沢のある黒い綿地の、カラッシュと呼ばれる幌形の帽子。麦わら帽子の片方には、モミの実の外皮が付いている。カラッシュにはピンクの綿の裏地と黒いリボンが付いている。

p61：クリーム色のサテン製の小さなマフと、登場初期の傘。マフは1770年代後半から1780年代のもので、おそらくフランス製である。スパンコールの装飾付きで、サテン地には細密画が描かれている。傘はブルー・グレー（青みがかった灰色）の絹と、木製の持ち手を使っている。

もとはバーナード・コレクション（Barnard Collection）だったもので、現在の所蔵はスノースヒル・コレクション（Snowshill Collection）

◆ 麦わら帽子：1

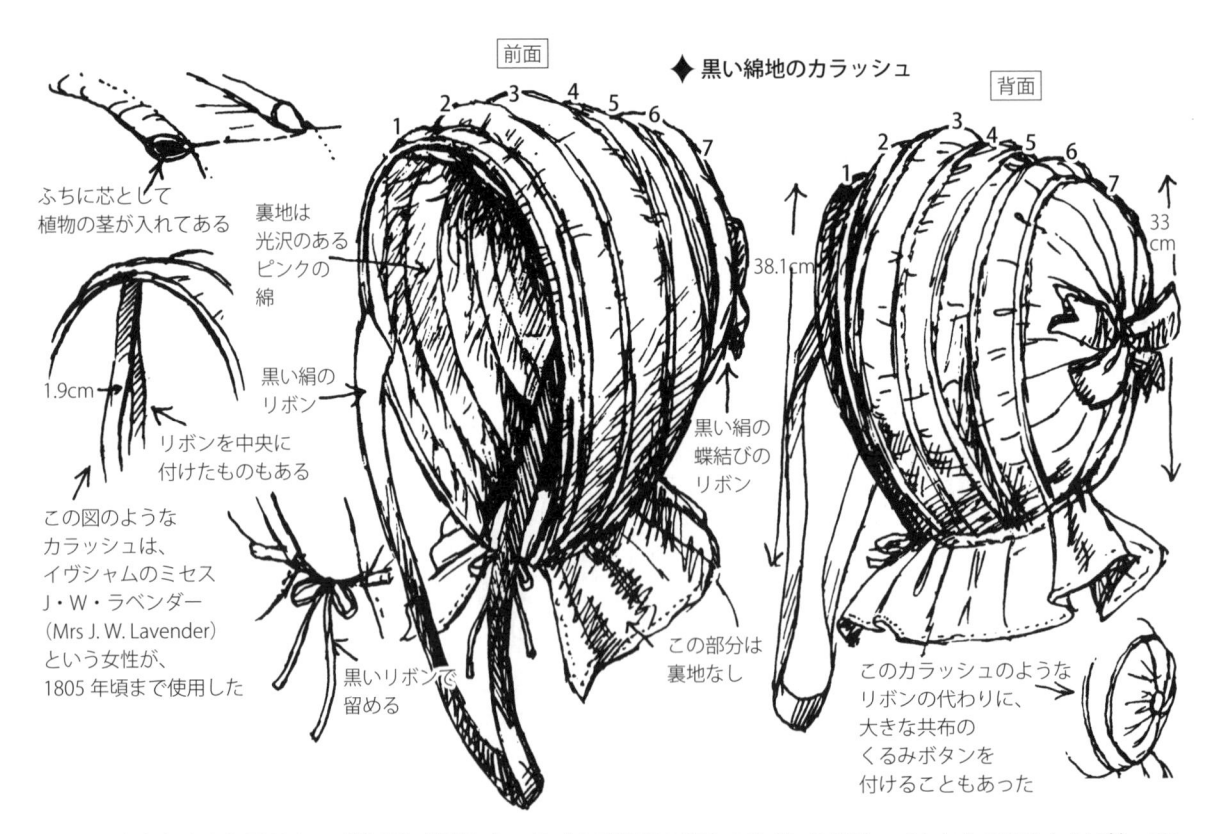

- 繊細なコケのリース
- モミの実の外皮
- モミの実はひとつずつ縫い付けられている
- 37.5cm
- 現在はコケが非常に乾燥している
- 15.2cm
- 適度に張りのある麦わら
- 3.8cm
- 33cm
- 濃いチェリー・レッド（鮮赤色）の絹のリボン

◆ 麦わら帽子：2

- 12.7cm　10.2cm
- 隙間なく巻かれた細い植物の茎
- 8.9cm
- 6.4cm
- 裏に木片
- つばの裏側には木片の重りが付いている
- 裏地は濃い赤茶色に葉の柄
- 1cm
- 0.6cm
- 5.1cm
- 中央に黒い線の柄が入ったピンクのリボン

◆ 黒い綿地のカラッシュ

前面

- ふちに芯として植物の茎が入れてある
- 1.9cm
- リボンを中央に付けたものもある
- この図のようなカラッシュは、イヴシャムのミセスJ・W・ラベンダー（Mrs J. W. Lavender）という女性が、1805年頃まで使用した
- 裏地は光沢のあるピンクの綿
- 黒い絹のリボン
- 38.1cm
- 黒い絹の蝶結びのリボン
- この部分は裏地なし
- 黒いリボンで留める

背面

- 33cm
- このカラッシュのようなリボンの代わりに、大きな共布のくるみボタンを付けることもあった

この図のような小さな帽子は18世紀頃に流行した。あごの下や頭の後ろでリボンを結び、p61右上の図のように被っていた。1770年頃の『忘れられた子どもたちの本（Forgotten Children's books）』という本に掲載された現代的な木版画には、帽子、カラッシュ、マフを身に着けている様子や、リボンでカラッシュを広げている様子が描かれている。

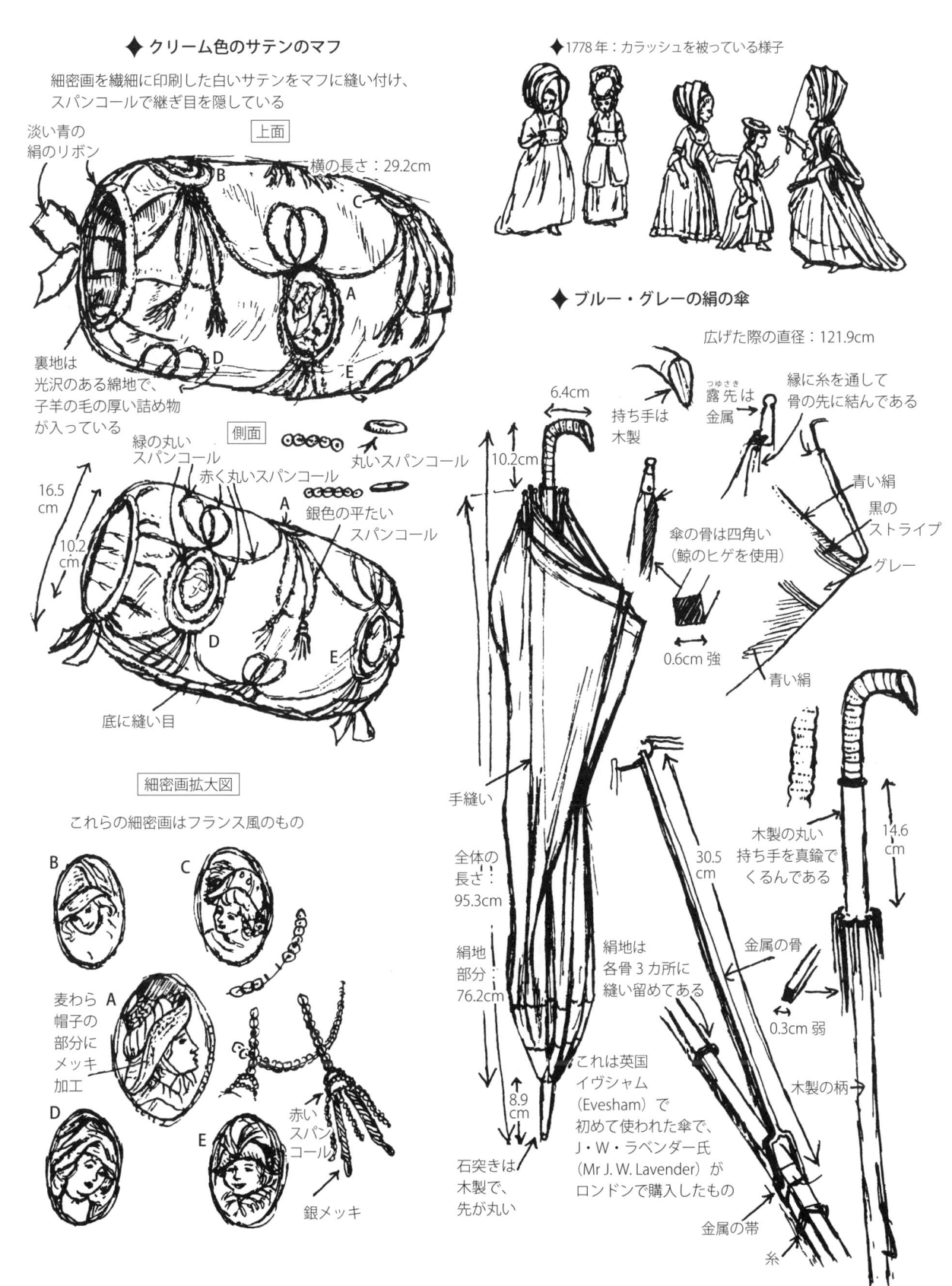

◆ クリーム色のサテンのマフ

細密画を繊細に印刷した白いサテンをマフに縫い付け、スパンコールで継ぎ目を隠している

上面

- 淡い青の絹のリボン
- 横の長さ：29.2cm
- 裏地は光沢のある綿地で、子羊の毛の厚い詰め物が入っている

側面

- 16.5cm
- 10.2cm
- 緑の丸いスパンコール
- 赤く丸いスパンコール
- 銀色の平たいスパンコール
- 丸いスパンコール
- 底に縫い目

細密画拡大図

これらの細密画はフランス風のもの

- 麦わら帽子の部分にメッキ加工
- 赤いスパンコール
- 銀メッキ

◆ 1778年：カラッシュを被っている様子

◆ ブルー・グレーの絹の傘

広げた際の直径：121.9cm

- 6.4cm
- 10.2cm
- 持ち手は木製
- 露先は金属
- 縁に糸を通して骨の先に結んである
- 青い絹
- 黒のストライプ
- グレー
- 傘の骨は四角い（鯨のヒゲを使用）
- 0.6cm強
- 青い絹
- 手縫い
- 全体の長さ：95.3cm
- 絹地部分 76.2cm
- 30.5cm
- 絹地は各骨3カ所に縫い留めてある
- 木製の丸い持ち手を真鍮でくるんである
- 14.6cm
- 金属の骨
- 0.3cm弱
- 木製の柄
- 8.9cm
- 石突きは木製で、先が丸い
- これは英国イヴシャム（Evesham）で初めて使われた傘で、J・W・ラベンダー氏（Mr J. W. Lavender）がロンドンで購入したもの
- 金属の帯
- 糸

この傘は開くと大きなドーム型で、非常に重い。ジョナス・ハンウェイ氏（Jonas Hanway）は、1750年頃に初めてロンドンで傘をさして歩くという大胆な行動をした人物である。氏は1786年に亡くなった。

1770～1780年

p62～63：クリーム色の絹のポロネーズ。柄は細いストライプと小さな黄色の水玉に、様々な色の絹糸を使った花柄の織模様。スカート前面とネックラインには、縁を細い絹糸のブレードで装飾し、共布でプリーツしたリボンが付いている。上身頃と袖は白い麻の裏地付き。上身頃は前後ともボーンが入っている。アイルランドの都市、リムリックのミス マシー・ラノラルド（Miss Massey of Llanorald）という女性が着用したものである。

スノースヒル・コレクション（Snowshill Collection）

[織模様拡大図]
ピンク
茶色
緑
茶色
ピンク
黄褐色
茶色
モーブ色（藤色）と赤い花柄もある

♦ クリーム色の絹のポロネーズ

[前面]

薄く長いボーンが、上半身の前面AからBに入っている

胸元のあき：22.9cm

袖全長：35.6cm

27.9cm

脇の縫い目：25.4cm

前中心の丈：38.1cm

21.6cm

25.4cm

前スカートの丈 111.8cm

スリット

小さなプリーツ

別の布を使ったペチコート

[前面あき拡大図]

麻の裏地

2本のボーン

ボーン入り

薄い絹のテープを、裏面に付けたボタンに縫い留めてある

このドレスの上身頃とスカートは別々に裁断され、襟元から裾まで続く背中のプリーツはない。上身頃には8本の長いボーンが入っている。ウエストは細くはないが、横から見た場合以外はほっそりとして見える。スカートの裏面には、スカートを持ち上げる薄い絹のテープが付いている。このテープはかなり短く、カットされている可能性もある。

◆ クリーム色の絹のポロネーズ

背面拡大図

3.8cm　25.4cm

後ろ中心：43.2cm

後ろ切り替え線C〜D：33cm

7cm

背面

両側の縫い目に、2本の薄く長いボーンが入っている

上身頃の前あきに留め具の跡はない

サイド・パネルのラインにはボーンが入っている

共布のくるみボタン

縫い目

ウエスト：76.2cm

縫い目に作られたポケットのスリット

縫い目

後ろ中心に向かって倒されたプリーツ

縫い目

他のドレスとは異なる方法、おそらくテープでスカートを持ち上げていた可能性がある（ドレスの外側に実際のテープはないが）

襟元装飾拡大図

プリーツの中心の縫い目

原綿を詰めた装飾用のボタン

絹糸のループを緑の絹糸で留めてある

絹

縫い目

絹地の布幅：49.5cm

このドレスにはループや他の留め具の跡がないため、おそらく上身頃の背中に付けたボタンに絹のテープを留め、スカートを持ち上げたと思われる。

1770～1780年

p64～65：深みのある濃い赤紫色の絹の玉虫タフタを使ったローブ（ドレスの意）。ポロネーズと、裾全体に幅広のフラウンスを付けた揃いのペチコート。スカートには「ファービロウ」と呼ばれる縁飾り、曲線を描く形状の装飾とボタンが付いている。上身頃の背中には6本のボーンが入っている。上身頃と袖は白い麻の裏地付き。袖の装飾は失われている。
スノースヒル・コレクション（Snowshill Collection）

◆ 濃い赤紫色の、絹の玉虫タフタのローブ

[装飾拡大図]
細かいボックス・プリーツ
3.8cm
縁は波形にピンキング

[側面]
サイド・パネルのラインにはボーンが入っている
35.6cm
36.8cm
ウエスト：71.1cm
ペチコート前部の丈：88.9cm
後ろスカート丈：132.1cm

[スカート拡大図]
ボックス・プリーツ
折り返して縫い留めてある
折り返してステッチ
ペチコートの裾全体にフラウンス
ペチコートの脇丈：101.6cm

◆ 揃いのペチコート

ボックス・プリーツは脇に向かって倒してあり、プリーツの幅はスカートのものより狭い

[装飾拡大図]
ドレスに付いている曲線を描く帯状の飾りには、プリーツと平らなくるみボタンが複数付いている

一番上のボタン：2.5cm
ボタンは裾に近いほど大きくなり、一番下のボタンの直径は4.4cm

張りのある絹地を使ったこのローブは、スカートの中に付けた3本のひもを使って持ち上げられる。「バッスル」と呼ばれる腰当て、別名「偽の尻」をペチコートの下に着け、スカートを膨らませた。スカートは上身頃とは別に裁断され、平らなボックス・プリーツを寄せて上身頃に縫い付けてある。ペチコートのボックス・プリーツは、縫い付けられていない。

◆ 濃い赤紫色の、絹の玉虫タフタのローブ

裏面
- 縫い目
- ボーン2本
- 上身頃の引き締めひもはこの位置から始まっている
- 24.1cm
- バスト：91.4cm
- 白い麻の裏地
- ボーン入り
- 縫い代は袖の後ろ側に倒している
- ボックス・プリーツ
- 縫い目
- A
- B
- 縫い目
- 裾から73.7cm
- 共布のシルクタフタ地のループ
- ループはスカートの後ろ中心の裾から78.7cmの位置にあり、AとBにも同様のループの縫い目跡がある

背面
- 両側の縫い代は背中心の布にまつってある
- 縫い目
- ボーン入り
- 40.6cm
- 7.6cm ダーツ
- 縫い目
- 縫い目
- 縫い目
- 縫い目
- シルクタフタ地の布幅：55.9cm

装飾拡大図
- 22.9cm
- ペチコートのフラウンス

曲線を描く帯状の装飾は、1760～80年頃まで流行した。飾りボタンは平らな厚紙をドレスと同じ生地でくるんだもの。芯に原綿を詰めたボタンを使ったドレスもある。このドレスも、上身頃に留め具を使った跡はない。

1775〜1780年

p66〜67：張りのあるクリーム色の絹に、リブの入ったサテンのブロケードの太いストライプを入れ、カラフルな絹糸の花枝柄をあしらったポロネーズ。上身頃全体に計12本のボーンを入れている。裏面に付けた3組のテープで、上身頃とスカートを留める。上身頃と袖は白い麻の裏地付き。刺繍を施したモスリンのラッフルを袖に縫い付けてある。揃いのペチコートには、大きな波形のフラウンスが付いている。
スノースヒル・コレクション（Snowshill Collection）

◆ クリーム色の花枝柄の絹のポロネーズ

背面

この部分の縫い代は、ボーンの入った背中心側に折ってある

上身頃のボーンは計12本

縫い目

ウエスト：76.2cm

プリーツは横の縫い目から始まり、全て後ろに向けて倒してある

縫い目

縫い目部分にあるポケットのスリットはこちら側のみ、揃いのペチコートも同様

上質なモスリンのラッフルが2枚

袖の装飾拡大図

モスリン地のラッフルに施された刺繍

アウトラインステッチの枝部分

葉の部分は裏からオーバー・ステッチを施し、立体的な効果を出している

非常に細かいドロン・ワーク

縫い目

縫い目

縫い目

絹地の布幅：48.3cm

スカートを持ち上げるスタイルは1780年代初頭に人気を失い、凝った装飾は見られなくなる。上身頃の裁断も変化し、この図にあるドレスのように縫い目が多くボーンの入ったものは一般的ではなくなった。スカートのプリーツも変化し、背中側のみを膨らませるようになる。

◆ クリーム色の花枝柄の絹のポロネーズ

側面

上身頃と袖は白い麻の裏地付き

カフスを仕立て直したらしき縫い目の跡がある

刺繍を施したモスリン地のラッフル

ウエストから裾まで 96.5cm

後ろ中心の丈：35.6cm

18.7cm　6.0cm

この花柄は反転して繰り返されている

ピンク
赤
黒
緑

全てピンクがかった赤

2.5cm
無地の絹に花や枝の続き模様が入っている

大小の枝花柄が交互に登場している

幅広の畝織り(うね)サテン地のパネル 全体の幅：18.7cm

ダチョウの羽根とバラをあしらったヘッドドレス

ストライプの絹を使ったポロネーズと、キルティングを施したフラウンス付きペチコート

◆1779年頃：ゾファニー（Zoffany）作『ジョン・ウィルクス氏と令嬢（John Wilkes and his daughter）』より

ストライプのガーゼのエプロン

ガーゼのフラウンス

ゾファニーは、作品の多くに愛犬を登場させている

この図のドレスはその良い例で、スカートの前や脇はかなりシンプルになっている。ジョン・ウィルクス（John Wilkes）＊氏の娘を描いた右下のスケッチには、アクセサリー、リボンの装飾、そして1770年代のファッショナブルな女性が好んだヘアスタイルが描かれている。

＊：ジョン・ウィルクス（John Wilkes）[1727-1797]　イギリスの政治家。ロンドン市長などを務める。

1775～1780年

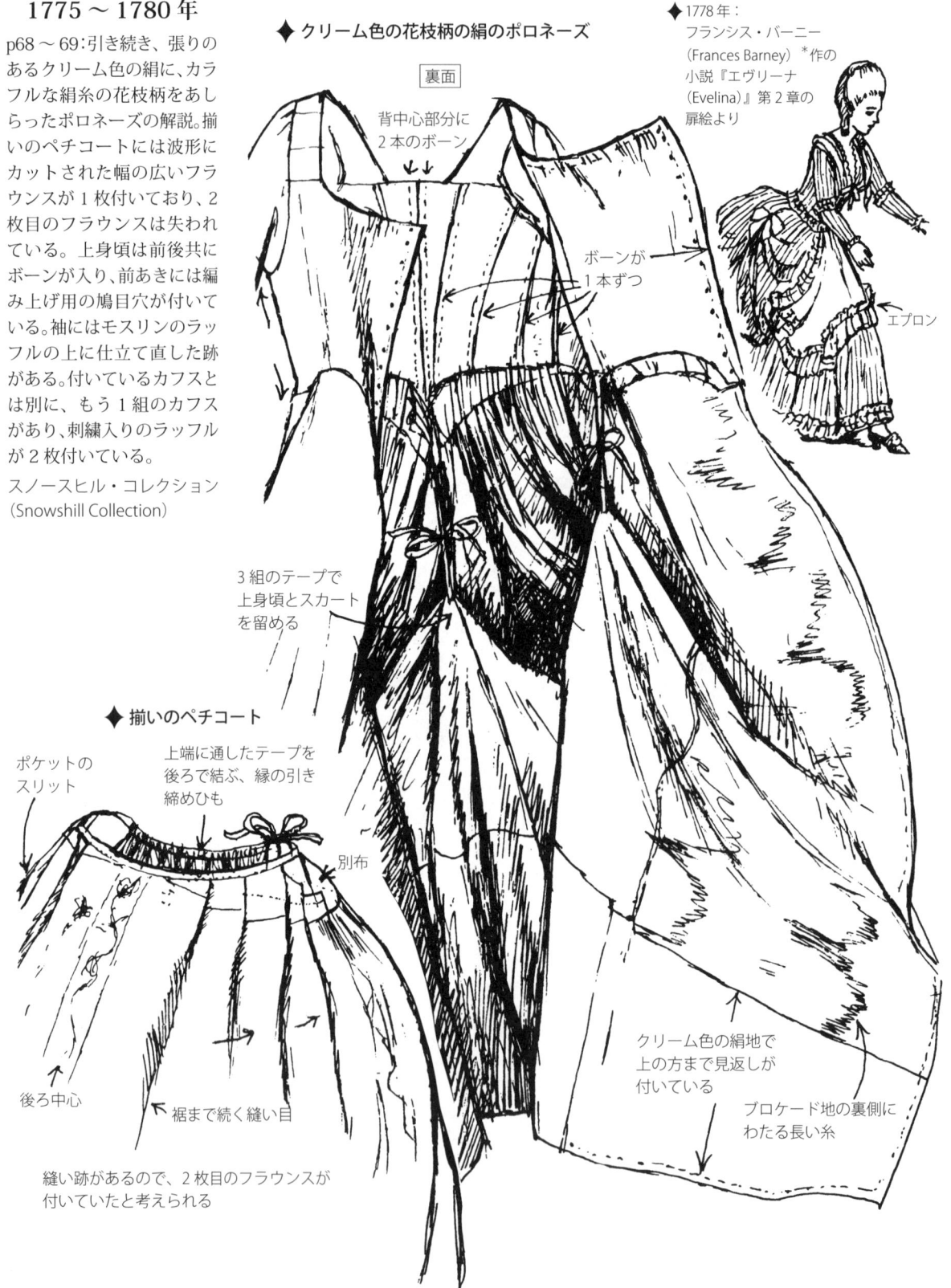

p68～69：引き続き、張りのあるクリーム色の絹に、カラフルな絹糸の花枝柄をあしらったポロネーズの解説。揃いのペチコートには波形にカットされた幅の広いフラウンスが1枚付いており、2枚目のフラウンスは失われている。上身頃は前後共にボーンが入り、前あきには編み上げ用の鳩目穴が付いている。袖にはモスリンのラッフルの上に仕立て直した跡がある。付いているカフスとは別に、もう1組のカフスがあり、刺繍入りのラッフルが2枚付いている。
スノースヒル・コレクション（Snowshill Collection）

◆ クリーム色の花枝柄の絹のポロネーズ

裏面

背中心部分に2本のボーン

ボーンが1本ずつ

3組のテープで上身頃とスカートを留める

◆ 1778年：フランシス・バーニー（Frances Barney）*作の小説『エヴリーナ（Evelina）』第2章の扉絵より

エプロン

クリーム色の絹地で上の方まで見返しが付いている

ブロケード地の裏側にわたる長い糸

◆ 揃いのペチコート

ポケットのスリット

上端に通したテープを後ろで結ぶ、縁の引き締めひも

別布

後ろ中心

裾まで続く縫い目

縫い跡があるので、2枚目のフラウンスが付いていたと考えられる

ペチコートの前部と前脇部分はドレスと同じ絹地を使用し、後ろの裾から30.5cmの部分には、違う布を縫い合わせた生地を使っている。それ以外にはクリーム色の毛織物を使用している。パッド型の「バッスル」をこの下に着けたと思われる。

*：フランシス・バーニー（Frances Barney）[1752-1840] イギリスの女性小説家。

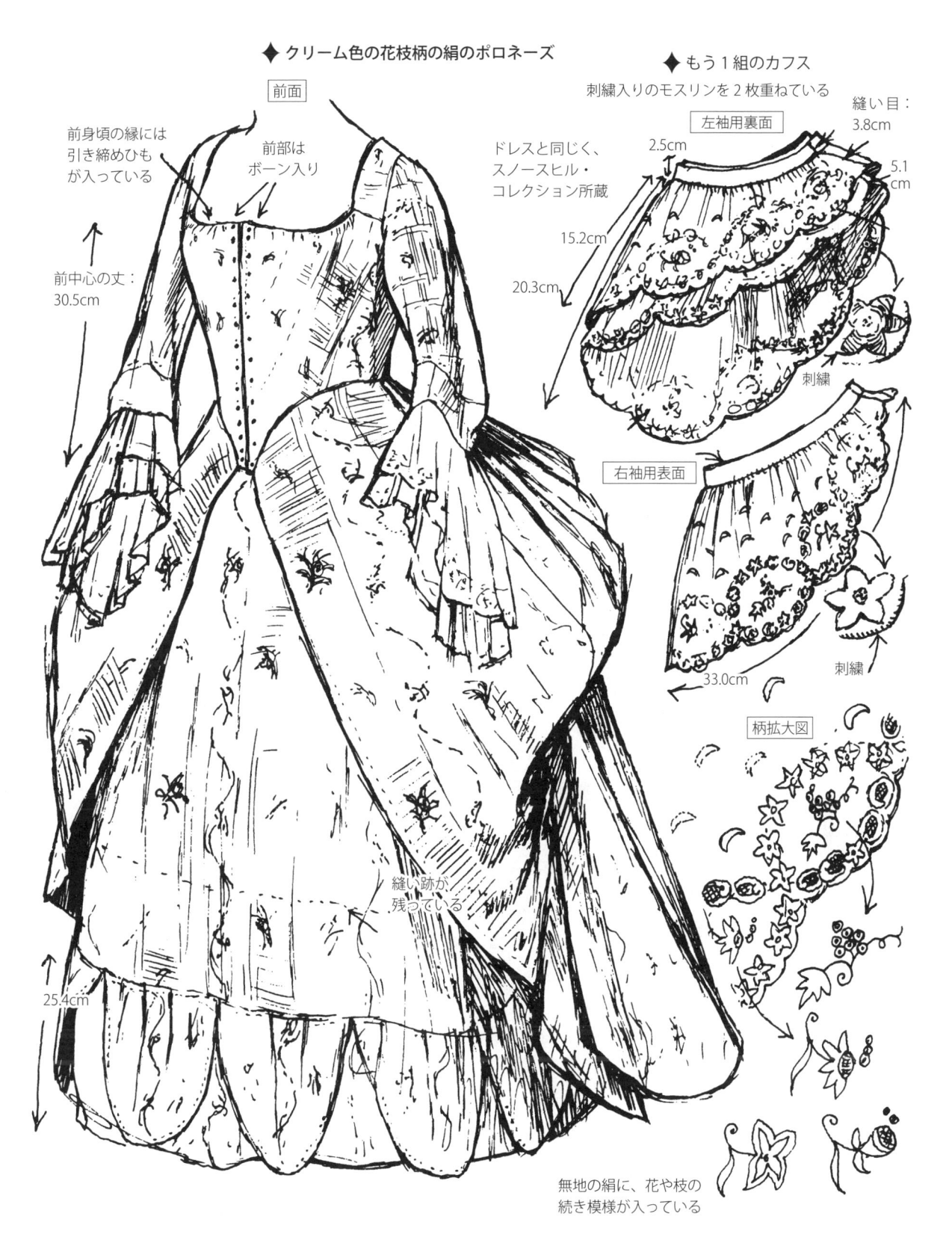

♦ クリーム色の花枝柄の絹のポロネーズ　　　♦ もう1組のカフス

前面

前身頃の縁には引き締めひもが入っている

前部はボーン入り

刺繍入りのモスリンを2枚重ねている

縫い目：3.8cm

左袖用裏面

2.5cm

ドレスと同じく、スノースヒル・コレクション所蔵

15.2cm

20.3cm

前中心の丈：30.5cm

刺繍

右袖用表面

33.0cm

刺繍

柄拡大図

縫い跡が残っている

25.4cm

無地の絹に、花や枝の続き模様が入っている

この時代には、肘から先を長く伸ばした袖が流行し、それは次第に長くなる傾向を見せた。スケッチに描かれた袖はおそらく取り外しができるもので、p17で紹介した黄色い柄入りの絹のジャケットの袖に似ている。

69

1780年頃

p70〜71：プリント柄の綿のポロネーズ。淡いピンクと白のストライプの上に、ピンクがかった赤い花枝の続き柄と、青や緑の葉の柄。一部の花は青と藤色である。柄は茜色でプリントされ、青の細い線を加えてある。上身頃と袖は白い麻の裏地付き。スカートは非常に細かいプリーツを寄せて、上身頃に縫い付けてある。
スノースヒル・コレクション（Snowshill Collection）

◆ 淡いピンクと白のストライプのポロネーズ

背面

背面拡大図

中心の縫い代

背中の切り替え線の縫い代は中心に向かって倒し、縫い留めてある

中心の縫い代の幅はとても狭い

2本のタック

後ろ中心に向けて倒した、とても細かいプリーツ

袖のストライプは横縞

ウエスト：61.0cm

後ろ中心の丈：35.6cm

深いインバーティド・プリーツ

柄拡大図

白地にピンクのストライプが6本

スカート丈 101.6cm

花や枝の続き柄は、ピンクがかった赤と、青、緑、藤色

ピンクのストライプと花柄の周りに細かい点描柄

縫い目

耳

綿地の布幅：100.3cm

この図のようなプリント柄の綿地は、1780年代になると頻繁に普段着に使われた。金属板やピンを埋め込んだ木板を使うことで、手の込んだ点描柄や、輪郭の細かい刺繍を綿地のプリント柄で表現できるようになったためである。

◆ 淡いピンクと白のストライプのポロネーズ

裏面拡大図
スカートを持ち上げる構造

スカートの縫い代

側面

袖丈：40.6cm

前面

3本のタック

縫い目

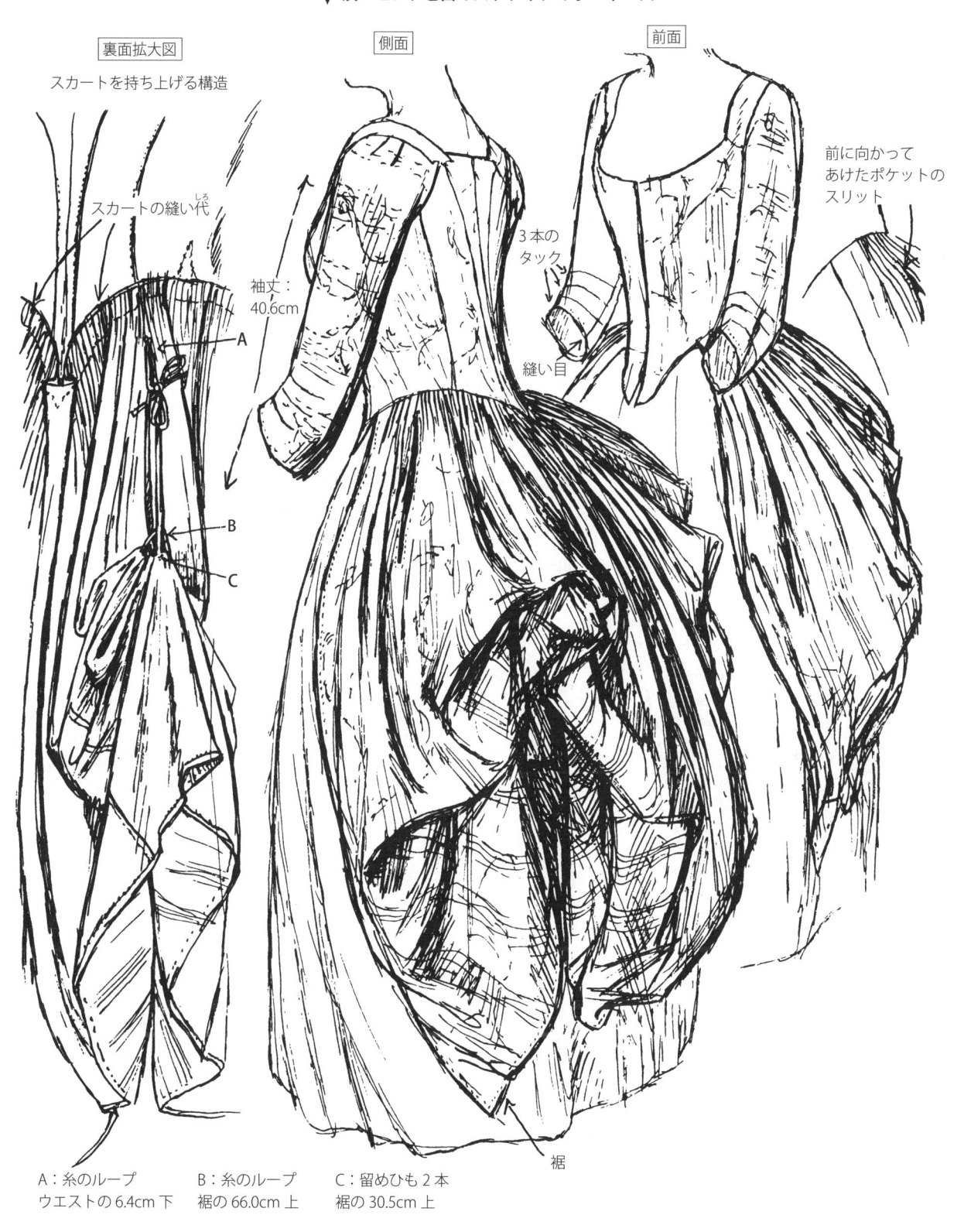

前に向かってあけたポケットのスリット

裾

A：糸のループ
ウエストの6.4cm下

B：糸のループ
裾の66.0cm上

C：留めひも2本
裾の30.5cm上

美しくドレープを寄せたスカートが魅力的なこのドレスには、当時のままのテープとループの留め具が残っている。おそらくモスリンのペチコートを着用したのだろう。上前身頃には摩耗した跡があり、ピンで留めていたようである。後ろ身頃の縫い代は中心で割ってある。

71

18世紀

p72：1750年頃の、銀糸で編んだロビングと、共布の刺繍入りスタマッカーとカフス。1700～1750年頃の刺繍入りスタマッカーは、アイボリー（象牙色）の絹地に濃い赤、茶、淡い黄、明るい緑、濃い緑、銀色の糸で刺繍が施され、細かくボーンが入り、裏地が付けてある。

p73：珍しいフランス式のガーターとストッキング。ガーターは18世紀終り頃のものである。ストッキングはクリーム色の薄い絹地で、足首部分には繊細なオープンワークが施されている。
スノースヒル・コレクション
(Snowshill Collection)

◆ 銀糸のロビング

20.3cm
37.5cm
3.5cm
横幅：3.8cm
肩部分
27.9cm
立ち上げたループの列
立ち上げたループの列
銀糸のループ
半分の長さ 36.2cm
5.7cm
5.7cm

◆ 刺繍入りスタマッカー

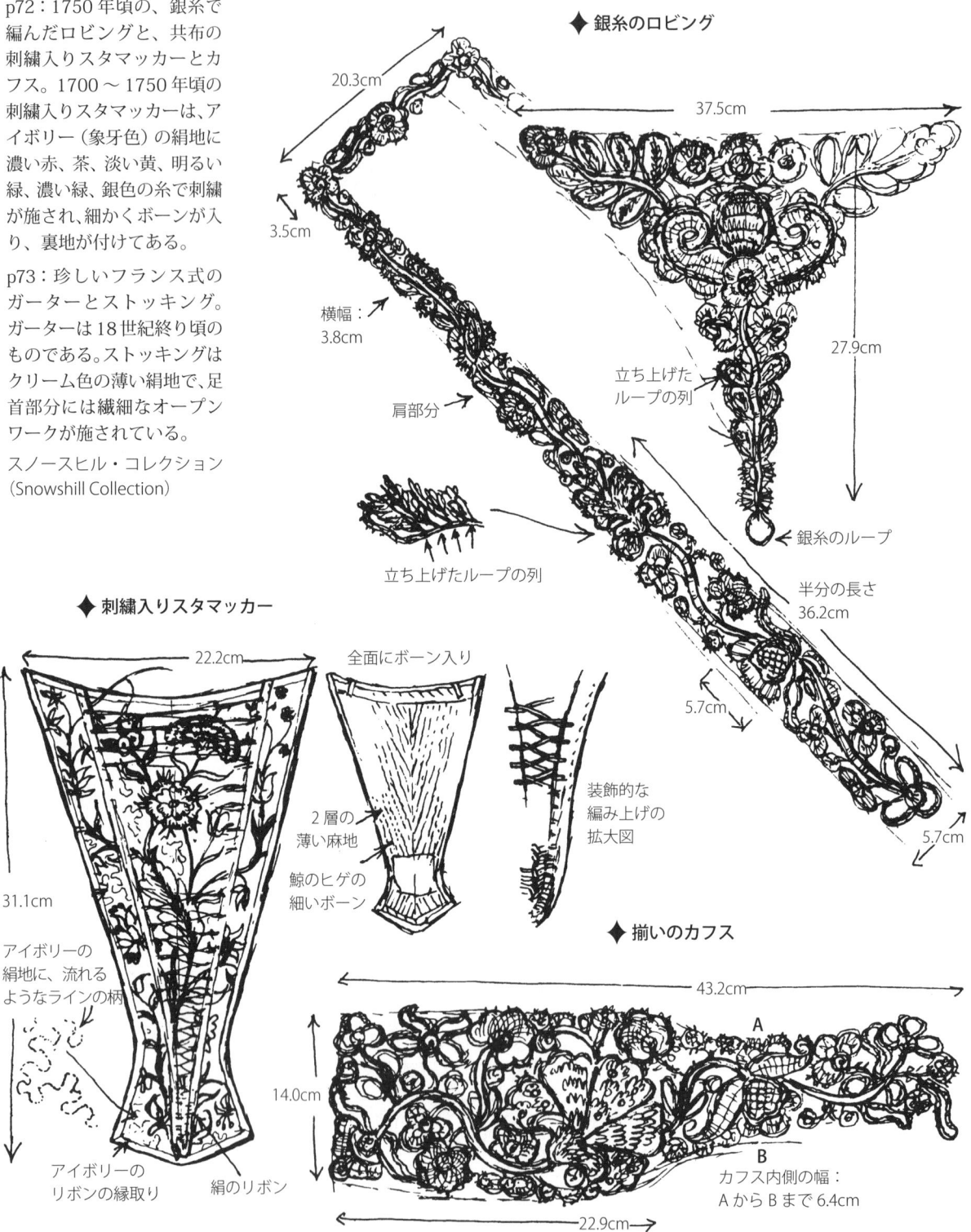

22.2cm
全面にボーン入り
31.1cm
2層の薄い麻地
鯨のヒゲの細いボーン
装飾的な編み上げの拡大図
アイボリーの絹地に、流れるようなラインの柄
アイボリーのリボンの縁取り
絹のリボン

◆ 揃いのカフス

43.2cm
A
14.0cm
B
カフス内側の幅：
AからBまで 6.4cm
22.9cm

このような銀糸のレースのロビングは珍しい。これらはウィングド・カフスが付いた1740～50年頃のドレスのために作られたもの。刺繍入りのスタマッカーにも、18世紀の刺繍技術の素晴らしさが表れている。フランス式のガーターは小さな真鍮のバネ付きで、完全な形で保存されている。

◆ **フランス式のガーター**

刺繍入りの白いサテン製で、1790年頃のもの
マリー・アントワネット（Marie Antoinette）が着けた
品と言われている

左右両方のガーターに以下の韻文がプリントされている
1：私は真の美しさを描く（Je peins une beauté fidèle）
　　私は完璧なパートナー（Je forme un ensemble parfait）
2：そして私が描く時（Et quand je trace le portrait）
　　モデルはあなたひとり（Vous seule en êtes le modèle）

両方のガーターに同じ刺繍
絹糸と絹のシェニール糸を、
それぞれの花びらに
使っている

17.8cm

リボンの切れ端

青と、真ん中に黄色

緑

ピンク

白いサテン地

原綿の詰め物

細い真鍮のバネ6本

13.3cm

バネ実物大

バネの上に白い絹地が縫い付けてある

白い横畝織り絹の
リボンの切れ端

◆ **ランバル公妃マリー・ルイーズ**
（The princesse de Lamballe）*の
侍女、フランシス・ブルワー
（Frances Bulwer）

白いキャップ

青い目

明るい褐色の髪

リボン

フランシスは1796年に
36歳で亡くなった

◆ **ストッキング**

装飾拡大図

繊細なオープンワーク

全体図

クリーム色の薄手の絹地

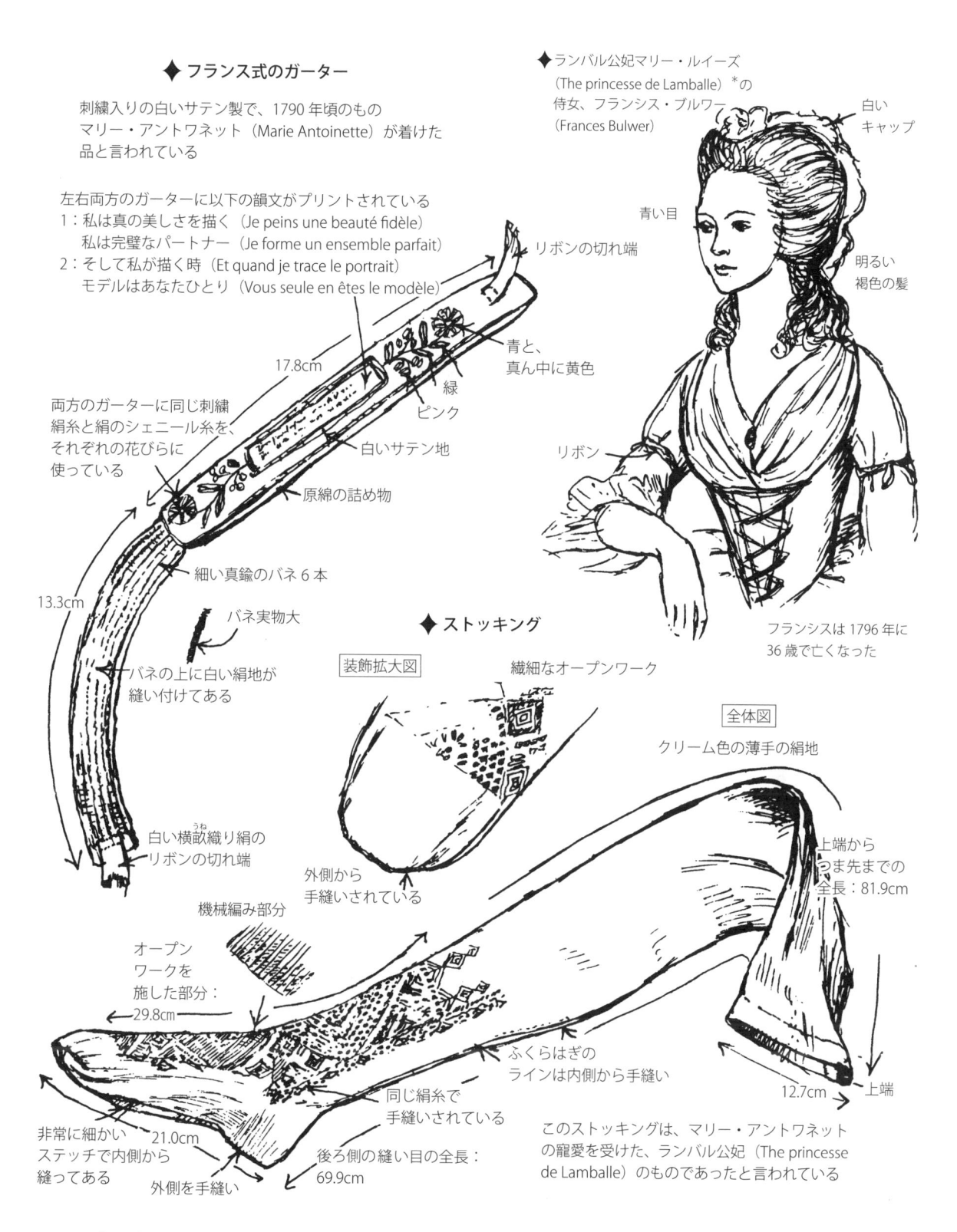

外側から手縫いされている

機械編み部分

オープンワークを施した部分：
←29.8cm→

上端からつま先までの全長：81.9cm

ふくらはぎのラインは内側から手縫い

同じ絹糸で手縫いされている

12.7cm

上端

21.0cm

非常に細かいステッチで内側から縫ってある

外側を手縫い

後ろ側の縫い目の全長：69.9cm

このストッキングは、マリー・アントワネットの寵愛を受けた、ランバル公妃（The princesse de Lamballe）のものであったと言われている

フランス式のガーターは小さな真鍮のバネ付きで、完全な形で保存されている。このガーターとクリーム色の薄い絹地のストッキングは、1792年にランバル公妃（The princesse de Lamballe）が非業の死を遂げた後、フランシス・ブルワー（Frances Bulwer）がイングランドに持ち帰ったものと思われる。これらの品はブルワー家に残され、20世紀にスノースヒルのチャールズ・ウェイド（Charles Wade）が受け継いだ。

＊：ランバル公妃マリー・ルイーズ（The princesse de Lamballe）[1749-1793] マリー・アントワネットの宮廷女官長を務めた。

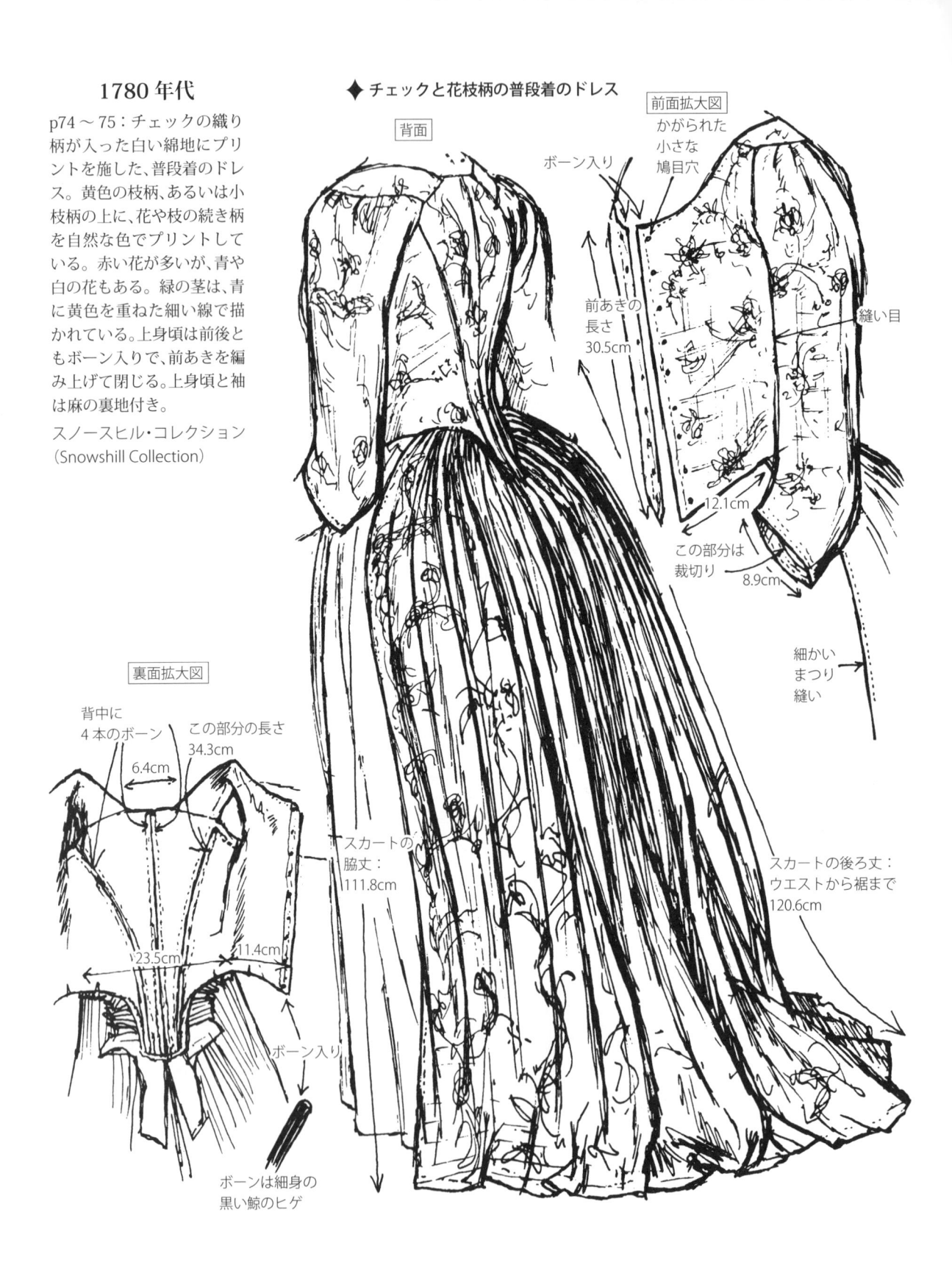

1780年代

♦ チェックと花枝柄の普段着のドレス

p74〜75：チェックの織り柄が入った白い綿地にプリントを施した、普段着のドレス。黄色の枝柄、あるいは小枝柄の上に、花や枝の続き柄を自然な色でプリントしている。赤い花が多いが、青や白の花もある。緑の茎は、青に黄色を重ねた細い線で描かれている。上身頃は前後ともボーン入りで、前あきを編み上げて閉じる。上身頃と袖は麻の裏地付き。

スノースヒル・コレクション
(Snowshill Collection)

背面

前面拡大図
かがられた小さな鳩目穴
ボーン入り
前あきの長さ 30.5cm
縫い目
12.1cm
この部分は裁切り
8.9cm
細かいまつり縫い

裏面拡大図
背中に4本のボーン
この部分の長さ 34.3cm
6.4cm
23.5cm 11.4cm
ボーン入り
ボーンは細身の黒い鯨のヒゲ

スカートの脇丈：111.8cm

スカートの後ろ丈：ウエストから裾まで 120.6cm

スリムで背の高い女性のために作られたこのドレスには、繊細なギャザーがたっぷりと入っている。後ろ身頃中心は下に向かって細く絞られ、上から下までボーンが入っている。前身頃から後ろ身頃の脇までは、続け裁ちされている。モスリンのローブやペチコートの上に着て、腰の部分にパッド型のバッスルを入れて膨らませたと思われる。

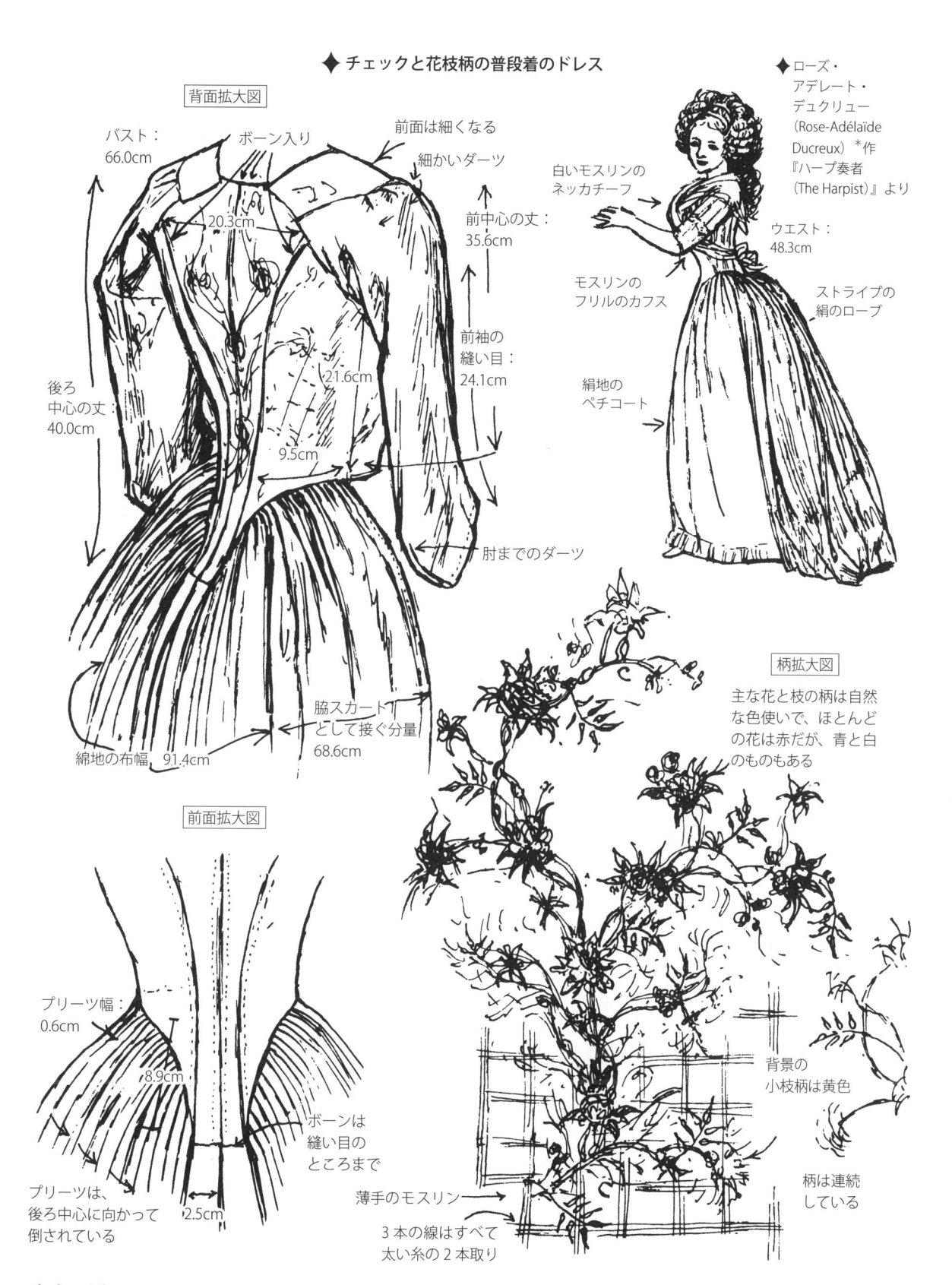

◆ チェックと花枝柄の普段着のドレス

背面拡大図

- バスト：66.0cm
- ボーン入り
- 前面は細くなる
- 細かいダーツ
- 20.3cm
- 前中心の丈：35.6cm
- 後ろ中心の丈：40.0cm
- 21.6cm
- 前袖の縫い目：24.1cm
- 9.5cm
- 肘までのダーツ
- 綿地の布幅　91.4cm
- 脇スカートとして接ぐ分量　68.6cm

◆ ローズ・アデレート・デュクリュー（Rose-Adélaïde Ducreux）*作『ハープ奏者（The Harpist）』より

- 白いモスリンのネッカチーフ
- モスリンのフリルのカフス
- ウエスト：48.3cm
- ストライプの絹のローブ
- 絹地のペチコート

柄拡大図

主な花と枝の柄は自然な色使いで、ほとんどの花は赤だが、青と白のものもある

- 背景の小枝柄は黄色
- 柄は連続している
- 薄手のモスリン
- 3本の線はすべて太い糸の2本取り

前面拡大図

- プリーツ幅：0.6cm
- 8.9cm
- プリーツは、後ろ中心に向かって倒されている
- ボーンは縫い目のところまで
- 2.5cm

当時、通常はモスリンのネッカチーフで胸元を覆い、多くの人は右上の人物画のように端を背中で結んでいた。髪型は1770年代より横に膨らみ、緩く結った形になっている。

＊：ローズ・アデレート・デュクリュー（Rose-Adélaïde Ducreux）[1761-1802] フランスの画家、音楽家。

18世紀後半

p76：白い綿にプリント柄が入った、小さな子ども用のドレス。前あきで、上身頃にかぎホックと鳩目穴がある。木版プリントの花柄にはピンク系と藤色系の様々な色を使い、青く細いラインが入っている。

p77：小さな人形。体の芯になる棒にロウ製の顔と腕を付けたもの。人形のドレスは紙に絹地を貼ったもので、絹糸と銀色のワイヤーのブレードが縁を飾っている。
スノースヒル・コレクション（Snowshill Collection）

◆ 1775～80年頃：ゾファニー（Zoffany）作のシャーロット王妃（Queen Charlotte）とその家族を描いた絵画より、ウィンザー（Windsor）城所蔵

黒いレースまたはガーゼ

人形を持った子どもを描いた部分

子どもの服のリボン

この人形は足があり、靴を履いている

◆ 白い綿の子ども用ドレス

前面

18.4cm
14.0cm
26.0cm
18.4cm
縫い目
裏地はここまで
前面は左右とも補修されている
幅広のまち
継ぎ目
幅広のまちと継ぎ目
54.0cm
裾回り寸法 205.7cm
継ぎ目
縫い目
縫い目

◆ 1779年：H・ウォルトン（H. Walton）作『果物を積んだ手押し車（The Fruit Barrow）』より

背面

裏面

上身頃と袖には、粗目の白い麻の裏地が丁寧に付けられている

8.3cm
16.5cm
ウエスト：57.8cm
両脇にまち 白い綿糸のループ
二重のインバーティド・プリーツ

背面拡大図
2.5cm
1.9cm

柄拡大図
A
2.5cm
ピンク系
茎と葉は青

スカートの前をあけたデザインの子どものローブ

継ぎ目
まち
真鍮の丸いワイヤーのかぎホック
縫い目
小さなまち2つと縫い目
継ぎ目
縫い目
まち2つと縫い目

このかわいらしい小さな子ども用のドレスは、おそらく余り布で作られたもので、かなり擦り切れている。どういった事情で保存されることになったのだろうか。プリント柄は極めてバラエティに富んでいる。大きな花柄はピンクや藤色、青を使い、図のAのような小さな花柄は繰り返しがなく、ピンクか青、またはその両方を使っている。手描きの茎や葉は粗く描かれている。

◆ 小さな人形

[背面]

- 真珠のピン
- 白い毛のかつらは、原綿で3本のカールを作っている
- プリーツを寄せた白いリボン
- レース
- ロウ製
- 緑の絹のリボン
- 人形の背丈：20.3cm
- 棒
- ラテン語で書かれた、古い本のページ

[前面拡大図]

- 真珠のピン
- 頭部から肩まではロウ製
- 7.0cm
- 麻地
- ロゼットの中央には銀のスパンコールを付けたピン

[前面]

- 3.2cm
- レース
- 白いサテン地
- 扇形の柔らかいカフス
- ロウ製
- 10.2cm
- 16.5cm
- 絹の撚り糸のブレード 白、ピンク、緑

[前面]

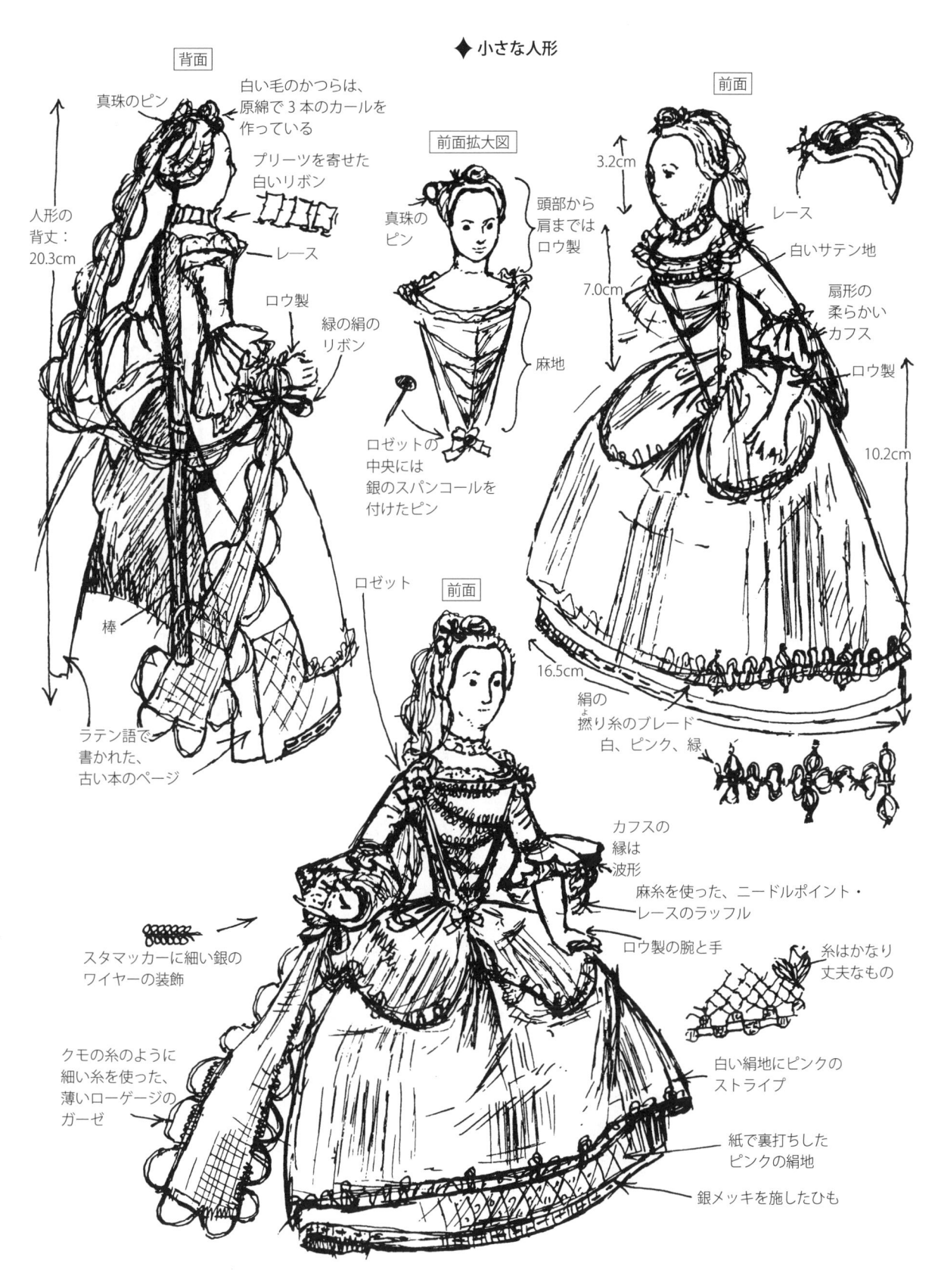

- ロゼット
- スタマッカーに細い銀のワイヤーの装飾
- カフスの縁は波形
- 麻糸を使った、ニードルポイント・レースのラッフル
- ロウ製の腕と手
- 糸はかなり丈夫なもの
- クモの糸のように細い糸を使った、薄いローゲージのガーゼ
- 白い絹地にピンクのストライプ
- 紙で裏打ちしたピンクの絹地
- 銀メッキを施したひも

小さな「人形」は、本体も衣装も楽しいデザインで華やかな仕上がりである。

1780〜1794年

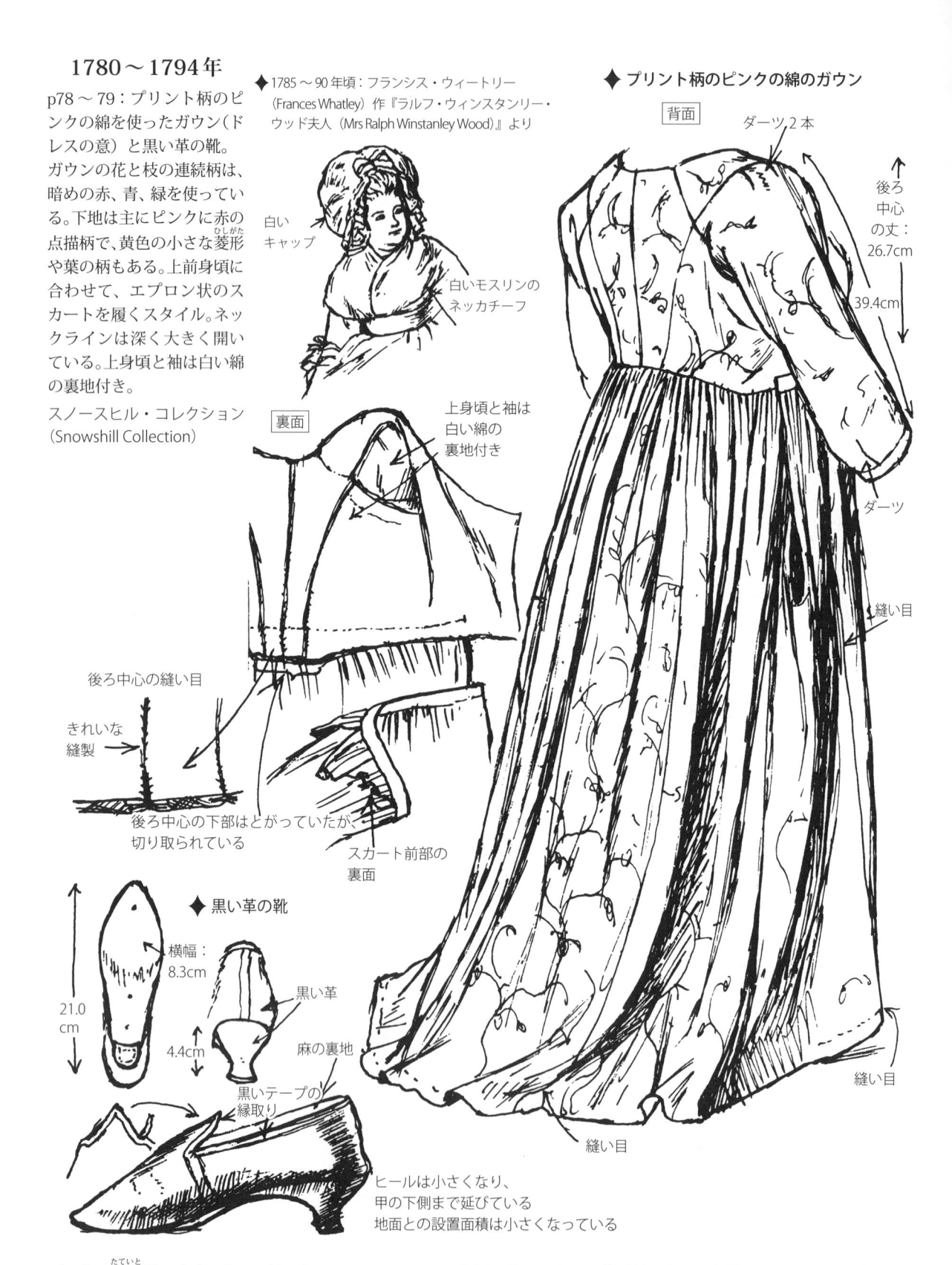

p78〜79：プリント柄のピンクの綿を使ったガウン（ドレスの意）と黒い革の靴。ガウンの花と枝の連続柄は、暗めの赤、青、緑を使っている。下地は主にピンクに赤の点描柄で、黄色の小さな菱形(ひしがた)や葉の柄もある。上前身頃に合わせて、エプロン状のスカートを履くスタイル。ネックラインは深く大きく開いている。上身頃と袖は白い綿の裏地付き。
スノースヒル・コレクション（Snowshill Collection）

◆ 1785〜90年頃：フランシス・ウィートリー（Frances Whatley）作『ラルフ・ウィンスタンリー・ウッド夫人（Mrs Ralph Winstanley Wood）』より

白いキャップ
白いモスリンのネッカチーフ

◆ プリント柄のピンクの綿のガウン

背面
ダーツ2本
後ろ中心の丈：26.7cm
39.4cm
ダーツ
縫い目
縫い目
縫い目

裏面
上身頃と袖は白い綿の裏地付き

後ろ中心の縫い目
きれいな縫製
後ろ中心の下部はとがっていたが、切り取られている
スカート前部の裏面

◆ 黒い革の靴
横幅：8.3cm
21.0cm
黒い革
4.4cm
麻の裏地
黒いテープの縁取り
ヒールは小さくなり、甲の下側まで延びている
地面との設置面積は小さくなっている

耳に青い経糸(たていと)が2本入ったこの綿のドレスは、1780〜90年頃のものである。背が低く太った女性のもので、1794年頃には、ウエストの位置を高くして、より流行に合ったスタイルに仕立て直されている。この頃になるとスカートの前を閉じたデザインになる。左上の女性のスタイルも、前を閉じたローブである。

◆ プリント柄のピンクの綿のガウン

綿地の耳には青い経糸（たていと）が2本入っている。
イングランドの綿地は、3本の経糸を耳に入れるよう法律で定められていた。国内品を輸入品から守るためである。
これは1774年に施行され、1811年に廃止されている。

前面拡大図

21.0cm
19.1cm
24.8cm
41.3cm
2.5cm
共布の縁取り 幅2.2cm
共布のウエストベルト

前面

袖下の縫い目の長さ：31.8cm
28.6cm
縫い目
前スカート丈：90.2cm
後ろスカート丈：111.8cm
縫い目

柄拡大図

プリント柄の綿の地は主にピンク

青、緑、暗めの赤の花枝柄

A
B
赤く細かい点描

黄色の小さな菱形（ひしがた）や葉の柄

A
B
AとBの柄が繰り返し使われている

黄色の上に細い青の線を手描きで加え、緑に見せている

パッド型のバッスルはこの頃も使われていたが、サイズは小さくなった。胸元をネッカチーフで覆い、髪はモブキャップでまとめた。靴は大きく変化して、ヒールが低く小さくなり、やがてなくなっていく。

79

1790〜1800年

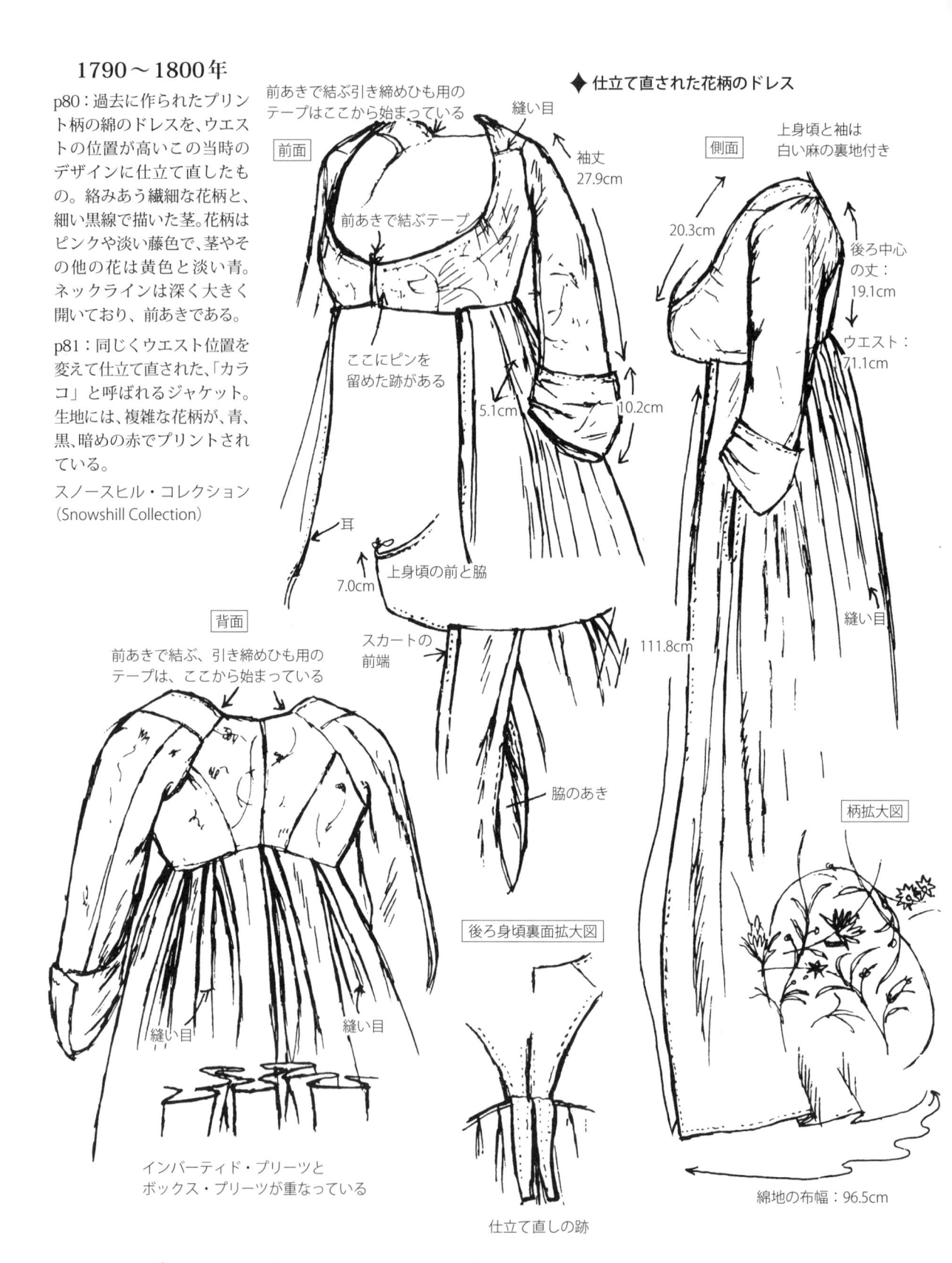

p80：過去に作られたプリント柄の綿のドレスを、ウエストの位置が高いこの当時のデザインに仕立て直したもの。絡みあう繊細な花柄と、細い黒線で描いた茎。花柄はピンクや淡い藤色で、茎やその他の花は黄色と淡い青。ネックラインは深く大きく開いており、前あきである。

p81：同じくウエスト位置を変えて仕立て直された、「カラコ」と呼ばれるジャケット。生地には、複雑な花柄が、青、黒、暗めの赤でプリントされている。

スノースヒル・コレクション（Snowshill Collection）

◆ 仕立て直された花柄のドレス

前面：
- 前あきで結ぶ引き締めひも用のテープはここから始まっている
- 縫い目
- 袖丈 27.9cm
- 前あきで結ぶテープ
- ここにピンを留めた跡がある
- 5.1cm
- 10.2cm
- 耳
- 7.0cm
- 上身頃の前と脇
- スカートの前端
- 脇のあき

側面：
- 上身頃と袖は白い麻の裏地付き
- 20.3cm
- 後ろ中心の丈：19.1cm
- ウエスト：71.1cm
- 縫い目
- 111.8cm

背面：
- 前あきで結ぶ、引き締めひも用のテープは、ここから始まっている
- 縫い目
- インバーティド・プリーツとボックス・プリーツが重なっている

後ろ身頃裏面拡大図
- 仕立て直しの跡

柄拡大図
- 綿地の布幅：96.5cm

絹に変わり、プリント柄の綿と無地のモスリンがあらゆる普段着に使われるようになった。フランス革命前の豪華なドレスは姿を消した。シンプルなデザインでウエストの位置が高いスタイルが、この先20年続く。

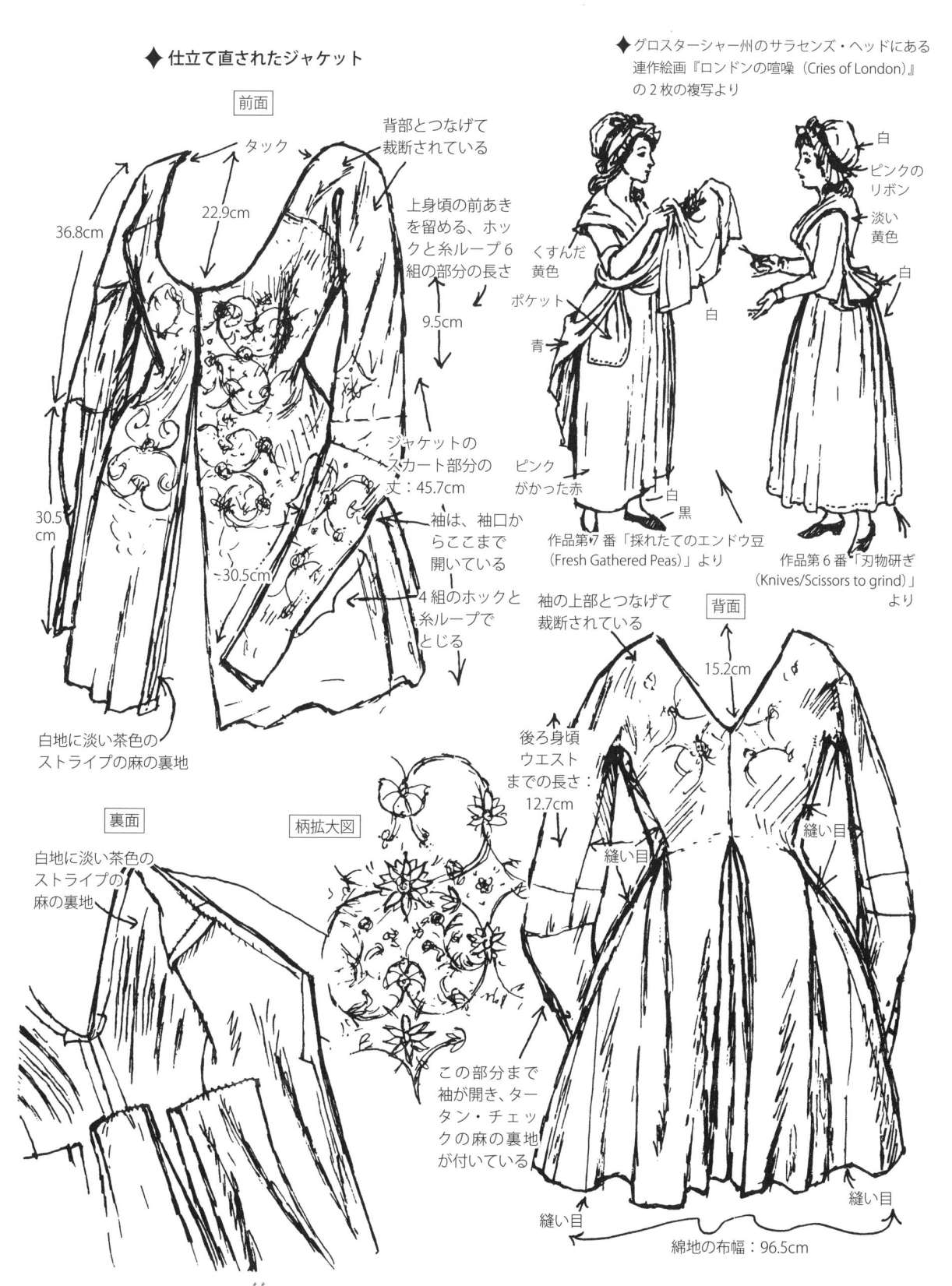

◆ 仕立て直されたジャケット

前面

タック

36.8cm

22.9cm

背部とつなげて裁断されている

上身頃の前あきを留める、ホックと糸ループ6組の部分の長さ

9.5cm

ジャケットのスカート部分の丈：45.7cm

30.5cm

~30.5cm

袖は、袖口からここまで開いている

4組のホックと糸ループでとじる

白地に淡い茶色のストライプの麻の裏地

◆ グロスターシャー州のサラセンズ・ヘッドにある連作絵画『ロンドンの喧噪（Cries of London）』の2枚の複写より

くすんだ黄色
ポケット
青
ピンクがかった赤
白
黒

白
ピンクのリボン
淡い黄色
白

作品第7番「採れたてのエンドウ豆（Fresh Gathered Peas）」より

作品第6番「刃物研ぎ（Knives/Scissors to grind）」より

裏面

白地に淡い茶色のストライプの麻の裏地

柄拡大図

この部分まで袖が開き、タータン・チェックの麻の裏地が付いている

背面

袖の上部とつなげて裁断されている

15.2cm

後ろ身頃ウエストまでの長さ：12.7cm

縫い目

縫い目

縫い目

縫い目

綿地の布幅：96.5cm

カラコは胴の部分がくびれた、腿までの丈のジャケットで、ガウンの上身頃として着用され、スカートとセットで「カラコ・ドレス」と呼ばれた。このデザインは人気が高く、「働く女性」に便利な装いだった。ここに紹介したドレスは、上身頃と袖の形が一般的ではないので、外国人女性のものだった可能性もある。

18世紀終盤

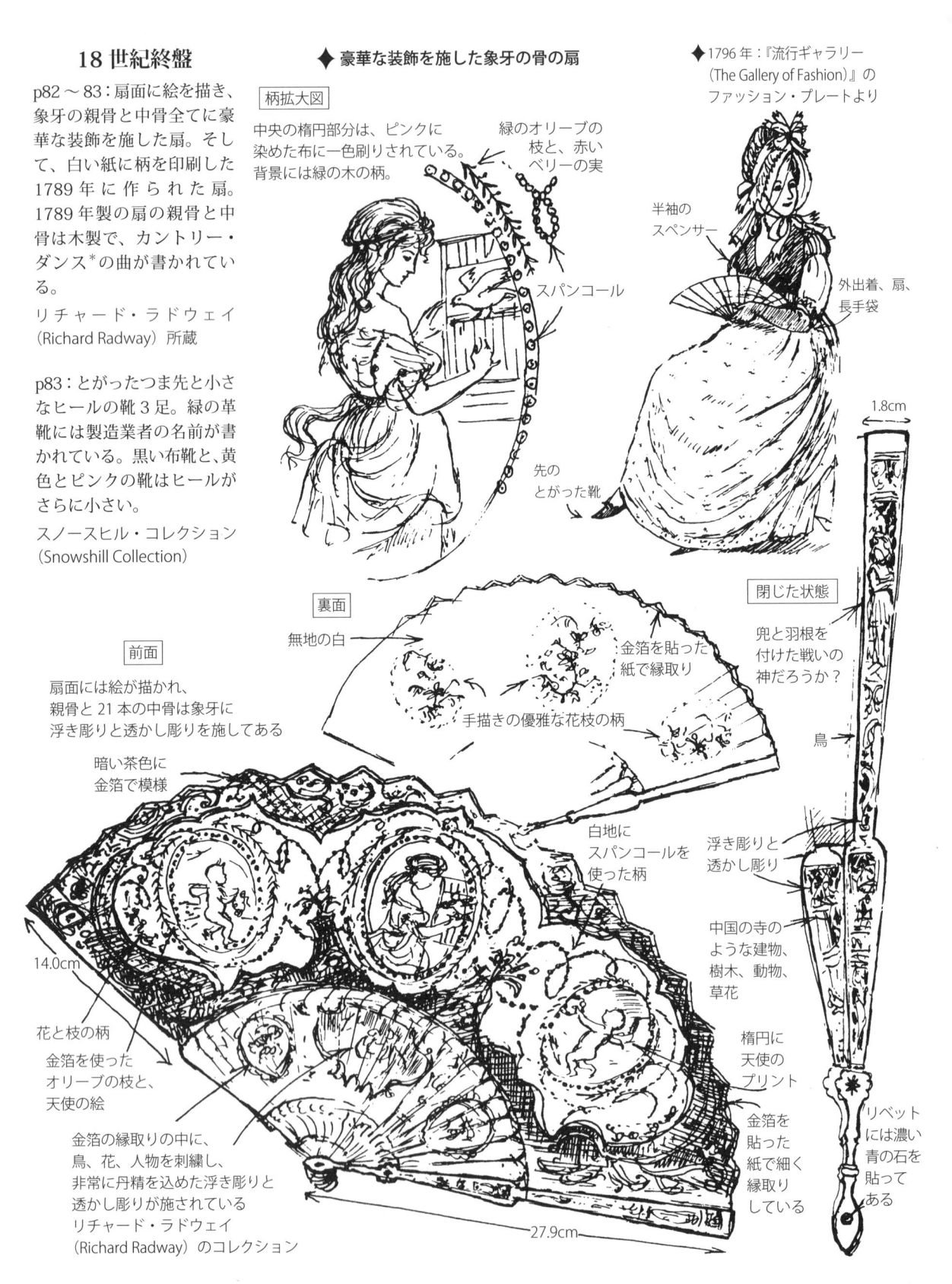

p82～83：扇面に絵を描き、象牙の親骨と中骨全てに豪華な装飾を施した扇。そして、白い紙に柄を印刷した1789年に作られた扇。1789年製の扇の親骨と中骨は木製で、カントリー・ダンス*の曲が書かれている。
リチャード・ラドウェイ（Richard Radway）所蔵

p83：とがったつま先と小さなヒールの靴3足。緑の革靴には製造業者の名前が書かれている。黒い布靴と、黄色とピンクの靴はヒールがさらに小さい。
スノースヒル・コレクション（Snowshill Collection）

◆ 豪華な装飾を施した象牙の骨の扇

柄拡大図
中央の楕円部分は、ピンクに染めた布に一色刷りされている。背景には緑の木の柄。

緑のオリーブの枝と、赤いベリーの実

スパンコール

先のとがった靴

◆ 1796年：『流行ギャラリー（The Gallery of Fashion）』のファッション・プレートより

半袖のスペンサー

外出着、扇、長手袋

裏面
無地の白
金箔を貼った紙で縁取り
手描きの優雅な花枝の柄

前面
扇面には絵が描かれ、親骨と21本の中骨は象牙に浮き彫りと透かし彫りを施してある

暗い茶色に金箔で模様

白地にスパンコールを使った柄

14.0cm

花と枝の柄
金箔を使ったオリーブの枝と、天使の絵

金箔の縁取りの中に、鳥、花、人物を刺繍し、非常に丹精を込めた浮き彫りと透かし彫りが施されている
リチャード・ラドウェイ（Richard Radway）のコレクション

27.9cm

閉じた状態
1.8cm
兜と羽根を付けた戦いの神だろうか？
鳥
浮き彫りと透かし彫り
中国の寺のような建物、樹木、動物、草花
楕円に天使のプリント
金箔を貼った紙で細く縁取りしている
リベットには濃い青の石を貼ってある

この扇には美しい絵が描かれ、扇の象牙でできた親骨と中骨は、豪華な浮き彫りや透かし彫りが施されている。中骨の下部分の装飾は特に素晴らしい。この扇と、次ページのシンプルながら親骨の装飾が魅力的な1789年製の扇「カントリー・ダンス（Country Dance）」とは、非常に対照的である。

*：カントリー・ダンス（Country Dance）　輪状や方形、男女が向かい合うなどして踊る、英国の田舎に始まった舞踊、またその踊りで用いられる曲。

◆ 1789年製の紙の扇

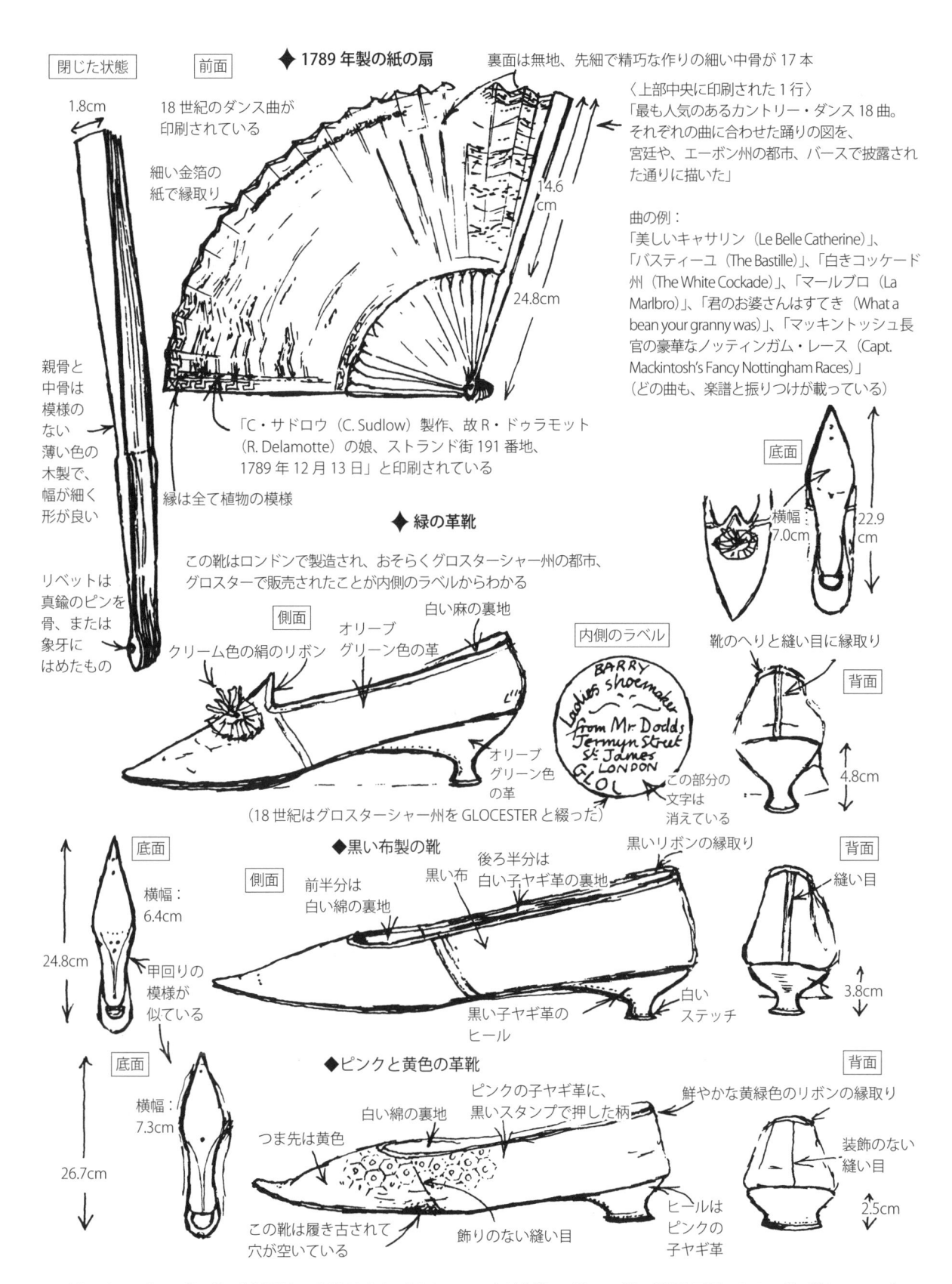

- [閉じた状態] 1.8cm
- [前面]
- 18世紀のダンス曲が印刷されている
- 細い金箔の紙で縁取り
- 親骨と中骨は模様のない薄い色の木製で、幅が細く形が良い
- リベットは真鍮のピンを骨、または象牙にはめたもの
- 14.6cm
- 24.8cm
- 裏面は無地、先細で精巧な作りの細い中骨が17本

〈上部中央に印刷された1行〉
「最も人気のあるカントリー・ダンス18曲。それぞれの曲に合わせた踊りの図を、宮廷や、エーボン州の都市、バースで披露された通りに描いた」

曲の例：
「美しいキャサリン（Le Belle Catherine）」、「バスティーユ（The Bastille）」、「白きコッケード州（The White Cockade）」、「マールブロ（La Marlbro）」、「君のお婆さんはすてき（What a bean your granny was）」、「マッキントッシュ長官の豪華なノッティンガム・レース（Capt. Mackintosh's Fancy Nottingham Races）」
（どの曲も、楽譜と振りつけが載っている）

「C・サドロウ（C. Sudlow）製作、故R・ドゥラモット（R. Delamotte）の娘、ストランド街191番地、1789年12月13日」と印刷されている

縁は全て植物の模様

◆ 緑の革靴

この靴はロンドンで製造され、おそらくグロスターシャー州の都市、グロスターで販売されたことが内側のラベルからわかる

- [側面]
- クリーム色の絹のリボン
- 白い麻の裏地
- オリーブグリーン色の革
- オリーブグリーン色の革
- （18世紀はグロスターシャー州をGLOCESTERと綴った）

[内側のラベル]
BARRY
Ladies shoemaker
from Mr Dodds
Jermyn Street
St James
LONDON
GLO(この部分の文字は消えている)

- [底面] 横幅 7.0cm、22.9cm
- 靴のへりと縫い目に縁取り
- [背面] 4.8cm

◆ 黒い布製の靴

- [底面] 横幅：6.4cm、24.8cm
- 甲回りの模様が似ている
- [側面]
- 前半分は白い綿の裏地
- 後ろ半分は白い子ヤギ革の裏地
- 黒い布
- 黒いリボンの縁取り
- 黒い子ヤギ革のヒール
- 白いステッチ
- [背面] 縫い目、3.8cm

◆ ピンクと黄色の革靴

- [底面] 横幅：7.3cm、26.7cm
- つま先は黄色
- 白い綿の裏地
- ピンクの子ヤギ革に、黒いスタンプで押した柄
- 鮮やかな黄緑色のリボンの縁取り
- この靴は履き古されて穴が空いている
- 飾りのない縫い目
- ヒールはピンクの子ヤギ革
- [背面] 装飾のない縫い目、2.5cm

この紙の扇は、ダンス曲と共に製造業者の名前が扇面に書かれている点が非常に面白い。緑の革靴も同様である。どの靴も、1780年代から1790年代にかけて急速にヒールが低くなっていったことを示している。ヒールのない靴は1800年頃に登場する。

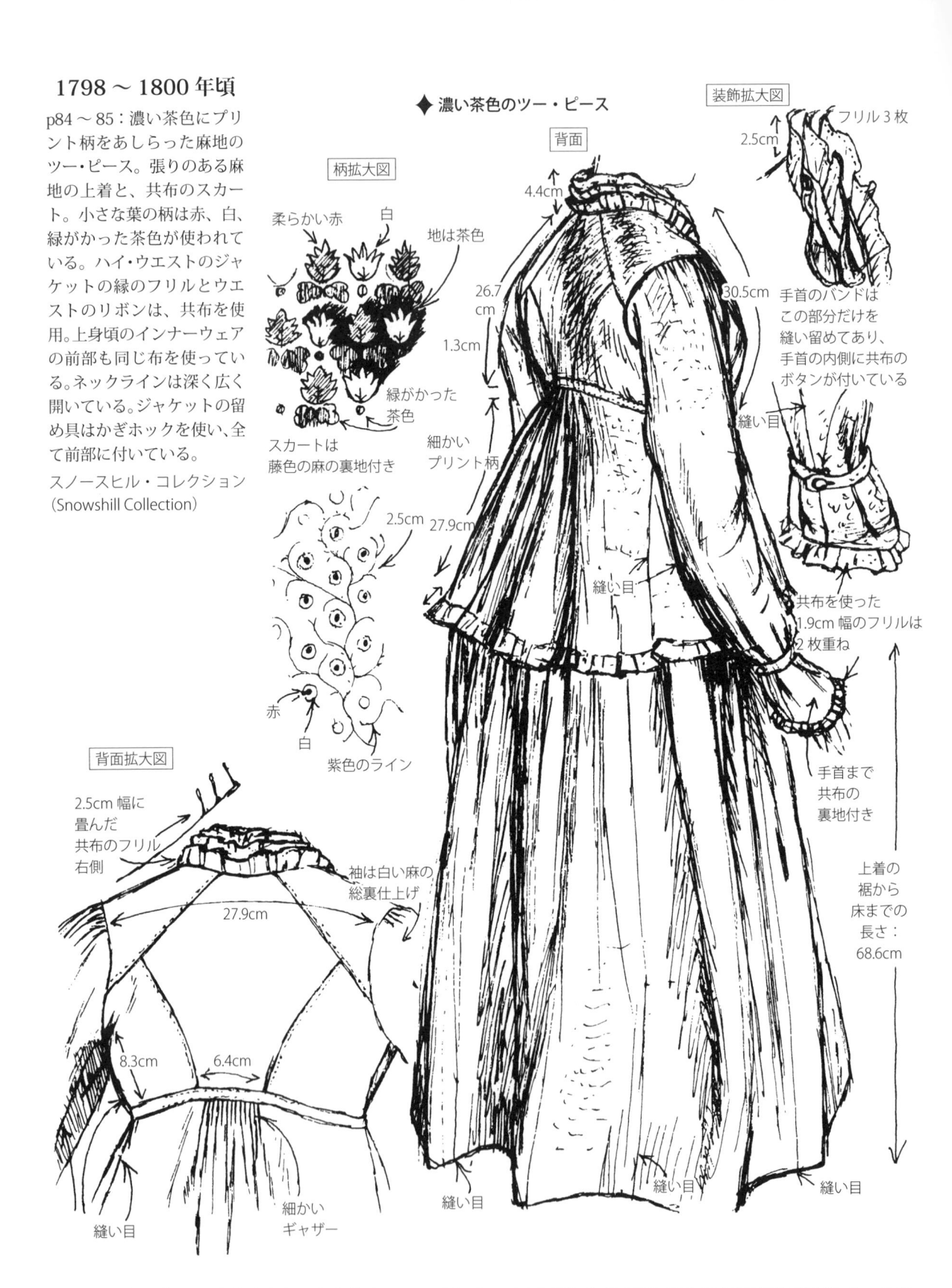

1798～1800年頃

p84～85：濃い茶色にプリント柄をあしらった麻地のツー・ピース。張りのある麻地の上着と、共布のスカート。小さな葉の柄は赤、白、緑がかった茶色が使われている。ハイ・ウエストのジャケットの縁のフリルとウエストのリボンは、共布を使用。上身頃のインナーウェアの前部も同じ布を使っている。ネックラインは深く広く開いている。ジャケットの留め具はかぎホックを使い、全て前部に付いている。

スノースヒル・コレクション (Snowshill Collection)

◆ 濃い茶色のツー・ピース

背面

柄拡大図
柔らかい赤
白
地は茶色
緑がかった茶色
スカートは藤色の麻の裏地付き
細かいプリント柄

装飾拡大図
フリル 3 枚
2.5cm
手首のバンドはこの部分だけを縫い留めてあり、手首の内側に共布のボタンが付いている

4.4cm
26.7cm
1.3cm
30.5cm
縫い目
2.5cm
27.9cm
縫い目

共布を使った 1.9cm 幅のフリルは 2 枚重ね

赤
白
紫色のライン

手首まで共布の裏地付き

上着の裾から床までの長さ： 68.6cm

背面拡大図
2.5cm 幅に畳んだ共布のフリル 右側
袖は白い麻の総裏仕上げ
27.9cm
8.3cm 6.4cm
縫い目
細かいギャザー
縫い目 縫い目 縫い目

濃い色の地にプリント柄をあしらった生地は、1790 年から 1800 年頃にかけてドレスと室内装飾用に流行した。このページの服は、背が低く太った女性のもの。プリント柄は小さく、色は抑えてある。胸元にネッカチーフを添えていたと思われる。

◆ 濃い茶色のツー・ピース

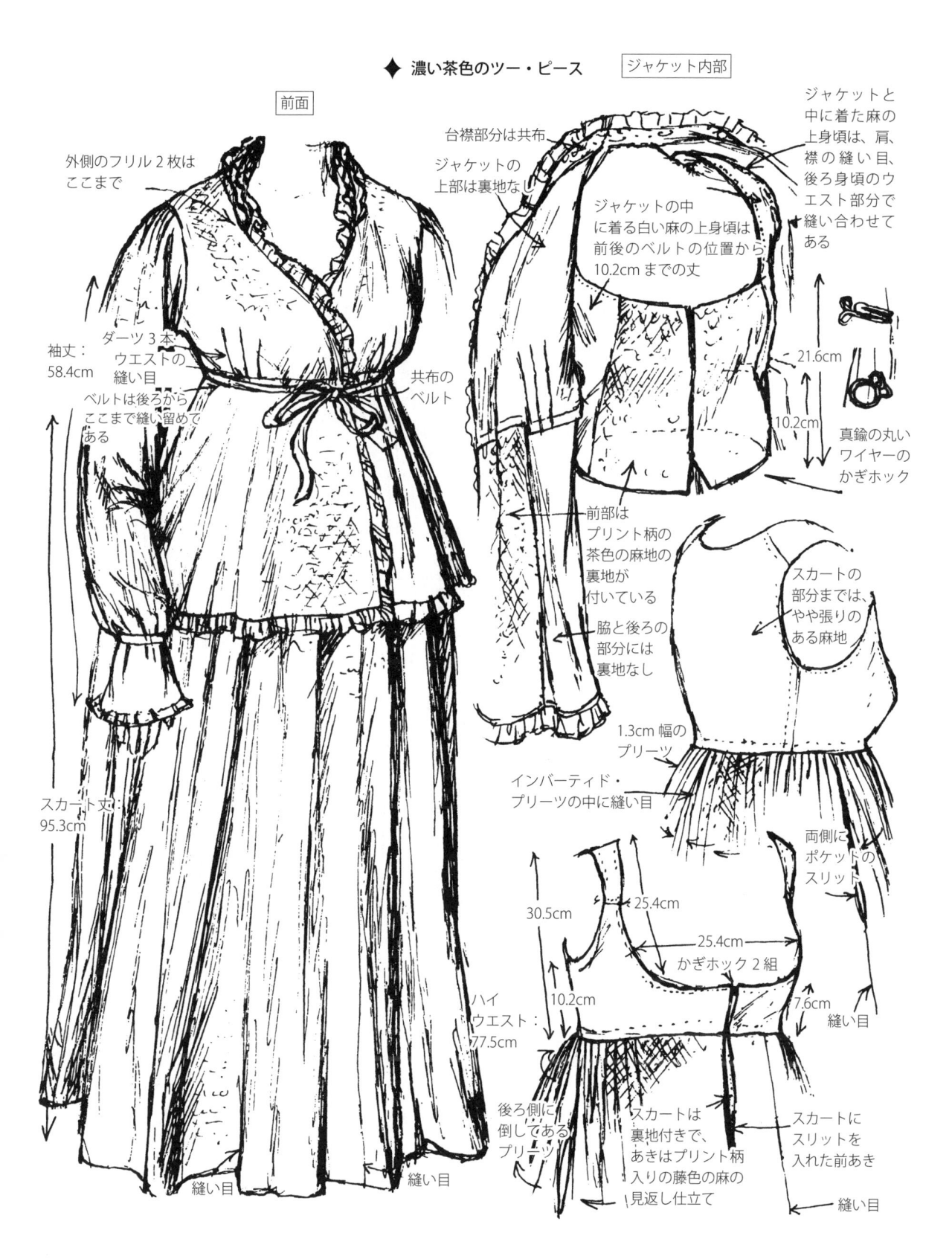

[前面]　　　　　　[ジャケット内部]

- 外側のフリル2枚はここまで
- 台襟部分は共布
- ジャケットの上部は裏地なし
- ジャケットと中に着た麻の上身頃は、肩、襟の縫い目、後ろ身頃のウエスト部分で縫い合わせてある
- ジャケットの中に着る白い麻の上身頃は前後のベルトの位置から10.2cmまでの丈
- 袖丈：58.4cm
- ダーツ3本 ウエストの縫い目
- ベルトは後ろからここまで縫い留めてある
- 共布のベルト
- 21.6cm
- 10.2cm
- 真鍮の丸いワイヤーのかぎホック
- 前部はプリント柄の茶色の麻地の裏地が付いている
- 脇と後ろの部分には裏地なし
- スカートの部分までは、やや張りのある麻地
- 1.3cm幅のプリーツ
- インバーティド・プリーツの中に縫い目
- 両側にポケットのスリット
- スカート丈：95.3cm
- 30.5cm
- 25.4cm
- 25.4cm
- かぎホック2組
- 10.2cm
- 7.6cm
- 縫い目
- ハイウエスト：77.5cm
- 後ろ側に倒してあるプリーツ
- スカートは裏地付きで、あきはプリント柄入りの藤色の麻の見返し仕立て
- スカートにスリットを入れた前あき
- 縫い目
- 縫い目
- 縫い目

スカートは全体的に同じ長さのため、背中のギャザー部分を小さなバッスルで支える程度だった。袖は非常に長く、手首の辺りにバンドが付いている。ウエストの位置はとても高く、固いコルセット付きの上着は着用しなくなっている。

1795〜1800年

p86〜87：ストライプの白い綿のドレス。前面はウエストから下の膨らみがない。プリントされた流れるような小花柄は、赤と青、そして黒いライン、そして葉の部分は青に黄色を重ねて緑を出している。ネックラインは高く、細いフリルが首回りに付いている。上身頃は前あきで、中に着る麻のインナーウェアは背中の裏地に縫い留めてある。丈は長く、ウエストまでの上身頃と袖は細身に作られている。
スノースヒル・コレクション（Snowshill Collection）

♦ ストライプの白い綿のドレス

♦ 1795〜1800年頃：ゾファニー（Zoffany）作『セイヤー家の人々（Sayer Family Group）』より

柄拡大図
- ストライプに太めの糸3本
- 赤
- 青
- 黄色に青を重ねて緑を出している
- 2.9cm
- 赤
- 青
- 黒いライン
- 赤

背面
- 後ろ身頃のAからBまでの幅：17.8cm
- 肘側の縫い目はCのところで縫い留めてある
- 肘から先の長さ30.5cm
- ボタン1つ
- 縫い目
- スカートのウエスト部分は、プリーツを後ろ中心側に倒し、中心にはインバーティド・プリーツを使用

ヒールのない靴

- 縁に引き締めひも
- インナーの裏地は固定されておらず、肩付近の縫い目部分だけ縫い留めてある
- 引き締めひも
- ギャザーを寄せてウエスト・バンドに縫ってあるピンで留めたのだろうか？
- 布が当ててある
- このインナーのみ、張りのある白い麻の裏地が付いている。留め具の跡は見当たらないので、ピンで留めたと思われる

ドレスに新しい形が生まれた。ハイ・ウエストで丈が長く、細身のシルエット。膨らんだペチコートと固いコルセットは消えた。最もよく使われた「色」は白で、ローンかモスリンの無地、または白地に繊細な柄をあしらったものが主流になった。1820年頃までは、色の付いた生地は絹地のみだった。

♦ **ストライプの白い綿のドレス**

側面

ネックラインに引き締めひも

前あき

スカートではなく上身頃に引き締めひもを入れている

前スカートの丈：109.2cm

後ろ身頃の丈：27.3cm

肩から肘までの袖の長さ：35.6cm

背面で布を継ぎ、細かく縫ってある

後ろスカートの丈：127.0cm

縫い目

スカートの両サイドは開いており、この部分をピンで留めていた

♦ 1790年頃：ガラスに描かれた黒いシルエット
スノースヒル・コレクション（Snowshill Collection）より

1793年、63歳のウィリアム・ブルワー（William Bulwer）は1755年にメアリー・ブルワー（Mary Bulwer）と結婚し、フランシス（Frances）が生まれた

前面

袖下の長さ：7.0cm

30.5cm

縫い目

継ぎ目

縫い目

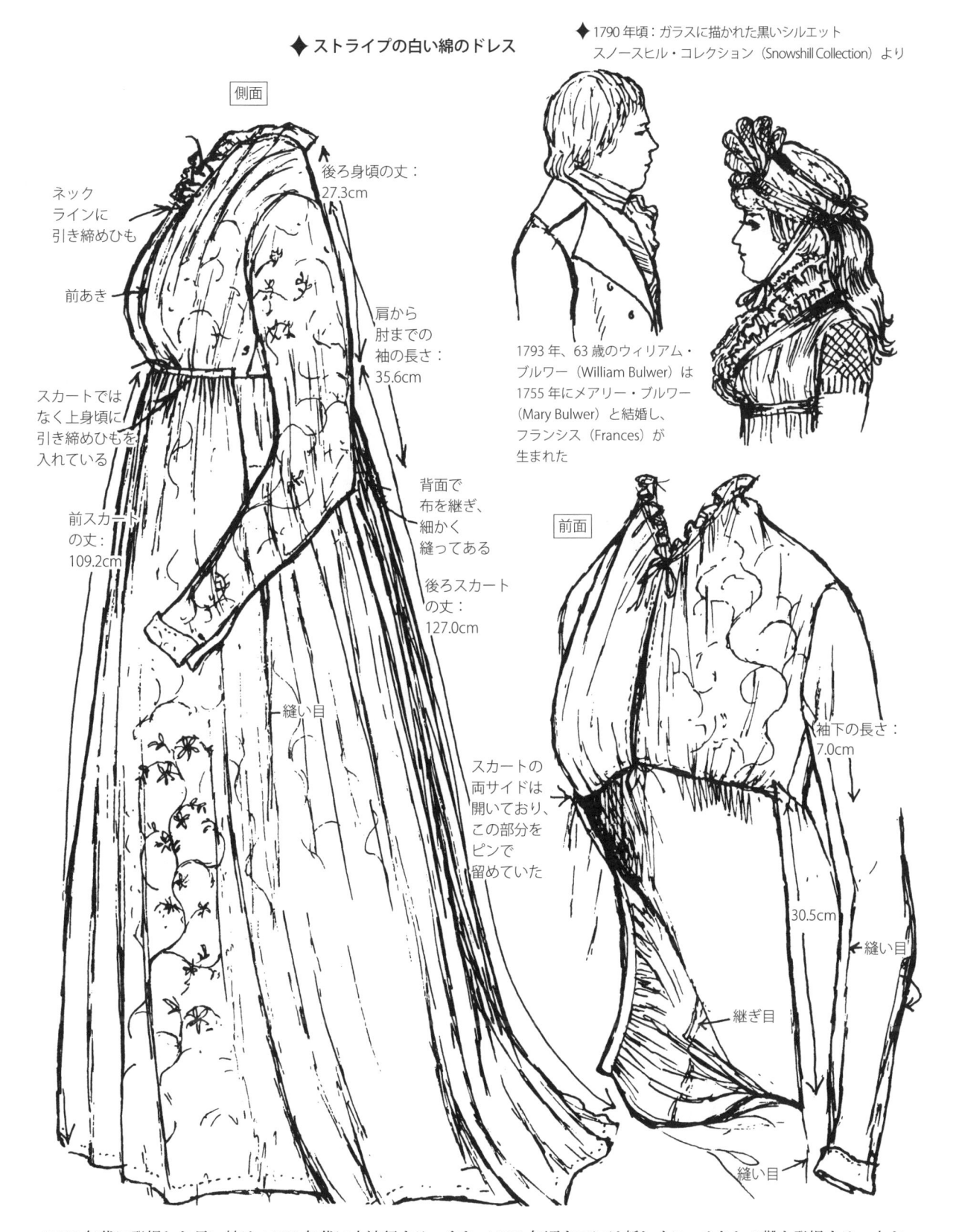

1780年代に登場した長い袖は1790年代に大流行する。また、1800年頃までには新しくヒールなしの靴も登場する。小さなパッド型のバッスルをひもやピンで上身頃に留め、スカートのギャザーを膨らませた。上身頃の前あきはピンで留めた。

1799〜1800年

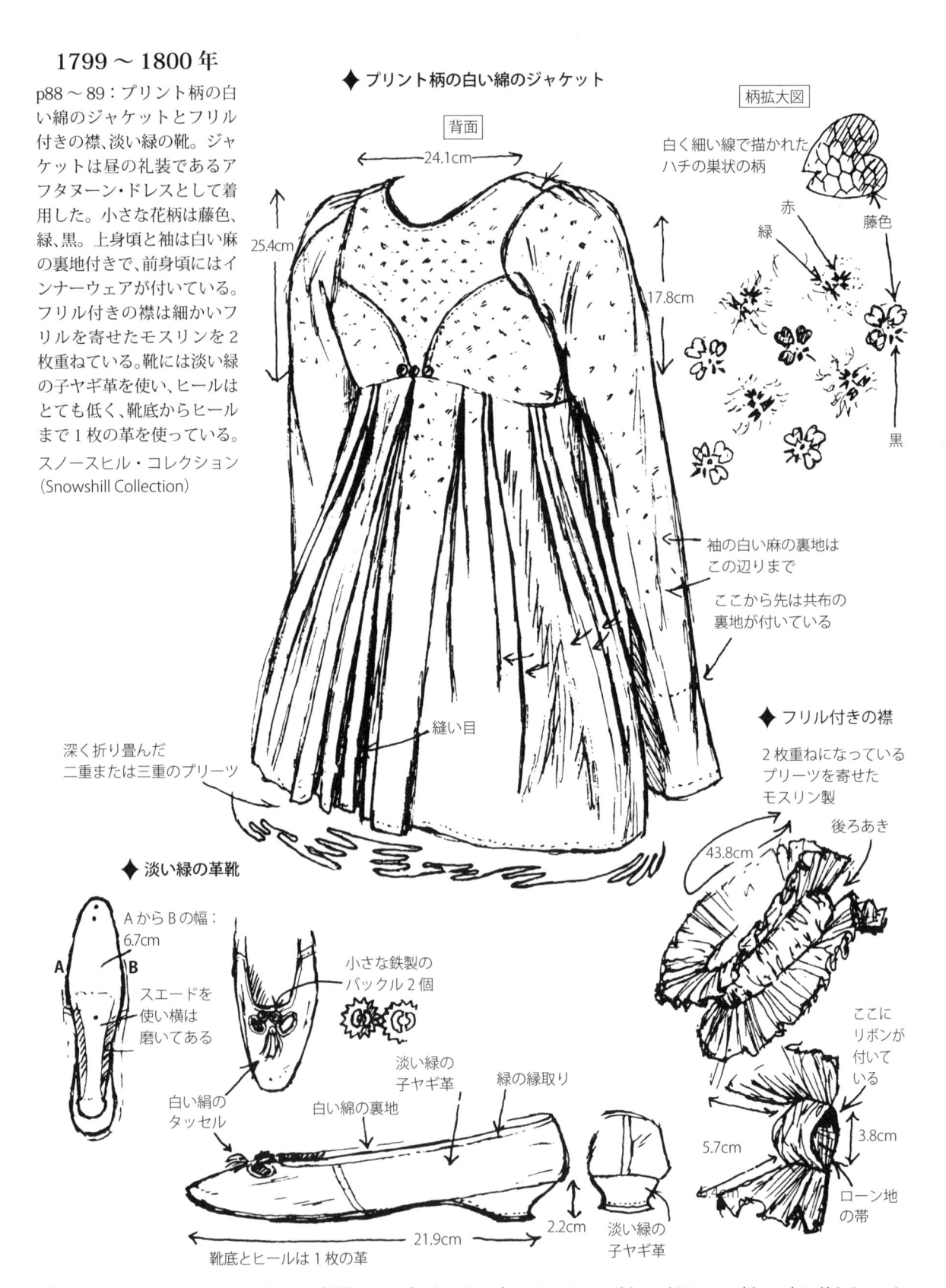

p88〜89：プリント柄の白い綿のジャケットとフリル付きの襟、淡い緑の靴。ジャケットは昼の礼装であるアフタヌーン・ドレスとして着用した。小さな花柄は藤色、緑、黒。上身頃と袖は白い麻の裏地付きで、前身頃にはインナーウェアが付いている。フリル付きの襟は細かいフリルを寄せたモスリンを2枚重ねている。靴には淡い緑の子ヤギ革を使い、ヒールはとても低く、靴底からヒールまで1枚の革を使っている。
スノースヒル・コレクション
(Snowshill Collection)

◆ プリント柄の白い綿のジャケット

背面

24.1cm
25.4cm
17.8cm

柄拡大図

白く細い線で描かれたハチの巣状の柄

赤
緑
藤色
黒

袖の白い麻の裏地はこの辺りまで

ここから先は共布の裏地が付いている

縫い目

深く折り畳んだ二重または三重のプリーツ

◆ フリル付きの襟

2枚重ねになっているプリーツを寄せたモスリン製

後ろあき
43.8cm

ここにリボンが付いている

5.7cm
3.8cm

ローン地の帯

◆ 淡い緑の革靴

AからBの幅：6.7cm

スエードを使い横は磨いてある

小さな鉄製のバックル2個

白い絹のタッセル

淡い緑の子ヤギ革

白い綿の裏地

緑の縁取り

21.9cm
2.2cm

靴底とヒールは1枚の革

淡い緑の子ヤギ革

普段着あるいはアフタヌーン・ドレスの好例。このジャケットは白いモスリンのガウン（ドレスの意）の上に着たか、スカートをホックで留めて着たであろう。ただし真鍮の平らなホックが使われ始めたのは1815年頃からなので、このドレスのホックは後から付けられたのかもしれない。

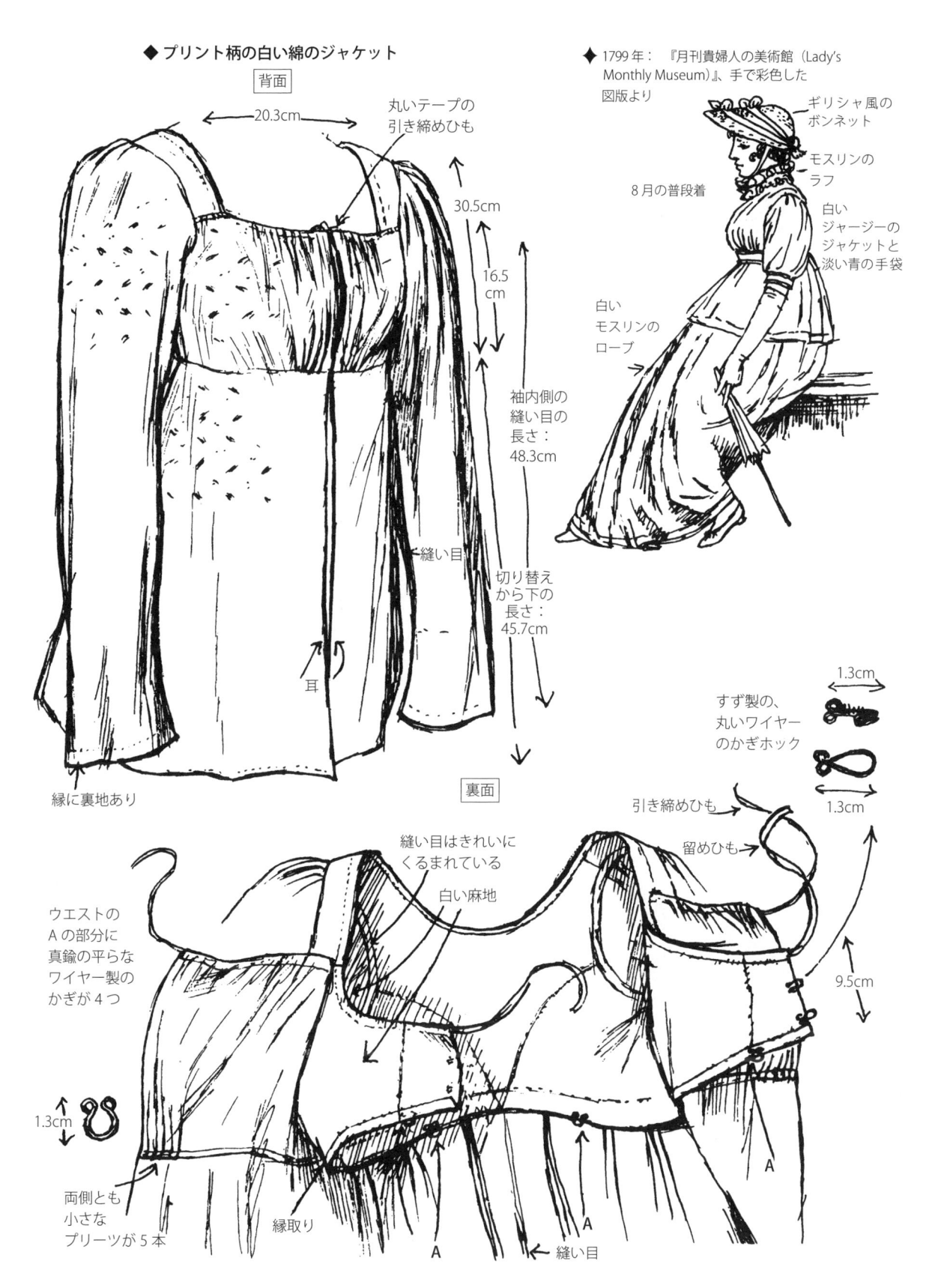

◆ **プリント柄の白い綿のジャケット**

背面

← 20.3cm →

丸いテープの引き締めひも

30.5cm

16.5cm

袖内側の縫い目の長さ：48.3cm

切り替えから下の長さ：45.7cm

縫い目

耳

縁に裏地あり

裏面

◆ 1799年：『月刊貴婦人の美術館（Lady's Monthly Museum）』、手で彩色した図版より

ギリシャ風のボンネット

モスリンのラフ

8月の普段着

白いジャージーのジャケットと淡い青の手袋

白いモスリンのローブ

1.3cm

すず製の、丸いワイヤーのかぎホック

1.3cm

引き締めひも

留めひも

9.5cm

ウエストのAの部分に真鍮の平らなワイヤー製のかぎが4つ

縫い目はきれいにくるまれている

白い麻地

1.3cm

両側とも小さなプリーツが5本

縁取り

A A

← 縫い目

緑の上品な靴には低いヒールが付いているが、この先50年近くにわたってヒール付きの靴は姿を消す。この靴底の工法は、ヒールのない完全にフラットな靴がこの後すぐに流行し始めることを予言しているかのようである。

89

1806 年

アングル（Ingres）＊による家族のスケッチ。女性は 2 人ともハイ・ウエストの無地のドレスを着ており、娘のほうは肘までの長い手袋を着けている。男性が着ているダブルの燕尾服は、前面が短い。

1820 年

この年の 6 月 1 日に出版された『美しき会衆（La Belle Assemblée）』の挿絵の、手で彩色された版画「パリのダンサーたち（Group of Parisian Dancers）」より。若い女性は、青いリボンの付いた白いガーゼのドレスを、白いサテンのスリップの上に着ている。男性の服は全体的にグレーで彩色され、白いシャツと襟元にストック・タイを巻いている。

1824 年

『貴婦人のポケット・マガジン（The Ladies' Pocket Magazine）』7 月号に掲載されたファッションイラストより。女性のドレスのウエスト位置が少し低くなり、裾にはフラウンスが付いている。右の男性はダイトン（Robert Dighton）が 1830 年頃に描いた習作の一部。チェルトナムのモンペリエ・スパ・ビルディングス 2 番地に住んでいたジェームズ・コリー（James Corry）という人物で、ベルベットの高い襟が付いたコートを着て、パンタロンを履いている。

＊：アングル（Ingres）[1780-1867]　新古典主義のフランスの画家

第 2 章
1800〜1835 年

　イングランドの女性たちは、華やかな色の毛織物や軽やかな絹、手の込んだ刺繍を何世紀にも渡って身に着け、特にドレスは裕福な人ほど高価で凝ったものを着用した。19 世紀に入ると数年の間に、かつてないほど派手なドレスが作られ、高貴な人々と使用人の装いは似たものになっていく。18 世紀末にフランス王室や貴族たちを襲った悲劇（フランス革命）の余波は大きかったものの、イギリスではファッションの世界に新しい時代が訪れていた。クラシックな装いが再び注目を集めると同時に、非常にシンプルなデザインも生まれていた。

　1800 年頃からは 20 年近くにわたって白いモスリンのドレスが女性たちを美しく飾り、それに合わせて髪形もロマンティック・スタイルや「ギリシャ風」のドレスに合わせたものへと変化した。ステイズとペチコートは使われなくなり、アンダーウェアは必要最小限の物だけを身に着けた。

　1802 年の『ザ・レディース・マンスリー・ミュージアム（The Lady's Monthly Museum）』6 月号には、次のような意見が掲載された。「女性は半裸のよう。…体にぴったりと沿った、白一色の埋葬布を思わせる、幽霊のようなシュミーズを着た女性は、裸でいるも同然だ。埋葬布を身に巻きつけ、滑るように歩くその姿は亡霊のよう。…ある詩人は『下着姿のようなスタイルが、今や巷で大流行している』と表現している」。
さらに 1803 年 3 月には再びこう書かれている。「教養ある若き貴婦人たちは薄着の流行に乗り、流行のドレスを、身に着けるというよりは、むしろ脱ぎ捨てている。もしも彼女たちの動きやおしゃべりを封じて、台座か陳列棚に立たせることができたなら、薄い布をまとっただけの彫像と言っても通用するかもしれない。…これは不健全な風潮への警告である。まるでベッドから抜け出したばかりのようなシュミーズ姿で人前に出てくるなど、あまりにも慎みを欠いているからだ」。さらに同年 6 月にも意見が掲載される。「今や衣服は甚だしく薄く軽くなった。手帳に挟んだり、手紙に入れてどこかへ送ったりできるほどだ」とある。

　これをきっかけに激しい議論が起き、果たして女性は衣類を捨てたか否かという問題が取りざたされる。デボンシャー州に住む高齢の女性、ミズ ウルスラ・ラドフォード（Ms Ursula Radford）からの手紙が、この問題の解明に役立つかもしれない。彼女はこう書いている。「私の古い友人、ミス ビアトリクス・クレスウェル（Miss Beatrix Cresswell）の両親は 1845 年に結婚したそうで、こんな話をしてくれました。父方の祖母はノーサンバーランドで育ち、ロンドンからいとこ一家が近所に越してきたそうです。ロンドンから来たいとこたちは、ワンピースの下に『斑点模様のシュミーズ』を着ていたけれど、祖母の父親は、祖母にはフランネルのペチコートを着けるよう言いつけたとか」。

　インド製のモスリンは、大きくて軽く暖かいカシミア織りのショールに代わり、そのぜいたくに織られた模様は、無地のハイ・ウエストのドレスを引き立てる最適な存在となった。しかし 1820 年までには再び身頃のデザインが複雑になり、袖は大きく膨らみ、スカートの裾には装飾が施されるようになり、カラフルな絹や柄、体に沿った細身のシルエットや刺繍付きのペチコートが復活した。

1803〜1805年

p92〜93：白地に斑点模様の入ったモスリンのトレーン付きドレス。前身頃とスカートは一体化して見えるデザインである。身頃の裏地と短いアンダースリーブは白い麻。モスリンの長い袖は肘の部分でカットされている。アンダードレスの前身頃は、襟元の引き締めひもを引き、おそらくハイウエストの切り替え部分にピンで留められていた。背面の裏側に留めひもがある。

スノースヒル・コレクション（Snowshill Collection）

◆ 白地に斑点模様のトレーン付きドレス

背面拡大図

BからCまでの背幅：
B ←16.5cm→ C

ギャザー幅：7.0cm

縫い込んだレースの飾りは非常に細かく整っている

背面

8.9cm

細かいギャザー

モスリンの袖は、麻の総裏仕上げの短いアンダースリーブ付き

縫い目

ここで細くなっている

縫い目を利用したスリットは、双方とも耳を使っている

脇のあき

プリーツ

Aまでの深いプリーツ

脇のあき拡大図

脇下の縫い目：20.3cm
4.4cm

折り目

深いプリーツ

身頃とスカートの接続箇所から延長した部分

縫い目

縫い目

後ろスカート丈：182.9cm

縫い目

モスリンの布幅：132.1cm

床に届くトレーン：83.8cm

この優雅なトレーン付きドレスは1800〜1810年のデザインや服の構成を見るのに良い例である。このスタイルはデイタイム・ウェアとイブニング・ウェアの両方に使われた。1806年頃にはトレーン付きのデイタイム・ドレスの流行は終わったが、それでもスカートの裾は前より後ろのほうが少し長いものが多かった。

◆ 白地に斑点模様のトレーン付きドレス

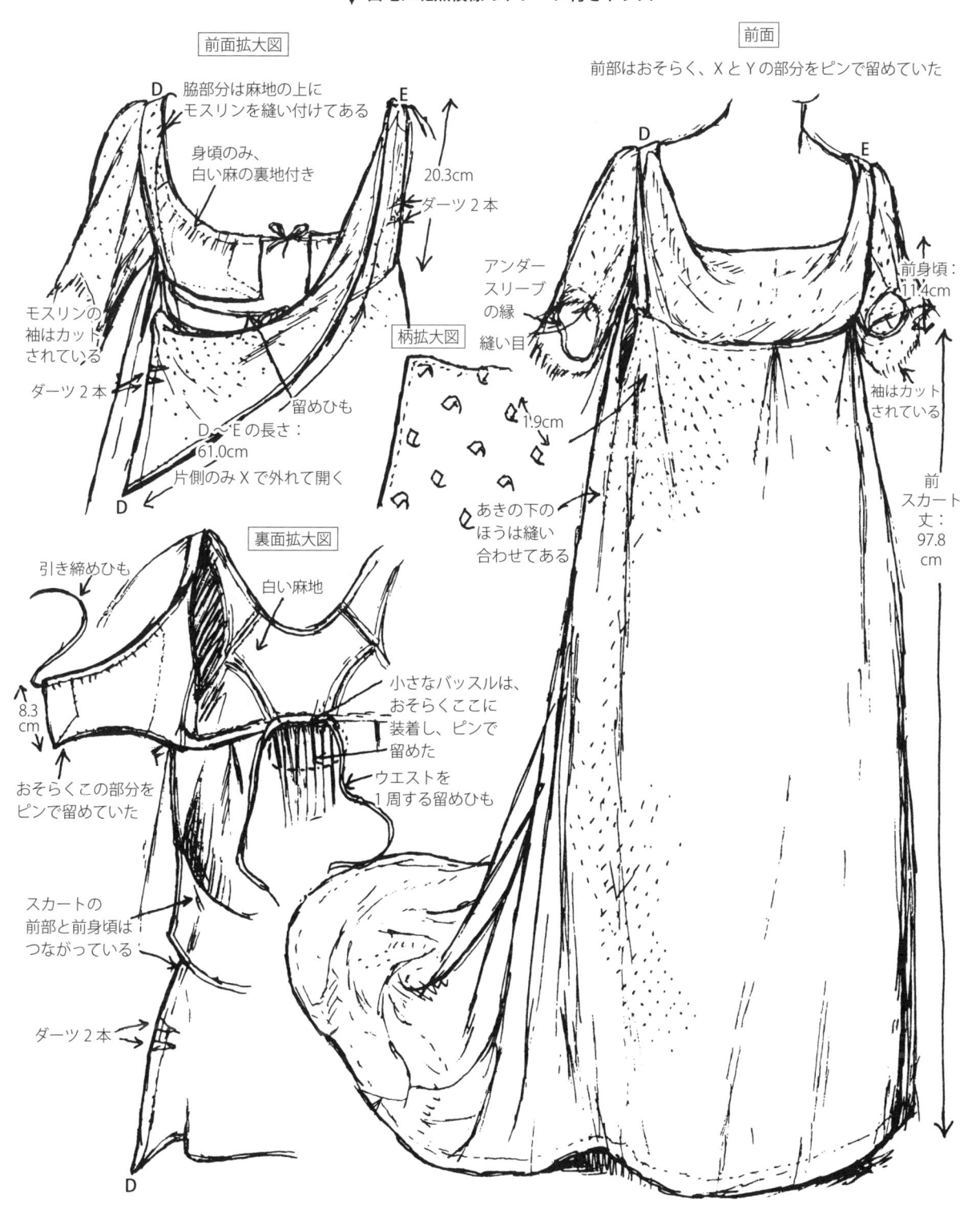

[前面拡大図]

脇部分は麻地の上にモスリンを縫い付けてある

身頃のみ、白い麻の裏地付き

モスリンの袖はカットされている

ダーツ2本

留めひも

D〜Eの長さ：61.0cm

片側のみXで外れて開く

20.3cm

ダーツ2本

[柄拡大図]

1.9cm

アンダースリーブの縁

縫い目

あきの下のほうは縫い合わせてある

[前面]

前部はおそらく、XとYの部分をピンで留めていた

前身頃：11.4cm

袖はカットされている

前スカート丈：97.8cm

[裏面拡大図]

引き締めひも

白い麻地

8.3cm

おそらくこの部分をピンで留めていた

小さなバッスルは、おそらくここに装着し、ピンで留めた

ウエストを1周する留めひも

スカートの前部と前身頃はつながっている

ダーツ2本

この時代も、小さなパッド型のバッスルで後ろのギャザーを膨らませていた。ドレスの下に着たのはシュミーズとペチコートのみで、靴下はガーターを使って膝の部分で留めていたと思われる。

1800〜1810年

♦ 白地に斑点模様のモスリンのドレス

p94〜95：白地に斑点模様のモスリンのドレス。前身頃はスカートに付いたエプロン部分とつながっており、留め具のピンが当時のままドレスに残されている。身頃全体と袖の半分は白い麻の裏地付きで、インナー・ウェアの前身頃はピンで留めてある。後ろ身頃の幅は非常に狭く、スカートの後ろ側背面には、幅の広いボックス・プリーツが施してある。前脇身頃から後ろ脇身頃は続け裁ちされている。そでは長袖。
スノースヒル・コレクション（Snowshill Collection）

前面拡大図
- 非常に細かいヘム・ステッチのドロン・ワークが嵌め込まれている
- 前部を留める1.3cmの小さな玉付きピンが現在もドレスに付いている
- 1本のドロン・ワーク
- 幅の広いドロン・ワーク
- 端はフリンジ 1.3cm
- 前部の縫い目は短く、この位置で終わっている

装飾拡大図
- 2列の太いステッチでポンポンの装飾を作っている

♦ 1804年：エドリッジ（Edridge）作の絵画
スタックポール・コートの初代コーダー伯爵夫人、レディ・キャロライン（Caroline 1st Lady Cawdor of Stackpole Court）を描いた作品より

- ベルベットの帽子
- 毛皮の装飾
- 袖にブレードの装飾
- 絹の裏地が付いたベルベットのペリースに、白いモスリンのドレス
- トレーン付きドレスは、1806年頃まで日常着とイブニング・ウェアとして着用された

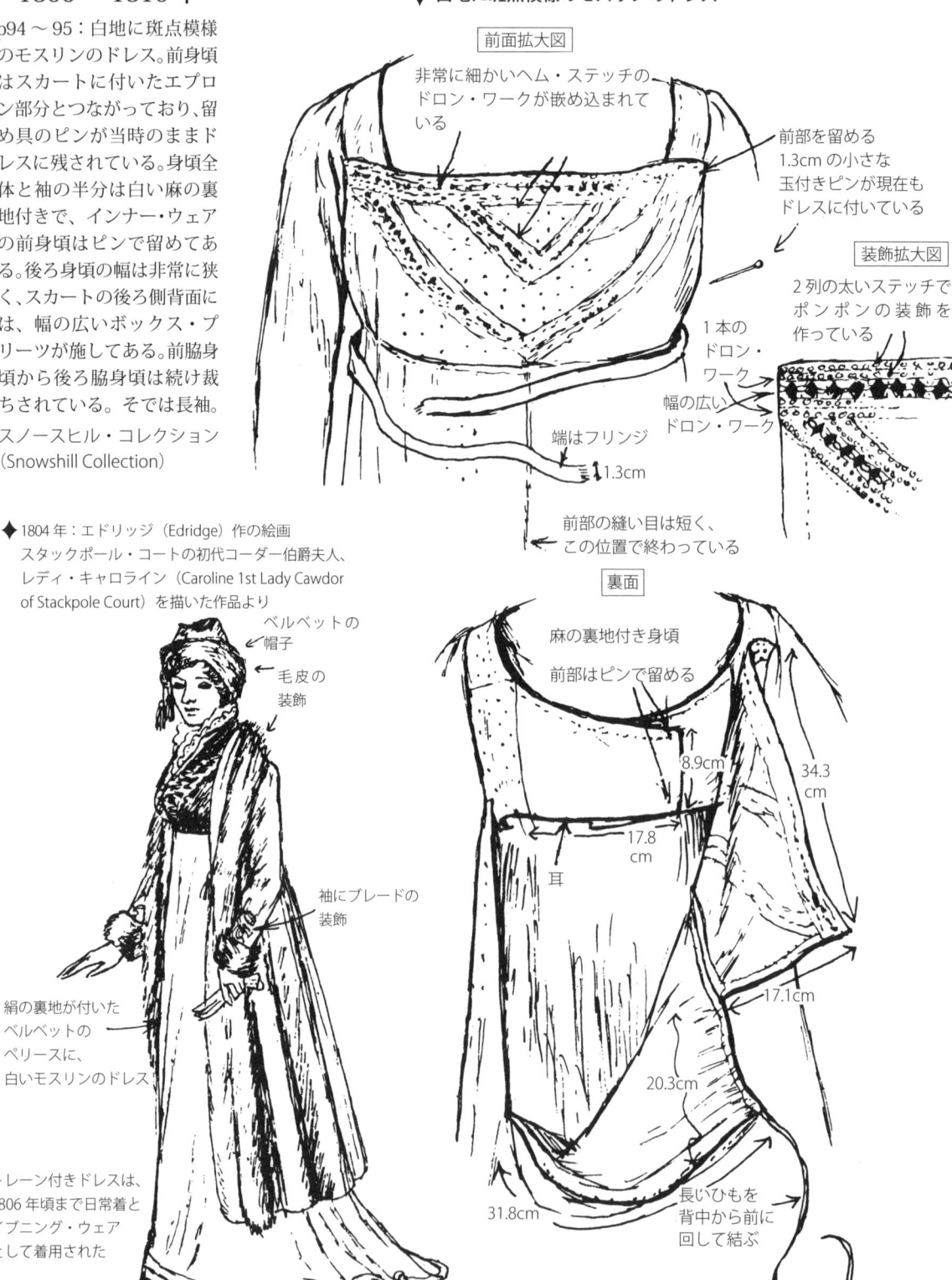

裏面
- 麻の裏地付き身頃
- 前部はピンで留める
- 8.9cm
- 34.3cm
- 17.8cm
- 耳
- 17.1cm
- 20.3cm
- 31.8cm
- 長いひもを背中から前に回して結ぶ

斑点模様のモスリンは、数多くの種類が作られた。ここに紹介した非常にシンプルなドレスは、身頃と袖にドロンワークを施してある。ウエストの位置はとても高く、ここでもパッド型のバッスルを使って、スカート背面のAからBまでのボックス・プリーツを膨らませたと思われる。

◆ 白地に斑点模様のモスリンのドレス

側面
- 前身頃：11.4cm
- 背中心の丈：14cm
- 幅の広いボックス・プリーツ
- 袖丈：63.5cm
- 109.2cm
- 縫い目
- 半袖の麻のアンダースリーブ
- 前スカート丈：101.6cm
- モスリンの布幅：127cm

柄拡大図
- 袖のCの部分
- 1.9cm
- 1.9cm
- C

裏面拡大図
- 長いひもを前で結ぶ
- 幅の広いプリーツの奥に脇の縫い目

背面拡大図
- 後ろの幅：19.1cm
- 縫い目
- C
- A　B
- 6.4cm
- ベルトはAからBの部分のみ縫い留められている
- 前から続いている
- 脇のあきはこの奥にある
- 縫い目
- 縫い目
- 脇の縫い目

後ろあきの無地のモスリンのドレスは1780年頃から少女の服として作られていて、ウエストに幅の広いサッシュ・ベルトが付き、スカートの丈は床まであった。つまり、この種のドレスは誕生以来40年にわたってほとんどデザインが変わらなかったのである。

1806～1809年頃

p96～97：白い無地のモスリンのドレス。長袖で、裾には2段のフリル付き。後ろあきで、ネックラインの引き締めひもとウエストのボタンを留めるようになっており、身頃には裏地がない。ボタンは手縫いの麻製。ドレスの裏側に「エリザベス・デイビス (Elizabeth Davis) 1795年」と刻印がある。
スノースヒル・コレクション (Snowshill Collection)

1800～1825年

p96：白いローンのタッカー 首には細かい3重のプリーツ、ウエストには留めひもが付けてある。
スノースヒル・コレクション (Snowshill Collection)

◆ 白い無地のモスリンのドレス

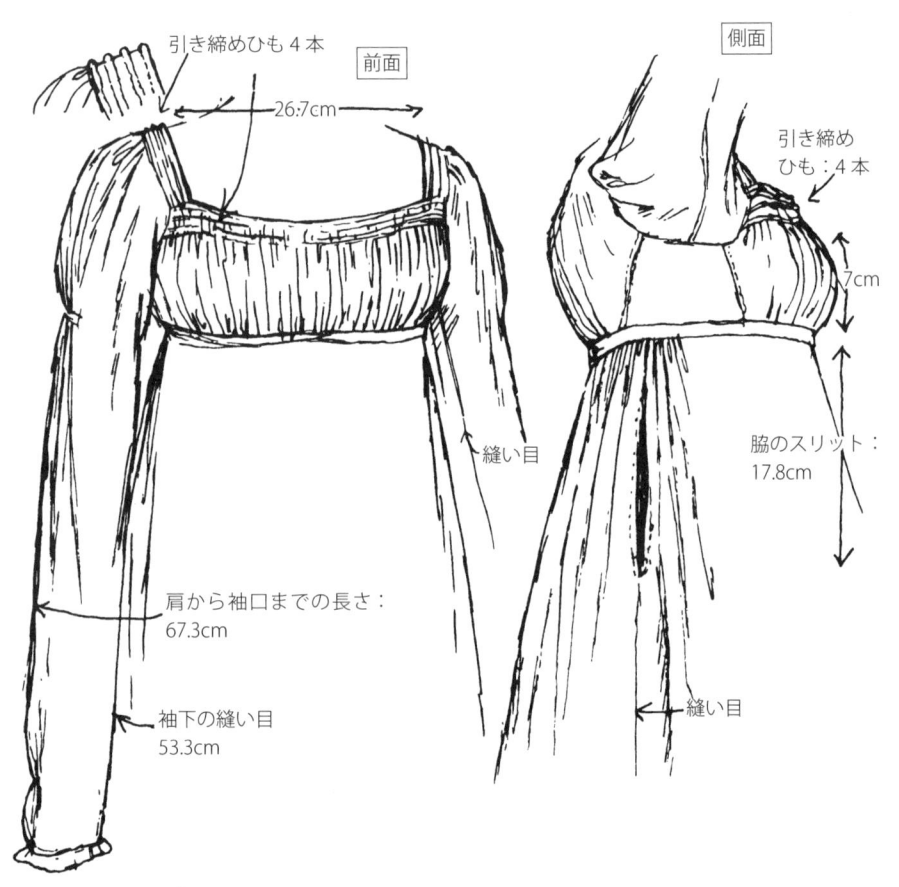

前面
引き締めひも 4本
26.7cm
縫い目
肩から袖口までの長さ：67.3cm
袖下の縫い目 53.3cm

側面
引き締めひも：4本
7cm
脇のスリット：17.8cm
縫い目

◆ 白いローンのフリル付きタッカー

背面
非常に細かい3重のプリーツ
背中心の丈：35.6cm
8.9cm

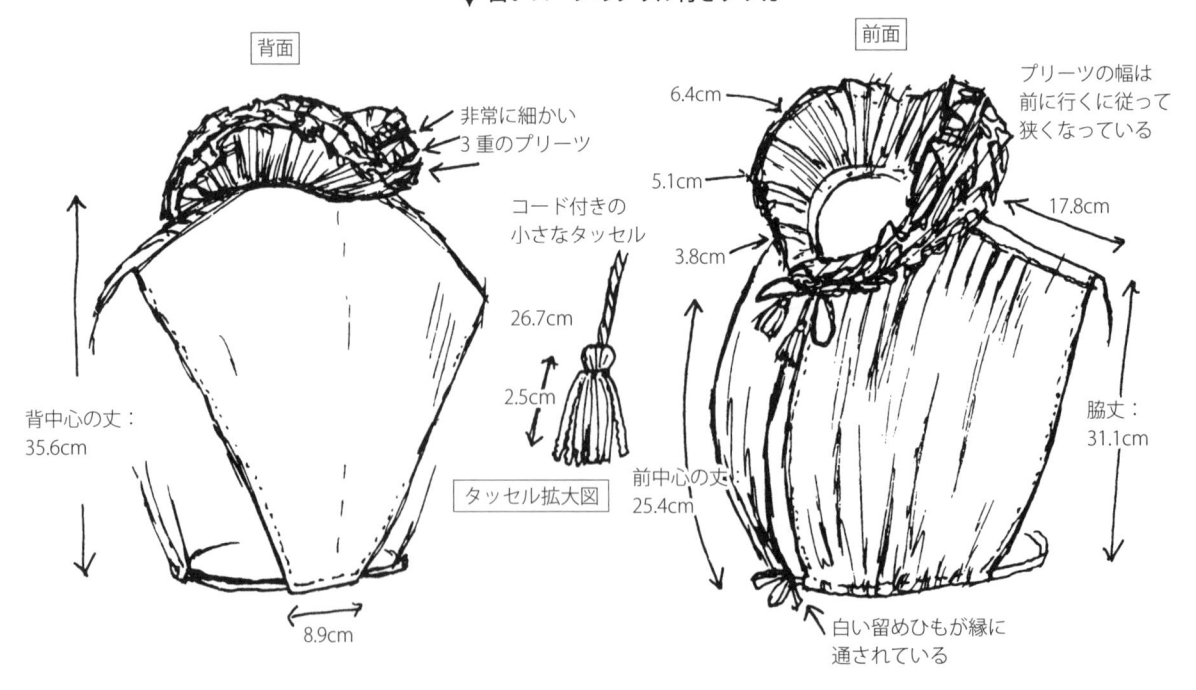

コード付きの小さなタッセル
26.7cm
2.5cm
タッセル拡大図

前面
6.4cm
5.1cm
3.8cm
プリーツの幅は前に行くに従って狭くなっている
17.8cm
脇丈：31.1cm
前中心の丈：25.4cm
白い留めひもが縁に通されている

　図下段のローンのタッカーは、このドレス用に作られたタッカーと似たデザインだと思われるが、このドレスとはウエストの位置が合わない。

♦ 白い無地のモスリンのドレス

[前面]

後ろあきのドレスには身頃に裏地を付けないのが一般的

後ろ中心丈：14.0cm
11.4cm
1.3cm
ウエスト：61.0cm
スリット
101.6cm

モスリンの布幅：88.9cm
縫い目

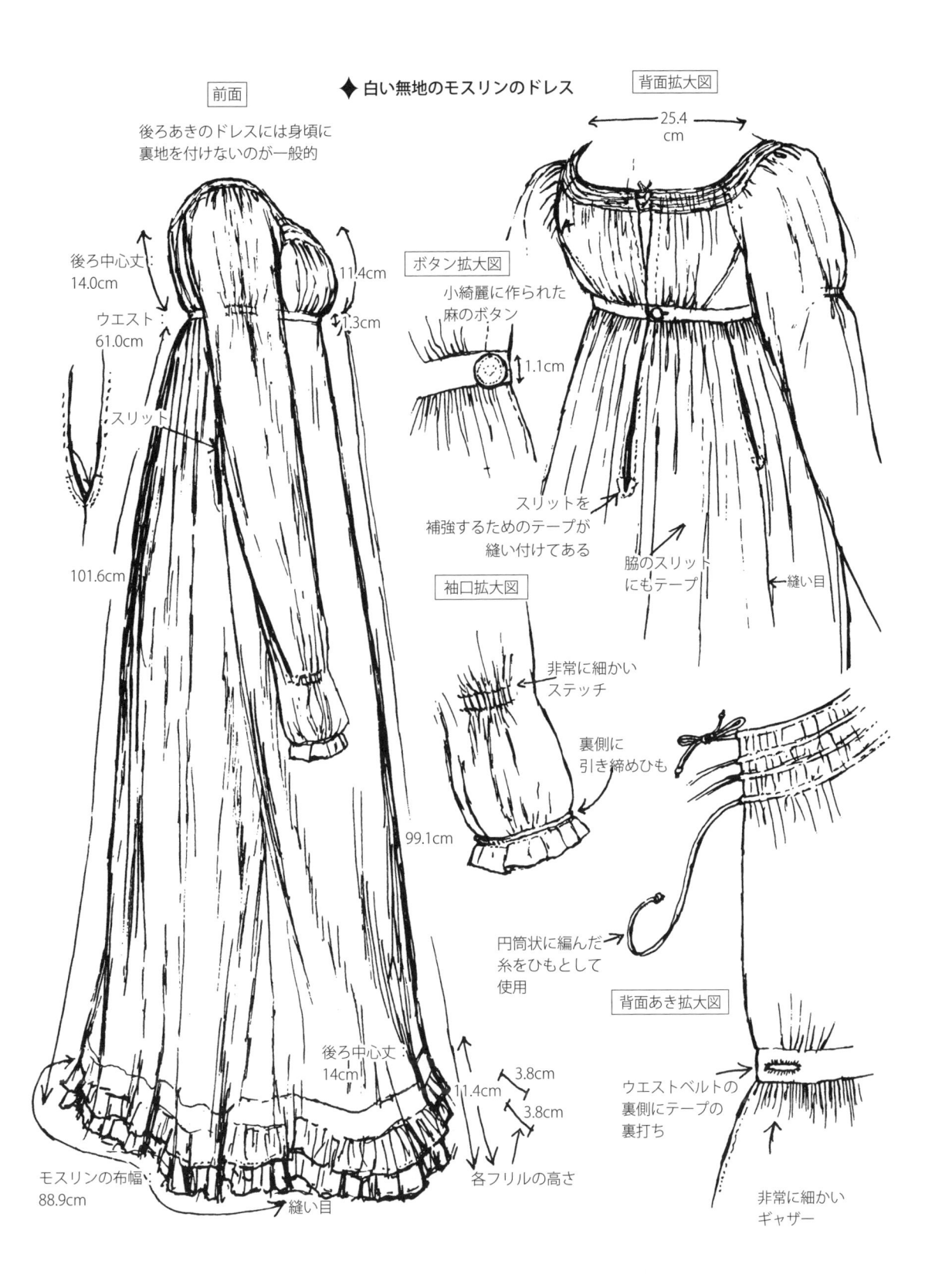

[背面拡大図]
25.4cm

[ボタン拡大図]
小綺麗に作られた麻のボタン
1.1cm

スリットを補強するためのテープが縫い付けてある

脇のスリットにもテープ
縫い目

[袖口拡大図]
非常に細かいステッチ
裏側に引き締めひも
99.1cm

円筒状に編んだ糸をひもとして使用

[背面あき拡大図]
ウエストベルトの裏側にテープの裏打ち

非常に細かいギャザー

後ろ中心丈14cm
11.4cm
3.8cm
3.8cm
各フリルの高さ

非常に繊細なステッチとギャザーを施したこの美しいドレスは、裏側にある刻印より少し後の1806～1809年頃のスタイルであることがわかる。さらに興味深いことに、脇にはスリットがある。おそらくポケットのためであると思われるが、このように体に沿った薄いモスリンのドレスを着る際は、「リディキュール（ridicule、嘲笑）」の異名を持つ、レティキュールという小さなハンドバッグを持ったため、ポケットは一般的ではなかった。

1806～1809年頃

p98～99：白い無地のモスリンを使った正装用のイブニング・ドレス。ネックライン、袖、スカートの裾部分に豪華な刺繍を施し、重厚な金のフリンジを縁にあしらっている。ハイ・ウエストで、背中のあきは銀の平らなワイヤー製のかぎホックと引き締めひもで留める。裏側に留めひも付き。表地よりも張りのある粗めのモスリンの裏地が、袖のみに付いている。ケント州にあるラリングストーン城（Lullingstone Castle）から寄贈されたもの。スノースヒル・コレクション（Snowshill Collection）

◆ 1808年：『ザ・レディース・マンスリー・ミュージアム（The Lady's Monthly Museum）』11月1日号に掲載された彩色版画より

正装用ドレス
金のバックル付きベルト
豪華な刺繍を施した白いドレス
サテンの靴

◆ 1811年：アングル（Ingres）の習作『マダム・パンクック（Madame Panckoucke）、旧姓ボシェ（Bochet）』より

正装用ドレス

袖拡大図

袖は張りのある粗目のモスリンの裏地付き

金のブレード
引き締めひも
表地の縁
裏地の縁

フリンジ拡大図

2本の糸を撚り合わせている
端はループ状

3.2cm

◆ 白い無地のイブニング・ドレス

前面

31.8cm
22.9cm
3.2cm
ウエスト：63.5cm
身頃の脇縫いの長さ：10.8cm
109.2cm
8.9cm
非常に豪華な金のフリンジ

このドレスは、模様などが一切ない無地のモスリンを使ったこの上なくシンプルなものだが、裾の縁に付けた金のフリンジのため、重みがある。また、非常に細い撚り糸を1本取りで使い、とても凝った刺繍が施されている。

◆ 白い無地のイブニング・ドレス

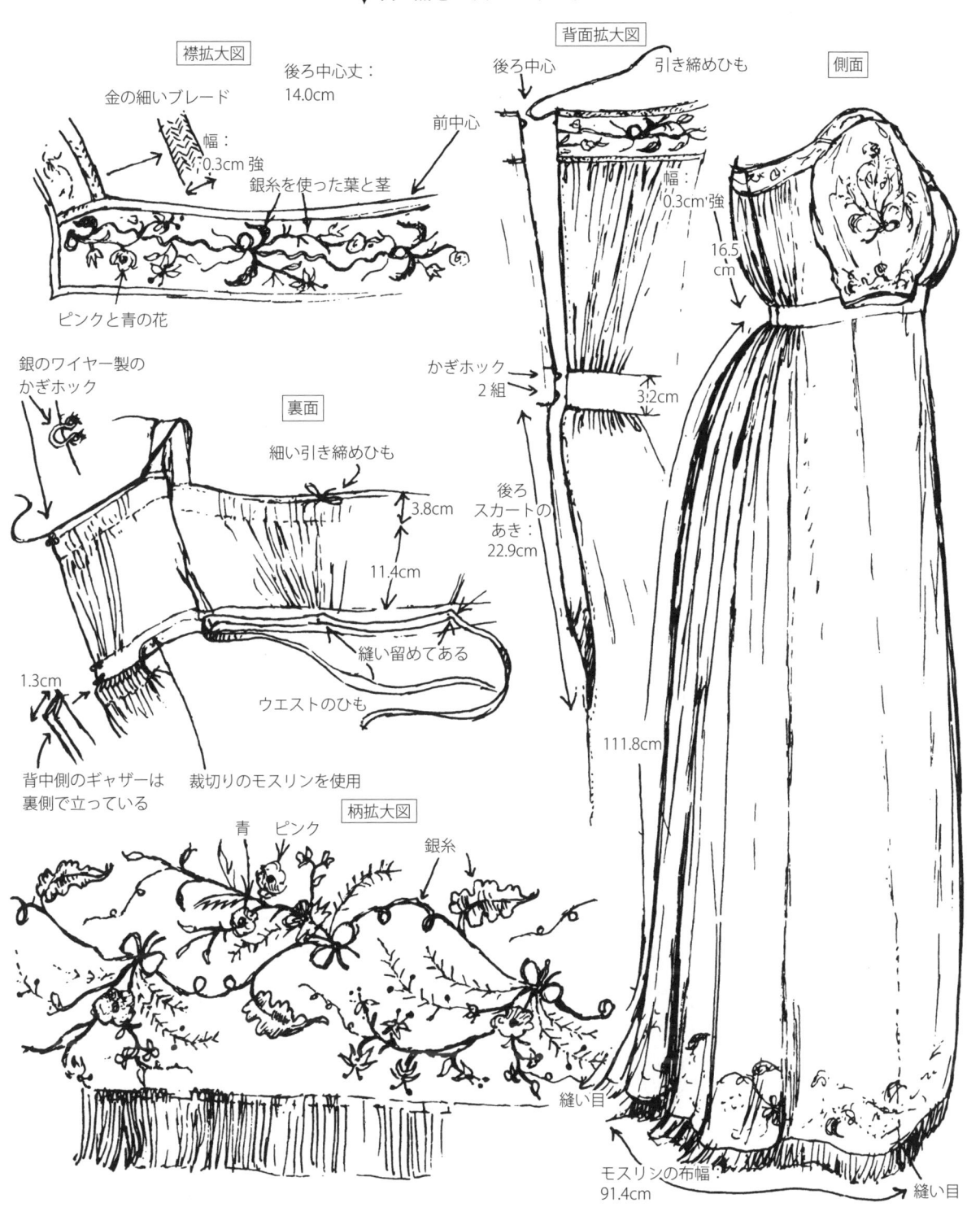

襟拡大図
- 金の細いブレード
- 幅：0.3cm 強
- 後ろ中心丈：14.0cm
- 銀糸を使った葉と茎
- 前中心
- ピンクと青の花

背面拡大図
- 後ろ中心
- 引き締めひも
- 幅：0.3cm 強
- かぎホック 2組
- 3.2cm
- 後ろスカートのあき：22.9cm

側面
- 16.5cm
- 111.8cm
- 縫い目
- モスリンの布幅：91.4cm
- 縫い目

裏面
- 銀のワイヤー製のかぎホック
- 細い引き締めひも
- 3.8cm
- 11.4cm
- 縫い留めてある
- ウエストのひも
- 1.3cm
- 背中側のギャザーは裏側で立っている
- 裁切りのモスリンを使用

柄拡大図
- 青　ピンク
- 銀糸

花やつぼみ、シダにはピンク、青、黄、緑、グレーの絹糸を、葉や茎には銀色の糸を使って刺繍されている。p98 左上の 1808 年の『ザ・レディース・マンスリー・ミュージアム（The Lady's Monthly Museum）』に掲載された彩色版画は、「繊細な紗の生地を白いサテンに重ねた」と、流行のシンプルなドレスを紹介している。ドレスはベルト付きで、柔らかい揉み革の白い長手袋と小さな扇が添えられている。

1810年頃

p100〜101：茶色とブルー・グレー（青みがかった灰色）の小花模様が刺繍された、白いモスリンのドレス。袖は非常に長い。身頃とスカートの前面はエプロン型で、肩の部分をピンで留めてある。後ろ身頃は白い麻の裏地付き。小さな袖と幅の狭い別布が、前面内側に付いている。スカートの裾にはフリルが付いている。

p101：ピンクのサテンの靴。ヒールがなく、左右の形は同じである。

スノースヒル・コレクション（Snowshill Collection）

◆ 1811年：アングル（Ingres）の習作『マダム・パンクック（Madame Panckoucke）、旧姓 ボシェ（Bochet）』より

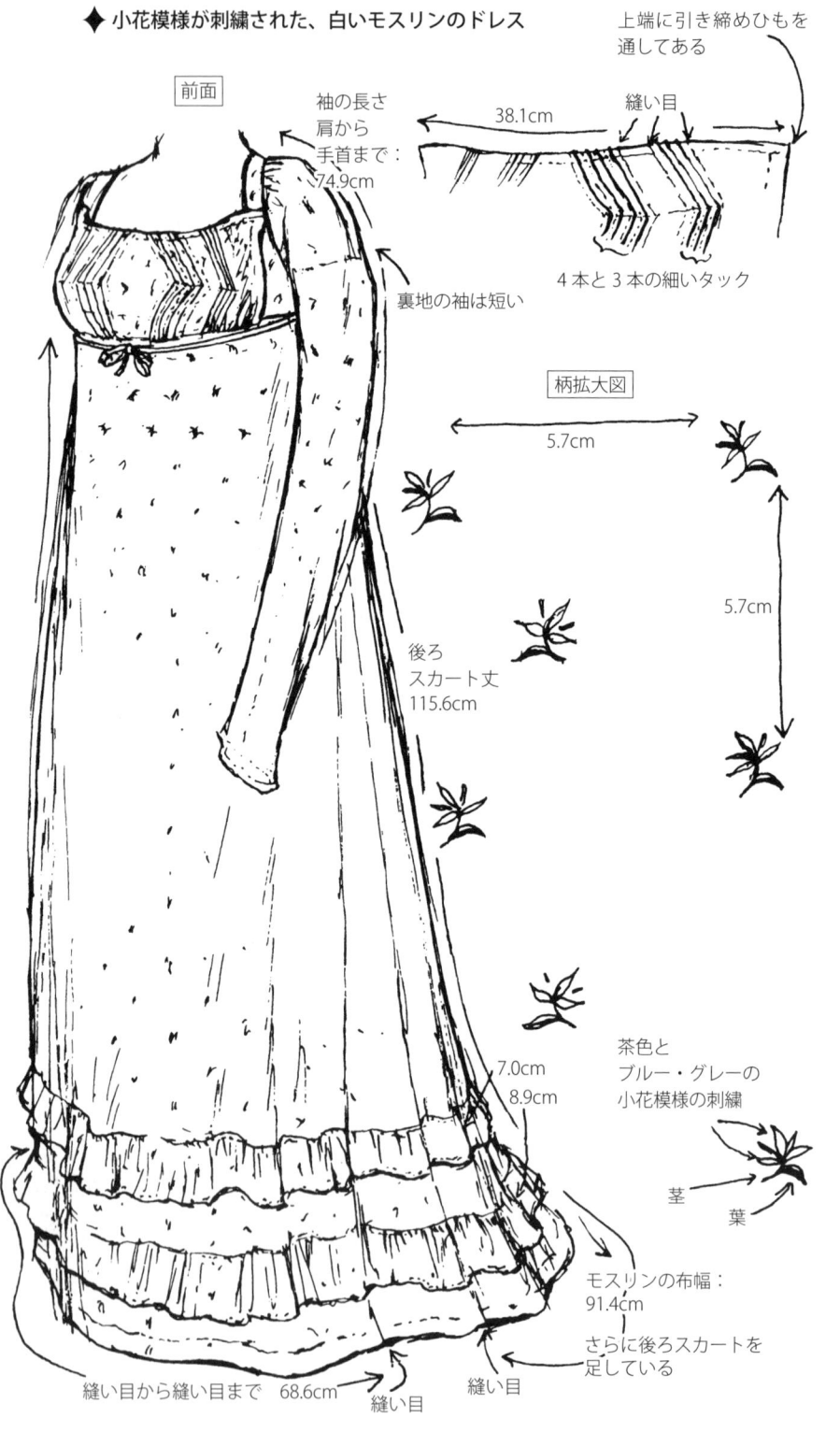

デイタイム・ドレスを着用

◆ 小花模様が刺繍された、白いモスリンのドレス

前面

袖の長さ 肩から手首まで：74.9cm

上端に引き締めひもを通してある

縫い目

38.1cm

4本と3本の細いタック

裏地の袖は短い

柄拡大図

5.7cm

5.7cm

後ろスカート丈 115.6cm

7.0cm
8.9cm

茶色とブルー・グレーの小花模様の刺繍

茎
葉

モスリンの布幅：91.4cm

さらに後ろスカートを足している

縫い目から縫い目まで 68.6cm

縫い目

縫い目

ここで取り上げたドレスのような、上品な斑点模様や小花柄、チェックをあしらった白いモスリンのドレスは、1920年代まで引き続き流行した。フランスとの戦争が起きた数年間はほとんど変化しなかったが、1815年以降は新しいスタイルが生まれる兆しが見え始めた。

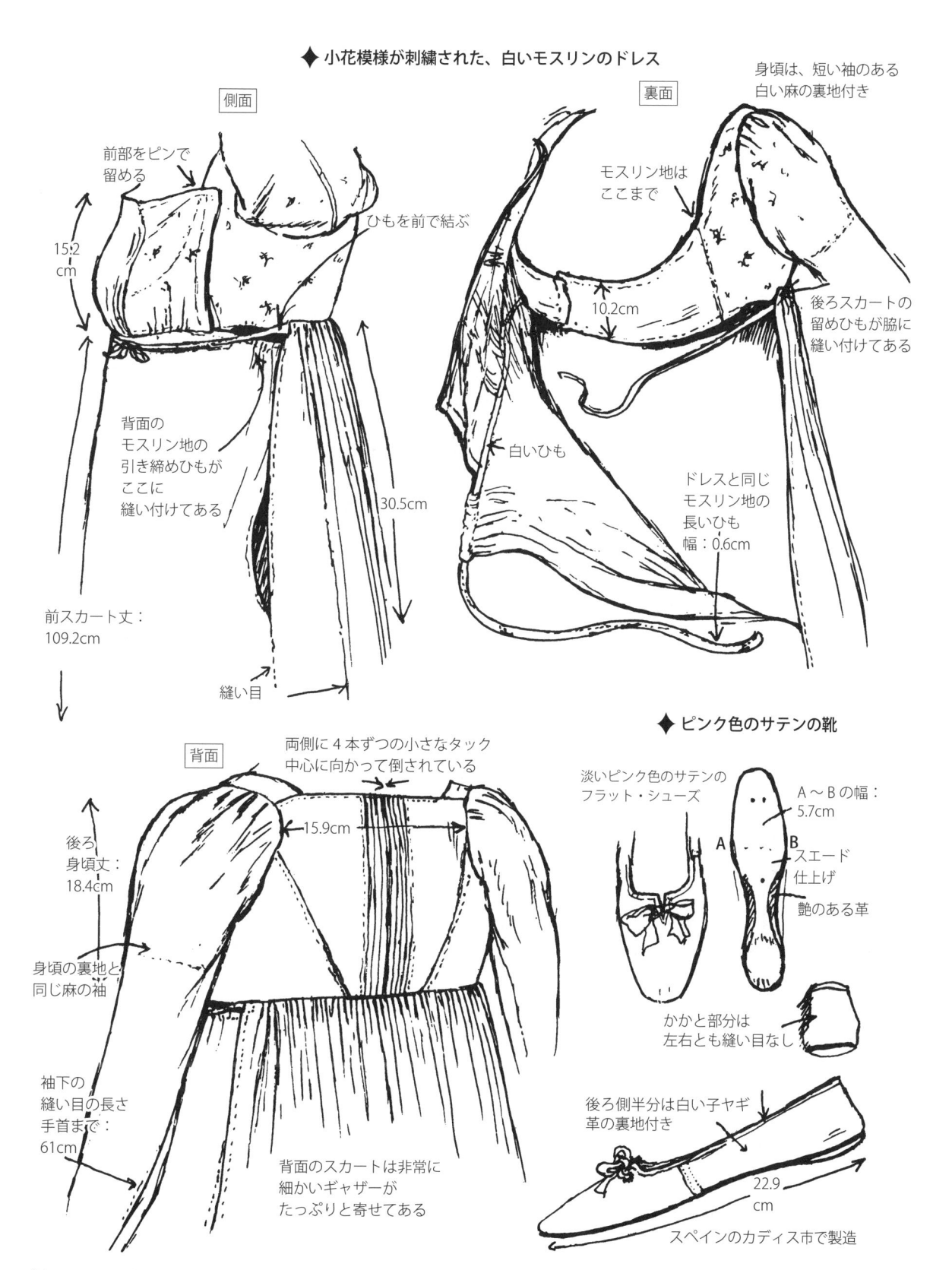

◆ 小花模様が刺繍された、白いモスリンのドレス

[側面]
- 前部をピンで留める
- 15.2cm
- 背面のモスリン地の引き締めひもがここに縫い付けてある
- ひもを前で結ぶ
- 30.5cm
- 縫い目
- 前スカート丈：109.2cm

[裏面]
- 身頃は、短い袖のある白い麻の裏地付き
- モスリン地はここまで
- 10.2cm
- 後ろスカートの留めひもが脇に縫い付けてある
- 白いひも
- ドレスと同じモスリン地の長いひも　幅：0.6cm

[背面]
- 両側に4本ずつの小さなタック中心に向かって倒されている
- 15.9cm
- 後ろ身頃丈：18.4cm
- 身頃の裏地と同じ麻の袖
- 袖下の縫い目の長さ手首まで：61cm
- 背面のスカートは非常に細かいギャザーがたっぷりと寄せてある

◆ ピンク色のサテンの靴

- 淡いピンク色のサテンのフラット・シューズ
- A～Bの幅：5.7cm
- スエード仕上げ
- 艶のある革
- かかと部分は左右とも縫い目なし
- 後ろ側半分は白い子ヤギ革の裏地付き
- 22.9cm
- スペインのカディス市で製造

裾にフリルを付けることが多くなり、身頃には装飾が増えた。ウエストラインは1815～1820年頃に最も高くなり、その後は徐々に下がる。同時にドレスの裾が広がっていく。p377～379のドレスも参照のこと。ここに挙げたヒールのない靴は「ストレーツ（真っ直ぐな）」と呼ばれ、ほぼ形に変化がないまま50年にわたって履き続けられた。

1816年

♦ クリーム色のケープ付きコート

p102～103：厚手のクリーム色の生地を使った、「ペリース」とも呼ばれるケープ付きコート。フェルトのような質感の、目の緻密な厚い毛織物を、非常に細かく縫い丁寧に仕上げてある。部分的に黒い絹の裏地付き。前部は打合わせになっており、首から裾までボタンで閉じる。ハイウエストでベルト付き。脇には持ち出しの付いたスリットポケットがある。背の高い女性のために作られた。

スノースヒル・コレクション（Snowshill Collection）からの貸与で、ヴィクトリア・アンド・アルバート博物館（Victoria and Albert Museum）に展示

前面

襟の裏側、襟の端、スロット・シーム、前部のタブ、ボタンはすべて、クリーム色のベルベット

黒い絹の裏地は、袖と、後ろ中心の腰の下までの後ろ身頃側のみ

26.7cm

34.3cm

A ケープのAからBの幅：76.2cm B

端はすべてクリーム色の絹のテープで丁寧にパイピング

縫い目

10.2cm

袖口の幅：14.0cm

背面

C～Dの背幅：26.7cm

肩の片側の幅：5.4cm

C 26.7cm D

3.8cm

縫い目

袖ぐり下からウエストまで 7.6cm

20.3cm

背中心に縫い留めてある

裏地はこの部分まで

スリットあきの持ち出しは中央のボタンで留める

スリット：21.6cm

縫い目

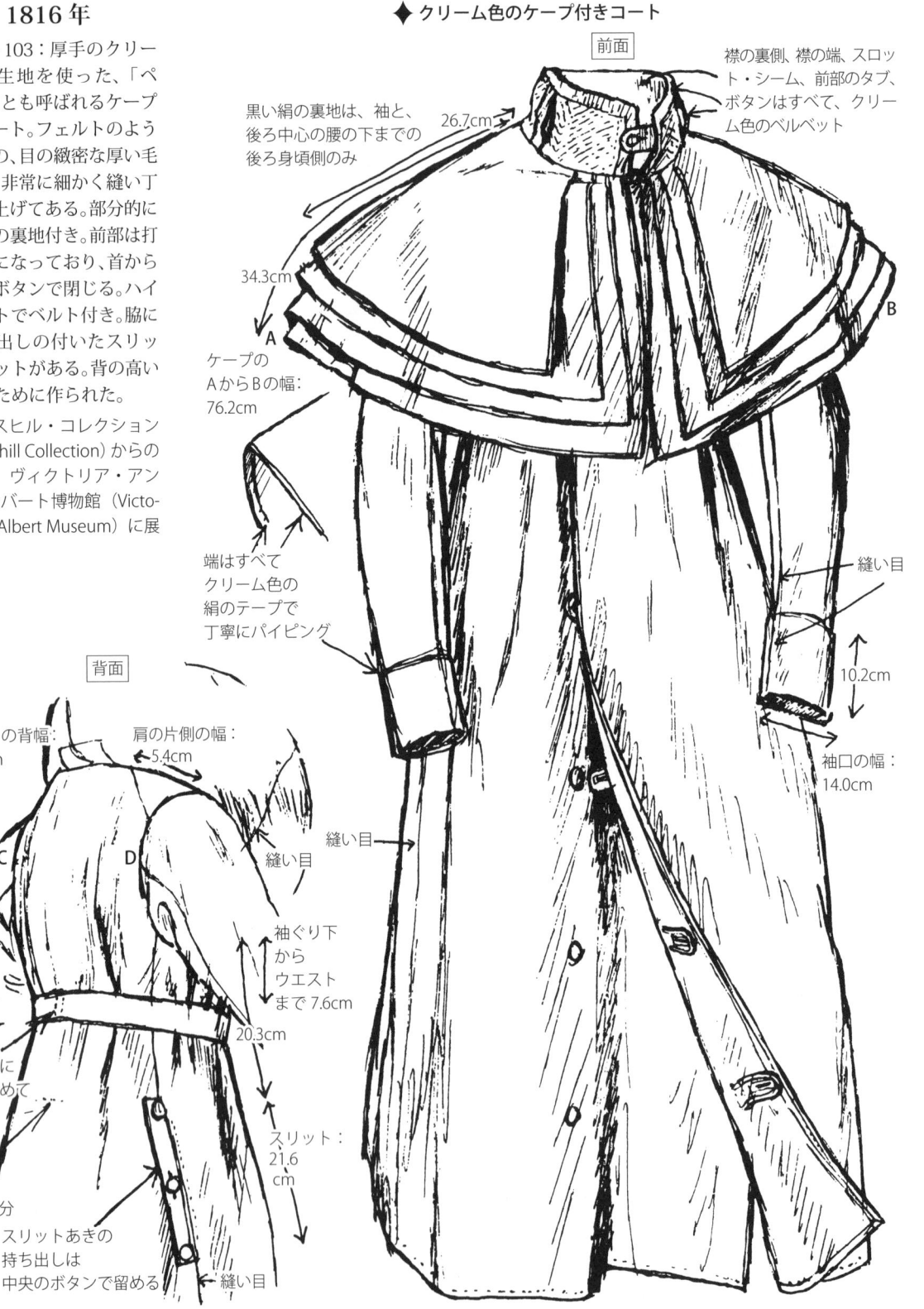

これは非常に上質で貴重な女性用コートの例であり、男性用のボックス・コートでもここまで美しい仕上がりのものはあまり見当たらない。布の端は裁切りだが、生地が厚いため端がほつれていない。興味深いのは襟のタブとスロット・シームで、過去にこのようなデザインは登場しておらず、ほぼ同じ形をした別の1816年のペリースにしか、同類のものが見られない

◆ クリーム色のケープ付きコート

[前面拡大図]

ケープの裏面

↕ 24.1 cm

57.2cm

9.8cm

縫い目

[背面]

後ろと脇にベルベットの
スロットシームがある
スカーフ用だろうか？

↕ 8.9cm

バスト：91.4cm
4枚のケープ
1
2
3
4

前丈：129.5cm

後ろ総丈：137.2cm

縫い目

◆1816年：帽子とペリースの着こなしの例

ウエストベルト：76.2cm

[ケープ拡大図]

細かく縫い付けたベルベットの縁

クリーム色の絹のバインディング

4枚目のケープを
3枚目に縫い付けた
部分を前から見た図

縫い目

4枚目のケープは
この部分までしかなく、
見えないほど細かいステッチで
3枚目のケープに縫い付けてある

その、もう1点の1816年のペリースにも前部の留め部分を覆うタブがあるが、このコートとは反対側に付いている。
コートには薄い円形、またはバッグ形のレティキュールを合わせた。

1815 年頃

p104〜105：ライラック色（藤色）の細かい格子柄を織り込んだ、白い薄手の綿のデイタイム・ドレス。襟と、とても長い袖の袖口に2枚のフリルが、スカートの前部にはエプロン付き。身頃は前あきで、中に綿のアンダーウェアが付いている。後ろ身頃の裏地と短いアンダースリーブはともに綿を使用。腰にパッド型のバッスルが縫い付けてある。スカートの裾には2段のタック。カフスにはドーセット・ボタンが付いている。
スノースヒル・コレクション（Snowshill Collection）

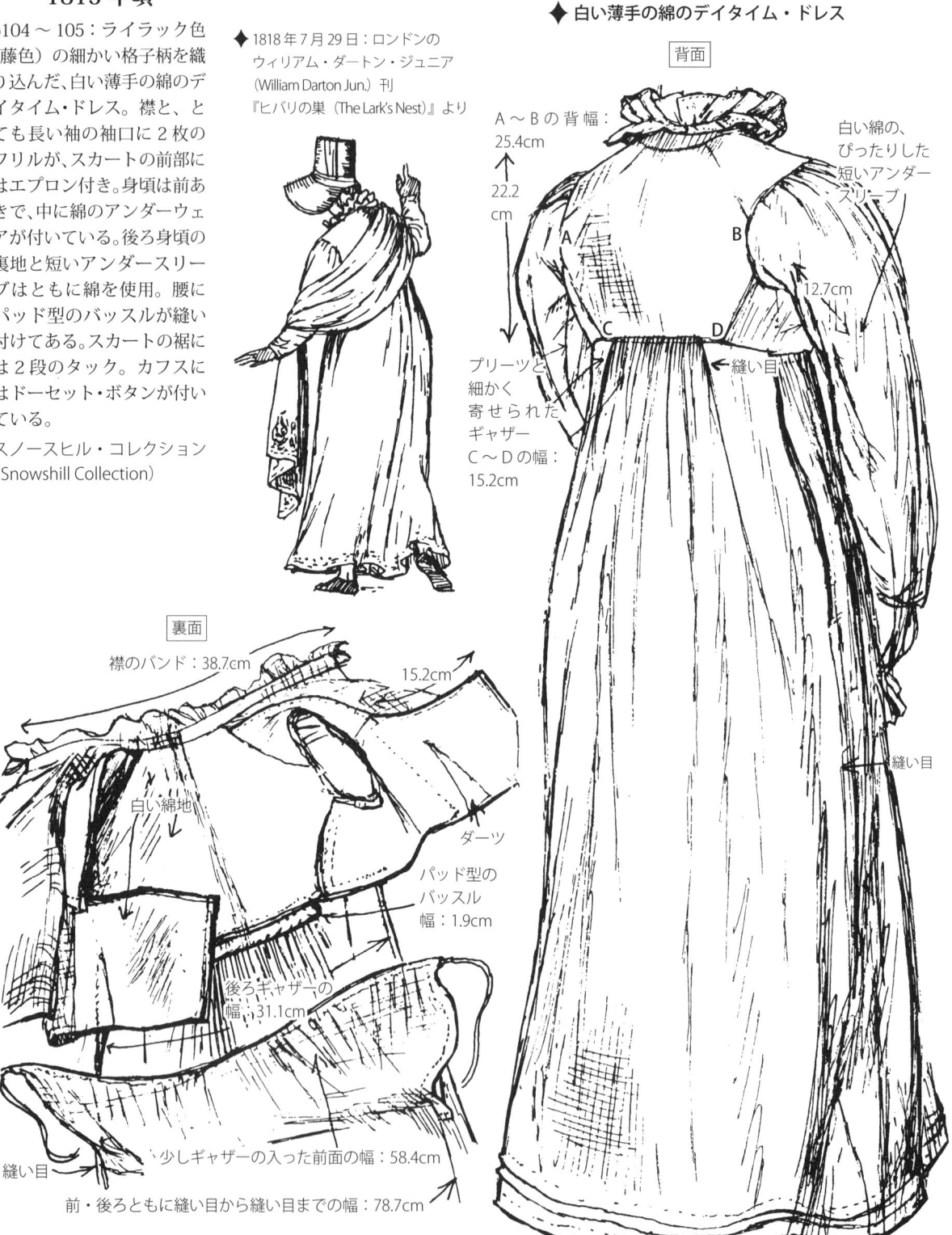

◆ 1818年7月29日：ロンドンのウィリアム・ダートン・ジュニア（William Darton Jun.）刊『ヒバリの巣（The Lark's Nest）』より

◆ 白い薄手の綿のデイタイム・ドレス

背面

A〜Bの背幅：25.4cm
22.2cm
白い綿の、ぴったりした短いアンダースリーブ
12.7cm
プリーツと細かく寄せられたギャザー
C〜Dの幅：15.2cm
縫い目

裏面

襟のバンド：38.7cm
15.2cm
白い綿地
ダーツ
パッド型のバッスル幅：1.9cm
後ろギャザーの幅：31.1cm
縫い目
少しギャザーの入った前面の幅：58.4cm
前・後ろともに縫い目から縫い目までの幅：78.7cm

このようなシンプルなドレスの多くは、縫製が素晴らしい。まっすぐに整えたギャザーや、端を細く始末したフリル、袖口のドーセット・ボタンが、ドレスの美しさを引き立てている。細い糸で作られたドーセット・ボタンは、1700年頃以降のアンダーウェアに見られ、1830年頃まで使用された。

◆ 白い薄手の綿のデイタイム・ドレス

前面拡大図

- 右側の襟
- 損耗が激しく、ピンを留めた跡がある
- 2枚のフリルの高さ：4.4cm
- 台襟：1.9cm
- ダーツ
- 前身頃丈：27.9cm
- 14.6cm
- 白い綿
- 7.6cm
- 30.5cm
- 両側ともエプロン前部より上に2.5cm傾斜しており、上端に通したひもを後ろで結んでいる

前面

- 袖下の縫い目、肩から袖口までの長さ：62.2cm

袖拡大図

- 袖は図のようにとても長いリボンで留めたと思われる
- 格子柄の大きさ：1.3cm²
- 2.9cm
- 5.1cm
- 縫い目
- 袖口のバンド：1.0cm
- ドーセット・ボタンは真鍮の針金に白い綿糸を使い、とても丁寧に作られている
- 110.5cm
- 2本のタック
- 裾回り寸法：157.5cm
- 縫い目

袖は手を覆うほど長い。手首の周りにリボンで結んで、袋のように膨らませることもあった。このドレスは、袖山が以前のものより膨らみつつある。このようなドレスには、さまざまな形のショールやマントを、帽子やボンネットと共に着用した。

1815〜1822年

p106：白地に斑点模様の入ったモスリンのドレス。ウエストの位置は高く、ネックラインは大きく開いている。裾までの後ろあきとなっていて、後ろ身頃部分だけボタンで閉じる。身頃の裏地は付いていない。裾と袖にはタックがある。

p107：白地にストライプの入ったモスリンのドレス。裾部分にはライラック色（藤色）の小花柄がプリントされている。ネックラインにはフリル、後ろ身頃の縫い目にパイピングが施され、あきは、ひもで締める方式。

スノースヒル・コレクション (Snowshill Collection)

◆ アングル（Ingres）のドローイング作品、『マダム・アングル（Madame Ingres）、旧姓シャペル（Chapelle）』より

◆ 白地に斑点模様の入ったモスリンのドレス

[前面]
- 1.1cm 拡大図　白い絹糸を使った斑点模様
- 縫い目
- 2.9cm
- 20.3cm
- 5.7cm　ギャザーはここまで
- 94cm
- 8.9cm
- 前中心の縫い目
- 縫い目

[背面]
- 背中のボタンは失われている
- ネックライン全体にひもが通してある
- 2つのタック：0.6cm
- 9.5cm
- 縫い目
- きれいに始末された端 本来ここは縫い目ではなかった

◆ 白地にストライプの入ったモスリンのドレス

[柄拡大図]
- ライラック色のプリント
- 5.1cm
- 10.2cm
- タックの幅：1cm
- 拡大図
- 15.2cm
- 拡大図
- 12.7cm
- 縁→

プリント柄はすべてライラック色

これら2着のドレスは、背の高い少女、または小柄な大人の女性に合うサイズだが、大人用のドレスで、後ろが首から裾まであいているものは珍しい。プリント柄のモスリンのドレスは1815年頃のものである。優雅なフォーマル・ウェアのデザインは、1820年頃になると斑点模様のプリント柄を使うようになった。

◆ 白地にストライプの入ったモスリンのドレス

[前面]

ネックラインのフリル 7.6cm

[装飾拡大図]

ひもで結ぶ

[背面]

後ろ身頃の縫い目にパイピングが施されている

身頃と袖は白い綿の裏地付き

ハイウエスト：55.9cm

53.3cm

45.7cm

14.6cm

12.1cm

あきの端に見返し

22.2cm

8.9cm 拡大図

深いプリーツ

スリット1本

17.8cm

拡大図

縫い目

縫い目

後ろスカート丈：106.7cm

共布のボタン

ステッチをかけたプリーツ

スカート丈：101.6cm

折り返されている

タック

別布の縁

2.5cm

ストライプのモスリンの布幅：94cm

6本の糸のストライプ

薄手のモスリン

縫い目

縫い目

タック

また、ストライプのドレスの方は、おそらく前あきだったものを、1820年代に流行した後ろあきに作りかえたものと思われ、後ろ身頃の縫い目にパイピングが施されている点が興味深い。こうしたパイピングが1822年以前のモスリンのドレスに使われることはまれだった。身頃と袖には裏地が付いている。

1817～1819年

◆ 絹と毛織物の青いドレス

p108～109：絹と毛織物の青いドレス。端の装飾には豪華なカシミール地方独特の花柄を織り込んだショール用の布を使っている。装飾の色は、くすんだ赤系の色、深みのあるゴールデン・イエロー（黄金色）、ダーク・グリーン（暗緑色）とライト・グリーン（明緑色）である。身頃の端と袖の装飾には、コード刺繍やボタンを使っている。前身頃と後ろ身頃は中央で交差するデザインになっている。後ろあきには留めひも付き。
スノースヒル・コレクション（Snowshill Collection）

花びら形の布が3枚付き、内側に普通の袖がある

装飾拡大図

青い絹糸で作られたひも

背面

裾回りの柄によく似た柄

縁取りがされている

側面

25.4cm

20.3cm

前面のひもはこの部分から縫い付けてある

背面拡大図
背面ウエストの留めひも部分
ひもを鳩目穴に通し、左脇の後ろ側で結ぶ
この図は後ろを開いたところ

後ろのひもはここに縫い付けてある

前面のひもは裏側のこの部分から縫い付けてある

10.2cm

縫い目

裾回りに入れられた花模様の織り柄：20.3cm

縁に0.6cmのコード

縫い目

40.6cm

縫い目

絹地の全幅：81.3cm

ウエストの位置は1820年に最も高くなり、この図のような花びら形のパフ・スリーブは1818～1820年によく見られるようになる。ドレスに色が復活し、最初は主に絹地のドレスに使われた。この頃には袖と裾に装飾が増え、特にこの図のドレスには、裾に豊かなコードの装飾が施してある。

◆ 絹と毛織物の青いドレス

前面

裾回りの装飾とよく似た柄

肩の幅：6.4cm

10.2cm

袖ぐり下の縫い目：3.8cm

後ろスカート丈：106.7cm

後ろスカート丈：101.6cm

縫い目

コード付きの縁

コード：0.6cm

◆ T・スタンリー・ブラウン（T. Stanley Brown）作、家族を描いた細密画より

紳士：白いストック・タイとベスト、ダークグレーのコート、M字形の襟

拡大図

金のイヤリングとブローチ

妻：グレーのドレス
斑点模様の入った薄手のモスリンかネットの白いキャップ
白いネットの襟
端に白い糸で刺繍を施したタッカーを着けている

拡大図

コード付きの絹の帯

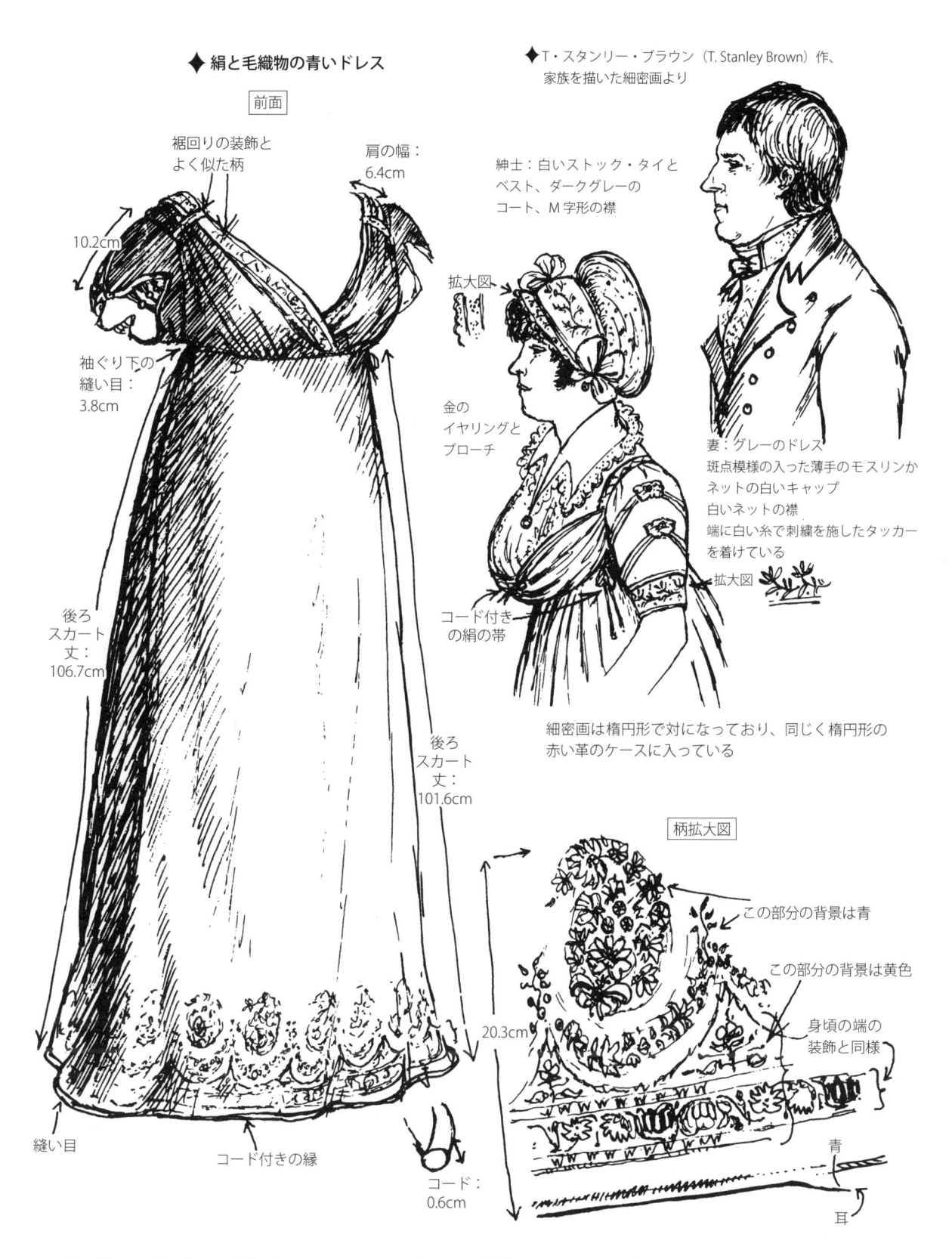

細密画は楕円形で対になっており、同じく楕円形の赤い革のケースに入っている

柄拡大図

この部分の背景は青

この部分の背景は黄色

身頃の端の装飾と同様

20.3cm

青

耳

この頃に描かれた細密画は非常に細かい。右上の細密画の妻が着ているドレスの身頃は、このページのドレスとよく似ており、コード付きの絹の帯でドレスを固定している。夫はM字形にカットされた非常にファッショナブルな襟を着けている。この襟は1800年頃に登場し、1850年頃まで日常用のコートに使われた。

19世紀初頭

p110：ワイヤーの枠にピンク色の絹の裏地を付けた、黒いシルクタフタのボンネットと、黒い絹地の柔らかいフード。フードはキルティングを施した青い絹地の裏地付きで、ボタンで留めるデザインである。
スノースヒル・コレクション（Snowshill Collection）

p111：黒い絹のカラッシュ。3本のフープにマゼンタ色の絹の裏地付き。後ろにはコードのパイピングが付き、マゼンタ色の絹のリボンを結ぶデザインである。
ミセス M・マクベス（Mrs M. Macbeth）所蔵

- 麦わらのジプシー・ボンネット
- ピンク色の絹のネッカチーフ
- 『ザ・レディース・マンスリー・ミュージアム（The Lady's Monthly Museum）』1806年9月号と1805年3月号より
- 青いリボンで飾られた、無地のモスリンのビギン
- モスリンのショールを背中で結んでいる
- 茶色いモスリンのモーニング・ドレス

◆ ジェイムズ・ギルレイ（James Gillray）*作の風刺画より
左：1804年『弾力のあるコルセット（corset élastique）』
右：1810年『ステイズ（The stays）』

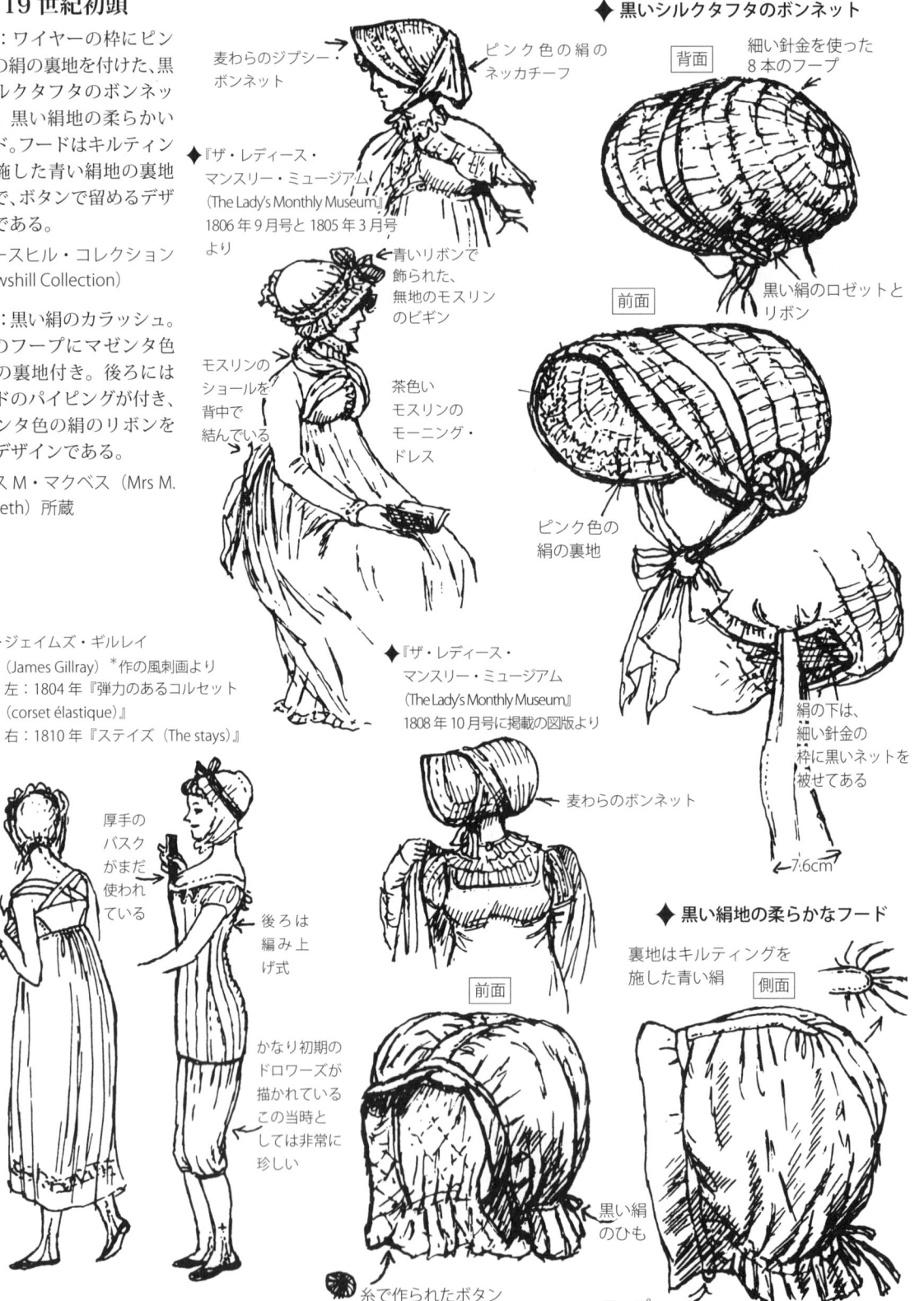

- 厚手のバスクがまだ使われている
- ゴム
- 後ろは編み上げ式
- かなり初期のドロワーズが描かれているこの当時としては非常に珍しい

◆ 『ザ・レディース・マンスリー・ミュージアム（The Lady's Monthly Museum）』1808年10月号に掲載の図版より
- 麦わらのボンネット
- 糸で作られたボタン

◆ 黒いシルクタフタのボンネット
- 背面
- 細い針金を使った8本のフープ
- 前面
- 黒い絹のロゼットとリボン
- ピンク色の絹の裏地
- 絹の下は、細い針金の枠に黒いネットを被せてある
- 7.6cm

◆ 黒い絹地の柔らかなフード
- 裏地はキルティングを施した青い絹
- 側面
- 前面
- 黒い絹のひも
- フープ

19世紀が始まる頃には、古典的な髪形がボンネットや帽子の形が主流になり、初期は頭部からつばまで水平に伸びるシルエットだった。のちに髪を高く結い上げるようになり、つばが上向きだった、高さのある帽子やキャップ、ボンネットが登場したことが、1805〜1813年頃に関する調査の結果に表れている。

*：ジェイムズ・ギルレイ（James Gillray）[1757-1815] イギリスの風刺画家。

◆ 1813年:『スカーバラの詩的な風景（Poetical Sketches of Scarborough）』より「図書館（The Library）」

カラッシュ
端にレースの付いた黒い絹のマント
レティキュール

◆ グロースターシャー州の都市、チェルトナムにある古い印刷画より
右:50年近くにわたり、王室の井戸の管理人を務めた、ミセス ハンナ・フォーティー（Mrs Hannah Forty）〈1744～1816年〉
左:19世紀初頭に王室の井戸の管理人を努めた、ミセス ラウス（Mrs Rous）

白
グレー
白
茶色

◆ 黒い絹のカラッシュ

前面
3本のフープがあり、中央のフープは失われている
黒い絹地の端
裏地は濃いピンク色の絹

背面
1枚の絹を使っている
7.6cm
8.9cm
17.1cm
5.7cm
幅:27.9cm
1.9cm
マゼンタ色の絹のリボン:3.5cm

側面
コード・パイピング
10.2cm
6.4cm
30.5cm
前面のフープの高さ:24.1cm

◆ 1819年:当時のイラストより
人工の膨らみ
貧しい女性までもがパッドを使用した

16世紀に用いられたバスクはステイズの前面を平らに保つための板で、19世紀になっても使われていた。素材は木や骨、鯨のヒゲ、鋼に加え、熱帯地方で着用する場合には銀製のものが使われた。

1810～1820年

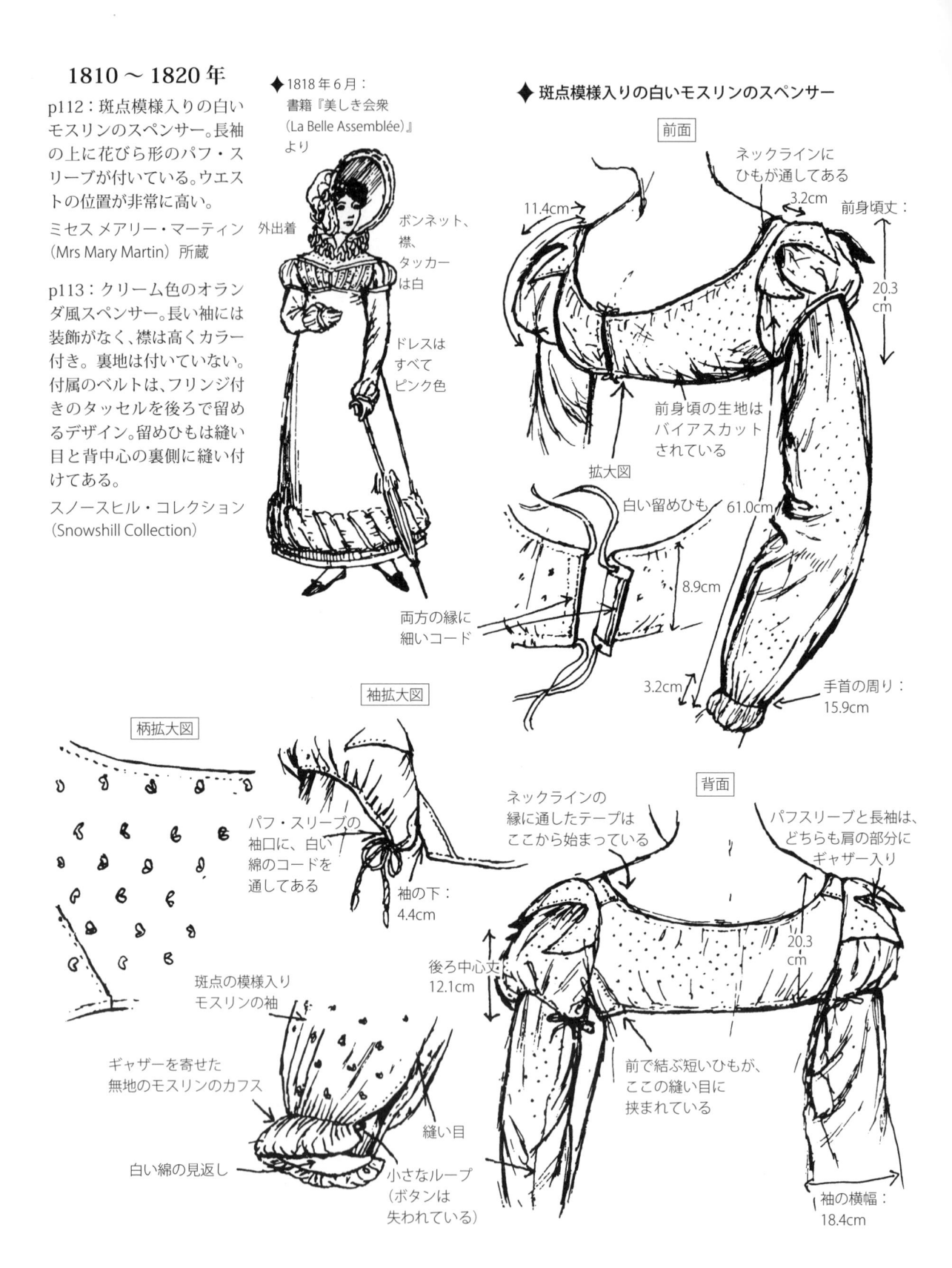

p112：斑点模様入りの白いモスリンのスペンサー。長袖の上に花びら形のパフ・スリーブが付いている。ウエストの位置が非常に高い。
ミセス メアリー・マーティン（Mrs Mary Martin）所蔵

p113：クリーム色のオランダ風スペンサー。長い袖には装飾がなく、襟は高くカラー付き。裏地は付いていない。付属のベルトは、フリンジ付きのタッセルを後ろで留めるデザイン。留めひもは縫い目と背中心の裏側に縫い付けてある。
スノースヒル・コレクション（Snowshill Collection）

◆ 1818年6月：書籍『美しき会衆（La Belle Assemblée）』より

外出着

ボンネット、襟、タッカーは白

ドレスはすべてピンク色

◆ 斑点模様入りの白いモスリンのスペンサー

前面

ネックラインにひもが通してある

11.4cm　3.2cm

前身頃丈：20.3cm

前身頃の生地はバイアスカットされている

拡大図

白い留めひも　61.0cm

8.9cm

両方の縁に細いコード

3.2cm

手首の周り：15.9cm

柄拡大図

袖拡大図

パフ・スリーブの袖口に、白い綿のコードを通してある

袖の下：4.4cm

斑点の模様入りモスリンの袖

ギャザーを寄せた無地のモスリンのカフス

白い綿の見返し

縫い目

小さなループ（ボタンは失われている）

背面

ネックラインの縁に通したテープはここから始まっている

パフスリーブと長袖は、どちらも肩の部分にギャザー入り

20.3cm

後ろ中心丈 12.1cm

前で結ぶ短いひもが、ここの縫い目に挟まれている

袖の横幅：18.4cm

1790年代に登場した、薄くて軽いモスリンを使ったウエストまでの短いジャケットは、「スペンサー」と呼ばれ、外出着や室内着、イブニング・ウェアとして着用された。スペンサーはハイ・ウエストのドレスが流行した約20年間に着用されたが、ウエストの位置が低くなるにつれて消えていった。

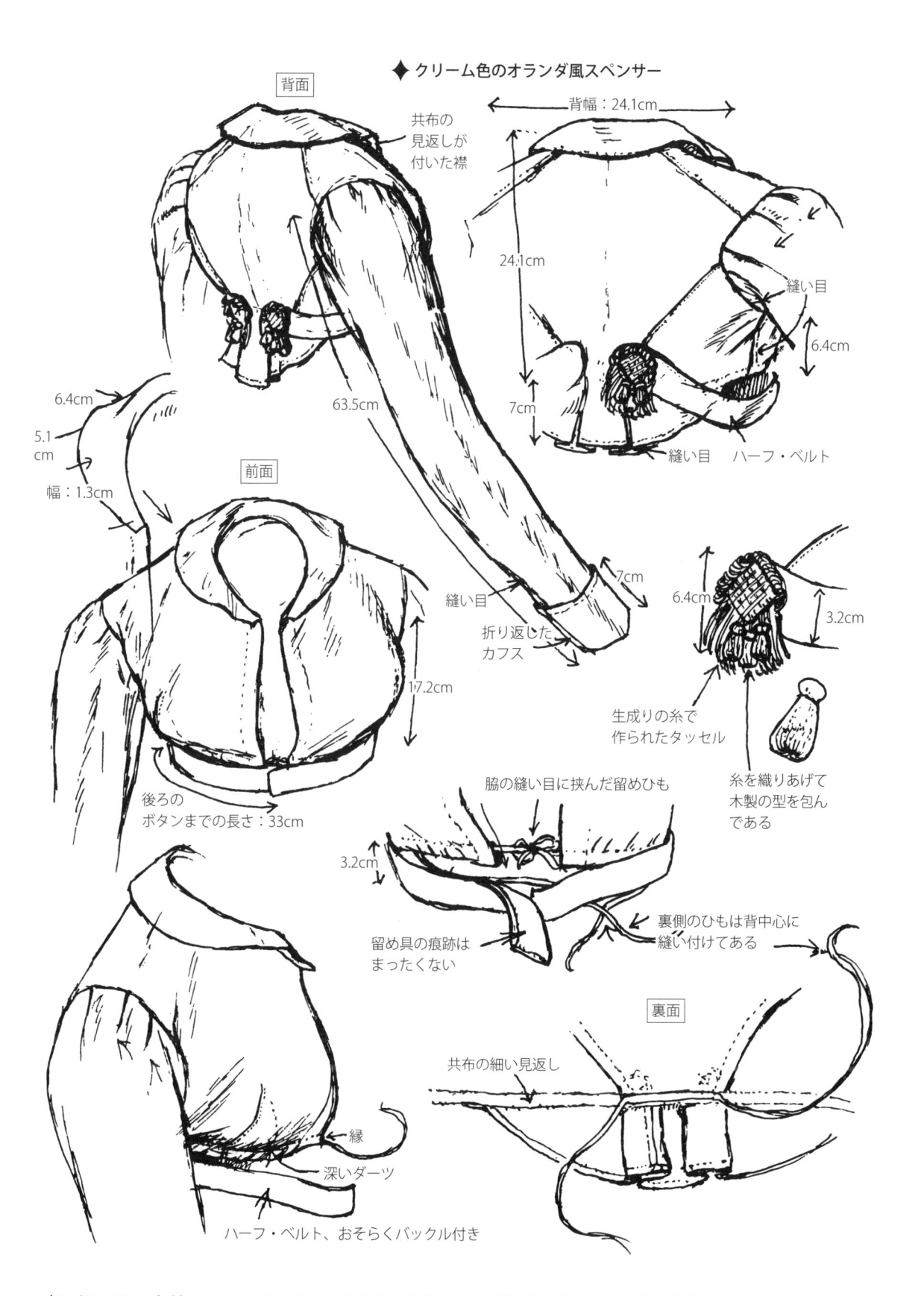

♦ クリーム色のオランダ風スペンサー

背面

共布の見返しが付いた襟

背幅：24.1cm

24.1cm

縫い目

6.4cm

6.4cm

5.1cm

幅：1.3cm

7cm

縫い目　ハーフ・ベルト

63.5cm

前面

縫い目

折り返したカフス

6.4cm

3.2cm

17.2cm

生成りの糸で作られたタッセル

糸を織りあげて木製の型を包んである

後ろのボタンまでの長さ：33cm

脇の縫い目に挟んだ留めひも

3.2cm

留め具の痕跡はまったくない

裏側のひもは背中心に縫い付けてある

裏面

共布の細い見返し

縁

深いダーツ

ハーフ・ベルト、おそらくバックル付き

白いドレスには色付きのスペンサーを合わせることが多く、特に濃い青系や黒いものが一般的だった。ここに紹介した例はどちらも淡い色のものである。もう1点、アングル（Ingres）が描いた上品なスペンサーの例をp115で紹介している。

1818～1822年

p114：淡い青の絹を使った子ども用のスペンサー。クリーム色の絹の裏地付き。長い袖の上にパフ・スリーブを重ね、端はパイピングが付いている。襟元はリボンで、ベルトはボタンで留める。

p114～115：女性用の黒い絹のスペンサー。身頃は黒い絹、袖は白い綿の裏地付き。長い袖の上にパフ・スリーブを重ね、サテンのパイピングが付いている。また、ベルト付きである。

p115：高く巻き上げる髪型に合わせた、大人の女性用ボンネット。

スノースヒル・コレクション（Snowshill Collection）

◆1818年7月29日：書籍『ヒバリの巣（The Lark's Nest）』挿絵より

子ども用の麦わらのボンネットとスペンサー

◆ 淡い青の絹を使った子供用スペンサー

10～11歳の子ども用である

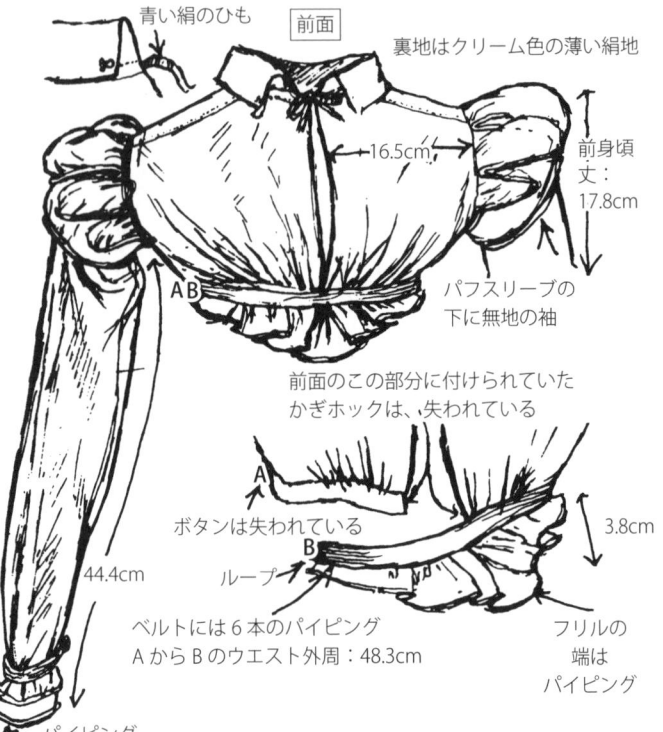

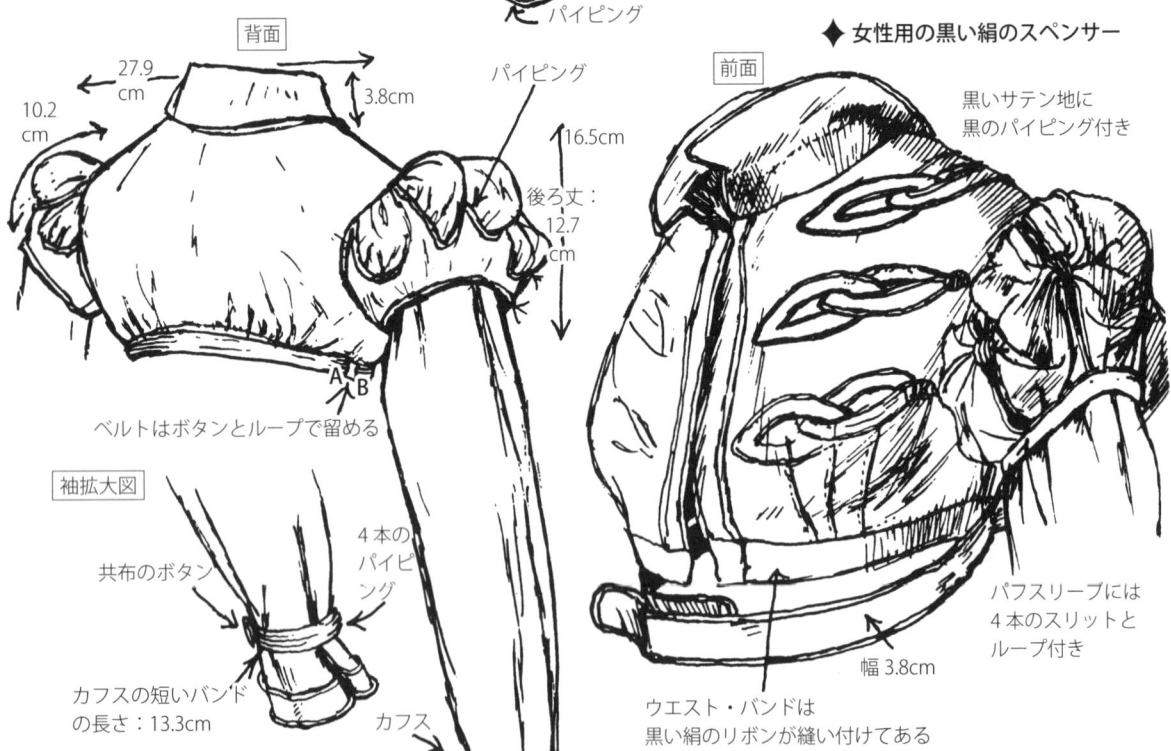

[前面]

青い絹のひも

裏地はクリーム色の薄い絹地

←16.5cm→

前身頃丈：17.8cm

パフスリーブの下に無地の袖

前面のこの部分に付けられていたかぎホックは、失われている

ボタンは失われている

ループ

3.8cm

ベルトには6本のパイピング
AからBのウエスト外周：48.3cm

フリルの端はパイピング

44.4cm

パイピング

[背面]

←27.9cm→

10.2cm

3.8cm

パイピング

16.5cm

後ろ丈：12.7cm

ベルトはボタンとループで留める

[袖拡大図]

共布のボタン

4本のパイピング

カフスの短いバンドの長さ：13.3cm

カフス

◆ 女性用の黒い絹のスペンサー

[前面]

黒いサテン地に黒のパイピング付き

パフスリーブには4本のスリットとループ付き

幅3.8cm

ウエスト・バンドは黒い絹のリボンが縫い付けてある

1820年代初めからは、ドレスの縫い目にパイピングを施すようになった。ここに紹介した女性用の黒い絹のスペンサーは、パイピングによって華やかさが増している。このスペンサーは、ドレスのウエストの位置が低くなっており、魅力的な短いジャケットが消えてしまう直前のスタイルであることがわかる。

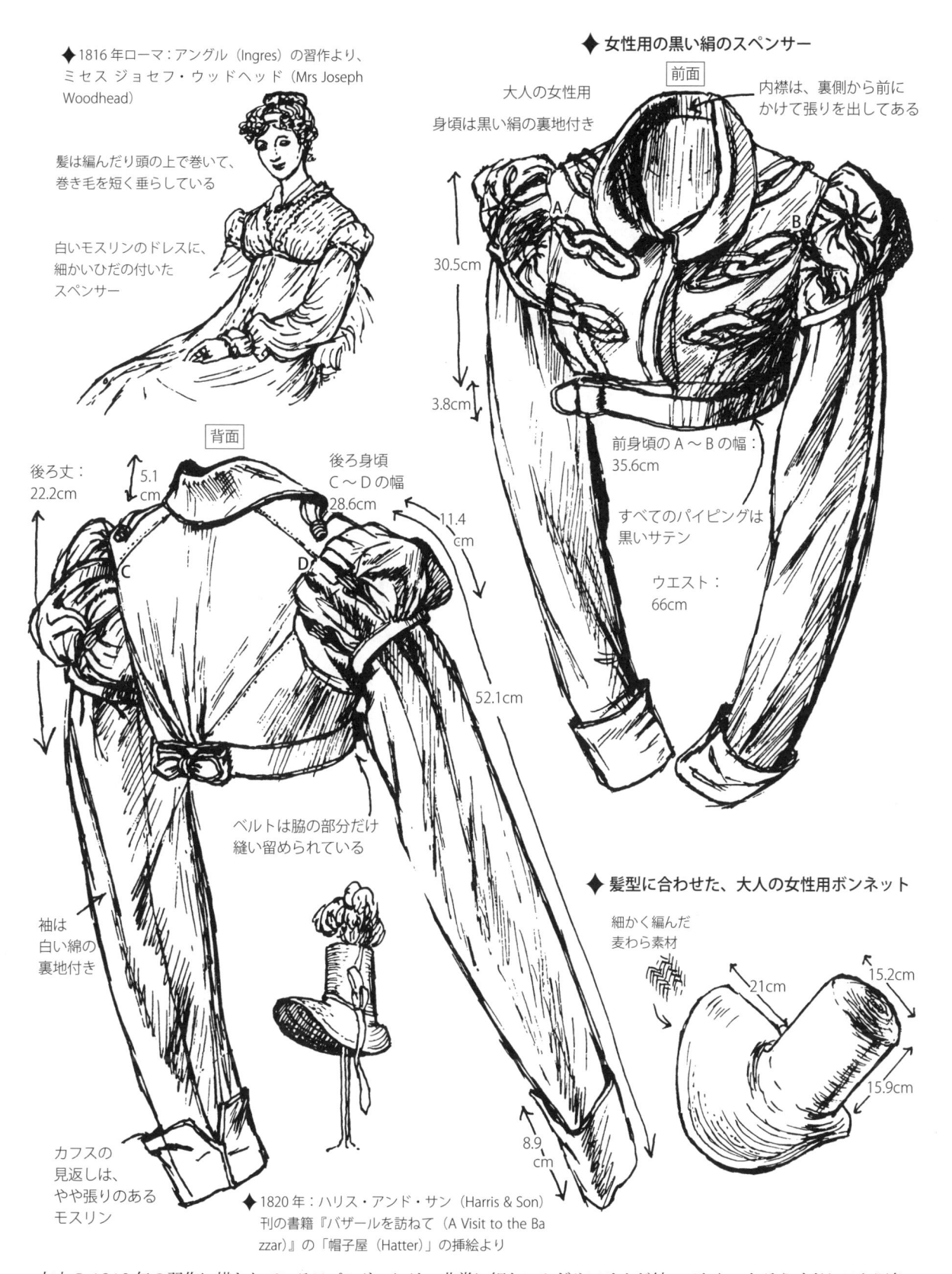

◆ 1816年ローマ：アングル（Ingres）の習作より、ミセス ジョセフ・ウッドヘッド（Mrs Joseph Woodhead）

髪は編んだり頭の上で巻いて、巻き毛を短く垂らしている

白いモスリンのドレスに、細かいひだの付いたスペンサー

◆ 女性用の黒い絹のスペンサー

前面

大人の女性用
身頃は黒い絹の裏地付き

内襟は、裏側から前にかけて張りを出してある

30.5cm

3.8cm

前身頃のA～Bの幅：35.6cm

すべてのパイピングは黒いサテン

ウエスト：66cm

背面

後ろ丈：22.2cm

5.1cm

後ろ身頃C～Dの幅 28.6cm

11.4cm

52.1cm

ベルトは脇の部分だけ縫い留められている

袖は白い綿の裏地付き

カフスの見返しは、やや張りのあるモスリン

◆ 1820年：ハリス・アンド・サン（Harris & Son）刊の書籍『バザールを訪ねて（A Visit to the Bazzar）』の「帽子屋（Hatter）」の挿絵より

8.9cm

◆ 髪型に合わせた、大人の女性用ボンネット

細かく編んだ麦わら素材

21cm　15.2cm

15.9cm

左上の1816年の習作に描かれているスペンサーには、非常に細かいひだやフリルが付いており、おそらくドレスと同色の白いスペンサーだと思われる。さらに、髪を頭の上に巻き上げていることから、ボンネットの角度に影響を与えたことが分かる。

19世紀初期

p116：緑の絹地を使った蝶番式の日傘。親骨は鯨のヒゲ、柄は木製で折り畳みが可能。

p117：光沢のある生成りの絹地を使ったパゴダ型の小さな日傘と、黒い絹地を使ったパゴダ型の大きな日傘。小さな日傘の長い柄には籐を、親骨には鯨のヒゲを使い、コードのループが付いている。大きな日傘の傘をまとめるリングには、動物の骨、親骨には鯨のヒゲ、持ち手には木を使っており、先端は破損している。
スノースヒル・コレクション（Snowshill Collection）

◆『ザ・レディース・マンスリー・ミュージアム（The Lady's Monthly Museum）』より
左：1802年5月号の図版
右：1813年7月号の図版

◆1820年：ローランドソン（Rowlandson）の習作『傘職人（Umbrella Maker）』より

傘の先端は象牙

緑の絹地

フリンジ

◆緑の絹地の蝶番式日傘

黒い鯨のヒゲを使った親骨

59.7 cm

蝶番付きの折り畳める柄

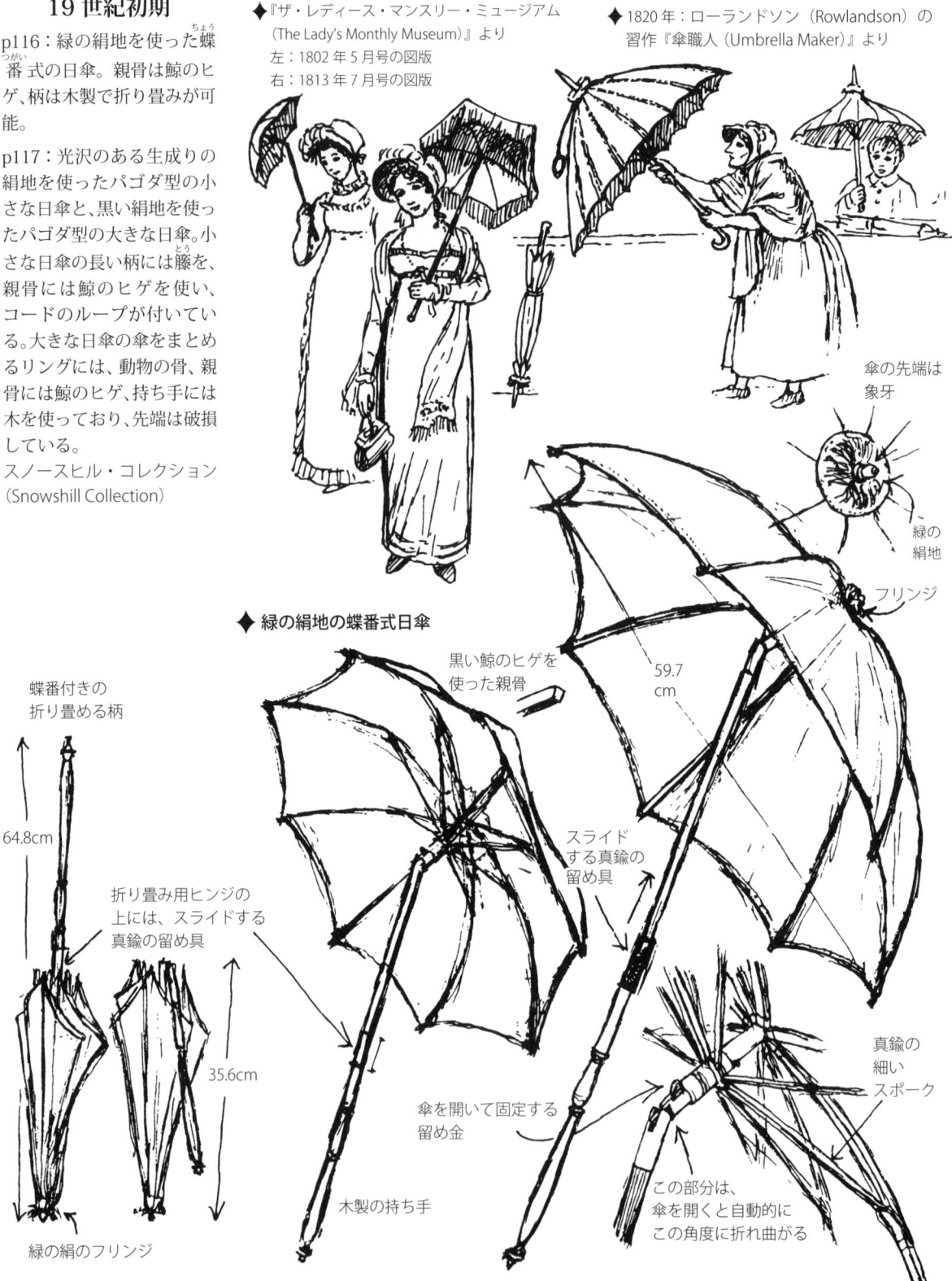

64.8cm

折り畳み用ヒンジの上には、スライドする真鍮の留め具

35.6cm

スライドする真鍮の留め具

傘を開いて固定する留め金

木製の持ち手

真鍮の細いスポーク

この部分は、傘を開くと自動的にこの角度に折れ曲がる

緑の絹のフリンジ

p116右上のローランドソン（Rowlandson）の1820年の習作に描かれている傘は、18世紀終盤の大きくて重い傘である。ここで取り上げた黒い絹を使った中型の日傘にも同様の傘をまとめるリングが付いているが、こちらはさらに絹のベルトが親骨に縫い付けてある。

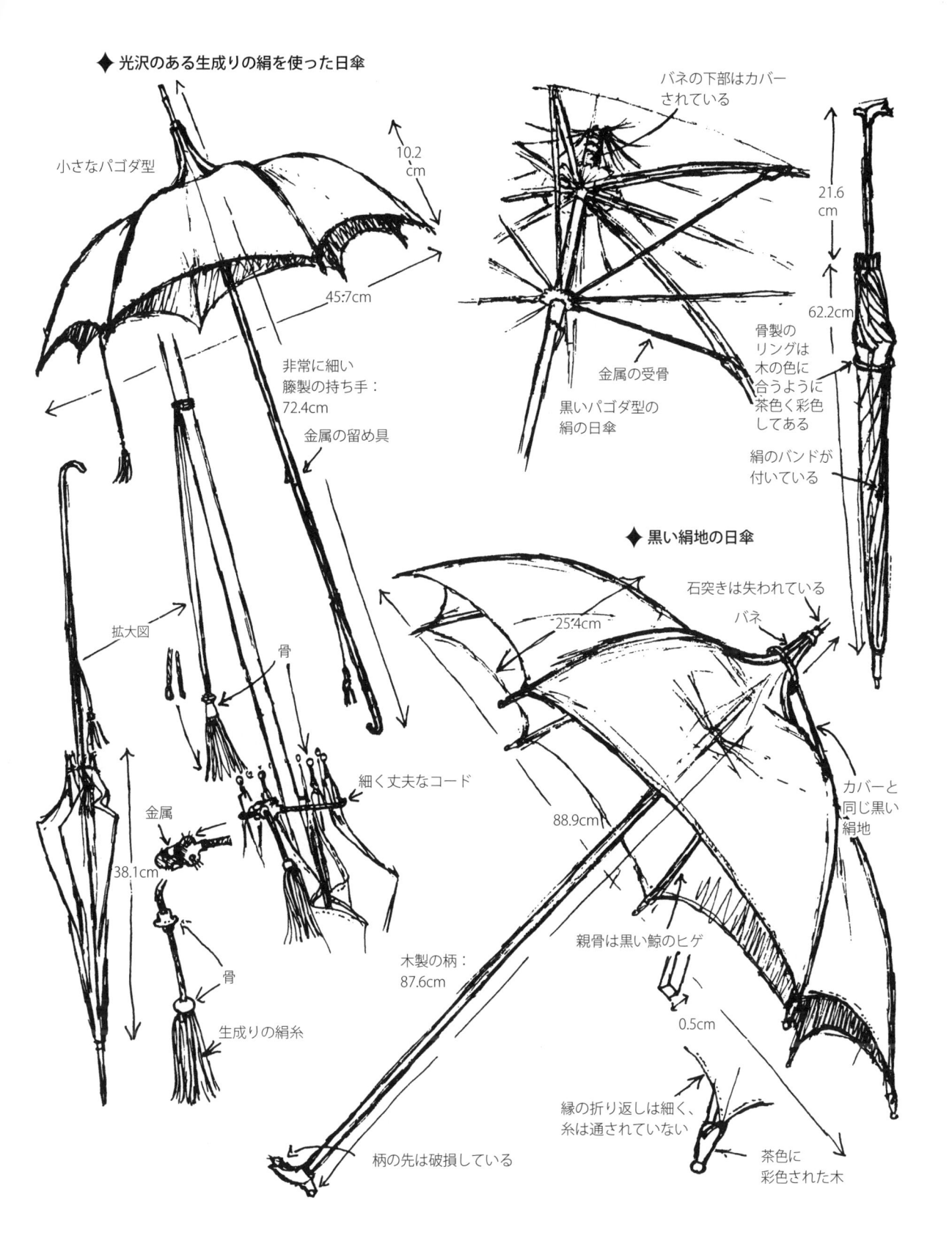

◆ 光沢のある生成りの絹を使った日傘

小さなパゴダ型

10.2 cm

45.7cm

非常に細い
藤製の持ち手：
72.4cm

金属の留め具

拡大図

骨

金属

38.1cm

骨

細く丈夫なコード

生成りの絹糸

バネの下部はカバー
されている

金属の受骨

黒いパゴダ型の
絹の日傘

21.6 cm

62.2cm

骨製の
リングは
木の色に
合うように
茶色く彩色
してある

絹のバンドが
付いている

◆ 黒い絹地の日傘

25.4cm

石突きは失われている

バネ

カバーと
同じ黒い
絹地

88.9cm

親骨は黒い鯨のヒゲ

0.5cm

木製の柄：
87.6cm

柄の先は破損している

縁の折り返しは細く、
糸は通されていない

茶色に
彩色された木

パゴダ型の傘は 1800〜1840 年頃に見られ、蝶番式の日傘もこの頃に登場し、左上の 1802 年の図版にも描かれている。この緑の絹の傘にも、折り畳める中棒が付いている。こうしたデザインは 1838 年頃のものに多くみられるが、これらとは別のプリント柄でフリンジが付いた 1813 年の傘にも同様の中棒が使われている。

1820〜1830年

p118〜119：モスリンのフリルが付いた、白い横畝織りの綿のキャップとネットのキャップ。綿のキャップは山部分に細かいギャザーが入っている。すべてが美しく縫われている。ネットのキャップには刺繍を施した同じくネットのフリルが付いており、たっぷりとギャザーを寄せた山部分は、縫い目に入れた引き締めひもで引き上げてある。
スノースヒル・コレクション（Snowshill Collection）

1800〜1825年

p118〜119：白いローンのタッカー2着。プリーツを寄せたフリルが2枚付き、タッセルの付いたコードで留める。片方のタッカーは肩にフリルが付いている。
スノースヒル・コレクション（Snowshill Collection）

◆ 白い横畝織りの綿のキャップ

背面
16.5cm
5.1cm
10.2cm
綿地
モスリン
前面
15.2cm
2.5cm
3.8cm
22.9cm

両側の首から顔の周りの縁にかけて、弓状の枠が結びひもの中に通してある

装飾拡大図
顔周りのフリルは上部のみでモスリンが2重に付いている途切れのない1枚の長いフリルである

リボンとキャップは畝織りの白い綿

装飾拡大図
前身頃と後ろ身頃にタックを寄せ、とても細かくプリーツを寄せたフリルが付いている

右側が下になっている
プリーツは前に向かって倒されている
縦型の小さなボタンホール
耳
3.2cm
白い綿のコードとタッセル

◆ 白いローンのタッカー：1

前フリルの幅：3.8cm
後ろフリルの幅：5.1cm

前面
22.9cm

背面
2.7cm
30.5cm
25.4cm
10.2cm

1本取りの綿糸のステッチでタックを押さえてある
縫い目の上に細いテープをかぶせてある

これらの装飾品の縫製やプリーツ、ギャザーは非常に丁寧で、見る人の目を驚かせる。どちらのキャップも顔の周りから首にかけてのフリルは1枚の長い布を使い、額の部分は2枚に重ねているため、布には縫い目がない。

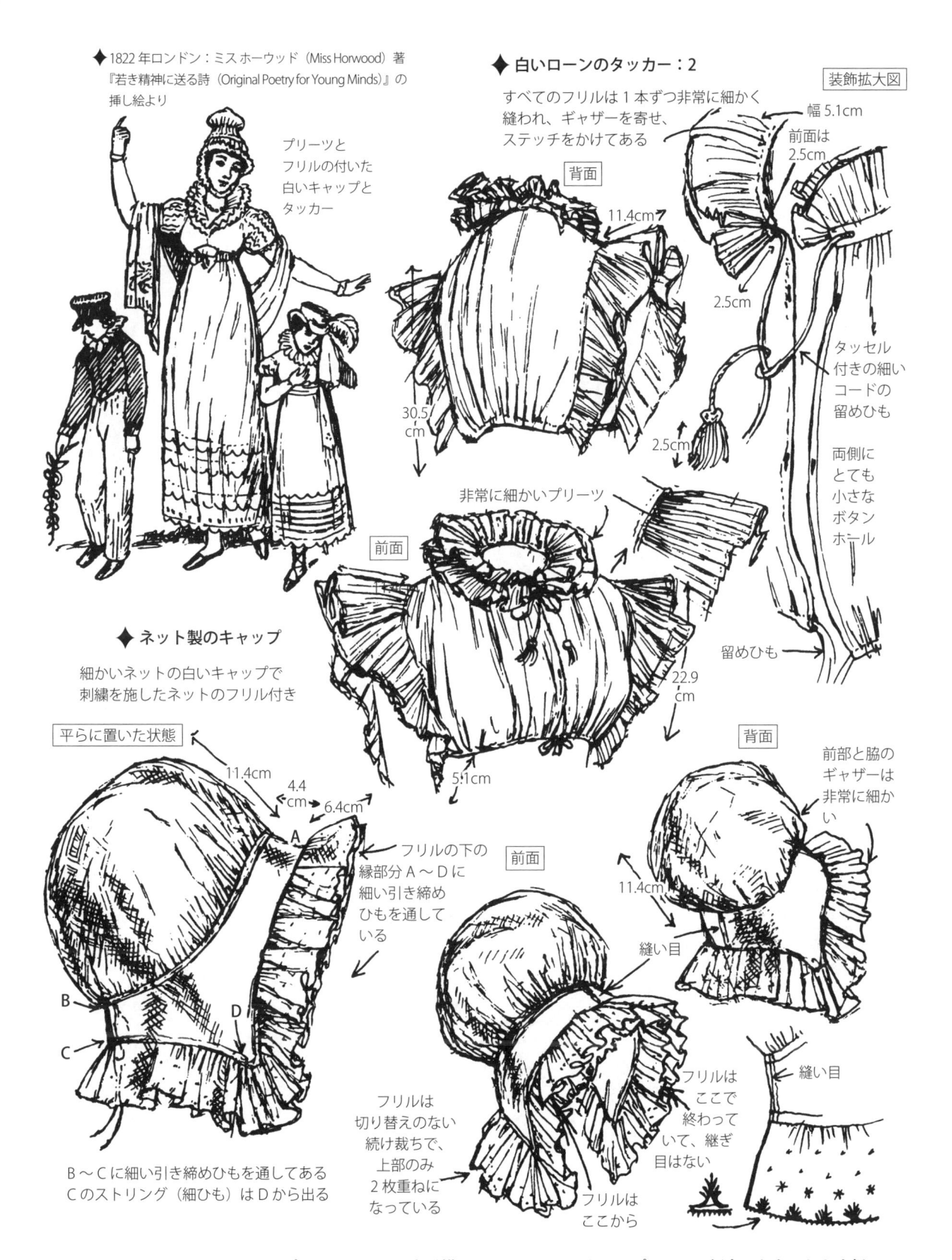

◆ 1822年ロンドン：ミスホーウッド（Miss Horwood）著
『若き精神に送る詩（Original Poetry for Young Minds）』の
挿し絵より

プリーツとフリルの付いた白いキャップとタッカー

◆ 白いローンのタッカー：2

すべてのフリルは1本ずつ非常に細かく縫われ、ギャザーを寄せ、ステッチをかけてある

装飾拡大図

幅5.1cm
前面は2.5cm
2.5cm
11.4cm
30.5cm
2.5cm

背面

タッセル付きの細いコードの留めひも

両側にとても小さなボタンホール

非常に細かいプリーツ

前面

22.9cm

5.1cm

留めひも

◆ ネット製のキャップ

細かいネットの白いキャップで刺繍を施したネットのフリル付き

平らに置いた状態

11.4cm
4.4cm
6.4cm

A

フリルの下の縁部分A〜Dに細い引き締めひもを通している

B
C
D

B〜Cに細い引き締めひもを通してある
Cのストリング（細ひも）はDから出る

フリルは切り替えのない続け裁ちで、上部のみ2枚重ねになっている

背面

前部と脇のギャザーは非常に細かい

11.4cm

縫い目

前面

フリルはここで終わっていて、継ぎ目はない

フリルはここから

縫い目

上の1822年の挿絵には、キャップとタッカーの両方が描かれている。そのキャップはここで紹介したものとよく似ているが、キャップ上部の内側に寄せられたギャザーの様子が少し違っている。肩にフリルの付いたタッカーは、おそらくドレスの上から着たと思われる。

19世紀前半

p120：ショール3点。くすんだクリムゾン色（深紅色）の絹のショールは斑点のような花柄入りで、縁取りが付いている。クリーム色の絹のショールは織り柄を用いた縁取りと、小さな円すい形の模様入り。華やかな、赤い毛織物のショールは大きな松かさ形の花の模様入り。織り柄で縁取りがしてある。
スノースヒル・コレクション（Snowshill Collection）

1815〜1820年

p121：白い綿のドレス。斑点のような緑の花の細かい織り模様に、深みのある赤と緑の織り模様で縁取りがしてある。
スノースヒル・コレクション（Snowshill Collection）

◆ 1805年：アングル（Ingres）作の絵画『リヴィエール夫人（Mme Rivière）』より

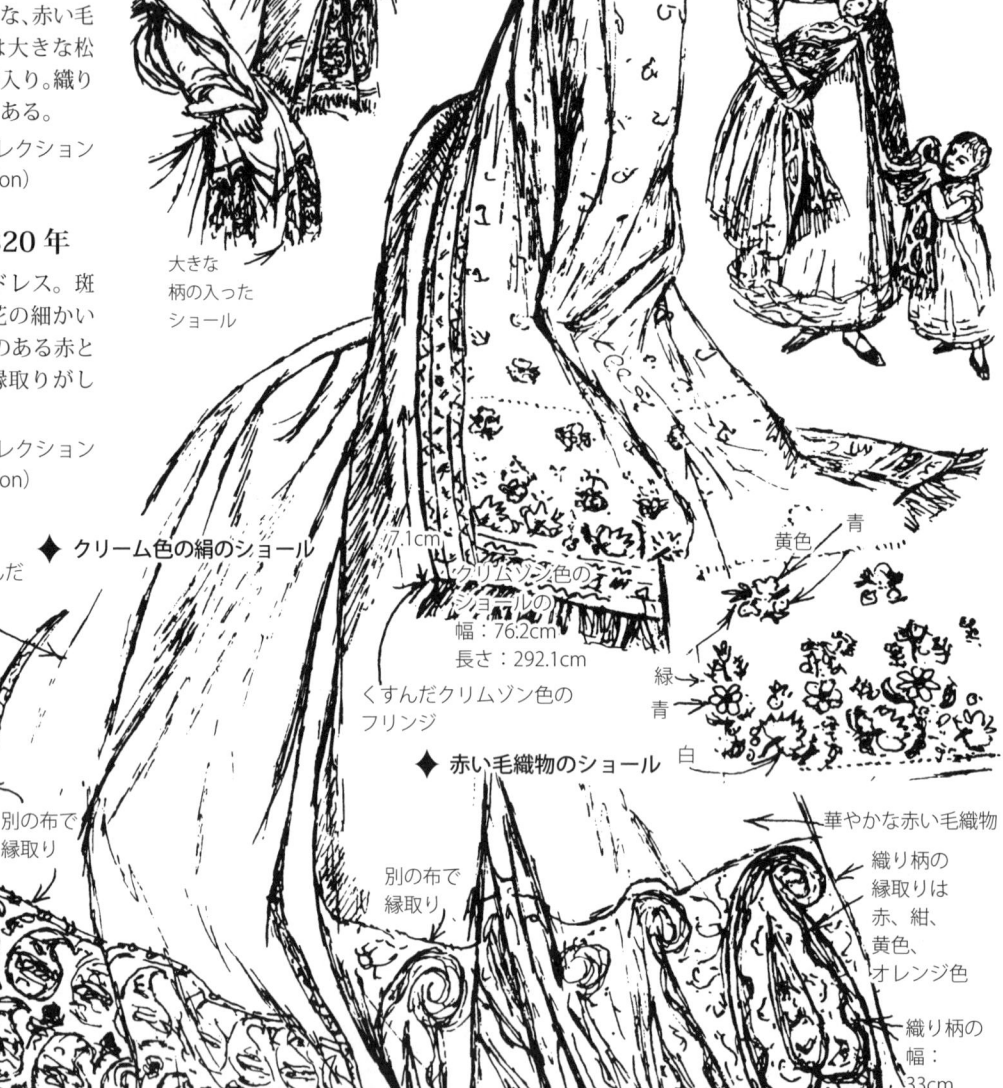

◆ 1828年：パートリッジ（Partridge）作の『サー・ジョージ・シットウェル（Sir George Sitwell）』一家を描いた作品より

◆ くすんだクリムゾン色の絹のショール

リボン

大きな柄の入ったショール

◆ クリーム色の絹のショール

織り柄はくすんだ黄色、青、緑、クリムゾン色

円錐形の織り柄の幅 21cm

別の布で縁取り

クリーム色のショールの
幅：50.8cm
長さ：259.1cm

端の細い柄拡大図
赤　黄色　深緑

7.1cm
クリムゾン色のショールの
幅：76.2cm
長さ：292.1cm

くすんだクリムゾン色のフリンジ

別の布で縁取り

赤いショールの
幅：106.7cm
長さ：182.9cm

黄色　青
緑
青
白

◆ 赤い毛織物のショール

華やかな赤い毛織物

織り柄の縁取りは赤、紺、黄色、オレンジ色

織り柄の幅：33cm

白地に斑点の模様

赤い羊毛のフリンジ

カシミア織りのショールは、1777年頃にイングランドで流行した。デザインは、まずスコットランドの首都エディンバラ、ノーフォーク州の都市ノーリッジの順に模倣され、最終的にスコットランドの都市ペイズリーの織り師に伝わった。長方形や正方形のショールは、約90年間にわたって人々に愛用された。

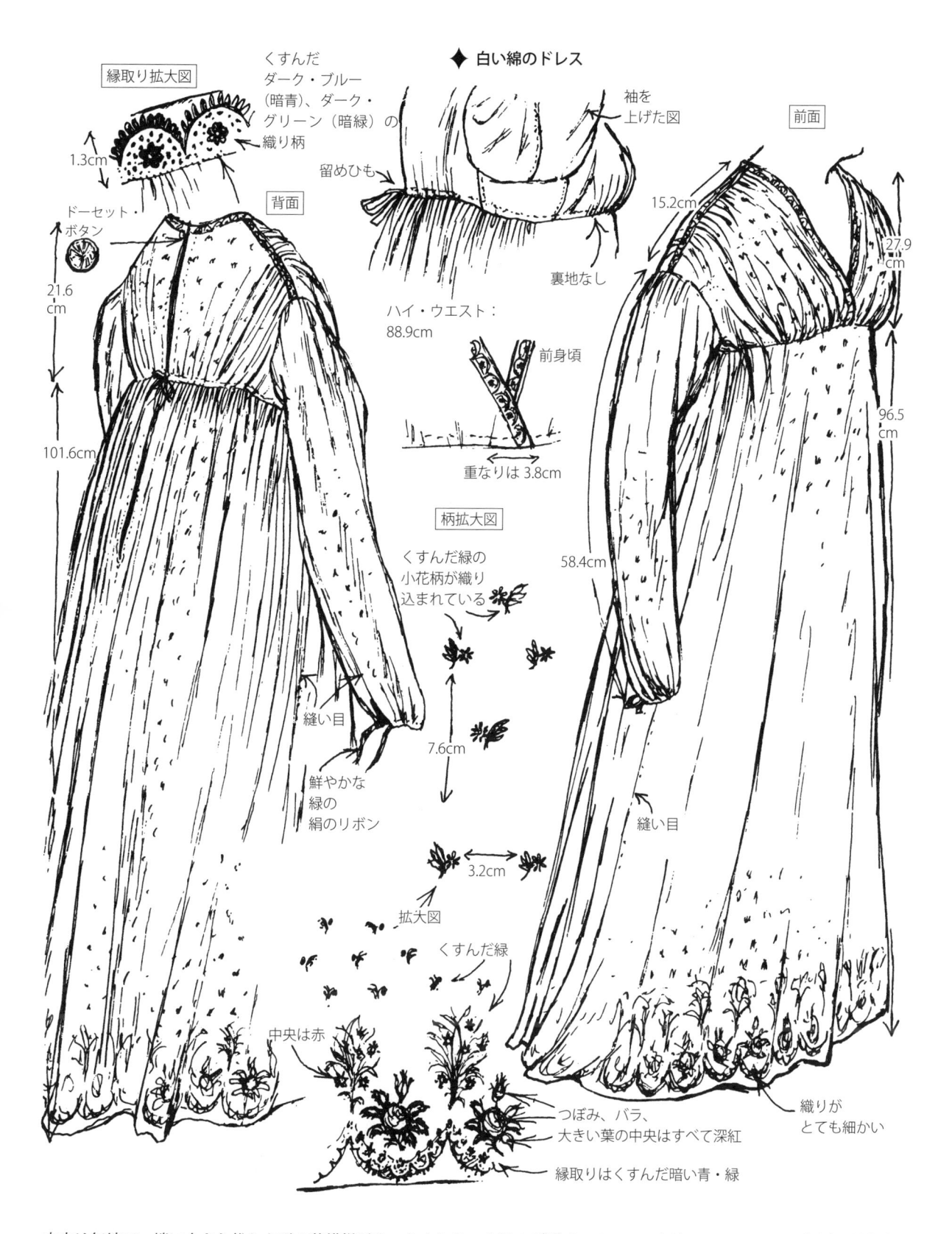

◆ 白い綿のドレス

縁取り拡大図
1.3cm

くすんだダーク・ブルー（暗青）、ダーク・グリーン（暗緑）の織り柄

袖を上げた図

前面

背面

留めひも

裏地なし

15.2cm

27.9cm

ドーセット・ボタン

21.6cm

ハイ・ウエスト：88.9cm

前身頃

重なりは3.8cm

96.5cm

101.6cm

柄拡大図

くすんだ緑の小花柄が織り込まれている

58.4cm

縫い目

鮮やかな緑の絹のリボン

7.6cm

3.2cm

拡大図

くすんだ緑

縫い目

中央は赤

つぼみ、バラ、大きい葉の中央はすべて深紅

織りがとても細かい

縁取りはくすんだ暗い青・緑

中央は無地で、端に大きな松かさ形の花模様が入ったカシミール風のデザインのショールは、1800〜1820年頃に最も人気が高かった。これらのショールは、この花模様の形状やショールの大きさに加えて、絹や羊毛など素材の質によっても作られた年代が分かる。

19世紀前半

p122〜123：白いモスリンのドレス。格子の織り柄に、くすんだ紫色の小花柄がプリントされている。身頃は白い綿の裏地と短いアンダースリーブが付いており、長い袖はフリルのカフス付きで、袖口はボタンで留めてある。身頃は前あきで、スカートは前面にエプロン、背面にはたっぷりとギャザーが入っている。

p123：青い絹のネットのハンドバッグ。金メッキを施したリングとビーズ、青い絹のタッセルが付いている。
スノースヒル・コレクション（Snowshill Collection）

◆ 1830年：アングル（Ingres）の習作『マダム・ラヴェルニュ（Madame Lavergne）』より

- 刺繍またはレースの付いた白いモスリンのキャップ
- 端にレースの付いた幅の広い襟
- 絹のリボンを使ったバックル付きベルト
- ドレスの前中心にボタン
- レティキュール

◆ 青い絹のネットのハンドバッグ

- 青い絹糸のタッセル
- 金メッキのリング
- 中央の青いエナメルに小さな青と白の花の絵
- 青い絹の、模様のないメッシュのネット
- 長さ 19.1cm
- 5.7cm
- 金メッキを施した金線細工のビーズにはエナメルで白と青の点が描かれている。

◆ 白いモスリンのドレス

[裏面]

白い綿の裏地付き身頃の裏面
裏地は、表地のモスリンの縫い代に縫い付けてある

- 半袖の裏地はここまで
- まち
- ダーツ
- スカートの後ろ中心に細かいギャザー 10.2cm
- 3.8cm
- 脇に細かいギャザー 5.1cm
- 10.2cm
- 5.1cm
- 25.4cm
- 29.2cm
- 留めひもはここに縫い付けてあり、背中に回して前で結ぶのに十分な長さがある
- ひもの長さは83.8cm 端は見返し仕立て
- エプロンの前面は両端が2.5cmずつ高くなっており、上端は共布のひもでくるまれている
- 前エプロンの幅 77.5cm

[柄拡大図]

太い糸で格子柄を織り込んである

くすんだ紫色のプリント柄

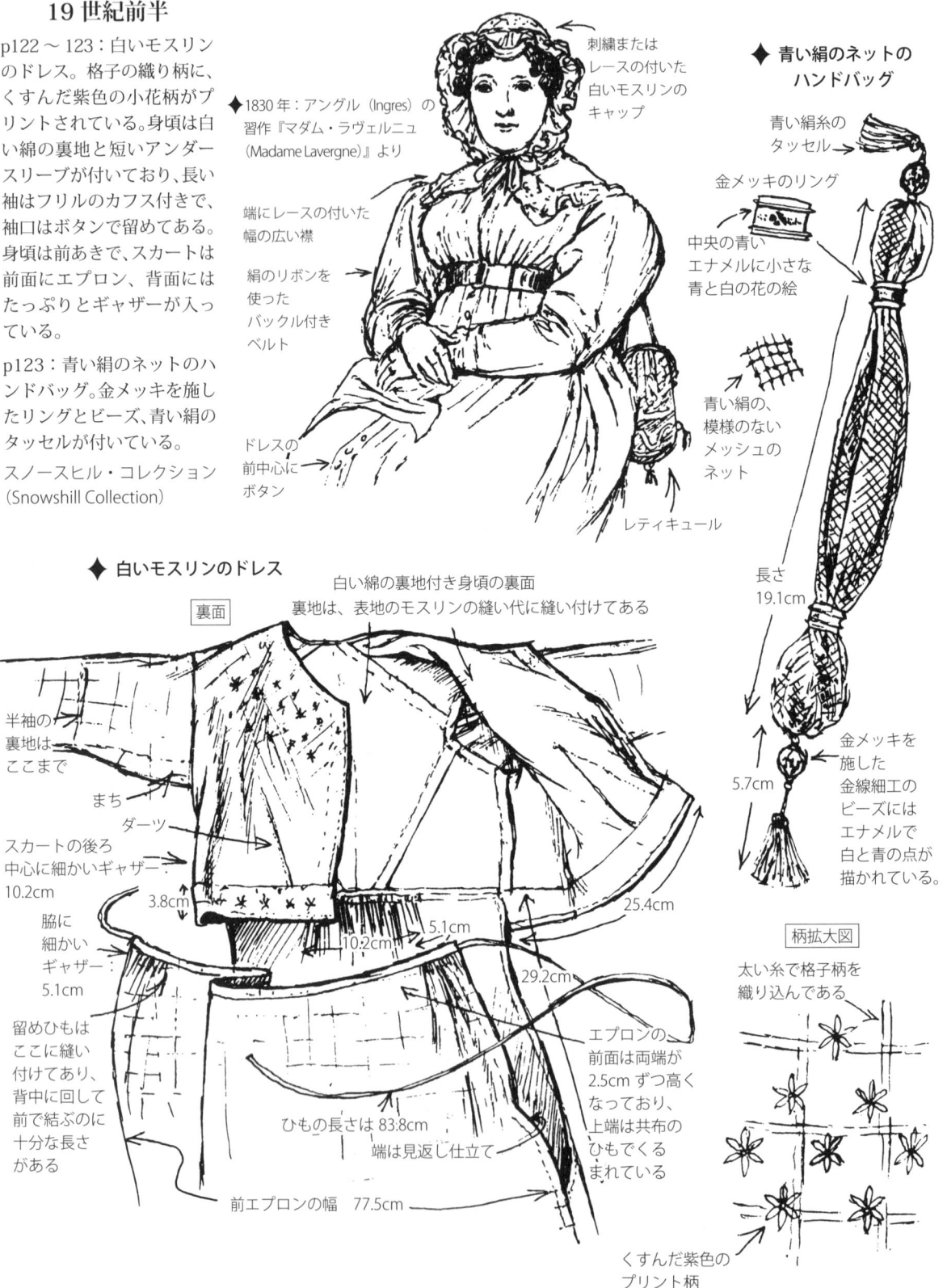

この白いモスリンのドレスは、シンプルながら非常に興味深いものである。ほとんど時代遅れなモスリン地や前あきのデザインに、最新のパイピングや、当時としては低めのウエストライン、袖山を膨らませたデザインを合わせている。

◆ 白いモスリンのドレス

[前面]

袖ぐりは小さく、とても位置が高い 袖山は後ろにかけてギャザーが入っている

裏側から見た、前あきの端のパイピング

12.7cm

20.3cm / 30.5cm

袖の下にまち

袖の内側にもまち 縫い目の長さは約 55.9cm

前スカート丈：102.9cm

後ろスカート丈：104.1cm

プリント柄の染料が、薄手のモスリンに、にじんでいる箇所が多い

[背面]

後ろ身頃には、太さ 0.3cm のコード・パイピングが 4 本

後ろ身頃丈：30.5cm

A〜Bの後ろ身頃幅：25.4cm

袖の裏地はここまで

ウエストのひもはここに縫い付けてある 55.9cm

3.8cm

細かいギャザー

2.5cm

小さなボタン

1cm

白い綿地で作られている

縫い目

左上のアングル（Ingres）の習作にも、変わりゆくスタイルが混在している様子が描かれており、高くなったウエストラインは 1826 〜 1827 年頃にはほぼ正常な位置に戻りつつある。さまざまな形のレティキュールはこの時代も使われているが、19 世紀初頭になるとネット製のハンドバッグは小さくなり、その後は細長くなっていく。

1823年頃

p124〜125：白いサテンのアンダードレスとクリーム色の絹製の目の細かいガーゼを重ねたドレス。ガーゼには、ピンクの絹糸を使った花柄の機械刺繍が施されている。アンダードレスには裾に詰め物が入っている。ハイウエストで、おそらくピンクのサテンの帯が付いていたと思われるが、現在は失われている。サテンの袖の上には、ガーゼのパフ・スリーブが付いている。ガーゼは、首、腕、ウエストの縫い目部分でサテンのドレスに縫い付けてある。後ろのあきには留めひもが付き、背中にはたくさんのギャザーを寄せてある。ウエストの裏側にリボンの留めひもが付いている。

スノースヒル・コレクション (Snowshill Collection)

◆ サテンとガーゼを重ねたドレス

[前面]

- ギャザーを寄せたネットを、縫い目の下の絹のテープに挟んである
- 15.2cm
- バスト：91.4cm
- ガーゼの裏地
- ガーゼとサテンはウエスト部分で一緒に縫ってある
- 7.6cm
- サテンのアンダースリーブは細い
- ハイウエスト：83.8cm

[袖拡大図]
- サテンのパイピング
- ネット
- ピンクのサテン
- サテンでくるんだ端
- 4本のプリーツ

[柄拡大図]
- ガーゼに施した、ピンクの絹糸の葉柄の刺繍
- 柄の間隔：15.2cm

[柄拡大図]
- ガーゼにピンクの絹糸で施した機械刺繍部分
- 非常に細いピンクの絹糸を緯糸(よこいと)にした、やや立体感のある型押し柄

- 3.8cm
- 3.8cm
- ガーゼの縫い目
- 10.2cm
- サテンの縫い目：10.2cm
- 10.2cm
- 10.2cm
- サテンの布幅：88.9cm
- ガーゼの布幅：91.4cm

刺繍入りのネットやガーゼの生地を重ねた白や色付きのサテンのドレスは、1816〜1830年の舞踏服によく登場した。裾の詰め物は1823〜1828年頃の絹のドレスに、縫い目にパイピングを配したデザインは1822年以降によく見られる。ウエストの位置は高く、スカートの前面は平らで背面はギャザーが入り、特にガーゼに多く寄せられている。

♦ **サテンとガーゼを重ねたドレス**

♦ 1822年：パリー（Parry）作『クーク家の人々（The Cooke Family）』より

サテンの上に暗い色のガーゼ

側面

ガーゼ部分のみギャザーが寄せられ、サテンのアンダードレスは体に沿っている

12.7 cm

縫い目

前スカート丈：114.3cm

後ろスカート丈：119.4cm

サテンの縫い目

ガーゼの縫い目

ネックラインの端に、ピンクのサテンのプリーツが5本

背面

後ろ

前身頃とギャザーを寄せたガーゼ地

10.2cm

ネットのパフ

17.8cm

ネットの裏側に絹のテープが縫い付けられ、ウエストの前から脇を通して後ろで結ばれている

裏面

ネックラインの端に通した絹のリボン

14cm

ウエストの裏側に通されたリボンの留めひも

縫い目

サテンのスカートの裏面

この部分はガーゼとサテンが一緒に縫われている

ネットの縫い目

ウエストの外側に通されたリボンの留めひも

背面のガーゼはたっぷりとギャザーを寄せている

サテンには中程度のギャザー

サテンの縫い目

サテンのアンダースカートの裾の縁には、原綿の詰め物が入っている

3.8cm

パフ・スリーブは凝ったデザインになり、裾もそれに合わせて装飾が多くなった。この美しいドレスは、他のネットやガーゼを使ったドレス同様、非常にもろくなっている。

1823年頃

p126〜127：マスタード・イエロー（からし色）の絹のドレス。花びら形の袖と身頃には無地の絹、スカートとパフ・スリーブにはストライプの絹が使われている。スカートの裾は詰め物をした無地の絹。身頃は白い麻の裏地付きで、後ろのあきをリボンで留める。クリーム色の羽毛を使った足首までの長さのティペットと同素材の大きなマフは、クリムゾン色（深紅色）の絹の裏地付き。羽毛の先端は黒く染めてある。
スノースヒル・コレクション（Snowshill Collection）

◆ 羽毛のティペット　　　◆ マスタード・イエローの絹のドレス

前面　22.9cm

前面

花びら形の袖と身頃は無地のサテン

5.7cm

17.8cm

26.7cm

長い羽毛は1束ずつ先端を黒髪のように染めている

ぴったりした袖にギャザーを寄せたパフ・スリーブ、端はスカートと同じストライプのサテンで縁取りしてある

前面詳細図

前身頃は通常の裏地付き
裏地は縫い付けられていない

24.1cm

幅：15.2cm

137.2cm

10.8cm

縫い目ダーツ

裏面

30.5cm

羽毛の長さ：約5.1cm

幅：25.4cm

羽毛は非常に細かく、何列にもわたって縫い付けてある

詰め物入りの縁

サテンの布幅：48.3cm

非常に軽くて薄い羽毛のマフとティペットは、おそらくコウノトリの羽毛が使われており、クリーム色の長い羽毛の先端は黒く染めてある。1820〜1830年頃の流行の先端を伝える好例である。

◆1821年：I・Rと G・クルックシャンク (I. R & G Cruikshank)＊作の イラスト、『コベント・ ガーデンのサロンにいる トムとジェリー (Tom & Jerry in the saloon at Covent Garden)』より

白鳥の羽毛、 もしくは毛皮の マフとティペット

◆ マスタード・イエローの絹のドレス

背面

肩から の丈： 27.9cm

背中心 の丈： 19.1cm

クリーム色の絹の 留めひもはここから

縫い目

スカートの 背面はこの 部分から ギャザーを 寄せ、 身頃に 付けてある

前 スカート 丈： 101.6cm

縫い目　裏面

前身頃はここまで裏地付き

脇は裏地なし

後ろ身頃の 裏地は縫い 付けられて いない

袖の花びら形の 布は、張りの ある白いモス リンの裏地 付き

後ろ スカート 丈： 104.1cm

身頃のウエストの縁に 白いテープを通し、 後ろに出してある

クリムゾン色の 裏地付き

◆ 羽毛のマフ

55.9～61cm

38.1 cm

この部分に ステッチの 跡がある

2.5 cm

縫い目

裾の無地の サテンは 詰め物入り

縫い目

クリムゾン色の小さなリボンが 両側に付いている

縫い目

ただし羽毛や毛皮の大きなマフは19世紀初頭や1780年代の絵画や版画に、毛皮の大きなマフはそれよりも一世紀早い1630～1640年の絵画や版画に、それぞれ登場している。黄色い絹のドレスはウエストラインが低く、袖が大きく、裾回りの幅が広がり、背面の裾幅は特に広くなっている。

＊：クルックシャンク（George Cruikshank）[1792-1878]　イギリスの風刺画家、挿絵画家。

127

1822〜1827年

p128〜129：クリーム色がかった白いドレス。生地は絹と羊毛を使い、固く弾力がある。ネックラインには細かい絹のネットにひだを寄せ、サテンでくるんだ装飾が付き、スカートの裾には絹のフリルが付いている。袖の縫い目にはサテンのパイピングが、スカートのフリルには共布のパイピングとコードが付いている。身頃と袖は白い綿の裏地が、花びら形の袖には張りのあるモスリンの裏地付き。付属のサッシュ・ベルトは失われている。
スノースヒル・コレクション（Snowshill Collection）

◆ クリーム色がかった絹と羊毛の白いドレス

背面

36.8cm

後ろ身頃丈 21.6cm

8.9cm

後ろ身頃の縁の内側に通す絹のひもはここから始まっている

中央の花びら形の布は、ここで縫い留めてある

前面と背面は、A〜Bとここで縫い留めてある

縫い目

身頃の脇丈

前面拡大図

5.1cm

袖の端はサテンで縁取られ、ループ状にした絹のネットが縫い付けてある

細かい絹のネットを畳んだもの

身頃と袖同様、白い綿の裏地付き

縫い目

背面拡大図

縁に通した絹のリボン

ネットのフリル2枚

サテンの縁取り：1cm

15.2cm

7.6cm

C

16.5cm

白い綿のひもがウエスト裏側の前から脇にかけて縫い付けられ、Cの部分でステッチをかけてある
後ろでウエストの縁に通したひもを結んで留める

後ろスカート丈：104.1cm

サテンを斜めにカットして畳んだ、1cm幅のテープ

縫い目

袖のパイピングはサテンだが、フリルの縁は共布でコード・パイピングが施されている

裾回り寸法：193cm

このドレスの素材は一見の価値がある。長い歴史の中で、綿や絹以外の生地が初めて流行のドレスに使われた例である。この頃から毛織物の人気が復活し始め、1860年代までには上質で繊細なドレスが多数作られるようになる。

◆ クリーム色がかった絹と羊毛の白いドレス

[前面]

- 袖の端はサテンのパイピングで装飾されている
- 細かい絹のネットを畳んだもの
- 裏地は張りのあるモスリン
- サテン
- この部分のA〜Bはステッチあり
- パフ・スリーブは白い綿の裏地付き
- 前身頃丈：8.3cm
- 前スカート丈：101.6cm
- 6.4cm
- 6.4cm
- 生地の幅 61cm
- 縫い目
- サテンの縁取り
- 縫い目
- スカートの縁の幅：3.2cm
- 縫い目

◆ 1827年：兄妹の細密画

- 明るい茶色の髪
- 黒いベルベットのリボン
- 白いドレス
- 青いサッシュ・ベルト

メアリー・ブルワー（Mary Bulwer）18歳
スノースヒル・コレクション（Snowshill Collection）を作ったチャールズ・ウェイド（Charls Wade）の曽祖母

エドワード・ブルワー（Edward Bulwer）21歳

- 白いシャツ
- 黒いストック・タイ
- 白
- 赤いベスト
- 真鍮のボタン
- 黒いベスト
- 襟がM字形にカットされたブルー・グレー（灰青色）のコート
  1850年頃までは日常用のコートとして着られ、1870年頃まではイブニング・コートとして好まれた

このページに載せた細密画は非常に興味深い。女性の髪型や流行のネックラインの装飾が見られるだけでなく、ブルワー家から数多くの品を受け継いだチャールズ・ウェイド氏の親族関係が垣間見えるからである。

1826～1828年頃

p130～131：グレーがかった茶色のシルクタフタのマント。襟と2枚のケープ付き。マントと2枚のケープは淡い青の絹の裏地付きで、表地と裏地の間に生成りの綿と原綿の層を挟んである。マント、襟、ケープ、アームスリットの持ち出しは、すべてステッチとパイピングで飾られている。背中心にはマントの裏面と前面を留める2本のリボンが付いている。

スノースヒル・コレクション
(Snowshill Collection)

◆ グレーがかった茶色のシルクタフタのマント

背面拡大図

青い絹の裏地

プリーツの幅：1.9cm

縫い目

縫い目

側面

4本のステッチ

端に パイピング

前総丈：127cm

持ち出し拡大図

パイピング

ステッチで押さえてある

背面裏拡大図

プリーツを寄せた淡い青の絹の裏地

前端

34.3cm

放射状のプリーツが両側に10枚ずつある

リボンBの端

リボンAの端

A　B

幅1.9cm

裏地と共布の、同色（淡い青）の絹のリボン

後ろ総丈：139.7cm

縫い目　縫い目

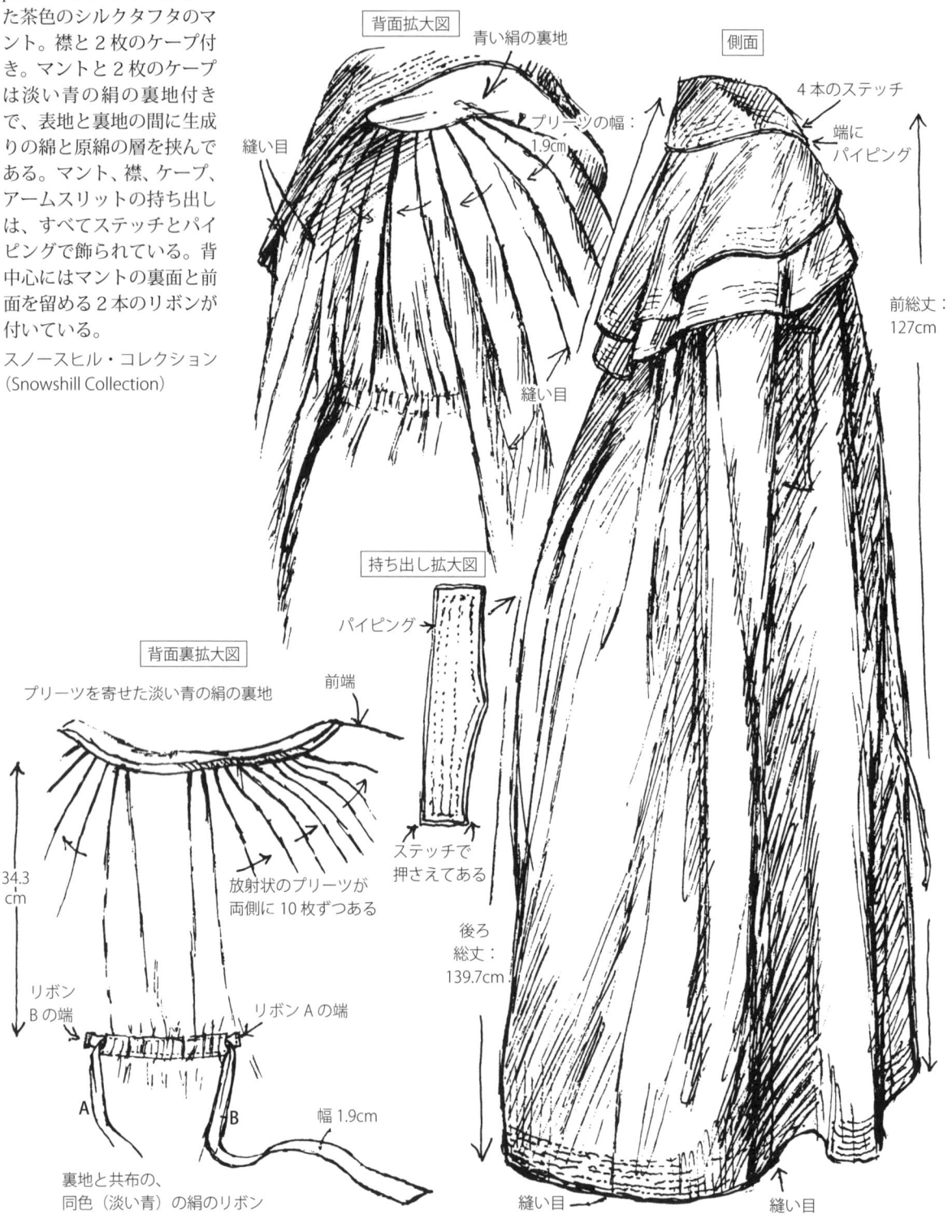

軽くて暖かい、魅力的なケープ付きマント。茶色い絹の表地の裏は、生成りの綿に原綿の層を抱かせて軽くキルティングを施し、それを茶色い絹の裏地に付け、端に数本のステッチをかけてある。淡い青の絹の裏地は後から付けたもの。

◆ グレーがかった茶色のシルクタフタのマント

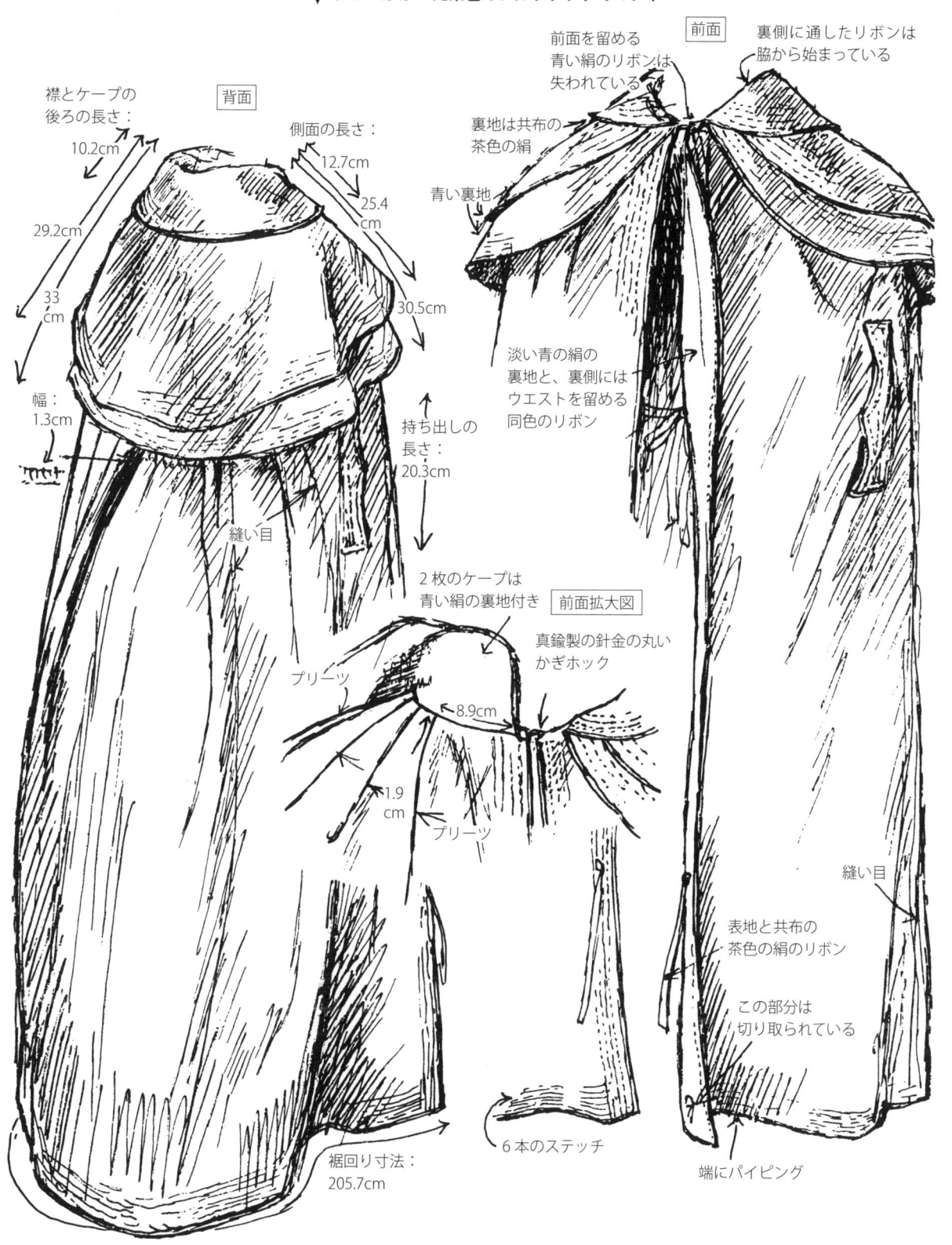

[背面]

襟とケープの
後ろの長さ：
10.2cm

29.2cm

33cm

幅：1.3cm

側面の長さ：
12.7cm
25.4cm

30.5cm

持ち出しの
長さ：20.3cm

縫い目

プリーツ

8.9cm

1.9cm

プリーツ

6本のステッチ

裾回り寸法：205.7cm

[前面]

前面を留める
青い絹のリボンは
失われている

裏側に通したリボンは
脇から始まっている

裏地は共布の
茶色の絹

青い裏地

淡い青の絹の
裏地と、裏側には
ウエストを留める
同色のリボン

[前面拡大図]

2枚のケープは
青い絹の裏地付き

真鍮製の針金の丸い
かぎホック

縫い目

表地と共布の
茶色の絹のリボン

この部分は
切り取られている

端にパイピング

ケープの幅もマントの裾もあまり広がっておらず、ウエストラインは通常の高さである。後ろのウエストに2本のリボンを入れてギャザーを寄せる手法は、この年代の他のケープやショールにも見られる。

1825〜1835年頃

p132〜133：白地にプリント柄の綿の、「ローブ・ド・シャンブル」と呼ばれるゆったりした部屋着用のガウンタイプのドレスと、白い綿のフラウンスが2枚付いたバッスル。ドレスはツタを這わせたような花と、折り返したリボンの柄が、赤やブルー・グリーン、モーブ色（藤色）でプリントされている。花と黒く細い茎は角張ったラインが繊細に描かれ、点描も使われている。裏側に付けたウエストの留めひもは、背面で交差している。前身頃の下半分には留め具がない。
スノースヒル・コレクション（Snowshill Collection）

◆ 白地にプリント柄の綿のドレス

背面
パイピングを施した縫い目
17.1cm
縫い目

柄拡大図
赤
点描
緑がかった青
モーブ色
緑がかった青
赤
赤
点描
緑がかった青

66cm
袖の裏地は薄手の白い木綿
パイピング
カフスは薄手の白い綿の見返し付き
5.1cm
小さな真珠貝のボタン2個

◆ 1830年頃：リトグラフ『コルセット屋（La marchande de corsets）』より
ステイズ
少しボーンが入れられている
後ろは編み上げ式

◆ 白い綿のフラウンスが2枚付いたバッスル

背面
4.4cm
ウエスト：68.6cm
33cm
白い厚手の綿
白い綿のパッド
白いテープ
1.4cm
25.4cm
2.5cm
布端はピンキングで裁ち切り

このようなシンプルなドレスが保存されているのは珍しい。ウエストを絞った19世紀中盤のドレスに比べると、このドレスはとても快適なマタニティ・ウェアだったであろう。

◆ 白地にプリント柄の綿のドレス

【裏面】　【側面】

白いオープンワーク刺繍
1.9cm
5.1cm
ボタンホール・ステッチ

真鍮の平らな針金製かぎホックが2組

縫い目とアームホールにパイピング

白い綿の裏地が付いたヨーク

36.8cm
5.7cm
前のあき：62.2cm

前あきの見返し

後ろ身頃、脇からCにかけて白い綿の裏地付き

A　B　C

2本の留めひもを縁に通し背面で交差している

アンダーウェア

白い綿のキャップ

下向きのフリルが付いた綿のパフ・スリーブ

短い袖の付いたシュミーズ

3枚のフラウンスが付いたバッスル

白いローンのペチコート

白い綿のポケット

パイピングを施した縁
刺繍

スカートは上半分のみ白い薄手の綿の裏地付き

100.3cm
縫い目
58.4cm
縫い目

幅の広い厚手の綿が付け足してある

縫い目

◆ 1830年頃：マンチェスター市立美術館（Manchester Art Gallery）のプラット・ホール（Platt Hall）にある「英国コスチューム・ギャラリー（Gallery of English Costume）」より

これほど小さな真珠貝のボタンを使っているのは、このドレスが初めてである。このボタンとよく似たボタンは、p160で紹介するプリント柄のモスリンのデイタイム・ドレスの、奇抜なデザインの袖のカフスや、p158のレティキュールにも使われている。背面の裏側で交差させた留めひもは、この前後数年に作られたマントによく見られるデザインである。左下の小さな図は、1830年代初期に着られたアンダーウェアを描いたもの。

133

1825〜1828年

p134〜135：ストライプの白いモスリンに、ツタを這わせたような花柄を、ピンクがかった赤と淡いブルー・グレー（青みがかった灰色）でプリントしたデイタイム・ドレス。ウエストの位置は低く、肩幅は広くなり、袖とスカートにはたっぷりとしたギャザーが、裾にはフリルやひだの装飾が付いている。身頃と袖は白い綿の裏地付き。裏側に留めひもが付いている。背中のあきと手首はかぎホックで留めるデザイン。また、ポケット用のスリットがある。

スノースヒル・コレクション（Snowshill Collection）

◆ ストライプの白いモスリンの花柄のドレス

背面

袖部分を含めた肩幅：61cm
ネックラインはバイアスカットした共布でくるまれている
25.4cm
袖ぐりは小さく、位置が高い 5.1cm
袖山から手首までの袖丈：73.7cm
縫い目
身頃の後ろ中心丈：24.1cm
ウエスト：53.3cm
ウエスト・バンド：2.9cm
真鍮製針金の平らなかぎホック
ウエストには大きいもの、身頃には小さいものと糸の留め具が3組付いている
縫い目
ポケット用のスリットあき
縫い目
後ろスカート丈：99.1cm

背面あき拡大図

14.6cm
脇の縫い目：12.7cm
袖とカフス、身頃とウエストバンドには白い綿の裏地付き
白い留めひも

裾回り寸法：203.2cm
モスリンの布幅：83.8cm

このデイタイム・ドレスには気品があり、カッティングや細かいギャザーの丁寧な縫製に加えて、モスリンのプリント柄も美しい。シダのようなプリント柄は、1825〜30年を代表する繊細な柄の1つで、控えめな色合いが特徴である。

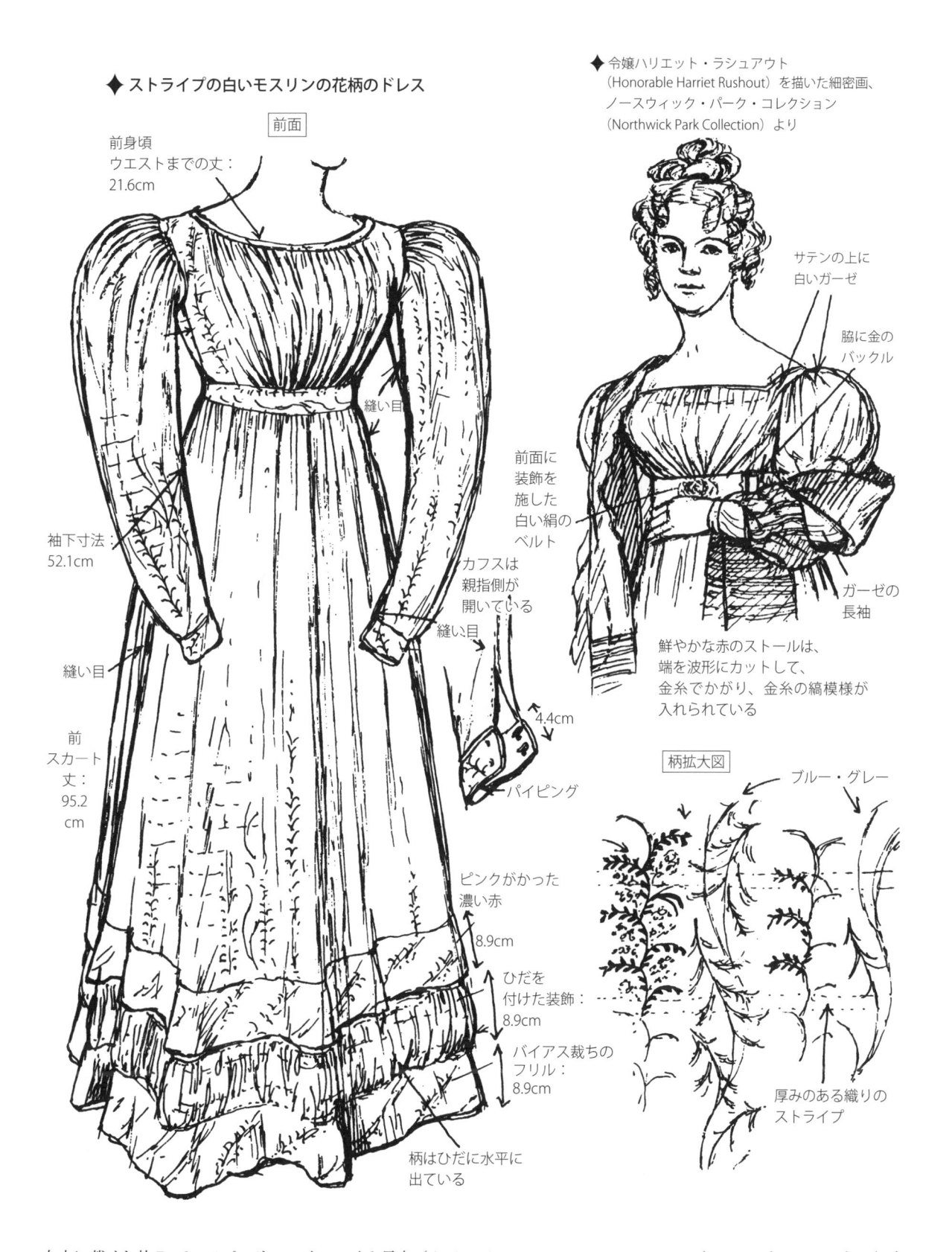

♦ ストライプの白いモスリンの花柄のドレス

前面

前身頃ウエストまでの丈：21.6cm

袖下寸法：52.1cm

縫い目

前スカート丈：95.2cm

縫い目

縫い目

カフスは親指側が開いている

4.4cm

パイピング

ピンクがかった濃い赤

8.9cm

ひだを付けた装飾：8.9cm

バイアス裁ちのフリル：8.9cm

柄はひだに水平に出ている

♦ 令嬢ハリエット・ラシュアウト（Honorable Harriet Rushout）を描いた細密画、ノースウィック・パーク・コレクション（Northwick Park Collection）より

サテンの上に白いガーゼ

脇に金のバックル

前面に装飾を施した白い絹のベルト

ガーゼの長袖

鮮やかな赤のストールは、端を波形にカットして、金糸でかがり、金糸の縞模様が入れられている

柄拡大図

ブルー・グレー

厚みのある織りのストライプ

右上に載せた故E・G・スペンサー・チャーチル長官（the late Captain E. G. Spencer-Churchill）のコレクションにある細密画の習作には、「アポロ・ノット」と呼ばれる、1824～33年に流行した結んだ毛束を頭頂を高く立てる髪型に、巻き毛を取り入れた姿が描かれている。白は引き続きイブニング・ウェアや、サテンにガーゼを重ねたドレス、ストライプ状にプリント柄をあしらったモスリンのデイタイム・ドレスによく使われた。

1825〜1830年

p136〜137：ケープと袖が付いた、くすんだ赤い毛織物のマント。前面と肩のヨークのみ同色の絹の裏地付き。袖は鮮やかなクリムゾン色（深紅色）の絹の裏地付き。ネックラインとウエストには、ドレスと同色のリボンを使った留めひもが裏側に縫い付けてある。すべての端はパイピングを付けて同色の絹でくるんである。留め具はケープ前面に付けたかぎホックのみ。
スノースヒル・コレクション（Snowshill Collection）

◆ ケープと袖付きの、くすんだ赤い毛織物のマント

背面拡大図

背中心
背面のヨーク：18.4cm
21.6cm
11.4cm
背中心のウエスト位置

側面

襟の後ろと脇はとがっている
11.4cm
そろいの玉虫色の絹のリボン
35.6cm
27.9cm
スリット：27.9cm
縫い目

裏面

襟付けの縁にリボンが通してある
3.8cm
布製の袖の裏地はチェリー・レッド（鮮赤色）の絹で、他の部分の裏地とは違う生地
キルティングを施した表地と襟の裏には、薄い詰め物が入っている
ヨークは裏地付き
5本のプリーツ
27.9cm
縫い目
55.9cm
縫い目
背中心：31.1cm
ボックス・プリーツ
1.9cm
2.9cm
そろいの絹のひもが背中心で交差している
縫い目
後ろは裏地なし
前は裏地付き

11.4cm　袖の全長：55.9cm

ケープ付きマントの付属品として、揃いで付けられた袖は実に便利なものだった。このマントに付けられた袖は、袖口のバンドを締めても指の関節部分まで覆う程の長さである。肩のプリーツは、この時代の袖が大きくなりつつあったことを示している。

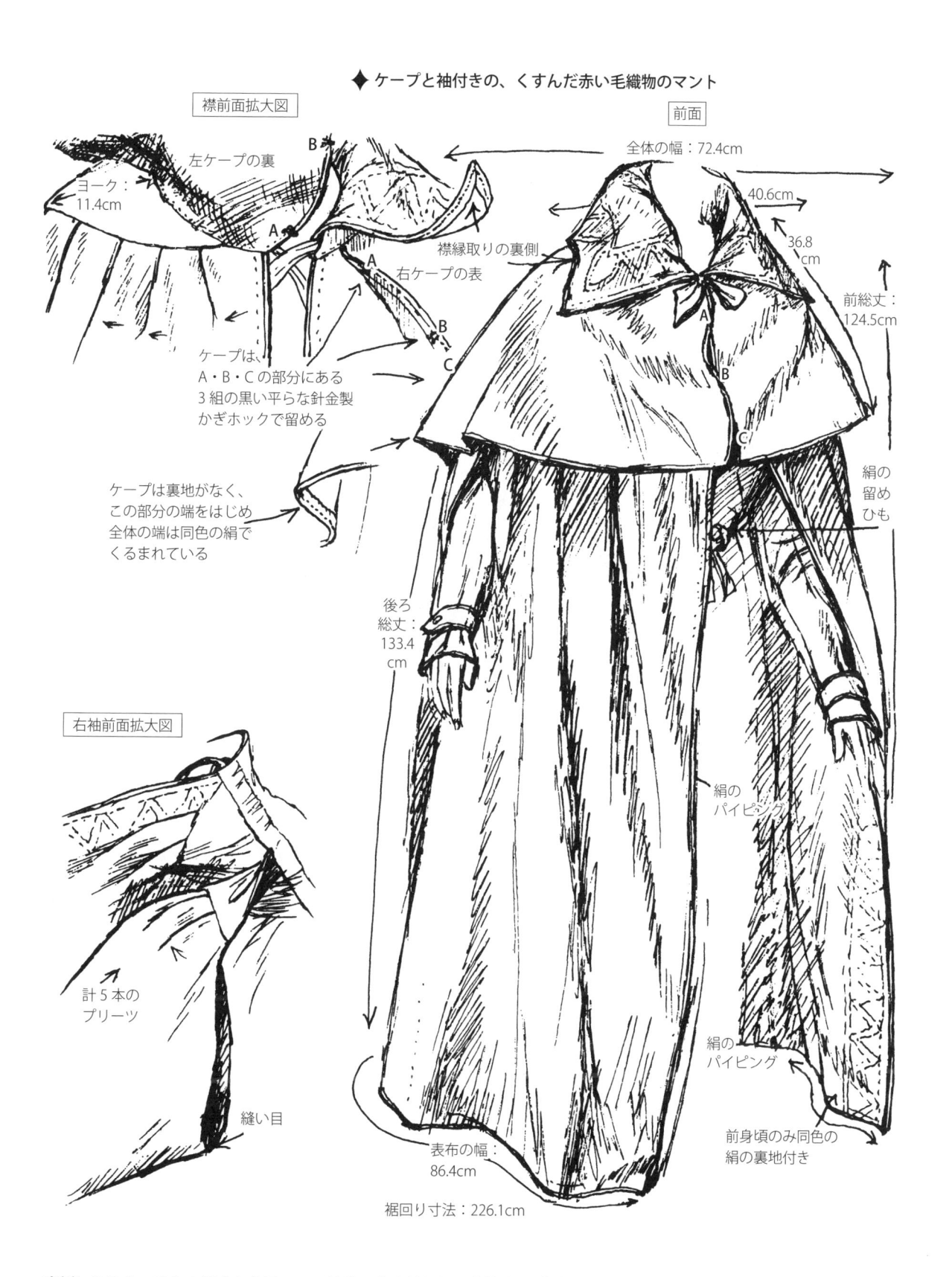

◆ ケープと袖付きの、くすんだ赤い毛織物のマント

襟前面拡大図

- 左ケープの裏
- ヨーク：11.4cm
- 襟縁取りの裏側
- 右ケープの表
- ケープは、A・B・Cの部分にある3組の黒い平らな針金製かぎホックで留める
- ケープは裏地がなく、この部分の端をはじめ全体の端は同色の絹でくるまれている

前面

- 全体の幅：72.4cm
- 40.6cm
- 36.8cm
- 前総丈：124.5cm
- 絹の留めひも
- 後ろ総丈：133.4cm
- 絹のパイピング
- 絹のパイピング
- 前身頃のみ同色の絹の裏地付き
- 表布の幅：86.4cm
- 裾回り寸法：226.1cm

右袖前面拡大図

- 計5本のプリーツ
- 縫い目

裏側にあるウエストの留めひもは、この時代に多く見られる交差するデザインである。ひもを締めるとマントの背面が体にぴったりと沿うようになっている。襟や前身頃の裏側に軽く詰め物をしてキルティングを施したスタイルは、1826～27年のドレスによく使われた、当時流行のジグザグ模様が付いている。

1826〜1828年

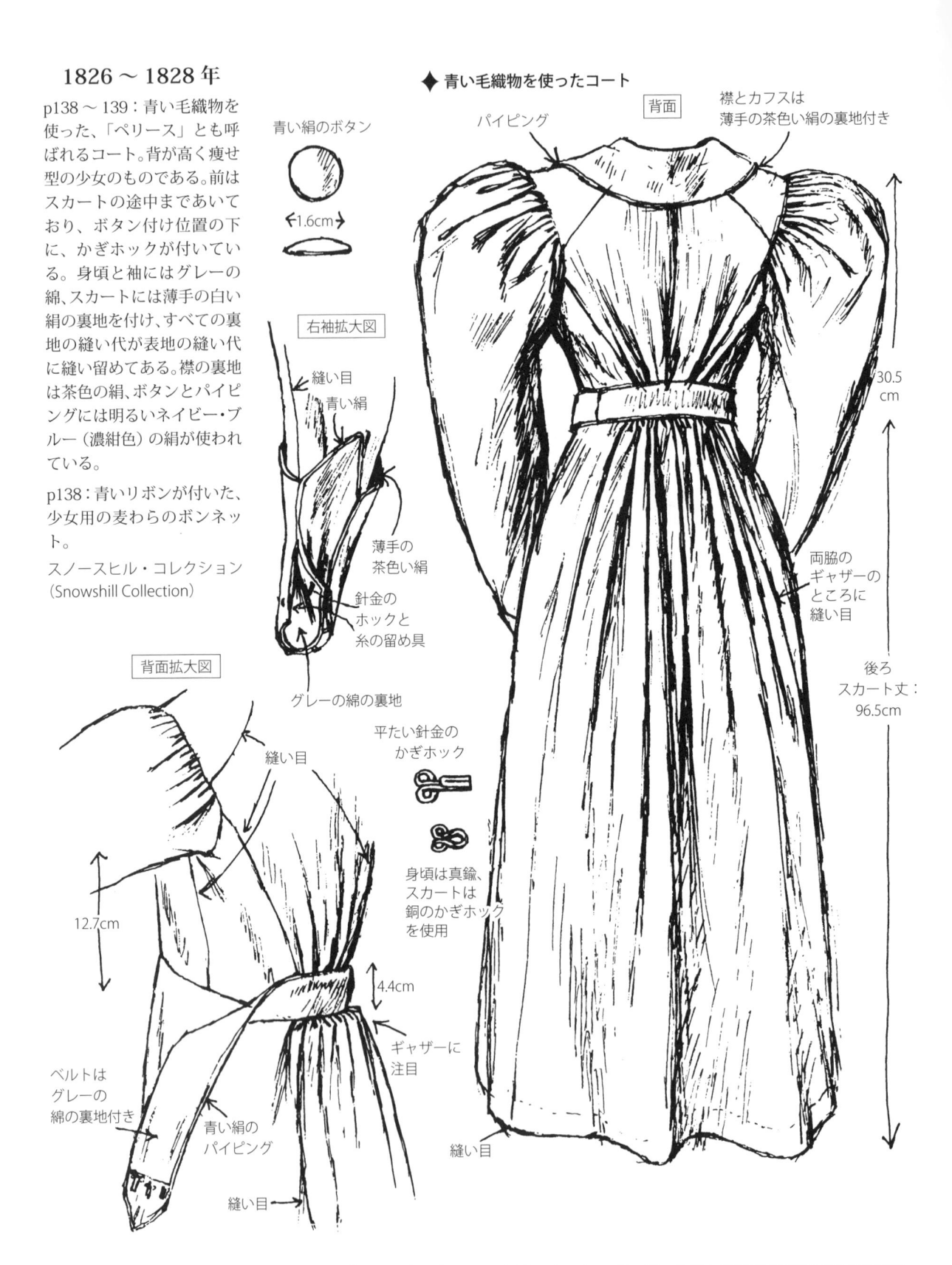

p138〜139：青い毛織物を使った、「ペリース」とも呼ばれるコート。背が高く痩せ型の少女のものである。前はスカートの途中まであいており、ボタン付け位置の下に、かぎホックが付いている。身頃と袖にはグレーの綿、スカートには薄手の白い絹の裏地を付け、すべての裏地の縫い代が表地の縫い代に縫い留めてある。襟の裏地は茶色の絹、ボタンとパイピングには明るいネイビー・ブルー（濃紺色）の絹が使われている。

p138：青いリボンが付いた、少女用の麦わらのボンネット。

スノースヒル・コレクション
（Snowshill Collection）

◆ 青い毛織物を使ったコート

青い絹のボタン
←1.6cm→

右袖拡大図

縫い目
青い絹
薄手の茶色い絹
針金のホックと糸の留め具
グレーの綿の裏地

平たい針金のかぎホック

身頃は真鍮、スカートは銅のかぎホックを使用

背面拡大図

縫い目
12.7cm
ベルトはグレーの綿の裏地付き
青い絹のパイピング
縫い目
4.4cm
ギャザーに注目

背面
パイピング
襟とカフスは薄手の茶色い絹の裏地付き
30.5cm
両脇のギャザーのところに縫い目
後ろスカート丈：96.5cm
縫い目

ベルトの長さは55.9cmだが、ウエストの内周はさらに細い。これはスカートのギャザーを畳んだ部分が裏側に折り返されて厚くなっているからで、まるでバッスルのような役目を果たしている。袖はとても長く、コート（ペリース）全体の丈の半分ほどある。

◆ 少女用の麦わらのボンネット

端は針金入り

青い絹のリボン付き

リボンが縫い付けてある

◆ 青い毛織物を使ったコート

前面

横幅：55.9〜58.4cm

8.9cm

袖丈：61cm

21.6cm

ウエストベルト：55.9cm

14.6cm

あき

4枚の布を接ぎ合わせたカフス

5.7cm

前のあきはこの部分まで

スカート丈：94cm

前面あき拡大図

かぎホック　かぎホック

裏地はグレーの綿

たっぷりとしたギャザーがバッスルの効果を出している

背中心から白いひもが通っている

前のあき部分の長さ：43.2cm

スカートの裏地は薄手の白い絹

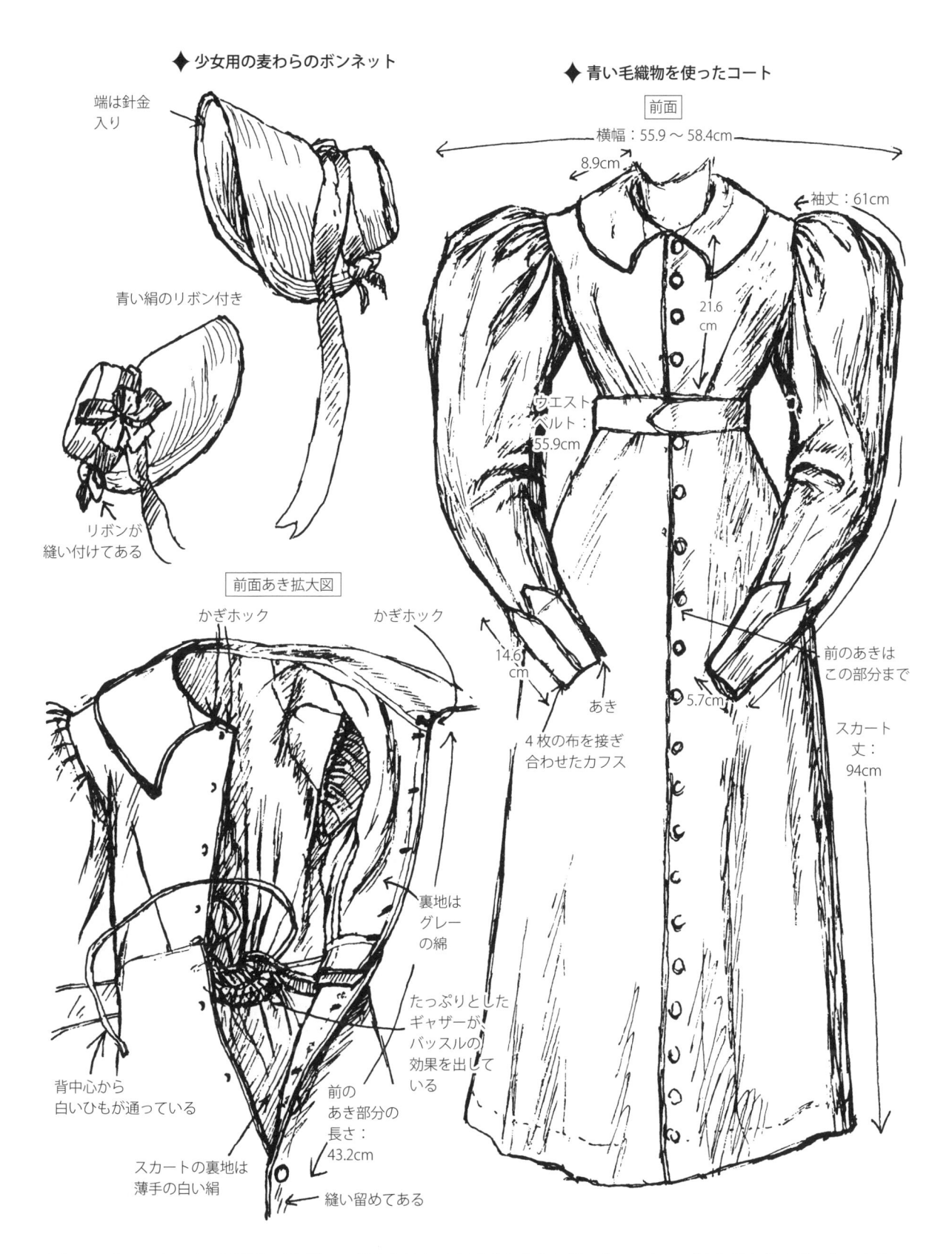

縫い留めてある

また、このコートのカフスはとても細い。持ち主はとても痩せた少女に違いない。シンプルな麦わらのボンネットは、この時代になるとクラウンが小さくなっており、美しい形をしている。ただし、これはドレスと同時期の人形のために作られたものである（p143右上の子どもの絵も参照）。

1825〜1830年

p140〜141：プリント柄の赤い綿のデイタイム・ドレス。柄は白を中心に青を少し使い、繊細な花枝の柄と、中国のパゴダの柄を描いている。袖にはたっぷりとしたギャザーが、身頃にはたくさんのひだとパイピングが付いており、どちらも白い綿の裏地付き。スカートは後ろに細かいギャザーが入っている。スカートの裾は膝の高さまでフリルで飾られ、フリルの端はすべてパイピングが付いている。裏側のウエスト部分には留めひもがある。
スノースヒル・コレクション（Snowshill Collection）

◆ プリント柄の赤い綿のデイタイム・ドレス

前面

肩拡大図

肩の部分は無地の生地

ギャザーも縫製も非常に丁寧

27.9cm

共布のベルトは2組のかぎホックで留める

カフス拡大図

27.9cm 左のカフス

袖下の縫い目の長さ：57.2cm

4.4cm

かぎホック

カフスの見返しは共布

100.3cm

前身頃拡大図

ギャザーを寄せたのち、2本のコード・パイピングを縫い付けてある

パイピングはすべて共布

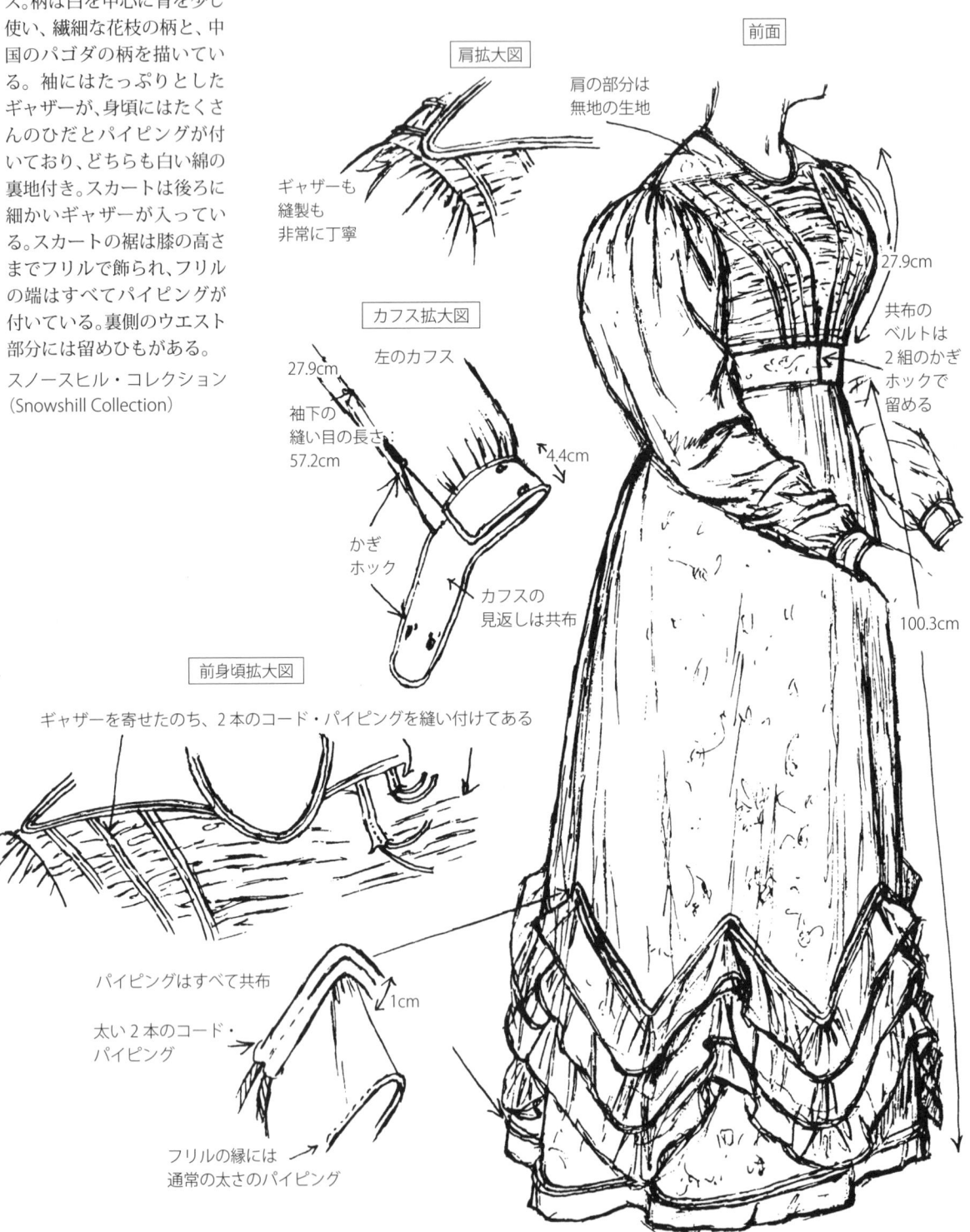

太い2本のコード・パイピング

1cm

フリルの縁には通常の太さのパイピング

この図のドレスは、身頃とスカートの裾にたくさんの装飾を施したデイタイム・ドレスの好例で、前身頃のひだやV字形の太いパイピングも当時の典型的なスタイルである。ジゴ・スリーブが付いた袖ぐりは小さくて位置が高く、肩にはたくさんのギャザーが寄せてある。

◆ プリント柄の赤い綿のデイタイム・ドレス

背面

袖ぐりは細く、位置が高い

29.2 cm

身頃と袖は白い綿の裏地付き

袖は66cmで、延ばすと指の付け根を覆う長さ

ウエスト：64.8cm

縫い目

縫い目部分にポケットのスリット

縫い目 104.1cm

7cm

41.9cm

見返し付きの縁

背面拡大図

ボタン

平らな針金製かぎホック 12組

12.1 cm

4.4cm

大きなかぎホック

27.9cm

4.4cm

非常に細かくたっぷりとしたギャザー

縫い目

ひもは前中心の裏側から通されている

取り外し可能な共布のベルト

←縫い目

柄拡大図

カフス拡大図

1.6cm

11個のボタンは装飾用で、共布が使われている

全体の色は赤

柄は白く抜かれて、その上にアクセントの青が乗せられている

ただし、このスタイルとしては横幅は広くないほうである。ドレスの色合いは強すぎるが、丁寧な縫製でバランスが取れている。このドレスは他の衣類と共にしまい込まれ、長いあいだ開けられていなかった引き出しの中で発見された。

1827〜1828年

p142〜143：プリント柄の黒の綿のデイタイム・ドレス。黄色、ピンク、緑、青系の色を使い、野生の草花を繊細に表現している。身頃の前と後ろにはV字形にギャザーを寄せた装飾を施してある。ウエストラインは通常の位置にあり、身頃と袖には茶色い綿の裏地付き。パイピング付きの幅広のフラウンスがスカートの裾に付いている。袖はジゴ・スリーブで、とても長い。
スノースヒル・コレクション（Snowshill Collection）

◆ プリント柄の黒い綿のデイタイム・ドレス

肩拡大図
このギャザーは後ろ身頃の一部
端はくるまれている
22.9cm

前面
プリーツを入れ、ギャザーを寄せた帯状の装飾が前身頃に乗せてある
前身頃丈 33cm

カフス拡大図
縫い目
袖は、下ろすと非常に長い 64.8cm
6.4cm
パイピング

縫い目
縫い目
前中心に向かって倒したプリーツ
前スカート丈 91.4cm

柄拡大図
黒地に、黄、ピンク、緑、青系の花柄
A B C D E F G
33cm
縁

柄はA〜Gの繰り返し

一見、このデイタイム・ドレスはとても暗い色のようだが、近くで見ると魅力的な草花の柄があると分かり、ドレスの重苦しさは消える。袖は非常に長く、右上の挿絵の女性のように、結んだりギャザーを入れて留めてみたと思われる跡がある。

◆ プリント柄の黒い綿のデイタイム・ドレス

この部分のギャザーは後ろ身頃の一部

背面

後ろ身頃丈：33cm

3.2cm

袖の周囲を3カ所で留めている

ウエスト：54.6cm

後ろスカート丈：91.4cm

縫い目
縫い目
パイピング

◆ 1828年：ロンドン ピカデリー（Picadilly）の J・ハチャード＆サン（J. Hatchard & Son）発行、ダイトン（Dighton）著「初期の印象（Early Impressions）」の挿し絵より

女性の帽子に比べてシンプルな子どものボンネットに注目

前面あき拡大図

ホックの受け金
茶色の綿

14cm
3.2cm

茶色の綿

平たい真鍮の針金製ホック

ポケット用のスリットなし

24.1cm

内側に深く畳んだプリーツの山

後ろ中心の縫い目

中太のコードで周囲をパイピング

身頃同様、スカートにも新たな兆候が見られ始めた。ウエストの前面にはプリーツを寄せて膨らみを持たせ、身頃のギャザーから「流れ落ちる」ようなデザインになっている。このページのドレスは、p140〜141の赤い綿のドレスと同じように引き出しの奥深くにしまい込まれていたものである。おそらく持ち主は他のドレスと共にクローゼットにかけておくには、このドレスのデザインが目立ちすぎることを気にしたのかもしれない。

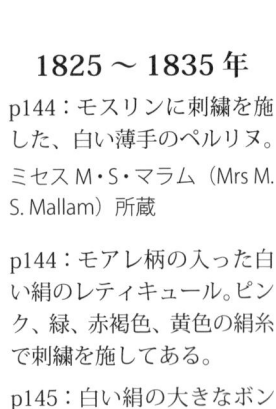

1825～1835年

p144：モスリンに刺繍を施した、白い薄手のペルリヌ。
ミセス M・S・マラム（Mrs M. S. Mallam）所蔵

p144：モアレ柄の入った白い絹のレティキュール。ピンク、緑、赤褐色、黄色の絹糸で刺繍を施してある。

p145：白い絹の大きなボンネット。白いサテンと淡い青のリボンの装飾付き。
スノースヒル・コレクション（Snowshill Collection）

1830～1835年頃

p145：緑の絹の日傘。パゴダ型で、中棒は金属、持ち手は象牙製。
スノースヒル・コレクション（Snowshill Collection）

◆ 刺繍を施した白い薄手のペルリヌ

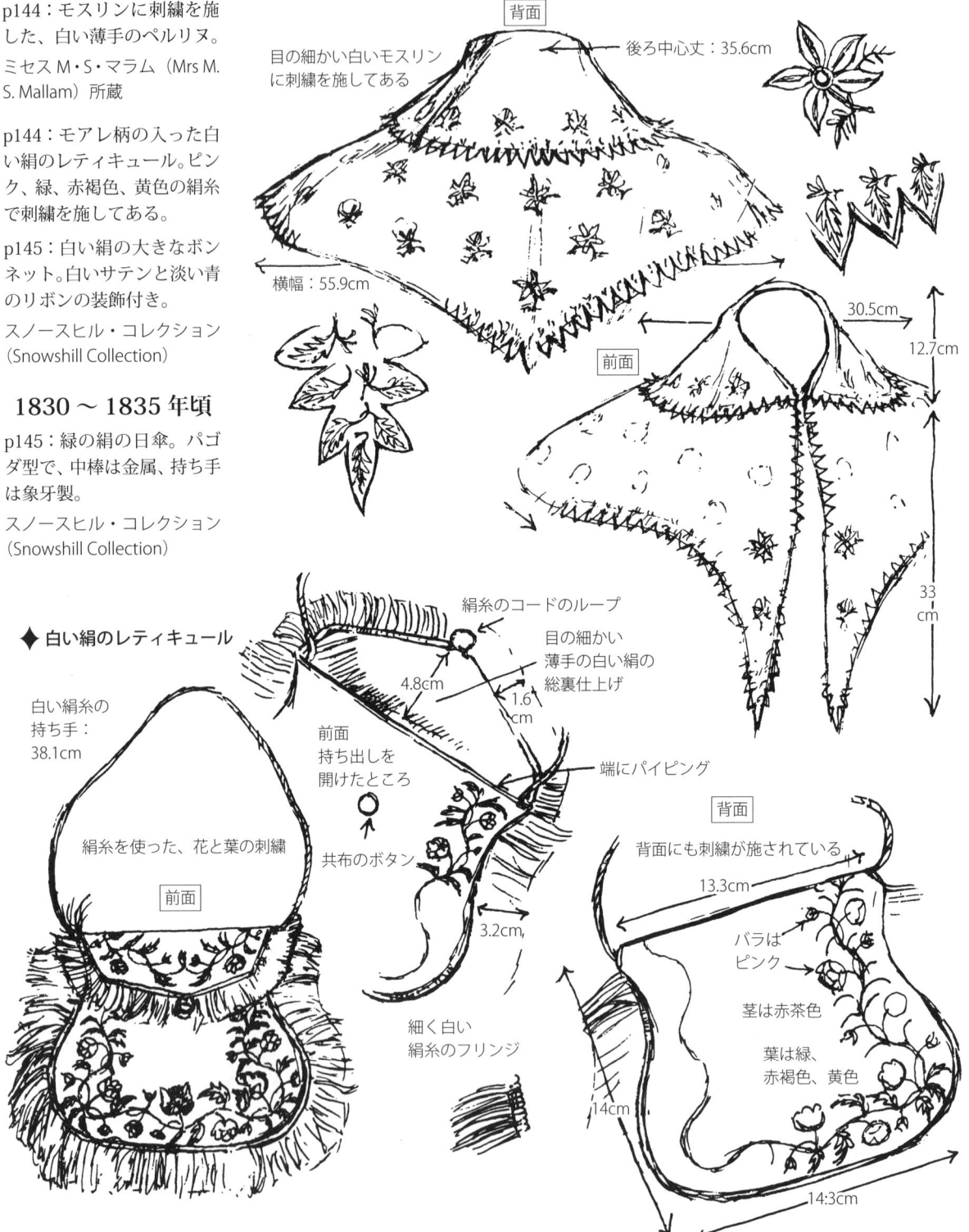

背面
目の細かい白いモスリンに刺繍を施してある
後ろ中心丈：35.6cm
横幅：55.9cm
前面
30.5cm
12.7cm
33cm

◆ 白い絹のレティキュール

白い絹糸の持ち手：38.1cm
絹糸を使った、花と葉の刺繍
前面
絹糸のコードのループ
目の細かい薄手の白い絹の総裏仕上げ
4.8cm
1.6cm
前面持ち出しを開けたところ
端にパイピング
共布のボタン
3.2cm
細く白い絹糸のフリンジ

背面
背面にも刺繍が施されている
13.3cm
バラはピンク
茎は赤茶色
葉は緑、赤褐色、黄色
14cm
14:3cm

この時代、刺繍を施した白い薄手のペルリヌと呼ばれる付け襟を、広く張り出した肩にかけた。この章で紹介した上品なドレスより、さらに肩幅の広がったドレスも登場する。通常は刺繍入りで、フリンジ付きも多かったレティキュールは、スカートにギャザーが入り、再びポケットを付けられるようになるまで使われた。

◆ 緑の絹の日傘

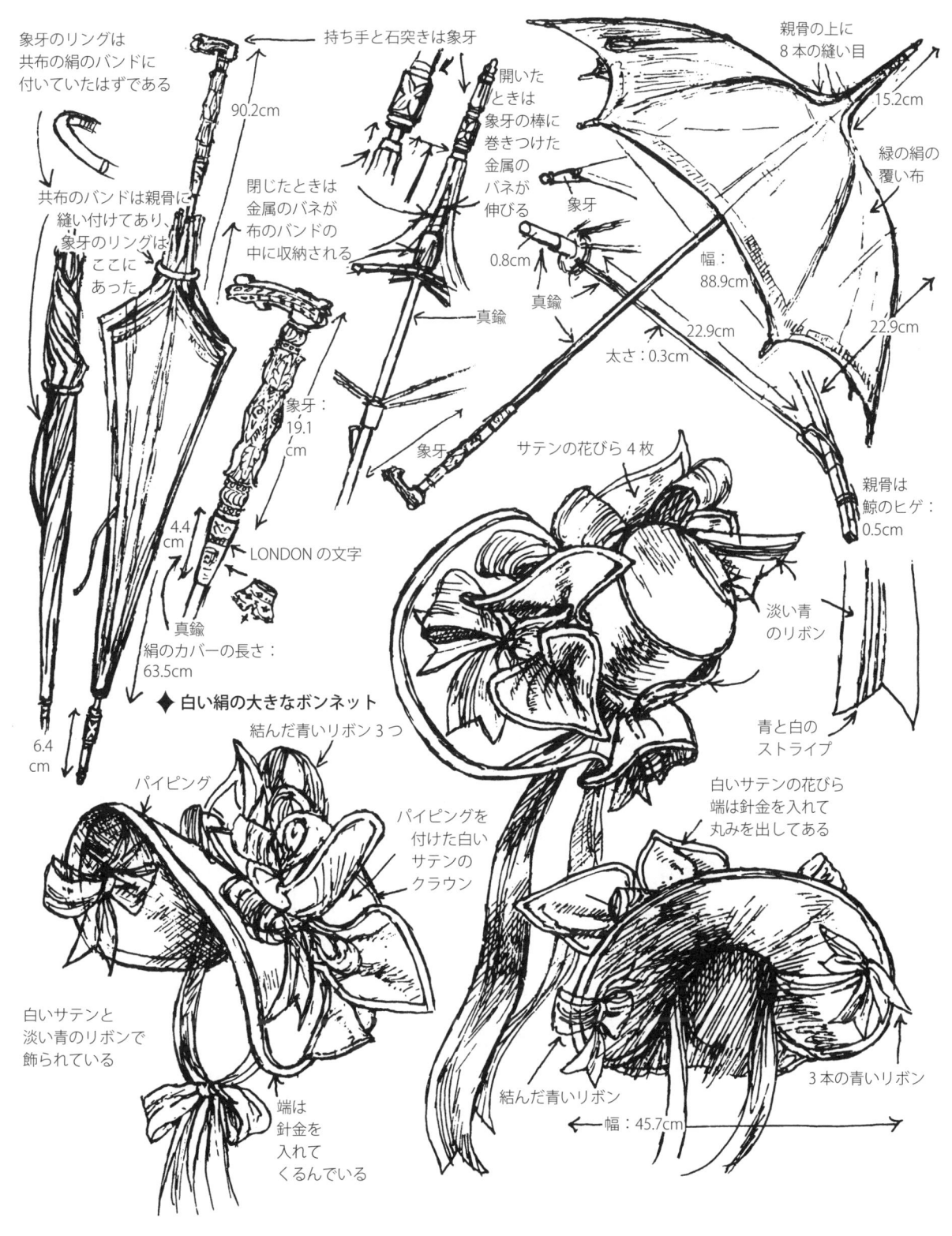

象牙のリングは共布の絹のバンドに付いていたはずである

持ち手と石突きは象牙

親骨の上に8本の縫い目

開いたときは象牙の棒に巻きつけた金属のバネが伸びる

15.2cm

90.2cm

緑の絹の覆い布

共布のバンドは親骨に縫い付けてあり、象牙のリングはここにあった

閉じたときは金属のバネが布のバンドの中に収納される

象牙

0.8cm

真鍮

真鍮

幅：88.9cm

22.9cm

22.9cm

太さ：0.3cm

象牙：19.1cm

象牙

親骨は鯨のヒゲ：0.5cm

4.4cm

LONDONの文字

サテンの花びら4枚

真鍮

絹のカバーの長さ：63.5cm

淡い青のリボン

◆ 白い絹の大きなボンネット

6.4cm

結んだ青いリボン3つ

青と白のストライプ

パイピング

パイピングを付けた白いサテンのクラウン

白いサテンの花びら端は針金を入れて丸みを出してある

白いサテンと淡い青のリボンで飾られている

端は針金を入れてくるんでいる

結んだ青いリボン

3本の青いリボン

← 幅：45.7cm →

1800年頃から流行したパゴダ型の日傘は、1840年頃まで使われた。パイプ状の金属の中棒と象牙の持ち手が付いた日傘は1835年頃に作られたもの。絹の大きなボンネットは、その大きさから収納が難しかったためか、保存されているものは少ない。

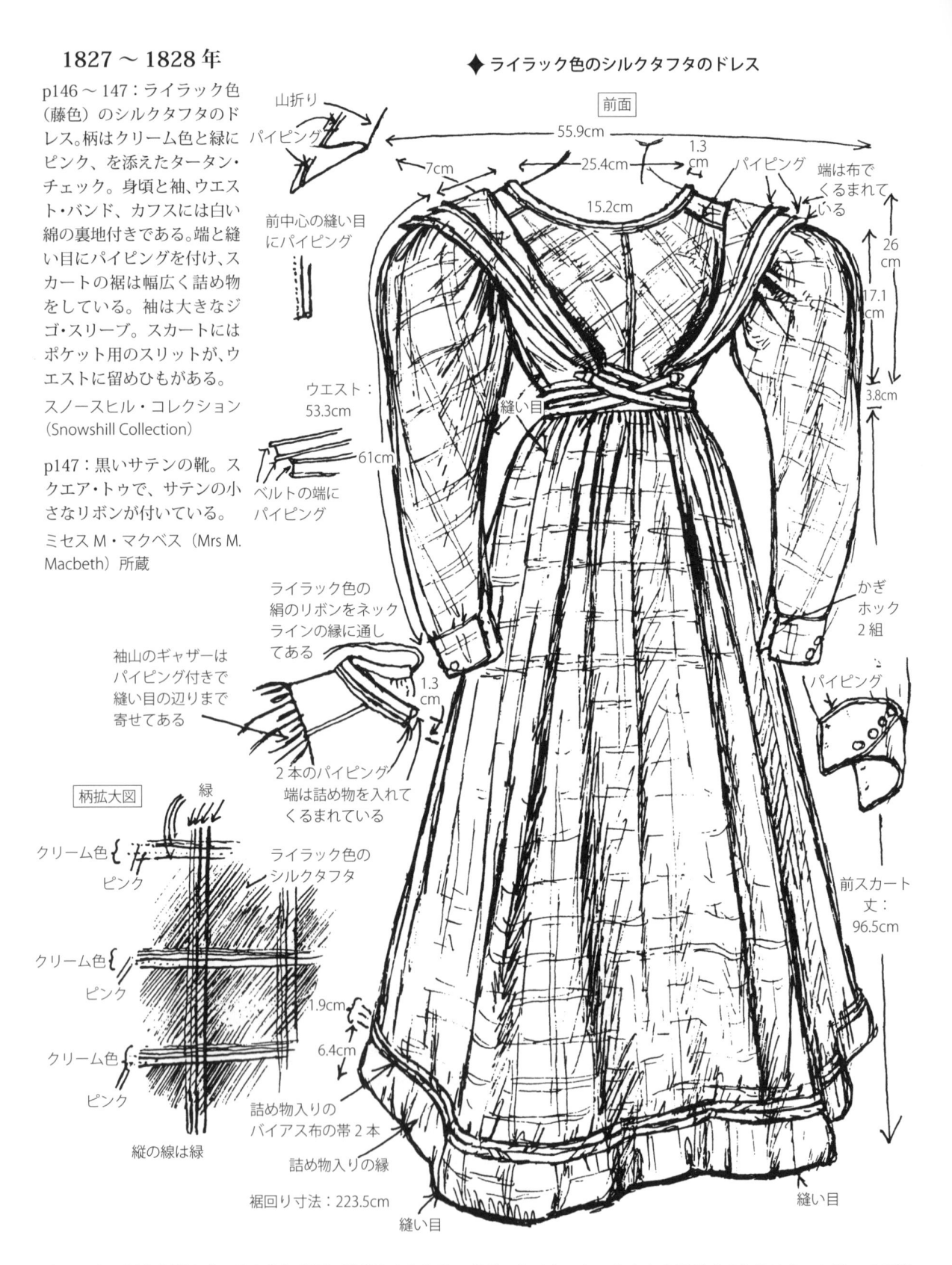

1827〜1828年

◆ ライラック色のシルクタフタのドレス

p146〜147：ライラック色（藤色）のシルクタフタのドレス。柄はクリーム色と緑にピンク、を添えたタータン・チェック。身頃と袖、ウエスト・バンド、カフスには白い綿の裏地付きである。端と縫い目にパイピングを付け、スカートの裾は幅広く詰め物をしている。袖は大きなジゴ・スリーブ。スカートにはポケット用のスリットが、ウエストに留めひもがある。
スノースヒル・コレクション（Snowshill Collection）

p147：黒いサテンの靴。スクエア・トゥで、サテンの小さなリボンが付いている。
ミセス M・マクベス（Mrs M. Macbeth）所蔵

山折り
パイピング
前中心の縫い目にパイピング
前面
55.9cm
7cm
25.4cm
1.3cm
15.2cm
パイピング
端は布でくるまれている
26cm
7.1cm
3.8cm
ウエスト：53.3cm
縫い目
61cm
ベルトの端にパイピング
ライラック色の絹のリボンをネックラインの縁に通してある
かぎホック2組
袖山のギャザーはパイピング付きで縫い目の辺りまで寄せてある
1.3cm
パイピング
2本のパイピング端は詰め物を入れてくるまれている
前スカート丈：96.5cm

柄拡大図

緑
クリーム色
ピンク
ライラック色のシルクタフタ
クリーム色
ピンク
クリーム色
ピンク
縦の線は緑

1.9cm
6.4cm
詰め物入りのバイアス布の帯2本
詰め物入りの縁
裾回り寸法：223.5cm
縫い目
縫い目

ウエストの細さを引き立てるような身頃の装飾と大きな袖、広がったスカート。ますます幅が広くなるスカートは、この頃になるとウエストにギャザーが入る。スカートの裾に詰め物をしたデザインは1828年以降あまり見られなくなり、1824年頃に登場したジゴ・スリーブは1836年頃まで作られ、1890年代には、それに似たデザインが再登場する。

◆ ライラック色のシルクタフタのドレス　　◆ 黒いサテンの靴　　◆ 1830年頃：レディ・ハリエット・フォーブス（Lady Harriet Forbes）という人物が履いたもの

背面

ライラック色の絹のリボン

20.3cm
26cm
パイピング付きの縫い目
9.5cm
縫い目
44.4cm
6.4cm
後ろスカート丈：100.3cm
縫い目
縫い目

黒いサテンの細いリボン
長さ：45.7cm

小さな引き締めひもの結び目

右足

25.4cm
4.4cm
6cm

裏面

糸でかがった鳩目穴
別仕立てのポケットに続くスリット端は布でくるまれている
ホック
裏地付き
ダーツ
20.3cm
かぎホック
3.8cm
5.1cm
22.9cm
ウエストに細い白の引きひもが通っている

靴には引き続きヒールがなく、1830年頃にはつま先が四角くなった。この時代になっても左右は同じ形のままだが、フランス語の小さなラベルを付けて左右を区別していた。

1825〜1829年

p148〜149：ライラック色（藤色）のシルクタフタのイブニング・ドレス。ライラック色の長いガーゼの袖を、シルクタフタのパフ・スリーブに重ねている。上身頃は、ライラック色のサテンとネックラインのレースのフリルで飾られている。スカートの裾は詰め物をしたサテンのバンドが付き、折り畳んだリボンやガーゼの装飾が付いている。パフ・スリーブと後ろ身頃は白い麻の裏地付きで、身頃にはV字形の装飾が付いている。後ろのネックラインとウエストに留めひもがある。
スノースヒル・コレクション
(Snowshill Collection)

◆ ライラック色のシルクタフタのイブニング・ドレス

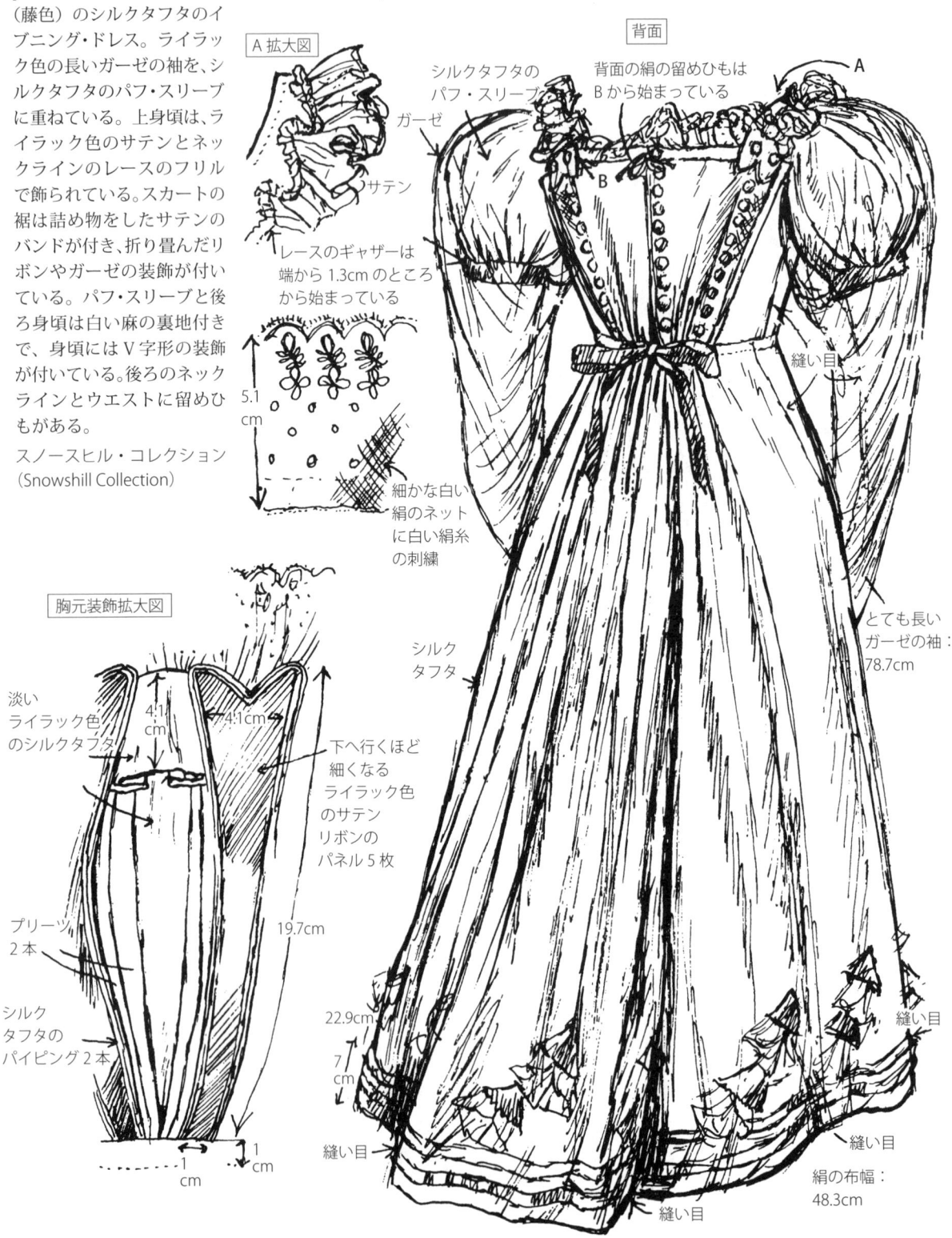

A拡大図

背面

シルクタフタのパフ・スリーブ

ガーゼ

サテン

背面の絹の留めひもはBから始まっている

レースのギャザーは端から1.3cmのところから始まっている

5.1cm

細かな白い絹のネットに白い絹糸の刺繍

シルクタフタ

とても長いガーゼの袖：78.7cm

縫い目

胸元装飾拡大図

淡いライラック色のシルクタフタ

4.1cm　4.1cm

下へ行くほど細くなるライラック色のサテンリボンのパネル5枚

19.7cm

プリーツ2本

シルクタフタのパイピング2本

1cm　1cm

22.9cm

7cm

縫い目

縫い目

縫い目

絹の布幅：48.3cm

薄いガーゼの長い袖は、この時代のイブニング・ドレスの最先端のデザインである。初めて登場したのは当時より10年ほど前だが、これほど袖山が大きく膨らんではいなかった。このような袖はとても長いため、肘から先に優雅なドレープが来る。

◆ライラック色のシルクタフタのイブニング・ドレス

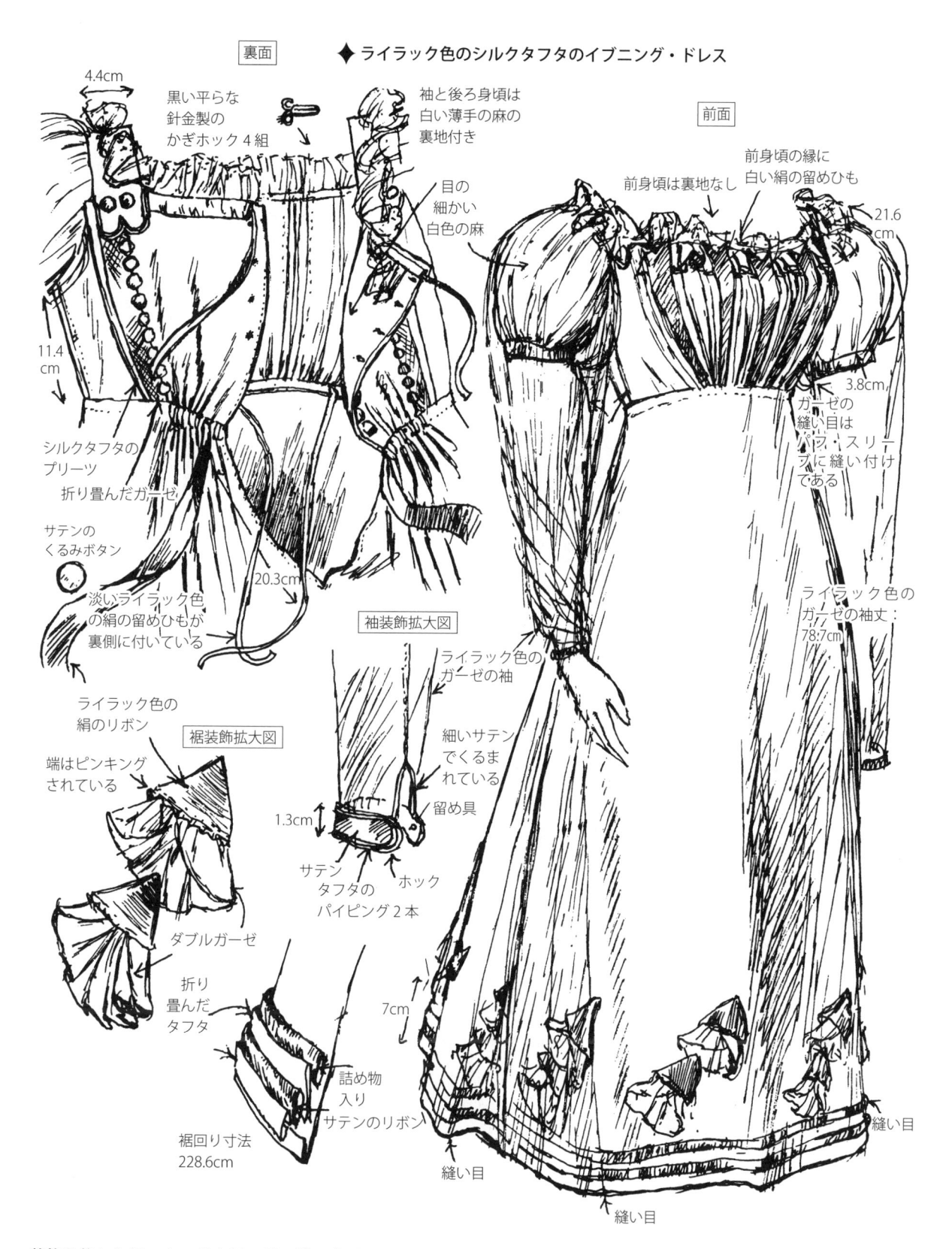

[裏面]　　　　　　　　　　　　　　　　　　　　　[前面]

- 4.4cm
- 黒い平らな針金製のかぎホック4組
- 袖と後ろ身頃は白い薄手の麻の裏地付き
- 目の細かい白色の麻
- 前身頃は裏地なし
- 前身頃の縁に白い絹の留めひも
- 21.6cm
- 11.4cm
- 3.8cm
- ガーゼの縫い目はパフ・スリーブに縫い付けである
- シルクタフタのプリーツ
- 折り畳んだガーゼ
- サテンのくるみボタン
- 20.3cm
- 淡いライラック色の絹の留めひもが裏側に付いている
- ライラック色のガーゼの袖丈：78.7cm

[袖装飾拡大図]
- ライラック色のガーゼの袖
- 細いサテンでくるまれている
- 留め具
- 1.3cm
- サテンタフタのパイピング2本
- ホック

[裾装飾拡大図]
- ライラック色の絹のリボン
- 端はピンキングされている
- ダブルガーゼ
- 折り畳んだタフタ
- 詰め物入りサテンのリボン
- 裾回り寸法 228.6cm
- 7cm
- 縫い目

装飾を施した幅の広い前身頃の縁は横に広がった肩とのバランスが良い。また、プリーツや詰め物が入っているためスカートの裾は外向きに揺れる。このように、膨らんだスカートの下に数枚のペチコートを重ねて履くようになり、ステイズはウエストを絞った形になった。

1825〜1829年

p150：引き続き、ガーゼの長い袖が付いたライラック色（藤色）のシルクタフタのイブニング・ドレスの側面の図の解説と、黒い子ヤギ革のフラット・シューズ。シューズはスクエア・トゥで、青いリボンの装飾が付いている。
スノースヒル・コレクション
(Snowshill Collection)

1829〜1830年

p151：クリーム色の薄い絹のメリヤスを使った、少女用のドレス。細かい長方形の編み模様の上に、繊細な花と枝の柄がプリントしてある。身頃とスカートには、緑のサテンの装飾が付けられている。
スノースヒル・コレクション
(Snowshill Collection)

◆1824年：ジャーナル・デ・モード
（Journal des Modes）より

羽根付きのターバン

ディナー・ドレス

ガーゼの長い袖

◆ライラック色のシルクタフタのイブニング・ドレス

側面

背面上部の縁は詰め物入り

レース：5.1cm

淡いライラック色のシルクタフタ

21.6cm

17.8cm

左の絵と似た長いサッシュ・ベルトは失われている

後ろのリボンはここからギャザーが寄せられている

11.4cm

109.2cm

◆黒い子ヤギ革のフラット・シューズ

プリーツを寄せた青いリボン

淡い青の縁取り

後ろ半分は白い子ヤギ革の裏地付き

かかとは縫い目なし

黒い子ヤギ革にカットワークを施して下にある青いサテンを見せ、装飾的なステッチで仕上げている

左右の違いはない

6cm
26cm
5.7cm

縫い目　縫い目　縫い目

ドレス身頃のV字形のプリーツと装飾は、左上の1824年のファッション・プレートにも登場しており、この後20年に渡ってさまざまな形で使われる。やがてこのスタイルは減少し、ウエストに向かって細くなる1830年代半ばのドレスには使われなくなる。

◆ **クリーム色の薄い絹のメリヤスの少女用ドレス** ◆ 1826～1829年頃：ベアー・ウッド (Bear Wood) のジョン・ウォルター氏 (John Walter, Esquire) の令嬢を描いた絵画より

エポーレットの端は緑の絹でくるまれている

袖ぐりの端は丁寧にかがられている

ネックラインとスカートは、緑のサテンのバイアステープで装飾されている

前面の引き締めひも

白い綿の裏地付き

前面

14 cm

24.1cm

21.6cm

4.4cm

背面に白い留めひも

20.3cm

ウエスト：52.1cm

4.4cm

前のネックラインに引き締めひも

83.8cm

スカート前面のプリーツ

24.1cm

緑のサテン

前中心

背面の留め具

艶のある綿

平らな真鍮のかぎホック

身頃とスカートは白い綿の裏地付き

メリヤスの端

綿の裏地

15.9cm

織り模様拡大図

3.8cm

とても目の細かいクリーム色の絹のメリヤス　幅：83.8cm

4.4cm

スカートの前面はプリーツ、背面は細かいギャザーが入っている

縫い目部分にあき

少女のドレスには、ウエストのギャザーがプリーツに替わるという変化が現れており、スカートの装飾が高めの位置にある点も新しい。このドレスは総裏地付きだが、袖付きのハビット・シャツを下に着る、ピナフォア形のドレスだったのかもしれない。

1825～1829年

p152～153:プリムローズ・イエロー（淡黄色）のガーゼのオーバードレス。バイアスカットした光沢のある黄色のサテンと淡黄色の細かいレースで装飾してある。大きなパフ・スリーブの付いたイブニング・ドレスである。パフ・スリーブの端にはレースが付いている。リボンと長いループの付いた、幅の広いサテンのサッシュ・ベルト。膝の辺りから裾までは、サテンの布で縁取りを施した装飾が付いている。アンダードレスは失われている。
スノースヒル・コレクション
（Snowshill Collection）

◆ プリムローズ・イエローのガーゼのオーバードレス

ネックライン装飾拡大図
前面
1.3cm
8.9cm
24.1cm
36.8cm
前身頃丈 16.5cm
腕の周り：22.9cm
ウエスト 63.5cm
2.5cm
8.9cm
サテンのサッシュ・ベルトの幅：9.5cm
縫い目
縫い目
ネックラインレース拡大図
2.5cm
1.3cm
8.9cm
淡黄色の細かいレースのフリル
ネット
前面拡大図
サテン
ガーゼ
脇の縫い目 14cm
ウエストバンドは絹のリボン
縫い目
前スカート丈 88.9cm
16.5cm
1.9cm
17.1cm
5.1cm
ガーゼの布幅：91.4cm
裾回り寸法：243.8cm

この美しいガーゼのオーバー・ドレスには、短いパフ・スリーブの付いた同色のサテンのアンダードレスが付いていたであろうと考えられる。リボンのウエスト・バンドに向けて寄せられた身頃とスカートにはたっぷりと細かいギャザーが入り、スカートの裾は縁に向かって大きく広がっている。裾回り寸法は243.8cmある。

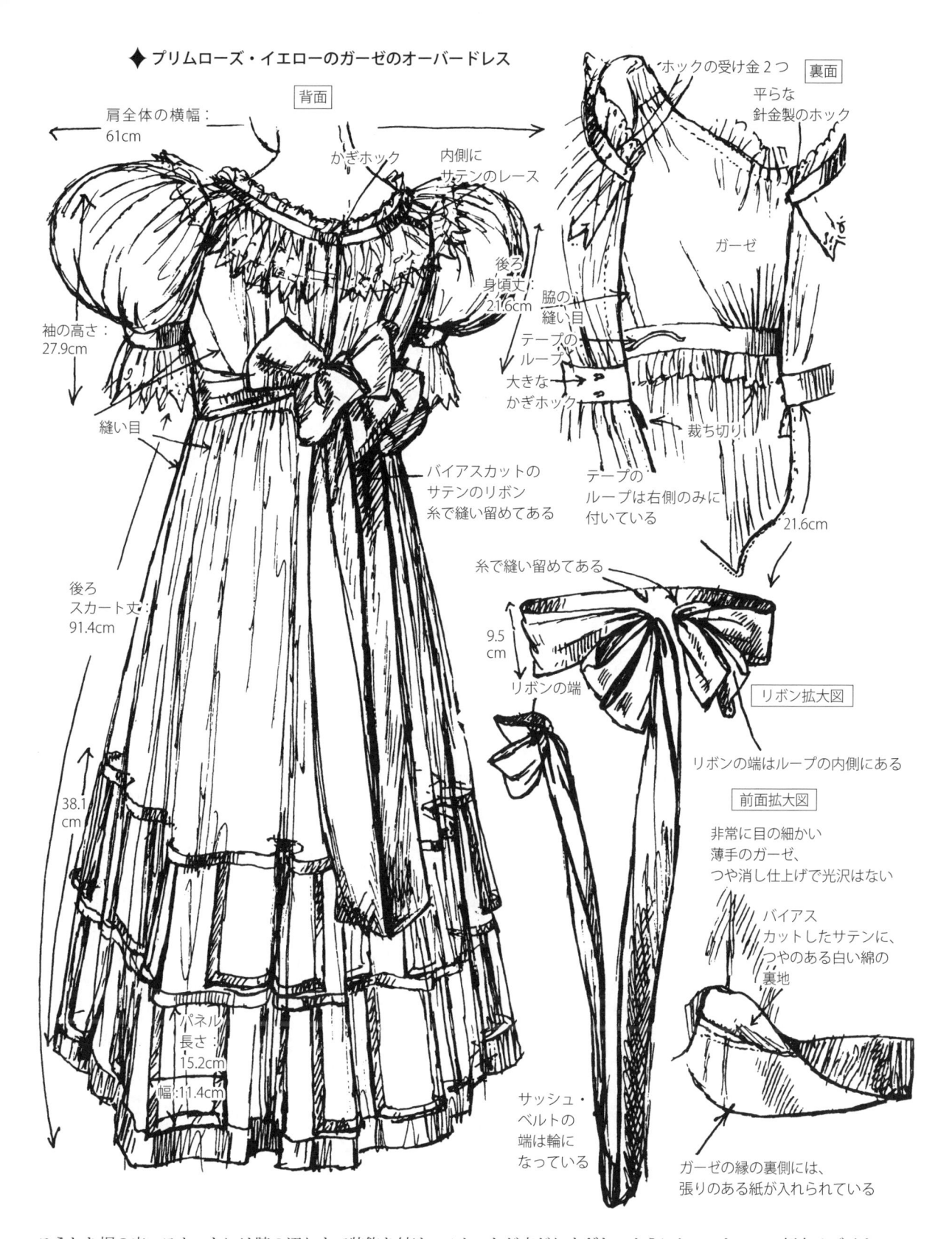

◆ プリムローズ・イエローのガーゼのオーバードレス

背面
- 肩全体の横幅：61cm
- かぎホック
- 内側にサテンのレース
- 袖の高さ：27.9cm
- 後ろ身頃丈：21.6cm
- 縫い目
- バイアスカットのサテンのリボン糸で縫い留めてある
- 後ろスカート丈：91.4cm
- 38.1cm
- パネル長さ：15.2cm
- 幅：11.4cm

裏面
- ホックの受け金2つ
- 平らな針金製のホック
- ガーゼ
- 脇の縫い目
- テープのループ
- 大きなかぎホック
- 裁ち切り
- テープのループは右側のみに付いている
- 21.6cm

リボン拡大図
- 糸で縫い留めてある
- 9.5cm
- リボンの端
- リボンの端はループの内側にある

前面拡大図
- 非常に目の細かい薄手のガーゼ、つや消し仕上げで光沢はない
- バイアスカットしたサテンに、つやのある白い綿の裏地
- サッシュ・ベルトの端は輪になっている
- ガーゼの縁の裏側には、張りのある紙が入れられている

こうした裾の広いスカートには膝の辺りまで装飾を付け、スカートが広がりすぎないようにしていた。この傾向はデイウェア・ドレスにおいて特に顕著である。重ねて履いたペチコートには、フラウンスの付いた裾の上に太いパイピングを何本も入れることが多かった。

1829～1831年

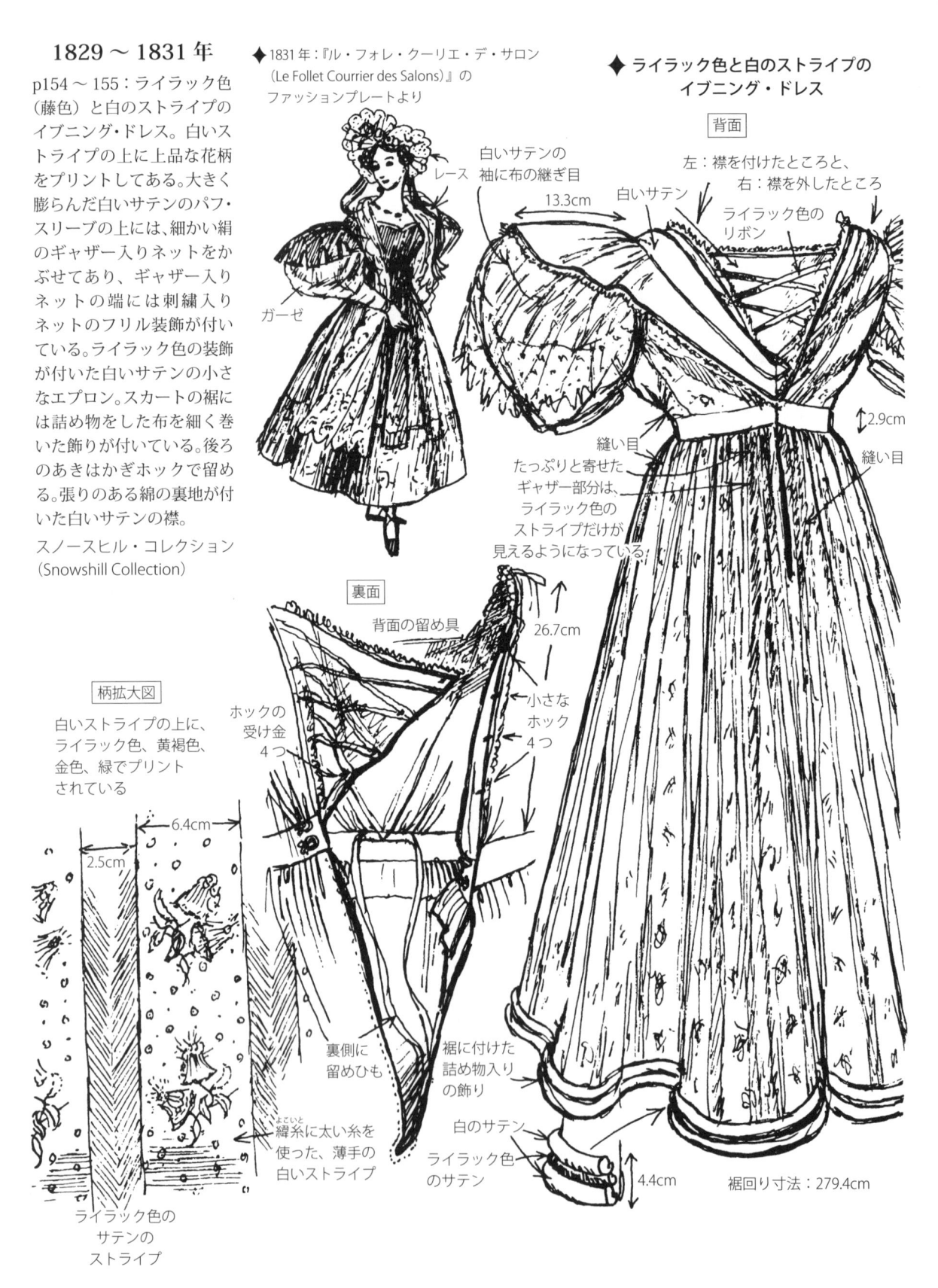

p154～155：ライラック色（藤色）と白のストライプのイブニング・ドレス。白いストライプの上に上品な花柄をプリントしてある。大きく膨らんだ白いサテンのパフ・スリーブの上には、細かい絹のギャザー入りネットをかぶせてあり、ギャザー入りネットの端には刺繍入りネットのフリル装飾が付いている。ライラック色の装飾が付いた白いサテンの小さなエプロン。スカートの裾には詰め物をした布を細く巻いた飾りが付いている。後ろのあきはかぎホックで留める。張りのある綿の裏地が付いた白いサテンの襟。
スノースヒル・コレクション
(Snowshill Collection)

◆ 1831年：『ル・フォレ・クーリエ・デ・サロン（Le Follet Courrier des Salons)』のファッションプレートより

- レース
- ガーゼ

◆ **ライラック色と白のストライプのイブニング・ドレス**

[背面]

- 左：襟を付けたところと、右：襟を外したところ
- 白いサテンの袖に布の継ぎ目
- 13.3cm
- 白いサテン
- ライラック色のリボン
- ↕2.9cm
- 縫い目
- 縫い目
- たっぷりと寄せたギャザー部分は、ライラック色のストライプだけが見えるようになっている
- 26.7cm

[裏面]
- 背面の留め具
- ホックの受け金 4つ
- 小さなホック 4つ

[柄拡大図]
白いストライプの上に、ライラック色、黄褐色、金色、緑でプリントされている

- 6.4cm
- 2.5cm
- 裏側に留めひも
- 裾に付けた詰め物入りの飾り
- 緯糸に太い糸を使った、薄手の白いストライプ
- 白のサテン
- ライラック色のサテン
- 4.4cm
- 裾回り寸法：279.4cm
- ライラック色のサテンのストライプ

小柄で細身の女性が着ていたと思われる、とても優雅なドレス。残念なことに現在は非常にもろくなっており、特にクモの巣状のレースの傷みが激しい。このドレスは、発見時には襟が付いていなかった。

◆ ライラック色と白のストライプのイブニング・ドレス

前面

ドレスが発見されたときは襟がなかった

ドレスの端と縫い目には白いサテンのパイピングが付いている

すべて白いサテン

白いサテンの袖の上にとても細かい絹のネット

肩全体の横幅：73.7cm

9.5cm

2本のパイピングは詰め物を巻いてある

レース部分にはさらに細かい絹のメッシュが使われている

サテンの襟拡大図

白い絹

エプロン上部の幅：8.9cm

襟を付けた状態

ライラック色

ウエスト：53.3cm

白いサテン

襟とエプロンに白いサテンのパイピング

A

ドレスにも白いサテンのパイピング

B

前後の各襟の高さ：

2.5cm

C

3.8cm

エプロン丈：66cm

6.4cm

2つ折りにしたライラック色のリボン

D

縫い目

エプロンはA、B、C、Dの部分でスカートに軽く縫い留めてある

スカート丈：86.4cm

袖レース拡大図

非常に細かい絹のメッシュ

サテンのエプロンの裾幅：36.8cm

9.5cm

身頃、エプロン、襟の端に、

スカートの前中心にエプロンの白いパネル。ウエスト中心部分にはギャザーが入っていない

とても目の細かい白い絹のレース

しかしその数カ月後、リボンやスカーフの入った箱を整理していた際に見つかった白いサテンの襟は、ライラック色の細いパイピングや非常に細かいレースの縁飾り、サテン地の品質が、このドレスと一致した。これまでで最大のサイズとなった袖には、張りのある綿の裏地が付けられている。

1830〜1833年

p156〜157：機械織りの葉の柄がストライプになった、暗い紫色のガーゼのオーバードレス。細いパイピングとバインディングには、淡い黄褐色の斑点模様が入った暗い紫色のサテンが使われている。前身頃のドレープは、ウエスト・バンドに使われた横畝織りの絹と同じ生地。袖とスカートはプリーツを平らに畳み、スカートは後ろにギャザーを寄せて裾幅が広くなっている。横幅の広いジゴ・スリーブ付き。

チャスルトン・ハウス (Chastleton House) から、スノースヒル・コレクション (Snowshill Collection) に貸与

◆ 暗い紫色のガーゼのオーバードレス

背面

- 紫色のサテンの細い縁取り
- プリーツを入れたガーゼ
- すべての縫い目には、ドレスと同じ紫色のサテンのパイピングが付いている
- 24.1cm
- 袖の最も大きい部分の周囲：78.7cm
- 共布のウエスト・バンドは横畝織りの絹のリボンで、サテン地と同じように斑点模様が入っている。
- 3.8cm
- 後ろはここまであいている

背面拡大図
- 黒い平らな針金製の小さなかぎホック2組
- パイピング
- パイピング
- 細かいギャザー
- 平らなプリーツ
- 黒く平らな針金製のとても大きなかぎホック2組
- 裾回り寸法：243.8cm
- 縫い目
- 縫い目

ガーゼ拡大図
目の細かい絹のガーゼに型を使って模様を出している

このドレスの大きな袖と、特徴のあるサテンの生地が目印となり、スノースヒル・コレクションに保存されていた、そろいのサテンのアンダードレスを発見することができた。さまざまなレースが収納されたチャスルトン・ハウスの引き出しで発見された際、このドレスは驚くほど小さく畳んであった。絹のガーゼが非常に薄いためである。

◆ 暗い紫色のガーゼのオーバードレス

【袖装飾拡大図】

縁がパイピングされたドレスと同じ紫色のサテンの細いバンド

プリーツを寄せたガーゼ

プリーツを寄せたガーゼ

2本のパイピング

袖のプリーツは背中側に倒されている

【前面】

横幅：68.6〜71.1cm

ドレスと同じ紫色のサテンを、アンダードレスとパフ・スリーブに使っている

袖ぐりに紫色のサテンのパイピング2本

【袖拡大図】

ウエスト：68.6cm

ギャザーはここから

前スカート丈：104.1cm

スカートのプリーツは前側に向かって倒されている

後ろスカート丈：110.5cm

縫い目にサテンのパイピング

2枚を縫い合わせてある

小さなかぎホック

ドレスと同じ紫色のサテンで端をくるんである

縫い目

縫い目

幅の狭い縁

ウエストベルト、もしくはサッシュ・ベルトが失われている。ベルトはドレスと同じ色のサテン製だったと思われる。

スカートに入っている幅の広いプリーツはガーゼもサテンも同じで、袖山の平らなプリーツはあまり一般的ではない。大きく広がった優雅なスカートには、裏地が一切付いていない。

1830〜1833年

p158〜159：チャスルトン・ハウス（Chastleton House）で発見された、暗い紫色のガーゼのオーバードレスと対になる、黒みがかった紫色のサテンのアンダードレスと、揃いのレティキュール。ドレスは非常に大きなパフ・スリーブで、張りのある茶色いネットの裏地が付いている。プリーツの入ったスカートはつやのある綿の裏地付きで、ウエストにプリーツとギャザーが寄せてある。レティキュールは、絹糸、シェニール糸、スパンコールの装飾が施され、ピンクの絹の裏地が付いている。

スノースヒル・コレクション（Snowshill Collection）

◆ 黒みがかった紫色のサテンのアンダードレス

前面

肩全体の横幅：68.6cm

前面の縫い目に2本のパイピング

肩のプリーツは前側に倒されている

スカートの前中心

縫い目

ダーツ

大きく畳んだプリーツは前中心に向けて倒されている

A B C

スカートプリーツ拡大図

縫い目

A B C

◆ 揃いのサテンのレティキュール

ドレスと同じ、斑点模様入りのサテンを使っている

2.9cm
12.7cm
25.4cm
2.5cm

装飾は、白い糸の刺繍、スパンコール、リボン刺繍、シェニール糸、絹

右側のリボンは裏側に折って縫い付けてある

背面拡大図

表地と同色の無地のサテン

リボンの表側は、サテン地と同じように斑点模様が入っている。

リボンの裏側は、表と裏を入れ替え、両端をつなげてある

前面

17.8cm
5.1cm
18.4cm
2.5cm

同色の絹糸のフリンジ

スパンコールを多層に重ねて表現した花は、自然に見える

持ち出しを開いたところ

共布の見返し

ピンクの絹の裏地

緑のリボン刺繍

葉は絹糸

白い小さな真珠貝のボタン

リボンの端はコードとフリンジの装飾

緑のシェニール糸

スパンコールの花

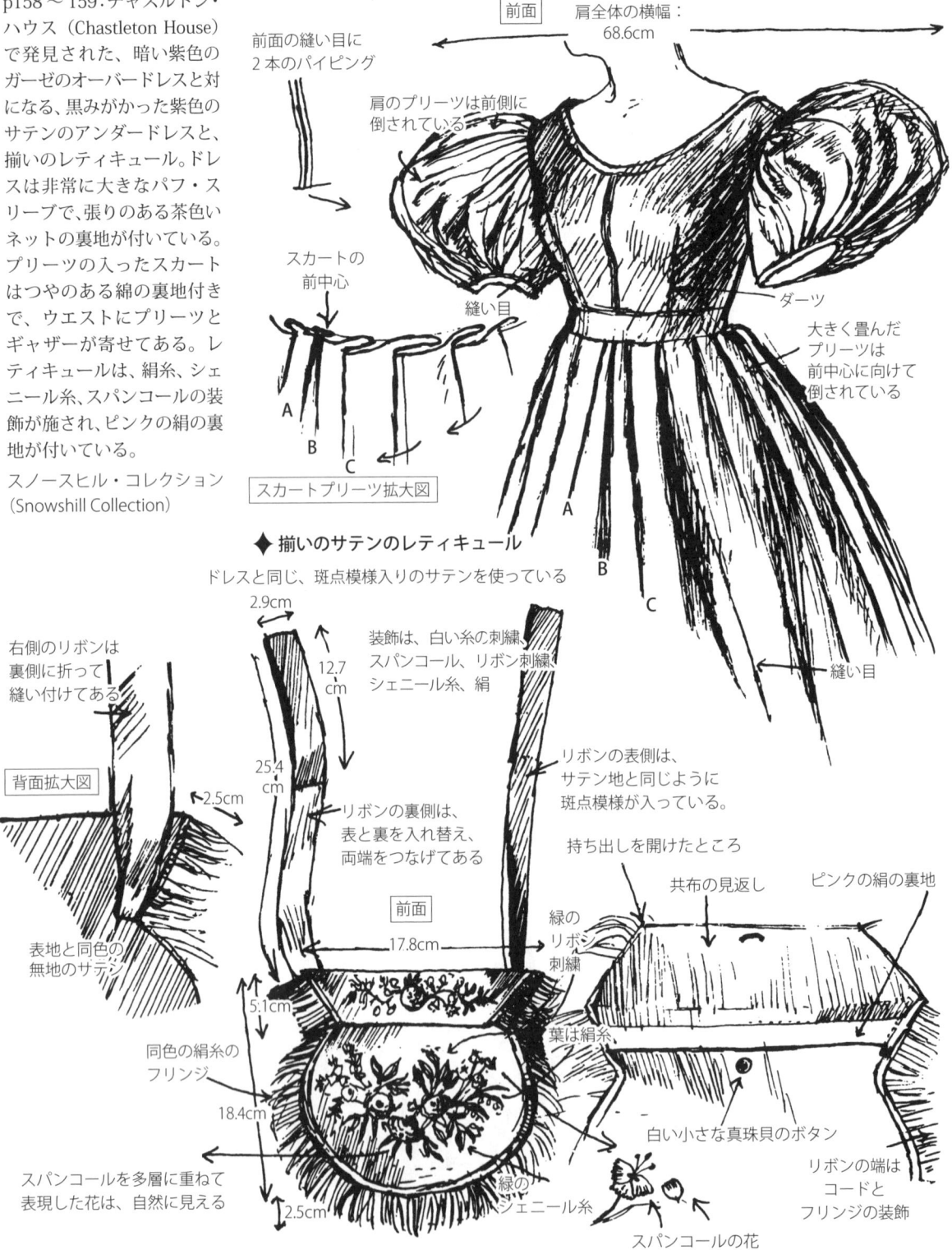

サテンのアンダードレスのスカートは、ガーゼのオーバードレスのスカートよりプリーツが少し多く、そのため裾回りも大きい。サッシュベルトは失われているが、これはp162左上の1831年のファッション・プレートと似たものだったかもしれない。刺繍入りのレティキュールは「ハンカチーフ・サシェ」とも呼ばれ、アンダードレスとまったく同じ斑点模様が入ったサテンで作られている。

◆ 黒みがかった紫色のサテンのアンダードレス

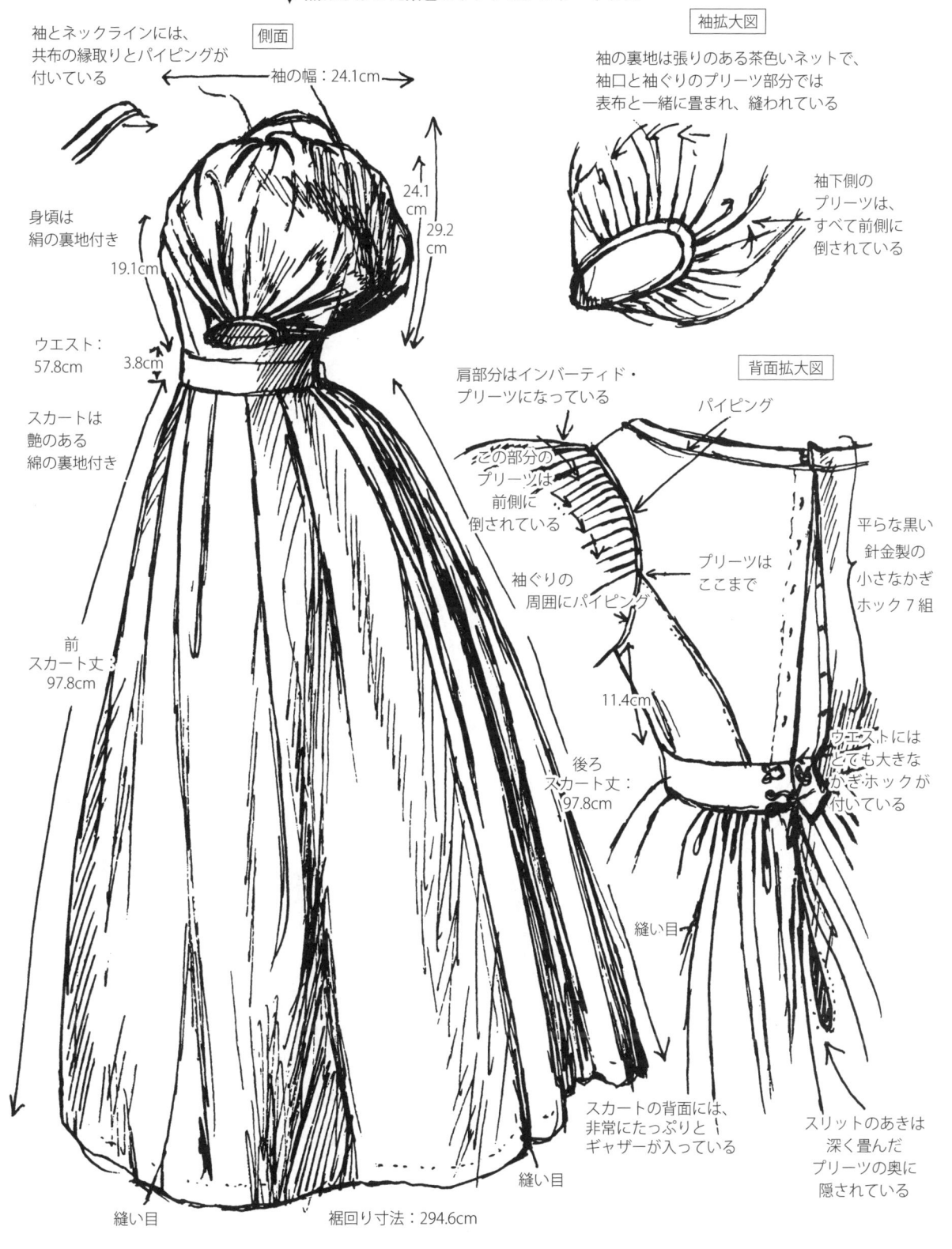

側面

袖拡大図

袖とネックラインには、共布の縁取りとパイピングが付いている

袖の幅：24.1cm

24.1cm

29.2cm

身頃は絹の裏地付き

19.1cm

袖の裏地は張りのある茶色いネットで、袖口と袖ぐりのプリーツ部分では表布と一緒に畳まれ、縫われている

袖下側のプリーツは、すべて前側に倒されている

ウエスト：57.8cm

3.8cm

スカートは艶のある綿の裏地付き

背面拡大図

肩部分はインバーティド・プリーツになっている

パイピング

この部分のプリーツは前側に倒されている

プリーツはここまで

袖ぐりの周囲にパイピング

平らな黒い針金製の小さなかぎホック7組

前スカート丈：97.8cm

11.4cm

後ろスカート丈：97.8cm

ウエストにはとても大きなかぎホックが付いている

スカートの背面には、非常にたっぷりとギャザーが入っている

縫い目

スリットのあきは深く畳んだプリーツの奥に隠されている

縫い目

縫い目

裾回り寸法：294.6cm

しかしガーゼにもこの不規則な斑点模様が入っているため、意図して同じにしたものではなく、偶然の結果であろう。刺繍にはリボンやシェニール糸、絹糸、小さな白いスパンコールを使っており、非常に珍しく、魅力的である。

1829～1833年

p160～161：チェックの白いモスリンのデイタイム・ドレス。流れるような花柄が、ピンク、青、緑、モーブ色（藤色）でプリントされている。白い綿の裏地が付いた身頃は、肩からウエストにかけてギャザーの装飾を施してあり、大きなケープ形の襟には無地のモスリンの裏地が付いている。袖は肩から手首にかけて大きく膨らみ、カフスには小さな真珠貝のボタン付き。縫い目と端にはパイピングが施されている。スカートにはポケット用のスリットがある。

スノースヒル・コレクション（Snowshill Collection）

◆ チェックの白いモスリンのデイタイム・ドレス

バンド拡大図
- 背中側の襟
- ネックラインの脇
- 2本のパイピング
- 6.4cm
- 20.3cm
- 袖ぐりと前襟の端は2本のパイピング付き
- 最も広い部分の幅 27.9cm
- ウエスト部分のバンド
- 端の折り返しはとても細い

前面
- 肩からウエストまでの、取り外し可能なギャザー入りのバンド
- こちら側は失われている
- 2本のパイピング
- 25.4cm
- ベルトは失われている
- ポケット用のスリット

袖拡大図
- 縫い目にパイピング
- 細いテープのループと、小さな真珠貝のボタン
- 2本のパイピング
- 縫い目
- ポケット用のスリット
- 縫い目

モスリンのプリント柄とチェック柄の拡大図

ピンク系、モーブ色系、青、緑を使った花枝2柄

モスリンの布幅：86.4cm
長方形の織り柄

このドレスの美しい花柄は、モスリンをより魅力な素材にし、巨大な「馬鹿げた」袖（1829～35年の流行）に上品なドレープの効果を加えている。袖とスカートには非常に細かく丁寧にギャザーが寄せてあり、スカートは袖と同じく、かなりのボリュームがある。

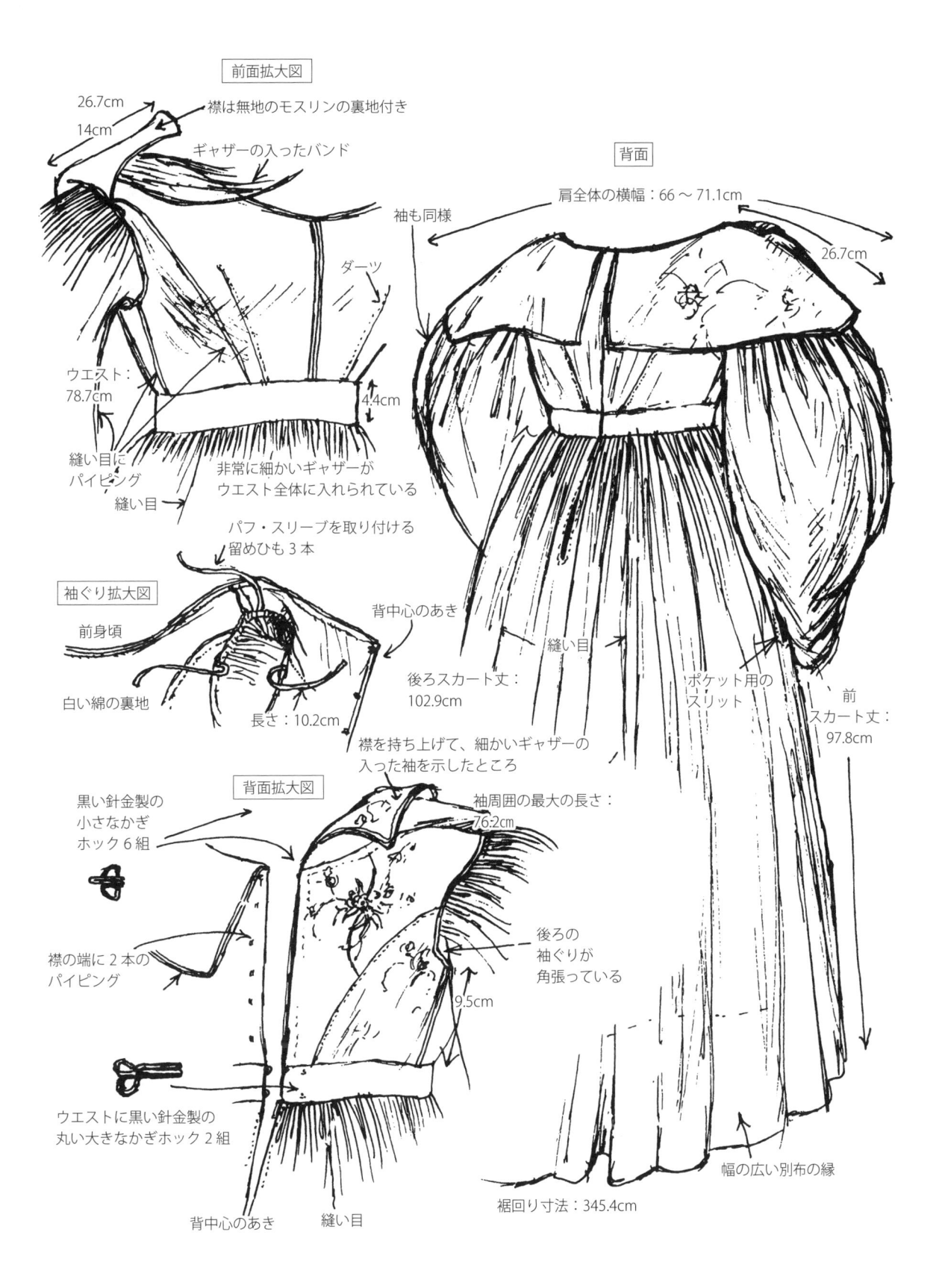

【前面拡大図】
26.7cm
14cm
襟は無地のモスリンの裏地付き
ギャザーの入ったバンド
袖も同様
ダーツ
ウエスト：78.7cm
縫い目にパイピング
縫い目
4.4cm
非常に細かいギャザーがウエスト全体に入れられている

【背面】
肩全体の横幅：66〜71.1cm
26.7cm

パフ・スリーブを取り付ける留めひも3本
背中心のあき
後ろスカート丈：102.9cm
縫い目
ポケット用のスリット
前スカート丈：97.8cm

【袖ぐり拡大図】
前身頃
白い綿の裏地
長さ：10.2cm

【背面拡大図】
襟を持ち上げて、細かいギャザーの入った袖を示したところ
袖周囲の最大の長さ：76.2cm
後ろの袖ぐりが角張っている
9.5cm

黒い針金製の小さなかぎホック6組
襟の端に2本のパイピング
ウエストに黒い針金製の丸い大きなかぎホック2組
背中心のあき
縫い目

幅の広い別布の縁
裾回り寸法：345.4cm

このスカートも、複数のペチコートで膨らませた。袖ぐりの裏側にある留めひもは大きなパフ・スリーブを固定するためのもので、1825〜1835年に使われた（p133参照）。身頃やカフスに付けた2本のパイピングは非常に細かく縫ってある。

161

1835〜1839年

p162〜163：無地の濃紺のシルクタフタのマント。幅の広い襟付きで、留め具はウエストのリボンのみ。羊毛の芯を挟んで濃紺の絹の裏地を付け、端は濃紺のベルベットでくるんでいる。
スノースヒル・コレクション (Snowshill Collection)

1835〜1839年

p163：刺繍入りの白いモスリンのペルリヌ。上襟全体と下襟の縁に、小花柄が入っている。
ミセス M・S・マラム（Mrs M. S. Mallam）所蔵

◆ 1829年：『美しき会衆 (La Belle Assemblée)』のファッション・プレートより

1829年1月：昼の外出用ドレス
1829年12月：モーニング・ドレス

◆ 濃紺のシルクタフタのマント

背面
12.7cm
62.2cm
前面の長さは膝より下まである

◆ 刺繍入りの白いモスリンのペルリヌ

刺繍拡大図

26.7cm
2枚の襟は縫い合わされている
前面
背面
27.3cm
19.7cm
小花柄が8列
63.5cm
最大の幅：80cm
下の襟の小花柄は2列のみ
36.8cm

美しい刺繍が入ったモスリンのペルリヌは非常に幅が広く、1930年代初期に流行した大きな肩のラインを強調している。バックル付きのベルトは当時の流行で、長いペルリヌの端を固定する役割も果たした。

◆ 濃紺のシルクタフタのマント

- ネックラインは留め具なし
- 前面
- 横幅：61cm
- 12.7cm
- 25.4cm
- 布の継ぎ目はすべてきれいに縫われている
- 55.9cm
- リボンの留めひも
- 濃紺のベルベットの縁取り
- 縫い目部分の横幅 33cm
- 99.1cm
- 裏面
- 濃紺の絹の裏地
- 芯は裏地の裏側に丁寧に縫い付けてある
- 31.8cm
- 15.2cm
- 濃紺の絹のリボンの留めひも

◆ 1837年：キャッスル・ハワード（Castle Howard）*でヘンリー・スミス（Henry Smith）がレディ・キャロライン・ラッセルズ（Lady Caroline Lascelles）を描いた習作より

- 毛皮のティペット
- 1830年代初期の大きな袖が描かれている

シルクタフタのマントは、肩の広いラインを覆うための幅の広い襟と大きなケープが付いている。このような端を長く垂らしたマントは、長年にわたり流行した。1840年代と1850年代は、縁にフリルやフリンジを付けたものが多かった。ここで紹介したマントは軽くて暖かい。

＊：キャッスル・ハワード（Castle Howard）ヨークシャー州ヨーク郊外にある大邸宅

1830〜1835年

p164〜165：「スパニッシュ・ブラウン」とも呼ばれる、グレーがかった濃い茶色のシルクタフタのマント。大きな襟の端は茶色い生地に黒いベルベットが付いている。ウエストは背面の裏側に付けたひもで絞ってあり、前面のネックラインから裾まで、絹の留めひもが付いている。ドレスと同色の、茶色いつやのある綿の裏地付きで、目の粗い毛織物の芯が入っている。
スノースヒル・コレクション (Snowshill Collection)

◆ 1837年：『レディース・キャビネット (The Ladies' Cabinet)』1月号のファッション・プレートより

カシミアのマント

ベルベットの襟は、ヨークと前面の縁にパイピング付き

「ウエストの背中側でひもで絞った」マントと、「トルコ風の袖」が付いたケープ

◆ 濃い茶色のシルクタフタのマント

前面

絹の留めひも

表は黒いベルベット、裏地はシルクタフタ

19.1cm

26.7cm

持ち出しは縫い目のAからBに付いている

Cまで縫い付けられている

縫い目

マントと同色の絹のリボン

裏地は、表地と同じ茶色のつやのある綿

裏面

ヨークの後ろ中心
18.4cm

16.5cm

15.2cm

ウエストに付けられた茶色い留めひも 幅：1.9cm

裏側に折った縁

縁にベルベットのパイピング

2本のパイピング

肩のラインは1833年頃の幅が最も広く、このページの図のような絹のマントは1837年頃まで使われた。左上のファッション・プレートに登場する女性の装いには、「人気はまったく衰えていない」「ぜいたくなサテンに濃いめの色のベルベットの装飾が付いている」とキャプションが書かれており、このようなカシミアのマントは流行の頂点にあった。

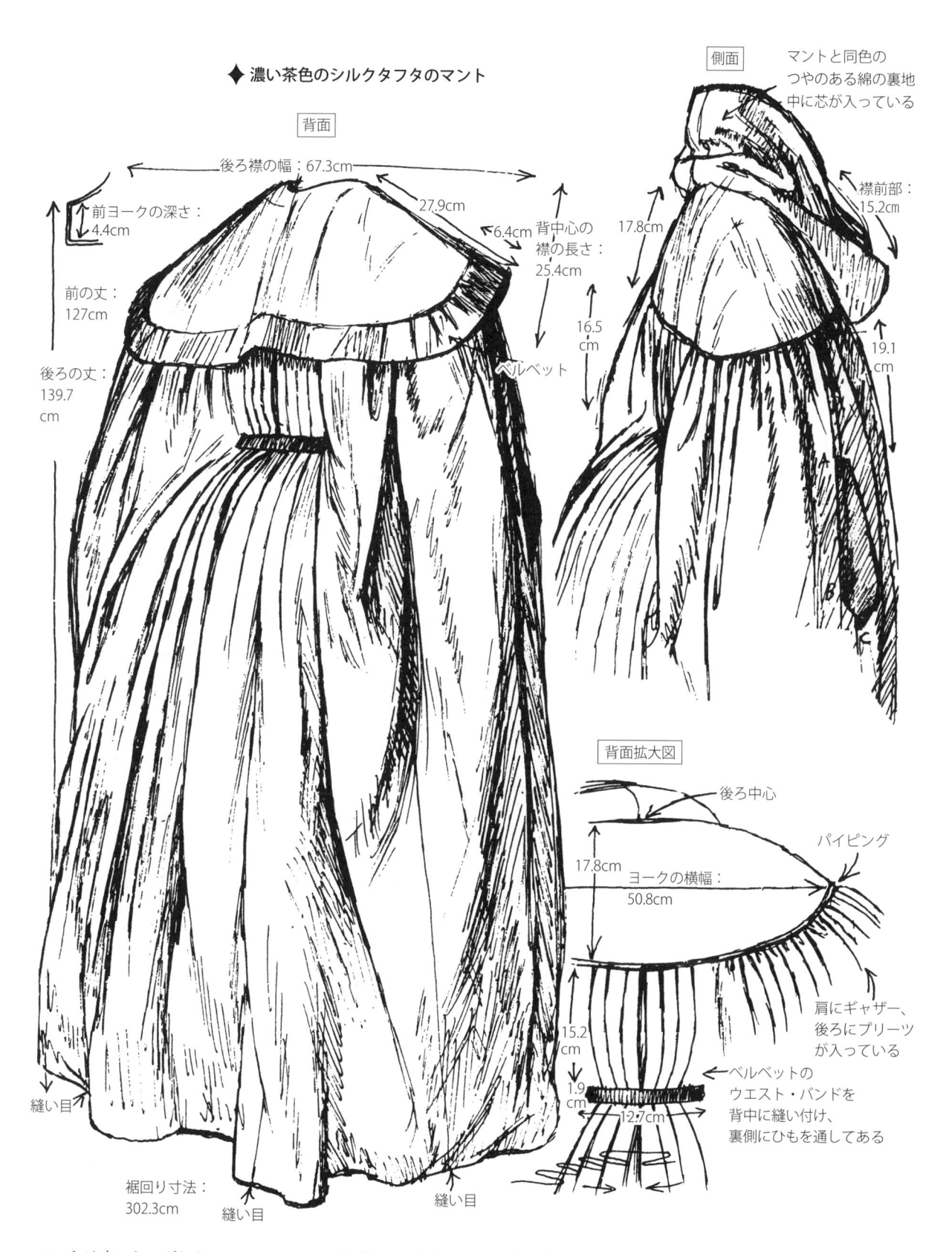

◆ 濃い茶色のシルクタフタのマント

[背面]

後ろ襟の幅：67.3cm

前ヨークの深さ：4.4cm

27.9cm

6.4cm 背中心の襟の長さ：25.4cm

前の丈：127cm

16.5cm

ベルベット

後ろの丈：139.7cm

縫い目

裾回り寸法：302.3cm

縫い目

縫い目

[側面]

マントと同色のつやのある綿の裏地
中に芯が入っている

17.8cm

襟前部：15.2cm

19.1cm

[背面拡大図]

後ろ中心

パイピング

17.8cm

ヨークの横幅：50.8cm

15.2cm

1.9cm

12.7cm

肩にギャザー、後ろにプリーツが入っている

ベルベットのウエスト・バンドを背中に縫い付け、裏側にひもを通してある

マントは実にたっぷりとしていた。ここに挙げたものと似たマントがもう1点、スノースヒル・コレクションにあり、そちらは淡い青の絹の裏地と、腰まで届く長いケープが付いている。

1834～1835 年

左の女性の絵は『社交界（The Beau Monde）』に掲載されたファッション・プレート、「11 月のモード（November Modes）」からのもので、1830 年代の非常に大きな袖と横に広がったスカートが紹介されている。右の男性の絵は、ダイトン（Dighton）作のリトグラフ、「カントリー・ジェントルマン（The Country Gentleman）」で、チェルトナム近郊のブロックハンプトン・パークに住む L・C・フルワー・クレイヴン（Mr L. C. Fulwer Craven）氏が描かれている。

1863 年

T・スタンリー・ブラウン（T. Stanley Brown）氏に伝わる家族のアルバムから、ストリート（Street）氏と妻のグレース（Grace）。幅の広い袖とベルベットの装飾が付いた暗い色の絹のドレスの中には、鳥かご形のクリノリンを着けたであろう。ストリート氏はフロック・コート、ベスト、ズボンを身に着けている。ヴィクトリア朝時代は、男性のファッションには大きな変化はなかった。

1870 年代

『我らの父（Our Fathers）』という書籍から、2 点の挿し絵。左のクロッケー*の試合を楽しむ若い女性は、ループでスカートを持ち上げたドレスとバッスルを身に着けている。右の男女の絵は、「腐敗の早い枝編み細工の棺の展示会」を訪れたところを描いたもの。男性はシルクハットとモーニング・コート、脇に細い線の入ったズボンを身に着けている。

＊：クロッケー　球技の一種、ゲートボールの原型。

第3章
1835〜1870年

　この時代、ファッションの歴史は一巡した。80年近くを経て、ドレスはウエストを細く絞り、再びスカートを大きく膨らませてフープで支えるようになる。1830年代はスカートの後ろに寄せたギャザーを支えるバッスルがひときわ大きくなり、1840年までには硬い馬毛生地のスカートを履いた上に数枚のペチコートを重ねるようになる。1856年にはこの馬毛生地のスカートが、鯨のヒゲ製のフープで成形したアンダースカートに替わる。これにより、アンダースカートの取り扱いは難しいものの、何枚もペチコートを重ねる必要がなくなった。その後すぐに登場した鋼鉄製のフープや時計のゼンマイ用の鋼鉄は、軽くて扱いやすく、それまでのものよりも着け心地が良かった。ヴィクトリア朝時代の女性は、上品なブーツや靴を履いた足を膨らんだスカートの中に隠し、歩くというよりは、むしろ滑るように移動した。

　このような初期のクリノリンはドーム形で、1860年代が近づくにつれ徐々に裾が広がっていったが、1862年頃には小さくなる傾向を見せた。大きく膨らんだスカートが消える直前の1867年頃には、スカートの後ろと横は膨らみ、前は平らなままだった。そしてついにスカートの膨らみは後ろだけになり、再びバッスルを着けるようになった。

　この時代の注目すべき出来事の1つは、ミシンの発明であろう。現在ではミシンの使用が当たり前だが、それ以前ははるか昔から、衣類やシーツ、キルト、カーテンなど、すべてが手で縫われてきた。縫い物のための機械は、19世紀中頃にやっと発明されたのである。そして、この便利な機械が普及する過程には、非常に興味深いものがあった。

　ミシンで縫ったドレスは、1860年からイングランドに登場する。その初期の広告の中には、ぜひ記録しておきたいものがある。1868年の『淑女の新聞（The Lady's Own Paper）』に掲載された広告は、ヴィクトリア時代の男性の良心に訴えたもので、とても印象的だ。広告は「フローレンス・ミシン（Florence Sewing Machine）」という商品の品質を以下のように褒めたたえている。「高級な腕時計や高価な宝石をこれ見よがしに身に着ける男性。一方で彼の妻は疲れ切った指と重い心を抱え、身をすり減らして真夜中に子どもたちの服を縫い、ミシンがあったらと願っている。そんな男性は思いやりのない恥知らずか、薄情な人です。『フローレンス（Florence）』をあなたのお友だち、お姉さんや妹さん、奥様に贈りましょう。彼女の苦労は軽くなり、寿命は延びることでしょう」

　調査した素材や衣類の中には、意外な関連性を持つものもある。おそらく実際に使用するまで何年もしまわれていたり、かわいがっていた姪や娘に譲ったりしたものであろう。現代は流行が急速に移りかわるが、100年以上前は、ショールやモスリンは長年にわたり「着用可能」なものだった。90歳で亡くなったミセス ウォーレン・ヘイスティングス（Mrs Warren Hastings）は、財産や持ち物の多くを義理の娘のレディ・イムホーフ（Lady Imhoff）とイムホーフ（Imhoff）家に、一部を姪のマリオン・ウィンター（Marion Winter）に残した。ショール（p182参照）とモスリンのドレス（p200参照）は、レディ・イムホーフ（Lady Imhoff）自身からチャスルトン・ハウス（Chastleton House）のミセス ウイットモア・ジョーンズ（Mrs Whitmore jones）に譲り渡され、その娘ミセス J・D・ハリス（Mrs J. D. Harris）がこれら譲渡の詳細を記録した。しかし、モスリンをこのように魅力的なドレスに作りあげた人物のことは、記録に残されていない。

1836～1837 年

p168～169：濃いクリーム色の、張りのある絹のイブニング・ドレス。短い袖にはプリーツを寄せた膨らみ（パフ）が付き、ネックラインは大きく開き、スカート前部のプリーツにはドレープが寄せてある。身頃は後ろあきで引き締めひもで閉じ、前、脇、後ろにそれぞれボーンが入っている。身頃と袖は、つやのある綿の裏地付き。スカートはプリーツとギャザーを寄せて幅の広いウエスト・バンドに付けられており、張りのあるモスリンの裏地が付いている。

幅の広いベルトまたはサッシュ・ベルトは失われている。

スノースヒル・コレクション（Snowshill Collection）

◆ 濃いクリーム色の、張りのある絹のイブニング・ドレス

前面

細かくクモの巣状に編んだ、左図のような細いレースの縁飾りが付いている

ボーン 2本

前身頃プリーツ拡大図

身頃の前中心

3.8cm

袖拡大図

袖のプリーツは前側に倒されている

パイピング

8.9cm

ウエスト：53.3cm

身頃と袖はつやのある綿の裏地付き

袖拡大図

ボックス・プリーツ

端はパイピングでくるんである

スカートは、裏側のこの部分まで

ひだの陰に縫い目

インバーティド・プリーツは、中心がずれている

前身頃プリーツ拡大図

前中心

肩山と袖の付け根にパイピング

プリーツと前身頃は続け裁ちされている

前身頃裏面拡大図

前中心

肩

B
C

A

このタブの下のプリーツだけ、他とは逆に下に向けて倒してある

A、B、C、の位置に白い絹のリボンを縫い留めてある

裾回り寸法：365.8cm

縫い目

縫い目

縫い目

細身で、小柄な女性のために作られた上品なドレス。当時の最も新しいデザインであった細い袖が付いており、肘の辺りに付いたパフだけが、1830年代前半のたっぷりとした袖の名残を残している。身頃は前面にプリーツを寄せた当時流行のデザインで、p174～175で紹介する1837年のドレスと同じ形である。

◆ 濃いクリーム色の、張りのある絹のイブニング・ドレス

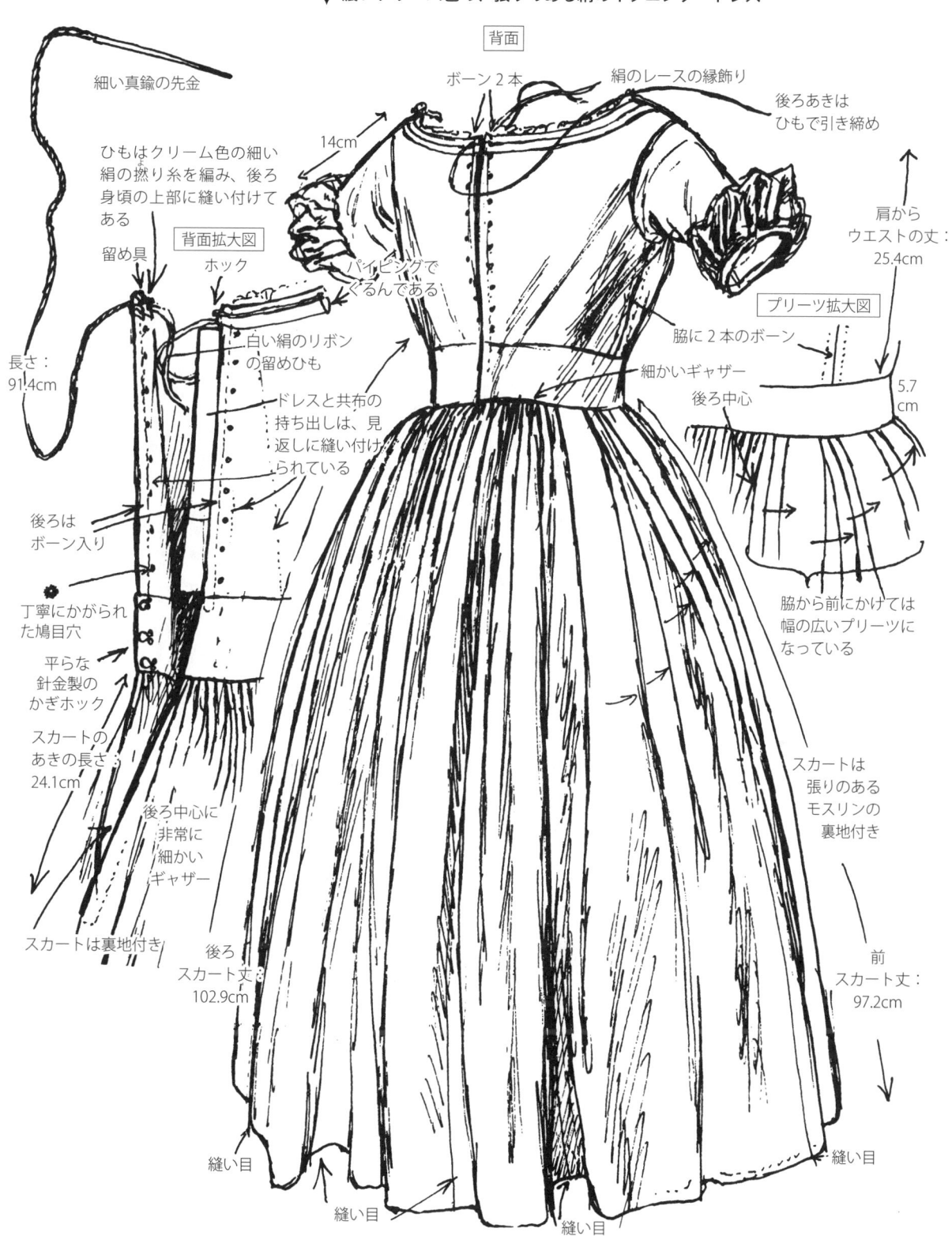

背面

ボーン2本
絹のレースの縁飾り
後ろあきはひもで引き締め

細い真鍮の先金

ひもはクリーム色の細い絹の撚り糸を編み、後ろ身頃の上部に縫い付けてある

14cm

肩からウエストの丈：25.4cm

背面拡大図

留め具
ホック

パイピングでくるんである

プリーツ拡大図

長さ：91.4cm

白い絹のリボンの留めひも

脇に2本のボーン
細かいギャザー
後ろ中心

5.7cm

ドレスと共布の持ち出しは、見返しに縫い付けられている

後ろはボーン入り

丁寧にかがられた鳩目穴

脇から前にかけては幅の広いプリーツになっている

平らな針金製のかぎホック

スカートのあきの長さ24.1cm

後ろ中心に非常に細かいギャザー

スカートは張りのあるモスリンの裏地付き

スカートは裏地付き

後ろスカート丈：102.9cm

前スカート丈：97.2cm

縫い目
縫い目
縫い目
縫い目

スカートの前面には幅の広い平らなプリーツ、後ろにはたくさんの細かいギャザーが入っている。前面のインバーティド・プリーツは中心がずれており、幅の広いウエスト・バンドは後で粗雑に付け足されたことを示している。その他の縫い目は細かく丁寧である。

1836～1837年

p170～171：身頃にひだ飾りとパイピングを施した、プリント柄の綿のモーニング・ドレス。柄は黒地にライラック色（明るい紫色）、鮮やかな緑、黄褐色、オレンジ色、くすんだ黄色の花枝柄である。袖には、肘の上にたくさんのギャザーを寄せてある。身頃は艶のある麻の裏地、スカートは部分的な裏地付きで、背中のあきの留め具はかぎホックを使用。スカートにはポケット用のスリット付き。

個人コレクション

◆ 黒地に花枝柄をプリントした、綿のモーニング・ドレス

袖装飾拡大図

コード・パイピング
折り畳んだ山の部分のみ2本のパイピングで装飾
0.6cm幅の縁取り
前身頃中心丈：19.1cm

前面

白の細かい刺繍を施したモスリンのタッカー
パイピング付きの縫い目
5本のひだ
フリルの端はパイピング付き

バスト：99.1cm
22.9cm
ウエスト：86.4cm
縫い目
36.8cm
5.7cm
スカートの丈：前後とも105.4cm

柄拡大図

生地は黒
オレンジ色と淡い茶色
ライラック色
緑と黄褐色
ライラック色
緑と黄褐色
緑の枝
くすんだ黄色とさまざまな色の取り合わせ
ライラック色
ライラック色
縫い目
オレンジ色と淡い茶色

裾回り寸法：355.6cm
縫い目

このようにシンプルなモーニング・ドレスが保存されていたのは、とても運が良い。おそらくウェディング・ドレスなどの特別なものよりも、正確に当時の装いを反映しているからだ。

♦ 黒地に花枝柄をプリントした、綿のモーニング・ドレス

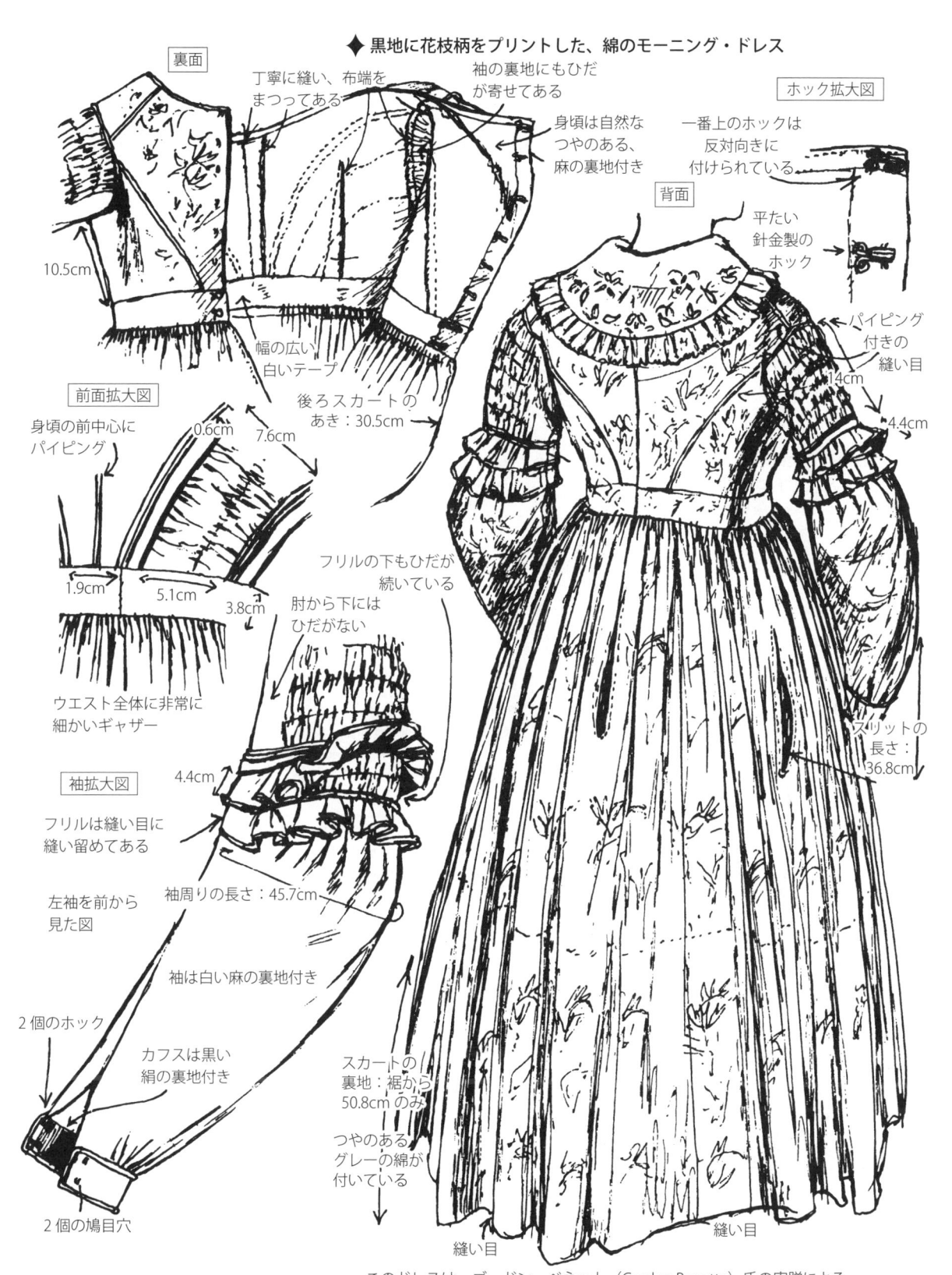

[裏面]
- 丁寧に縫い、布端をまつってある
- 袖の裏地にもひだが寄せてある
- 身頃は自然なつやのある、麻の裏地付き
- 10.5cm
- 幅の広い白いテープ
- 後ろスカートのあき：30.5cm

[ホック拡大図]
- 一番上のホックは反対向きに付けられている
- 平たい針金製のホック

[背面]
- パイピング付きの縫い目
- 14cm
- 4.4cm
- スリットの長さ：36.8cm

[前面拡大図]
- 身頃の前中心にパイピング
- 0.6cm
- 7.6cm
- 1.9cm
- 5.1cm
- 3.8cm
- ウエスト全体に非常に細かいギャザー

- フリルの下もひだが続いている
- 肘から下にはひだがない

[袖拡大図]
- フリルは縫い目に縫い留めてある
- 左袖を前から見た図
- 4.4cm
- 袖周りの長さ：45.7cm
- 袖は白い麻の裏地付き
- カフスは黒い絹の裏地付き
- 2個のホック
- 2個の鳩目穴

- スカートの裏地：裾から50.8cmのみ
- つやのあるグレーの綿が付いている
- 縫い目
- 縫い目

このドレスは、ゴードン・ベネット（Gordon Benette）氏の寄贈による

このドレスのプリント柄は、1830年代の中頃によく見られた花柄で、強い色や鮮やかな緑を使っているが、プリント自体は少しずれている。また、これまでの袖の形が廃れたことをはっきりと示している袖に注目したい。カッティングは似ているが、幾重にも寄せられたギャザーのため、形がすっかり変わっている。

1837〜1839年

p172：刺繍入りの白いモスリンのタッカーと、1対のポケット。タッカーは1枚襟で、端はフリル付き。ポケットは白い麻製で、ウエストにはひもが付いている。
ゴードン・ベネット（Gordon Bennett）氏の個人コレクション

p172：白いサテンのフラット・シューズ。靴底はわずかに左右が成形されている。
スノースヒル・コレクション（Snowshill Collection）

p173：黒の織り模様が入った茶色いサテンの日傘と、緑の絹の日傘。どちらも象牙を使っている。
ミセス M・マクベス（Mrs M. Macbeth）所蔵

◆ 刺繍入りの白いモスリンのタッカー

3.8cm
薄手のモスリンに、3本の太い糸が入っている
14cm
16.5cm
背中心丈：30.5cm
12.7cm
幅：1cm
14cm

◆ 1837年：『レディース・キャビネット（The Ladies' Cabinet）』より

昼用の正装の訪問着
刺繍入りの襟
20.3cm
パイピング付きの縫い目
透けるように薄いモスリンに美しい刺繍が施されている
端はピンキングされ、ボタンホール・ステッチが施してある

◆ 白いサテンのフラット・シューズ

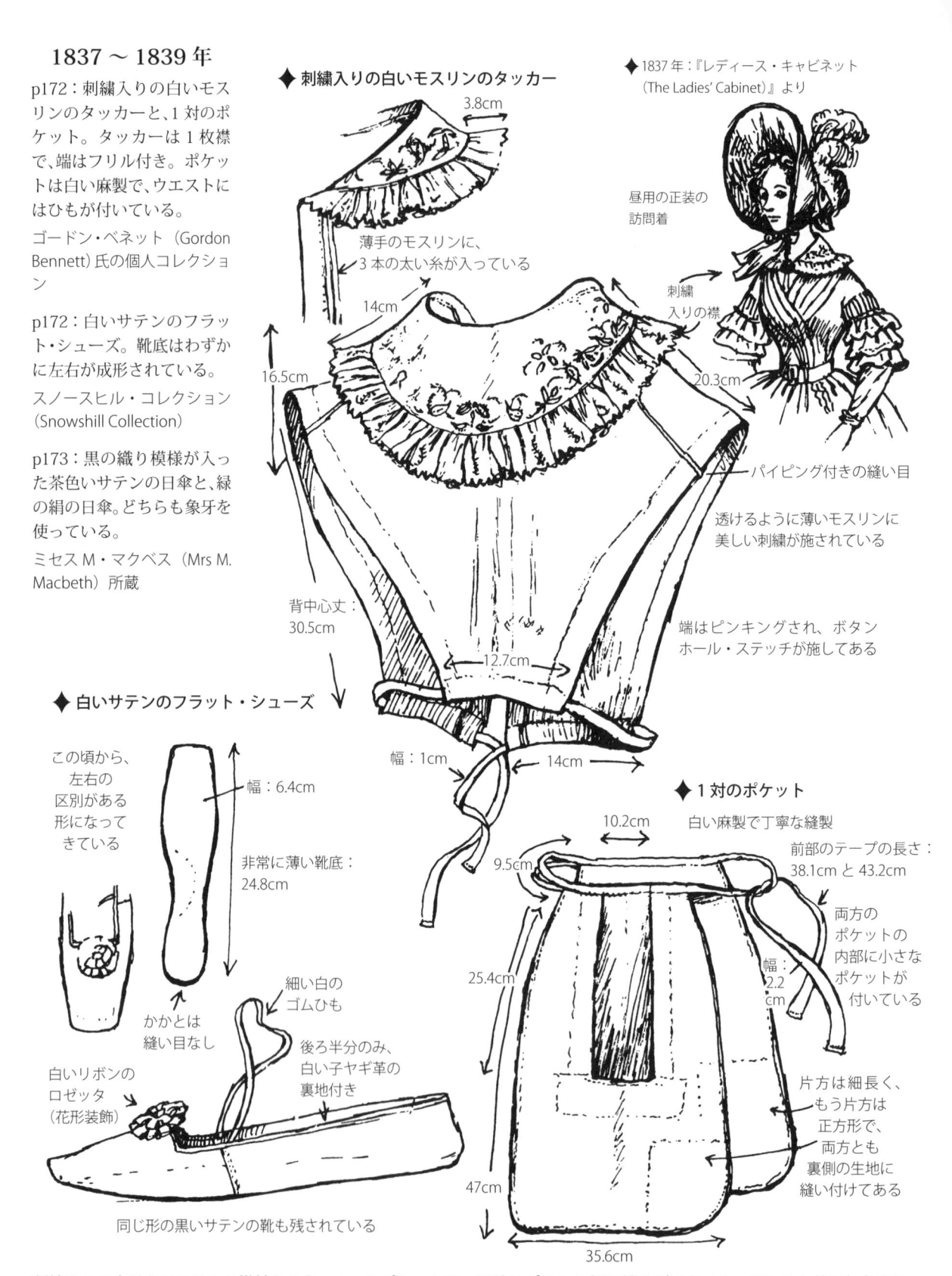

この頃から、左右の区別がある形になってきている
幅：6.4cm
非常に薄い靴底：24.8cm
かかとは縫い目なし
細い白のゴムひも
後ろ半分のみ、白い子ヤギ革の裏地付き
白いリボンのロゼッタ（花形装飾）
同じ形の黒いサテンの靴も残されている

◆ 1対のポケット

白い麻製で丁寧な縫製
10.2cm
9.5cm
前部のテープの長さ：38.1cmと43.2cm
両方のポケットの内部に小さなポケットが付いている
25.4cm
幅：2.2cm
片方は細長く、もう片方は正方形で、両方とも裏側の生地に縫い付けてある
47cm
35.6cm

刺繍入りの上品なモスリンの襟付きのタッカーとポケットは、黒地にプリント柄の綿のデイタイム・ドレスと共に保存されていたものである。タッカーは持ち主が好んで身に着けていたようで損耗が激しく、とても丁寧に繕ってある。ポケットは18世紀とほとんど変わらないが、ここで紹介したものは左右ともに、内部にも小さなポケットが付いている。

◆ 黒の織り模様が入った、茶色いサテンの日傘

親骨は黒い鯨のヒゲ製
受骨8本は金属製

8.9cm

3.8cm

象牙

指が1本入る大きさ

53.3cm

木製の柄
全長：81.3cm

象牙：5.1cm
2.5cm
1.3cm

茶色い絹糸のタッセル

黒地に茶色い絹糸で模様が織り込まれている

コードはここに縫い付けてあった

34.3cm

黒と茶色の絹糸のフリンジ：2.5cm

◆ 1837年：『レディース・キャビネット（The Ladies' Cabinet）』6月号のファッション・プレートより

先が広がった、つば付きのボンネット

柄の長い日傘

この絵のような蝶結びのリボンやブローチで、タッカーの胸元を留めた

◆ 緑の絹の日傘

緑の絹のカバー

53.3cm

象牙

全長：73.7cm

木製の柄

四角い黒の鯨のヒゲ

先端は象牙製

金属のリング

緑の絹糸の小さなタッセル

象牙の持ち手

小さな日傘は1830年代の典型的なアイテムで、細い持ち手に象牙を使ったデザインである。しかし1940年代には、より小さく手の込んだ、折り畳みができる携帯用日傘が使われるようになる。

1837〜1840年

p174〜175：プリント柄の白いモスリンのドレス。クリーム色の絹糸で織り込んだストライプに、緑の葉、濃いローズピンク（薄ばら色）と黄色の花、緑の小さなプリント柄が入っている。身頃と袖は細かく畳まれたプリーツで装飾されており、肘の部分は膨らんでいる。身頃は白い綿、袖の上半分は張りのあるモスリンの裏地付きで、縫い目は細いパイピング付き。身頃にはボーンが入っている。
スノースヒル・コレクション（Snowshill Collection）

◆ プリント柄の白いモスリンのドレス

前面

袖拡大図
- 上腕部はプリーツを中央に倒してある
- クリーム色のサテン
- 身頃と袖のプリーツはステッチで固定されている
- 2本のパイピングとサテンのバンド
- 袖の上腕部は張りのあるモスリンの裏地付き
- 2本のパイピング
- サテン
- 12本のプリーツと前身頃は、続け裁ちされている
- 袖のパイピングと縁取りは絹
- 袖下の縫い目：45.7cm
- 前スカート丈：104.1cm
- 縫い目
- 縫い目

柄拡大図
- 緑の小さな柄
- 濃いローズピンク中央は黄色
- 緑の葉
- クリーム色の絹糸を織り込んだストライプ
- クリーム色の絹糸でストライプを織り込んだ白いモスリンに、鮮やかな色のプリント柄

この頃になると、身頃の後ろと脇にはボーンが入り、ウエストは細く、袖はかつてないほど狭くなる。袖ぐりの位置は低く、コルセットにボーンを入れた束縛の多いドレスが復活する。後ろあきのデザインは1840年代まで続き、パイピング処理を施した縫い目もよく使われている。

◆ 1837年:『レディース・キャビネット (The Ladies' Cabinet)』3月号より

◆ プリント柄の白いモスリンのドレス

ディナー・ドレス用の髪型

髪全体に花を絡めてある

背面

サテンのパイピングを入れた縫い目

後ろ中心の両側に、細いボーンがそれぞれ2本ずつ入っている

4.5cm

14cm

7.6cm

平らな針金製の小さいかぎホックが7組

サテンのバンド

ウエスト 53.3cm

裏面

狭い袖ぐり

身頃は白い綿の裏地付き

縫い目

ダーツ

ボーン入り

ボーン 11.4cm

30.5cm

26.7cm

3.8cm

テープ

ウエストには平らな針金製の長いかぎホックが2組

後ろスカート丈:105.4cm

ギャザーを固定するステッチが入っている

縫い目

スカートにポケット用のスリットはない

幅の広い白いモスリンを付け足した裾の縁

縫い目

裾回り寸法:317.5cm

縫い目

縫い目

縫い目

モスリンの布幅:63.5cm

異なる種類の素材を生かし、さまざまな手法のプリーツやギャザーが作られた。このモスリンのドレスは、プリーツもギャザーも非常に細かく縫ってある。1830年代は絹のドレスに平らで幅の広いプリーツを使ったが、1840年代には細かいプリーツが主流になった。

1837〜1838年

p176〜177：クリーム色がかった白い絹のアフタヌーン・ドレス。黒いラインで描かれた枝と、濃いクリムゾン色（深紅色）の花、緑の葉の柄がプリントされている。ウエストに向けてV字形の切り替えがされた身頃は、後ろにボーンが入っている。低い位置に付けた袖は、フリルをつけて膨らましている。裏地は、白い綿の総裏仕上げ。

p177：綿の日常着用のブーツと、黒いサテンのドレスシューズ。
スノースヒル・コレクション（Snowshill Collection）

身頃の前中心拡大図
- 小さくとがったウエストライン
- 前の先端はプリーツと縫い合わせてない
- プリーツは麻のテープと裏地に縫い付けてある
- 前スカートのプリーツは1.3cmから1.9cm幅で、前中心に向けて倒れている

袖拡大図
- 細かく縫われた留め具
- 細い袖は綿の裏地付き
- 共布の絹の見返し
- 白いテープ

柄拡大図
- クリーム色がかった白い絹地に、濃いクリムゾン色と緑の柄、繊細な流線形の黒い線で描いた枝をプリントしてある
- 葉は緑
- 花びらと点描の柄は濃いクリムゾン色

上下を対称に配した花枝柄を、列ごとに交互に繰り返している

♦ **クリーム色がかった白い絹のアフタヌーン・ドレス**

前面
- ネックラインとすべての縫い目に、非常に細い絹のパイピングが付いている
- 細かいプリーツ
- スカート丈 96.5cm
- 縫い目
- 縫い目
- 裾回り寸法：325.1cm

数年にわたり流行した上品な花柄のドレスの好例だが、より重要なのは、このドレスに新しいデザインが取り入れられている点だ。前身頃のウエストに入っているV字形のラインがそれである。「美しき会衆（La Belle Assemblée）」のあるファッション・プレートは、早くも1828年にこのデザインを予言していた。

◆ クリーム色がかった白い絹のアフタヌーン・ドレス

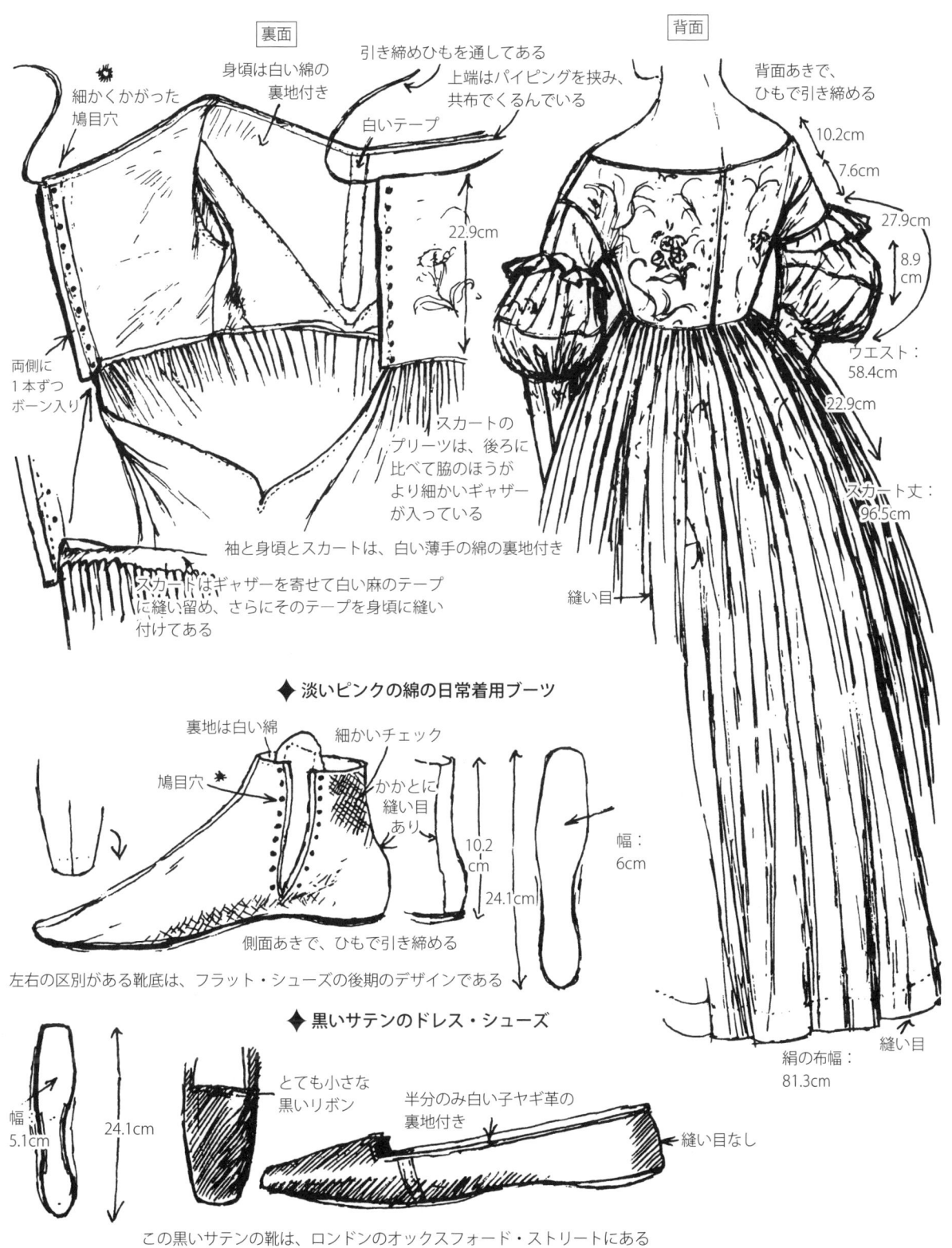

[裏面]
- 細かくかがった鳩目穴
- 身頃は白い綿の裏地付き
- 引き締めひもを通してある
- 上端はパイピングを挟み、共布でくるんでいる
- 白いテープ
- 22.9cm
- 両側に1本ずつボーン入り
- スカートのプリーツは、後ろに比べて脇のほうがより細かいギャザーが入っている
- 袖と身頃とスカートは、白い薄手の綿の裏地付き
- スカートはギャザーを寄せて白い麻のテープに縫い留め、さらにそのテープを身頃に縫い付けてある

[背面]
- 背面あきで、ひもで引き締める
- 10.2cm
- 7.6cm
- 27.9cm
- 8.9cm
- ウエスト：58.4cm
- 22.9cm
- スカート丈：96.5cm
- 縫い目
- 絹の布幅：81.3cm
- 縫い目

◆ 淡いピンクの綿の日常着用ブーツ

- 裏地は白い綿
- 細かいチェック
- 鳩目穴
- かかとに縫い目あり
- 10.2cm
- 24.1cm
- 幅：6cm
- 側面あきで、ひもで引き締める

左右の区別がある靴底は、フラット・シューズの後期のデザインである

◆ 黒いサテンのドレス・シューズ

- 幅 5.1cm
- 24.1cm
- とても小さな黒いリボン
- 半分のみ白い子ヤギ革の裏地付き
- 縫い目なし

この黒いサテンの靴は、ロンドンのオックスフォード・ストリートにある「フランス製ブーツと靴の製造および輸入元」の靴店で販売されたもの

袖の位置が非常に低くなったために腕の動きが制限され、袖の形は細くなり、それまでの膨らみはパフとフリルの部分に残された。1860年代までは、正装の際は、黒または白いサテンの靴やブーツを履き、日常生活では布や革の靴を履いた。

1840～1850年代

p178：白い綿のキャップ2枚。1枚には細かいギャザーを寄せたモスリンのフリルが、もう1枚には端にレースが付いている。
スノースヒル・コレクション（Snowshill Collection）

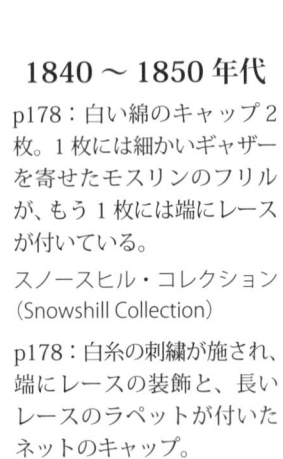

p178：白糸の刺繍が施され、端にレースの装飾と、長いレースのラペットが付いたネットのキャップ。
ミセス M・マクベス（Mrs M. Macbeth）所蔵

p179：前に持ち出しが付いた、厚手の麻のシュミーズ。後ろのネックラインは丸く開いている。
スノースヒル・コレクション（Snowshill Collection）

p179：白糸で刺繍を施した、キャンブリックで作られた白いシュミゼット。
ミセス M・S・マラム（Mrs M. S. Mallam）所蔵

◆ モスリンのフリルが付いた白い綿のキャップ

17.8cm／側面／15.2cm／22.9cm／前面
非常に細い留めひもを、側面裏の布端に通してある
2重にしたモスリンのたっぷりとしたフリル
3.8cm／モスリンのフリル

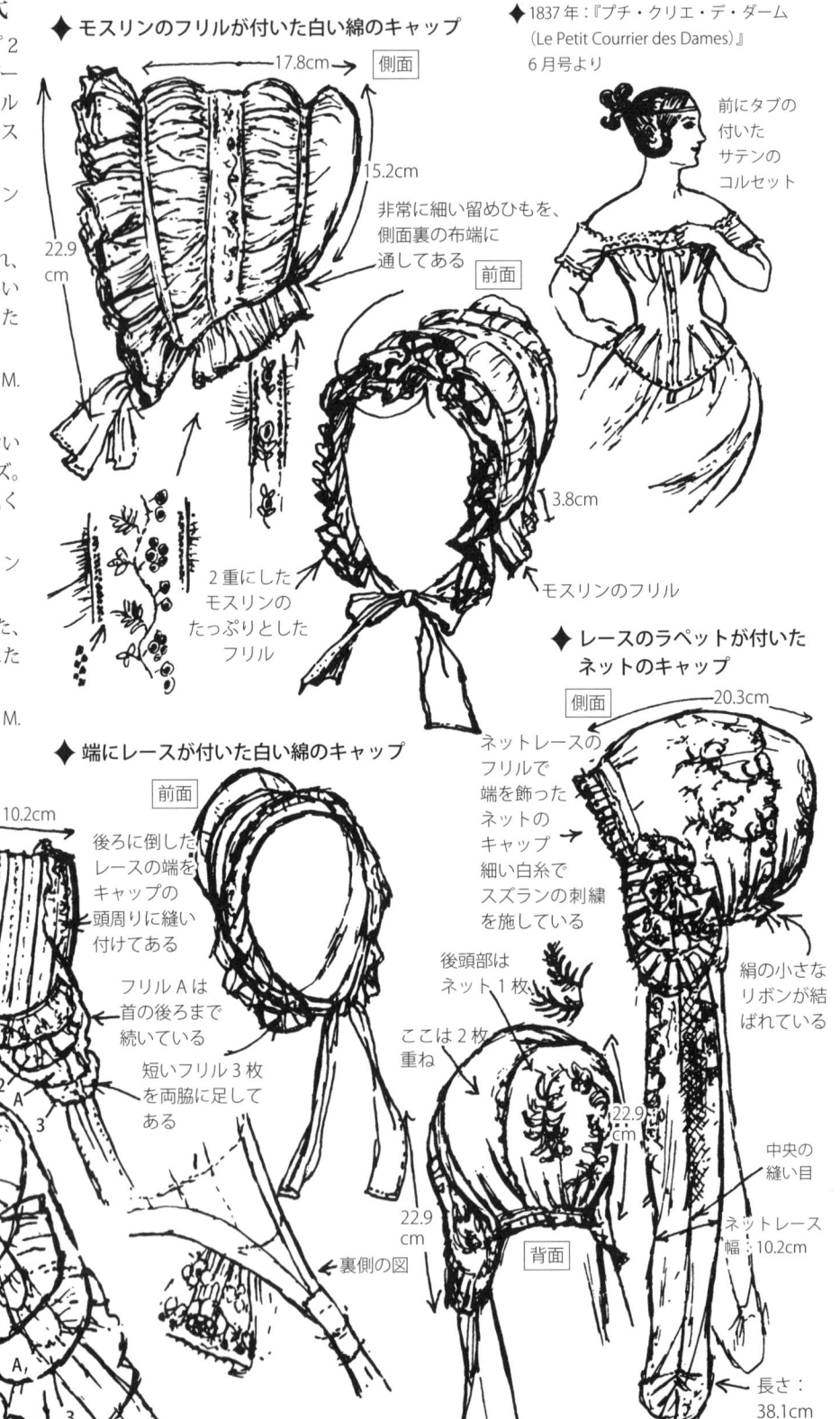

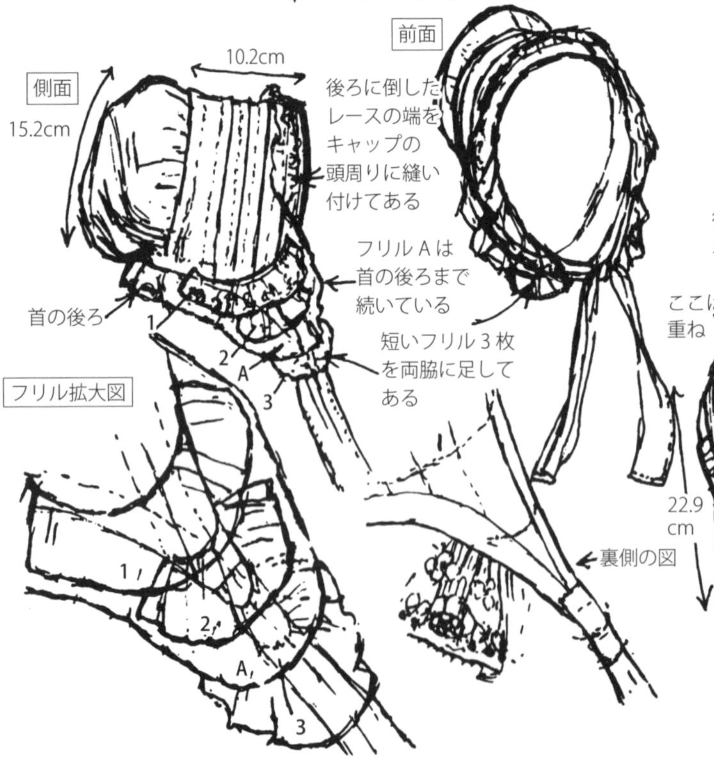

◆ 1837年：『プチ・クリエ・デ・ダーム（Le Petit Courrier des Dames）』6月号より
前にタブの付いたサテンのコルセット

◆ 端にレースが付いた白い綿のキャップ

側面／10.2cm／前面／15.2cm
後ろに倒したレースの端をキャップの頭周りに縫い付けてある
フリルAは首の後ろまで続いている
短いフリル3枚を両脇に足してある
首の後ろ
フリル拡大図
裏側の図

◆ レースのラペットが付いたネットのキャップ

側面／20.3cm
ネットレースのフリルで端を飾ったネットのキャップ
細い白糸でスズランの刺繍を施している
後頭部はネット1枚
ここは2枚重ね
22.9cm／背面
絹の小さなリボンが結ばれている
中央の縫い目
ネットレース幅：10.2cm
長さ：38.1cm

ヘアスタイルの変化が、ここでもボンネットとキャップの形に影響を与えている。このページで紹介した綿やネットのキャップは縫製もギャザーの寄せ方も非常に丁寧で、当時流行したデザインだが、1860年代になると若い女性たちはキャップをかぶらなくなる。

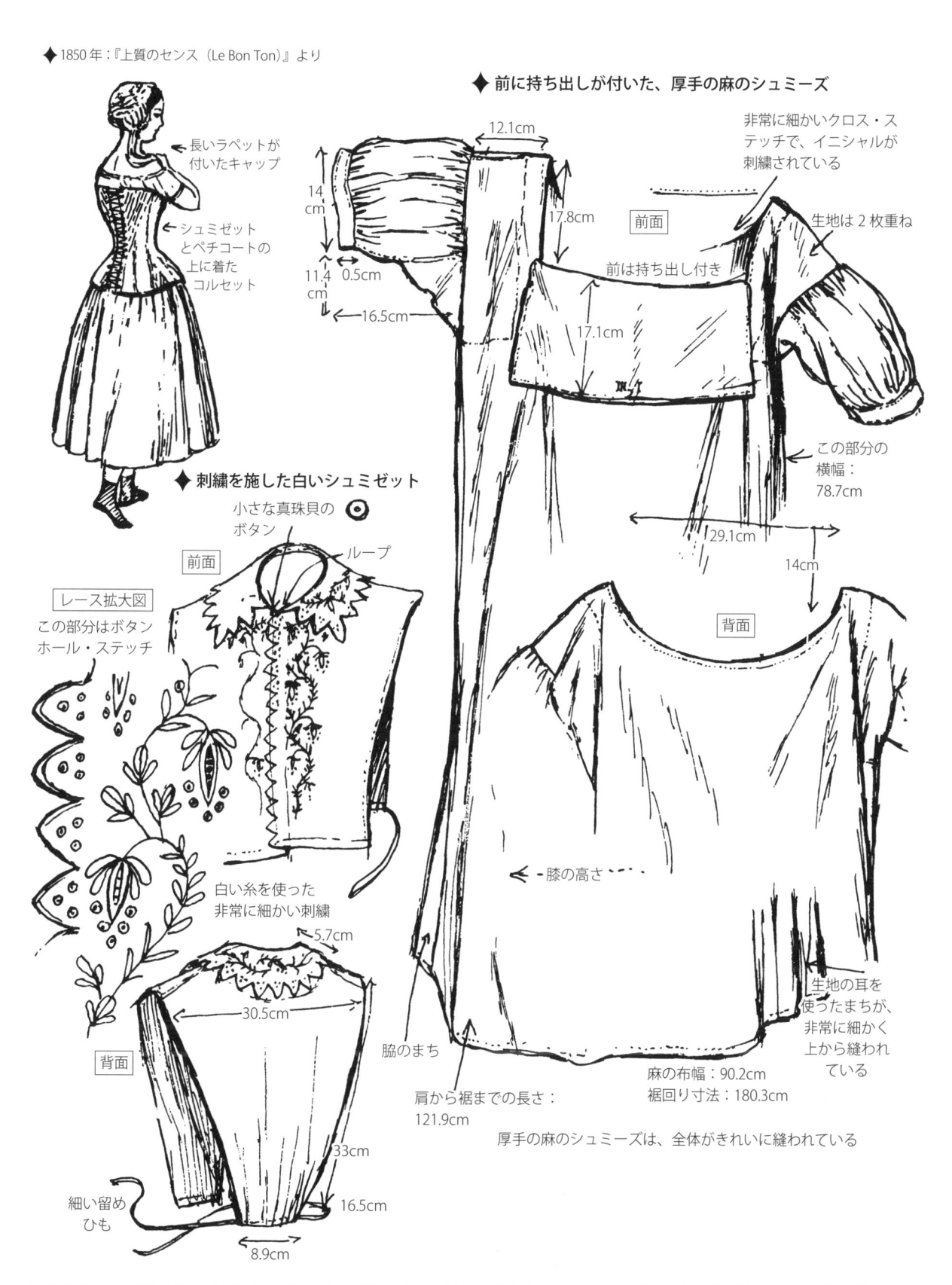

◆ 1850年：『上質のセンス（Le Bon Ton）』より

→ 長いラペットが付いたキャップ

→ シュミゼットとペチコートの上に着たコルセット

◆ 前に持ち出しが付いた、厚手の麻のシュミーズ

12.1cm
14cm
11.4cm ↔ 0.5cm
16.5cm
17.8cm

非常に細かいクロス・ステッチで、イニシャルが刺繍されている

[前面]

生地は2枚重ね

前は持ち出し付き
17.1cm

この部分の横幅：78.7cm

29.1cm
14cm

◆ 刺繍を施した白いシュミゼット

小さな真珠貝のボタン
[前面] ループ

[レース拡大図]
この部分はボタンホール・ステッチ

白い糸を使った非常に細かい刺繍

[背面]

5.7cm
30.5cm
33cm
16.5cm
8.9cm

細い留めひも

← 脇のまち

肩から裾までの長さ：121.9cm

[背面]

← 膝の高さ

生地の耳を使ったまちが、非常に細かく上から縫われている

麻の布幅：90.2cm
裾回り寸法：180.3cm

厚手の麻のシュミーズは、全体がきれいに縫われている

このような丈が長く裾幅の広い麻のシュミーズは、1840年代の終わりから1850年代にかけては珍しかった。前の持ち出しはコルセットの上に垂らし、ドレスを保護した。1850年代にはこの上からシュミゼットを着け、その上にドレスを着た。

1841〜1843年頃

p180〜181：クリーム色の薄い毛織物を使ったドレス。絹のストライプと、赤と緑の花のプリント柄。緑の絹糸のフリンジ、ロゼット、緑のサテンのバンド付きである。後ろあきで、ボーン入りの身頃には白い綿の裏地、袖にはつやのある綿の裏地が付いており、肘から先の袖は取り外せる。付属のペルリヌは、緑の絹糸のフリンジ、コード、タッセルの装飾付きで、裏地はつやのある綿を使っている。
スノースヒル・コレクション（Snowshill Collection）

◆ クリーム色の薄い毛織物を使ったドレス

ペルリヌはつやのある綿の裏地付きで、背面の中央に、ウエストで留めるためのループ状のタブが付いている

パイピング付きの縫い目

前面

パイピング

緑の絹糸のコード

ペルリヌ
前丈：25.4cm
後ろ丈：40.6cm

緑の絹糸のコード
長さ：40.6cm

14cm

拡大図

絹糸

緑のパイピング

2.5cm

前面拡大図

共布と緑のサテンのプリーツが身頃に縫い付けてある

共布のパイピング

緑のコードの装飾
隠れたダーツ
緑のサテンのロゼット
ロゼットの大きさ
袖用：4.4cm
前身頃用：2.5cm

1.9cm

緑の絹糸のフリンジ

布端はくるまれている

この部分にもダーツ

緑のコード

縫い目

裾回り寸法：315cm

ウエストラインはさらに低く、先のとがった形になった。プリーツの入ったウエストを強調するライン、前身頃と脇に入れたボーン、ストライプ柄の生地などが、1840年代初期のデイタイム・ドレスの特徴である。もう1つの特徴は、肘から先が取り外せる袖である。

◆ クリーム色の薄い毛織物を使ったドレス

- 後ろウエスト拡大図
- 背面
- 裏面
- 鳩目穴
- ボーンは失われている
- 白い綿の裏地
- 袖の上半分はつやのある綿の裏地
- 共布のパイピング
- 8.9cm
- 緑のコード
- 27.9cm
- 身頃は裏地付き
- 縫い目に16.5cmのボーン
- 31.8cm
- 身頃のホックは失われている
- ダーツ2本
- ここにも小さなダーツ
- カフスには平らな真鍮のかぎホック
- 前スカート丈:104.1cm
- 後ろスカート丈:109.2cm
- 共布のパイピング
- 袖拡大図
- 40.6cm
- パイピングの付いた縫い目
- サテン
- サテン
- 47cm
- 5.1cm
- 柄拡大図
- 赤い花
- 緑
- 縫い目
- ラインはすべて赤
- 赤
- 1つおきに緑の花
- 縫い目
- 毛織物の布幅:78.7cm
- 縫い目

袖の上半分にはバンドやタック、フリンジの装飾が付いている。ドレスに合わせたペルリヌには、前を留めるコードと大ぶりのタッセルが付いており、当時流行のなだらかな肩のラインを美しく見せている。このドレスは、調査した他のドレスに比べ、縫製があまり細かくない。

1846年頃

p182：豪華なプリント柄の絹のイブニング・ショール。クリーム色の絹に、オレンジ色、緑、赤、モーブ色（藤色）、黒の花柄と、青いラインがプリントされている。クリーム色の絹糸のフリンジ付き。

ミセス ウォーレン・ヘイスティングス（Mrs Warren Hastings）から義理の娘レディ・イムホーフ（Lady Imhoff）に、その後チャスルトン・ハウス（Chastleton House）のミセス ウィットモア・ジョーンズ（Mrs Whitmore Jones）に譲渡

p183：ドロン・ワークの白い絹のボンネットと、織り柄の入ったクリーム色の毛織物のショール。

スノースヒル・コレクション（Snowshill Collection）

◆ 豪華なプリント柄の、絹のイブニング・ショール

背面

前面

緑の葉と小さな赤い花を連ねた、リースのような一連の柄

背景は青い線で描いたレースのようなハチの巣模様

クリーム色の絹糸のフリンジ

オレンジ色の葉、赤い花、紫色のチューリップに黒い線と緑の葉を添えた、大きく派手な花枝柄

カシミアのショール

◆ 1848年：『レディース・キャビネット（The Ladies' Cabinet）』のファッション・プレート、「散歩用ドレス（A Public Promenade Dress）」より

この美しい絹のショールは、モスリンのイブニング・ドレスと共にチャスルトン・ハウスに保存されていた。ドレスはミセス ウォーレン・ヘイスティングスから譲られたもので、このショールも彼女の所持品だったと言われている。こういったショールは、18世紀の終わり頃や19世紀に幅の広いスカートに合わせて使われたため、彼女のものだった可能性は高い。

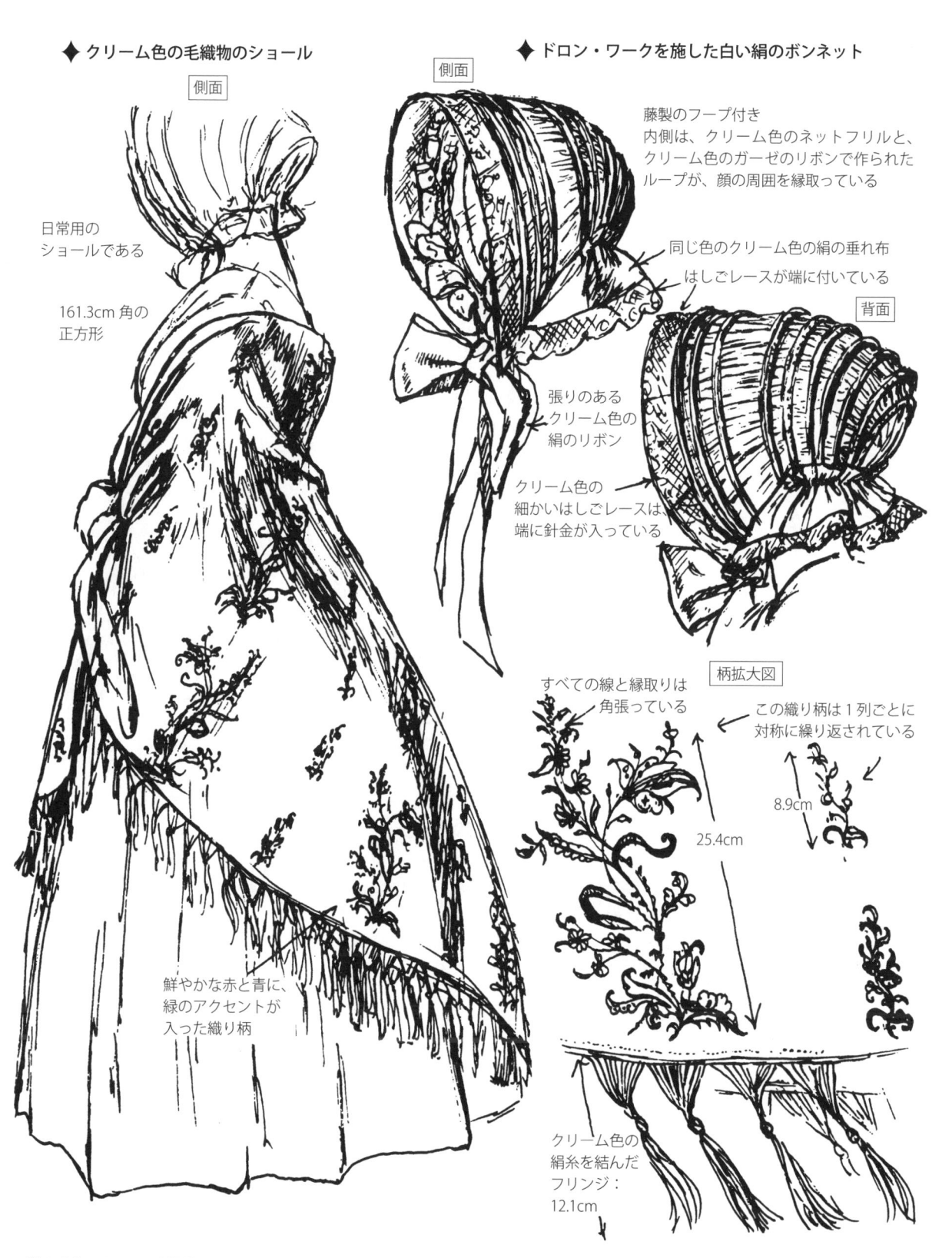

◆ クリーム色の毛織物のショール　　　　◆ ドロン・ワークを施した白い絹のボンネット

側面

側面

背面

柄拡大図

日常用の
ショールである

161.3cm角の
正方形

藤製のフープ付き
内側は、クリーム色のネットフリルと、
クリーム色のガーゼのリボンで作られた
ループが、顔の周囲を縁取っている

同じ色のクリーム色の絹の垂れ布
はしごレースが端に付いている

張りのある
クリーム色の
絹のリボン

クリーム色の
細かいはしごレースは
端に針金が入っている

すべての線と縁取りは
角張っている

この織り柄は1列ごとに
対称に繰り返されている

8.9cm

25.4cm

鮮やかな赤と青に、
緑のアクセントが
入った織り柄

クリーム色の
絹糸を結んだ
フリンジ：
12.1cm

織り柄の入った毛織物のショールは、メアリー・ジュリア・セリック（Mary Julia Sellick）という女性が、姉アンナ（Anna）とジョン・ロス・ウォード長官（Capt. John Ross Ward）の結婚式のために1846年頃に着用したもの。白い絹のボンネットも、同じ頃の結婚式で着用されたと思われる。

1840〜1850年

p184〜185：黄色がかったグレーのシルクタフタの短いマント。端はギャザーを寄せた共布のフリルとパイピングで装飾されている。前面に垂らした部分はウエストから裾に向かって広がり、ひだの装飾とかぎホックが付いている。

p185：派手な変わり編みの麦わらのボンネット。暗い赤のベルベットの装飾と、赤とピンクのベルベットを使った葉のモチーフ、赤いベルベットの垂れ布、赤い絹のリボン付き。

スノースヒル・コレクション
(Snowshill Collection)

◆ 黄色がかったグレーのシルクタフタの短いマント

前面

6.4cm

裏地なし

55.9cm

パイピング付きの縫い目

装飾用ひだ拡大図

6.4cm

端を波形にピンキングしている

フリル拡大図

細いコードの上にギャザーを寄せている

7.6cm

端を波形にピンキングしている

7.6cm

7.6cm

端はCの部分までくるまれている

背面拡大図

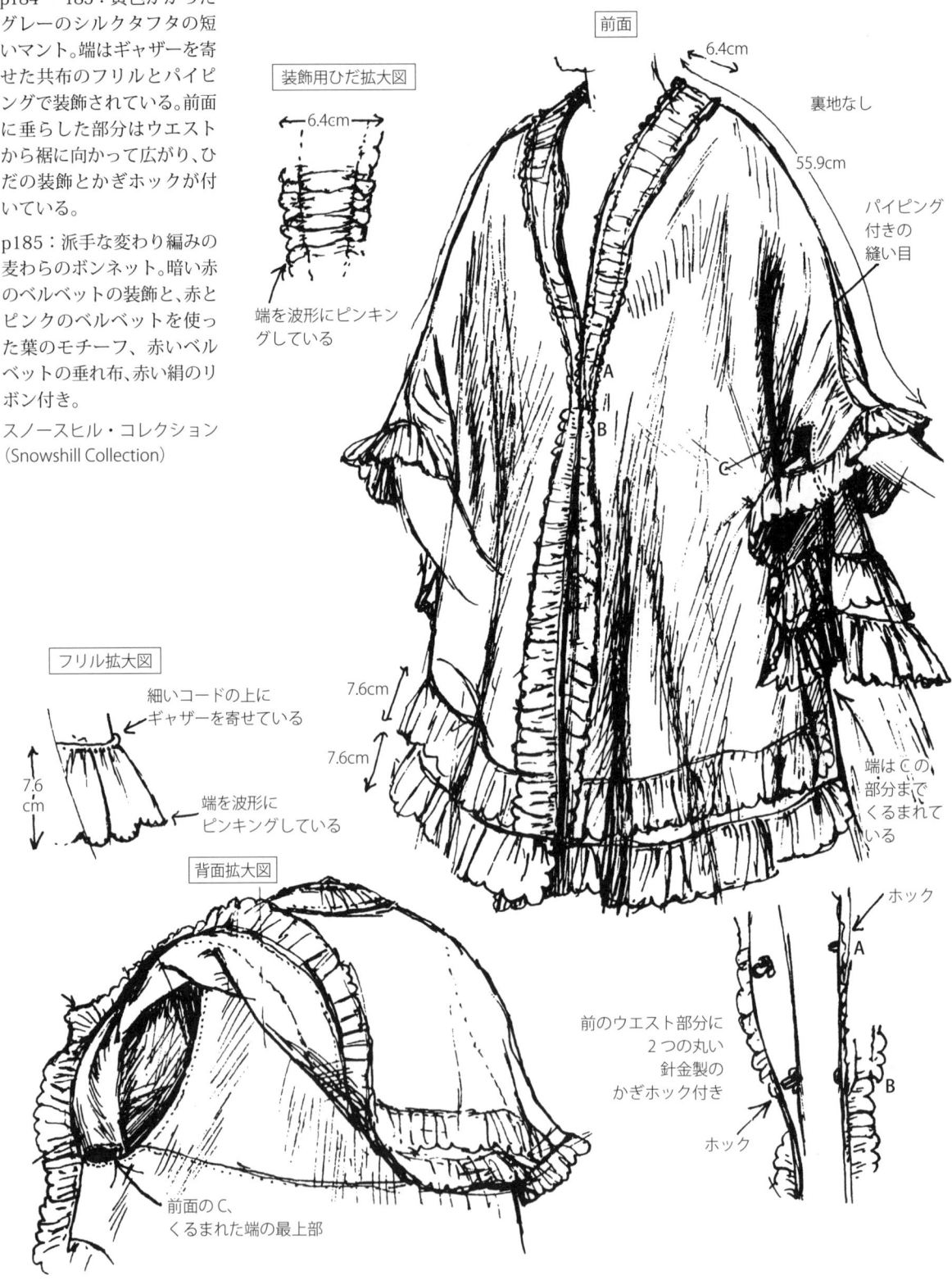

前面のC、くるまれた端の最上部

ホック

前のウエスト部分に2つの丸い針金製のかぎホック付き

ホック

巧みな袖のカットや布端が波形のフリル、ケープ風の背面が、シンプルで短調になりがちなマントのデザインを華やかに見せている。この時代、玉虫織りの絹は非常に人気が高かった。

◆ 黄色がかったグレーのシルクタフタの短いマント

側面

前丈：106.7cm

後ろの総丈：88.9cm

共布でくるんだ端

48.3cm

◆ 1841年：『レディース・ミラー (Ladies' Mirror)』のファッション・プレートより

◆ 変わり編みの麦わらのボンネット

背面

20.3cm

暗赤色のベルベットとピンクと赤のベルベットの葉のモチーフ付き

前面

端は針金入り

ピンクの絹のひだが付いている

赤い絹のリボン

濃い赤のベルベット

麦わらの拡大図

外側

暗い赤の絹のリボン

オレンジ色の糸：6.4cm

背面

57.2cm

D E

上の1841年のファッション・プレートに描かれたマントは、ここで取り上げたマントとよく似ているが、絵のほうはこれ以前の時代の、ショールやストールの端に長いスカーフを付けたような形で、18世紀のマントとの差があまり見られない。ボンネットの形は1840年代の典型で、顔を縁取るように丸みを帯びている。

185

1840～1850年

p186～187：クリーム色の薄い毛織物のドレスと、揃いのペルリヌ。ピンクの絹糸を織り込んだストライプと、黄、赤、緑、モーブ色（藤色）の抑えた色合いの花柄に、繊細な黒い線の小さなプリント柄。身頃は脇にボーンが入り、前身頃はウエストに向かってとがった形である。身頃と袖は白い綿の裏地付き。エポーレットの下には細かいひだが入っている。スカートは白いモスリンの裏地付き。

スノースヒル・コレクション（Snowshill Collection）

◆ クリーム色の薄い毛織物のドレス

背面

41.9cm

身頃の脇の縫い目は、15.2cmのボーン入り

背中心丈：24.8cm

後ろスカート丈：104.1cm

柄拡大図

花と葉は黄、赤、緑、モーブ色

8.9cm

15.2cm

細かい黒の線と点

58.4cm

バスト：96.5cm

ウエスト：73.7cm

袖下の縫い目：45.7cm

前から脇のスカート丈：101.6cm

柄拡大図

クリーム色の薄い毛織物

ピンクの絹糸のストライプ

1番上のホックは逆向きに付いている

15.2cm

白い綿の裏地

後ろにはたっぷりとギャザーが入っている

背面拡大図

前ウエストの内側から縫い付けられた留めひも

スカートは白いモスリンの裏地付き

縁の見返しは長い

ストライプ柄の毛織物の折り返しはこの部分まで

スノースヒル・コレクションには、よく似た生地を使って1829～1831年頃に仕立てたドレスがあり、p154で紹介している。p154のドレスではライラック色を使っている部分が、こちらはピンクのストライプになっている点を除き、色使いは同じである。また、p154のドレスのウエストはわずか53.3cmしかない。

◆ ドレスと揃いのペルリヌ　　　　　◆ クリーム色の薄い毛織物のドレス

[背面]
ピンクのパイピングが付いた縫い目
ブレード

[ブレード拡大図]
オレンジ色と黄色
茶色と黄色
ピンクの針金

[前面]（ドレス）
ピンクのパイピング2本
肩から脇ウエスト：43.2cm
ウォッチ・ポケットが隠されている
縫い目

[前面]（ペルリヌ）
ブレード
クリーム色の絹の裏地付き
すべてのタックはこの図のようにネットの見返しが付いている
計4列のギャザー
パイピング
3本のパイピング
7.6cm
かぎホック3組

[袖拡大図]
ピンクの共布
ギャザーを寄せた袖の上部は、この下にある

[前面拡大図]
ダーツ3本
ウォッチ・ポケットが隠されている
2本のギャザー押さえステッチ
前面のとがった部分は、スカートに縫い付けられていない

このデイタイム・ドレスの袖も上部を大きく膨らませて細かいひだを寄せ、上から短い袖をかぶせてある。取り外しできる前身頃のV字形の切り替え部分には、非常に小さなウォッチ・ポケット（懐中時計を入れるポケット）が隠されている。このようなポケットは1850から1860年代と、1880年代初期のドレスによく見られる。

1840〜1845 年

p188：鋼のビーズと小さなフリンジの付いた黒いベルベットのバッグと、同じく鋼や黒玉(こくぎょく)のビーズの付いた、黒いサテンのバッグ。

F・ノリス（F. Norris）氏から個人のコレクションに貸与

p188：金メッキの小さなビーズが付いた、黒いベルベットの丸形バッグ。

ミス A・アンダーソン（Miss A. Anderson）所蔵

p188〜189：ドレスアップした人形。髪は人毛を使い、本体はロウで作られている。ボンネット、フラウンスの付いたドレス、ペチコート、綿の長いズロースを着用している。

F・ノリス（F. Norris）氏から個人のコレクションに貸与

◆ 鋼のビーズとフリンジの付いた黒いベルベットのバッグ

クリーム色の絹の裏地付き
2本のコードを撚り合わせたひも 長さ：38.1cm
15.9cm
9.5cm
ビーズ 0.5cm
2.2cm
フリンジ
バッグ反対側中央の模様

◆ 鋼や黒玉のビーズの付いた黒いサテンのバッグ

白い麻を挟んで、クリーム色の絹の裏地が付いている
10.2cm
白いコード
22.9cm
1.9cm
15.9cm
ビーズ
14cm
8.9cm

◆ 黒いベルベットの丸形バッグ

ひもの長さ 27.9cm
クリーム色の絹の裏地付き
黒の細い編みひも
ベルベットにビーズを縫い付けてからバッグの形にしたことが縫い目を見ると分かる
17.8cm
口を開けたときの幅：19.1cm
非常に小さな金メッキのビーズ
5.7cm
12本のループを束ねたタッセル

◆ ドレスアップした人形

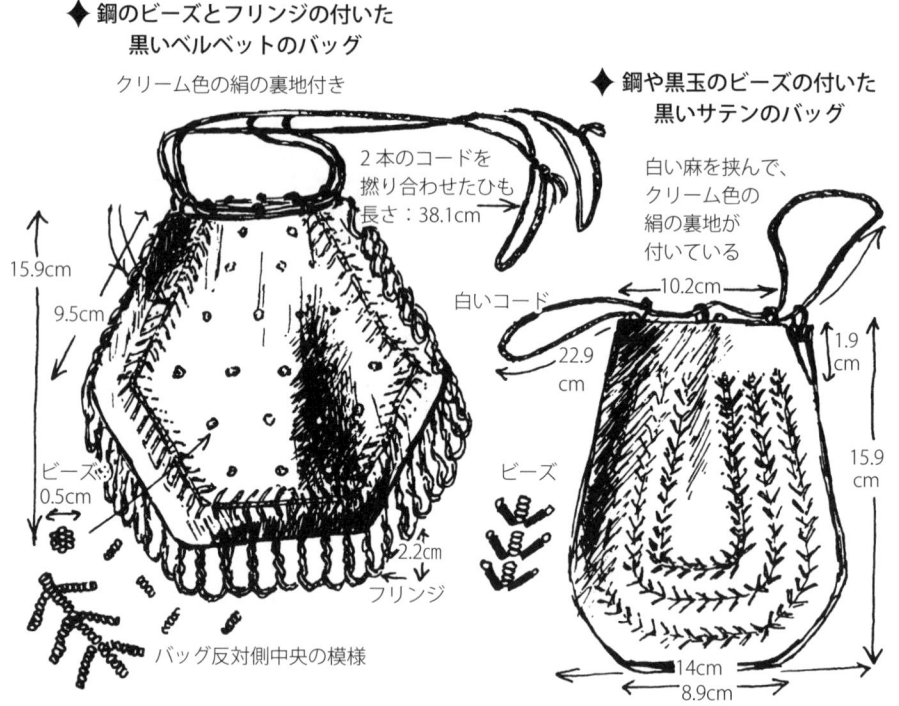

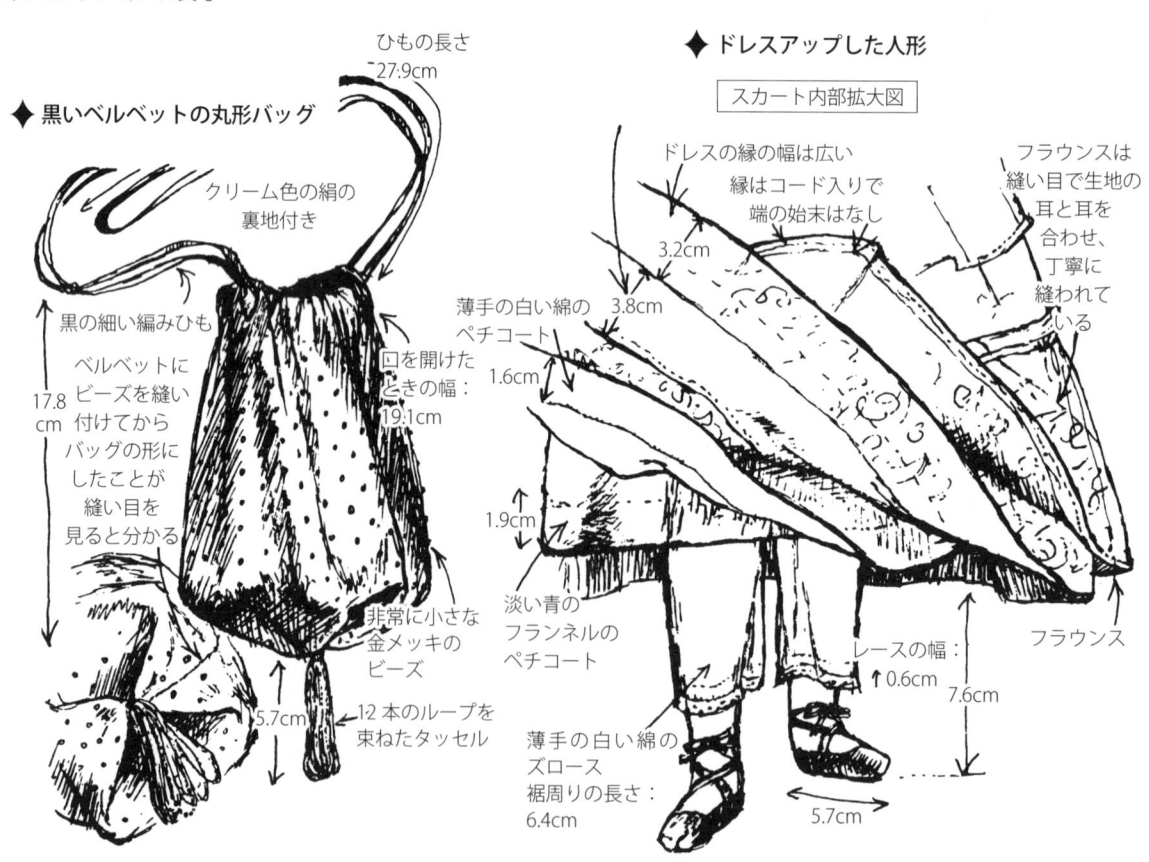

スカート内部拡大図

ドレスの縁の幅は広い
縁はコード入りで端の始末はなし
フラウンスは縫い目で生地の耳と耳を合わせ、丁寧に縫われている
3.2cm
3.8cm
薄手の白い綿のペチコート
1.6cm
1.9cm
淡い青のフランネルのペチコート
薄手の白い綿のズロース 裾周りの長さ：6.4cm
レースの幅：0.6cm
7.6cm
5.7cm
フラウンス

1840年代の初めには、濃紺や黒のベルベッドに、金メッキや金属製の小さなビーズで刺繍を施した小さな丸形バッグや薄いバッグが流行した。しかし、後に大きく膨らんだスカートにポケットが付けられるようになると、こうした小さなバッグを持つ必要がなくなった。1850年代にはモスリンのドレスが、1860年代にはひだのないゴアード・スカートが復活した。

◆ ドレスアップした人形

側面

淡いピンクのボンネット

5.4cm

ドレスと同じピンクのブレード
ピンクの絹の裏地付き
ボンネットの生地は、3本取りの糸で細かいストライプを織り込んだモスリンを使用
ひだ飾りにも使われている

8.9cm

2.9cm

レース

7.6cm

パイピング付きの縫い目

絹糸のブレード ピンクと陰影のある緑

手袋:4.4cm

11.4cm

前面

12.7cm

10.2cm

赤い革製の肘まである手袋

頭部拡大図

7.6cm

濃い茶色の本物の髪の毛を使用

ロウ製の頭部と肩:14.6cm

8.9cm

ギャザーとひだが入っている

細いサテンのリボン
幅:1.3cm

前スカート丈:27.9cm

背面

肩幅:12.7cm

6.4cm

フラウンスは上下両方ともバイアスにカットし、縫い目の柄を合わせてある

11.4cm

縁に細いコード

フラウンスの縫い目

全長:58.4cm

小さく結ばれた黒いリボン

黒いベルベッドのリボンが付いた靴

後ろのあきは小さなピンで留めてある

かわいらしい人形は「シャルロット・ノリス（Charlotte Norris）」と名付けられている。この人形は子どもたちの人気を博したもので、当時の子どもとまったく同じドレスを身に着け、綿の長いズロースまで履いている。1840年代には、このようなズロースの丈は短くなり、フリルで飾られるようになった。

19世紀中頃

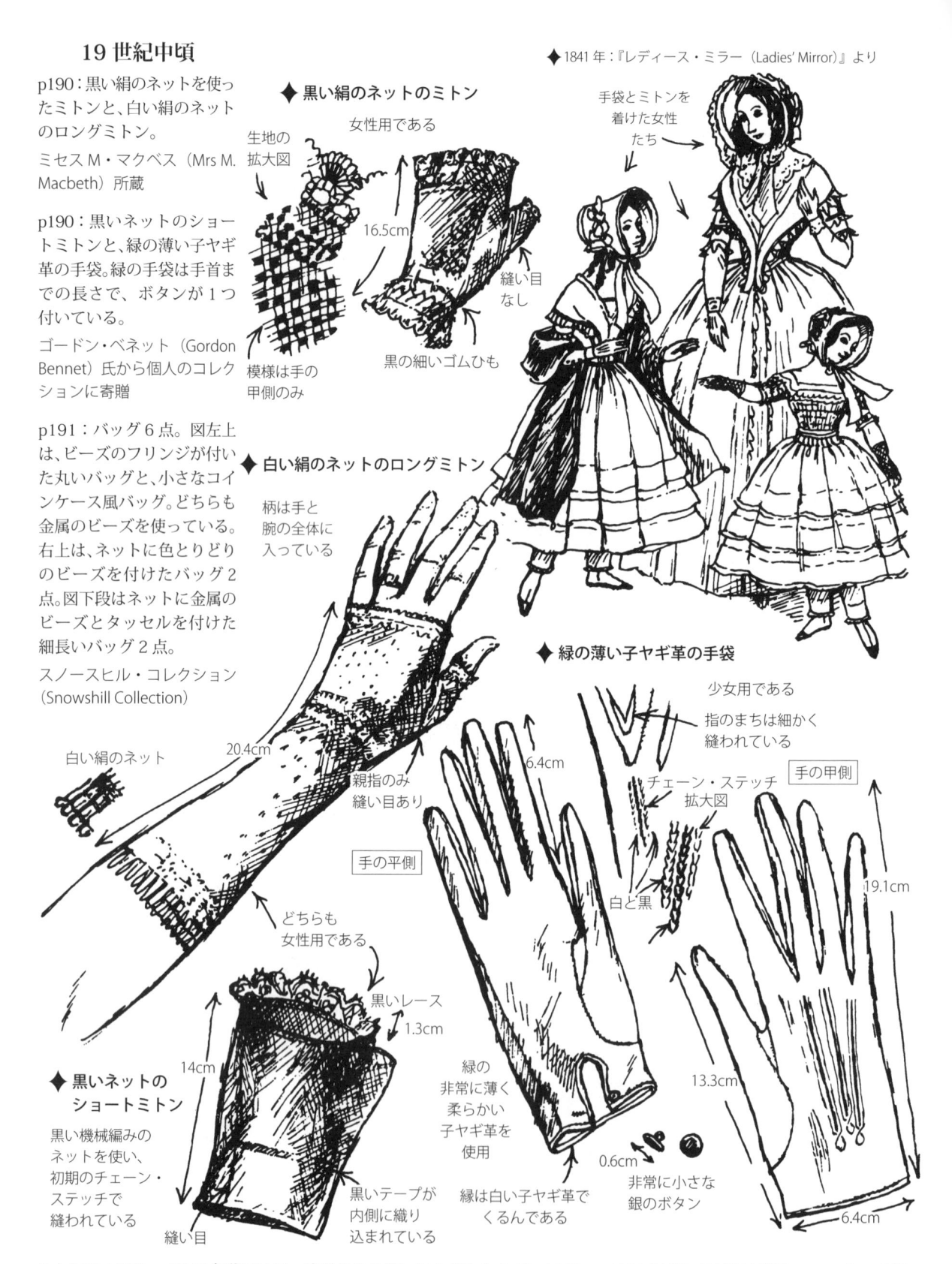

◆ 1841年：『レディース・ミラー（Ladies' Mirror）』より

p190：黒い絹のネットを使ったミトンと、白い絹のネットのロングミトン。
ミセス M・マクベス（Mrs M. Macbeth）所蔵

p190：黒いネットのショートミトンと、緑の薄い子ヤギ革の手袋。緑の手袋は手首までの長さで、ボタンが1つ付いている。
ゴードン・ベネット（Gordon Bennet）氏から個人のコレクションに寄贈

p191：バッグ6点。図左上は、ビーズのフリンジが付いた丸いバッグと、小さなコインケース風バッグ。どちらも金属のビーズを使っている。右上は、ネットに色とりどりのビーズを付けたバッグ2点。図下段はネットに金属のビーズとタッセルを付けた細長いバッグ2点。
スノースヒル・コレクション（Snowshill Collection）

◆ 黒い絹のネットのミトン
女性用である
生地の拡大図
16.5cm
縫い目なし
模様は手の甲側のみ
黒の細いゴムひも

手袋とミトンを着けた女性たち

◆ 白い絹のネットのロングミトン
柄は手と腕の全体に入っている
白い絹のネット
20.4cm
親指のみ縫い目あり

◆ 黒いネットのショートミトン
黒い機械編みのネットを使い、初期のチェーン・ステッチで縫われている
どちらも女性用である
黒いレース
1.3cm
14cm
縫い目
黒いテープが内側に織り込まれている

◆ 緑の薄い子ヤギ革の手袋
少女用である
指のまちは細かく縫われている
6.4cm
チェーン・ステッチ拡大図
手の甲側
手の平側
白と黒
緑の非常に薄く柔らかい子ヤギ革を使用
縁は白い子ヤギ革でくるんである
19.1cm
13.3cm
0.6cm
非常に小さな銀のボタン
6.4cm

ミトンは1830～1840年代には昼・夜どちらの装いにも使われたが、1850～1860年代には流行が終わっている。手袋は昼の装いの他、ダンスパーティーやディナーでも着用された。ここで紹介した緑の手袋は1860年代まで昼の装いとして人気だったが、その後は長い手袋が好まれるようになる。

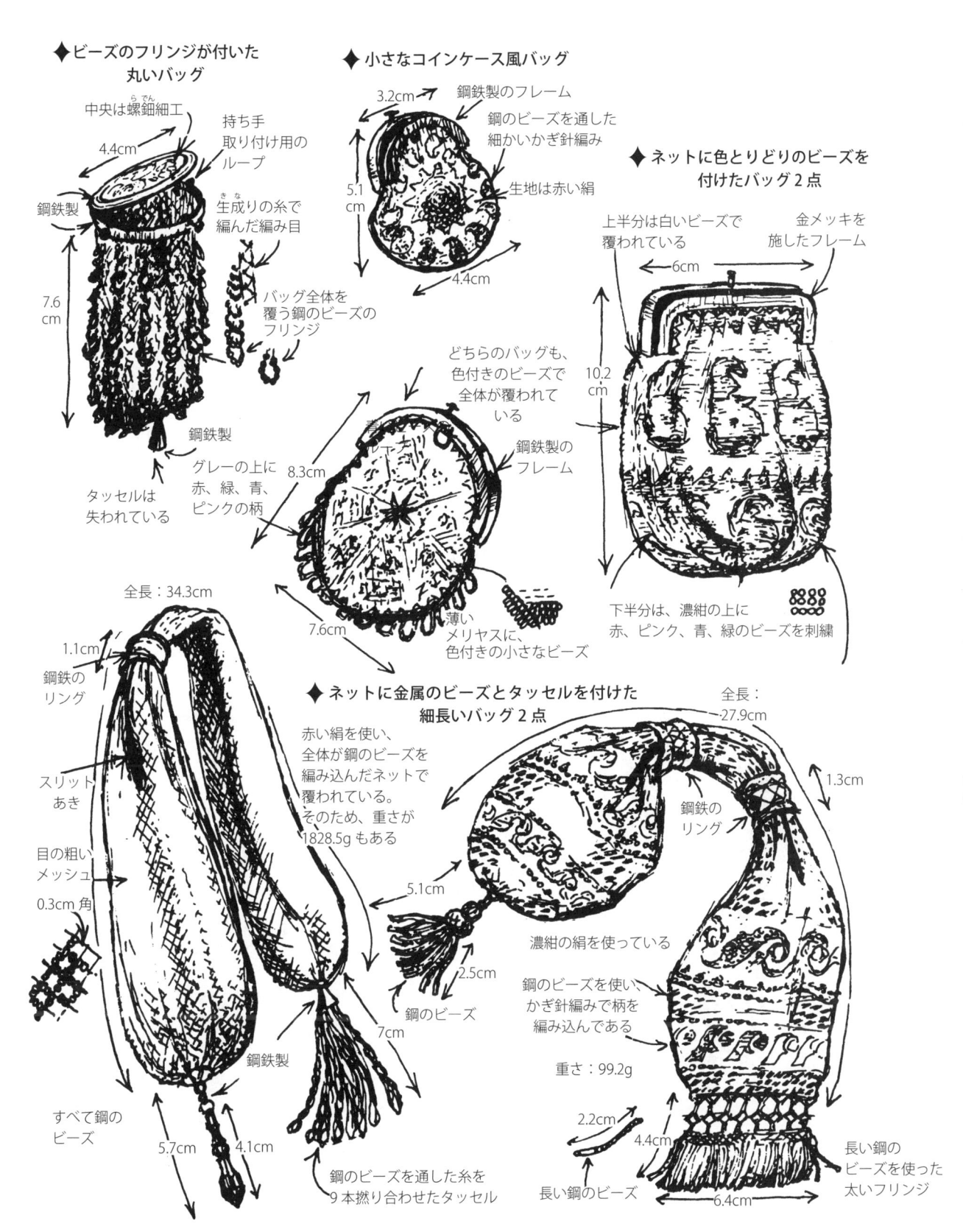

◆ ビーズのフリンジが付いた丸いバッグ

- 中央は螺鈿細工
- 4.4cm
- 持ち手取り付け用のループ
- 鋼鉄製
- 生成りの糸で編んだ編み目
- 7.6cm
- バッグ全体を覆う鋼のビーズのフリンジ
- 鋼鉄製
- タッセルは失われている

◆ 小さなコインケース風バッグ

- 3.2cm
- 鋼鉄製のフレーム
- 鋼のビーズを通した細かいかぎ針編み
- 5.1cm
- 生地は赤い絹
- 4.4cm

◆ ネットに色とりどりのビーズを付けたバッグ2点

- 上半分は白いビーズで覆われている
- 金メッキを施したフレーム
- 6cm
- 10.2cm
- 下半分は、濃紺の上に赤、ピンク、青、緑のビーズを刺繍

- どちらのバッグも、色付きのビーズで全体が覆われている
- 鋼鉄製のフレーム
- 8.3cm
- グレーの上に赤、緑、青、ピンクの柄
- 7.6cm
- 薄いメリヤスに、色付きの小さなビーズ

◆ ネットに金属のビーズとタッセルを付けた細長いバッグ2点

- 全長：34.3cm
- 1.1cm
- 鋼鉄のリング
- スリットあき
- 目の粗いメッシュ
- 0.3cm角
- すべて鋼のビーズ
- 5.7cm
- 4.1cm
- 鋼鉄製
- 鋼のビーズを通した糸を9本撚り合わせたタッセル

- 赤い絹を使い、全体が鋼のビーズを編み込んだネットで覆われている。そのため、重さが1828.5gもある
- 5.1cm
- 2.5cm
- 鋼のビーズ
- 7cm

- 全長：27.9cm
- 1.3cm
- 鋼鉄のリング
- 濃紺の絹を使っている
- 鋼のビーズを使い、かぎ針編みで柄を編み込んである
- 重さ：99.2g
- 2.2cm
- 4.4cm
- 長い鋼のビーズ
- 6.4cm
- 長い鋼のビーズを使った太いフリンジ

色とりどりのビーズ刺繍で全体が覆われたバッグ2点は1835〜1850年頃のもので、金属製のビーズが使われたコインケース風ハンドバッグと、ビーズのフリンジ付きの丸いバッグは1835〜1870年頃のものである。1850〜1860年代には、金属のビーズが広く使われた。

1849～1850年

p192～193：濃い紫色の「バレージュ」と呼ばれる、薄い毛織物にプリント柄をあしらったドレス。タータン・チェックの織り柄にピンクのバラのつぼみ柄が散りばめられ、幅の広い柄入りのフラウンスが付いている。身頃と袖には紫色、茶色、グレーの絹糸のフリンジ付き。背中あきで、胸元にも短いあきがある。身頃はボーン入りで総裏仕上げ。また、モスリンのアンダースカートがウエストに縫い付けてある。
スノースヒル・コレクション（Snowshill Collection）

◆ 濃い紫色の毛織物に、プリント柄をあしらったドレス

前面
- 共布のパイピング
- 首元に短いあき
- パイピングを入れた縫い目の部分でドレスに縫い留めてある
- スカートの最大丈：101.6cm
- 小さなウォッチ・ポケットがドレスの縫い目に付いている
- パイピング
- 大きなポケットがドレスの縫い目に付いている
- フラウンスの幅：25.4cm
- 25.4cm
- 裾回り寸法：335.3cm

背面拡大図
- 一番上のホックは上向きに付いている
- ホックと鳩目穴 15 組
- 縫い目
- 大きなホック
- モスリンのアンダースカートがウエストに縫い留めてある

柄拡大図
濃い紫色の地にピンクのバラのつぼみのプリント

目の粗い、ほぼ透けたような毛織物に、細かい線を織り込んだタータン・チェック。この毛織物はモスリン同様に薄手で、「バレージュ」と呼ばれた。

このドレスは1840年代のデザインに見られる背中あきを採用しているが、1850年代の特徴も随所にある。例えばモスリンの袖を下に着ける幅の広い袖や、専用にプリント柄や織り柄を入れた幅の広いフラウンスの付いたスカートなどがそうである。

◆ 濃い紫色の毛織物に、プリント柄をあしらったドレス

[背面拡大図]

37.5cm

ネックラインと縫い目に共布のパイピング

絹のフリンジ：1.3cm

フリンジの色は茶色・紫色・グレー

背中のあきの丈：37.5cm

脇の縫い目：17.1cm

ウエスト：86.4cm

ギャザーは非常に細かい

袖前面の長さ：38.1cm

[前面拡大図]

17.8cm

9.5cm

受け金

8.3cm

モスリンの裏地付き

縫い目

パイピング

前面のボーンの長さ：22.9cm

身頃のダーツと縫い目は22.9cmのボーン入り

縫い目

[柄拡大図]

ピンクのバラのつぼみのプリント

パイピング

繰り返しのプリント柄

[裏面]

ネックライン前面のあきに4組のかぎホック

白い綿の裏地 袖を裏返して引き出した図

独立した白い綿のアンダースリーブ：39.4cm

綿の裏地

縫い目

袖口に挿入した白いモスリンをここに縫い付けてある

19.1cm

共布の見返し

身頃の内側にボーンが入っている

身頃とステイズを固定する、丈夫な綿のタブ

独立したモスリンのアンダースカートをウエストに縫い付けてある

胸元のあきは短いが、1850年代に登場する前あきのデザインを予言しているようである。ゆったりとしたスカートに付いたフラウンスがスカートの幅をより広くしているため、ポケットは折り目の間に完全に隠れている。

1851～1854年

p194～195：クリーム色の薄い毛織物のデイタイム・ドレス。茶色とピンクの斑点模様のプリント柄に金茶色の絹糸を使ったフリンジの装飾付き。後ろあきで、身頃とスカート、袖の上部は白い綿の裏地付きである。前身頃には幅の広いドレープを寄せ、釣り鐘形の袖が付いている。大きく広がったスカートは、3枚のフラウンス付き。スカートの端は毛織物のブレードでくるんである。

p194：サイドにゴムの入った、白い子ヤギ革のブーツ。
スノースヒル・コレクション
(Snowshill Collection)

◆ クリーム色の薄い毛織り物のデイタイム・ドレス

- 袖ぐりの上半分は共布のパイピング付きだが、下半分には付いていない
- 留め具の一番上はループ
- 背面
- 2番目以降は丸い鳩目穴と平たい針金のホック
- 15.2cm
- 8.9cm
- 柄拡大図
- 脇縫い目：17.8cm
- 41.9cm
- 茶色の楕円の点でピンクの円を囲んでいる
- たっぷりとした袖とフラウンスには裏地なし
- 縫い目
- 縫い目
- 後ろスカート丈：99.1cm
- スカートの一番下のフラウンスは上の2枚よりギャザーが多い

◆ 白い子ヤギ革のブーツ

- サイドにゴム
- 白いテープのループ
- 10.2cm
- 白く柔らかい子ヤギ革 白い綿の裏地付き
- 5.7cm
- 23.8cm
- かかとの中央に縫い目
- 靴底はやや左右の区別があるが、1850年代までの靴はヒールがない

このドレスは、後ろあきである点を除けば、つまった襟元やフラウンスをあしらったスカート、幅の広い袖といった1850年代のドレスの特徴がすべて含まれている。白いモスリンのアンダースリーブがこの形の袖には必ず付属していた。それはおそらく刺繍付きだったであろう。

◆ クリーム色の薄い毛織り物のデイタイム・ドレス

[袖拡大図]
前身頃の肩からの丈：43.2cm
17.8cm
背中心丈：40.6cm
袖前部の長さ：25.4cm
41.9cm

[前面]
共布のパイピング

[裏面]
前の折り返しの裏側
白い綿と付け足された生地
パイピング
ウエスト：68.6cm

スカートに付いたフラウンスの脇の各長さ：21.6cm
26.7cm
31.8cm

[フリンジ拡大図]
金茶色の絹糸のフリンジ
2.5cm

[裾拡大図]
裏地
裾の縁は毛織物でくるまれている

前スカート丈 94cm

縫い目
裾回り寸法：317.5cm
縫い目
毛織物の布幅：63.5cm
縫い目

1856年以前は、スカートを膨らませるために馬毛生地のペチコートに数枚のペチコートを重ねたが、1856年以降はクリノリンに替わる。サイドにゴムを入れたブーツは1837年以降に、ヒール付きの靴は1850年代に再び登場している。

1848～1864年

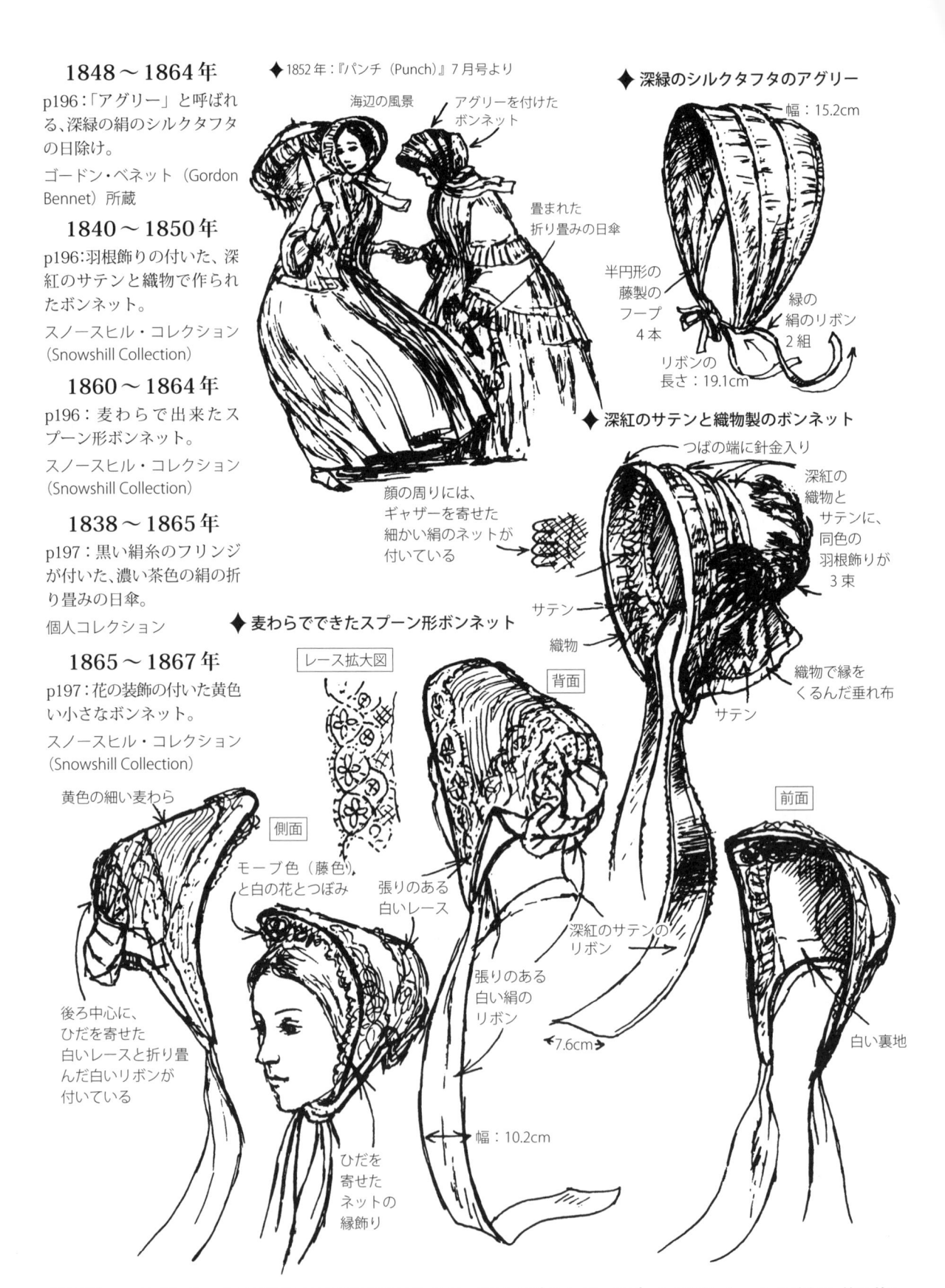

p196：「アグリー」と呼ばれる、深緑の絹のシルクタフタの日除け。
ゴードン・ベネット（Gordon Bennet）所蔵

1840～1850年

p196：羽根飾りの付いた、深紅のサテンと織物で作られたボンネット。
スノースヒル・コレクション（Snowshill Collection）

1860～1864年

p196：麦わらで出来たスプーン形ボンネット。
スノースヒル・コレクション（Snowshill Collection）

1838～1865年

p197：黒い絹糸のフリンジが付いた、濃い茶色の絹の折り畳みの日傘。
個人コレクション

1865～1867年

p197：花の装飾の付いた黄色い小さなボンネット。
スノースヒル・コレクション（Snowshill Collection）

◆ 1852年：『パンチ（Punch）』7月号より

- 海辺の風景
- アグリーを付けたボンネット
- 畳まれた折り畳みの日傘
- 顔の周りには、ギャザーを寄せた細かい絹のネットが付いている

◆ 深緑のシルクタフタのアグリー

- 幅：15.2cm
- 半円形の藤製のフープ 4本
- 緑の絹のリボン 2組
- リボンの長さ：19.1cm

◆ 深紅のサテンと織物製のボンネット

- つばの端に針金入り
- 深紅の織物とサテンに、同色の羽根飾りが3束
- サテン
- 織物
- 織物で縁をくるんだ垂れ布
- サテン

◆ 麦わらでできたスプーン形ボンネット

- レース拡大図
- 背面
- 側面
- 前面
- 黄色の細い麦わら
- モーブ色（藤色）と白の花とつぼみ
- 張りのある白いレース
- 後ろ中心に、ひだを寄せた白いレースと折り畳んだ白いリボンが付いている
- 張りのある白い絹のリボン
- 深紅のサテンのリボン
- ←7.6cm→
- 白い裏地
- 幅：10.2cm
- ひだを寄せたネットの縁飾り

「アグリー」はボンネットの前面に付けて光を遮るもので、特につばの小さいスプーン形ボンネットの流行と共に使われた。アグリーと日傘は、共に日ざしから色白の肌を守るために使われた。

◆ 濃い茶色の絹の折り畳み日傘

濃茶色の絹

黒い絹糸のフリンジ

金属の受骨

6.4cm

横幅：53.3cm

全長：71.1cm

木製の柄

金属のスライド：5.1cm

鯨のヒゲの親骨

29.2cm

黒い絹糸

動物の骨製

2.5cm

指が1本入る大きさ

白いレースとモーブ色のポピーの花、ベルギー風ショールを縫い付けたボンネット

緑の絹のリボン

◆ 1861年：『英国女性の家庭マガジン (The English Woman's Domestic Magazine)』6月号より

白いアンダースリーブ

ドレスはグレーと白の玉虫織りの絹

サテンの縁取りが付いた装飾付きリボン

前面

ガラス製の朝露（あさつゆ）

緑

3輪の白いデイジーと羽根で作られた花びら

白いレース

2枚重ねの白いレース

◆ 花の装飾の付いた黄色い小さなボンネット

背面

サテンのループに、折り畳んだジョーゼットが付いている

側面

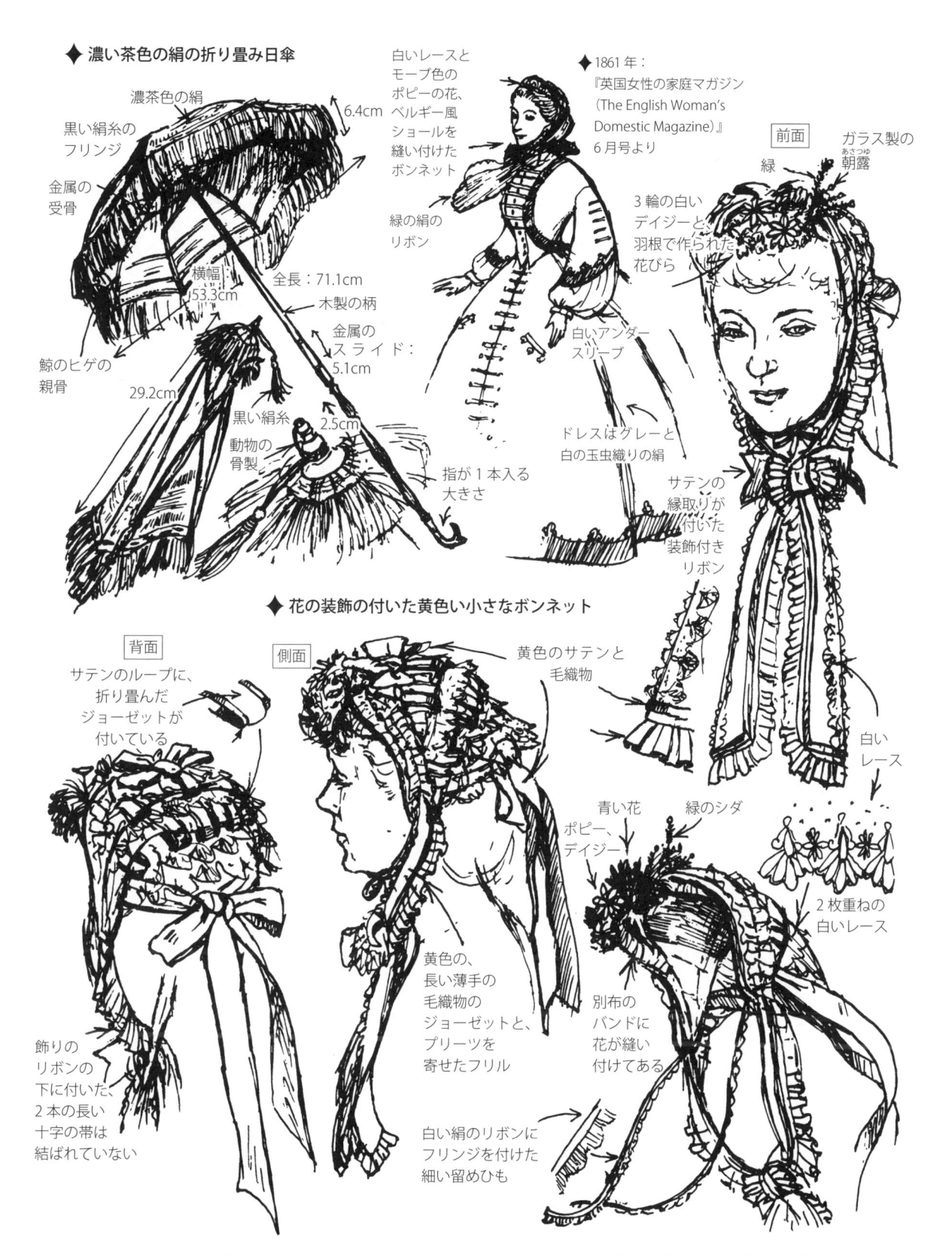

黄色のサテンと毛織物

黄色の、長い薄手の毛織物のジョーゼットと、プリーツを寄せたフリル

飾りのリボンの下に付いた、2本の長い十字の帯は結ばれていない

青い花 ポピー、デイジー

緑のシダ

別布のバンドに花が縫い付けてある

白い絹のリボンにフリンジを付けた細い留めひも

しかしボンネットのサイズが小さくなるにつれて、アグリーは使われなくなり、それに代わってつば付きの帽子が広まっていった。1850年代の若い女性は、p196左上のイラストのような海辺や庭園では、周囲に幅広の縁が付いた麦わら帽子を好んでかぶった。小さな日傘には、非常に手の込んだ作りのものが多い。

1851～1854年

p198～199：白い薄手のカシミアのフード付きコート。芯を挟み、ピンクの絹の裏地でキルティングしてある。フリンジとコードの付いたピンクと白のリボンと、同じくピンクと白の絹糸のタッセルの装飾付き。留め具はかぎホックを使用。片方の内側に、小さなポケットが付いている。

p198：細く白い馬毛を編んだボンネット。白い絹のリボン、青い花のモチーフ、細かい黒のレース付き。
スノースヒル・コレクション (Snowshill Collection)

◆ 白い薄手のカシミアのフード付きコート

背面

白いカシミアとピンクの絹

33cm

前丈と脇丈：69.9cm

布の目

後ろの総丈：76.2cm

◆ 1852年：『パンチ（Punch）』春号より

『近ごろの女性がかぶっている美しいフードが、装飾としてだけではなく、実用にも役立つ例を示している…』

◆ 細く白い馬毛を編んだボンネット

青い花、白いリボン、黒いレース付き

端に、目の緻密な細かい黒のレースとフリル

フリルを寄せた黒いレース

実際のリボンは失われている

幅の広い黒いレースと、背面に付けたロゼット

背面

装飾拡大図

青い花と葉、白いレース

こちら側に白いリボン

麦わら

ガラスのビーズ

水滴のような玉

黒いレースの中央にロゼット

非常に細かいネットレースの白いフリルが上端に付いている

側面

白い絹のリボン

白い絹の垂れ布の縁を、黒の細いレースで飾っている

裏地は白い絹

大きな人気を博したこのアイテム（フード付きコート）が1852年に登場した際、風刺雑誌『パンチ』は右上のような、数々の愉快なコメントを発表している。これに似た、タッセルが1本のみのコートが、いくつかスノースヒル・コレクションに存在する。それらのうち数点は白一色で、1点は黒い絹を使っている。

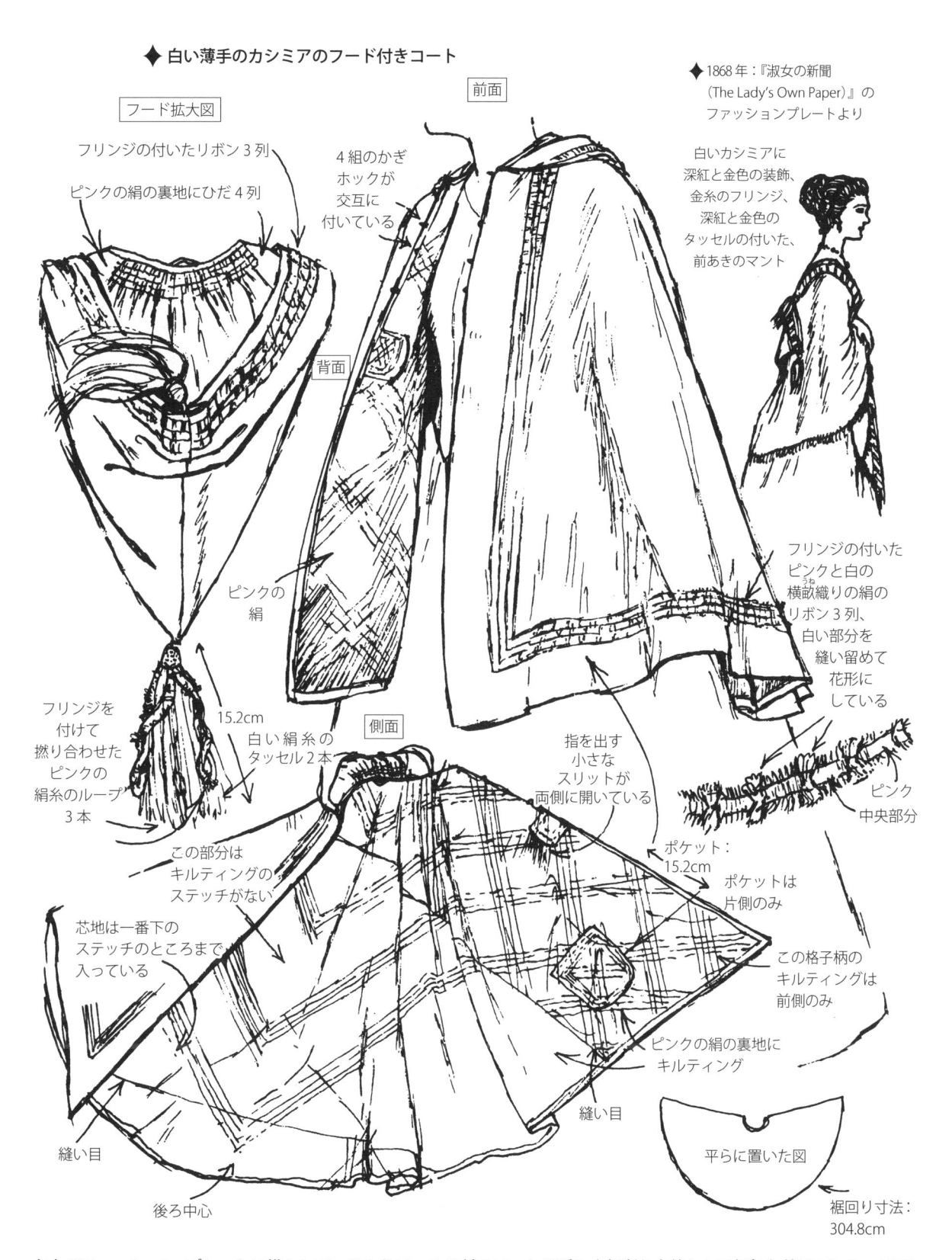

♦ **白い薄手のカシミアのフード付きコート**

フード拡大図

前面

♦ 1868年：『淑女の新聞
（The Lady's Own Paper）』の
ファッションプレートより

フリンジの付いたリボン3列

ピンクの絹の裏地にひだ4列

4組のかぎホックが交互に付いている

背面

白いカシミアに深紅と金色の装飾、金糸のフリンジ、深紅と金色のタッセルの付いた、前あきのマント

ピンクの絹

フリンジを付けて撚り合わせたピンクの絹糸のループ3本

15.2cm

白い絹糸のタッセル2本

側面

指を出す小さなスリットが両側に開いている

フリンジの付いたピンクと白の横畝織りの絹のリボン3列、白い部分を縫い留めて花形にしている

ピンク中央部分

この部分はキルティングのステッチがない

芯地は一番下のステッチのところまで入っている

ポケット：15.2cm

ポケットは片側のみ

この格子柄のキルティングは前側のみ

ピンクの絹の裏地にキルティング

縫い目

縫い目

後ろ中心

平らに置いた図

裾回り寸法：304.8cm

右上のファッション・プレートに描かれているように、この種のコートは暖かく便利な上着として何年も着用された。1850年代のボンネットは、より顔が見える形に変化し、クラウンや顔を覆うつばは小さくなった。こうしたボンネットは、頭の後ろ寄りにかぶった（p202参照）。

1856〜1857年

p200〜201：刺繍入りの白いモスリンのイブニング・ドレス。身頃は全体にボーンを入れて裏地を付け、背中のあきはひもで引き締めて閉じる方式。袖は短いパフ・スリーブになっている。前後ともV字形の切り替えが入った低めのウエストラインで、スカートには裏地なし。白いアウトラインステッチでかがったオープンワークや、全体に散りばめられた小さな花柄など、細かい刺繍が施してある。前面の内側に留めひも付き。付属のレースのバーサ・カラーは失われている。
チャスルトン・ハウス（Chastleton House）所蔵

◆ 刺繍入りの白いモスリンのイブニング・ドレス

前面

縫い目の跡が残っているので、レースのバーサ・カラーはおそらくここに付けられていたと考えられる

パイピング付きの縫い目

前身頃丈：41.9cm

スカートは裏地がなく、ギャザーを寄せてテープに縫い付けられ、さらに身頃に縫い付けてある

◆ 1850年：『プチ・クリエ・デ・ダーム（Le Petit Courrier des Dames）』のファッション・プレートより

たっぷりとギャザーを寄せたイブニング・ドレス

◆ 1857年：『ラ・フォレ（Le Follet）』より

観劇用ドレス

スカート後ろの丈と側面の丈：109.2cm

[前面拡大図]

身頃は前、脇、後ろにボーンが入っている

袖の上部はギャザーが少ない

袖の下部はたっぷりとギャザーが入っている

24.1cm
12.1cm

2本のパイピング

前面はボーン入りで、内側に付けたひもでドレスの前面とコルセットを固定する

縫い目

縫い目

後ろあきのイブニング・ドレスも、1856年からは前後ともウエストにV字形の切り替えが入った

このドレスに使われた美しいモスリンはミセス ウォーレン・ヘイスティングス（Mrs Warren Hastings）が所有していたもので、後にチャスルトン・ハウスに寄贈された経緯は3章の始め（p167）に書いた通りである。数年で流行遅れになってしまう素材は多いが、白いモスリンは長年にわたり女性のドレスの主流を占め、デイタイム・ドレスに使われなくなった後も、イブニング・ドレスではよく使われた。

◆ 刺繍入りの白いモスリンのイブニング・ドレス

【背面】

- たっぷりとギャザーを寄せたモスリンの袖
- 裏地は腕に沿って細くなっている
- バスト：83.8cm
- ウエスト：55.9cm
- スカート前脇の丈：102.9cm
- 29.2cm
- 縫い目
- 縫い目
- 縫い目

【裏面】

- 身頃は裏地付きでボーンが入っている
- 内側に付けた絹の持ち出し
- 糸でかがった鳩目穴
- ボーンを入れた前身頃の外側はここで終っている
- 留めひもはボーンに縫い付けてある
- ネックラインには絹のリボンを通してある
- ボーン入り
- ホック
- ひも引き締め用の鳩目穴15組
- ウエストにかぎホックが付いている
- 白糸の刺繍
- オープンワーク

【刺繍拡大図】

【裾の縁拡大図】 12.1cm

これらの図のドレスは、社交界の女性のドレスである。p200右上のファッション・プレートには、髪型やバーサ・カラー、ウエストをV字形に切り替えた、1850年代のスタイルが描かれている。

1857～1860年

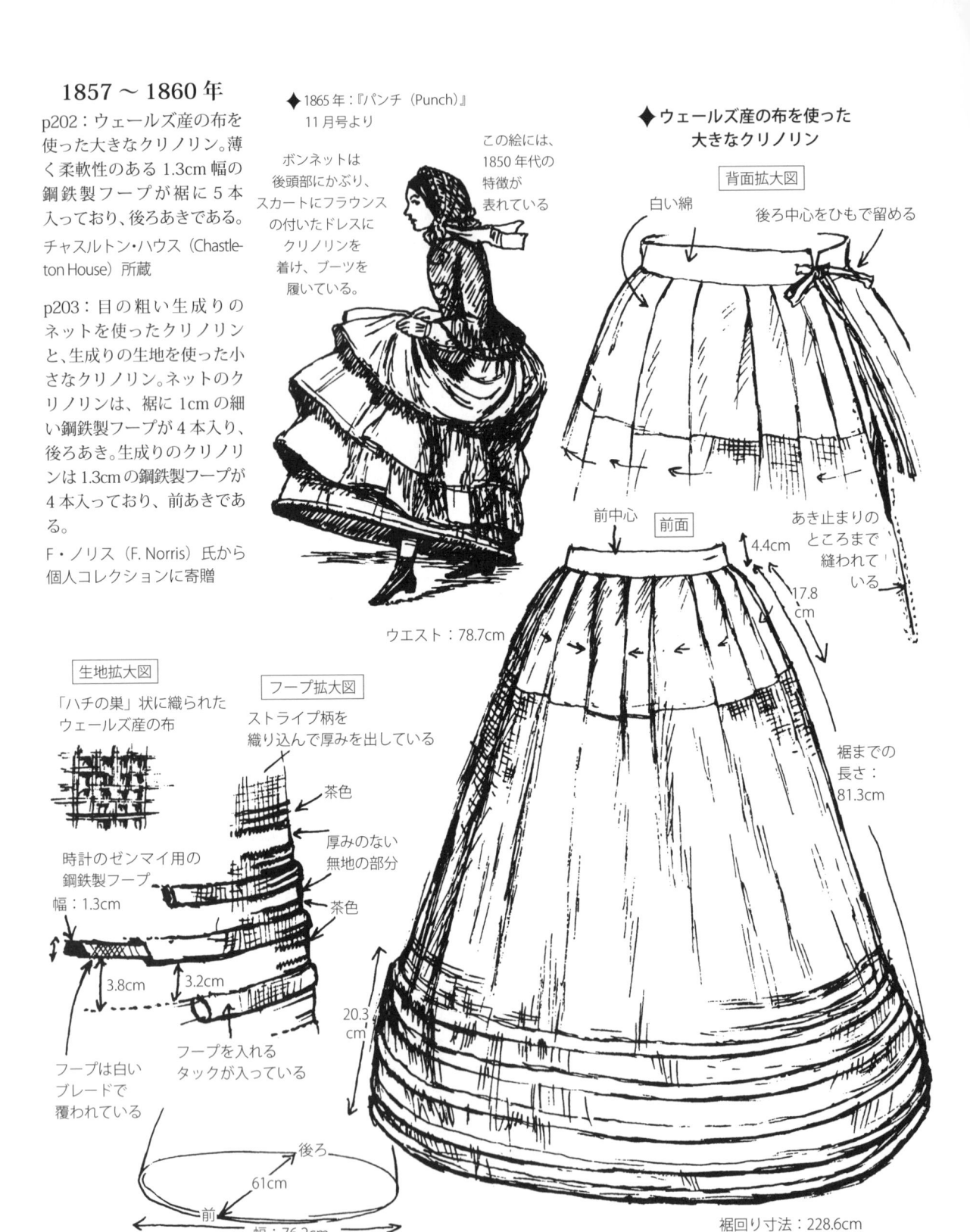

p202：ウェールズ産の布を使った大きなクリノリン。薄く柔軟性のある1.3cm幅の鋼鉄製フープが裾に5本入っており、後ろあきである。

チャスルトン・ハウス（Chastleton House）所蔵

p203：目の粗い生成りのネットを使ったクリノリンと、生成りの生地を使った小さなクリノリン。ネットのクリノリンは、裾に1cmの細い鋼鉄製フープが4本入り、後ろあき。生成りのクリノリンは1.3cmの鋼鉄製フープが4本入っており、前あきである。

F・ノリス（F. Norris）氏から個人コレクションに寄贈

◆1865年：『パンチ（Punch）』11月号より

この絵には、1850年代の特徴が表れている

ボンネットは後頭部にかぶり、スカートにフラウンスの付いたドレスにクリノリンを着け、ブーツを履いている。

ウエスト：78.7cm

◆ウェールズ産の布を使った大きなクリノリン

背面拡大図

白い綿
後ろ中心をひもで留める
あき止まりのところまで縫われている

前中心　前面
4.4cm
17.8cm
裾までの長さ：81.3cm
20.3cm
裾回り寸法：228.6cm

生地拡大図

「ハチの巣」状に織られたウェールズ産の布

時計のゼンマイ用の鋼鉄製フープ
幅：1.3cm

3.8cm　3.2cm

フープは白いブレードで覆われている

フープ拡大図

ストライプ柄を織り込んで厚みを出している
茶色
厚みのない無地の部分
茶色

フープを入れるタックが入っている

後ろ 61cm
前
幅：76.2cm

1856年に作られた初期の鳥かご形クリノリンは、翌年には時計のゼンマイ用の鋼鉄を使って改良されたと、1861年の『英国女性の家庭マガジン（The English Woman's Domestic Magazine）』に以下のように書かれている。「クリノリンはこれまで以上に欠かせないアイテムになった。細い鋼鉄製フープを使ったものが最も良い」、「大きな鉄製のフープにネット状の布をかぶせたスカートはとても快適だが、形が崩れやすい」

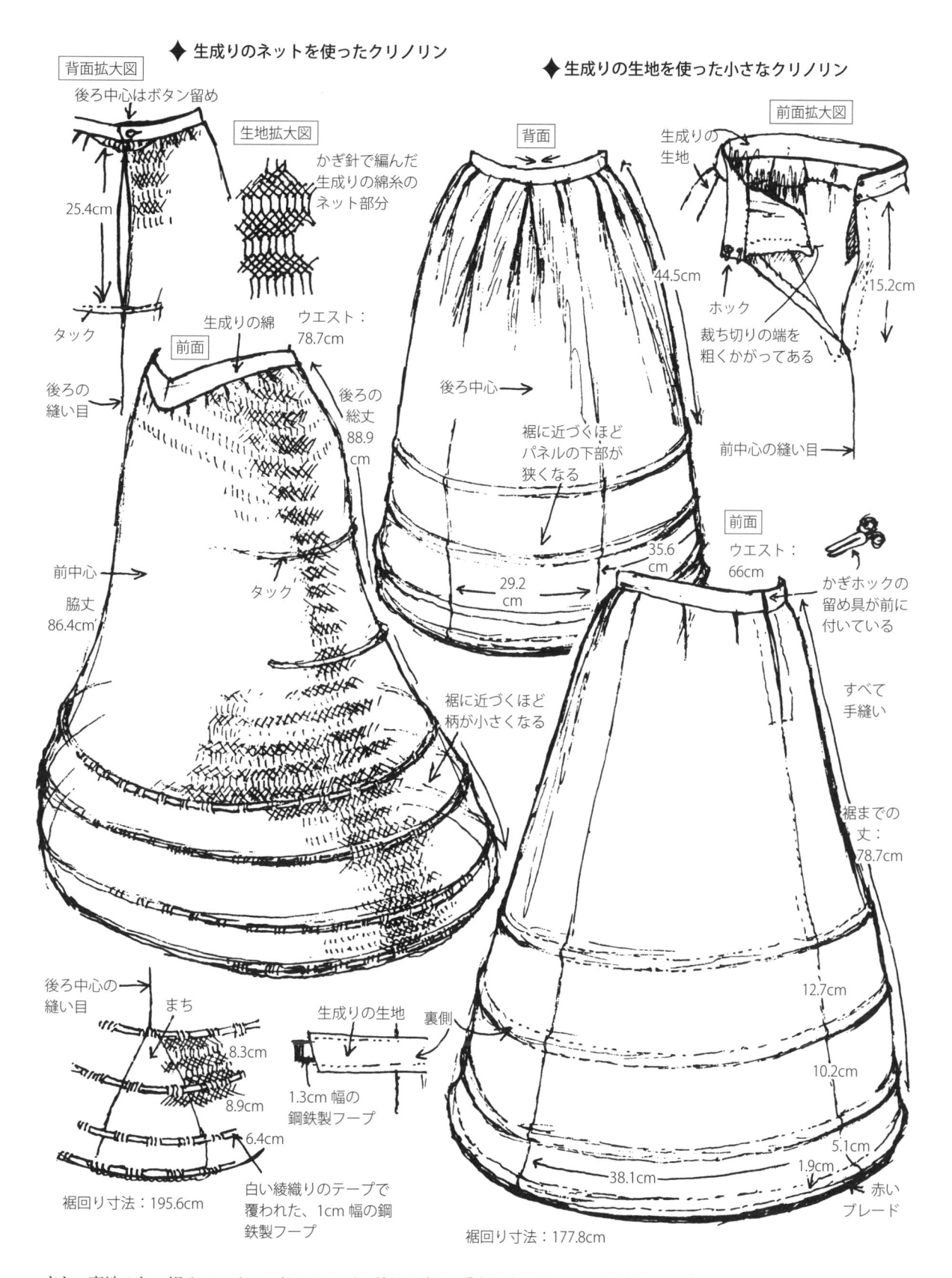

◆ 生成りのネットを使ったクリノリン　　　　　◆ 生成りの生地を使った小さなクリノリン

[背面拡大図]
後ろ中心はボタン留め
25.4cm
タック
後ろの縫い目

[生地拡大図]
かぎ針で編んだ生成りの綿糸のネット部分

[前面]
生成りの綿
ウエスト：78.7cm
後ろの総丈 88.9cm
前中心 脇丈 86.4cm
タック

[背面]
後ろ中心 →
44.5cm
裾に近づくほどパネルの下部が狭くなる
35.6cm
29.2cm

[前面拡大図]
生成りの生地
15.2cm
ホック
裁ち切りの端を粗くかがってある
前中心の縫い目 →

[前面]
ウエスト：66cm
かぎホックの留め具が前に付いている
すべて手縫い
裾までの丈：78.7cm
12.7cm
10.2cm
5.1cm
1.9cm
38.1cm
赤いブレード

[後ろ中心の縫い目／まち]
8.3cm
8.9cm
6.4cm
裾回り寸法：195.6cm

生成りの生地　裏側
1.3cm 幅の鋼鉄製フープ
白い綾織りのテープで覆われた、1cm 幅の鋼鉄製フープ

裾回り寸法：177.8cm

また、裏地のない絹やモスリンのドレスの下に着ける際は、「中程度の大きさの鋼鉄製フープのペチコートの上に、もちろん無地のペチコートも重ねる。裾には少なくとも1枚以上のフラウンスが付けてあること」と書かれている。

203

1857～1865年頃

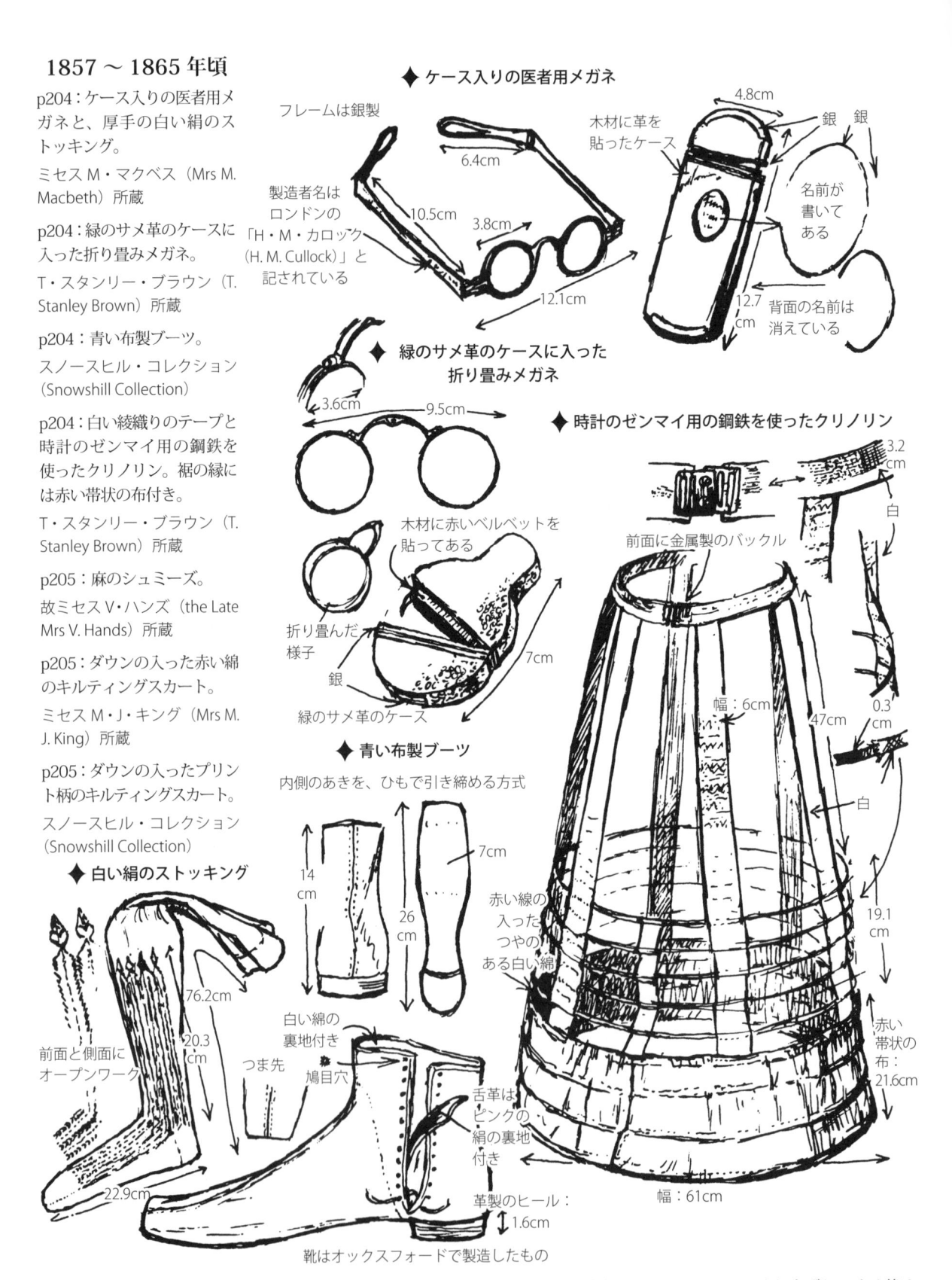

p204：ケース入りの医者用メガネと、厚手の白い絹のストッキング。
ミセス M・マクベス（Mrs M. Macbeth）所蔵

p204：緑のサメ革のケースに入った折り畳みメガネ。
T・スタンリー・ブラウン（T. Stanley Brown）所蔵

p204：青い布製ブーツ。
スノースヒル・コレクション（Snowshill Collection）

p204：白い綾織りのテープと時計のゼンマイ用の鋼鉄を使ったクリノリン。裾の縁には赤い帯状の布付き。
T・スタンリー・ブラウン（T. Stanley Brown）所蔵

p205：麻のシュミーズ。
故ミセス V・ハンズ（the Late Mrs V. Hands）所蔵

p205：ダウンの入った赤い綿のキルティングスカート。
ミセス M・J・キング（Mrs M. J. King）所蔵

p205：ダウンの入ったプリント柄のキルティングスカート。
スノースヒル・コレクション（Snowshill Collection）

◆ ケース入りの医者用メガネ

フレームは銀製
製造者名はロンドンの「H・M・カロック（H. M. Cullock）」と記されている
木材に革を貼ったケース
銀
名前が書いてある
背面の名前は消えている
6.4cm
10.5cm
3.8cm
12.1cm
4.8cm
12.7cm

◆ 緑のサメ革のケースに入った折り畳みメガネ

3.6cm
9.5cm
木材に赤いベルベットを貼ってある
折り畳んだ様子
銀
緑のサメ革のケース
7cm

◆ 時計のゼンマイ用の鋼鉄を使ったクリノリン

前面に金属製のバックル
白
赤い線の入ったつやのある白い綿
3.2cm
6cm
47cm
0.3cm
19.1cm
赤い帯状の布：21.6cm
幅：61cm

◆ 青い布製ブーツ

内側のあきを、ひもで引き締める方式
14cm
7cm
26cm
白い綿の裏地付き
つま先
鳩目穴
舌革はピンクの絹の裏地付き
革製のヒール：1.6cm
靴はオックスフォードで製造したもの

◆ 白い絹のストッキング

前面と側面にオープンワーク
76.2cm
20.3cm
22.9cm

このページの2本のメガネが作られた年ははっきりしないが、非常に美しい仕上がりのため、ここに取り上げた。サメ革は18世紀頃に使われた素材で、爪の手入れ用具のケースなどにも使用された。オープンワークを施した白い絹や綿のストッキングは、一般的によく履かれたものである。

◆ 麻のシュミーズ

◆ 1857年:『パンチ（Punch）』6月号より

共布の見返し
35.6cm
12.1cm
10.2cm
21.6cm
ミシン縫い
15.2cm
裾までの丈：96.5cm
幅：77.5cm 主な縫い目はすべて手縫い
膝の高さ 2枚のまちが細かく縫い付けられている
幅：88.9cm
どちらのスカートもミシン縫い

スカートは裏側に付いたひもでたくし上げられ、色付きのペチコートを出している

◆ ダウンの入った赤い綿のキルティングスカート

ウエストの縁の内側に、2重の留めひもが通っている

前面
19.1cm
赤い綿の上に黄、青、黒の柄
赤いブレード
縫い目

このスカートはブース・アンド・フォックス（Booth & Fox）社製で、サイズは36
1862年ロンドンで商標登録され、1865年に行われたダブリンの展示会で受章歴がある

◆ ダウンの入ったプリント柄のキルティングスカート

縁に通したひもを前面で結んでいる

柄拡大図

背面

赤い綿の上に緑、青、茶色の柄

前スカート丈：83.8cm
後ろスカート丈：88.9cm

後ろスカート丈：83.8cm
前スカート丈：76.2cm

裾の周りはパイピングが施してある

裾回り寸法：203.2cm

ブーツは、1860年代に用いられた赤いクリノリンに合わせて、目立つように赤い素材を使ったものもあった。タックや刺繍の入った麻のシュミーズは、1860〜1870年の短い丈のデザインである。ダウンを入れてキルティングを施した綿のペチコートやスカートはミシンで縫ってある。冬の装いとして、この上なく暖かかっただろう。

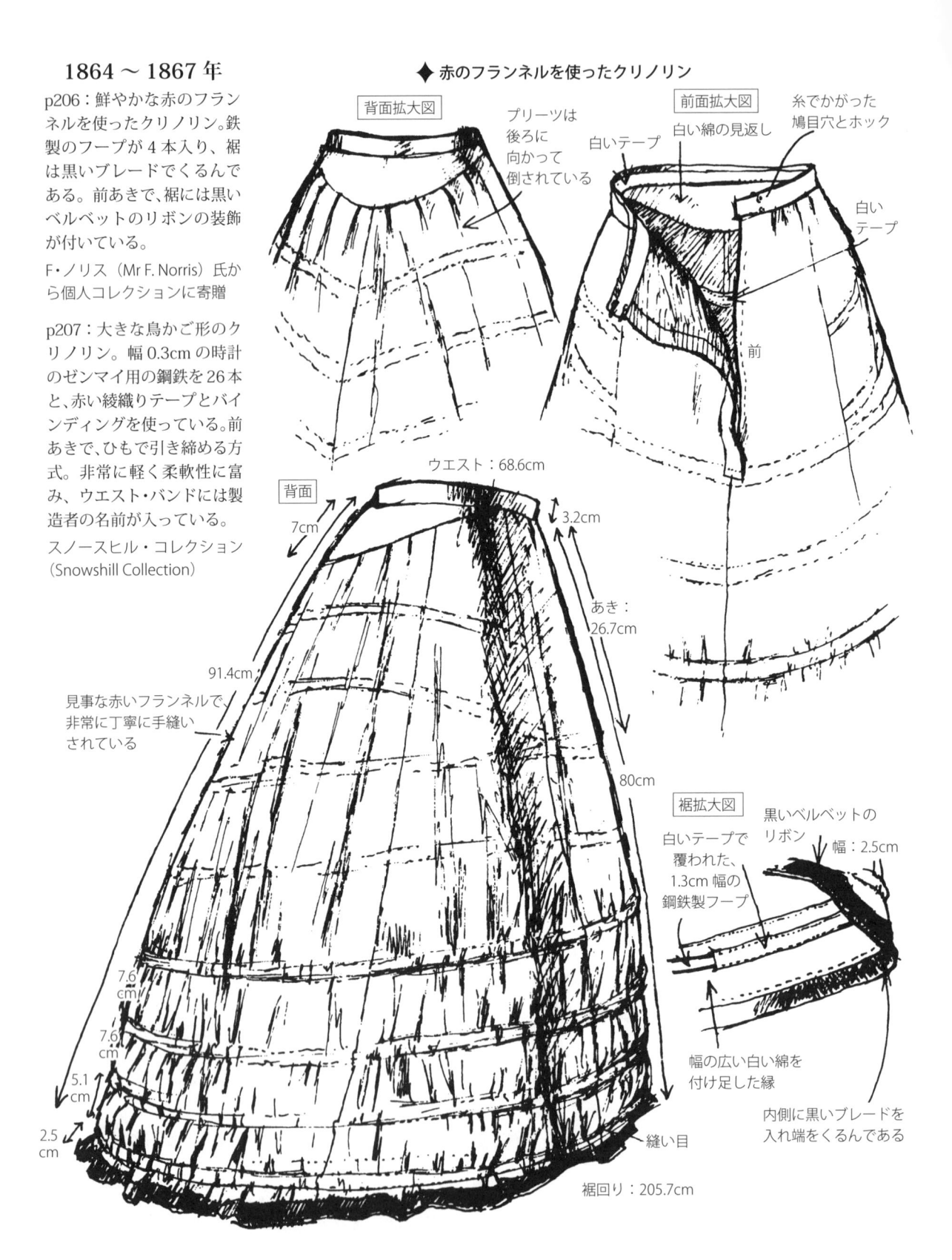

1864～1867年

◆ 赤のフランネルを使ったクリノリン

p206：鮮やかな赤のフランネルを使ったクリノリン。鉄製のフープが4本入り、裾は黒いブレードでくるんである。前あきで、裾には黒いベルベットのリボンの装飾が付いている。

F・ノリス（Mr F. Norris）氏から個人コレクションに寄贈

p207：大きな鳥かご形のクリノリン。幅0.3cmの時計のゼンマイ用の鋼鉄を26本と、赤い綾織りテープとバインディングを使っている。前あきで、ひもで引き締める方式。非常に軽く柔軟性に富み、ウエスト・バンドには製造者の名前が入っている。

スノースヒル・コレクション（Snowshill Collection）

背面拡大図　プリーツは後ろに向かって倒されている　前面拡大図　糸でかがった鳩目穴とホック　白いテープ　白い綿の見返し　白いテープ　前

ウエスト：68.6cm　背面　7cm　3.2cm　あき：26.7cm　91.4cm　見事な赤いフランネルで非常に丁寧に手縫いされている　80cm　7.6cm　7.6cm　5.1cm　2.5cm　縫い目　裾回り：205.7cm

裾拡大図　黒いベルベットのリボン　幅：2.5cm　白いテープで覆われた、1.3cm幅の鋼鉄製フープ　幅の広い白い綿を付け足した縁　内側に黒いブレードを入れ端をくるんである

赤いペチコートは1860年代を代表するアイテムである。その後、1867年から1868年にかけての冬に、クリノリンは衰退する。しかし1868年の4月になってからも、トムソン（Thomson）社は『淑女の雑誌（The Lady's Own Paper）』に「壊れないクリノリン」と題した広告を出している。

206

◆ 大きな鳥かご形のクリノリン

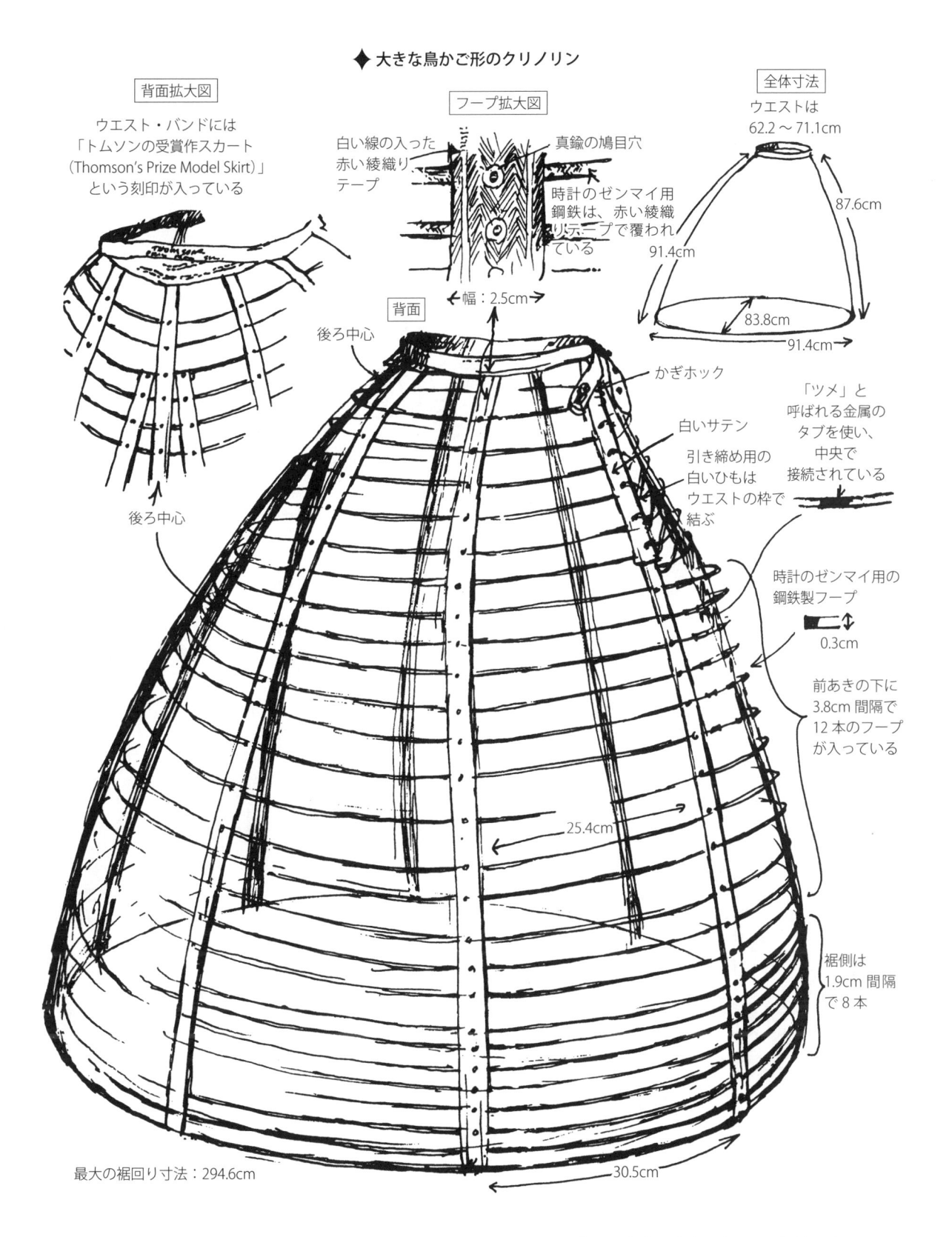

背面拡大図
ウエスト・バンドには「トムソンの受賞作スカート（Thomson's Prize Model Skirt）」という刻印が入っている

後ろ中心

フープ拡大図
白い線の入った赤い綾織りテープ
真鍮の鳩目穴
時計のゼンマイ用鋼鉄は、赤い綾織りテープで覆われている
幅：2.5cm

全体寸法
ウエストは62.2～71.1cm
87.6cm
91.4cm
83.8cm
91.4cm

背面
後ろ中心
かぎホック
白いサテン
引き締め用の白いひもはウエストの枠で結ぶ

「ツメ」と呼ばれる金属のタブを使い、中央で接続されている

時計のゼンマイ用の鋼鉄製フープ
0.3cm

前あきの下に3.8cm間隔で12本のフープが入っている

25.4cm

裾側は1.9cm間隔で8本

最大の裾回り寸法：294.6cm
30.5cm

「新しい安全なクリノリン。どのような文章や絵でも説明しきれません。動きは完全に自由になり、足がもつれることは決してありません。2種類のデザインがございます。」しかし、こうした広告にもかかわらず、有名なトムソン社のクリノリンは時代遅れとなり、1870年代にはバッスルに取って代わられた。

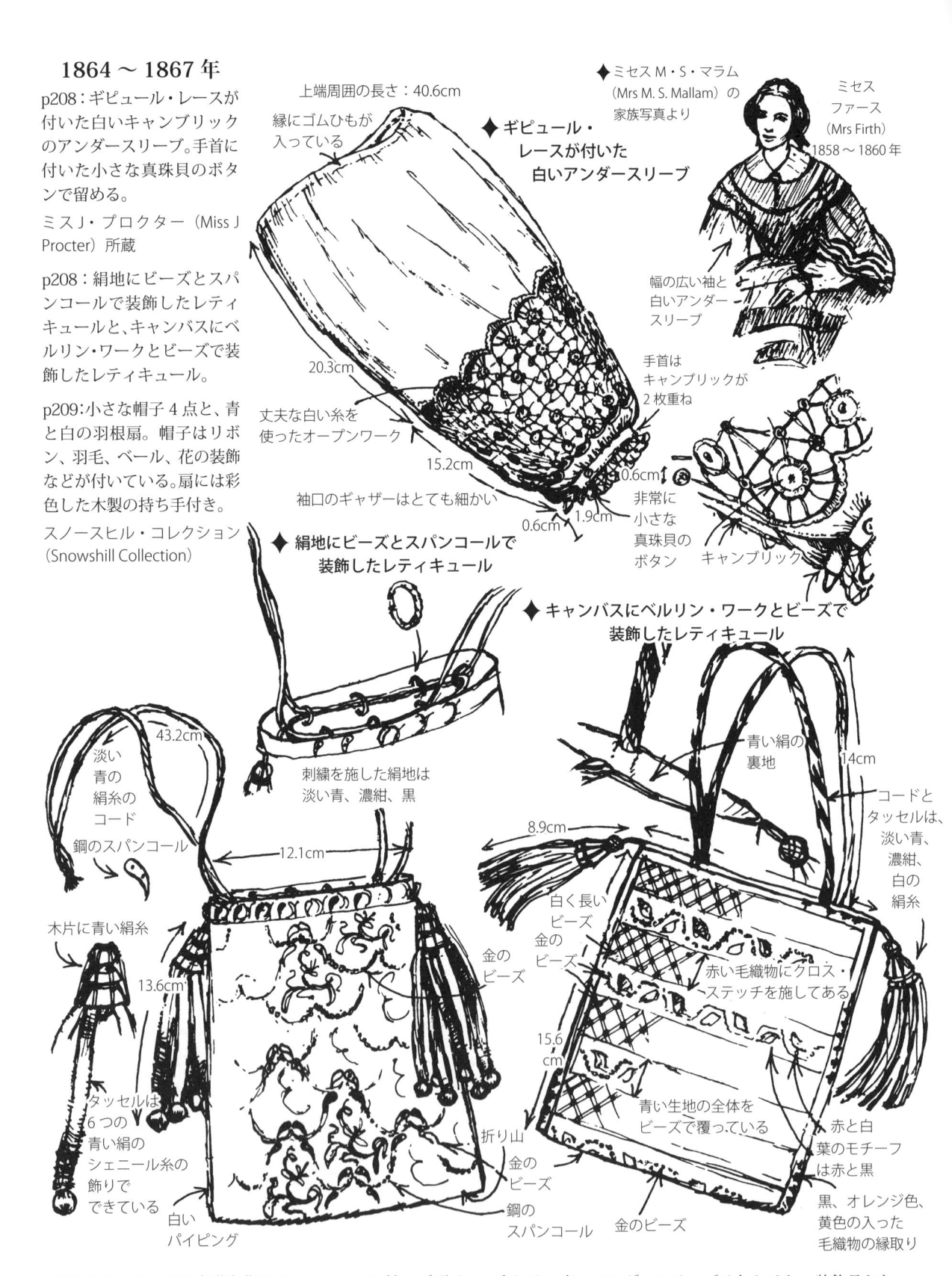

1864～1867年

p208：ギピュール・レースが付いた白いキャンブリックのアンダースリーブ。手首に付いた小さな真珠貝のボタンで留める。
ミス J・プロクター（Miss J Procter）所蔵

p208：絹地にビーズとスパンコールで装飾したレティキュールと、キャンバスにベルリン・ワークとビーズで装飾したレティキュール。

p209：小さな帽子4点と、青と白の羽根扇。帽子はリボン、羽毛、ベール、花の装飾などが付いている。扇には彩色した木製の持ち手付き。
スノースヒル・コレクション（Snowshill Collection）

上端周囲の長さ：40.6cm
縁にゴムひもが入っている

◆ ギピュール・レースが付いた白いアンダースリーブ

◆ ミセス M・S・マラム（Mrs M. S. Mallam）の家族写真より

ミセス ファース（Mrs Firth）1858～1860年

幅の広い袖と白いアンダースリーブ

20.3cm
丈夫な白い糸を使ったオープンワーク
手首はキャンブリックが2枚重ね
15.2cm
袖口のギャザーはとても細かい
0.6cm
0.6cm 1.9cm
非常に小さな真珠貝のボタン
キャンブリック

◆ 絹地にビーズとスパンコールで装飾したレティキュール

◆ キャンバスにベルリン・ワークとビーズで装飾したレティキュール

43.2cm
淡い青の絹糸のコード
鋼のスパンコール
刺繡を施した絹地は淡い青、濃紺、黒
木片に青い絹糸
12.1cm
13.6cm
タッセルは6つの青い絹のシェニール糸の飾りでできている
白いパイピング
折り山
金のビーズ
鋼のスパンコール

青い絹の裏地
14cm
コードとタッセルは、淡い青、濃紺、白の絹糸
8.9cm
白く長いビーズ
金のビーズ
赤い毛織物にクロス・ステッチを施してある
15.6cm
青い生地の全体をビーズで覆っている
金のビーズ
赤と白 葉のモチーフは赤と黒
黒、オレンジ色、黄色の入った毛織物の縁取り

1850年代から1860年代初期のゆったりとした袖のデザインに合わせ、白いアンダースリーブは欠かせない装飾品となった。無地や刺繡入り、ドレスの袖と同じように開いたもの、ここに示したような手首の部分を絞ったものなど、数多くの例が今も残っている。この時代にも小さな真珠貝のボタンが使われていた。

♦ 1861年:『英国女性の家庭マガジン (The English Woman's Domestic Magazine)』8月号のファッション・プレートより

♦ 小さな帽子:1

帽子の上に淡い青い布と赤いダチョウの羽根飾り

黒の細いゴムひも

点描柄を散りばめた黒いベール

♦ 小さな帽子:2

黄色い麦わら帽子

側面

青いダチョウの羽根と青いベルベット

青いベルベットと青い絹の縁取り

背面

横畝織りの青い絹のリボン

点描柄を散りばめた黒いベール

後ろは、長く青い絹のリボンに黒いベールを軽く縫い留めてある

白いアンダースリーブ

黒いベルベットのリボンと黒と白の羽根飾りを付け、シニヨンに結った髪に白い麦わら帽を被っている

緑の装飾付きの軽いアルパカのマント

♦ 小さな帽子:3

背面

麦の穂3本、先を黒く染めた白い羽根、赤いポピーの花3本、青いヤグルマギク1本

紫がかったグレーの絹のリボン
つばの下には赤いフリル

前面

♦ 青と白の羽根扇

最大幅:38.1cm

21cm

黒く塗った木製の持ち手

同様の扇が、ジェームズ・コリンソン (James Collinson) の1857年の作品、「空のハンドバッグ (The Empty Purse)」に描かれている

♦ 小さな帽子:4

前面

白いダチョウの羽根

黒の細いゴムひも

折り畳んだ黒いサテンのリボンが付いたドット柄入りの黒いベール

背面

ベールの下にライラック色 (明るい紫色) のリボン
ライラック色と黄色のリボン
全体は、黄色い麦わらをピンクに塗ってある

長さの違う黒の細いゴムひも2本

ひもの先には黒玉(こくぎょく)のボタン付き

刺繍を施したバッグは、より薄い素材を使ったものが登場して人気を集め、その後1860年代に体に沿ったスカートが流行すると、再び登場した。1857年頃からは若い女性が流行の新しい帽子を好むようになるが、正装の場合は引き続きボンネットが正式な装いとされていた。

1864～1867年

p210: タータン・チェックの毛織物の、バスクが付いたジャケット。スカートは失われている。色使いは深い緑、紫、赤、黒、白、青。ダークグリーン（暗緑色）のベルベットのリボンと緑の絹糸のフリンジの装飾付き。留め具はかぎホックを使用。裏地付き。

F・ノリス（F. Norris）氏から個人コレクションに寄贈

1856～1857年頃

p211: ライラック色（明るい紫色）の絹のジャケット。ボーン入りで、裏地付き。袖は絹糸のフリンジが付き、幅が広い。スカートは失われている。

F・ノリス（F. Norris）氏から個人コレクションに寄贈

◆ タータン・チェックの毛織物のジャケット

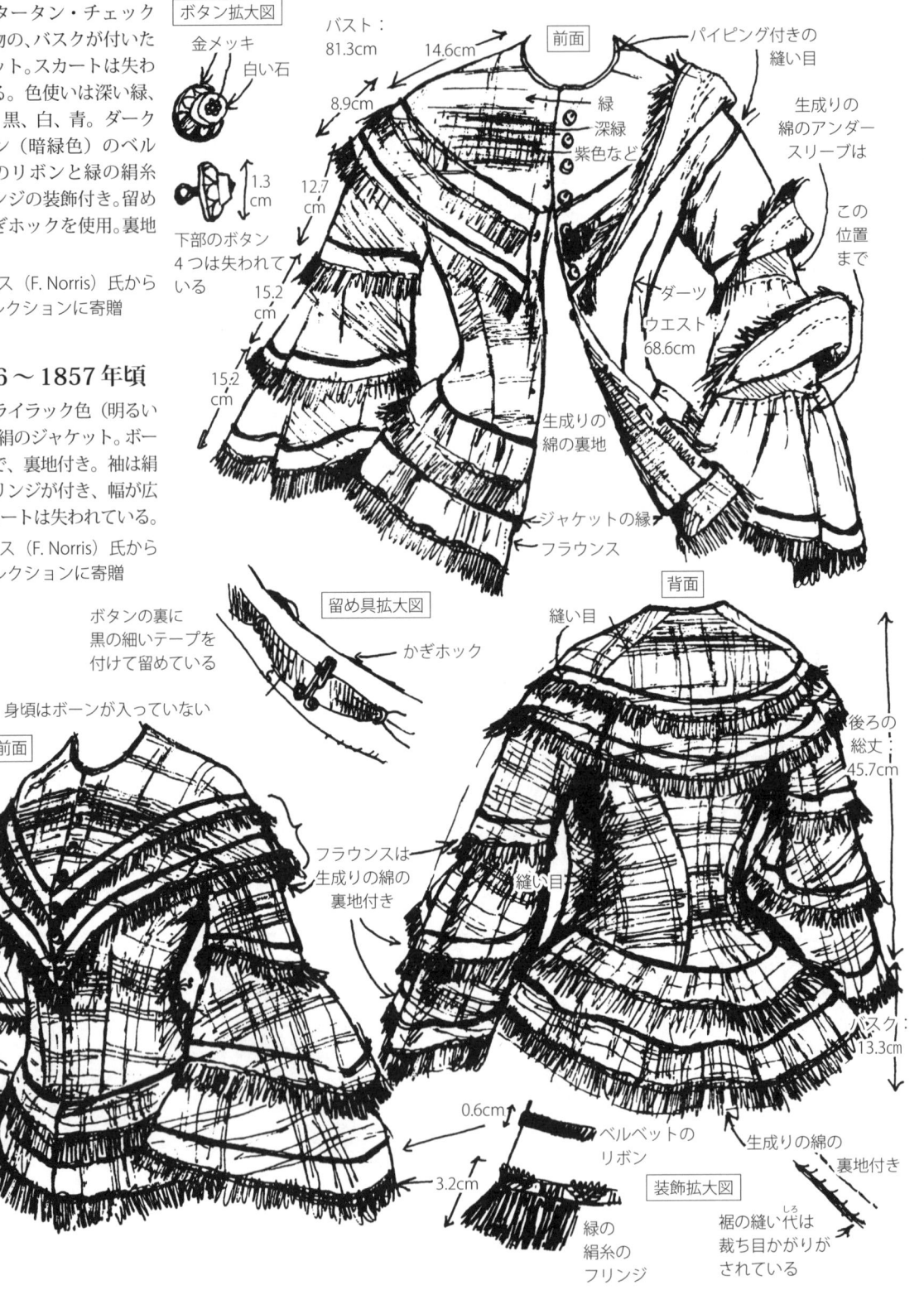

ボタン拡大図
- 金メッキ
- 白い石
- 1.3cm
- 下部のボタン4つは失われている

前面
- バスト：81.3cm
- 14.6cm
- 8.9cm
- 12.7cm
- 15.2cm
- 15.2cm
- 緑、深緑、紫色など
- パイピング付きの縫い目
- 生成りの綿のアンダースリーブはこの位置まで
- ダーツ
- ウエスト 68.6cm
- 生成りの綿の裏地
- ジャケットの縁
- フラウンス

留め具拡大図
- ボタンの裏に黒の細いテープを付けて留めている
- かぎホック

背面
- 縫い目
- 後ろの総丈：45.7cm
- フラウンスは生成りの綿の裏地付き
- 縫い目
- バスク：13.3cm

身頃はボーンが入っていない

前面
- ウエストまでの丈：39.4cm
- バスク：13.3cm

装飾拡大図
- 0.6cm
- 3.2cm
- ベルベットのリボン
- 緑の絹糸のフリンジ
- 生成りの綿の裏地付き
- 裾の縫い代は裁ち目かがりがされている

1850年代のドレスは身頃とスカートが別になっていた。これらの豊かな色合いのジャケットは、残念ながらどちらもスカートが失われている。非常に美しい仕上がりで、ほとんど着用された形跡がない。タータン・チェックのジャケットには、ボーンが入っていない。

◆ タータン・チェックの毛織物のジャケット

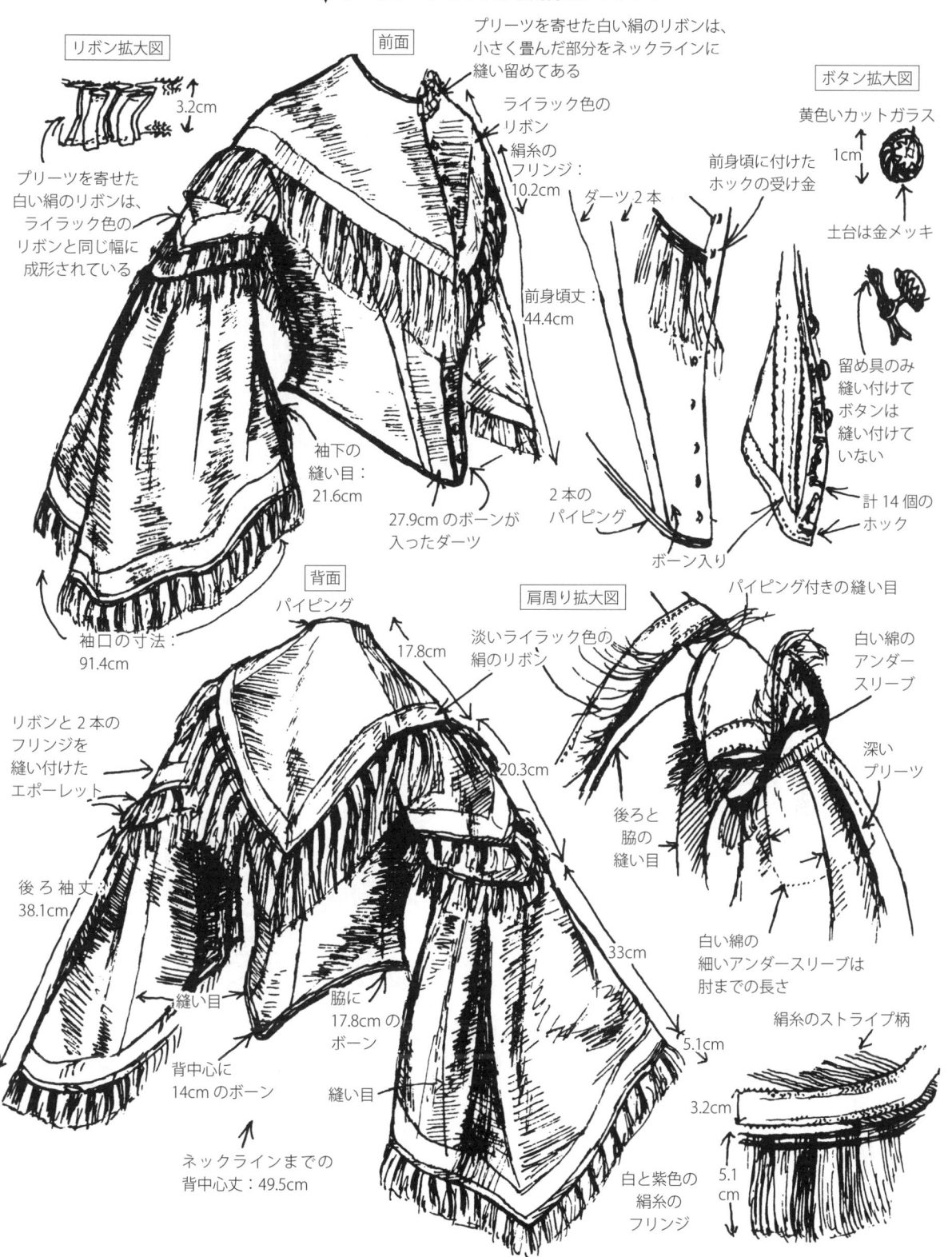

リボン拡大図
3.2cm
プリーツを寄せた白い絹のリボンは、ライラック色のリボンと同じ幅に成形されている

前面
プリーツを寄せた白い絹のリボンは、小さく畳んだ部分をネックラインに縫い留めてある
ライラック色のリボン
絹糸のフリンジ：10.2cm
ダーツ2本
前身頃丈：44.4cm
袖下の縫い目：21.6cm
27.9cmのボーンが入ったダーツ
2本のパイピング
ボーン入り
袖口の寸法：91.4cm

ボタン拡大図
黄色いカットガラス
1cm
土台は金メッキ
前身頃に付けたホックの受け金
留め具のみ縫い付けてボタンは縫い付けていない
計14個のホック

背面
パイピング
17.8cm
リボンと2本のフリンジを縫い付けたエポーレット
後ろ袖丈38.1cm
縫い目
背中心に14cmのボーン
脇に17.8cmのボーン
縫い目
ネックラインまでの背中心丈：49.5cm

肩周り拡大図
淡いライラック色の絹のリボン
20.3cm
パイピング付きの縫い目
白い綿のアンダースリーブ
深いプリーツ
後ろと脇の縫い目
白い綿の細いアンダースリーブは肘までの長さ
33cm
5.1cm
絹糸のストライプ柄
3.2cm
5.1cm
白と紫色の絹糸のフリンジ

ライラック色のジャケットはボーン入りで、1850年代によく見られた幅の広い袖が付いている。深いV字形の前後のウエストラインも、この時代のイブニング・ドレスによく見られる特徴である。ジャケットのボタンは装飾的で、取り外すことができる。スカートは後ろあきだったと思われる。

1855〜1857年

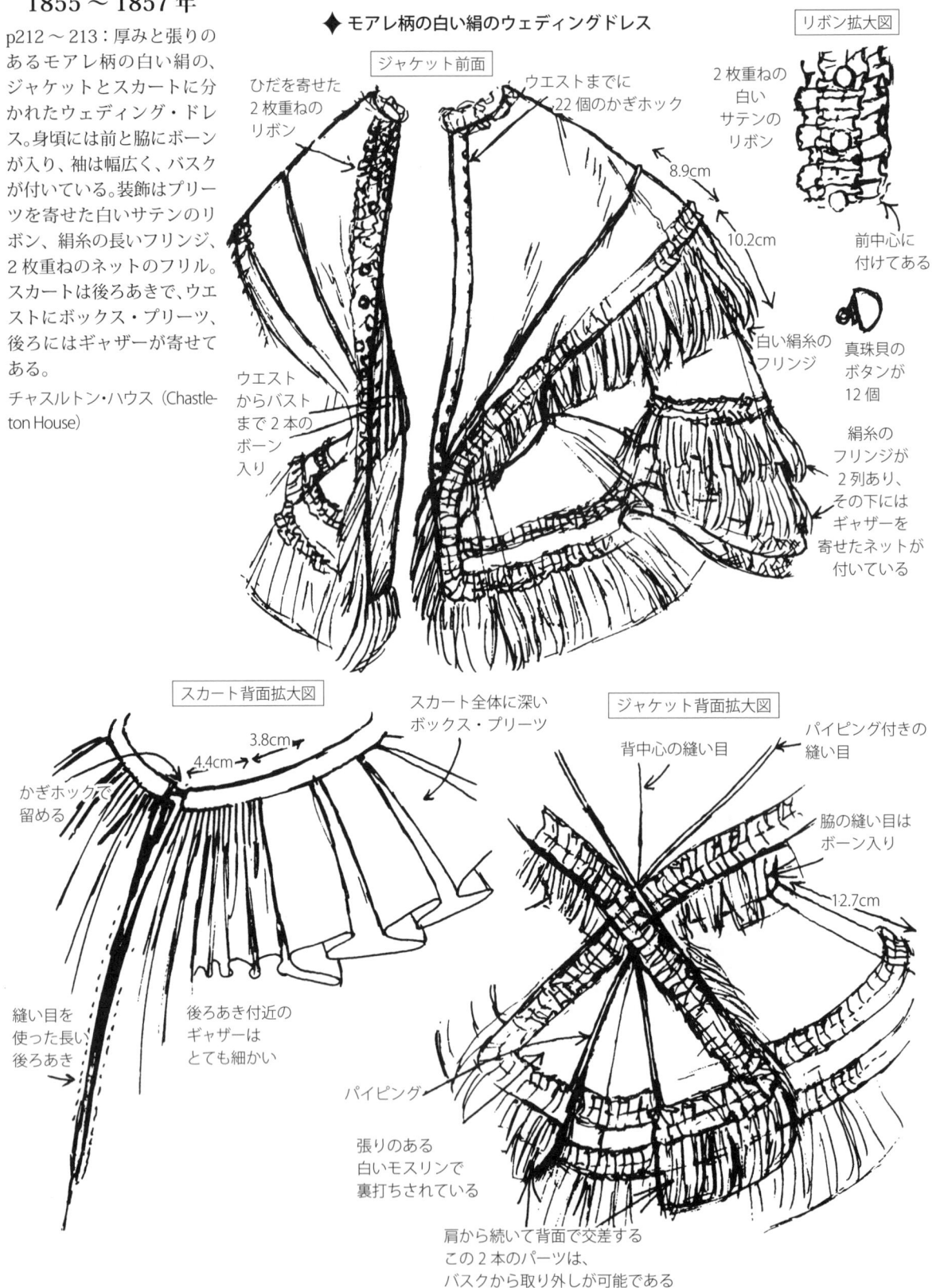

p212〜213：厚みと張りのあるモアレ柄の白い絹の、ジャケットとスカートに分かれたウェディング・ドレス。身頃には前と脇にボーンが入り、袖は幅広く、バスクが付いている。装飾はプリーツを寄せた白いサテンのリボン、絹糸の長いフリンジ、2枚重ねのネットのフリル。スカートは後ろあきで、ウエストにボックス・プリーツ、後ろにはギャザーが寄せてある。

チャスルトン・ハウス（Chastleton House）

◆ モアレ柄の白い絹のウェディングドレス

ジャケット前面

- ひだを寄せた2枚重ねのリボン
- ウエストまでに22個のかぎホック
- 8.9cm
- 10.2cm
- 白い絹糸のフリンジ
- ウエストからバストまで2本のボーン入り

リボン拡大図
- 2枚重ねの白いサテンのリボン
- 前中心に付けてある
- 真珠貝のボタンが12個
- 絹糸のフリンジが2列あり、その下にはギャザーを寄せたネットが付いている

スカート背面拡大図
- 3.8cm
- 4.4cm
- スカート全体に深いボックス・プリーツ
- かぎホックで留める
- 縫い目を使った長い後ろあき
- 後ろあき付近のギャザーはとても細かい

ジャケット背面拡大図
- 背中心の縫い目
- パイピング付きの縫い目
- 脇の縫い目はボーン入り
- 12.7cm
- パイピング
- 張りのある白いモスリンで裏打ちされている
- 肩から続いて背面で交差するこの2本のパーツは、バスクから取り外しが可能である

このドレスは、1850年代に前あきのジャケットと共に着用した、後ろあきのスカートの例である。長いフリンジを付けたV字形の装飾は当時流行のデザインだった。大きく装飾的な真珠貝のボタンの下には、かぎホックが隠されている。

◆ ドナルド・ホール（Donald Hall）氏の家族写真より

1853～1860年の湿板*写真である

幅の広い袖が付いたデイタイム・ドレスに白いアンダースリーブを着けている

◆ モアレ柄の白い絹のウェディング・ドレス

背面

パイピング付きの縫い目

白いサテンのリボンの端はピンキングされている

側面

絹の細かいネットのフリル

張りのある白いモスリンで裏打ちされている

白いサテンのリボン

35.6cm

35.6cm

12.7cm

脇スカート丈：119.4cm

後ろスカートの中心丈：124.5cm

縫い目

スカートはポケット付き

袖拡大図

ネットのフリル4枚が重なっている

絹糸のフリンジ2段

前スカート丈：101.6cm

脇の縫い目の上部にあるフリンジの下に、ポケットが隠されている

縫い目　縫い目

真珠貝のボタンは1855年頃から大量生産されるようになった。それ以前は非常に小さなものしかなく、カフスやレティキュールに使われていた。この時代のドレスには、細かいネットやモスリンのアンダースリーブを着用した。当時の花嫁はベールを頭の後ろに付け、1860年代までは顔の前に垂らすことはなかった。

＊：湿板　初期の写真技術において用いられた感光板。

213

1858〜1860年

p214〜215：黒いシルクタフタのドレス。袖とスカートのフラウンスの端は黒いベルベットで縁取りをしてある。ドレスは前あきで、フラウンスの下にはポケットと小さなウォッチ・ポケットが隠されている。エポーレットの付いた袖は、前後に縫い目があり、手首に向かって細くなっている。前身頃は続け裁ちされており、ボーン入りで、茶色い綿の裏地が付いている。スカートは、目の粗く張りのある茶色いモスリンの裏地付き。
スノースヒル・コレクション (Snowshill Collection)

◆ 1860年：『英国女性の家庭マガジン (The English Woman's Domestic Magazine)』、6月号より

モーブ色（藤色）の絹と麦わら製のファンション・ボンネット
白いチュールのキャップ
糸を引いてギャザーを寄せたプリーツの段
絹の膨らみ
濃いモーブ色の装飾が付いたモーブ色の絹のドレス

◆ 黒いシルクタフタのドレス

前面

前身頃はすべて続け裁ちされており、茶色い綿の裏地付き

身頃の前あきには16組のかぎホックが付いている

スカートのあきは前側の脇にある

ネックラインからの丈：39.4cm
6.4cm
肘回り25.4cm
ウエストにパイピング
縫い目

ポケット拡大図
ウォッチ・ポケット
8.9cm
C
A
B
一番上のフラウンスの下に、ポケットがある

布端
黒いベルベットの縁取り

縁は黒いベルベットでくるまれ、ブレードの縁飾りが付いている

張りのあるさらりとした質感のドレス。細身で背の高い女性のために作られたものである。1858年頃に登場したエポーレットが、なだらかなラインの肩にアクセントを付け、フラウンスはスカートの横の線を強調している。

◆ 黒いシルクタフタのドレス

前面拡大図
- 一番上はかぎホック
- 鳩目穴
- ボーンが入っている
- 山折り
- プリーツ
- 縫い目
- 縫い目
- 後ろ身頃丈：43.2cm
- 10.2cm
- 前と脇にボーンが入っているかぎホック
- ウォッチ・ポケット

背面
- ネックラインはパイピング付き
- 袖の縫い目にもパイピング付き

肩周り拡大図
- エポーレットの下部
- 袖のプリーツ
- ウエスト：61cm
- 縫い目
- フラウンスの幅は3枚とも同じで、前と脇：33cm 後ろ：34.3cm
- 縫い目
- 縫い目
- 縫い目
- 裾回り寸法：335.3cm

◆ 1860年：『英国女性の家庭マガジン (The English Woman's Domestic Magazine)』、5月号より

前面には、交差させたバーサ・カラーと、前で結んだサッシュ・ベルトが見える

バラ色の絹で装飾したピンクと白のストライプのドレスと、刺繍をほどこしたモスリンのズロースを身に着けた8〜9歳の少女

このドレスで興味深い点は、ウエストラインの縫い目に付けられた小さなウォッチ・ポケットの他に、より大きなポケットが前面のフラウンスの下に隠されている点である。1860年代の終わりにかけてスカートから膨らみが消え、ポケットを内側に付けられなくなったため、レティキュールが復活する。縫い目が2本ある袖は、それまでの袖より細くなっている。

215

1859年頃

p216～217：青みがかった茶色の、薄く柔らかな綾織りの絹のデイタイム・ドレス。前身頃にプリーツがあり、ウエストラインは直線でやや位置が高い。スカートは細かいギャザーを寄せて身頃に縫い付けてあり、脇のあき部分にはポケットが隠されている。身頃は前あきで、白い麻の総裏仕上げ。細身だが、ふっくらとした袖には縫い目が1カ所のみ見られ、茶色い麻の裏地が付いている。
ミセス M・マクベス（Mrs M. Macbeth）所蔵

◆ 青みがかった茶色の、綾織りの絹のデイタイム・ドレス

側面
14cm
22.9cm
35.6cm
パイピング付きの縫い目
104.1cm
102.9cm

◆ フランク・ストーン（Frank Stone）作の絵画、「2重唱（The Duet）」の一部分より
この時代の髪型と、この種のドレスに付けた襟とブローチの形が分かる

背面拡大図
38.1cm
9.5cm

後ろ側には、ギャザーがさらにたっぷり入っている

後ろ中心の縫い目

絹の布幅：50.8cm

身頃の前中心拡大図
プリーツはすべて、薄手で張りのある、茶色いモスリンに縫い付けてある

プリーツはこの部分までステッチをかけて抑えてある

ウエストの接ぎはこの部分まで

かぎホック

縫い目　　縫い目　　縫い目

ミセス M・マクベスの曽祖母が着用したこのデイタイム・ドレスは、シンプルな中に優雅さがあり、この時代の日常着のスタイルをよく反映している。身頃は1850年代の一般的なデザインで、細身ながらふっくらとしたビショップ・スリーブが付いている。この袖の形は、幅の広いパゴダ型やつり鐘形の袖に代わって1855年頃に登場したデザインで、縫い目は1カ所のみである。

◆ **青みがかった茶色の、綾織りの絹のデイタイム・ドレス**

[前面]

[裏面]

- プリーツは1枚ずつ別々にカットされ、モスリンの土台に縫い付けてある
- ネックラインと縫い目にパイピング
- 身頃とスカートは薄手の白い麻の裏地付き
- ホックの受け金
- 8組のホック
- 袖は茶色い麻の裏地付き
- 肘部分に2本のプリーツ
- 縫い目
- 茶色い絹の留めひもがウエストの後ろ側に縫い付けてある
- 非常に細かくギャザーを寄せてある
- 61cm
- スカート上端の布はカットせず内側に畳んである
- 10.2cm
- 15.2cm
- 5.1cm
- 茶色い絹のボタンと糸製のループ
- 30.5cm
- 脇の縫い目にあき
- 共布のポケットは茶色い麻で裏打ちされている
- 縫い目

[柄拡大図]

薄く柔らかな綾織りの絹、色は青みがかった茶色

縫い目　　裾回り寸法：355.6cm　　縫い目

やや高めの位置にあるまっすぐなウエストラインは1859年以降に登場したものだが、当時はスカートをウエスト・バンドに付けており、このドレスのように身頃に直接細かいギャザーを縫い付けてはいなかった。

1864～1865年

p218～219：モスリンのように白く透き通った毛織物のアフタヌーン・ドレス。白い絹糸で格子柄を織り込み、ソフトな赤いバラの花と、細いストライプ、オレンジ色がかった赤いつぼみ、緑の葉の柄を散りばめてある。クリノリン付きで、スカートはプリーツとギャザーが入り、非常にたっぷりとしている。身頃は緑のリボンの上に黒いレースの装飾付き。綿の裏地でできた短い袖が付いている。スカートは裏地無し。
スノースヒル・コレクション（Snowshill Collection）

◆ 白く透き通った毛織物のアフタヌーン・ドレス

背面

18.4cm

袖ぐりはとても小さい

◆ 1861年：『英国女性の家庭マガジン（The English Woman's Domestic Magazine）』、3月号より

黒いレースと赤い花

黒いレース

ドレスには2種類の緑が使われている

縫い目

柄拡大図

透けるように薄い、モスリンのような白い毛織物に、白い絹糸のチェック

バラと線はソフトな赤でプリントされている

つぼみはオレンジ色、葉は緑

経糸（たていと）より緯糸（よこいと）のほうが目立つ

縫い目　　　縫い目

スカートにはたっぷりとギャザーが入っているが、ドレス全体は非常に軽く繊細で、柄や素材によく合っている。袖に付けた鮮やかな緑のリボンの上に黒いレース、という粋なあしらいが魅力的である。

◆ 白く透き通った毛織物のアフタヌーン・ドレス

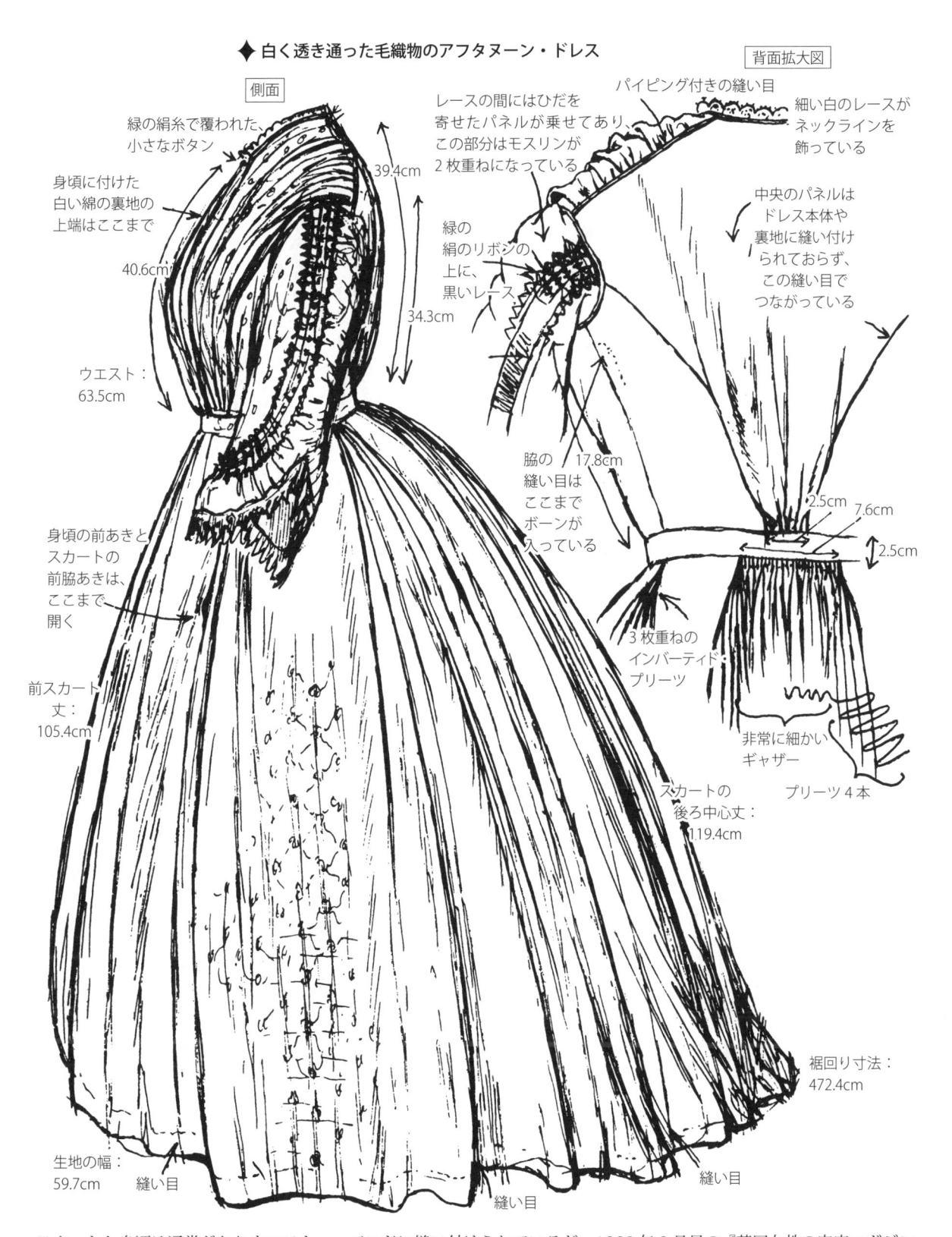

側面 / 背面拡大図

- 緑の絹糸で覆われた、小さなボタン
- 身頃に付けた白い綿の裏地の上端はここまで
- 40.6cm
- 39.4cm
- ウエスト：63.5cm
- 身頃の前あきとスカートの前脇あきは、ここまで開く
- 前スカート丈：105.4cm
- 生地の幅：59.7cm
- 縫い目

- レースの間にはひだを寄せたパネルが乗せてあり、この部分はモスリンが2枚重ねになっている
- パイピング付きの縫い目
- 細い白のレースがネックラインを飾っている
- 緑の絹のリボンの上に、黒いレース
- 34.3cm
- 中央のパネルはドレス本体や裏地に縫い付けられておらず、この縫い目でつながっている
- 脇の縫い目はここまでボーンが入っている
- 17.8cm
- 2.5cm
- 7.6cm
- 2.5cm
- 3枚重ねのインバーティド・プリーツ
- スカートの後ろ中心丈：119.4cm
- 非常に細かいギャザー
- プリーツ4本
- 裾回り寸法：472.4cm
- 縫い目

スカートと身頃は通常どおりウエスト・バンドに縫い付けられているが、1860年6月号の『英国女性の家庭マガジン (English Woman's Domestic Magazine)』に掲載された洋裁の手引きが示すプリーツの方法はこのドレスと異なり、『スカートを身頃に縫い付ける際は、ボリュームを調節し、前身頃の両側にはそれぞれ5～6本のプリーツ、後ろ身頃には3～4本の大きなボックス・プリーツを縫い付けること』とある

219

1864〜1865年

p220〜221:引き続き、モスリンのように白く透き通った毛織物のアフタヌーン・ドレスの解説。

p221:小さな低いヒールの付いた黒いサテンの靴。靴底は厚く、左右の区別がある。
スノースヒル・コレクション（Snowshill Collection）

p221:イニシャルと日付の入った白い綿のストッキング。
ミセスM・S・マラム（Mrs M. S. Mallam）所蔵

◆ **白く透き通った毛織物のアフタヌーン・ドレス**

前身頃の左右は、プリーツ部分も含めて続け裁ちされている

前面

2組の小さなかぎホック

袖装飾拡大図

裏地の短い袖はここまで

黒いレース

緑の絹のリボン：
2.5cm
5.1cm
3.8cm

パイピング付きの縫い目

端は折り返して縫い合わせ、2枚重ねになっている

黒いレース

スカートのウエスト部分のプリーツ、AからBの間にウォッチ・ポケットがある

◆1863年頃：T.スタンリー・ブラウン（T. Stanley Brown）氏の家族写真より

装飾の付いた袖は、カフスの部分が細くなっている

当時の髪型、襟、カフスが描かれている

プリーツの方向

1850年代の終わりから1860年代の初めにかけて、さまざまな形の袖が登場した。こうした袖は幅が狭く、装飾や膨らみの部分だけにボリュームの名残が見られるものが多かった。前身頃は1枚の生地からできており、ギャザーは丁寧で、綿のアンダーウェアに縫い付けたステッチは表面からはほとんど見えない。

◆ 白く透き通った毛織物のアフタヌーン・ドレス

裏地のネックラインにはレースが付けられていたようで、布端は裁ち切りのまま折り返してある

身頃は白い綿の裏地付き

ボタンは麻

[裏面]

小さなボタン

[ボタン拡大図]

緑の絹糸で覆われている

裏地の短い袖の端には、白く細いレースが付いている

ボーン入り

19.1cm

内側のテープに付けたホックは、反対側のテープに付けられた受け金に掛ける

ホック

ウォッチ・ポケット

7cm

ドレスを裏地に留め付ける縫い目

受け金

30.5cm

留めひもは、おそらくドレスの前面とクリノリンを固定するために使われたもの

イニシャルと日付入り

[裏面]

左前身頃の下端

留めひも

◆ 黒いサテンの靴

6.4cm

22.9cm

かかとは縫い目なし

革のヒール：0.8cm

黒いサテンのリボン

半分のみ、白い子ヤギ革の裏地付き

かかとの内側に硬い芯が入っている

厚い革の靴底とヒール

この靴は、レディング市ブロード・ストリート19番地のウィルソン（Wilson）社、「紳士と淑女のおしゃれなブーツ&シューズ・メーカー（Ladies' and Gentlemen's Fashionable Boot and Shoe Maker）」で販売されたもの

◆ 白い綿のストッキング

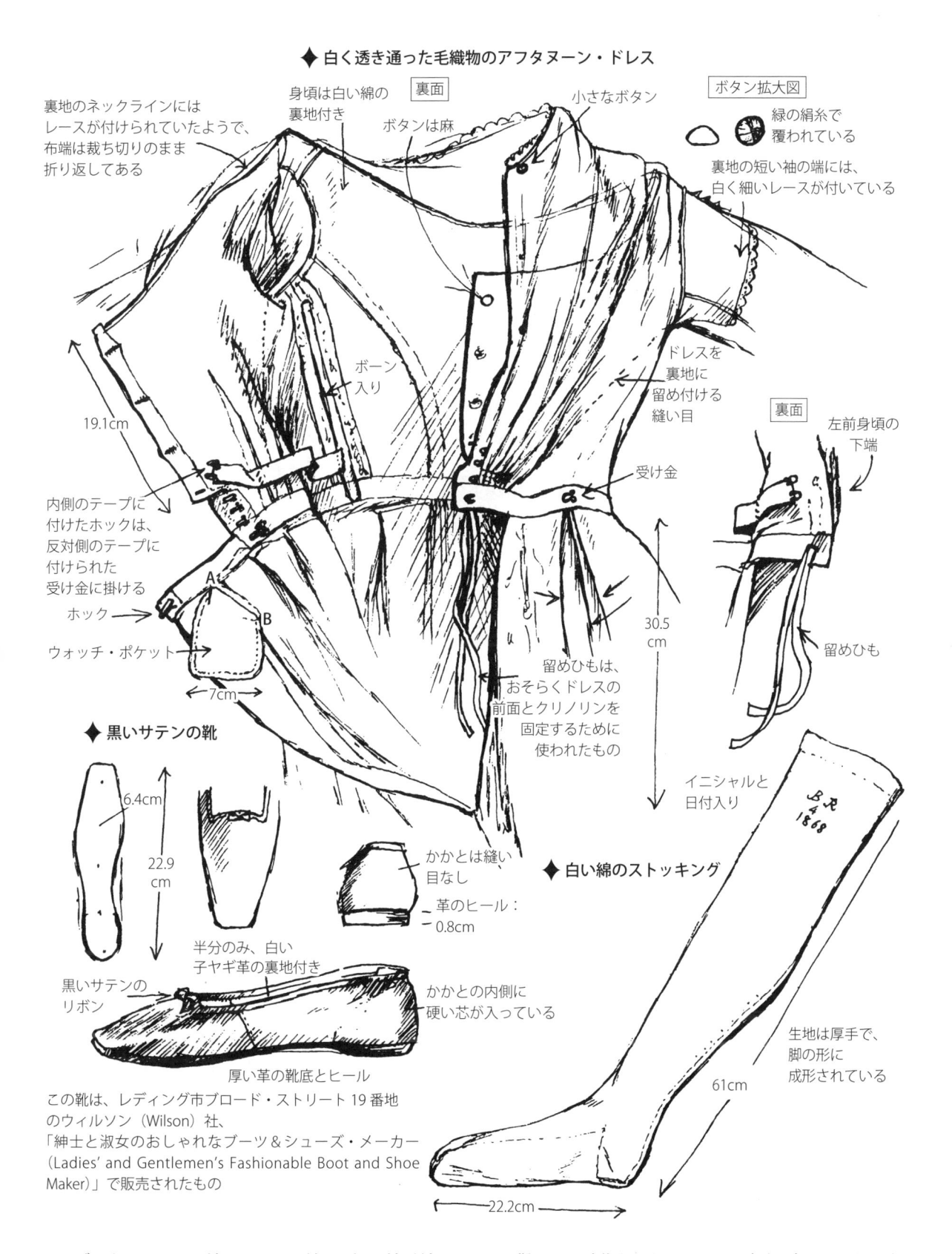

生地は厚手で、脚の形に成形されている

61cm

22.2cm

アンダーウェアには、端にレースを付けた短い袖が付いている。靴はこの時代もスクエア・トゥだが、底は厚くなり小さなヒールが付いている。底の薄い靴はダンスの際に履いた。靴には白いストッキングを、ブーツには色付きのストッキングを合わせた。

1865～1866年頃

p222～223：ライラック色（明るい紫色）の玉虫タフタを使ったドレス。クリノリン付きで、身頃と袖、後ろスカートには黒いレースの装飾がある。細い袖には縫い目が2本あり、肩には小さいパフ付き。身頃の前と脇にはボーンが入っており、身頃と袖は白い麻の裏地が、スカートには艶のある白い綿の裏地が付いている。前脇あきで、ウォッチ・ポケットとポケットが付いている。裾には黒いブレードの装飾付き。

スノースヒル・コレクション (Snowshill Collection)

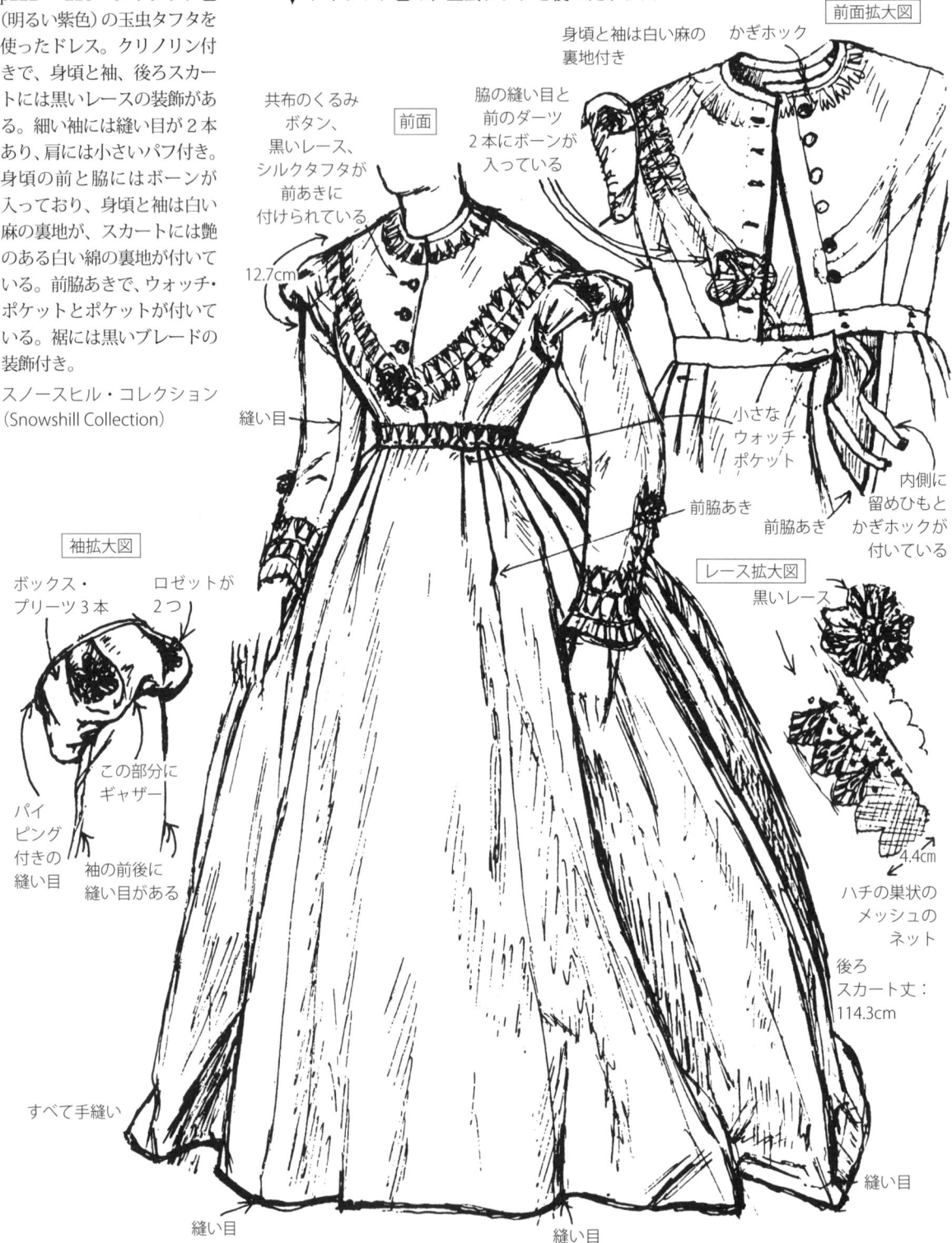

♦ ライラック色の、玉虫タフタを使ったドレス

前面拡大図
身頃と袖は白い麻の裏地付き
かぎホック

共布のくるみボタン、黒いレース、シルクタフタが前あきに付けられている
前面
脇の縫い目と前のダーツ2本にボーンが入っている

12.7cm

縫い目

小さなウォッチポケット
前脇あき
前脇あき
内側に留めひもとかぎホックが付いている

レース拡大図
黒いレース

袖拡大図
ボックス・プリーツ3本
ロゼットが2つ
この部分にギャザー
パイピング付きの縫い目
袖の前後に縫い目がある

4.4cm
ハチの巣状のメッシュのネット
後ろスカート丈：114.3cm

すべて手縫い
縫い目
縫い目
縫い目

このドレスも引き出しの奥深くにしまわれていたものである。後ろスカートの装飾やスカートの下に着けたクリノリンなど、1860年代の素晴らしい特徴が多い。しかしすでに1860年の『英国女性の家庭マガジン（English Woman's Domestic Magazine）』には、「今や、鋼鉄製のクリノリンを着けなくなった女性もいる」と書かれている。

◆ ライラック色の、玉虫タフタを使ったドレス

背面

1.3cm
15.2cm
14.6cm

縫い目
ボーン入り

プリーツは後ろ中心に向かって倒されている

背面拡大図

幅：2.5cm

2枚重ねのレースのフリル

後ろに細かいギャザー

取り外しのできるベルトの留め具はかぎホック

スカートは艶のある綿の総裏仕上げ

縫い目

裾の縁は細く黒い毛織物のブレードでくるまれている

◆ 1866年：著者の祖母のいとこが所有する家族写真より

黒い装飾付きの、シルクタフタのドレス

側面

ウエスト 67.3cm
35.6cm
36.8cm
100.3cm

おそらく、手首と同じ白いフリルがここにも付いていた
29.2cm
3.8cm

白いネットのフリルの端にレースが付いている

縫い目にポケットが付いている

縫い目

さらに、パリの女性たちがドレスの下に着けているのは「腰の高さまでの小さなフラウンスを付けたモスリンのペチコートで、フラウンスは1枚ずつ鉄のパーツに付けてある」とも書かれている。しかしこうした記事にもかかわらず、クリノリンは1868年まで使われていた。

1865～1867年

p224～225：ピンクの繊細なアルパカを使ったイブニング・ドレス。背中には同色の大きながリボンあり、サッシュ・ベルトのようなその端が足首の近くまで垂れている。布端には白いサテンを使った細い山形の装飾と、金茶色のフリンジが付いている。ジャケットと袖は白い麻の裏地付きで、前身頃と脇にはボーンが入っている。前脇あきで、スカートの内側にポケットと小さなウォッチ・ポケットが付いている。このドレスはすべてミシンで縫ってある。
スノースヒル・コレクション（Snowshill Collection）

◆ ピンクの繊細なアルパカを使ったイブニング・ドレス

◆ 1868年：『淑女の雑誌（The Lady's Own Paper）』6月号のファッション・プレートより

左：イブニング・ドレス
右：アフタヌーン・ドレス

高いウエスト位置のゴアード・スカートで、背面は以前より強調されている

袖拡大図
共布のパイピング付きの縫い目
袖の裏地は細身
3.8cm
白いサテン
共布のパイピング
前スカートには白いサテンのリボンが11個

リボン拡大図
5.1cm

装飾拡大図
白いサテンの装飾
山折り

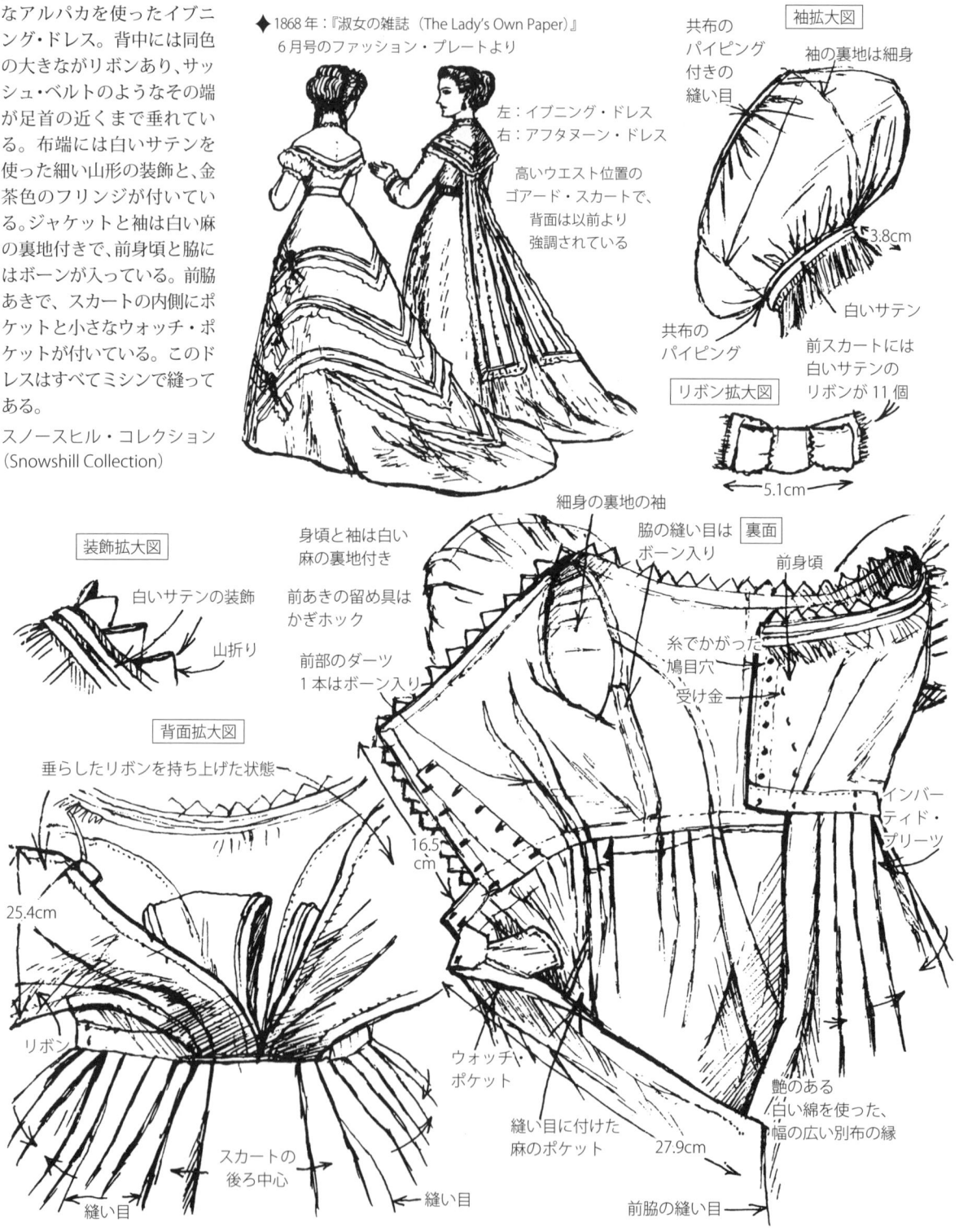

背面拡大図
垂らしたリボンを持ち上げた状態
25.4cm
リボン

細身の裏地の袖
身頃と袖は白い麻の裏地付き
前あきの留め具はかぎホック
前部のダーツ1本はボーン入り
脇の縫い目はボーン入り

裏面
前身頃
糸でかがった鳩目穴
受け金
インバーティド・プリーツ
16.5cm
ウォッチ・ポケット
縫い目に付けた麻のポケット
艶のある白い綿を使った、幅の広い別布の縁
27.9cm
前脇の縫い目
スカートの後ろ中心
縫い目
縫い目

1865年以降はミシンを使った縫製が一般的になり、1868年にはさまざまな会社のミシンが販売されるようになった。裾を長く引いたスカートと長く垂らしたリボンが流行し、クリノリンは消え、プリーツやギャザーのスカートに替わってゴアード・スカートが登場した。

◆ ピンクの繊細なアルパカを使ったイブニング・ドレス

背面

すべてミシン縫い

生地は
ピンクの経糸（たていと）、
白の緯糸（よこいと）のアルパカ

金茶色の絹糸のフリンジ

ウエスト：55.9cm

かぎホック2組

スカートの前丈：96.5cm

ウォッチ・ポケット

あきはここまで

11個のリボン

白いサテンの装飾
27.9cm
16.5cm

ドレスと同色の垂らしたリボン

縫い目に麻のポケット

縫い目

前面

金茶色の絹糸のフリンジ

ダーツ2本

折り目の下にウォッチ・ポケットとあき部分がある

縫い目

スカートの後ろ中心丈：135.9cm

縫い目

縫い目

裾の縁は黒いベルベットのリボンでくるまれている

縫い目

布幅：71.1cm

縫い目

裾周りの長さ：396.2cm

1868年の『淑女の雑誌（The Lady's Own Paper）』には、こう書かれている。「とても派手な色のクリノリンがパリで流行していることを残念に思います。上品ではないからです。自然な艶のある生地のほうが美しいのです」また、「明るいグレーのアルパカ、モーブ色（藤色）のサテンのパイピング、山型の装飾とフリンジ」を薦めている。

1868年頃

p226～227：淡い青緑の斑点模様がプリントされた白いモスリンのデイタイム・ドレス。手縫いで、裏地は付いていない。袖は2本の縫い目が入り、装飾はない。スカートの膝の上の辺りにはポケットが、ウエストには小さなウォッチ・ポケットがある。前身頃のあきには、非常に小さな真珠貝のボタンが6個付いている。スカートのあきは左前脇にある。スカートには3枚のフラウンスが付き、縁は白い毛織物のブレードでくるんである。

スノースヒル・コレクション (Snowshill Collection)

♦ **淡い青緑の斑点模様のデイタイム・ドレス**

♦ 1868年：オーガスタ・M・イヴ (Augusta. M. Eves) 氏の祖母の家族写真より

- 襟ぐりに細い白のフリルとブローチ
- 前あきの絹のドレス
- チェーン付きの時計

- 前面
- 袖ぐり全体にパイピング
- 前中心丈：29.2cm
- 縫い目
- ウエストに小さなウォッチ・ポケット
- 脇の縫い目のあきはここまで

ポケット拡大図
縫い目のA～Bにポケットが付いている
17.8cm
25.4cm

柄拡大図
淡い青緑
モスリン
45.7cm

フラウンス拡大図
一番上のフラウンスのフリルは山折りされて2重になっている
1.3cm
11.4cm
11.4cm
11.4cm
12.7cm
フラウンスはバイアスにカットされている
フラウンスの縁は白い毛織物のブレードでくるまれている

シンプルなデイタイム・ドレス。製作された時期は明らかでないが、おそらく1867年の冬にクリノリンが消えた直後、1868年の初夏だと考えられる。1868年にはスカートの裾に付けたフラウンスが再び流行し、袖が細くなる。

◆ 淡い青緑の斑点模様のデイタイム・ドレス

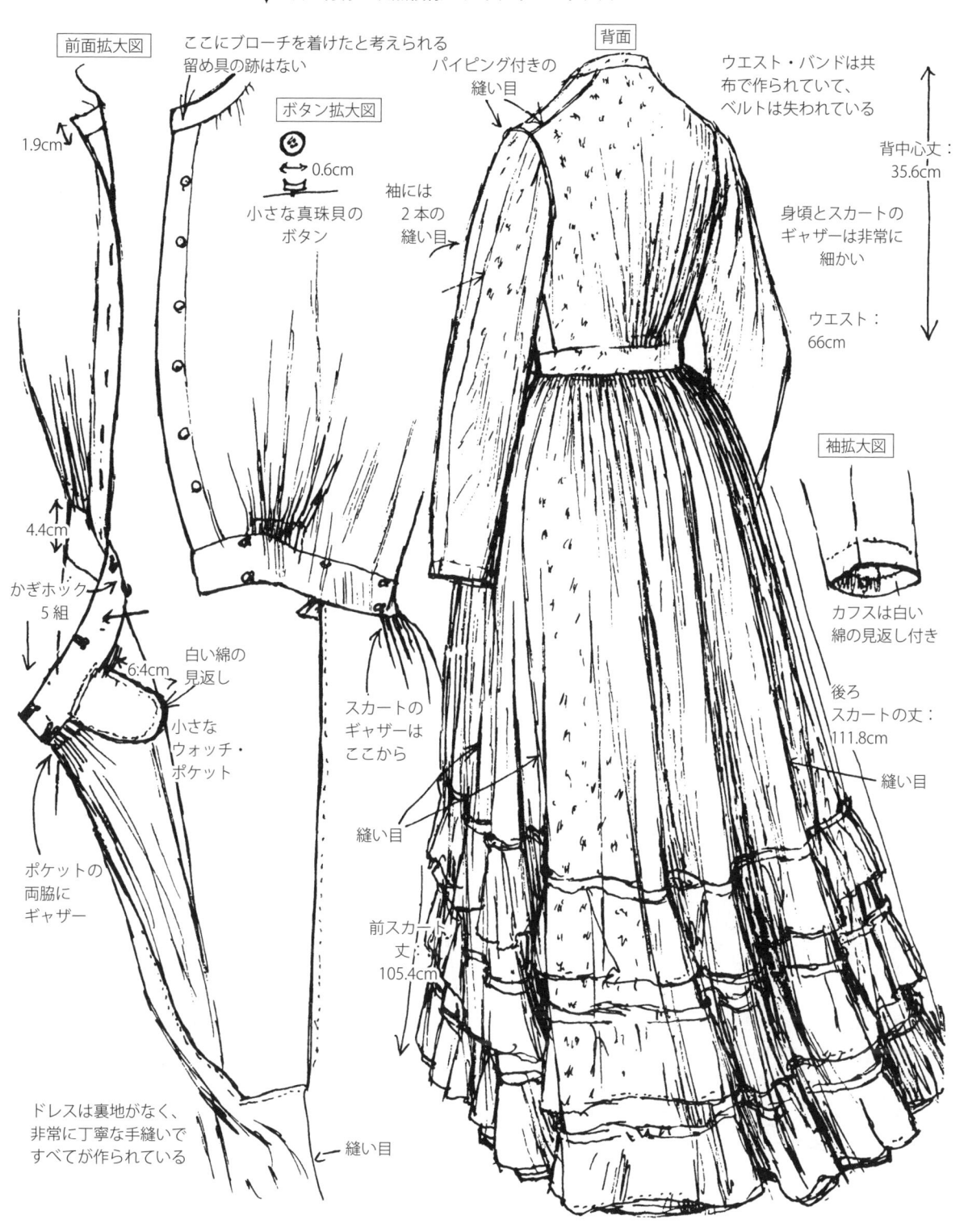

[前面拡大図]

1.9cm

ここにブローチを着けたと考えられる留め具の跡はない

[ボタン拡大図]

0.6cm

小さな真珠貝のボタン

袖には2本の縫い目

[背面]

パイピング付きの縫い目

ウエスト・バンドは共布で作られていて、ベルトは失われている

背中心丈：35.6cm

身頃とスカートのギャザーは非常に細かい

ウエスト：66cm

4.4cm

かぎホック5組

6.4cm

白い綿の見返し

小さなウォッチ・ポケット

スカートのギャザーはここから

縫い目

[袖拡大図]

カフスは白い綿の見返し付き

後ろスカートの丈：111.8cm

縫い目

ポケットの両脇にギャザー

前スカート丈：105.4cm

ドレスは裏地がなく、非常に丁寧な手縫いですべてが作られている

縫い目

このシンプルなドレスには着用した形跡がほとんどないが、それもうなずける。というのも、当時はオーバースカートにたくさんの装飾を施し、ループを使ってドレープを寄せたバッスル・スタイルで、女性たちが再び「鳥かご」に入り、詰め物をたくさん身に付けた年だったからである。このスカートは、p234のようなバッスル・スタイルのものではない。

1870 年頃

p228〜229：白いシルクタフタのウェディング・ドレス。前あきのジャケットと後ろあきのスカートに分かれている。取り外しができるエプロンは後ろあきで、長いリボンの端を長く垂らしている。エプロンとスカートは張りのあるモスリンの裏地付き。ジャケットは白い綿の裏地付きで、濃いクリーム色の絹のリボンとフリンジで装飾してある。

p228：機械編みの細かいネットにレースをあしらった、たっぷりとしたウェディング・ベール。

ミセス M・J・キング（Mrs M. J. King）所蔵

◆ 1870 年：『英国女性の家庭マガジン（English Woman's Domestic Magazine）』11月号のファッション・プレートより

ウェディング・ドレス

◆ 白いシルクタフタのウェディング・ドレス

エプロン背面拡大図

絹の上にネットをかぶせている
張りのある白いモスリンの裏地付き
垂らしたリボンの端とループにも、張りのあるモスリンの裏地付き
この部分のみ絹
3.2cm
28.6cm
20.3cm
17.8cm
一番上のリボンの天地幅：12.7cm
一番下のリボンの天地幅：17.8cm
白い絹のリボン
40.6cm

スカート背面拡大図

後ろ中心
深く畳んだ二重のボックス・プリーツ
11.4cm
後ろ脇のあき：30.5cm
プリーツの中に縫い目

◆ ウェディング・ベール

機械編みの斑点柄のネットに、非常に細かいボビン・レースのアップリケが付いている

この続き柄が全体に入っている

この白いウェディング・ベールは、大きな花枝柄が2つの角に付いた、1辺が213.4cmの正方形で、ウェディングドレスと共に保存されていたレースはおそらくブリュッセル・レースである

軽やかな絹を使った優雅なウェディング・ドレスである。ウェディング・ベール、オレンジの花の冠、小さなポージー・リング入れと共に美しく保存されている。1870年代初頭は濃さの違う同系色が1着のドレスに使われることが多かったため、白いドレスに濃いクリーム色の装飾が使われたのであろう。

◆ 白いシルクタフタのウェディング・ドレス

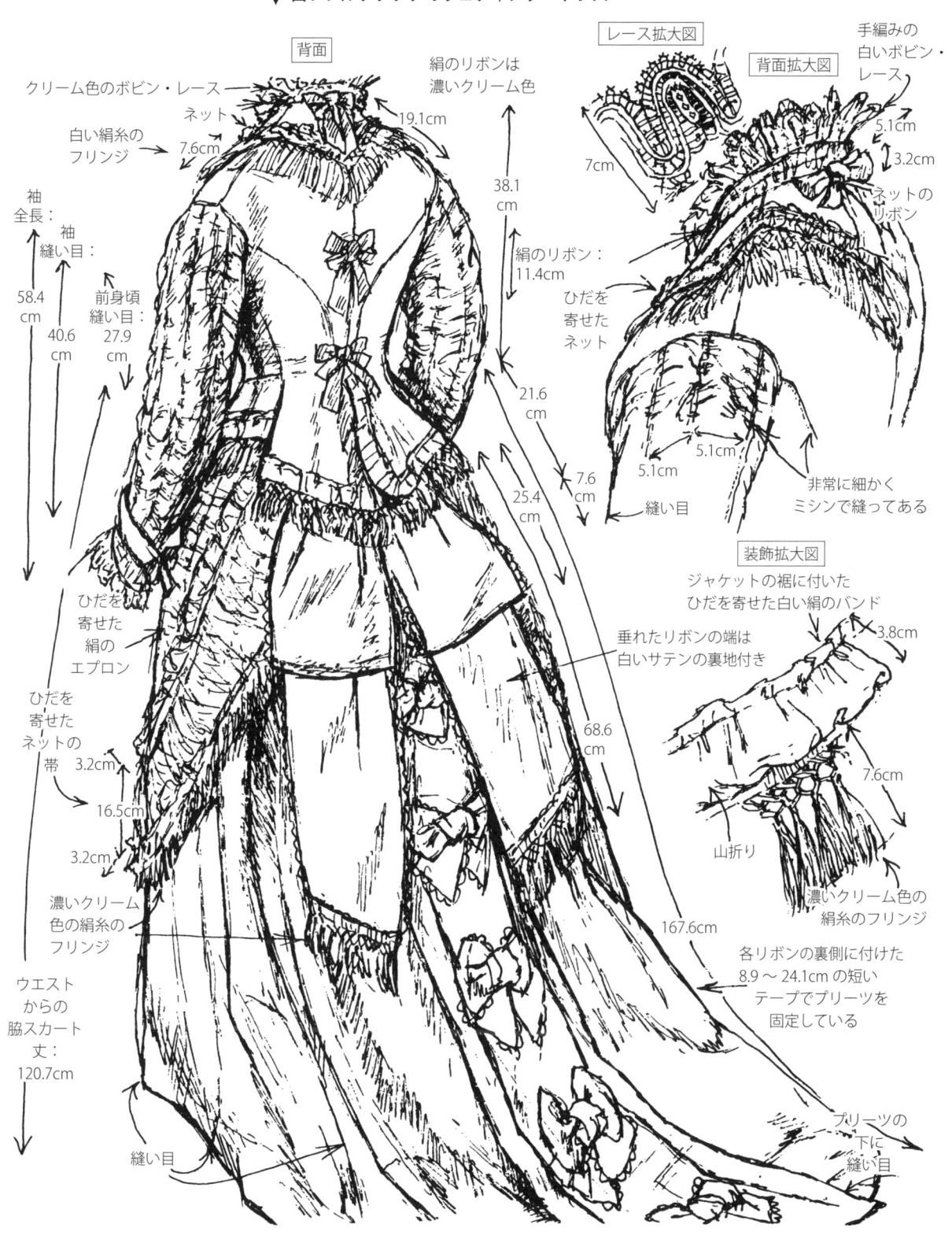

背面

- クリーム色のボビン・レース
- ネット 7.6cm
- 絹のリボンは濃いクリーム色 19.1cm
- 白い絹糸のフリンジ
- 袖全長：58.4cm
- 袖縫い目：40.6cm
- 前身頃縫い目：27.9cm
- 絹のリボン：11.4cm
- 38.1cm
- ひだを寄せたネット
- 21.6cm
- 7.6cm
- 25.4cm
- ひだを寄せた絹のエプロン
- ひだを寄せたネットの帯 3.2cm / 16.5cm / 3.2cm
- 濃いクリーム色の絹糸のフリンジ
- 68.6cm
- 垂れたリボンの端は白いサテンの裏地付き
- 167.6cm
- ウエストからの脇スカート丈：120.7cm
- 縫い目

レース拡大図

背面拡大図
- 手編みの白いボビン・レース
- 7cm
- 5.1cm
- 3.2cm
- ネットのリボン
- 5.1cm / 5.1cm
- 縫い目
- 非常に細かくミシンで縫ってある

装飾拡大図
- ジャケットの裾に付いたひだを寄せた白い絹のバンド
- 3.8cm
- 7.6cm
- 山折り
- 濃いクリーム色の絹糸のフリンジ
- 各リボンの裏側に付けた8.9～24.1cmの短いテープでプリーツを固定している
- プリーツの下に縫い目

このドレスのフリンジとリボンは、時間の経過とともに変色している。後ろあきのスカートには、幅の広い2重のボックス・プリーツが後ろのウエストから裾まで入っている。それぞれのリボンの下に短いテープを縫い付けて、内側でプリーツを固定している。

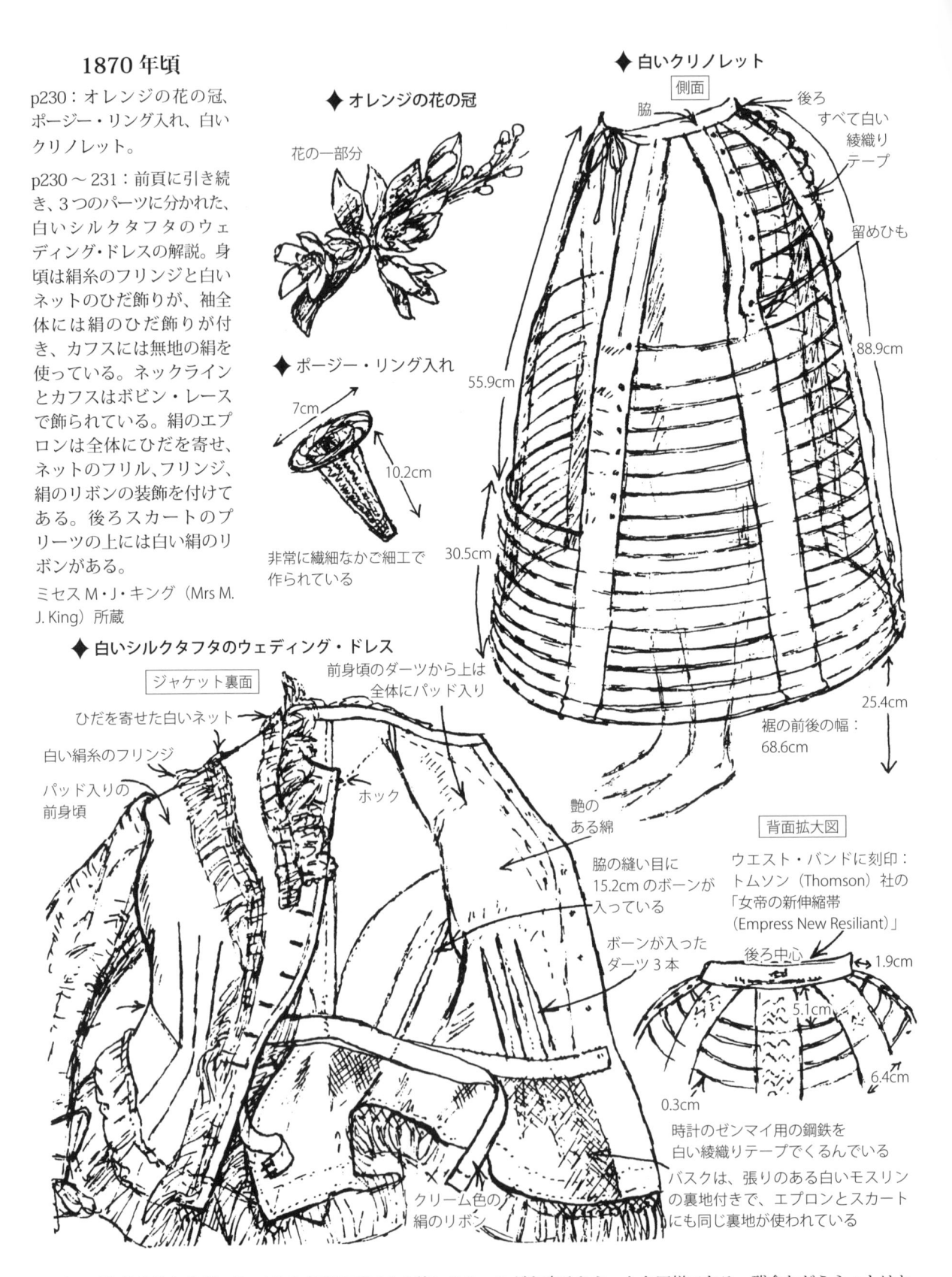

1870年頃

p230：オレンジの花の冠、ポージー・リング入れ、白いクリノレット。

p230〜231：前頁に引き続き、3つのパーツに分かれた、白いシルクタフタのウェディング・ドレスの解説。身頃は絹糸のフリンジと白いネットのひだ飾りが、袖全体には絹のひだ飾りが付き、カフスには無地の絹を使っている。ネックラインとカフスはボビン・レースで飾られている。絹のエプロンは全体にひだを寄せ、ネットのフリル、フリンジ、絹のリボンの装飾を付けてある。後ろスカートのプリーツの上には白い絹のリボンがある。

ミセス M・J・キング（Mrs M. J. King）所蔵

◆ オレンジの花の冠
花の一部分

◆ ポージー・リング入れ
7cm
10.2cm
非常に繊細なかご細工で作られている

◆ 白いクリノレット
側面
脇
後ろ
すべて白い綾織りテープ
留めひも
55.9cm
88.9cm
30.5cm
25.4cm
裾の前後の幅：68.6cm

背面拡大図
ウエスト・バンドに刻印：トムソン（Thomson）社の「女帝の新伸縮帯（Empress New Resiliant）」
後ろ中心 →1.9cm
5.1cm
6.4cm
0.3cm
時計のゼンマイ用の鋼鉄を白い綾織りテープでくるんでいる
バスクは、張りのある白いモスリンの裏地付きで、エプロンとスカートにも同じ裏地が使われている

◆ 白いシルクタフタのウェディング・ドレス
ジャケット裏面
ひだを寄せた白いネット
白い絹糸のフリンジ
パッド入りの前身頃
前身頃のダーツから上は全体にパッド入り
ホック
艶のある綿
脇の縫い目に15.2cmのボーンが入っている
ボーンが入ったダーツ3本
クリーム色の絹のリボン

フリンジと装飾的なリボンは、1870年代初期によく使われた。ひだを寄せたネットも同様である。残念ながらネットはとても薄いため、絹の生地ほどは長く保存できない。トムソン社（Thomson）製のクリノリンの枠の中には、前後を留めるひもが1組付いている。これはいわばクリノリンとバッスルの中間である。

◆ 白いシルクタフタのウェディング・ドレス

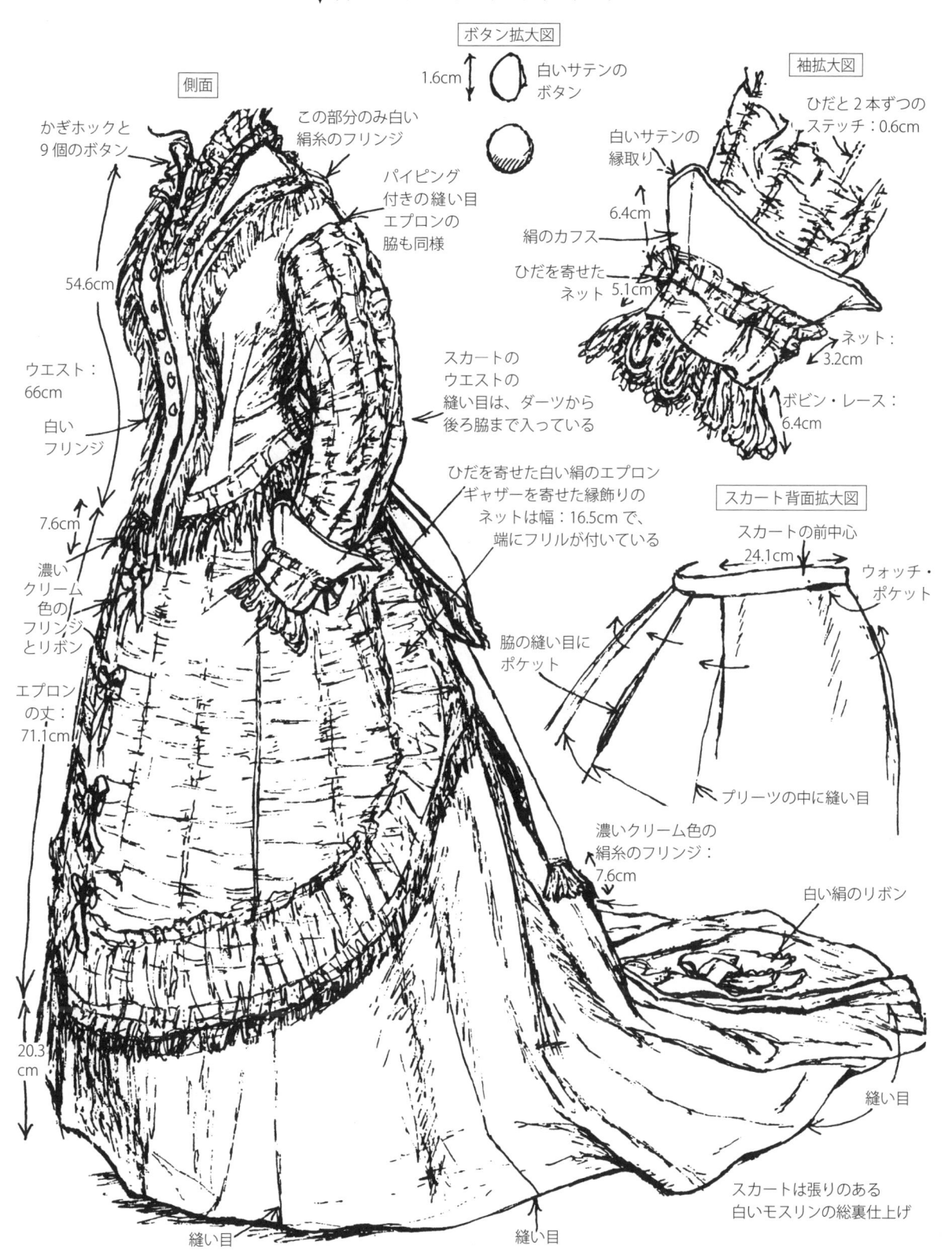

側面

- かぎホックと9個のボタン
- この部分のみ白い絹糸のフリンジ
- パイピング付きの縫い目 エプロンの脇も同様
- 54.6cm
- ウエスト：66cm
- 白いフリンジ
- 7.6cm
- 濃いクリーム色のフリンジとリボン
- エプロンの丈：71.1cm
- スカートのウエストの縫い目は、ダーツから後ろ脇まで入っている
- ひだを寄せた白い絹のエプロン ギャザーを寄せた縁飾りのネットは幅：16.5cmで、端にフリルが付いている
- 濃いクリーム色の絹糸のフリンジ：7.6cm
- 20.3cm
- 縫い目
- 縫い目

ボタン拡大図

- 1.6cm
- 白いサテンのボタン

袖拡大図

- ひだと2本ずつのステッチ：0.6cm
- 白いサテンの縁取り
- 6.4cm
- 絹のカフス
- ひだを寄せたネット
- 5.1cm
- ネット：3.2cm
- ボビン・レース：6.4cm

スカート背面拡大図

- スカートの前中心
- 24.1cm
- ウォッチ・ポケット
- 脇の縫い目にポケット
- プリーツの中に縫い目
- 白い絹のリボン
- 縫い目
- スカートは張りのある白いモスリンの総裏仕上げ

スカートのプリーツの中に付いた留めひもは、この後に生まれる複雑な留めひもの初期の形である。ここでまたジャケットとスカートが別になる。これは、スカートのプリーツが重く、分ける必要があったためである。

1876年

T・スタンリー・ブラウン（T. Stanley Brown）氏のアルバムから、エミリー・ホール（Emily Hall）と親族の写真。ポケットを外側に付けた当時流行のドレスは、身頃とスカートが続け裁ちされ、プリーツとベルベットの装飾がふんだんに付けてある。いずれも1860年以降にミシンの普及により可能になった縫製である。

1888年

この年の『パンチ（Punch）』に掲載された、7月21日に開催された「園遊会（Her Grace's Garden Party）」のイラスト。バッスルが再来し、女性らしいカーブを生みだしている。男性のフロック・コートや折り目の入った細いズボンが描く直線とは対照的である。

1895～1896年

左：T・スタンリー・ブラウン氏のアルバムから、メアリー・ガートルード・ストリート（Mary Gertrude Street）の写真。毛皮の装飾が付いたハイ・ネックのドレスは当時の流行の最先端である。モーニング・コートと普段使いのコートを着た男性たちは、1897年のT・H・ホールディング（T. H. Holding）の著書、『効果的な女性服の製法（The Direct System of Ladies' Cutting）』に掲載されたファッション・プレートから。

第 4 章
1870〜1900 年

　アメリカでは 1840 年代からミシンが製品化され、広く使われるようになったが、イングランドの女性はこの頃もまだ手縫いを好んでいた。しかし 1870 年代になると、ミシンが一般的な服の仕立てに大きな影響を与えるようになる。

　ドレスにはフラウンス、フリル、プリーツ、ひだが豊富に使われ、1880 年の『レディース・トレジャリー（Ladies' Treasury）』は、「いかなる場合においても、1 種類の生地だけでドレスを作らないこと。すべてのドレスには、例外なく 2 種類以上の生地が使われているべき」と強調している。

　この頃も、最も重視されたのはウエストと身頃だった。非常にシンプルで体にぴったりと合うドレスは、初期にはたくさんの装飾や腰から流れるドレープで、その後 1895〜1896 年には大きく膨らんだ袖で強調された。婦人服の仕立屋である T・H・ホールディング（T. H. Holding）は、1897 年に次のように言っている。「女性が、快適さよりも体にぴったりと合うシルエットを求めているのは明らかだ。女性に対して敬意を示すならば、苦しくなるほどにウエストを締めて、細く見せてあげるのが一番である」。

　しかし、後年こうしてきつく締められたドレスは改善され、女性のアンダーウェアは、それまでと比べて非常にすっきりした形になる。膝から下にフリルが集中したデザインはその後も何年か続くものの、ドレスはシンプルで体に沿ったシルエットになる。体に沿ったシルエットの流行は、特にコルセットに生かされたが、これは耐えがたいほど不快な着心地だったに違いない。1870 年代前半のバッスルやクリノリンは 1876〜1882 年には姿を消すものの、新しい形の膨らみとなって 1882 年から復活する。そして 1885 年にはその膨らみは最大となったが、1889 年には姿を消した。それらはのちに「トゥールニュール」や「ドレス補正具」などと呼ばれた。

　こうした動きづらい衣服を身に着けていたにもかかわらず、19 世紀終盤の女性たちは、それまでと比べて非常に自由を謳歌し、屋外での活動を楽しんだ。1890 年代にはサイクリングが主要な娯楽のひとつとなり、上流階級の人々ですら自転車に乗るようになり、やがてサイクリングは、あらゆる階級の人々に楽しまれるようになる。

　しかし、アメリカで生まれた「ブルーマー」が人気を得ることはなかった。T・H・ホールディングの著書『効果的な女性服の製法（Direct System of Ladies' Cutting）』を読むと、当時の様子がよく分かる。「幸か不幸か、ブルーマーはイングランドでは人気がない。3 年ほど前から、ブルーマーを流行らせようというさまざまな試みがヨーロッパで行われてきたが、わが国の淑女たちはスカートで自転車に乗るという態度を変えないのだ」。彼は、いくつかの例を挙げている。「例えば『自転車用スカート』は裾が広がらないデザインで、膝にストラップを付ければ確実に裾を押さえることができる」、「コノート公爵夫人（Duchess of Connaught）のために作られた自転車用ドレスは、とてもつつましやか」、「風の流れをあしらうことができるスカートもある」。しかし、次のような記述もある。「そのスカートは 4.1 メートルもの幅があり、風が吹いたら最悪な目に遭うはずだ。いや、私は実際にスカートだけが音を立てて風にはためきながら動いているような場面を目撃した。もしあのまま強風によって空中へ吹き上げられたらと想像すると、ぞっとせずにはいられない」（p386〜388、1890 年代のサイクリングの項を参照）。

1872〜1874年頃

p234〜235：絹のような感触の、白いガーゼのドレス。濃い若草色のサテンを使った装飾に、幅広のサッシュ・ベルト付き。柄は、紫色に黄色と緑をあしらった小花柄。籐製のフープ3本とパッドを使ったバッスルが、ドレスに縫い留めてある。身頃とは別になったスカートには、エプロン風の装飾とポケット用のスリットが付いていて、後ろ脇にあきがある。身頃は仕立て直されている。

ミス A・チャトウィン（Miss A. Chatwin）が個人コレクションに寄贈

◆ 1872年：チェルトナムにあるキャベンディッシュハウス（Cavendish House）が発行したカタログ、「ファッション・ブック（Fashion Book）」より

ブロンズ色のサテンのドレス
価格：98ポンド

◆ 小花柄の白いガーゼのドレス

背面

手縫いのドレス

身頃は仕立て直されている

39.4cm

A〜Bまでポケットのスリットあき

A
B

前スカートの丈：96.5cm

パッドと3本のフープ付きのバッスルは、スカートの内側にC、D、Eの三箇所を縫い留めてある

スカートのあき

1本目
2本目
3本目

C、D、E

後ろスカートの丈：11.8cm

スカート裾拡大図

3.8cm
14cm
6.4cm

ひだを寄せた緑のリボン
紫色
淡い黄色
中央と葉と枝は緑
太い緯糸（よこいと）
縁
緑の細いブレード

柄の並び

16.5cm

花の向きは1列ごとに対称になっている

3.8cm
14cm

後ろ中心の縫い目
フラウンス
スカート裾の縁

非常に珍しいことに、このバッスルは完全な形で残されていた。バッスルは小さなパッドと籐製のフープを使っており、ドレスのスカートに縫い留めてある。独立した身頃は仕立て直してあるが、スカートは傷みが激しい。このドレスはすべて手縫いで、花柄の刺繍が美しく施してある。

◆ 小花柄の白いガーゼのドレス

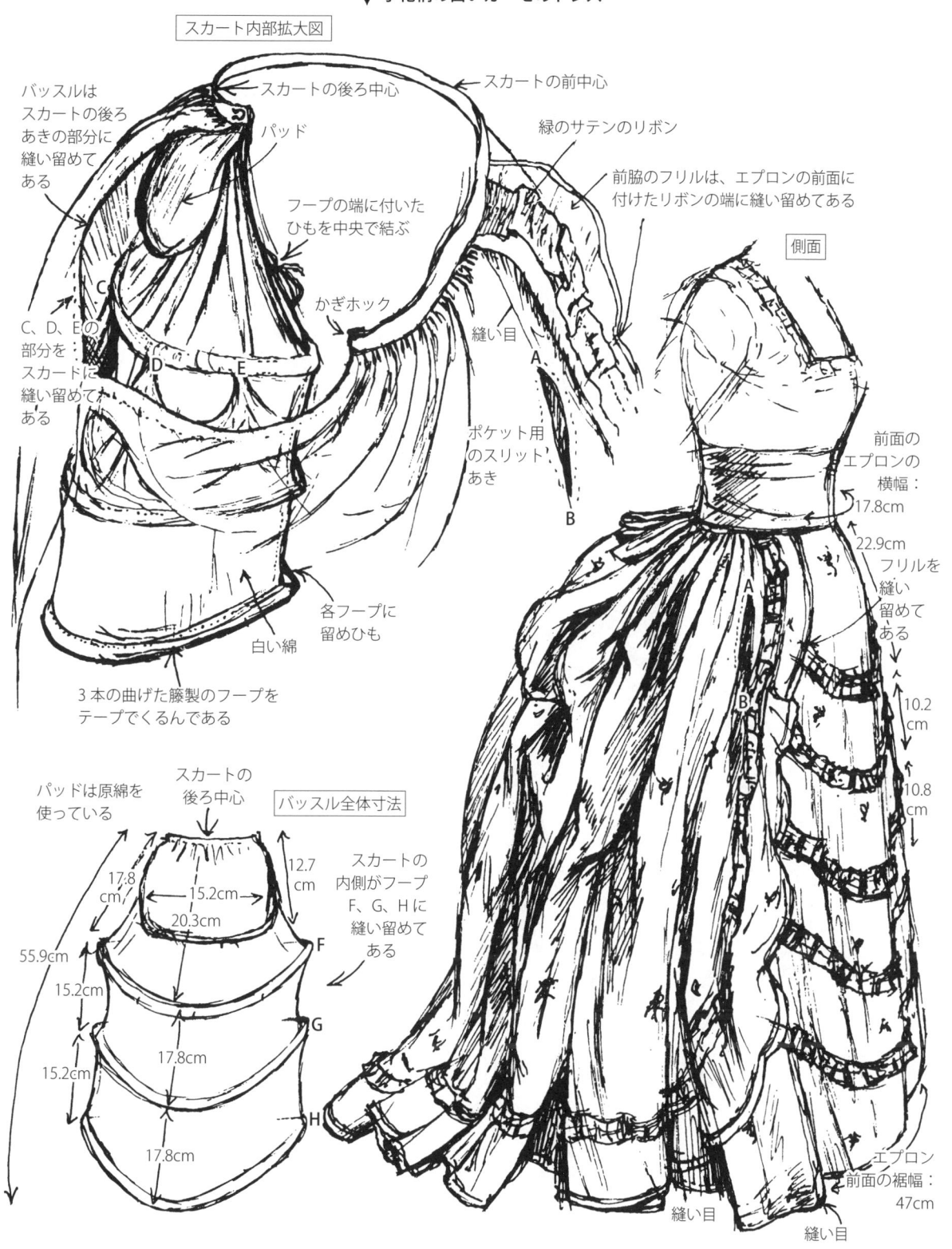

スカート内部拡大図

バッスルはスカートの後ろあきの部分に縫い留めてある

スカートの後ろ中心

スカートの前中心

パッド

緑のサテンのリボン

フープの端に付いたひもを中央で結ぶ

前脇のフリルは、エプロンの前面に付けたリボンの端に縫い留めてある

側面

C、D、Eの部分をスカートに縫い留めてある

かぎホック

縫い目 A

ポケット用のスリットあき

B

各フープに留めひも

白い綿

3本の曲げた籐製のフープをテープでくるんである

前面のエプロンの横幅：17.8cm

22.9cm フリルを縫い留めてある

10.2cm

10.8cm

パッドは原綿を使っている

スカートの後ろ中心

バッスル全体寸法

17.8cm　12.7cm

15.2cm

20.3cm

スカートの内側がフープF、G、Hに縫い留めてある

F

55.9cm

15.2cm

15.2cm

17.8cm

G

17.8cm

H

エプロン前面の裾幅：47cm

縫い目　縫い目

このようなフラウンス付きのドレスには、オーバースカートが独立したものとエプロン形の装飾が付いたものとがあり、どちらも当時の最先端のデザインである。こうした新しい形のドレスの誕生に伴って髪型も変化し、それに合わせて帽子やボンネットの形も変わった。靴はヒール付きになった。

1874〜1875年

p236〜237：白い小さな柄をちりばめた黒いモスリンの略装の喪服。ウィリアム・チャールズ・マクリーディ（Mrs W. Charles Macready）夫人が着用したものである。黒いレース、リボン、黒と白の絹糸のフリンジで装飾されており、スカートの下にはバッスルの枠を着けた。身頃と袖は黒い絹の裏地付きで、スカートには裏地がない。身頃の前面と脇はボーン入り。すべてミシンで縫われている。アンダードレスは失われている。

スノースヒル・コレクション（Snowshill Collection）

◆ 白い小さな柄を散りばめた、黒いモスリンの略装の喪服

スカート背面拡大図

フラウンスは裏地付き
身頃の脇
黒いモスリン
ウエスト背面のバッスルのフラウンスの下は、ギャザーが寄せてある
脇のプリーツ
縫い目に付けたポケットの縁はパイピングされている
ウエスト：80cm

背面
黒いレースとリボン
黒と白のフリンジ
33.7cm
縫い目
脇の長さ：11.4cm

リボン拡大図
黒い絹のリボン
結んだ部分は2枚重ね
リボンの縁は波形にピンキングされている
30.5cm

スカート背面拡大図
後ろ中心のリボンはここに縫い留めてある
バッスル用のフラウンス
24.1cm
後ろ中心の縫い目
縫い目
縫い目
フラウンスはバイアスにカットされている

俳優ウィリアム・チャールズ・マクリーディ（William Charles Macready）は1793年に生まれ、1873年にチェルトナム（Cheltenham）で没した。このドレスは、彼の二番目の妻が着用した半喪服と思われる。少量の白い色を使った黒い生地がそれを表している。服喪期間は1年と1日にわたった。ウィリアムは1823年にキャサリン・F・アトキンス（Catherine F. Atkins、1852年没）と結婚し、1860年にセシール・スペンサー（Cecile Spencer、1817〜1908年）と再婚した。

◆ 白い小さな柄を散りばめた、黒いモスリンの略装の喪服

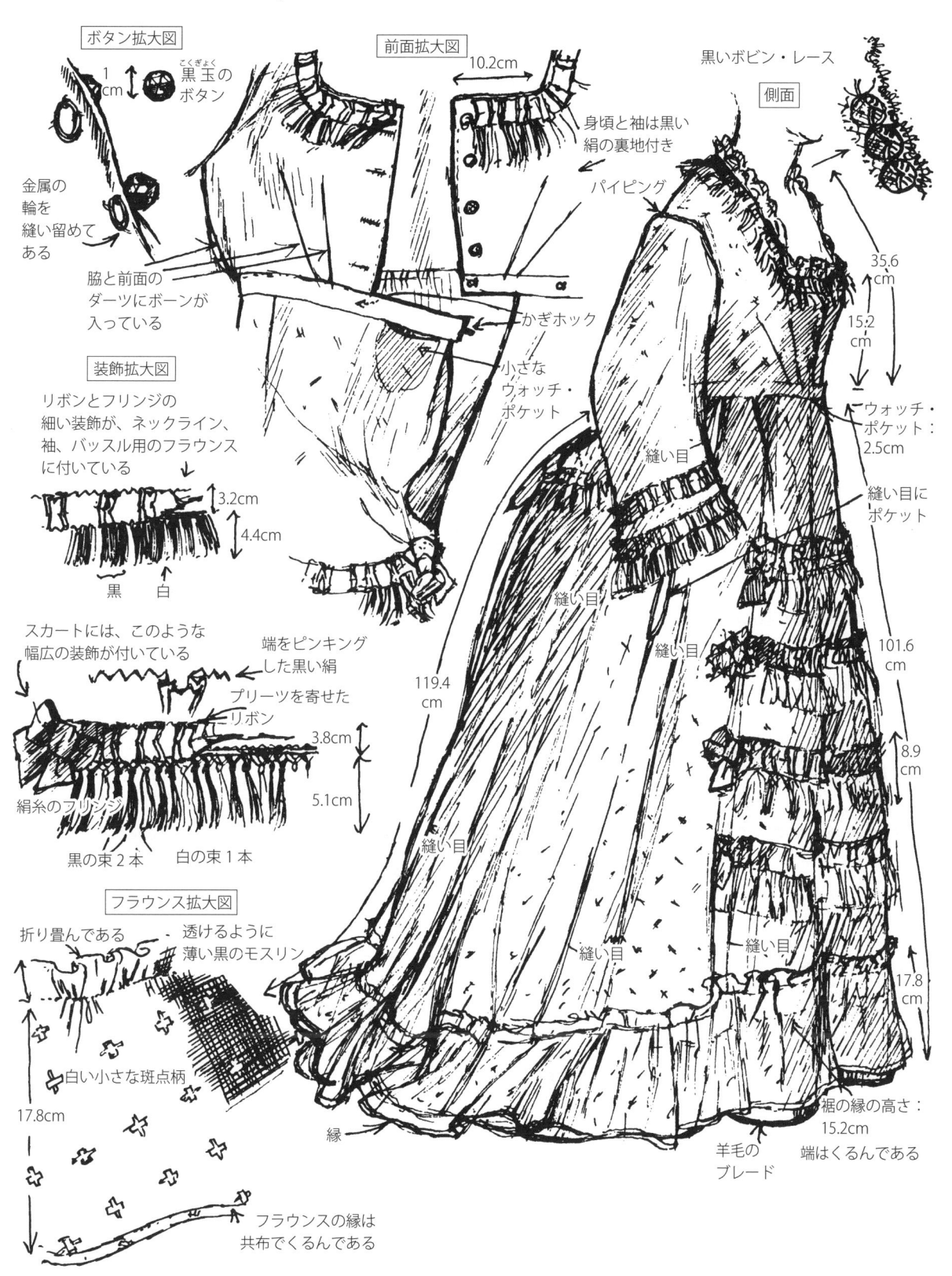

ボタン拡大図
1cm
黒玉のボタン
金属の輪を縫い留めてある

前面拡大図
10.2cm
身頃と袖は黒い絹の裏地付き
パイピング
脇と前面のダーツにボーンが入っている
かぎホック
小さなウォッチ・ポケット

側面
黒いボビン・レース
35.6cm
15.2cm
ウォッチ・ポケット：2.5cm
縫い目にポケット

装飾拡大図
リボンとフリンジの細い装飾が、ネックライン、袖、バッスル用のフラウンスに付いている
3.2cm
4.4cm
黒　白

スカートには、このような幅広の装飾が付いている
端をピンキングした黒い絹
プリーツを寄せたリボン
3.8cm
5.1cm
絹糸のフリンジ
黒の束2本　白の束1本

フラウンス拡大図
折り畳んである
透けるように薄い黒のモスリン
白い小さな斑点柄
17.8cm
フラウンスの縁は共布でくるんである

119.4cm
縫い目
縫い目
縫い目
縫い目
縫い目
縁
羊毛のブレード
101.6cm
8.9cm
17.8cm
裾の縁の高さ：15.2cm　端はくるんである

このドレスは、スクエア・ネック、フラウンス付きのスカート、オーバースカートやエプロンのように見える装飾、ポケットといった、当時流行のデザインを取り入れている。着用の際はアンダースリーブを着けた。

1874〜1875年

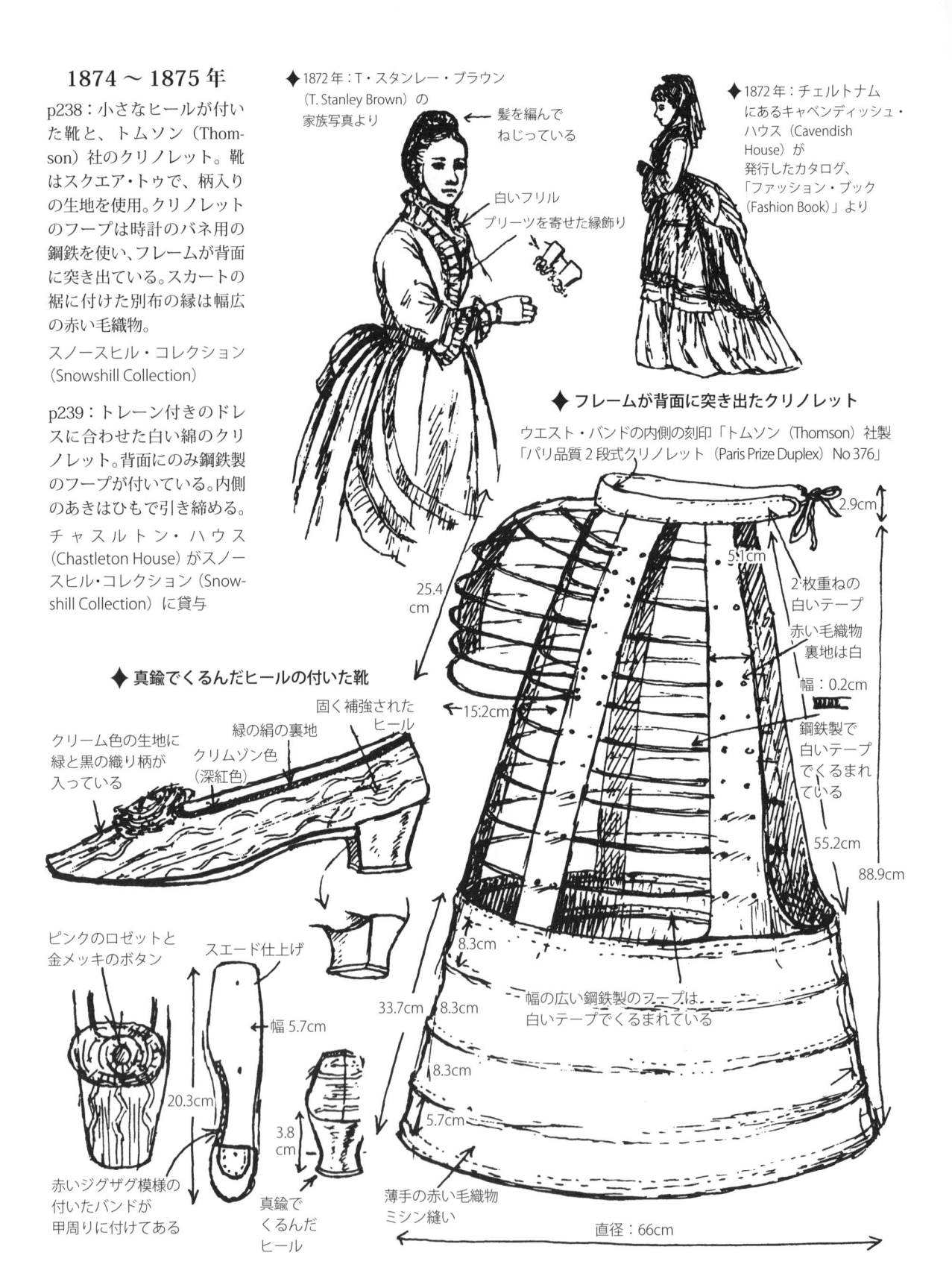

p238：小さなヒールが付いた靴と、トムソン（Thomson）社のクリノレット。靴はスクエア・トゥで、柄入りの生地を使用。クリノレットのフープは時計のバネ用の鋼鉄を使い、フレームが背面に突き出ている。スカートの裾に付けた別布の縁は幅広の赤い毛織物。
スノースヒル・コレクション（Snowshill Collection）

p239：トレーン付きのドレスに合わせた白い綿のクリノレット。背面にのみ鋼鉄製のフープが付いている。内側のあきはひもで引き締める。
チャスルトン・ハウス（Chastleton House）がスノースヒル・コレクション（Snowshill Collection）に貸与

◆ 1872年：T・スタンレー・ブラウン（T. Stanley Brown）の家族写真より
- 髪を編んでねじっている
- 白いフリル
- プリーツを寄せた縁飾り

◆ 1872年：チェルトナムにあるキャベンディッシュ・ハウス（Cavendish House）が発行したカタログ、「ファッション・ブック（Fashion Book）」より

◆ フレームが背面に突き出たクリノレット
ウエスト・バンドの内側の刻印「トムソン（Thomson）社製『パリ品質2段式クリノレット（Paris Prize Duplex）No 376』」

- 2.9cm
- 5.1cm
- 25.4cm
- 15.2cm
- 2枚重ねの白いテープ
- 赤い毛織物　裏地は白
- 幅：0.2cm
- 鋼鉄製で白いテープでくるまれている
- 55.2cm
- 88.9cm
- 幅の広い鋼鉄製のフープは白いテープでくるまれている
- 8.3cm
- 33.7cm
- 8.3cm
- 8.3cm
- 5.7cm
- 薄手の赤い毛織物　ミシン縫い
- 直径：66cm

◆ 真鍮でくるんだヒールの付いた靴
- クリーム色の生地に緑と黒の織り柄が入っている
- 緑の絹の裏地
- 固く補強されたヒール
- クリムゾン色（深紅色）
- ピンクのロゼットと金メッキのボタン
- スエード仕上げ
- 幅 5.7cm
- 20.3cm
- 3.8cm
- 真鍮でくるんだヒール
- 赤いジグザグ模様の付いたバンドが甲周りに付けてある

1870年代初期のデイタイム・ドレスの下に着用したこのタイプの赤いクリノレットは、ウエストを留める点がクリノリンに似ている。しかし、白い綿のクリノレットは、内側をひもで引き締めて閉じ、ペチコートの前面を腰から膝までぴったりと体に沿わせ、背面に突き出た半円形のフープをしっかりと固定できるようになっている。

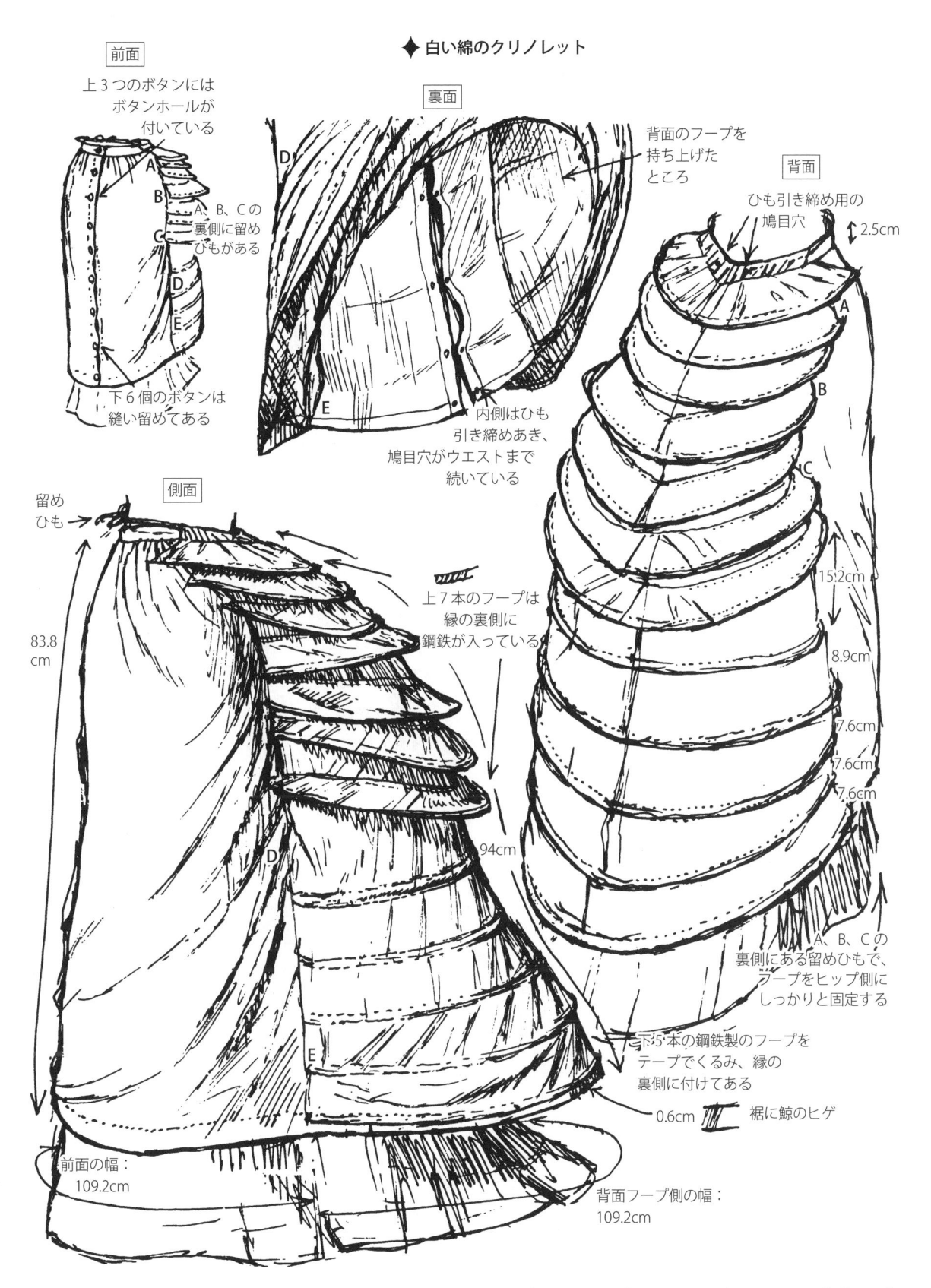

◆ 白い綿のクリノレット

[前面]
上3つのボタンには
ボタンホールが
付いている

A、B、Cの裏側に留めひもがある

下6個のボタンは縫い留めてある

[裏面]
背面のフープを持ち上げたところ

内側はひも引き締めあき、鳩目穴がウエストまで続いている

[背面]
ひも引き締め用の鳩目穴
2.5cm

15.2cm
8.9cm
7.6cm
7.6cm
7.6cm

A、B、Cの裏側にある留めひもで、フープをヒップ側にしっかりと固定する

下5本の鋼鉄製のフープをテープでくるみ、縁の裏側に付けてある

0.6cm 裾に鯨のヒゲ

[側面]
留めひも
83.8cm
94cm

上7本のフープは縁の裏側に鋼鉄が入っている

前面の幅：109.2cm
背面フープ側の幅：109.2cm

ウエストの後ろ中心にある2つの鳩目穴は、おそらくコルセットに固定するために使われたものだろう。1870年代には靴のかかとが高くなり、50年ぶりにヒール付きの靴が再登場した。

1870〜1875年

p240〜241：黒い絹のマント。装飾に使われた絹糸のコードとクレープの縁取り、絹糸のフリンジとタッセル、サテンのリボンもすべて黒である。裏地がなく、バッスルを付けたドレスの上に着る形になっている。ウエストの裏側に留めひもがある。

スノースヒル・コレクション（Snowshill Collection）

1876年

p240：金と黒のエナメルのモーニング・リング

スノースヒル・コレクション（Snowshill Collection）

1870〜1875年

p241：黒いサテンの靴。ヒールと黒いサテンのリボンが付いている。

スノースヒル・コレクション（Snowshill Collection）

◆ モーニング・リング

この指輪は、アリス・バーサ・ホール（Alice Bertha Hall）という女性が、1876年に他界した娘の為に身に着けたもの

前面に黒いエナメルが塗られ、真珠5粒と小さな金のビーズが付いている

0.6cm
細く編んだ娘の髪：0.3cm

巻き上げた髪

◆ 1870年：T・スタンレー・ブラウン（T. Stanley Brown）の家族写真より

黒いベルベットのリボンにブローチを付けロケット・ペンダントを下げている

絹のブレード

フリンジ

◆ 黒い絹のマント

襟装飾拡大図

折り畳んだ布端
クレープ
5.1cm
黒い絹糸のフリンジ

背面
22.9cm

横畝織りの絹に黒いクレープを重ねている

背面拡大図

中央の縫い目
黒いサテン
リボンの輪を持ち上げたところ
タッセル
22.9cm
5.1cm
縫い目
38.1cm
14cm
裏打ちで張りを出した黒いモスリン

裏面

ダーツと縫い目
布でくるんである
33cm
71.1cm
ウエスト用の黒い留めひも
ウエスト位置
幅の広いプリーツ
縫い目
裏地なし

中厚手の光沢のない絹を使ったこのマントは、かなり着古されている。前面の見返しに付いていたはずのクレープの布は、擦り切れて取り外されたのだろう。これはおそらく夫を亡くした女性が着たマントで、当時流行のフリンジやタッセルを使い、バッスルの上にはリボンが付いている。

◆ 1872年：チェルトナム（Cheltenham）にあるキャベンディッシュ・ハウス（Cavendish House）が発行したカタログ、「ファッション・ブック（Fashion Book）」より

レースの縁取りが付いたベルベットのマント

サテンのドレス

「年配の女性にどうぞ」とある

◆ 1870年：T・スタンレー・ブラウン（T. Stanley Brown）の家族写真よりミセス マーゲットソン（Mrs Margetson）

これ以降、エポーレットは使われなくなった

カメオのロケット・ペンダントとイヤリングを付けている

◆ 黒い絹のマント

[前面]

襟元のリボンは失われている

かぎホック3組
縫い目
前中心の長さ：71.1cm

見返しは、横畝織りの絹のみになっている

クレープが取り除かれたのだろうか？

[背面]

ここに細長いクレープ地が縫い留めてある

1.9cm
3.2cm

後ろ中心の長さ：68.6cm

側面の長さ：61cm

◆ 黒いサテンの靴

黒いサテンのリボン

小さな黒いビーズ

幅：6.4cm

23.5cm

縫い目なし

2.9cm

補強されている

黒い綿の裏地

タッセル

5.1cm

ヒールもサテンである

背中のフード風の装飾は、これより20年前のマントのデザインをまねたものである。モーニング・リングについては、1487年のある遺言書に記録がある。モーニング・リングは16～18世紀頃の習慣で、当時の指輪はこれよりも幅が広く、一般的によく使われていた。

1870〜1875年

p242〜243：キャンディ・ストライプの絹のドレス。暗い紫色と白の生地を使用。ドレスの形はウエストに切り替えのないプリンセス・ラインで、トレーンを引いている。部分的に暗い紫色のサテンで装飾し、縁にはフリルやレースをあしらっている。身頃はボーン入りで、上半身から腰まで裏地付き。丁寧なミシン縫いである。スカート前面にはサテンのプリーツやひだが付いており、裏側に留めひもがある。

ミセス ミルヴェーン（Mrs Milvane）の母が着用したものを、ミセス ミルヴェーンがスノースヒル・コレクション（Snowshill Collection）に寄贈。

◆ キャンディ・ストライプの絹のドレス

襟装飾拡大図

外側のレースフリル

2.5 cm

2枚重ねた絹のガーゼのフリル、細かくプリーツを寄せ、2枚重ねて縫い留めてある。1枚の縁はレース付きで、もう1枚は縁をかがってある。

側面

肩からウエスト位置まで：38.1cm

31.8 cm

15.2 cm

袖下に縫い目

中央のフリルは縁にレースが付いている

内側のフリルは縁がかがってある

外側のフリルはレース製

ポケット

ダーツ

104.1 cm

A、B、Cのスカートの裏側は端と端に絹の留めひもが付いている

暗い紫色のサテン

袖装飾拡大図

黒いネットの裏地が付いたサテンのプリーツ

ネックラインと同様のフリル

ベージュ色のレース：5.1cm

縫い目

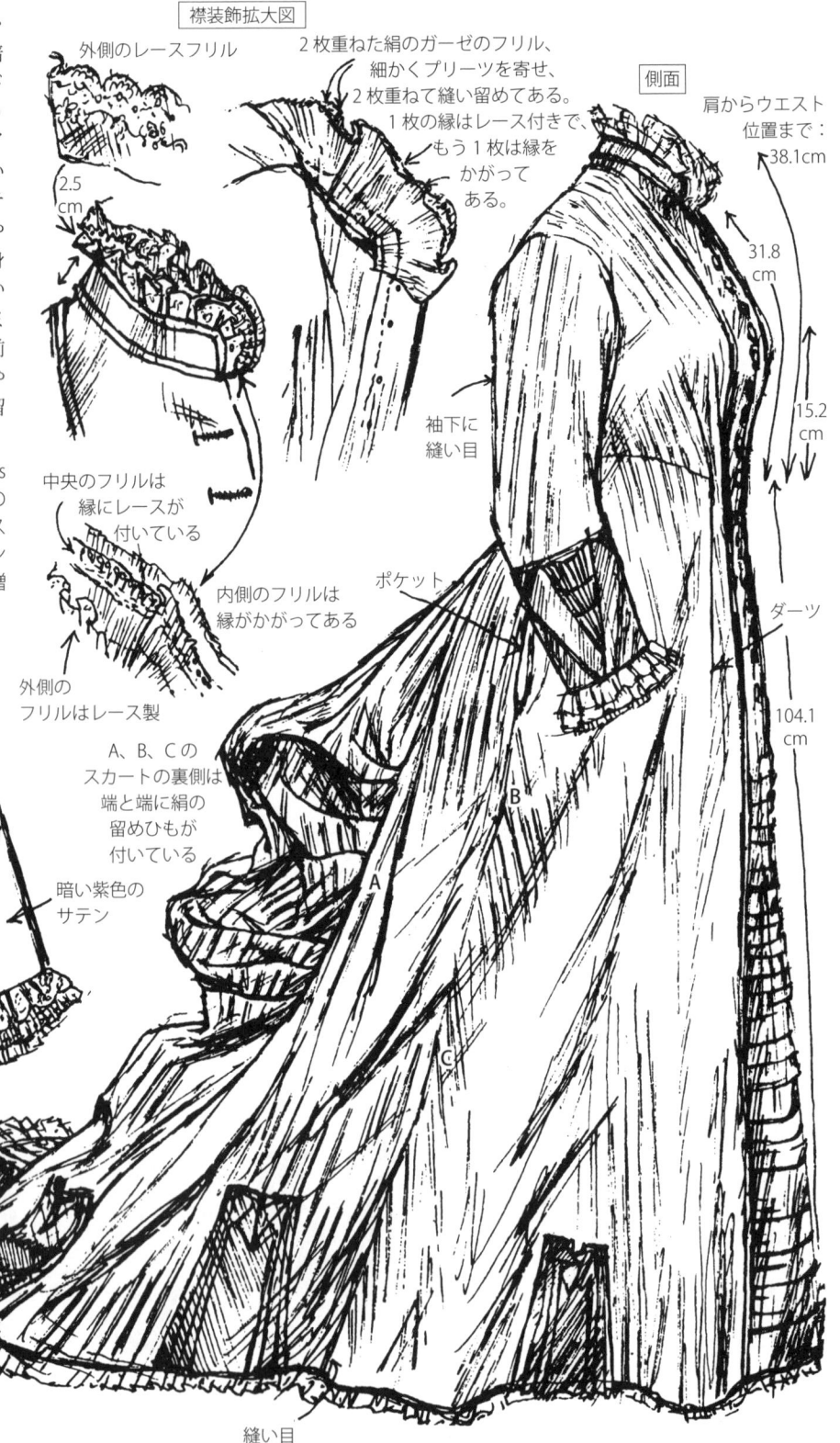

縫い目

1875〜1880年には、スリムなドレスが首から腰までをぴったりと包み、バッスルの位置はスカートの中央辺りまで下がった。また、スカートにはギャザーやひだ、ドレープをふんだんに寄せ、低めの位置を大きく膨らませて成形し、ひもで固定した（このスタイルの初期の形はp229を参照）。

◆ キャンディ・ストライプの絹のドレス

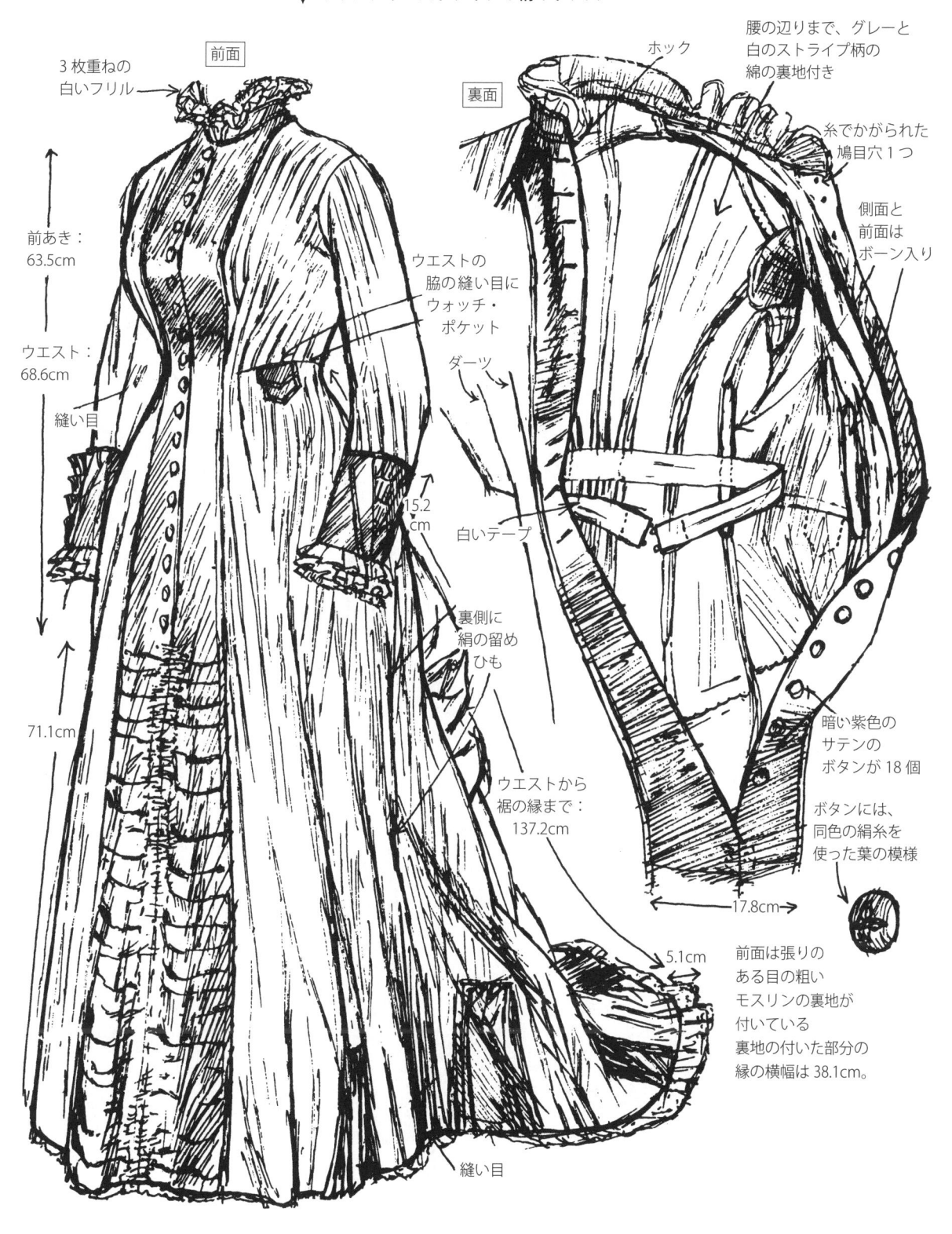

[前面]

3枚重ねの白いフリル

前あき：63.5cm

ウエスト：68.6cm

縫い目

ウエストの脇の縫い目にウォッチ・ポケット

15.2cm

ダーツ

白いテープ

裏側に絹の留めひも

ウエストから裾の縁まで：137.2cm

71.1cm

5.1cm

縫い目

[裏面]

ホック

腰の辺りまで、グレーと白のストライプ柄の綿の裏地付き

糸でかがられた鳩目穴1つ

側面と前面はボーン入り

暗い紫色のサテンのボタンが18個

ボタンには、同色の絹糸を使った葉の模様

17.8cm

前面は張りのある目の粗いモスリンの裏地が付いている裏地の付いた部分の縁の横幅は38.1cm。

1876年に発行された『レディース・トレジャリー（Ladies' Treasury）』には次のように書かれている。「スカートがとてもタイトになったため、座ったり歩いたりがひどく不便になった。歩く時は歩幅がとても狭くなるし、腰掛ける時は一方向にしか座ることが出来ない」。

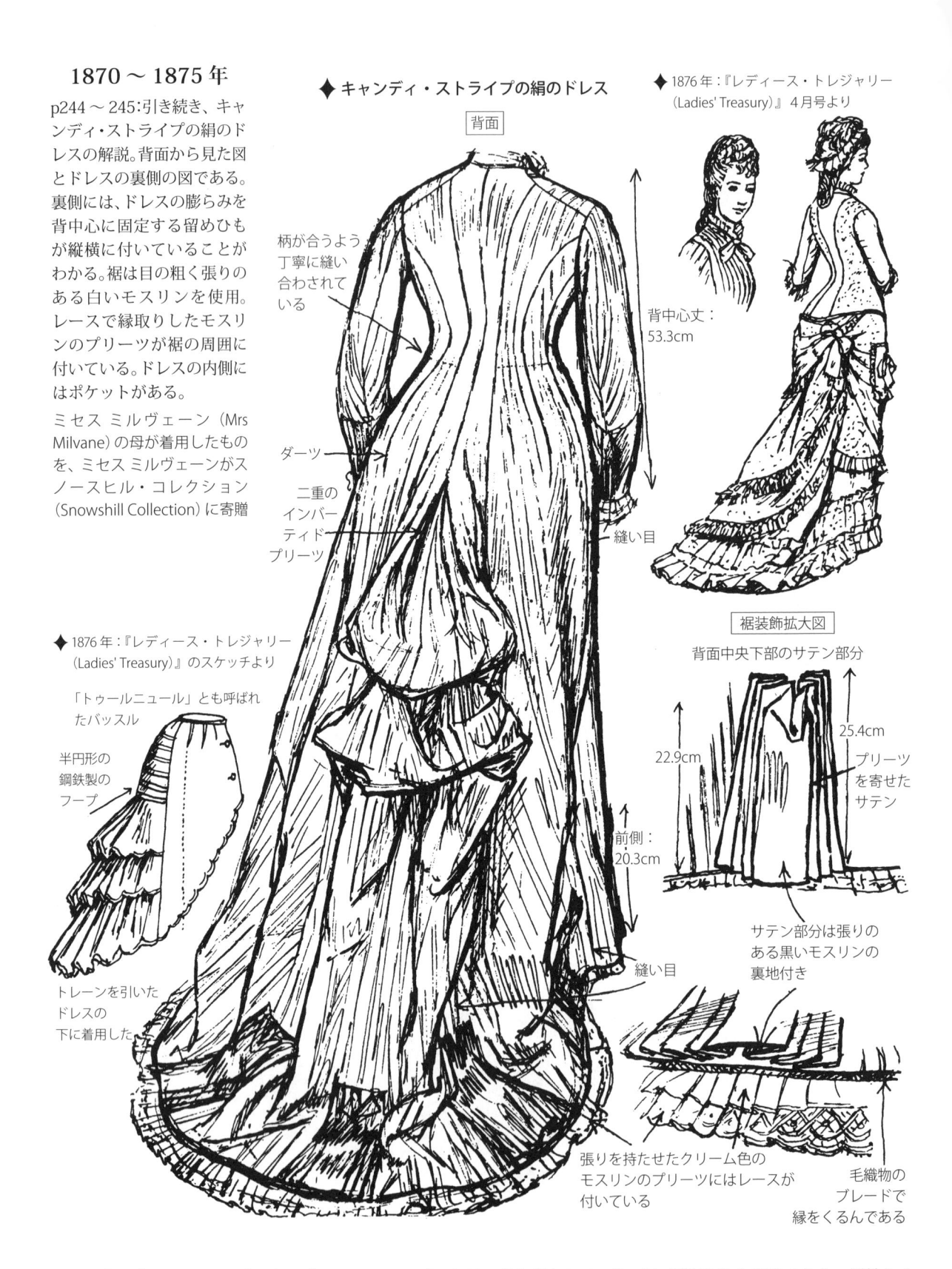

1870〜1875年

p244〜245：引き続き、キャンディ・ストライプの絹のドレスの解説。背面から見た図とドレスの裏側の図である。裏側には、ドレスの膨らみを背中心に固定する留めひもが縦横に付いていることがわかる。裾は目の粗い張りのある白いモスリンを使用。レースで縁取りしたモスリンのプリーツが裾の周囲に付いている。ドレスの内側にはポケットがある。

ミセス ミルヴェーン（Mrs Milvane）の母が着用したものを、ミセス ミルヴェーンがスノースヒル・コレクション（Snowshill Collection）に寄贈

◆キャンディ・ストライプの絹のドレス

背面

- 柄が合うよう丁寧に縫い合わされている
- 背中心丈：53.3cm
- ダーツ
- 二重のインバーティドプリーツ
- 縫い目
- 前側：20.3cm
- 縫い目
- 張りを持たせたクリーム色のモスリンのプリーツにはレースが付いている

◆1876年：『レディース・トレジャリー（Ladies' Treasury）』4月号より

◆1876年：『レディース・トレジャリー（Ladies' Treasury）』のスケッチより

- 「トゥールニュール」とも呼ばれたバッスル
- 半円形の鋼鉄製のフープ
- トレーンを引いたドレスの下に着用した。

裾装飾拡大図

背面中央下部のサテン部分

- 22.9cm
- 25.4cm
- プリーツを寄せたサテン
- サテン部分は張りのある黒いモスリンの裏地付き
- 毛織物のブレードで縁をくるんである

また、『レディース・トレジャリー（Ladies' Treasury）』にはこうも書かれている。「ただ散歩をする時でさえ、例外なくトレーンの長いドレスを着ている。裾は片方の手で持つか、優雅に女性らしく腕にかけている」。ミシンの普及とともに、ドレスにはさまざまなプリーツやフリンジ、フリルなどが付けられるようになった。

◆ キャンディ・ストライプの絹のドレス

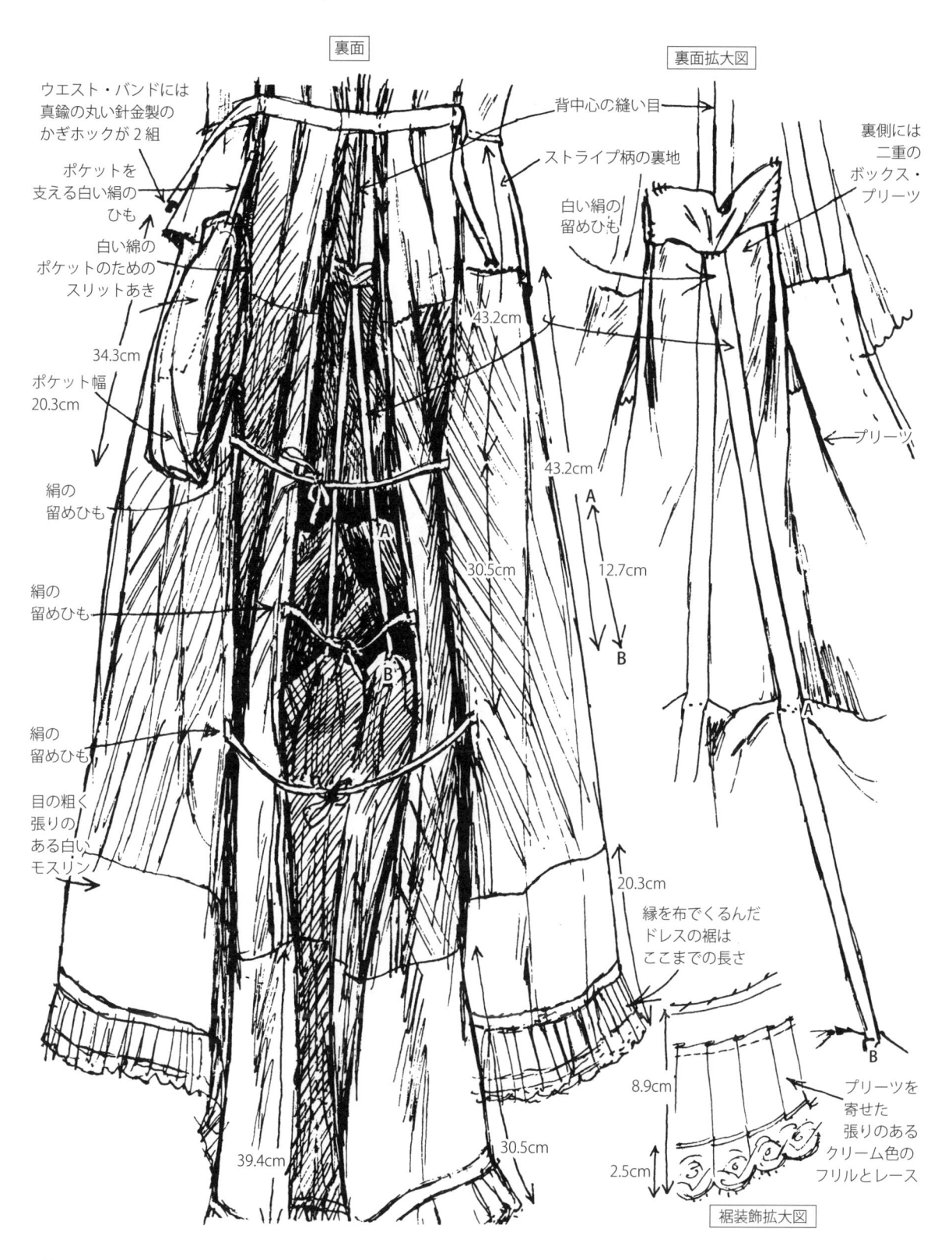

裏面

ウエスト・バンドには真鍮の丸い針金製のかぎホックが2組

ポケットを支える白い絹のひも

白い綿のポケットのためのスリットあき

34.3cm

ポケット幅 20.3cm

絹の留めひも

絹の留めひも

絹の留めひも

目の粗く張りのある白いモスリン

39.4cm

裏面拡大図

背中心の縫い目

ストライプ柄の裏地

白い絹の留めひも

43.2cm

43.2cm

30.5cm

12.7cm

A↕B

20.3cm

縁を布でくるんだドレスの裾はここまでの長さ

30.5cm

裏側には二重のボックス・プリーツ

プリーツ

A

B

8.9cm

2.5cm

プリーツを寄せた張りのあるクリーム色のフリルとレース

裾装飾拡大図

1着のドレスに対して同系色またはコントラストを効かせた複数の素材が使われ、ドレスの色使いは鮮やかになっていった。1876年には、ドレスの外に付ける凝った作りのポケットが流行した。

1880～1882年

p246～247：白地に赤と生成り色（もしくは色あせた緑だろうか？）のプリント柄の綿のチュニック型のドレス。柄は、バラのつぼみと小枝の模様。前面が幅の広いエプロン形になったオーバードレスを、プリーツスカートに重ねている。ドレープを寄せた低い位置のバッスルは裏側に留めひもがある。ランカシャー州産の綿地を、すべてミシン縫いで仕上げている。バーミンガムに住むアルフレッド・コーリー夫人（Mrs Alfred Coley）の母で、ランカシャー州に住んでいたウォルシュ夫人（Mrs Walsh）が着用したものである。

ミス ノーラ・ホーカー（Miss Nora Hawker）所蔵

◆ 白地に赤と生成り色のプリント柄の綿のドレス

側面

前面あき拡大図

- 平らなパイピング
- 胸元にひだ飾り
- 深紅のサテンのリボン
- 3.8cm
- 5.1cm
- 22.9cm
- 34.3cm
- 45.7cm
- ウォッチ・ポケット
- 服の内側にウエスト・バンド
- 前あきの縁はパイピング付き
- 7cm
- 101.6cm
- 身頃はこの部分まで白い綿の裏地付き
- 前中心の縫い目
- 73.7cm
- 前面はここまでダーツ入り
- 12.7cm

ドレスは1枚の長い布で作ったのち、腰の下までプリーツを寄せて持ち上げてある。

装飾拡大図

白い絹のメリヤス地に、赤、白、青の糸で刺繍が施されている

30.5cm

1.9cm

クリーム色の真珠貝のボタン

1870年代に見られた胸元に四角い装飾をあしらったデザインは、この1880年代初期のサマー・ドレスにも取り入れられている。襟は当時流行のスタンド・カラーである。この後スタンド・カラーは、より高く、ボーンを入れるようになり、1911年頃まで流行した。

◆ 白地に赤と生成り色のプリント柄の綿のドレス

背面拡大図

- 独立したスカートの上にオーバードレスを重ねている
- インバーティドプリーツ3本
- 1本のタックを中心に、両脇に3本ずつタックが入っている
- ウエストの縫い目
- コード・パイピング
- 7.6cm
- 縫い目にポケット

前面

- 背面はフリル2枚
- 一番上にかぎホック1組
- 深紅のリボン
- 前面の四角い装飾はフリル1枚
- 袖前側の縫い目：40cm
- 後ろ側の縫い目
- エプロン形の前面と側面の縁は平らなパイピングでくるまれている
- 背面はパイピングなし

柄拡大図

- 赤いバラのつぼみと生成り色（色あせた緑だろうか？）の葉っぱの柄
- 白い絹のメリヤス地に刺繍

フリル拡大図

- 白
- 赤
- 青
- 赤

この前あきのチュニック型のドレスは、前面がエプロン形で、腰にはプリーツが入っており、この後すぐに人気が復活するパニエ付きスカートの兆しが、スカート脇のデザインに現れている。背面のドレープは裏側に付けた留めひもで持ち上げてある。ボックス・プリーツの入ったスカートは、丈が短くトレーンのない、1878年の外出着のデザインである。

1880〜1882年

p248〜249:引き続き、白地に赤と生成り色のプリント柄の綿のチュニック型ドレスの解説。赤いサテンのリボンと、赤、白、青の糸で刺繍したフリルで装飾装飾されている。スカートの後ろ脇にポケットがある。p249のドレスの裏側から見たプリーツの拡大図から、複数の留めひもの様子が分かる。

ミス ノーラ・ホーカー（Miss Nora Hawker）所蔵

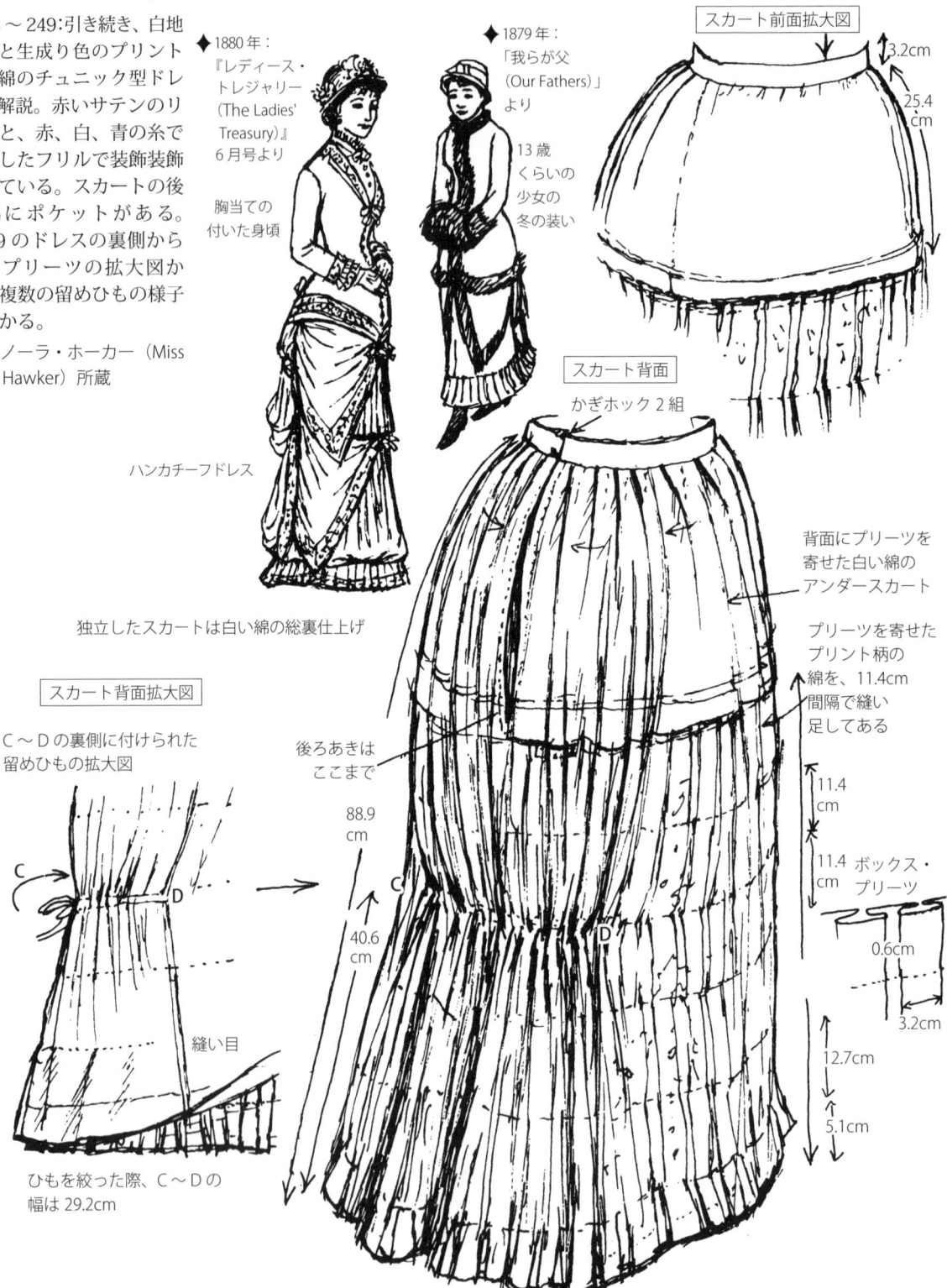

◆ 白地に赤と生成り色のプリント柄の綿のドレス

◆ 1880年：『レディース・トレジャリー(The Ladies' Treasury)』6月号より

胸当ての付いた身頃

◆ 1879年：「我らが父(Our Fathers)」より

13歳くらいの少女の冬の装い

スカート前面拡大図

3.2cm
25.4cm

ハンカチーフドレス

スカート背面

かぎホック2組

独立したスカートは白い綿の総裏仕上げ

背面にプリーツを寄せた白い綿のアンダースカート

プリーツを寄せたプリント柄の綿を、11.4cm間隔で縫い足してある

11.4cm
11.4cm ボックス・プリーツ
0.6cm
3.2cm

スカート背面拡大図

C〜Dの裏側に付けられた留めひもの拡大図

後ろあきはここまで

88.9cm
40.6cm

縫い目

ひもを絞った際、C〜Dの幅は29.2cm

12.7cm
5.1cm

トレーン付きのドレスは1879年や1880年代初頭にも、園遊会用のドレスやイブニング・ウェアとして着られていたが、1880年代にはトレーンのないドレスが通常のデイタイム・ドレスとして一般的になった。この図のドレスのように、ドレープに向かって、オーバースカートやオーバードレスの裾の縁を四角い布を下げたように尖ったラインにする、「ハンカチーフ」と呼ばれるデザインの人気が非常に高くかった。

◆ 白地に赤と生成り色のプリント柄の綿のドレス

背面

スタンド・カラー

背面のフリルは2枚

縫い目

背面は留めひもを使ってたくし上げてある

130.8cm

裏面

すべてミシン縫い

身頃と袖には白い綿の裏地が付いており、縫い代をプリント柄の表地の縫い代に縫い留めてある

脇はボーン入り

ウエスト：64.8cm

綿の裏地は前面が短くなっている

21.6cm

ポケット

73.7cm

留めひも
縫い目

34.3cm

水平に渡した留めひも3組

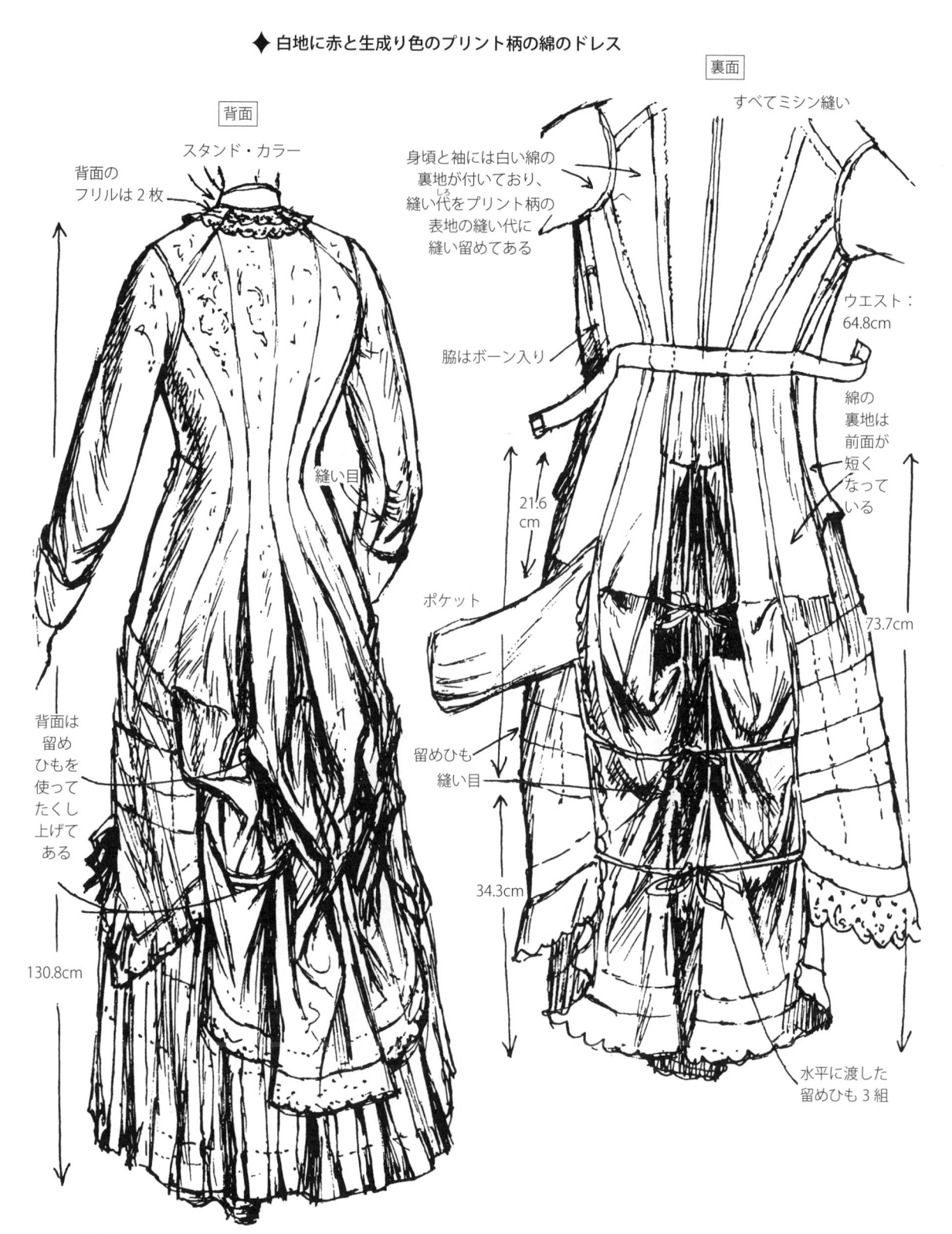

ドレスの裏側の留めひもはとても複雑に見えるが、使われているのはスカートを膝の周りで固定するひもと、バッスルを持ち上げる縦のひもの2種類である。1883年になるとデイタイム・ドレスの袖は手首が見えるほど短くなる。

1880〜1882年

◆ グレーの綿のデイタイム・ドレス

p250〜251：グレーの綿のデイタイム・ドレス。プリントされたグレーの線がモアレ柄のような効果を出している。身頃は胸を覆うデザインで、スカートには白い綿の土台にドレープやひだを寄せ、裾にはプリーツ状のフリルを付け、最下段のフリルには赤い綿を使っている。背面の腰からふくらはぎまでドレープを寄せて留めたタイトなシルエット。スカートは裏側の留めひもでバッスルを固定して、低い位置に膨らみを作っている。袖は手首からひじにかけてひだを寄せた装飾付き。首から腰までボタンが付いた後ろあきのドレスである。

スノースヒル・コレクション
(Snowshill Collection)

背面のボタンは18個あり、下の方は隠れている

側面

側面拡大図

ボタン拡大図
濃いグレーの真珠貝のボタン
1.9cm

55.9cm

腕の下の縫い目は、腰の部分のみダーツが入っている

身頃の腰の部分まではグレーの綿のみで、ギャザーとプリーツの下にはその下に白いギンガム・チェックがある。

プリーツ2本

ダーツ

継ぎ目

プリーツ2本

ポケットのあき

縫い目にポケットAからB'まで

ここからグレーの生地

グレー

下は白いギンガム・チェック

縫い目の両脇にひだを寄せてある

背面拡大図
バッスルの中央をホックで持ち上げてある

矢印の方向に倒されたグレーのプリーツ

グレー

グレーのプリーツ

グレー

矢印の方向に倒した赤いプリーツ

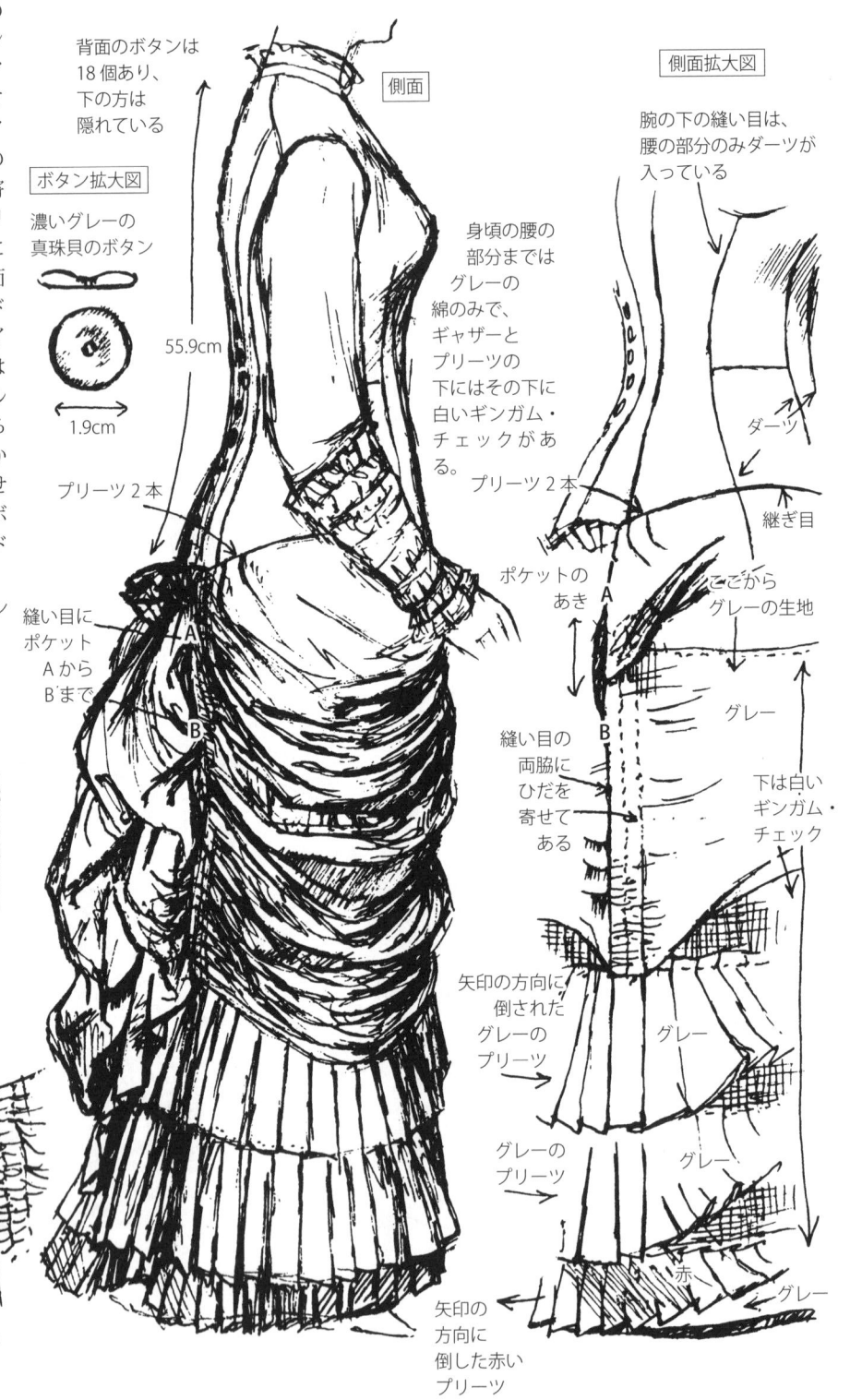

赤　グレー

このドレスも引き出しの奥深くにしまい込まれていたものである。発見時は、よくある安物の綿のドレスに見えたが、人台(じんだい)に着せてみると、女性らしい見事な曲線や豊かなドレープなど、ドレスの持つ魅力が分かった。

◆ グレーの綿のデイタイム・ドレス

前面

袖ぐりの縫い目はパイピング付き

手首の部分と同じく、おそらくここにもフリルがあった

バスト：91.4cm

ウエスト：61cm

48.3cm

袖の前側の縫い目

小さなウォッチ・ポケット

20.3cm

布の耳

ヒップ：109.2cm

前面拡大図

前中心の縫い目

ダーツ2本

ウエストの縫い目にウォッチ・ポケット

20.3cm

幅3.2cmのモスリンのフリルが4列

グレーの綿を使った袖の縁

45.7cm

ギャザーを絞るためのステッチが3列

◆ 1880年：コルセットの広告より

後ろあきはひもで引き締める方式で、前あきには特許を取得した留め具が使われている

1873〜89年はスプーン形の胴着をペチコートの上に着た

布の耳

15.2cm

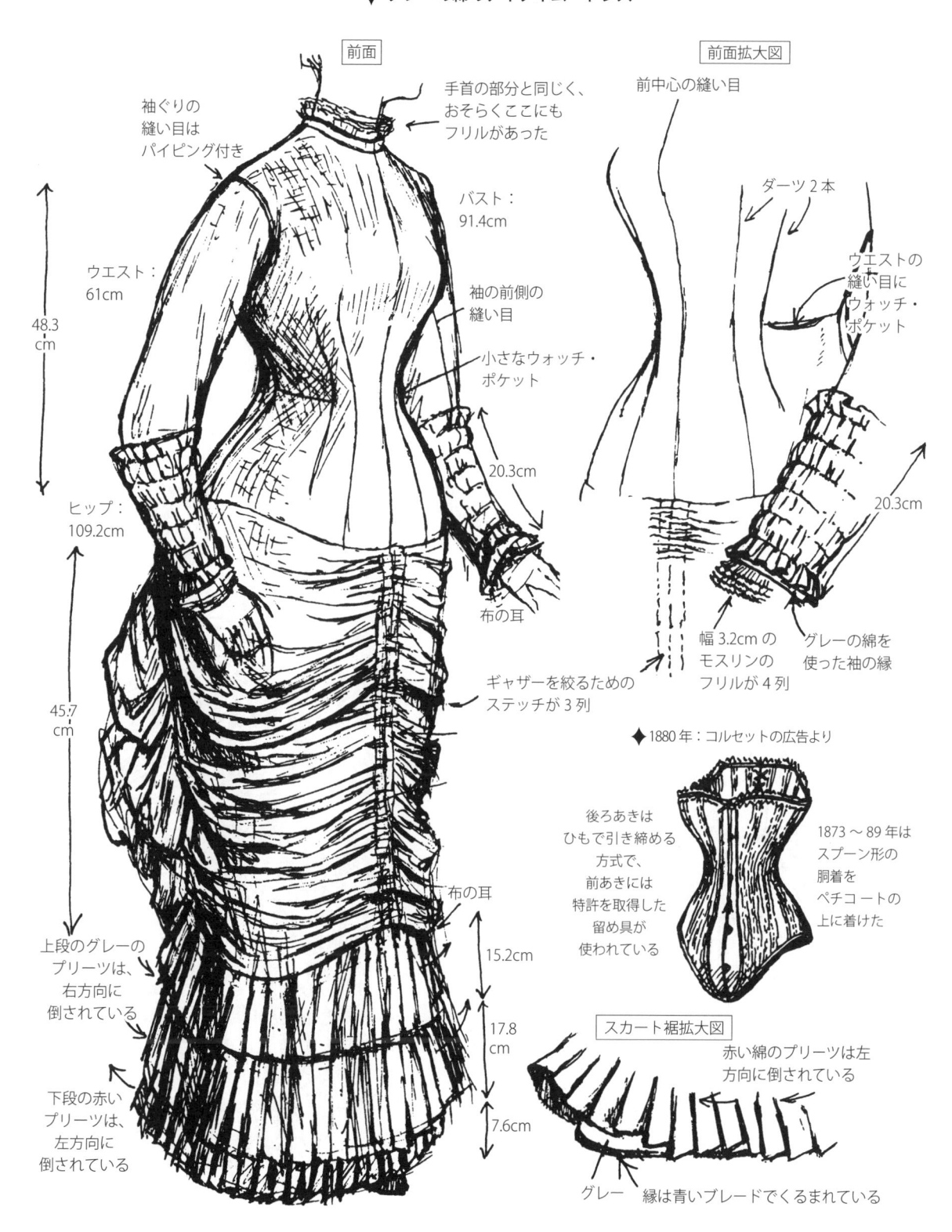

17.8cm

7.6cm

上段のグレーのプリーツは、右方向に倒されている

下段の赤いプリーツは、左方向に倒されている

スカート裾拡大図

赤い綿のプリーツは左方向に倒されている

グレー　縁は青いブレードでくるまれている

1880年代初頭のデザインの好例である。p247の同様のデザインの1880年の『レディース・トレジャリー（Ladies' Treasury）』のファッション・プレートには、「このドレスにどれほどの労力が費やされているのか、計り知れない」と書かれている。コルセットの広告には、体形のコントロール法が描かれている。また、当時のストッキングにはまだギャザーが入っていた。

1880〜1882年

p252〜253：引き続き、グレーの綿のデイタイム・ドレスの解説。ドレープの裏側の図には、留めひもの仕組みや、バッスルの間に付いたポケットを示してある。

p253：子ども用のピンクのギンガム・チェックの綿のドレス。ひだやフリル、そしてバッスル付き。
スノースヒル・コレクション (Snowshill Collection)

◆1880年：『レディース・トレジャリー (TheLadies' Treasury)』6月号のファッション・プレートより

キャンブリックのドレス

裾に絹のフリル

◆1880年：T・スタンレー・ブラウン（T. Stanley Brown）の家族写真より

白いフリル
ブローチ
白いレースのカフス
ウォッチ・ポケット
金のチェーン
ベルベット
絹のドレス

◆ グレーの綿のデイタイム・ドレス

背面

襟元の留め具はかぎホック
パイピング

グレーの綿のドレス
ポケット
プリーツ2本
ドレスの生地はすべてグレーの綿
赤いフリル

裏面

背面のドレープの裏に付けた留めひもの拡大図
テープはグレーの綿に縫い留めてある
留めひも4組
テープはグレーの綿に縫い留めてある
ポケット
裏側の留めひも
白いギンガム
1段目のグレーのフリル

このように背面でひもを結ぶスカートは、1910年頃の体を固定するスカートと同じように動きを大きく制限し、その影響はアンダーウェアにも及んだ。このような体に沿ったドレスの下には、ボリュームのあるペチコートや、丈が長くゆったりとしたシュミーズを着ることはなくなった。それに代わり、「コンビネーション」と呼ばれる新しい衣類が登場した。これはシュミーズとズロースを一体化したものである。

♦ グレーの綿のデイタイム・ドレス

裏面
ミシン縫い
鎖状の縫い目
ウォッチ・ポケット
グレーの綿
30.5cm
裏側の留めひも
別布を付けた縁は生成りの綿を使用

♦ ピンクのギンガム・チェックの子ども用ドレス

ボタン拡大図
共布のくるみボタン
白い綿にピンクのギンガム・チェック
生地拡大図

前面
ミシン縫い
前面の横幅：26.7cm
カフス拡大図
15.2cm
ウエスト：61cm
7.6cm
11.4cm
縫い目
ネックラインのフリルの拡大図
かぎホック

背面
40.6cm
5.1cm
20.3cm
リボン
裾の縁
前面部分はここまでギャザーが入っている

背面拡大図
後ろ脇身頃の縫い目
身頃
スカート
腰に付いたリボン部分のフリルの右下に小さなポケット

ここで紹介したグレーの綿のドレスの裾に付けた鮮やかな赤い生地は、1860年代の短い期間に流行した赤いペチコートを思わせる。ピンクのギンガムチェックのドレスは子ども用ではあるが、大人のドレスによく似ているためここに取り上げた。

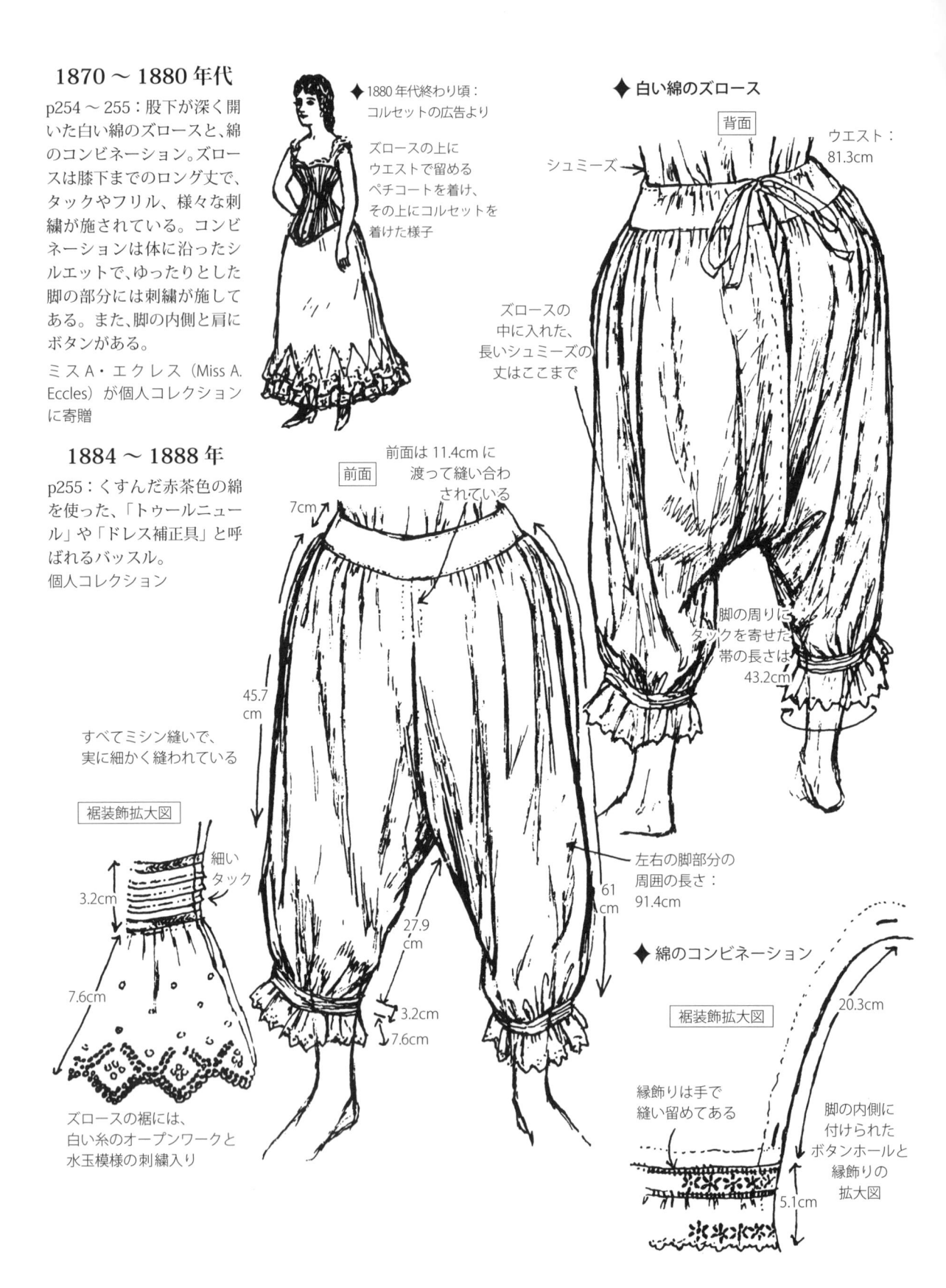

1870〜1880年代

p254〜255：股下が深く開いた白い綿のズロースと、綿のコンビネーション。ズロースは膝下までのロング丈で、タックやフリル、様々な刺繍が施されている。コンビネーションは体に沿ったシルエットで、ゆったりとした脚の部分には刺繍が施してある。また、脚の内側と肩にボタンがある。

ミス A・エクレス（Miss A. Eccles）が個人コレクションに寄贈

◆ 1880年代終わり頃：コルセットの広告より

ズロースの上にウエストで留めるペチコートを着け、その上にコルセットを着けた様子

◆ 白い綿のズロース

背面

ウエスト：81.3cm

シュミーズ

ズロースの中に入れた、長いシュミーズの丈はここまで

脚の周りにタックを寄せた帯の長さは43.2cm

1884〜1888年

p255：くすんだ赤茶色の綿を使った、「トゥールニュール」や「ドレス補正具」と呼ばれるバッスル。
個人コレクション

前面

前面は11.4cmに渡って縫い合わされている

7cm

45.7cm

すべてミシン縫いで、実に細かく縫われている

裾装飾拡大図

3.2cm

細いタック

7.6cm

ズロースの裾には、白い糸のオープンワークと水玉模様の刺繍入り

27.9cm

3.2cm

7.6cm

左右の脚部分の周囲の長さ：91.4cm

61cm

◆ 綿のコンビネーション

裾装飾拡大図

20.3cm

縁飾りは手で縫い留めてある

脚の内側に付けられたボタンホールと縁飾りの拡大図

5.1cm

股下の深いズロースは19世紀の初めからあり、主に子どもが着用したが、一般的に普及したのは1850年代半ばにクリノリンが登場してからである。多くの女性はそれまで、長いシュミーズや各種のペチコートで十分だと考えていた。

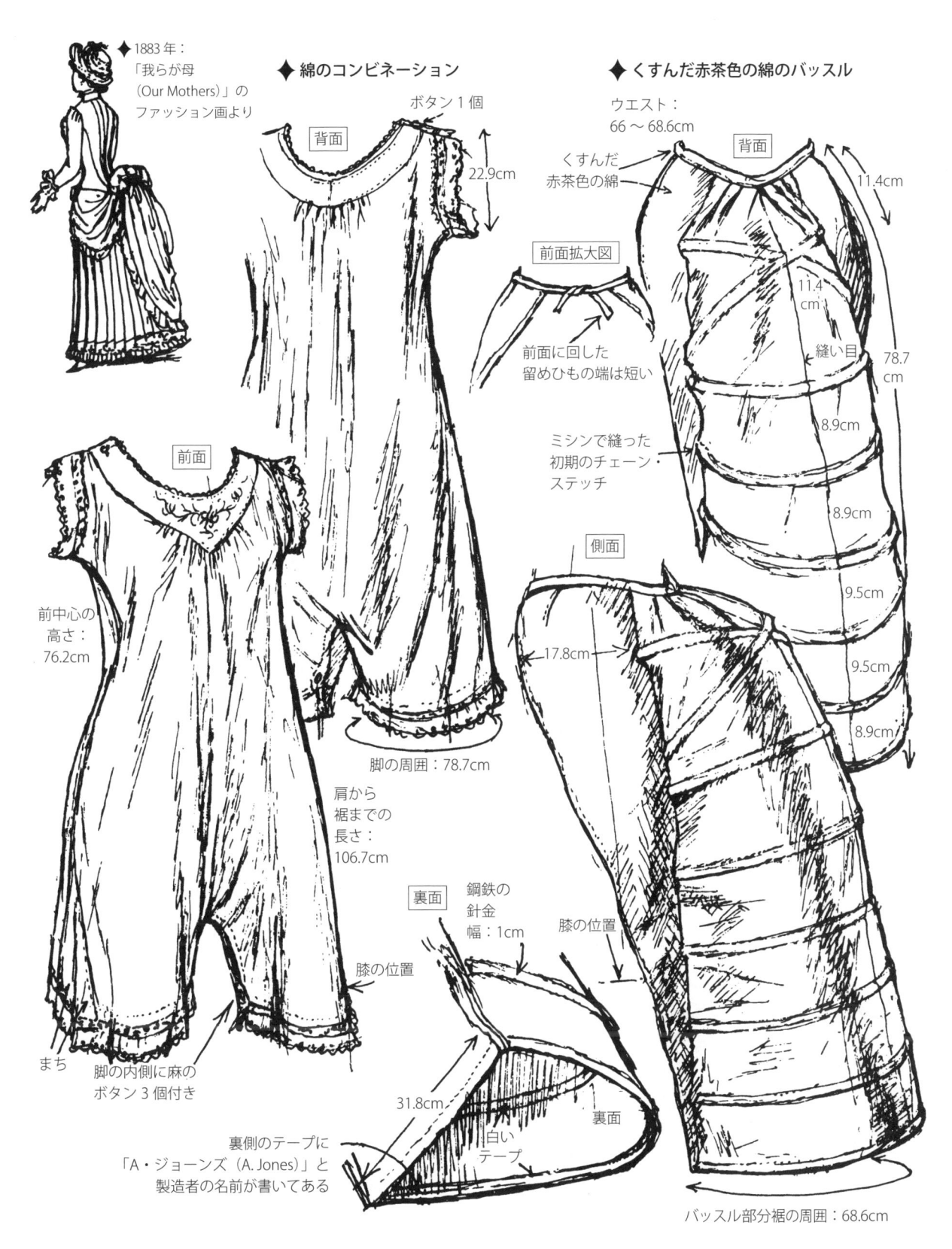

◆ 1883年：「我らが母 (Our Mothers)」のファッション画より

◆ 綿のコンビネーション

背面
ボタン1個
22.9cm

前面
前中心の高さ：76.2cm
脚の周囲：78.7cm
肩から裾までの長さ：106.7cm
まち
脚の内側に麻のボタン3個付き
膝の位置

裏面
鋼鉄の針金幅：1cm
31.8cm
白いテープ
裏側のテープに「A・ジョーンズ (A. Jones)」と製造者の名前が書いてある

◆ くすんだ赤茶色の綿のバッスル

背面
ウエスト：66〜68.6cm
くすんだ赤茶色の綿
11.4cm
11.4cm
縫い目
78.7cm
8.9cm
8.9cm
9.5cm
9.5cm
8.9cm

前面拡大図
前面に回した留めひもの端は短い
ミシンで縫った初期のチェーン・ステッチ

側面
17.8cm
膝の位置
裏面

バッスル部分裾の周囲：68.6cm

長さは変わりながらもズロースは1900年頃まで着用され、1870年代には脇で留めるニッカーズも登場した。コンビネーションは、1877年頃に登場した細身のドレスに合わせたスリムなアンダーウェアである。また、ガーターは、1901年頃からコルセットに付けられるようになる。

1885〜1887年

p256〜257：クリーム色のサテンのウェディング・ドレス。柄はストライプで、袖のないボーン入りの身頃と、独立したスカートに分かれている。スカートは、無地のサテンの前面にネットを重ねたアンダースカートの上に、刺繍入りのネットのオーバースカートを重ねている。アンダースカートの裾には、幅の広いプリーツ付き。オーバースカートは背面にギャザーを寄せてドレープを作り、半円形の鋼鉄製フープとスカートの裏側に縫い留めたパッド型（白い綿に麦わらを詰めてある）のバッスルの上に被せてある。
ミスA・チャトウィン（Miss A. Chatwin）が個人コレクションに寄贈

◆1883年頃：T・スタンレー・ブラウン（T. Stanley Brown）の家族写真より

- レースのフリル
- 明るい色の花柄
- 縁にパイピング
- レースのフリル

◆クリーム色のサテンのウェディング・ドレス

[側面] [身頃背面]

- 背面の幅：24.8cm
- ネックラインと袖は仕立て直されている
- 前あきはひもで引き締める
- ウエスト：61cm
- ボーン入りのダーツ
- 19.1cm
- 3.8cm
- 30.5cm
- 12.7cm
- 縁は共布でパイピング
- 刺繍入りのネットをアンダースカートに重ねている
- ストライプ柄のサテン
- 無地のサテンにネットを重ねたアンダースカートの上に、刺繍入りのネットのオーバースカートを重ねている
- アンダースカートの裾にはひだを寄せたフリルが付いている
- 側面にはギャザーを寄せた刺繍入りネットが付いている

1880年代初期に流行した細身のドレスに代わり、新しい形のバッスルが登場した。1883〜1888年頃のバッスルは、後ろに突き出た形で、ヒップの上にドレープをたくし上げ、動かないように留めひもやゴムひもで固定した。

◆ クリーム色のサテンのウェディング・ドレス

背面

オーバースカート前面拡大図

オーバースカートのプリーツは、前に向かって倒されている

機械刺繍を施したネット

26.7cm

45.7cm

25.4cm

アンダースカートの丈：99.1cm
オーバースカートの丈：106.7cm

縫い目

14cm

スカートの後ろ中心の丈：110.5cm

5.1cm

22.9cm

オーバースカート刺繍拡大図

ネットの縁

アンダースカート裾の縁拡大図

無地のサテンの上にネットを重ねている

ひだを寄せたフリル

ストライプ柄のサテン

14.6cm

この時代はハイ・ネックのドレスが一般的だったが、イブニング・ドレスだけは1885年頃から胸元を大きく開けるようになり、同時に、この図のドレスのように袖のないドレスも登場した。1883年以降は七分袖が流行し、袖口やネックライン、身頃の前面にフリルの装飾を付けたものが多かった。

1885～1887年

p258～259：引き続き、クリーム色のサテンのウェディング・ドレスの解説。ここでは、前あきをひもで引き締める方式のボーン入りの身頃と、オーバースカートの腰部分の拡大図と、スカートの内部構造を図解している。スカートの裏側のゴムに付けた留め紐と、後ろ脇のポケットなどが見える。
ミスA・チャトウィン（Miss A. Chatwin）が個人コレクションに寄贈

◆クリーム色のサテンのウェディング・ドレス

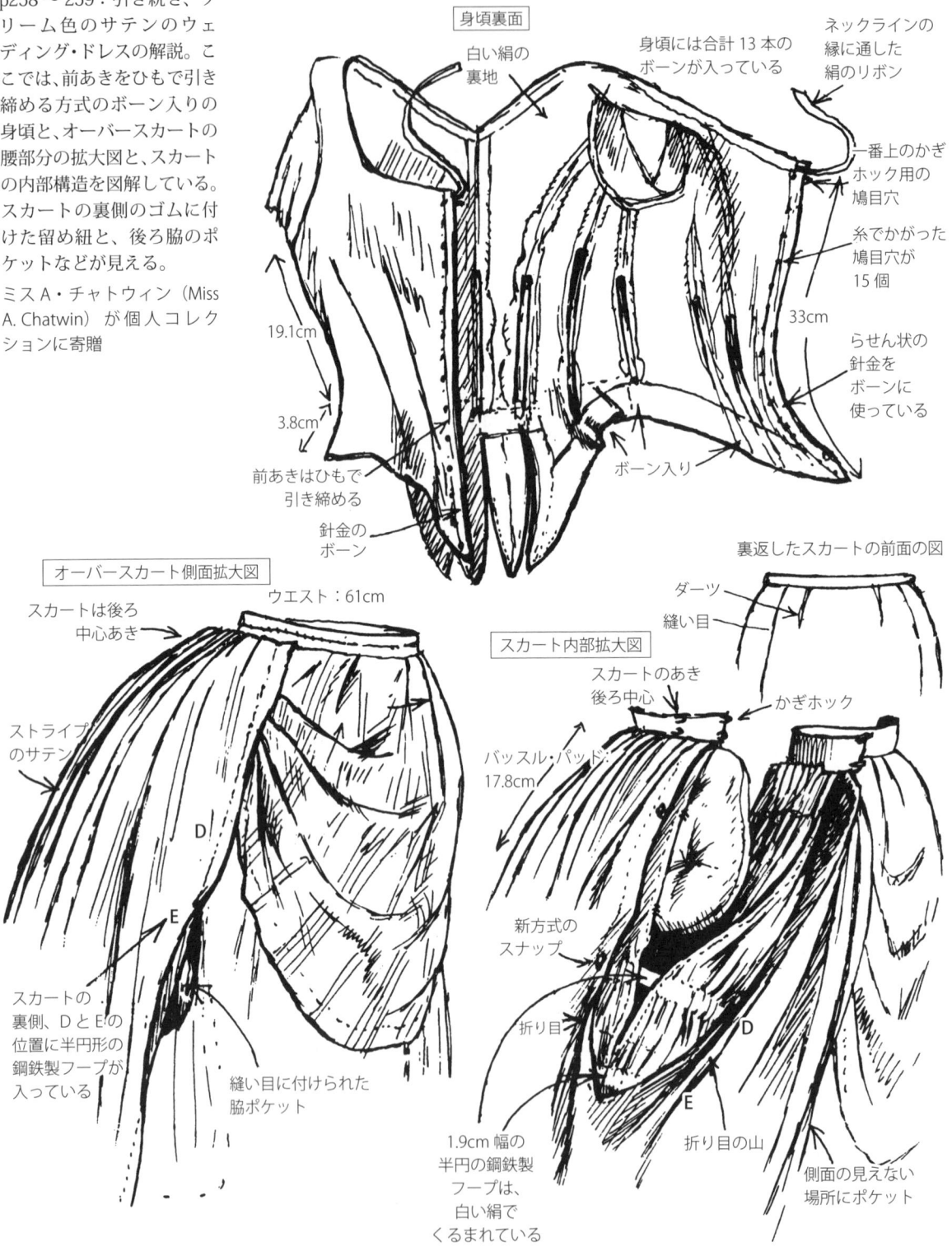

【身頃裏面】
- 白い絹の裏地
- 身頃には合計13本のボーンが入っている
- ネックラインの縁に通した絹のリボン
- 一番上のかぎホック用の鳩目穴
- 糸でかがった鳩目穴が15個
- らせん状の針金をボーンに使っている
- 19.1cm
- 3.8cm
- 33cm
- 前あきはひもで引き締める
- 針金のボーン
- ボーン入り

【オーバースカート側面拡大図】
ウエスト：61cm
- スカートは後ろ中心あき
- ストライプのサテン
- D
- E
- スカートの裏側、DとEの位置に半円形の鋼鉄製フープが入っている
- 縫い目に付けられた脇ポケット
- 1.9cm幅の半円の鋼鉄製フープは、白い絹でくるまれている

【スカート内部拡大図】
- 裏返したスカートの前面の図
- ダーツ
- 縫い目
- スカートのあき後ろ中心
- かぎホック
- バッスル・パッド 17.8cm
- 新方式のスナップ
- 折り目
- D
- E
- 折り目の山
- 側面の見えない場所にポケット

ドレスの裏側を描いた図を見ると、「内蔵式」のパッド型のバッスルの構造がよく分かる。すべてのドレスがこの形式だったわけではなく、独立したバッスルも使っていた（p255参照）。このウェディング・ドレスは、のちにイブニング・ウェアとして使われたようで、傷みが激しく、もろくなっている。

◆ クリーム色のサテンのウェディング・ドレス

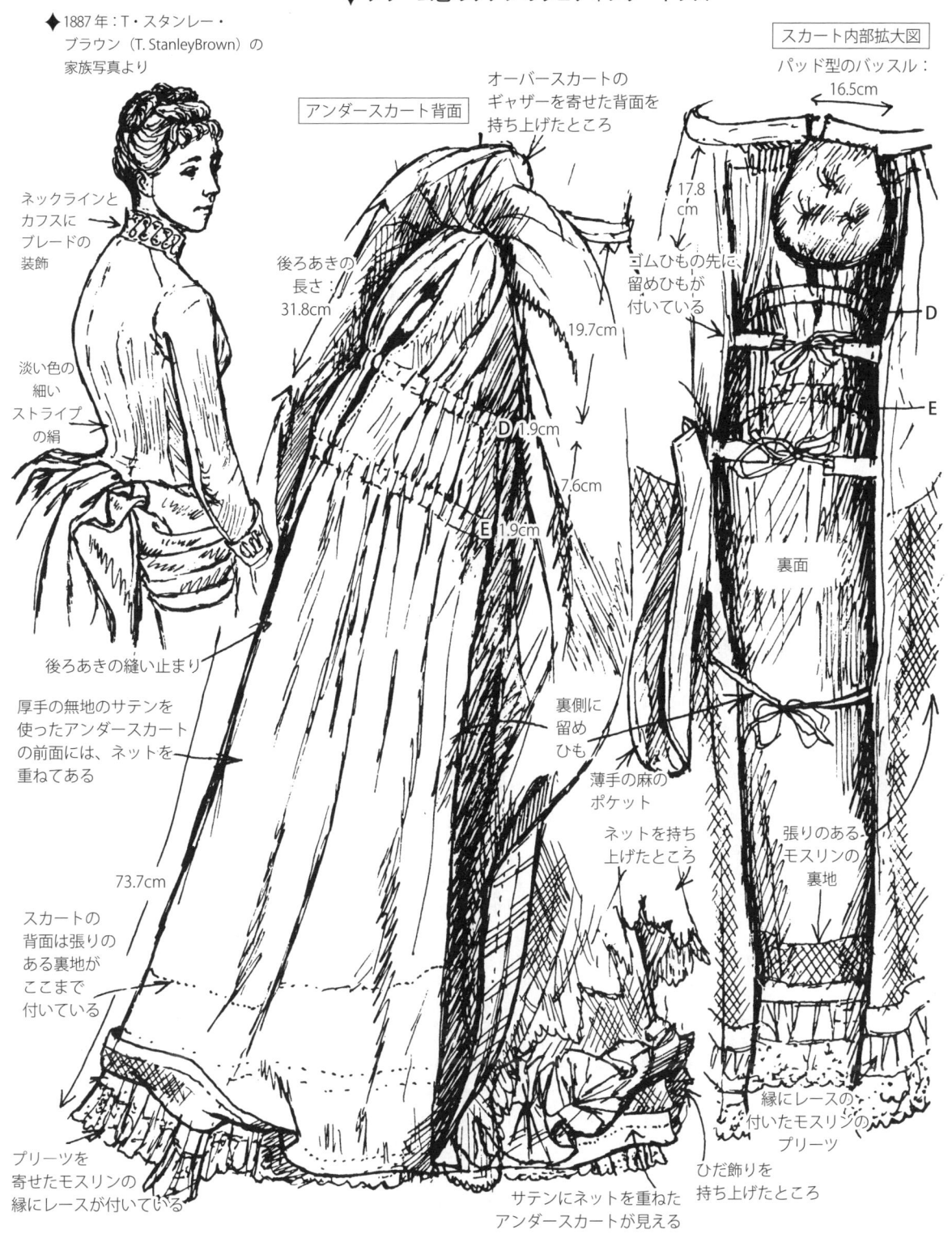

◆1887年：T・スタンレー・ブラウン（T.StanleyBrown）の家族写真より

ネックラインとカフスにブレードの装飾

淡い色の細いストライプの絹

後ろあきの縫い止まり

厚手の無地のサテンを使ったアンダースカートの前面には、ネットを重ねてある

73.7cm

スカートの背面は張りのある裏地がここまで付いている

プリーツを寄せたモスリンの縁にレースが付いている

アンダースカート背面

後ろあきの長さ：31.8cm

オーバースカートのギャザーを寄せた背面を持ち上げたところ

19.7cm

D 1.9cm
7.6cm
E 1.9cm

裏側に留めひも

薄手の麻のポケット

ネットを持ち上げたところ

サテンにネットを重ねたアンダースカートが見える

スカート内部拡大図

パッド型のバッスル：16.5cm

17.8cm

ゴムひもの先に留めひもが付いている

D

E

裏面

張りのあるモスリンの裏地

縁にレースの付いたモスリンのプリーツ

ひだ飾りを持ち上げたところ

デイタイム・ドレスには通常スタンド・カラーが使われ、この後20年にわたって流行した。また、ブレードの装飾が流行したが、最初はデイタイム・ドレスとイブニング・ドレスのプリーツやドレープのアクセントに使われた。

1885～1887年

p260～261：紺色のサテンと生成りの目の粗い絹のネットを使った、ストライプのドレス。身頃とスカートは分かれている。身頃の前面と、二重と三重のインバーティド・プリーツが入ったスカート右脇のパネル3枚の部分には、紺色のベルベットを使っている。身頃はハイ・ネックで全体にボーンが入り、裏地が付いている。袖山は小さく膨らみ、スカートには生成りの綿のアンダースカートが付いている。
ミス A・チャトウィン（Miss A. Chatwin）が個人コレクションに寄贈

♦ 紺色のサテンと生成りの絹のネットを使った、ストライプのドレス

側面
身頃と袖は生成りの綿の裏地付き
45.7cm
ウエスト：61cm
後ろ脇はAの部分まであきがあり、A～Bの位置にポシェットが付いている

身頃裏面
ネックラインに仕立て直した跡がある
背中心の縫い目
40.6cm
ボーンは合計13本

紺色のサテンと生成りのネットのストライプ
2.5cm　2.8cm
光沢のある生成りの絹を使った、目の粗いネット

スカートの後ろ中心の丈：106.7cm

二重のインバーティド・プリーツは、ステッチで押さえてある

三重のインバーティド・プリーツも、膝の辺りまでステッチで押さえてある

紺色のベルベットのパネルが3枚入っている

アンダースカート裏面拡大図
背面
縫い目
生成りの綿を使ったアンダースカート
テープ
ポケットは茶色い綿とアルパカの混紡（こんぼう）

80年代も引き続きストライプのドレスが流行し、このドレスのように2種類の素材が使われた。袖は、1883年からの手首が見えるほど短い丈には変化がないが、この絵にもあるように、曲げたひじに沿った形になっている。

♦ 紺色のサテンと生成りの絹のネットを使った、
ストライプのドレス

身頃背面

←10.2cm

大理石のような模様の、
紺色と金色のガラスのボタン

1cm

前面

ベージュ色の
ネット

5.1cm

縫い目と
ダーツには
ボーンが
入っている

ニードル
ポイント・
レース

リボンは
成形し
縫い留めて
ある

濃いクリーム色の
絹のリボンを
垂らしている

43.2cm

オーバースカート側面拡大図

明るい茶色の綿を使ったアンダースカートは、
オーバースカートのウエストに縫い留めてある

背面側   前面側

D
C
A
B

裏側にある留めひもで
ギャザーを固定する

ポケット

ベルベットの
パネルが3枚

ウエストから
裾の縁まで：
96.5cm

アンダー
スカートの
裾の縁に
付けてある
モスリン：

30.5cm

プリーツの外側にはストライプの
紺色部分のみが見えている

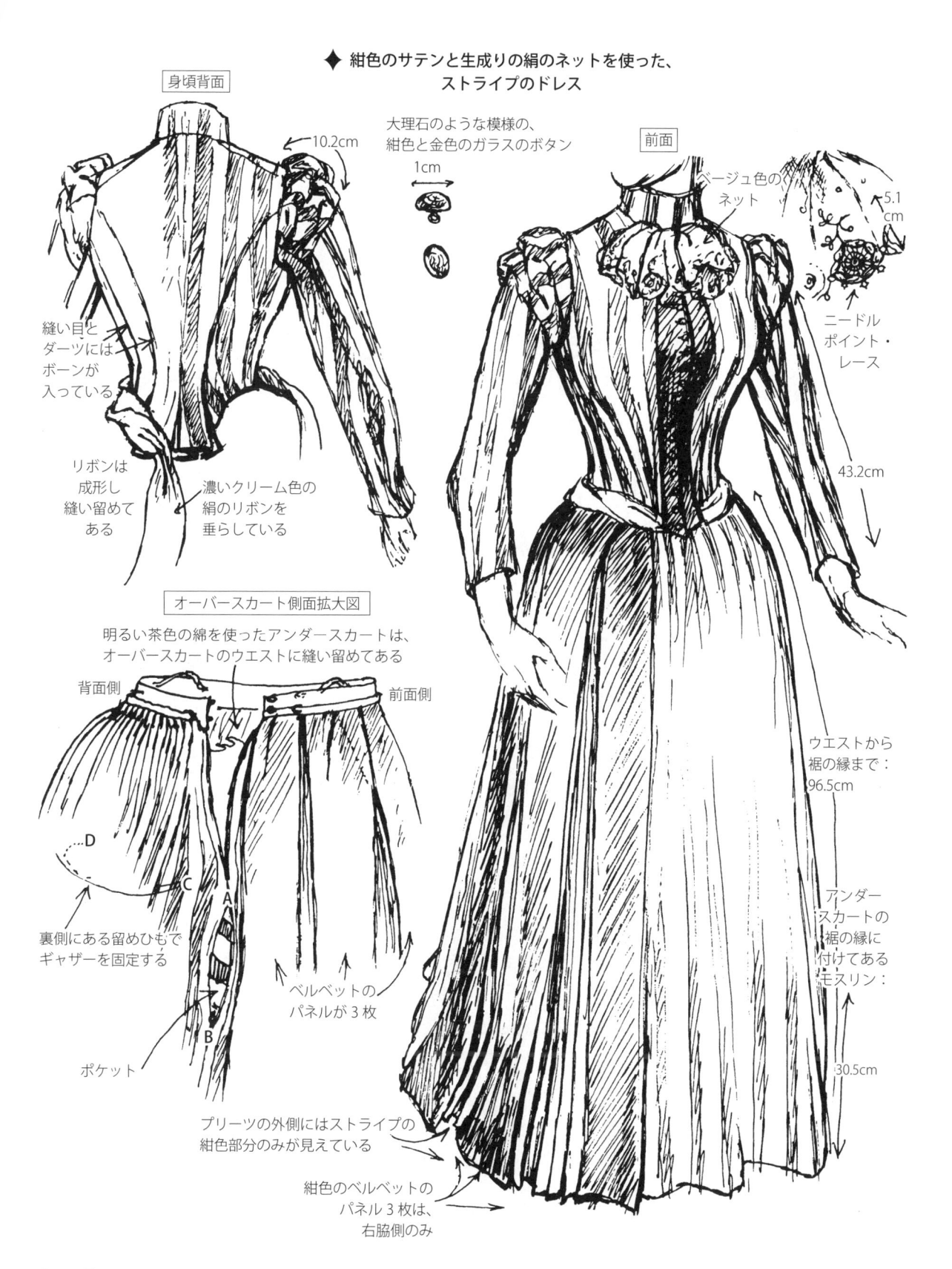

紺色のベルベットの
パネル3枚は、
右脇側のみ

また、注目すべきは、パフ・スリーブにしたり、より大きく膨らませたりしている袖山で、この後数年にわたって、この部分に注目が集まる点を示唆している。スカートはこれまでと変わらず背面に細かいギャザーを寄せてあり、ドレープがまっすぐに落ちている。おそらくスカートの下には小さなバッスルを着用したと思われる。

1890年頃

p262〜263：淡いグレーのフランネルのデイタイム・ドレス。柄はピンクがかった生成り色のタータン・チェックで、まだらな風合いの太い糸と、細いピンクの線が入っている。身頃とスカートは分かれている。光沢のある生成りの横畝織りの絹を使ったサッシュ・ベルトとリボン付き。また、身頃の装飾として、ブロンズ色にメッキを施したビーズを縁に付けた、光沢のあるベージュのブレードがあしらわれている。

ハート司令官（Commander Hart）所蔵

p262：ブロンズ色の子ヤギ革の靴。ブロンズ色にメッキを施したビーズの装飾が付いている。

ミス A・チャトウィン（Miss A. Chatwin）が個人コレクションに寄贈

◆ ブロンズ色の子ヤギ革の靴

- 端は綿で縁取り
- 21.6cm
- 5.1cm
- ブロンズ色の革をカット
- スエード
- メッキの非常に小さなビーズ
- 6.7cm
- 幅：6.7cm

◆ 淡いグレーのフランネルのデイタイム・ドレス

背面
背面の横幅：23.5cm
縁にブロンズ色のビーズが付いた、光沢のあるベージュのブレード
カフスにはくすんだ色のメッキのボタン3個付き

袖拡大図
袖口には蟷螺（らせん）状にブレードが付いている
縫い目

38.1cm
縫い目
縫い目
ダーツ
ポケット：12.7cm
ポケットは縫い目ではない場所に付いている

裏側に付いたポケットは、ウエストに縫い留めたひもで固定されている

スカート裏面拡大図
縫い目
A
B
縫い目

スカート裏側のA〜Bにゴムひもを付け、スカートの前面を引き締めて背面のギャザーを固定している

縫い目の裏側にゴムひも
後ろ中心の縫い目

後ろスカート丈：99.1cm

スカートは光沢のあるベージュ色の綿の裏地付きで、身頃と同じように、縫い目の部分で裏地を表布に縫い留めてある

縫い目

小柄な女性用の冬のデイタイム・ドレスである。とても仕立てが良く、身頃の縫い目とダーツにはすべてボーンが入っている。総裏仕上げで、スカート背面にはプリーツの位置を固定するゴムひもが付いている。低めのハイ・ネックで、前身頃にギャザーを寄せて平らなプリーツを入れ、丸いヨークを付けたデザインは、この時代のドレスに共通して見られるものである。

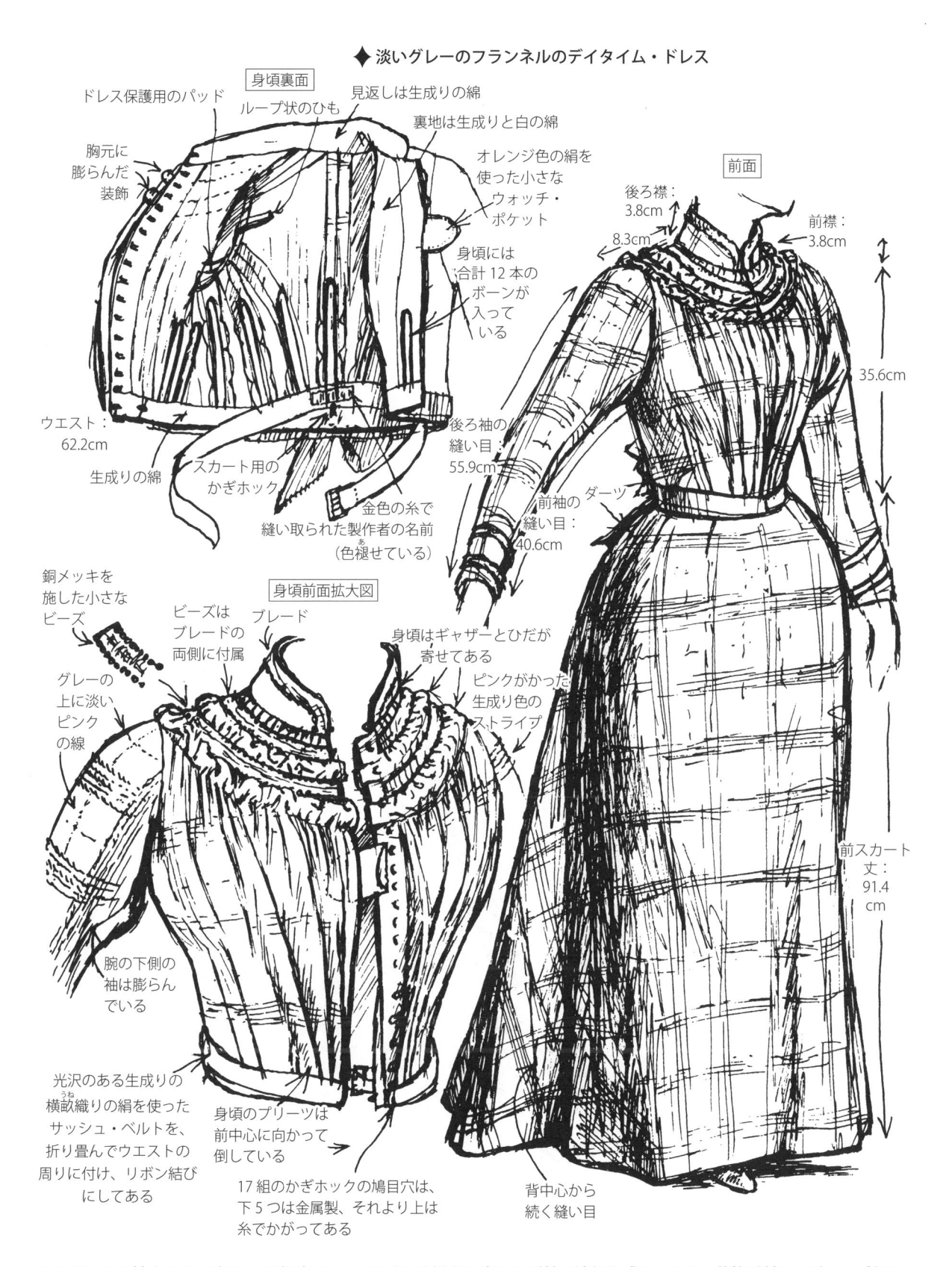

♦ **淡いグレーのフランネルのデイタイム・ドレス**

身頃裏面
- ドレス保護用のパッド
- 胸元に膨らんだ装飾
- ループ状のひも
- 見返しは生成りの綿
- 裏地は生成りと白の綿
- オレンジ色の絹を使った小さなウォッチ・ポケット
- 身頃には合計12本のボーンが入っている
- ウエスト：62.2cm
- 生成りの綿
- スカート用のかぎホック
- 金色の糸で縫い取られた製作者の名前（色褪せている）

前面
- 後ろ襟：3.8cm
- 8.3cm
- 前襟：3.8cm
- 35.6cm
- 後ろ袖の縫い目：55.9cm
- 前袖のダーツ
- 前袖の縫い目：40.6cm
- 前スカート丈：91.4cm
- 背中心から続く縫い目

身頃前面拡大図
- 銅メッキを施した小さなビーズ
- グレーの上に淡いピンクの線
- ビーズはブレードの両側に付属
- ブレード
- 身頃はギャザーとひだが寄せてある
- ピンクがかった生成り色のストライプ
- 腕の下側の袖は膨らんでいる
- 光沢のある生成りの横畝織りの絹を使ったサッシュ・ベルトを、折り畳んでウエストの周りに付け、リボン結びにしてある
- 身頃のプリーツは前中心に向かって倒している
- 17組のかぎホックの鳩目穴は、下5つは金属製、それより上は糸でかがってある

このドレスの袖山もやや膨らみを帯びていて、やがて登場する膨らんだ袖の流行を感じさせる。装飾が付いたブロンズ色の子ヤギ革の靴は1890〜1900年頃のもので、濃い茶色の絹のストッキングを合わせて履いたであろうと考えられる。

1890年 ◆クリーム色の絹とネットのウェディング・ドレス

p264〜265：クリーム色の絹とネットのウェディング・ドレス。ミス ノーラ・ホーカー（Miss Nora Hawker）の母が着用したものである。繊細なネットの袖が付いた身頃と、スカートは分かれている。どちらも絹のブレードで装飾され、白い綿に表地を重ねてある。スカートの裾には、ひだを寄せた絹のガーゼ、細かくプリーツを畳んだタフタのフリルが付いている。身頃は総裏付きで、左前脇あき、スカートは後ろ中心あきである。

ミス ノーラ・ホーカー（Miss Nora Hawker）所蔵

背面

平らな絹のブレードを使った模様は、前面と背面で模様が違う

胸元装飾拡大図

7列のひだを寄せたガーゼ

36.8cm

ブレードの周りに絹のコードが付いている

前中心

ネットの上にひだを寄せたガーゼが6本付いている

ギャザーを寄せたガーゼを、斑点模様のネットの上に重ねてある

絹の上にネットを重ねている

ダーツ

ガーゼのフリル

ネットの上にブレード

スカート後ろ脇の丈：109.2cm

スカート裏面拡大図

スカートの表地の絹は、裏面で丈夫な薄い白い綿の上に縫い留めてある

タフタにはサテンの裏打ち

絹の上にネットを重ねて地縫いしてある

絹と綿を重ねて縫ってある

絹の布端

タフタのフリル

布端はピンキングされている

3本取りのギャザー

下側の布端は波形にピンキングされている

フリル拡大図

フリルの付いた裾の縁

裾の縁

トレーンを引いたスカートが復活し、裾の装飾が増えたことで裾幅も広がったが、背面の中央に膨らみを集中させる点は変わっていない。この図のドレスは裾の内側に付けたシルクタフタのフラウンスが、さらりとした軽やかな動きをスカートに加えている。1890年代の終わり頃は、こうしたフラウンスの裏地には通常、絹を使った。

◆ クリーム色の絹とネットのウェディング・ドレス

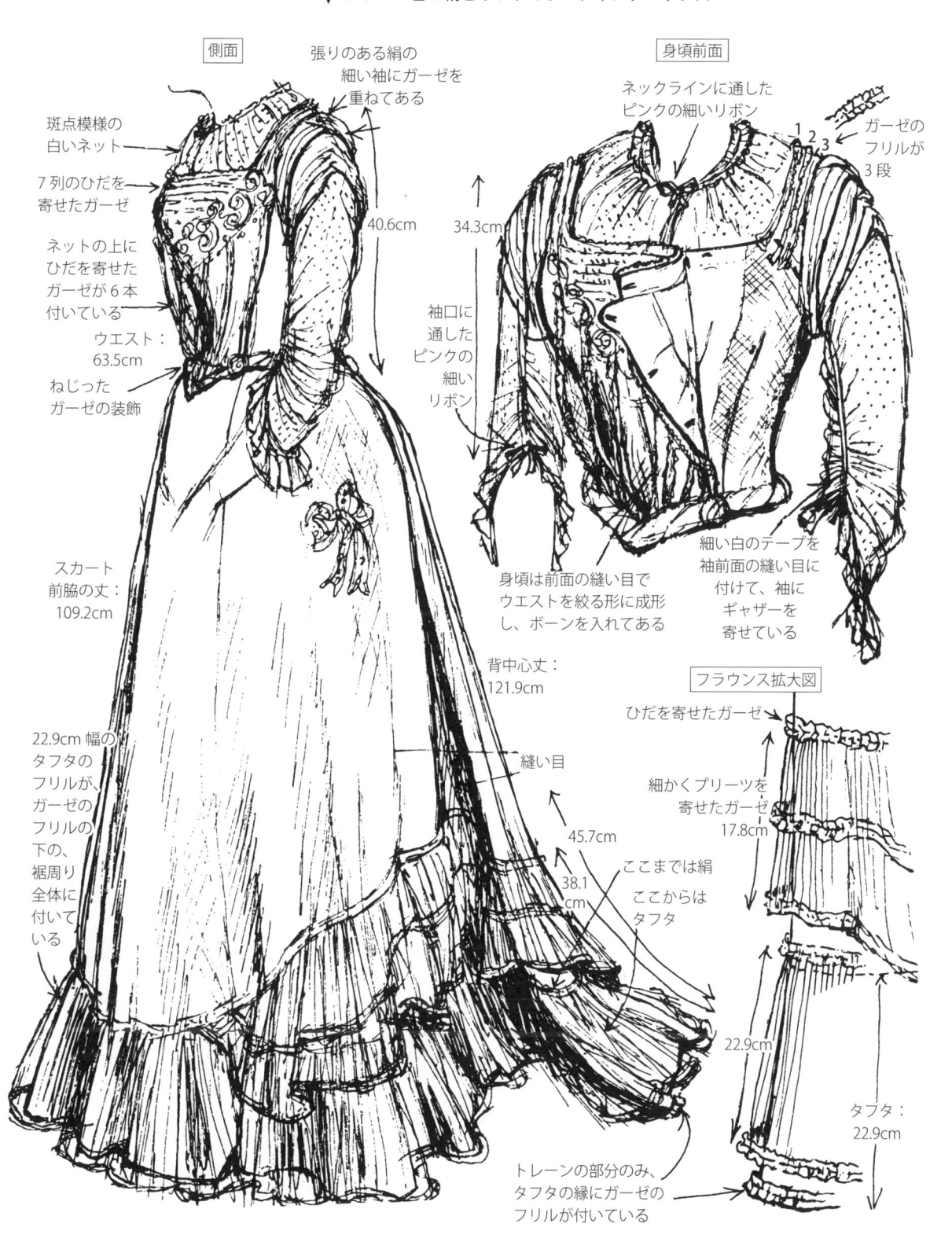

[側面]

- 斑点模様の白いネット
- 7列のひだを寄せたガーゼ
- ネットの上にひだを寄せたガーゼが6本付いている
- 張りのある絹の細い袖にガーゼを重ねてある
- ウエスト：63.5cm
- ねじったガーゼの装飾
- 40.6cm
- スカート前脇の丈：109.2cm
- 22.9cm幅のタフタのフリルが、ガーゼのフリルの下の、裾周り全体に付いている

[身頃前面]

- ネックラインに通したピンクの細いリボン
- ガーゼのフリルが3段
- 34.3cm
- 袖口に通したピンクの細いリボン
- 身頃は前面の縫い目でウエストを絞る形に成形し、ボーンを入れてある
- 細い白のテープを袖前面の縫い目に付けて、袖にギャザーを寄せている
- 背中心丈：121.9cm
- 縫い目
- 45.7cm
- 38.1cm
- ここまでは絹
- ここからはタフタ
- トレーンの部分のみ、タフタの縁にガーゼのフリルが付いている

[フラウンス拡大図]

- ひだを寄せたガーゼ
- 細かくプリーツを寄せたガーゼ 17.8cm
- 22.9cm
- タフタ：22.9cm

1890年代初期には、ブレードの装飾がドレスやジャケット、スカート、ケープに使われた。興味深いことに、身頃は前あき、スカートは後ろあきという流行は、のちに身頃とドレスを別々に仕立てなくなった後もエドワード時代まで続いた。

1890年

p266：白いキャンブリックのペチコート。前脇あきで、裾はレースのフリル付き。このペチコートも、前ページで取り上げたウェディング・ドレスと同じく、ミス ノーラ・ホーカー（Miss Nora Hawker）の母が着用したものだが、作られたのはドレスよりも少し後である。

ミス ノーラ・ホーカー（Miss Nora Hawker）所蔵

p266：1890年代の銀のハンドバッグ。裏地は子ヤギ革を使用。

ミス A・エクレス（Miss A. Eccles）が個人コレクションに寄贈

p267：前ページで取り上げた、クリーム色の絹とネットのウェディング・ドレスの解説の続き。身頃とスカートのあき部分の拡大図である。

ミス ノーラ・ホーカー（Miss Nora Hawker）所蔵

◆ 白いキャンブリックのペチコート

あき拡大図
- 前脇のあき
- かぎホック3組
- 側面
- 1.9cm
- 29.2cm
- 裏側の後ろ中心にループ状のテープが付いている
- ウエスト：67.3cm
- 縫い目
- 背中心丈：113cm
- 前丈：105.4cm
- 縫い目
- 縫い目

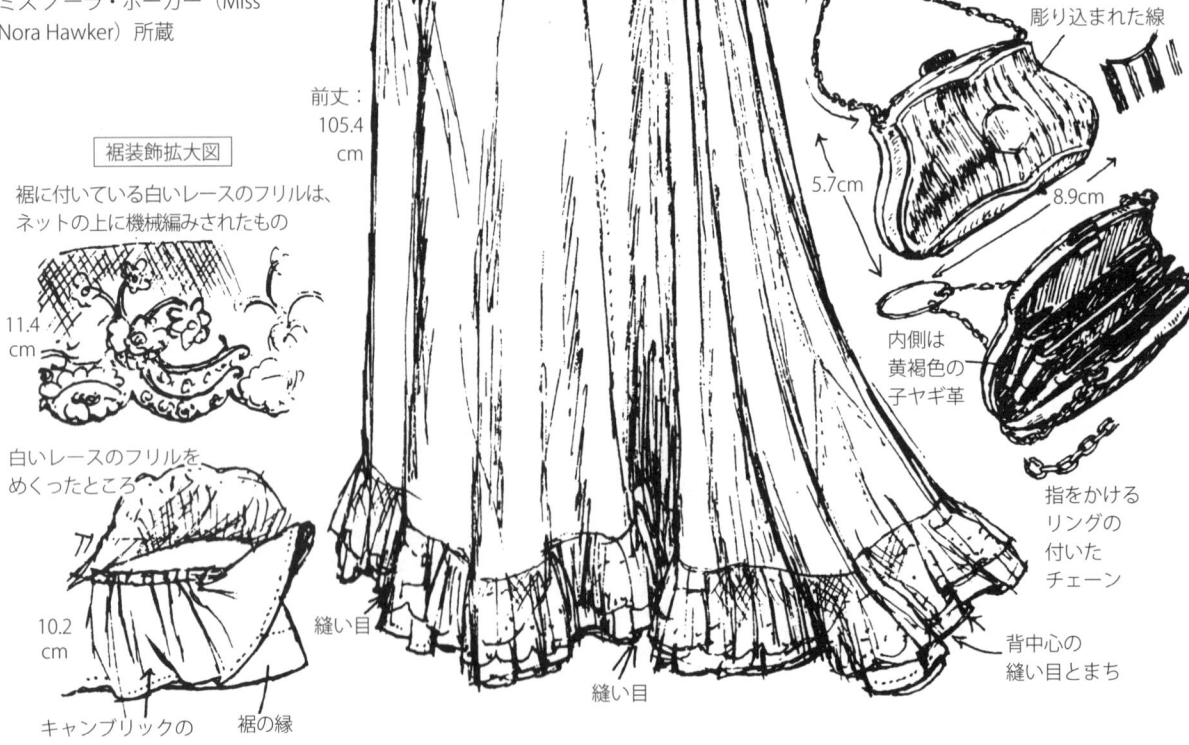

裾装飾拡大図
- 裾に付いている白いレースのフリルは、ネットの上に機械編みされたもの
- 11.4cm
- 白いレースのフリルをめくったところ
- 10.2cm
- キャンブリックのフリル
- 裾の縁

◆ 1891年：『パンチ（Punch）』2月号より

イブニング・ドレス

◆ 銀のハンドバッグ
- 2.4cm
- 10.8cm
- 5.7cm
- 8.9cm
- 彫り込まれた線
- 内側は黄褐色の子ヤギ革
- 指をかけるリングの付いたチェーン
- 背中心の縫い目とまち

小さな財布やバッグは、金属製やメッシュ素材など美しいものが多数作られた。このページの1890年代のハンドバッグには、持ち手部分に指を通すリングが付いている。

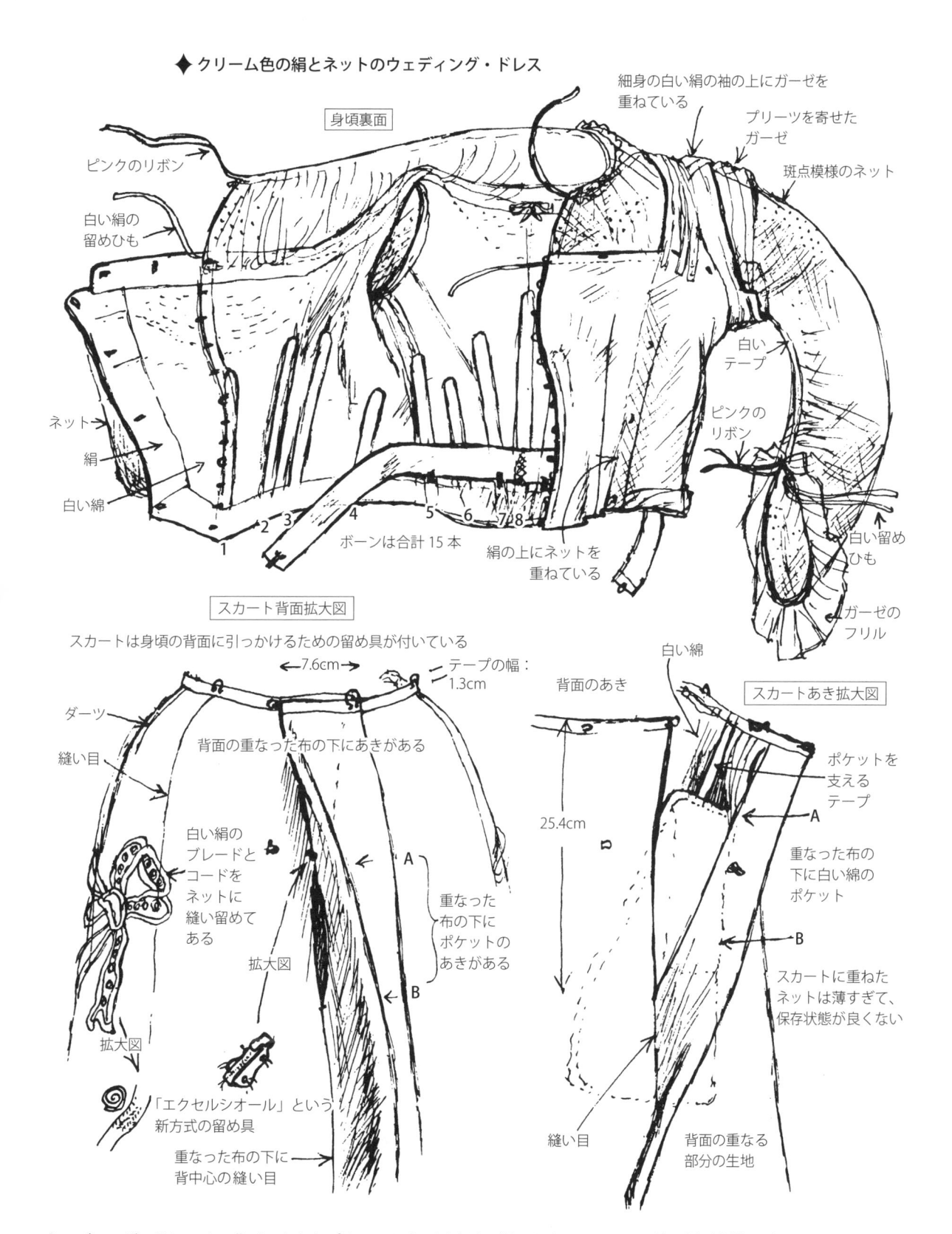

◆ クリーム色の絹とネットのウェディング・ドレス

身頃裏面

- ピンクのリボン
- 白い絹の留めひも
- ネット
- 絹
- 白い綿
- 1 2 3 4 5 6 7 8
- ボーンは合計 15 本
- 絹の上にネットを重ねている
- 細身の白い絹の袖の上にガーゼを重ねている
- プリーツを寄せたガーゼ
- 斑点模様のネット
- 白いテープ
- ピンクのリボン
- 白い留めひも
- ガーゼのフリル

スカート背面拡大図

スカートは身頃の背面に引っかけるための留め具が付いている

- ←7.6cm→
- テープの幅：1.3cm
- ダーツ
- 縫い目
- 背面の重なった布の下にあきがある
- 白い絹のブレードとコードをネットに縫い留めてある
- 拡大図
- A
- 重なった布の下にポケットのあきがある
- 拡大図
- 「エクセルシオール」という新方式の留め具
- 重なった布の下に背中心の縫い目
- B

スカートあき拡大図

- 背面のあき
- 白い綿
- 25.4cm
- ポケットを支えるテープ
- A
- 重なった布の下に白い綿のポケット
- B
- スカートに重ねたネットは薄すぎて、保存状態が良くない
- 縫い目
- 背面の重なる部分の生地

ウェディング・ドレスは、背面の大きなプリーツと床に届く長い裾のため、スカートの後ろ側が非常に重い。そのため、身頃の裏側でスカートをウエストバンドに留められるように作ってある。身頃の絹の部分は仕立てが良く、体にフィットした作りで全体にボーンが入っているが、ネットの部分は縫い留めず、前面で袋状になっている。この袋状に膨らんだ身頃は、20世紀初めの数年間のドレスを象徴するスタイルとなった。

1892〜1893年

p268〜269：淡い黄緑の、絹の紋織物のイブニング・ドレス。バーミンガムのミス フランシス・ルイーズ・ウォルトン（Miss Francis Louise Walton）が17歳の時に着たもの。彼女は後のアーサー・マッキーワン夫人（Mrs Arthur McKewan）である。身頃とスカートは分かれている。身頃は裏地付きで、全体にボーンが入った後ろあきのデザイン。スカートも裏地付きで、後ろあきのゴアード・スカートである。鮮やかなオレンジ色のベルベットのリボンとクリーム色のレースで装飾されている。
ミス ノーラ・ホーカー（Miss Nora Hawker）所蔵

◆ 淡い黄緑の、絹の紋織物のイブニング・ドレス

背面

細身のアンダースリーブの上に付いた、小さなパフ・スリーブ

袖拡大図

袖口は、鮮やかなオレンジ色のベルベットのリボンで縁をくるんである

緑のサテンのリボン

32.4cm

緑のリボンはここで縫い留めてある

縫い目

ウエスト縫い目は前面からここまで

レース拡大図

襟元に付いたクリーム色のニードルポイント・レース

3.8cm

レースの間から、鮮やかなオレンジ色のベルベットのリボンが見えている

スカート裾拡大図

オレンジ色のベルベットのリボンを折り畳んで付けている

2.5cm
5.1cm
2.5cm

ドレスと共布の緑の絹を折り畳んで付けている

4.4cm

裏打ちした裾の縁

縫い目

スカートのあきはここまで

縫い目

スカート背面拡大図

背中心

プリーツの奥にポケット

プリーツの奥の後ろ中心の縫い目にあき

背面に幅の広いプリーツ

若々しくシンプルなこのドレスは魅力にあふれ、繊細な色使いを鮮やかなオレンジ色のリボンが引き立てている。身頃はシンプルだが、とても丁寧に仕立ててある。縫い目と隠れたダーツには、すべてボーン入り。

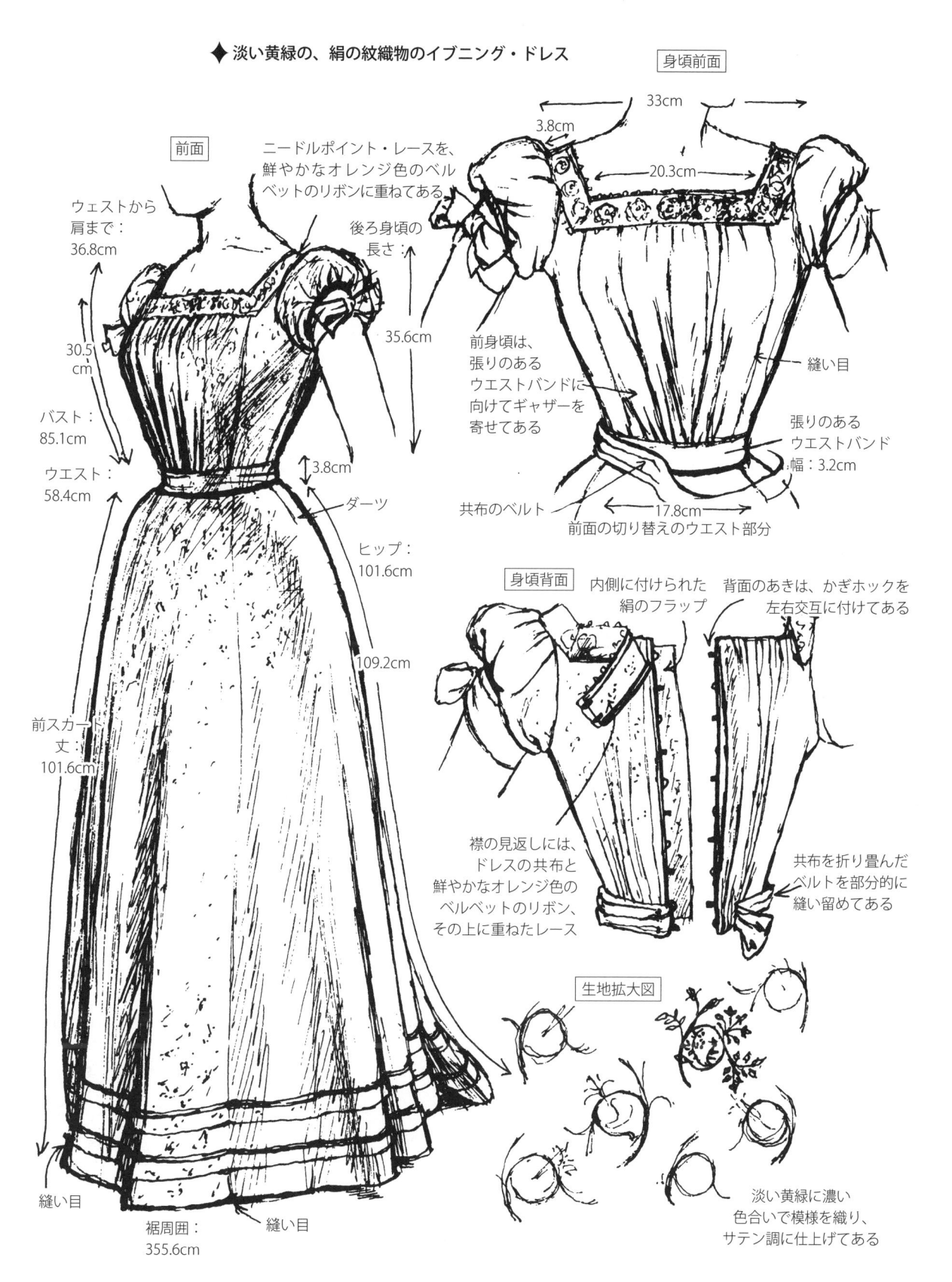

◆ 淡い黄緑の、絹の紋織物のイブニング・ドレス

[前面]

- ウェストから肩まで：36.8cm
- 30.5cm
- バスト：85.1cm
- ウエスト：58.4cm
- ヒップ：101.6cm
- 前スカート丈：101.6cm
- 3.8cm
- ダーツ
- 109.2cm
- 縫い目
- 裾周囲：355.6cm
- 縫い目

ニードルポイント・レースを、鮮やかなオレンジ色のベルベットのリボンに重ねてある

後ろ身頃の長さ：35.6cm

[身頃前面]

- 33cm
- 3.8cm
- 20.3cm
- 17.8cm
- 縫い目
- 張りのあるウエストバンド幅：3.2cm

前身頃は、張りのあるウエストバンドに向けてギャザーを寄せてある

共布のベルト

前面の切り替えのウエスト部分

[身頃背面]

内側に付けられた絹のフラップ

背面のあきは、かぎホックを左右交互に付けてある

襟の見返しには、ドレスの共布と鮮やかなオレンジ色のベルベットのリボン、その上に重ねたレース

共布を折り畳んだベルトを部分的に縫い留めてある

[生地拡大図]

淡い黄緑に濃い色合いで模様を織り、サテン調に仕上げてある

このドレスは裏地の付け方が丁寧なため、保存状態が良い。小ぶりのパフ・スリーブには、細く短いアンダースリーブが付いている。多くのイブニング・ドレスと同じく、身頃は後ろあきである。デイタイム・ドレスは、前あきのものが多かった。

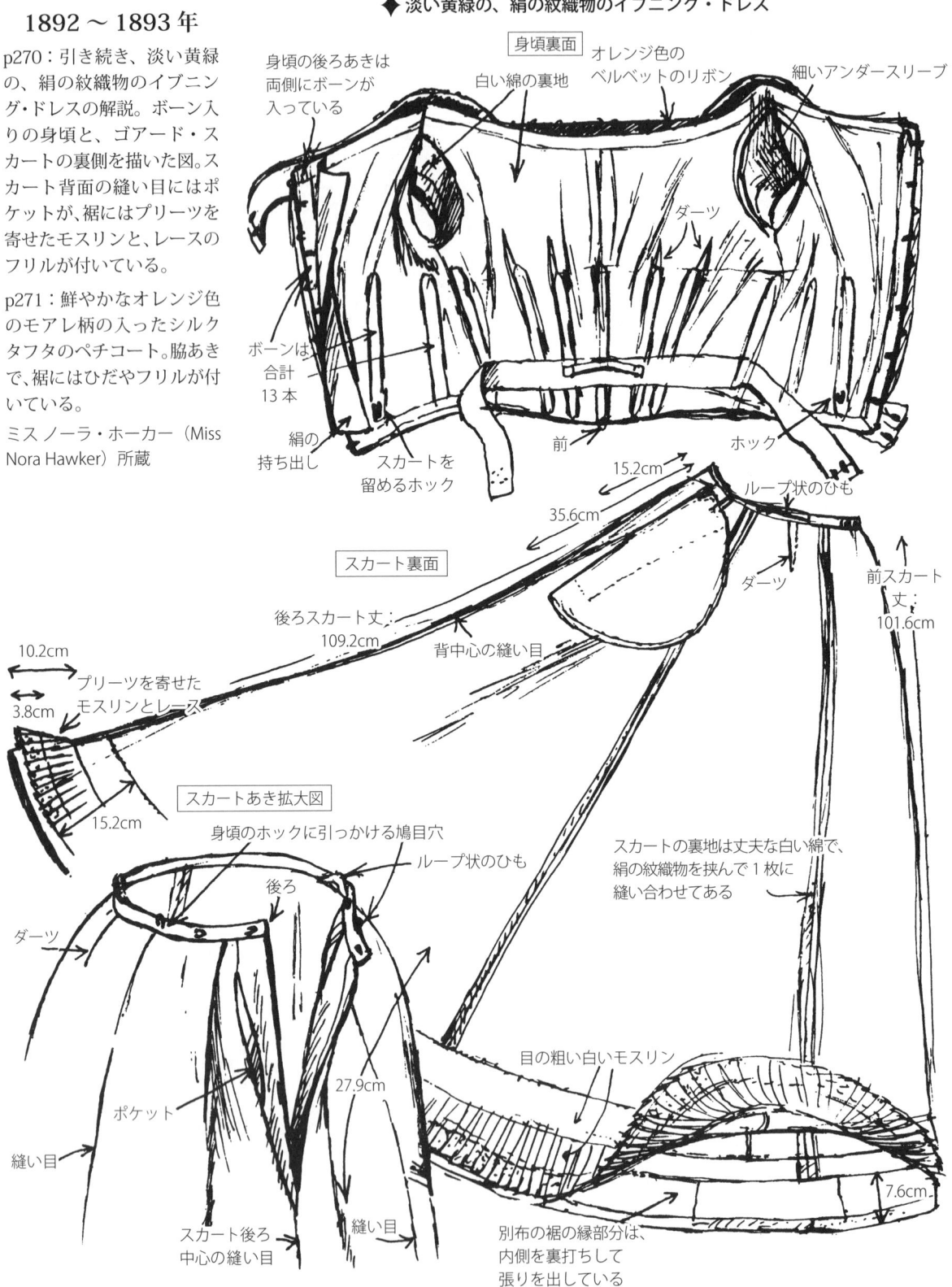

1892〜1893年

p270：引き続き、淡い黄緑の、絹の紋織物のイブニング・ドレスの解説。ボーン入りの身頃と、ゴアード・スカートの裏側を描いた図。スカート背面の縫い目にはポケットが、裾にはプリーツを寄せたモスリンと、レースのフリルが付いている。

p271：鮮やかなオレンジ色のモアレ柄の入ったシルクタフタのペチコート。脇あきで、裾にはひだやフリルが付いている。

ミス ノーラ・ホーカー（Miss Nora Hawker）所蔵

◆ 淡い黄緑の、絹の紋織物のイブニング・ドレス

身頃裏面

- 身頃の後ろあきは両側にボーンが入っている
- 白い綿の裏地
- オレンジ色のベルベットのリボン
- 細いアンダースリーブ
- ダーツ
- ボーンは合計13本
- 絹の持ち出し
- スカートを留めるホック
- 前
- ホック

スカート裏面

- 15.2cm
- 35.6cm
- ループ状のひも
- ダーツ
- 前スカート丈 101.6cm
- 後ろスカート丈 109.2cm
- 背中心の縫い目
- 10.2cm
- 3.8cm
- プリーツを寄せたモスリンとレース
- 15.2cm
- スカートの裏地は丈夫な白い綿で、絹の紋織物を挟んで1枚に縫い合わせてある

スカートあき拡大図

- 身頃のホックに引っかける鳩目穴
- ループ状のひも
- 後ろ
- ダーツ
- 27.9cm
- ポケット
- 縫い目
- 目の粗い白いモスリン
- 7.6cm
- スカート後ろ中心の縫い目
- 縫い目
- 別布の裾の縁部分は、内側を裏打ちして張りを出している

このドレスがスクエア・ネックになっていることから、ネックラインの横幅が広がりつつあることが分かる。デイタイム・ドレスの中には四角いヨークや丸いヨークを、ドレスの構造の一部としてではなく、装飾として付けたものがあった（p262〜263参照）。

◆ 1892年10月：ミセス N・ソープ
（Mrs N. Thorpe）の家族写真より

当時の帽子とヘアスタイル

◆ 1892年：T・スタンレー・ブラウン
（T. Stanley Brown）家族写真より

17歳前後の
ジェシー・カルスロップ
（Jessie Calthrop）

エマ・カーデュー
（Emma Cardew）

メイドは地元の
精肉店の娘

流行のドレスを着た
メイドと、
木製の乳母車に
乗せられた1歳の
メイ・ブラウン
（May Brown）と
メイの兄2人。

◆ **オレンジ色のシルクタフタのペチコート**

側面

前脇のあきにボタン

後ろ中心の
プリーツに
留めひも

前面
中心と脇に
縫い目

106.7
cm

106.7
cm

脇の縫い目

裾拡大図

33
cm

細いタック4列

少年たちが身に着けているのは、ネイビー・ブルー（濃紺色）の
サージを使った揃いのブラウスとズボン、ボタンで留めるブーツ

背面拡大図

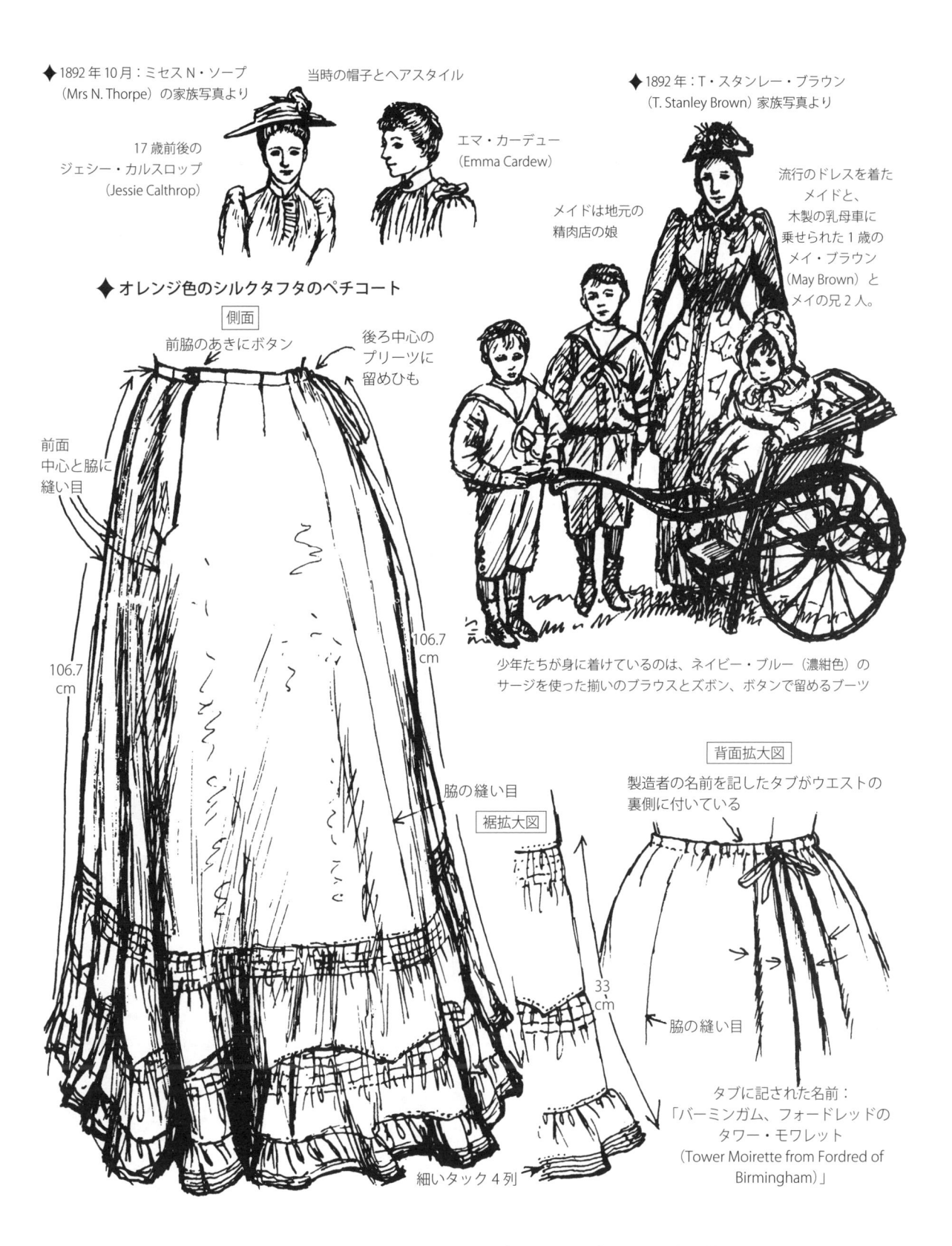

製造者の名前を記したタブがウエストの
裏側に付いている

脇の縫い目

タブに記された名前：
「バーミンガム、フォードレッドの
タワー・モワレット
（Tower Moirette from Fordred of
Birmingham）」

オレンジ色のシルクタフタを使ったペチコートは、ここで取り上げたイブニング・ドレスと共に着用されたものではないが、このドレスのペチコートとよく似た形と思われる。このペチコートは、より大柄な女性用のもの。また、上段に示した1892年に撮影された2枚の楽しげな写真には、流行の髪型と帽子、そして当時登場したばかりの膨らんだ袖が写っている。当時のメイドは、女主人とほぼ同じように身なりを整えていた。

1892年

♦ クリーム色の絹のウェディング・ドレス

p272〜273:クリーム色の絹のウェディング・ドレス。小さな真珠と、クリーム色のビーズを使った刺繍が施してある。身頃とスカートは分かれており、肩とスカートは仕立て直されている。身頃はボーン入りで、前身頃にはドレープが付き、袖は大きく膨らんでいる。スカートは長いトレーン付きで、総裏仕上げ。

p273:ドレスと共布のサテンの靴。

ミセス エリザベス・ブルース・ホワイト(Mrs Elizabeth Bruce White)が、エディンバラ(Edinburgh)でバンガー大学(Bangor University)のフィリップ・ホワイト教授(Professor Philip White)と式を挙げた際に着た衣装で、義理の娘であるミセス グウェン・ホワイト(Mrs Gwen White)が個人コレクションに寄贈

背面

身頃横幅:25.4cm ←17.8cm→

後ろ中心の丈:48.3cm

後ろ脇あき:30.5cm

縫い目の裏側には留めひもが縫い留めてある

小さなポケット:10.2cm
ポケットは縫い目に付いている
二重のインバーティド・プリーツ

♦1889年:家族写真より
袖とスカートの前面を仕立て直す前のドレスを着た、ブルース・ホワイト夫人(Mrs Bruce White)

袖拡大図

深く畳まれたタックがここまで入っている

袖下の縫い目の長さ:35.6cm

スカート裾拡大図
手縫いのギャザー
折り畳まれた布端
フリルの縁は布でくるまれている
2.5cm
14.6cm
裾の縁:縫い目
10.8cm
フリル
後ろ脇の縫い目
アンダースカートの縁と、その内側のプリーツを寄せたレース
フリルの内側にあるドレスの縁
トレーン部分のアンダースカート

1889年の結婚式では、膨らんだ袖の上部を絞って裏地に軽く縫い留め、このページの右上の写真のように着用した。しかし、後に大きく膨らんだ袖が流行するようになると、縫い留めた糸を切り、袖の上部を外側に広げて豊かなひだを見せ、身頃とスカートの縫い目から裾に向かって流れるラインと、対照的に上へ広がるシルエットに仕立て直して完成させた。

◆ クリーム色の絹のウェディング・ドレス

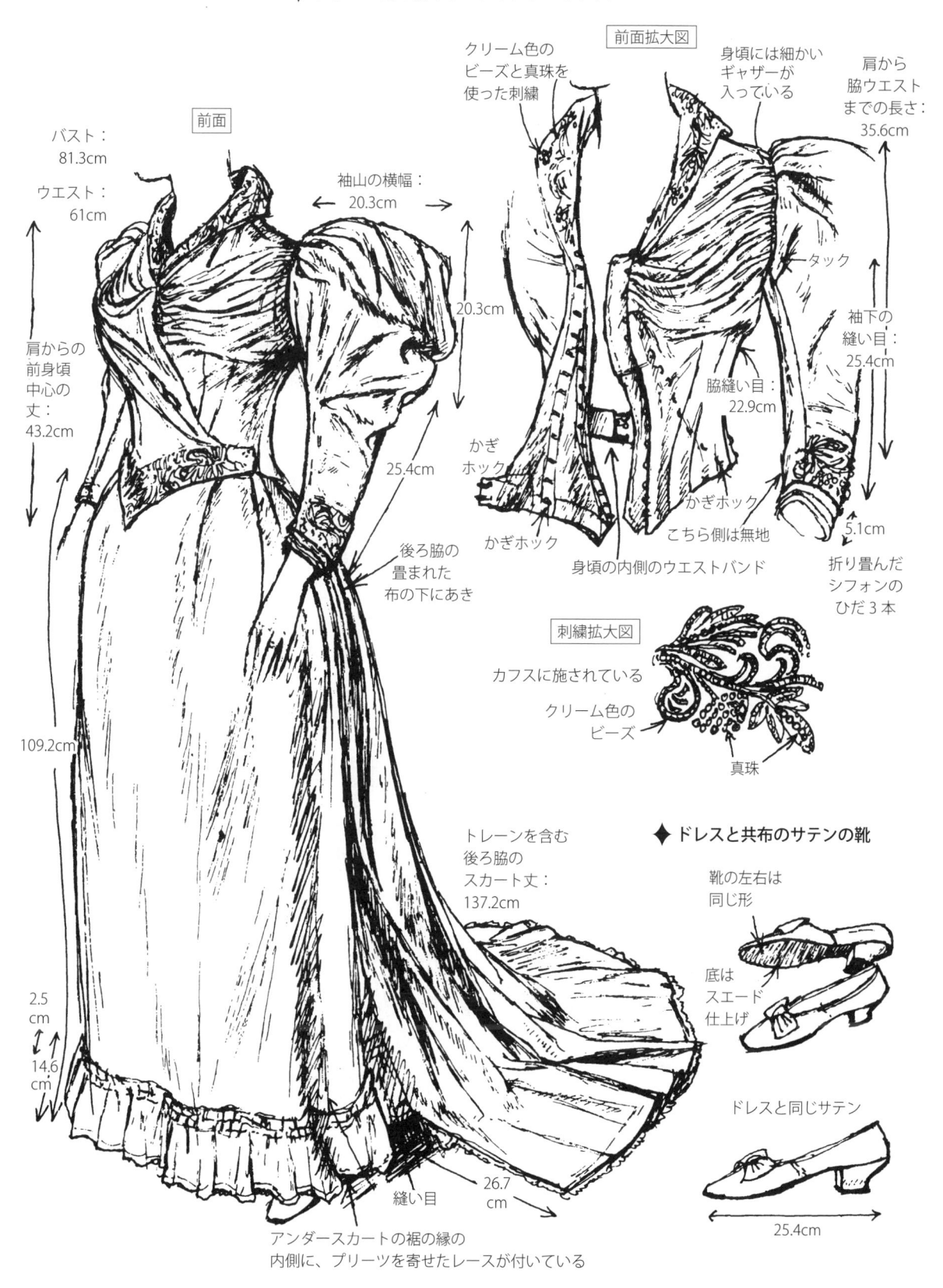

前面

バスト：81.3cm
ウエスト：61cm
肩からの前身頃中心の丈：43.2cm
109.2cm
2.5cm
14.6cm

袖山の横幅：20.3cm
20.3cm
25.4cm

前面拡大図

クリーム色のビーズと真珠を使った刺繍
身頃には細かいギャザーが入っている
肩から脇ウエストまでの長さ：35.6cm
タック
袖下の縫い目：25.4cm
脇縫い目：22.9cm
かぎホック
かぎホック
かぎホック
こちら側は無地
身頃の内側のウエストバンド
5.1cm
折り畳んだシフォンのひだ3本

後ろ脇の畳まれた布の下にあき

刺繍拡大図

カフスに施されている
クリーム色のビーズ
真珠

トレーンを含む後ろ脇のスカート丈：137.2cm

26.7cm

縫い目

アンダースカートの裾の縁の内側に、プリーツを寄せたレースが付いている

◆ ドレスと共布のサテンの靴

靴の左右は同じ形
底はスエード仕上げ

ドレスと同じサテン

25.4cm

スカート前面の生地は脇から後ろへ回り、長く垂らしたトレーンの下まで続いている。

1892年

p274～275：ミセス エリザベス・ブルース・ホワイト（Mrs Elizabeth Bruce White）が着用した、クリーム色の絹のウェディング・ドレスに合わせた、クリーム色のダマスク織りの絹のジャケット。身頃は白鳥の綿毛で飾られ、肩には大きな絹のリボンが付いている。裏地はクリーム色の綿の紋織物。身頃の背面は体にぴったりと沿い、前面は直線的で、小さな袖が付いている。

p275：クリーム色の絹のウェディング・ドレスの身頃。裏側から見た図である。

p275：クリーム色の絹のウェディング・ドレスのスカートの裏側の図。アンダースカートやトレーン、縁飾りが見える。

個人コレクション

◆クリーム色のダマスク織りの絹のジャケット

ウェディング・ドレス用の、揃いのジャケットである

肩装飾拡大図
肩のリボンを持ち上げたところ
肩の縫い目
背面
白鳥の綿毛
6.4cm
20.3cm
ギャザーは前面に向かって倒されている
クリーム色の絹のダマスク織り
後ろ中心の丈：53.3cm
ジャケットのカフスの幅：20.3cm
縫い目
縫い目
裏側に絹の留めひもが付いている
白鳥の綿毛は失われている

◆クリーム色の絹のウェディング・ドレス

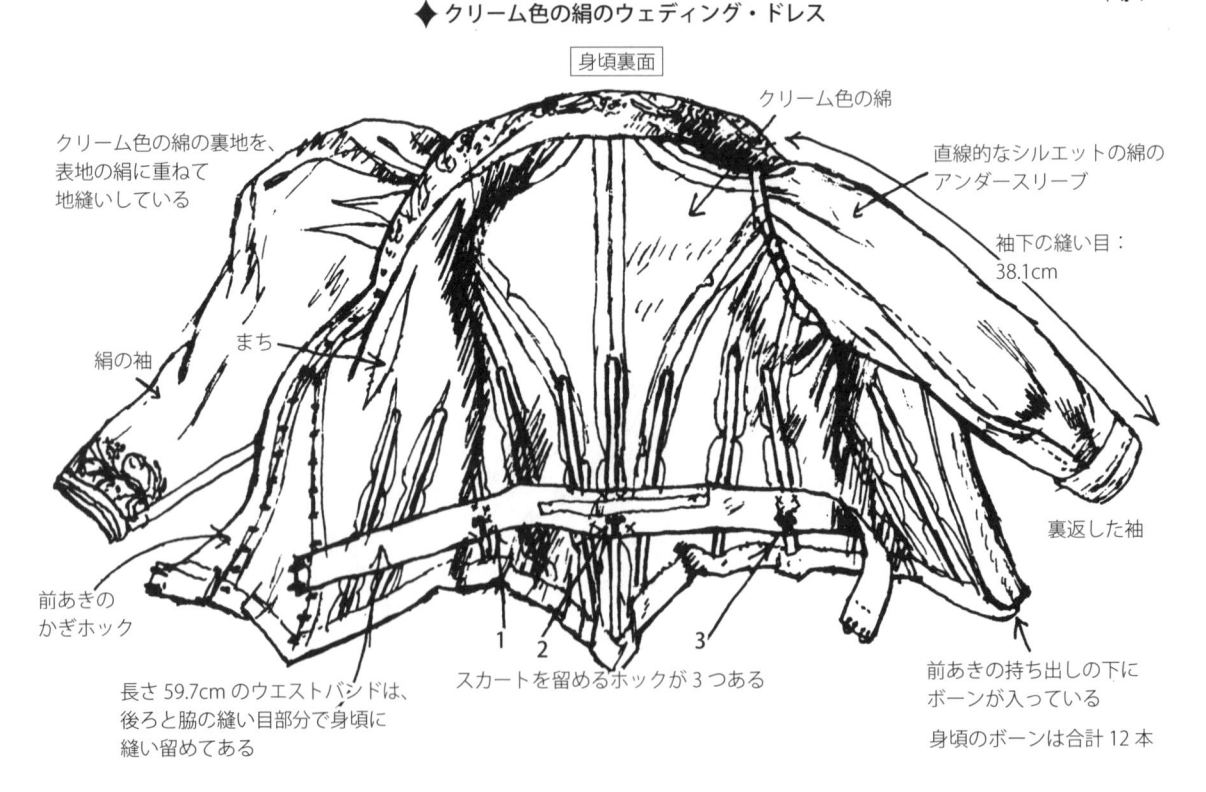

身頃裏面
クリーム色の綿の裏地を、表地の絹に重ねて地縫いしている
クリーム色の綿
直線的なシルエットの綿のアンダースリーブ
袖下の縫い目：38.1cm
絹の袖
まち
裏返した袖
前あきのかぎホック
長さ59.7cmのウエストバンドは、後ろと脇の縫い目部分で身頃に縫い留めてある
スカートを留めるホックが3つある
前あきの持ち出しの下にボーンが入っている
身頃のボーンは合計12本

このジャケットは、肩にリボンを付けた当時の最先端のデザインである。かつては白鳥の綿毛が首、袖、裾、前立ての周りにあしらわれていた。ウェディング・ドレスのスカートは、身頃のウエストバンドにホックで留めてある。

◆ クリーム色のダマスク織りの絹のジャケット

[前面]

モアレ柄の入った
クリーム色の絹のリボン

20.3cm

リボンの幅：
11.4cm

クリーム色の、絹の紋織物の総裏地

[襟元拡大図]

前中心の
丈：
62.2cm

縫い目

45.7cm

襟元のあき部分

[スカート裏面]

持ち上げられた
この部分は、本来は
ウエストの位置にあり、
スカートの前面にドレープが
作ってあった

後ろ脇にあき

かぎホックは襟元から
ウエストまで、ホックと
受け金を左右交互に
入れ替えて付けてある

輪状のテープ

7.6cm

6.4cm

絹のリボン

14cm

ポケット
10.2cm

24.1cm

新方式の
留め具

裾と前立ての白鳥の
綿毛は失われ、
縫い留めた糸の
跡だけが残っている

ポケットは
こちら側のみ

裏側の
留めひも

◆ クリーム色の絹のウェディング・ドレス

[スカート背面拡大図]

身頃を留めるホック用の
鳩目穴が3つある

1
2
3

ギャザー
部分の幅：
8.9cm

クリーム色の綿のアンダースカート

プリーツを寄せた
モスリンとレースの
フリル付き

プリーツは前面に
向かって倒されている

縫い目

新方式の
留め具
拡大図

前面〜側面は
仕立て直されて
短く平らになっているが、
かつてはドレープが
寄せてあった

レースの
フリルの下には
高さのある絹の
縁を付け、内側は
綿のアンダースカートに
なっている

ドレスフリル
裾の縁

88.9cm

絹の縁を付け、
内側は綿のアンダー
スカートになっている

トレーンは
綿の裏地が
付いている

プリーツを寄せた
レースとモスリン

トレーンの幅：
160cm

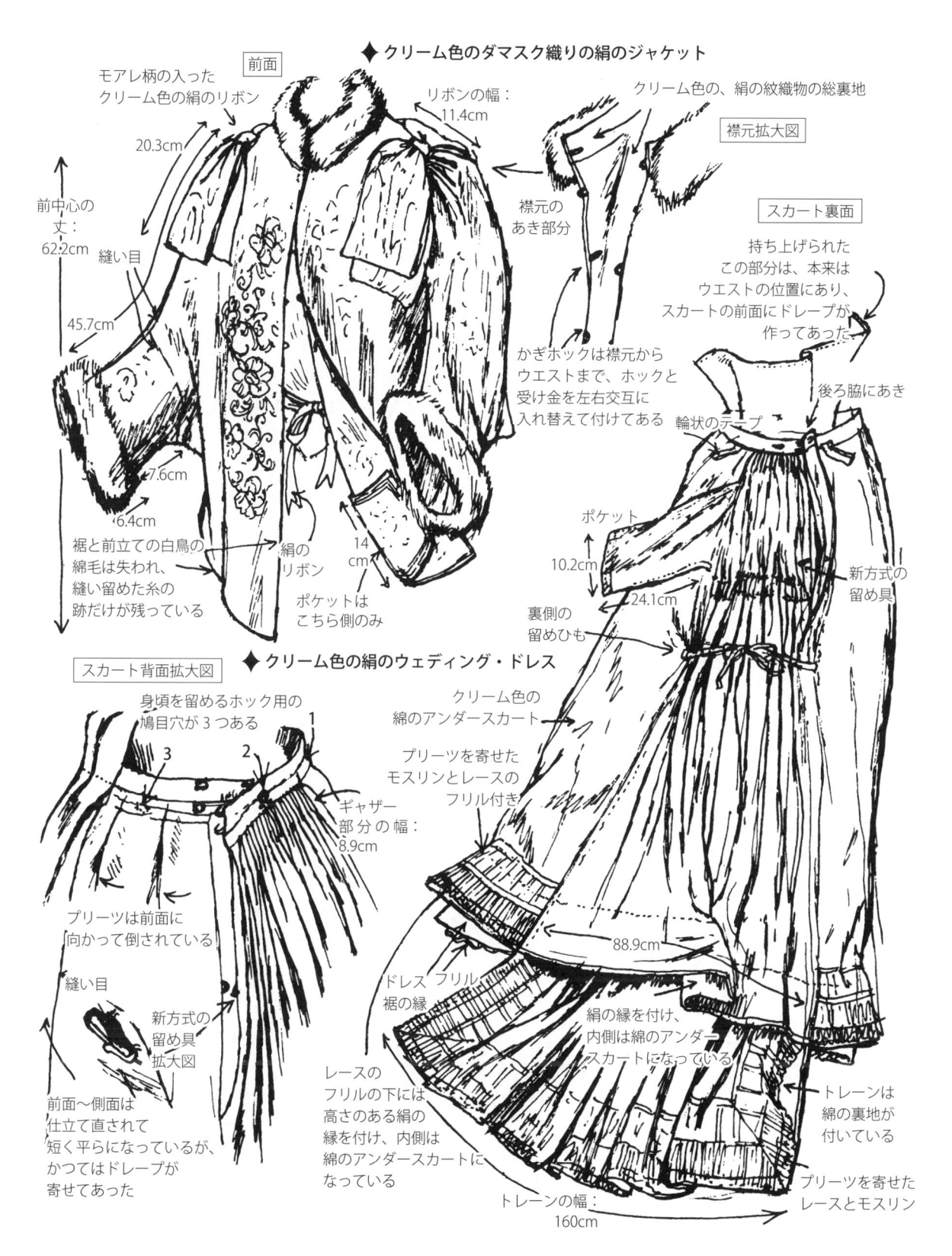

スカートを裏側から見た図では、たくさんのギャザーを寄せたトレーンを、スカートの背面に固定している様子が分かる。スカートの背面自体にもたくさんのギャザーを寄せて、留めひもとゴムひもを使って固定してある。スカートの上部は、図で示したように、ドレープを寄せた前面部分の縫い目をほどいて持ち上げられ、スカートが脇から脇へ滑らかにつながるように仕立て直されており、持ち上げられた部分は切り取らずにそのまま残してある。

1893年頃

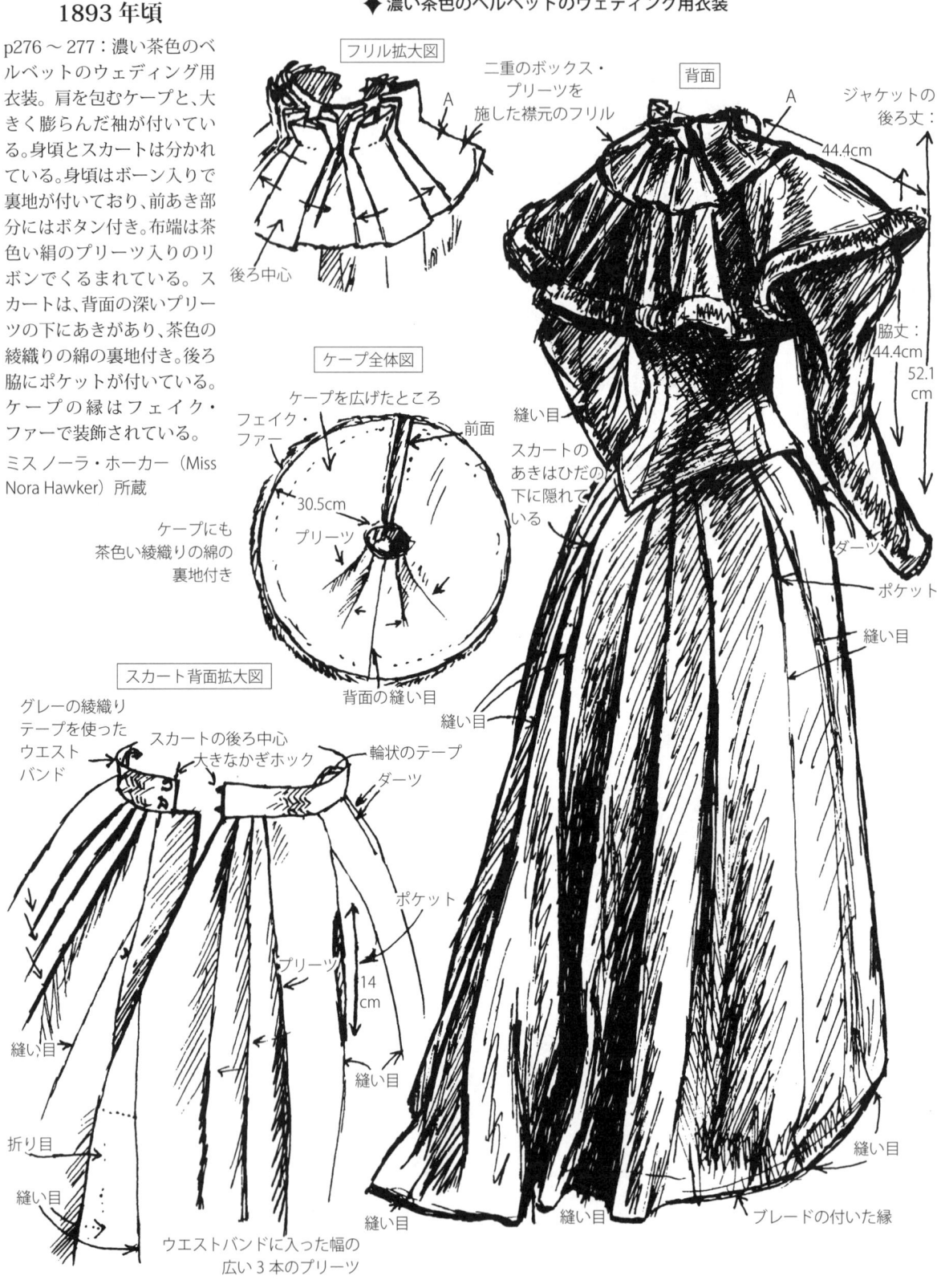

♦ 濃い茶色のベルベットのウェディング用衣装

p276〜277：濃い茶色のベルベットのウェディング用衣装。肩を包むケープと、大きく膨らんだ袖が付いている。身頃とスカートは分かれている。身頃はボーン入りで裏地が付いており、前あき部分にはボタン付き。布端は茶色い絹のプリーツ入りのリボンでくるまれている。スカートは、背面の深いプリーツの下にあきがあり、茶色の綾織りの綿の裏地付き。後ろ脇にポケットが付いている。ケープの縁はフェイク・ファーで装飾されている。

ミス ノーラ・ホーカー（Miss Nora Hawker）所蔵

フリル拡大図
後ろ中心
A

二重のボックス・プリーツを施した襟元のフリル

背面
A
ジャケットの後ろ丈：
44.4cm
脇丈：
44.4cm
52.1cm

ケープ全体図
ケープを広げたところ
フェイク・ファー
前面
30.5cm
プリーツ
ケープにも茶色い綾織りの綿の裏地付き
背面の縫い目

縫い目
スカートのあきはひだの下に隠れている
ダーツ
ポケット
縫い目

スカート背面拡大図
グレーの綾織りテープを使ったウエストバンド
スカートの後ろ中心
大きなかぎホック
輪状のテープ
ダーツ
ポケット
プリーツ
14cm
縫い目
折り目
縫い目
ウエストバンドに入った幅の広い3本のプリーツ
縫い目
縫い目
ブレードの付いた縁

この衣装は、全体の曲線的なシルエットや細いウエストが実に女性らしいが、前身頃の間隔の狭いボタンや首すじを覆う高いネックライン、装飾のない襟など、完全に男性服の手法で仕立ててある。婦人服の中でも人気の高い紳士服仕立てのコートは、「体のあらゆる部分に快適にフィットしなければならない」と、T・H・ホールディング（T. H. Holding）は書いている。

◆ 濃い茶色のベルベットのウェディング用衣装

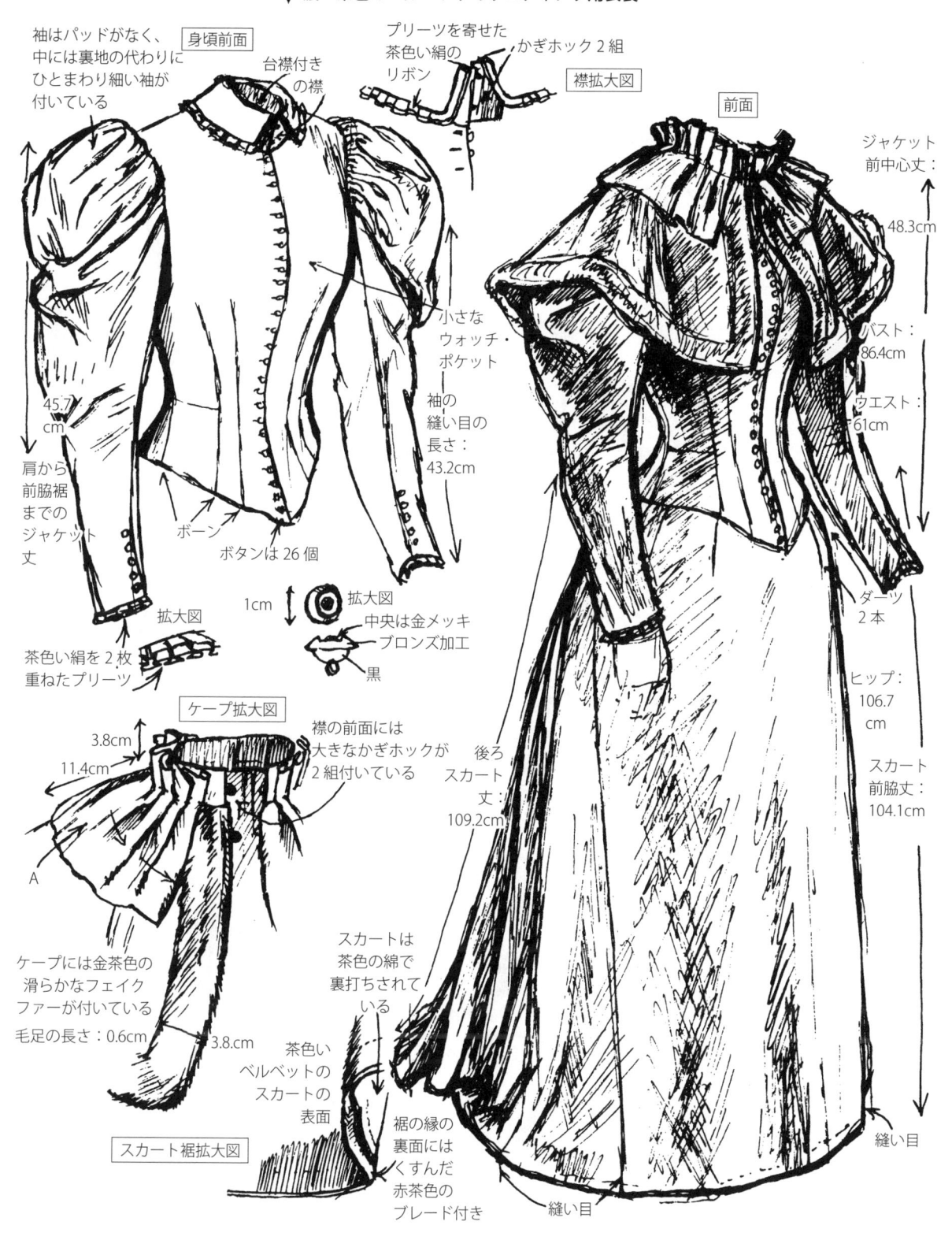

身頃前面

袖はパッドがなく、中には裏地の代わりにひとまわり細い袖が付いている

台襟付きの襟

襟拡大図
プリーツを寄せた茶色い絹のリボン
かぎホック2組

45.7cm

肩から前脇裾までのジャケット丈

ボーン

ボタンは26個

小さなウォッチ・ポケット

袖の縫い目の長さ：43.2cm

拡大図
茶色い絹を2枚重ねたプリーツ

1cm

拡大図
中央は金メッキブロンズ加工
黒

ケープ拡大図
3.8cm
11.4cm
A

襟の前面には大きなかぎホックが2組付いている

ケープには金茶色の滑らかなフェイクファーが付いている
毛足の長さ：0.6cm
3.8cm

スカート裾拡大図
茶色いベルベットのスカートの表面
裾の縁の裏面にはくすんだ赤茶色のブレード付き

前面

ジャケット前中心丈：48.3cm

バスト：86.4cm

ウエスト：61cm

ダーツ2本

ヒップ：106.7cm

スカート前脇丈：104.1cm

後ろスカート丈：109.2cm

スカートは茶色の綿で裏打ちされている

縫い目

縫い目

体のあらゆる部分とは言っても、実際には袖を除いた部分のことである。この頃になると袖は非常に大きく膨らみ、コートやケープの形にも影響を及ぼすようになった。特にケープは流行の先端で、ここに紹介した小さなものから、腰まで届く長いものまで登場した。

1893年頃

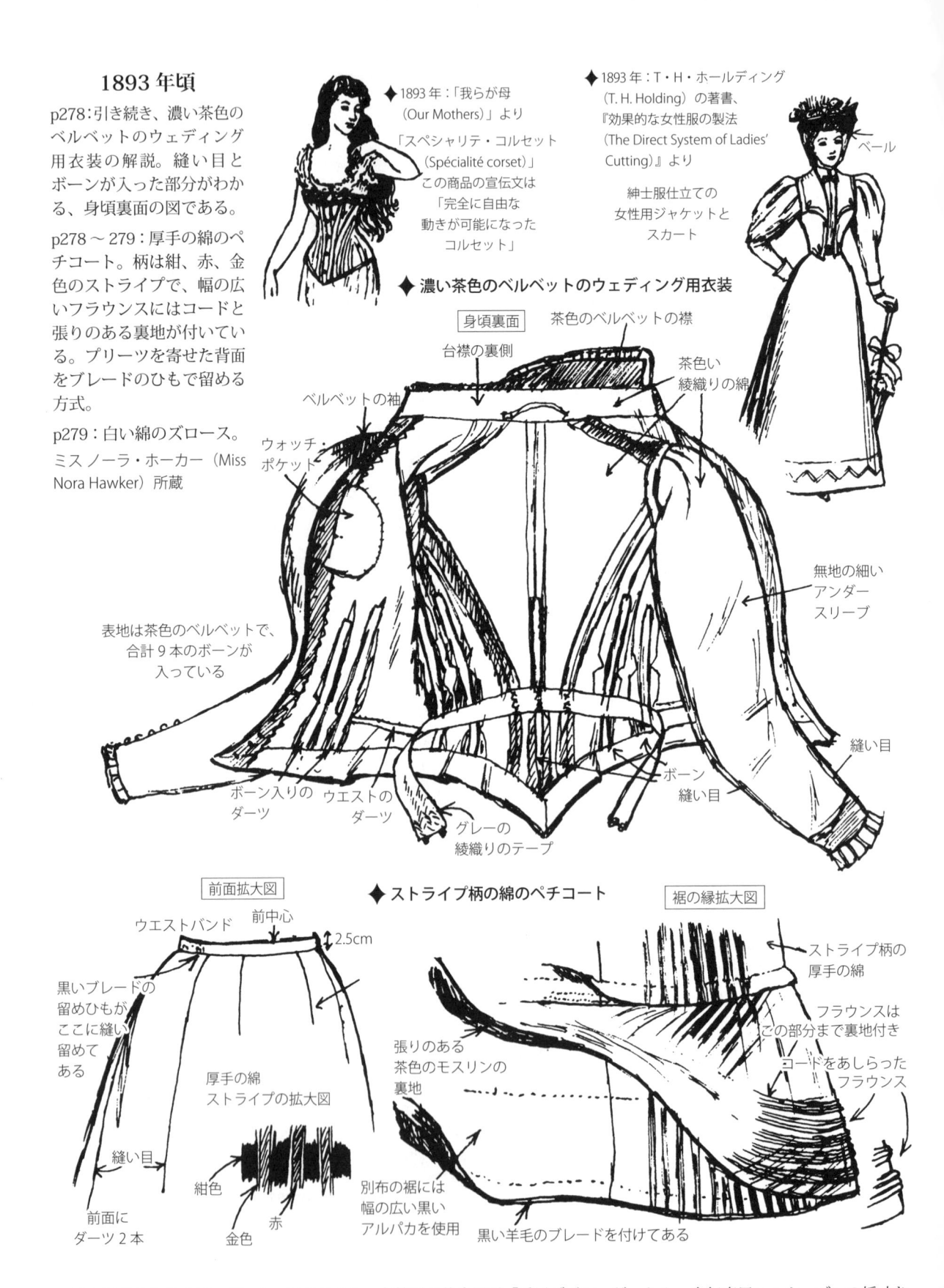

p278：引き続き、濃い茶色のベルベットのウェディング用衣装の解説。縫い目とボーンが入った部分がわかる、身頃裏面の図である。

p278～279：厚手の綿のペチコート。柄は紺、赤、金色のストライプで、幅の広いフラウンスにはコードと張りのある裏地が付いている。プリーツを寄せた背面をブレードのひもで留める方式。

p279：白い綿のズロース。
ミス ノーラ・ホーカー（Miss Nora Hawker）所蔵

◆ 1893年：「我らが母（Our Mothers）」より
「スペシャリテ・コルセット（Spécialité corset）」
この商品の宣伝文は「完全に自由な動きが可能になったコルセット」

◆ 1893年：T・H・ホールディング（T. H. Holding）の著書、『効果的な女性服の製法（The Direct System of Ladies' Cutting）』より
紳士服仕立ての女性用ジャケットとスカート

ベール

◆ 濃い茶色のベルベットのウェディング用衣装

身頃裏面
茶色のベルベットの襟
台襟の裏側
茶色い綾織りの綿
ベルベットの袖
ウォッチポケット
無地の細いアンダースリーブ
表地は茶色のベルベットで、合計9本のボーンが入っている
縫い目
ボーン入りのダーツ
ウエストのダーツ
グレーの綾織りのテープ
ボーン
縫い目

◆ ストライプ柄の綿のペチコート

前面拡大図
ウエストバンド
前中心
↕ 2.5cm
黒いブレードの留めひもがここに縫い留めてある
厚手の綿ストライプの拡大図
縫い目
前面にダーツ2本
紺色
赤
金色

張りのある茶色のモスリンの裏地
別布の裾には幅の広い黒いアルパカを使用

裾の縁拡大図
ストライプ柄の厚手の綿
フラウンスはこの部分まで裏地付き
コードをあしらったフラウンス
黒い羊毛のブレードを付けてある

1890年代の女性のアンダーウェアを見ると、女性服の仕立屋が「乗馬ズボン、ゲートル、自転車用ニッカーズ」の採寸をする際の苦労が分かる。T・H・ホールディング（T. H. Holding）は次のように書いている。

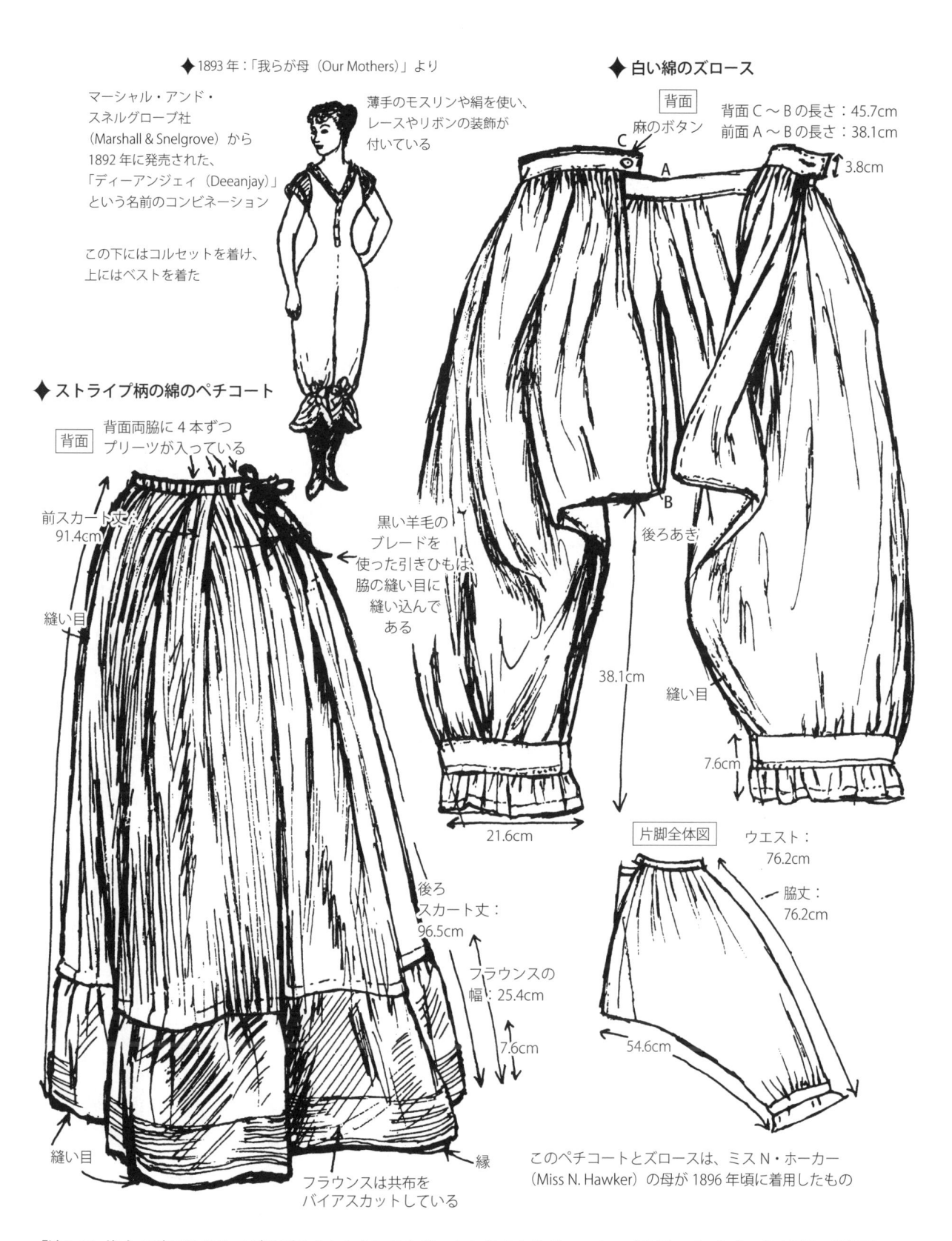

◆ 1893年：「我らが母（Our Mothers）」より

◆ 白い綿のズロース

マーシャル・アンド・スネルグローブ社（Marshall & Snelgrove）から1892年に発売された、「ディーアンジェイ（Deeanjay）」という名前のコンビネーション

この下にはコルセットを着け、上にはベストを着た

薄手のモスリンや絹を使い、レースやリボンの装飾が付いている

背面
麻のボタン
背面C～Bの長さ：45.7cm
前面A～Bの長さ：38.1cm
3.8cm
後ろあき
38.1cm
縫い目
7.6cm
21.6cm

◆ ストライプ柄の綿のペチコート

背面
背面両脇に4本ずつプリーツが入っている

前スカート丈：91.4cm
縫い目

黒い羊毛のブレードを使った引きひもは脇の縫い目に縫い込んである

後ろスカート丈：96.5cm
フラウンスの幅：25.4cm
7.6cm
縫い目
縁
フラウンスは共布をバイアスカットしている

片脚全体図
ウエスト：76.2cm
脇丈：76.2cm
54.6cm

このペチコートとズロースは、ミスN・ホーカー（Miss N. Hawker）の母が1896年頃に着用したもの

「決して、淑女の膝周りのサイズを測ろうとしないことだ。もしその女性がニッカーズを履いていたら、布の厚みで膝周りのサイズは非常に大きくなっている。ニッカーズを履いていない場合は、股の分かれた通常のズロースを履いているであろう。しかしそのような姿の女性のサイズを測るのは礼儀に欠ける。また、その女性が膝の上にガーターを付けていないとは限らない」

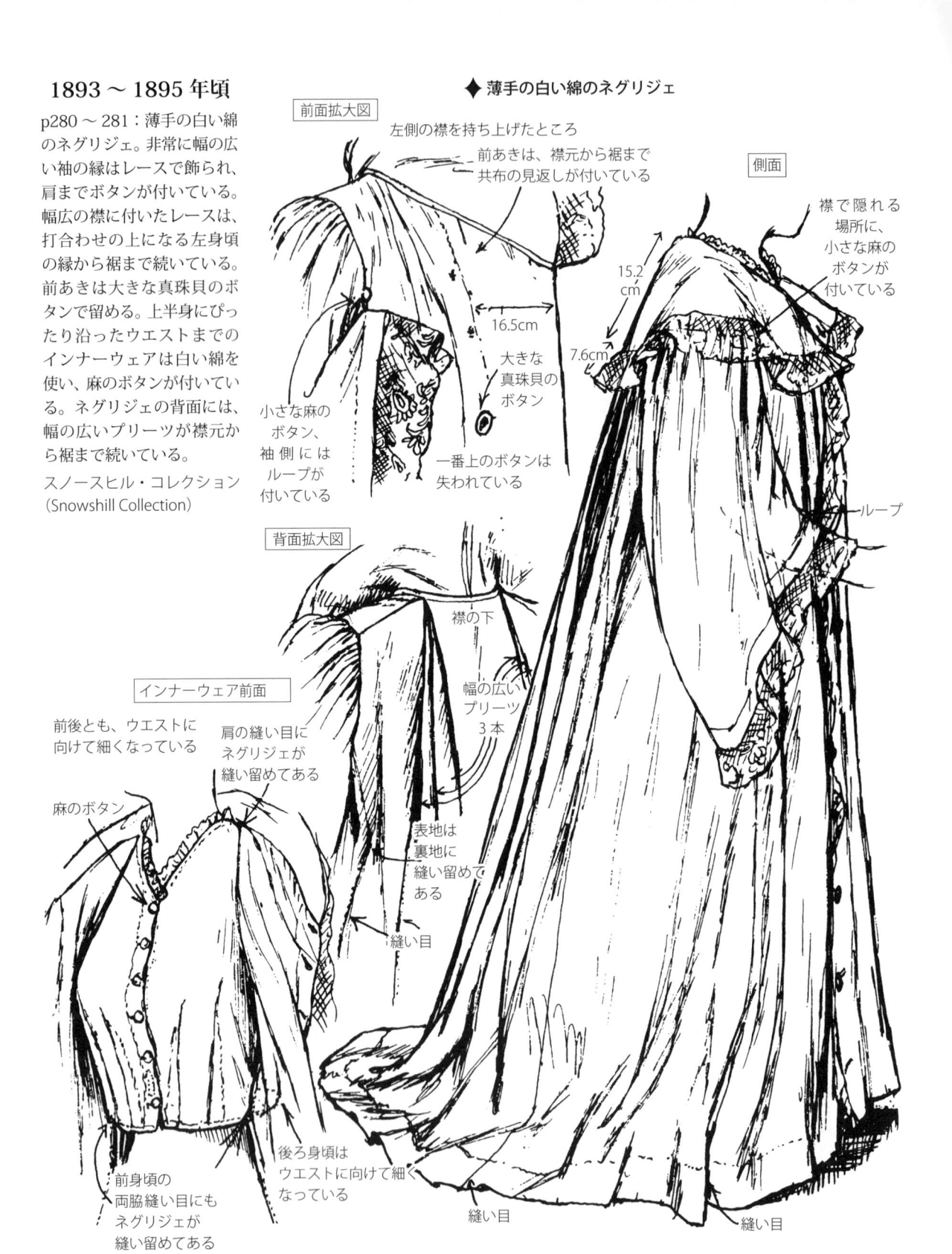

1893～1895年頃

♦ 薄手の白い綿のネグリジェ

p280～281：薄手の白い綿のネグリジェ。非常に幅の広い袖の縁はレースで飾られ、肩までボタンが付いている。幅広の襟に付いたレースは、打合わせの上になる左身頃の縁から裾まで続いている。前あきは大きな真珠貝のボタンで留める。上半身にぴったり沿ったウエストまでのインナーウェアは白い綿を使い、麻のボタンが付いている。ネグリジェの背面には、幅の広いプリーツが襟元から裾まで続いている。

スノースヒル・コレクション（Snowshill Collection）

前面拡大図
- 左側の襟を持ち上げたところ
- 前あきは、襟元から裾まで共布の見返しが付いている
- 16.5cm
- 小さな麻のボタン、袖側にはループが付いている
- 大きな真珠貝のボタン
- 一番上のボタンは失われている

側面
- 襟で隠れる場所に、小さな麻のボタンが付いている
- 15.2cm
- 7.6cm
- ループ

背面拡大図
- 襟の下
- 幅の広いプリーツ3本
- 表地は裏地に縫い留めてある
- 縫い目

インナーウェア前面
- 前後とも、ウエストに向けて細くなっている
- 肩の縫い目にネグリジェが縫い留めてある
- 麻のボタン
- 前身頃の両脇縫い目にもネグリジェが縫い留めてある
- 後ろ身頃はウエストに向けて細くなっている
- 縫い目
- 縫い目

このネグリジェのように、極端に幅の広い袖は珍しい。袖の縁には小さなループが付いており、袖をたくし上げて留められるようになっている。袖ぐりには小さな麻のボタンが付いている。1890年代に何度か登場した幅の広い背面のプリーツは、襟の下に隠れたネックラインの縫い目に縫い留めてあり、ガウンの肩から少し裾を引く縁まで、優雅に流れるデザインになっている。

◆ 薄手の白い綿のネグリジェ

[前面]

- 細いレース
- 体にぴったり沿うウエスト丈のインナーウェアが付いている
- 大きな真珠貝のボタン 2.5cm
- 袖のループを留めたところ
- 白いレースの付いたネット

[背面]

- 17.8cm
- 7.6cm
- 襟は一重仕立て
- 後ろ中心の長さ：144.8cm
- 縫い目
- 前中心の長さ：128.3cm
- 背面の生地は肩からゆったり流れ落ちている
- 縫い目

裏地の役割を果たすインナーウェアの身頃は丁寧な仕立てで、青い糸を使ってミシンで「J・バード（J. Bird）」と名前を青で刺繍したテープが、前面の縁の裏側に付いている。

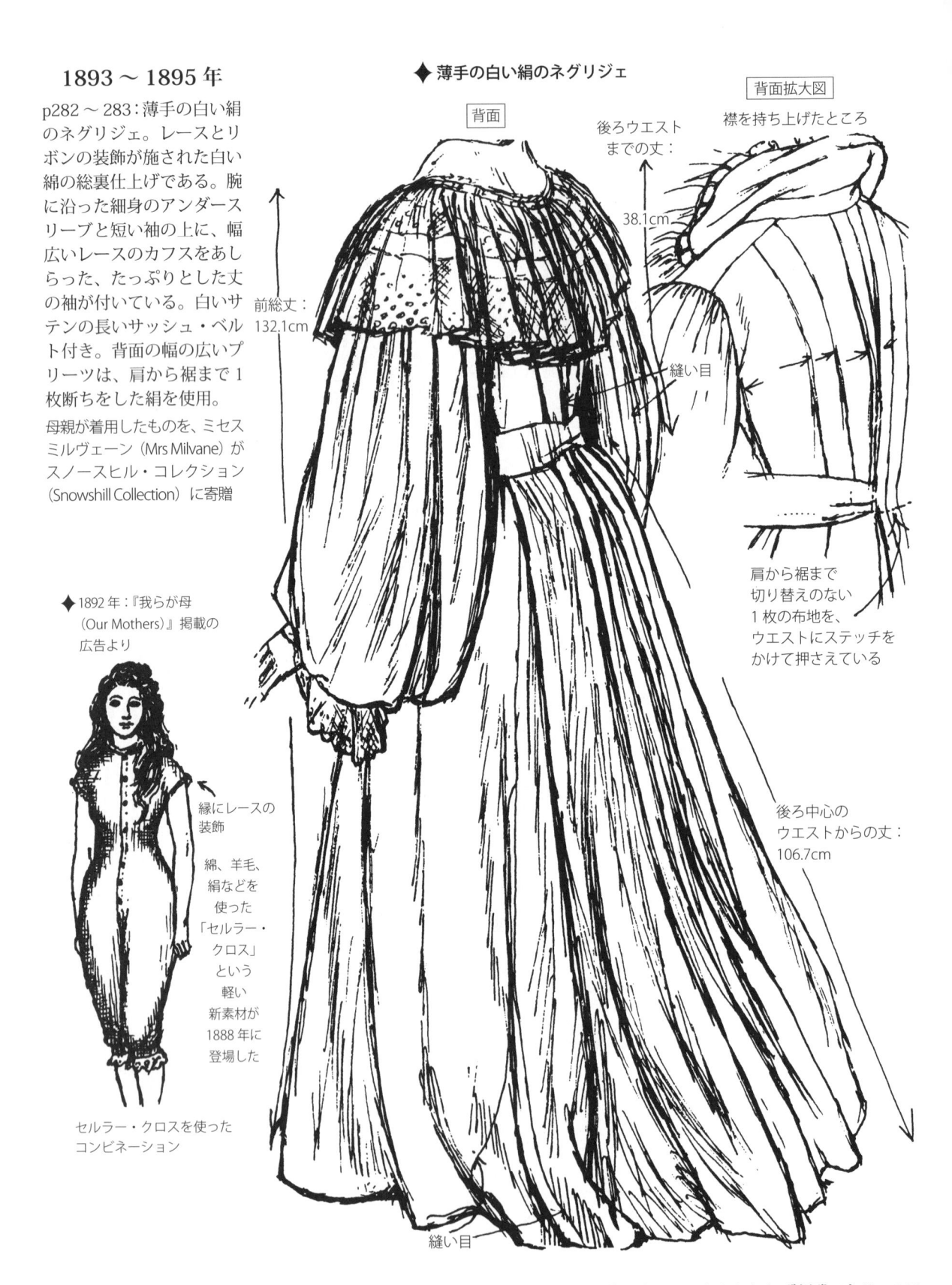

1893～1895年

p282～283：薄手の白い絹のネグリジェ。レースとリボンの装飾が施された白い綿の総裏仕上げである。腕に沿った細身のアンダースリーブと短い袖の上に、幅広いレースのカフスをあしらった、たっぷりとした丈の袖が付いている。白いサテンの長いサッシュ・ベルト付き。背面の幅の広いプリーツは、肩から裾まで1枚断ちをした絹を使用。

母親が着用したものを、ミセス ミルヴェーン（Mrs Milvane）がスノースヒル・コレクション（Snowshill Collection）に寄贈

◆ 薄手の白い絹のネグリジェ

背面

背面拡大図

襟を持ち上げたところ

後ろウエストまでの丈：38.1cm

前総丈：132.1cm

縫い目

肩から裾まで切り替えのない1枚の布地を、ウエストにステッチをかけて押さえている

後ろ中心のウエストからの丈：106.7cm

縫い目

◆ 1892年：『我らが母（Our Mothers）』掲載の広告より

縁にレースの装飾

綿、羊毛、絹などを使った「セルラー・クロス」という軽い新素材が1888年に登場した

セルラー・クロスを使ったコンビネーション

この柔らかな絹のネグリジェは、豪華な中にも退廃的な魅力を感じさせ、袖が非常に大きいにもかかわらず優雅である。1830年代に流行した、あきれるほどに大きな袖にありがちな醜さはない。襟に付けた幅の広いレースと絹のフリルは、流行の広い肩幅を取り入れたもの。

◆ 薄手の白い絹のネグリジェ

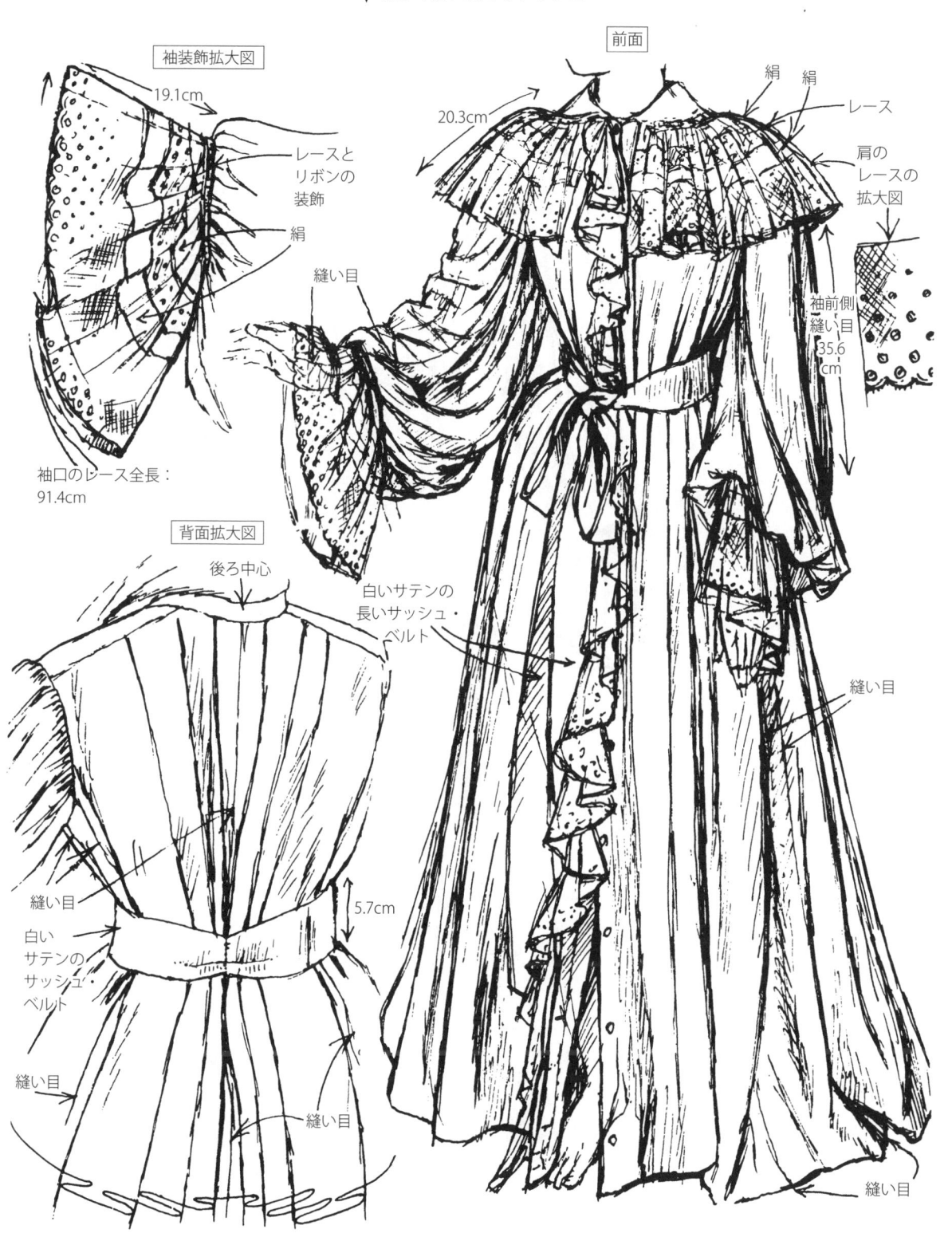

袖装飾拡大図
19.1cm
レースとリボンの装飾
絹
縫い目
袖口のレース全長：91.4cm

前面
20.3cm
絹
絹
レース
肩のレースの拡大図
袖前側縫い目 35.6cm

背面拡大図
後ろ中心
白いサテンの長いサッシュ・ベルト
縫い目
白いサテンのサッシュ・ベルト
縫い目
縫い目
5.7cm
縫い目
縫い目

アンダーウェアは体の線に沿った細身のデザインになり、絹、綿、毛織物のコンビネーションが流行した。1885年には、イエーガー社（Jaeger & Co.）*から、男性用と女性用の天然羊毛のアンダーウェアが発売された。

＊：イエーガー社（Jaeger & Co.）イギリスのニットメーカー。

1893～1895年

p284～285：引き続き、薄手の白い絹のネグリジェの解説。

p285：ネグリジェの共布を使った白い絹のニッカーズ。脇のあきはボタン留めで、膝丈の裾には幅の広いフリルが付き、タックやレース、リボンで装飾されている。

ミセス ミルヴェーン（Mrs Milvane）がスノースヒル・コレクション（Snowshill Collection）に寄贈

◆ 薄手の白い絹のネグリジェ

裏面

細かくギャザーを寄せた絹とレース

目の荒い白い綿の裏地は、襟元、袖ぐり、脇、裾の縁の部分のみを表地に縫い留めてある

真珠貝のボタンが12個

裏地に入れたダーツ

つり下げ用のひもループ

裏地は背面のA～B間に縫い留めてある

ウエストのひもは白いサテン

薄手の白い綿を使った総裏仕上げ

袖ぐりの下から裾まで続く長い縫い目

[前あき縁レース拡大図]

白いサテンのリボン

裾の近くを除いて全体にたくさんのギャザーを寄せてある

後ろ中心からの長さ 152.4cm

22.9cm
12.7cm
10.2cm

ボタンホール用のフラップ

レースは裏地に縫い留めてある

10.2cm

綿の裏地は、体にフィットするよう縫い目やダーツに工夫を凝らしてあるため、ウエストの裏側に付けた留めひもも含めて、柔らかなひだを寄せた絹のネグリジェの下にすっきりと、優雅に収まる。股の分かれたズロースも1900年頃まで着用されていたが、ここに挙げたような脇あきで股の分かれていないニッカーズは、1880年代にすでに登場している。

◆ 薄手の白い絹のネグリジェ

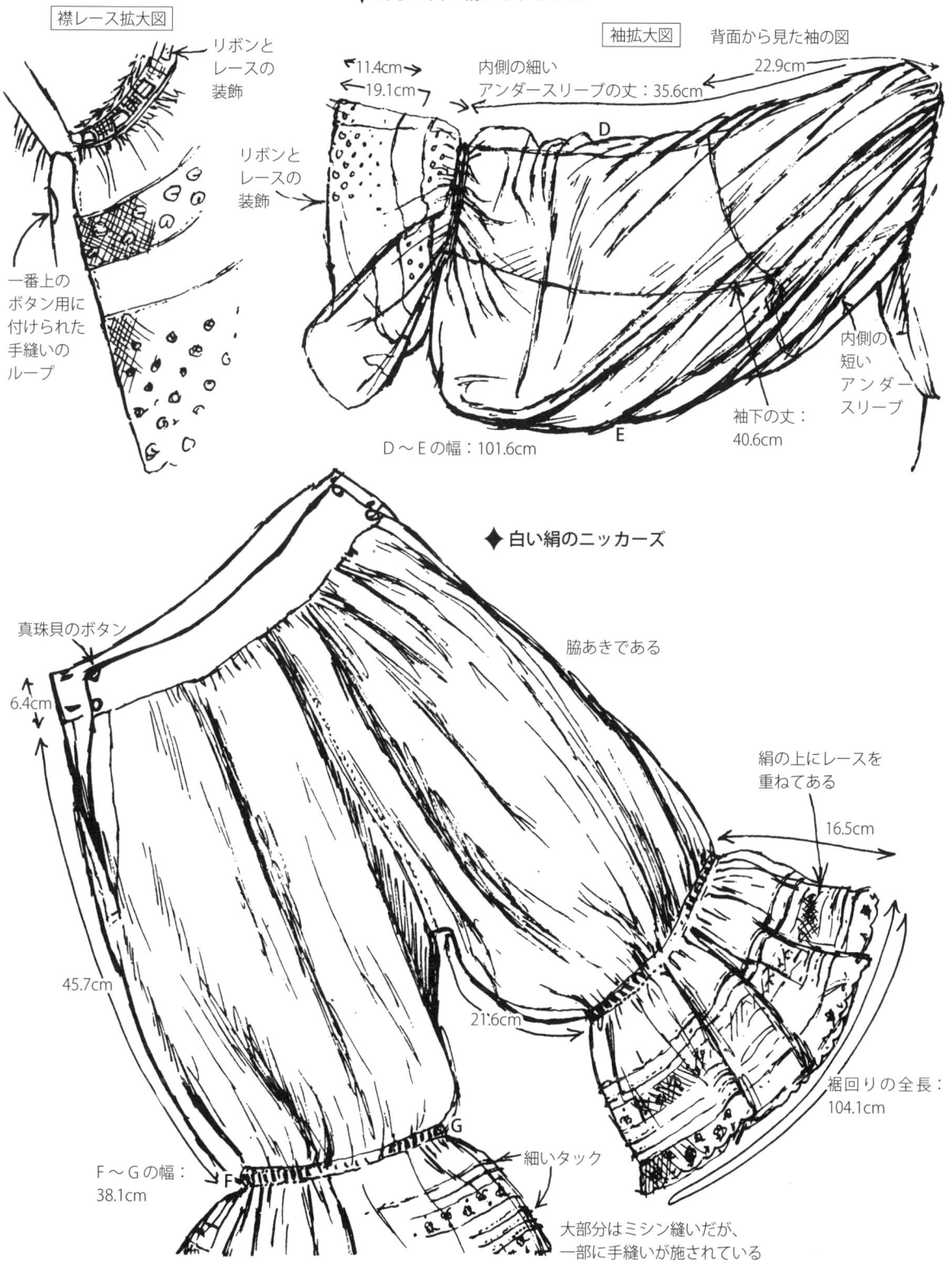

襟レース拡大図

リボンとレースの装飾

リボンとレースの装飾

一番上のボタン用に付けられた手縫いのループ

袖拡大図

背面から見た袖の図

←11.4cm→
←19.1cm→
内側の細いアンダースリーブの丈：35.6cm
←22.9cm→

D

内側の短いアンダースリーブ

袖下の丈：40.6cm

D〜Eの幅：101.6cm

E

◆ 白い絹のニッカーズ

真珠貝のボタン

6.4cm

脇あきである

絹の上にレースを重ねてある

16.5cm

45.7cm

21.6cm

裾回りの全長：104.1cm

F〜Gの幅：38.1cm

F   G

細いタック

大部分はミシン縫いだが、一部に手縫いが施されている

ニッカーズは、コルセットや通気性の良い「セルラー・クロス」のコンビネーションの上に着用した。この頃、ガーターはまだコルセットに付いていないが、1880年代終わり頃から1900年にかけては、独立したバンドやベルトをウエストに付けた。

1894年

p286～287：淡いプリムローズ・イエロー（プリムラの花のような明るい黄色）の斑点模様のモスリンを使ったドレス。ピンク、緑、黄色のアイリスの花の柄がプリントされている。レースの縁取りやレースを挟み込んで装飾した、白いシルクタフタのアンダードレス付き。身頃とスカートは分かれており、共に後ろあきである。このドレスは、レディ・イブリン・リンゼイ（Lady Evelyn Lindsay）が、1895年にジェームズ・F・メイソン（James F. Mason）と結婚する前に着ていた。
ミセス ウィッカム・スティード（Mrs Wickham Steed）がチャスルトン・ハウス（Chastleton House）に寄贈

膨らんだ袖の流行が終わりに近づいた頃のデザイン

◆1898年：ロイヤル・アカデミー・オブ・アーツ（The Royal Academy）に展示された肖像画より

ミス レオナルド（Miss Leonard）

◆ 淡い黄色の斑点模様のモスリンを使ったドレス

前面

レースを挟み込んだ部分は表地の黄色いモスリンを切り取っているため、白い絹の裏地が見えている

裏地は体に沿ったカッティングで、ボーンが入っている

袖は肩からここまで裏地付き

ネットの裏地

レースのフリル

モスリンにレースを挟み込み、白い絹に重ねてある

身頃側面拡大図

モスリンの縫い目

黄色いモスリンの身頃の前面は、ステッチがなくゆったりとしており、ギャザーはこの部分に縫い留めてある

25.4cm

縫い目

黄色のモスリンの下には、ボーン入りで体に沿った白いシルクタフタのインナーがある

裾回り寸法：487.7cm

細かいネットのレースを挟み込み、フリルを付けてある（レースはアンダードレスには縫い留められていない）

ミセス ウィッカム・スティード（Mrs Wickham Steed）によると、これは彼女の母親が特に気に入っていたドレスの中の1着で、幸運にも、同じように美しく価値あるドレスと共に保管されていた。

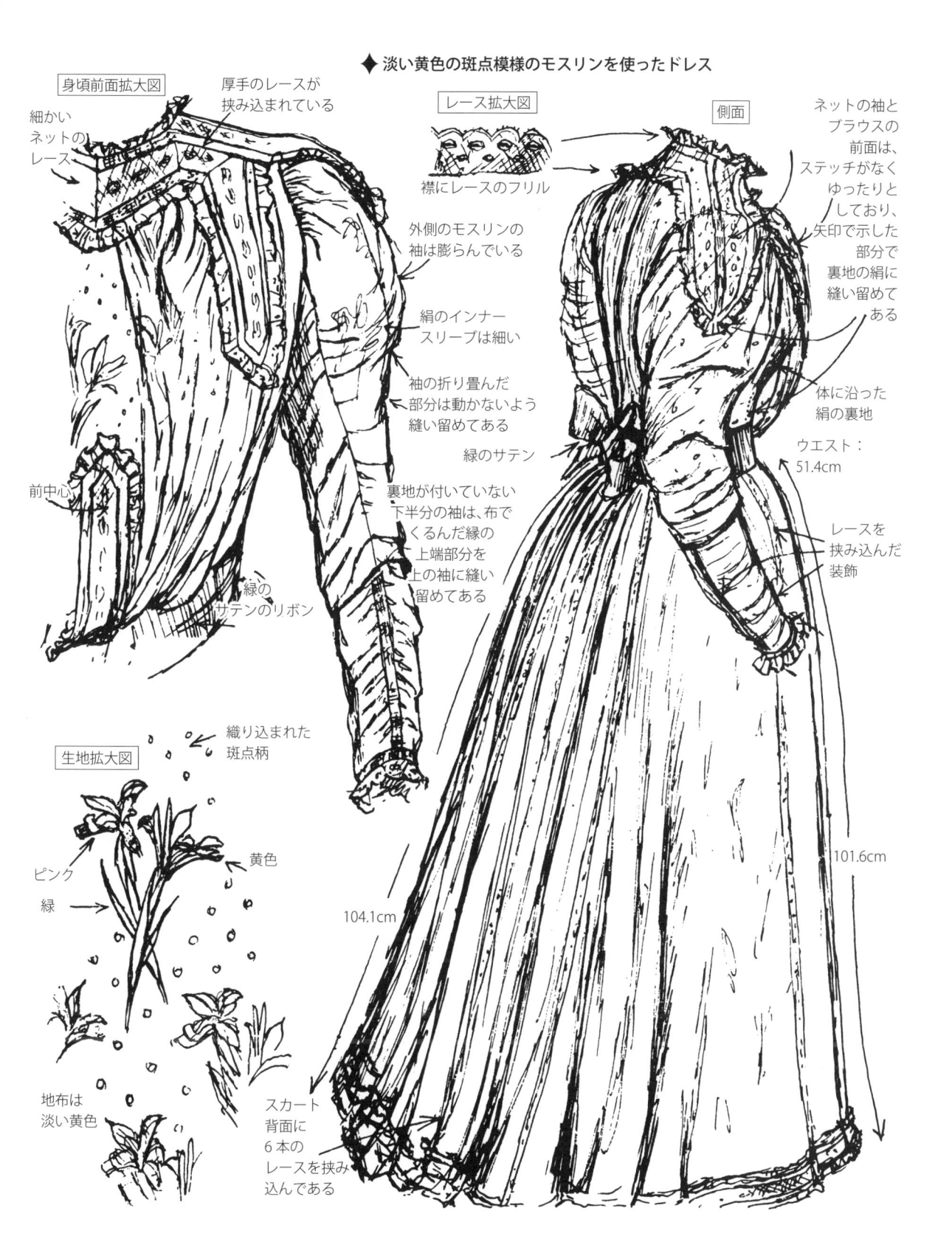

◆ 淡い黄色の斑点模様のモスリンを使ったドレス

[身頃前面拡大図]

細かいネットのレース

厚手のレースが挟み込まれている

[レース拡大図]

襟にレースのフリル

[側面]

ネットの袖とブラウスの前面は、ステッチがなくゆったりとしており、矢印で示した部分で裏地の絹に縫い留めてある

外側のモスリンの袖は膨らんでいる

絹のインナースリーブは細い

袖の折り畳んだ部分は動かないよう縫い留めてある

緑のサテン

体に沿った絹の裏地

ウエスト：51.4cm

前中心

裏地が付いていない下半分の袖は、布でくるんだ縁の上端部分を上の袖に縫い留めてある

レースを挟み込んだ装飾

緑のサテンのリボン

[生地拡大図]

織り込まれた斑点柄

ピンク
緑
黄色

地布は淡い黄色

スカート背面に6本のレースを挟み込んである

104.1cm

101.6cm

この美しいドレスのようにシンプルなスカートは、当時数年にわたって流行したドレスの特徴的な形で、前身頃のギャザーを寄せたドレープや肩を膨らませた袖など、凝った装飾を施した身頃も同様である。優雅にギャザーを寄せた袖は、少しずつ形を変えて、この後も数年にわたって流行した。

1894年

◆ 淡い黄色の斑点模様のモスリンを使ったドレス

p288：引き続き、淡い黄色の斑点模様のモスリンを使ったドレスの解説。ボーンとあきがわかる身頃裏面の拡大図とスカートの後ろあきと、サテンのリボンの拡大図。

p289：張りのあるモスリンの裏地が付いた、スカートの裏側の図。

チャスルトン・ハウス（Chastleton House）所蔵

[身頃裏面]

- 後ろあき
- 背面丈：43.2cm
- 袖ぐりは細く、位置が高い
- 19組のかぎホックが2.5cm以下の間隔で並んでいる
- 白いシルクタフタ
- プリーツを寄せたモスリン
- 内側のウエストバンド
- ボーンは合計9本
- 前身頃
- プリーツを寄せたモスリン
- 25.4cm

[スカートあき拡大図]

- 前面
- 後ろあきで、A〜Bの間にポケットが付いている
- ポケット
- プリント柄の黄色いモスリンにレースを挟み込み、ウエストの部分のみ、アンダースカートの表地のシルクタフタに縫い留めてある
- アンダースカートの裏側は、やや目の粗い張りのあるモスリンで、表地のシルクタフタに縫い付けてある
- 別のモスリン

[リボン拡大図]

- レースを挟み込んだ装飾
- サッシュ・ベルトはスカートに縫い留めてある

[スカート裾裏面拡大図]

- やや目の粗い張りのあるモスリンが、裏打ちされた裾の縁まで続いている

一見分かりにくいが、この時代の身頃は、表面はゆったりと単純なギャザーが寄っているだけに見えても、薄い生地の下には非常に凝ったカッティングや、きつくボーンを入れた下地があり、ウエストを絞り体の線を美しく演出している。

♦ 1898年：家族写真より

ボンネットや、濃い色の麦わらのカンカン帽を被った夏の装い

家庭の使用人たちは、流行の服を着た

レディ・イブリン・メイソン（Lady Evelyn Mason）の子どもたちの乳母

♦ 淡い黄色の斑点模様のモスリンを使ったドレス

スカートを裏返したところ

スカート裏面

柔らかな緑のサテンのリボンを使ったサッシュ・ベルトは、スカートの上端に縫い留めてある

ポケット

前中心

張りのある白いモスリンを白いタフタに重ねてある

サテンのリボンでスカートのギャザーの位置を整えている

やや目の粗い、張りのある白いモスリン

シルクタフタの後ろ中心の縫い目

スカート前面のパネル幅：50.8cm

張りのあるモスリンにタックが入っている

15.2cm

張りのある縁

白いタフタのフリル：7.6cm

プリント柄の黄色いモスリンの裾の縁

スカートも同様で、裏側にさまざまな仕掛けがあり、一部のスカートは生地の量が多く、かなりの重量があった。優雅で裕福な家庭では使用人も格調高い服を身にまとい、あらゆる階級の者が流行のテーラー・メード（注文仕立て）の服を着た。

1895年

p290〜291:「新婚旅行用」の衣服と、ドレスに合わせた帽子とマフ、マフ用の金のチェーン。ドレスは赤紫色のベルベット、同色の薄い毛織物、黒いサテンに、黒玉のビーズの装飾が施されている。ジャケットには大きなベルベットの袖が付き、身頃にはボーンが入っている。身頃とスカートは分かれている。マフには、同色のベルベットを使用。

レディ・イブリン・メイソン（Lady Evelyn Mason）が1895年2月9日に着用したもので、娘のミセス ウィッカム・スティード（Mrs Wickham Steed）がチャスルトン・ハウス（Chastleton House）に寄贈し、現在はスノースヒル・コレクション（Snowshill Collection）に貸与

◆ 赤紫色のベルベットの、新婚旅行用ドレス

背面

←両袖山の横幅が最も広い部分：66cm→

袖山から裾までの後ろ中心丈：39.4cm

ベルベット

サテンの上に生地を重ねてある

ギャザーはここまで

角張った黒玉のビーズが下がっている

黒いサテン

23.5cm

鉛の重り

◆ ドレスに合わせたマフ

マフ用チェーン

生成りのサテンの裏地が付いた小さなポケットがマフに付いている

12.7cm

黒いサテンのリボンはたっぷりとした厚手の生地で、黒玉をあしらったバックルが付いている

◆ 1898年：家族写真より

レディ・イブリン・メイソン（Lady Evelyn Mason）

ジャケット裾拡大図

後ろ中心の縫い目

半ペニー硬貨ほどの大きさの、丸く平らな鉛の重りが2個付いている

赤茶色の薄手の毛織物を使ったスカート

背面の丈：109.2cm

縫い目

縫い目　縫い目

社交界の女性が着た、当時最新流行の「新婚旅行用」衣服。大きなベルベットの袖と、広がったペプラムの付いたジャケットが、48.3cmの細いウエストを引き立てている。肩にかかるジャケット上部は、脇の下でつなげられた小さなボレロのような形で、黒いサテンに黒玉ビーズのフリンジが下がっている。

◆ 赤紫色のベルベットの、新婚旅行用ドレス

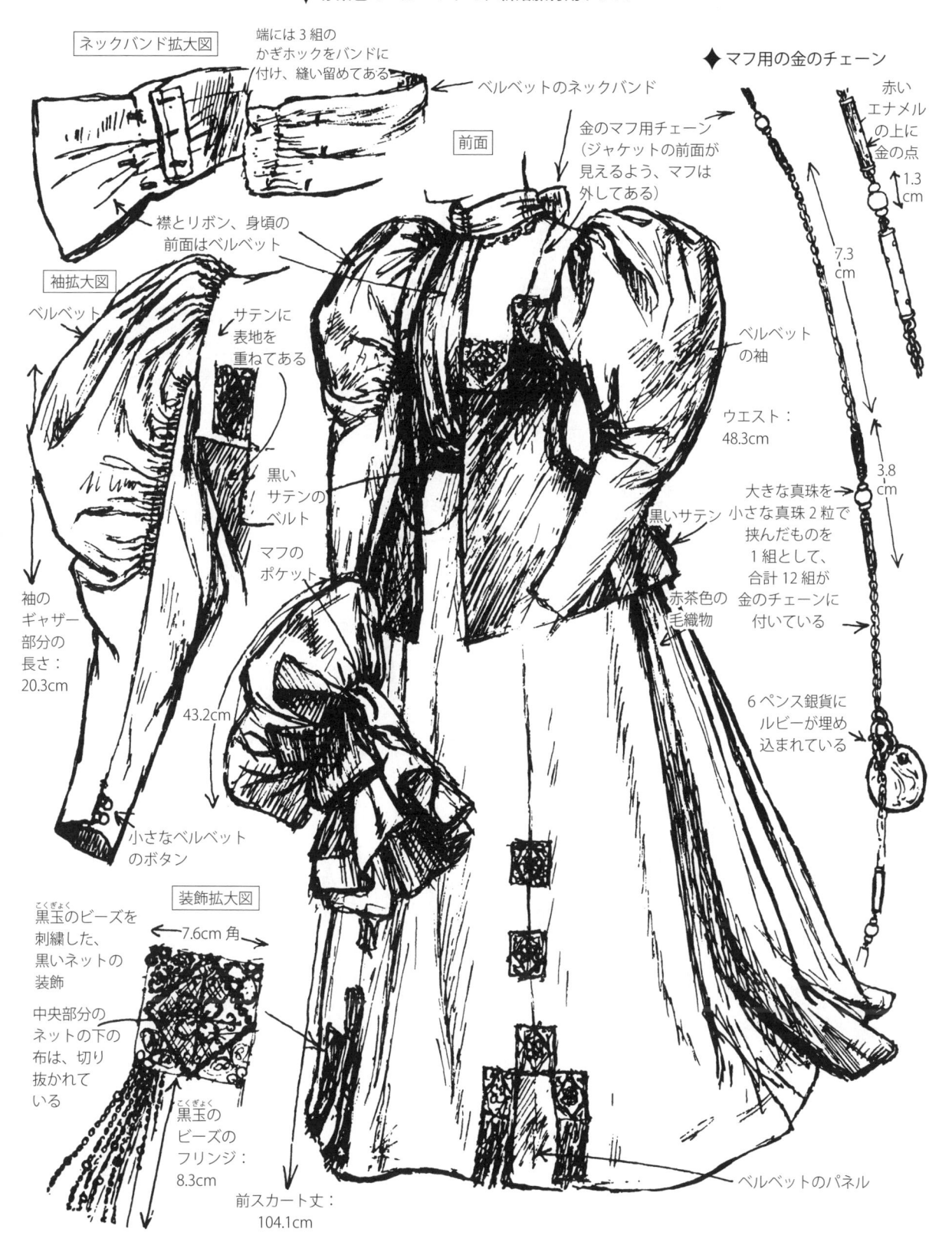

ネックバンド拡大図

端には3組のかぎホックをバンドに付け、縫い留めてある

ベルベットのネックバンド

前面

◆ マフ用の金のチェーン

赤いエナメルの上に金の点

1.3 cm

7.3 cm

金のマフ用チェーン（ジャケットの前面が見えるよう、マフは外してある）

襟とリボン、身頃の前面はベルベット

袖拡大図

ベルベット

サテンに表地を重ねてある

ベルベットの袖

ウエスト：48.3cm

3.8 cm

黒いサテンのベルト

マフのポケット

黒いサテン

赤茶色の毛織物

大きな真珠を小さな真珠2粒で挟んだものを1組として、合計12組が金のチェーンに付いている

袖のギャザー部分の長さ：20.3cm

6ペンス銀貨にルビーが埋め込まれている

43.2cm

小さなベルベットのボタン

装飾拡大図

黒玉のビーズを刺繍した、黒いネットの装飾

←7.6cm角→

中央部分のネットの下の布は、切り抜かれている

黒玉のビーズのフリンジ：8.3cm

前スカート丈：104.1cm

ベルベットのパネル

黒いサテンのジャケットのペプラムには、鉛の重りが付いている。背面に幅の広いボックス・プリーツが付いた総裏仕上げのスカートは非常に重く、ボーン入りの身頃の裏地にホックで留めてある。

1895 年

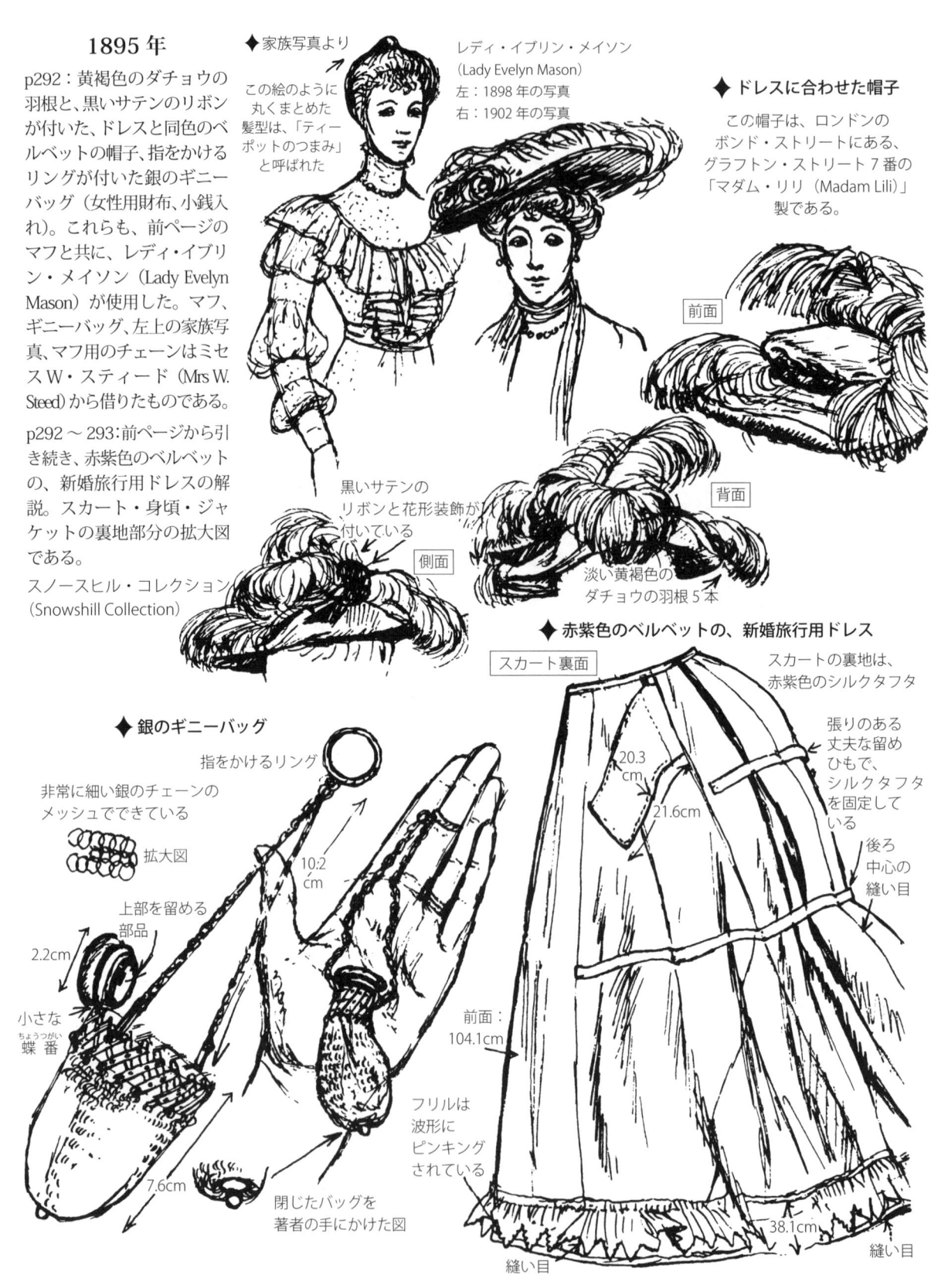

p292：黄褐色のダチョウの羽根と、黒いサテンのリボンが付いた、ドレスと同色のベルベットの帽子、指をかけるリングが付いた銀のギニーバッグ（女性用財布、小銭入れ）。これらも、前ページのマフと共に、レディ・イブリン・メイソン（Lady Evelyn Mason）が使用した。マフ、ギニーバッグ、左上の家族写真、マフ用のチェーンはミセス W・スティード（Mrs W. Steed）から借りたものである。

p292〜293：前ページから引き続き、赤紫色のベルベットの、新婚旅行用ドレスの解説。スカート・身頃・ジャケットの裏地部分の拡大図である。
スノースヒル・コレクション（Snowshill Collection）

◆家族写真より

この絵のように丸くまとめた髪型は、「ティーポットのつまみ」と呼ばれた

レディ・イブリン・メイソン（Lady Evelyn Mason）
左：1898 年の写真
右：1902 年の写真

◆ドレスに合わせた帽子

この帽子は、ロンドンのボンド・ストリートにある、グラフトン・ストリート 7 番の「マダム・リリ（Madam Lili）」製である。

前面

黒いサテンのリボンと花形装飾が付いている

側面

背面

淡い黄褐色のダチョウの羽根 5 本

◆銀のギニーバッグ

指をかけるリング

非常に細い銀のチェーンのメッシュでできている

拡大図

上部を留める部品

2.2cm

小さな蝶番

10.2cm

7.6cm

閉じたバッグを著者の手にかけた図

◆赤紫色のベルベットの、新婚旅行用ドレス

スカート裏面

スカートの裏地は、赤紫色のシルクタフタ

20.3cm
21.6cm

張りのある丈夫な留めひもで、シルクタフタを固定している

後ろ中心の縫い目

前面：104.1cm

フリルは波形にピンキングされている

38.1cm

縫い目　縫い目

上の家族写真に写っているレディ・イブリン・メイソンは飛び抜けて美しく優雅で、ドレスやアクセサリーの趣味が良い。身に着けているものは非常にデザインが良く、仕立ても見事である。ボーン入りの絹の裏地に付けた脇をひもで引き締める方式は、後からマタニティ・ウェア用に追加されたもの。

◆ 赤紫色のベルベットの、新婚旅行用ドレス

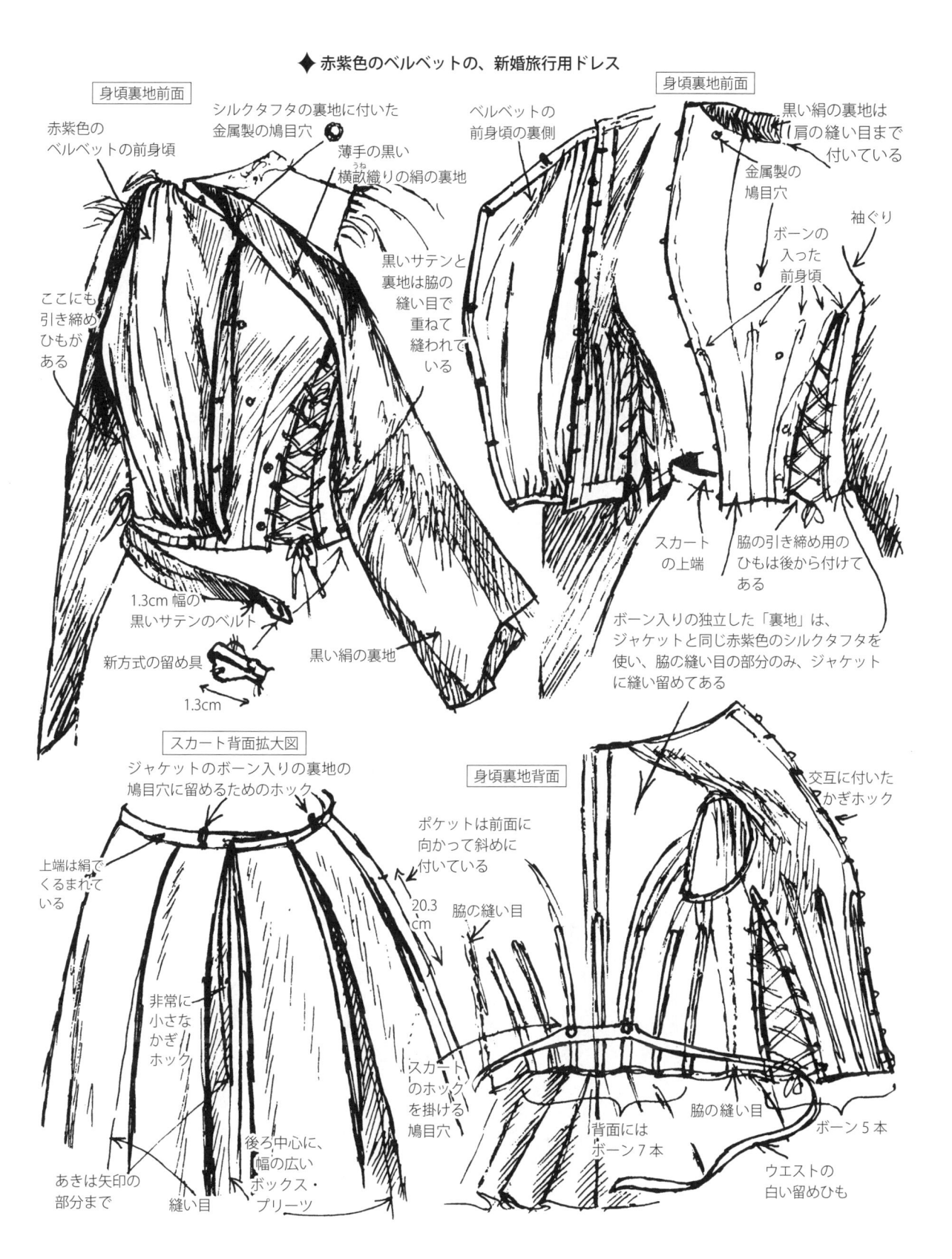

[身頃裏地前面]
- 赤紫色のベルベットの前身頃
- シルクタフタの裏地に付いた金属製の鳩目穴
- 薄手の黒い横畝（うね）織りの絹の裏地
- ここにも引き締めひもがある
- 黒いサテンと裏地は脇の縫い目で重ねて縫われている
- 1.3cm幅の黒いサテンのベルト
- 新方式の留め具
- 1.3cm
- 黒い絹の裏地

[身頃裏地前面]
- ベルベットの前身頃の裏側
- 黒い絹の裏地は肩の縫い目まで付いている
- 金属製の鳩目穴
- ボーンの入った前身頃
- 袖ぐり
- スカートの上端
- 脇の引き締め用のひもは後から付けてある
- ボーン入りの独立した「裏地」は、ジャケットと同じ赤紫色のシルクタフタを使い、脇の縫い目の部分のみ、ジャケットに縫い留めてある

[スカート背面拡大図]
- ジャケットのボーン入りの裏地の鳩目穴に留めるためのホック
- 上端は絹でくるまれている
- 非常に小さなかぎホック
- あきは矢印の部分まで
- 縫い目
- 後ろ中心に、幅の広いボックス・プリーツ

[身頃裏地背面]
- ポケットは前面に向かって斜めに付いている
- 20.3cm
- 脇の縫い目
- スカートのホックを掛ける鳩目穴
- 交互に付いたかぎホック
- 脇の縫い目
- 背面にはボーン7本
- ボーン5本
- ウエストの白い留めひも

このようなひもで引き締める方式は、当時の他のコルセットにも使われている。レディ・イブリン・メイソンのウエストが68.6cmであったことが、仕立て直しの跡から分かる。ベルベットの帽子のクラウンには、つばに向かって軽くギャザーが寄せられ、ねじった黒いサテンのリボンの上に羽根が付けてある。

1897年頃

◆ 漆黒のサテンに、ピンクと緑の小さな花柄を織り込んだドレス

p294〜295：漆黒のサテンにピンクと緑の小さな花柄を織り込んだドレス。スカートと身頃は分かれている。黒いシフォンの他、袖の一部、ボレロ、スカートにのみピンクの生地を使い、ピンクのタフタのアンダースカートの裾には黒いシフォンのフリルが付いている。身頃は前あきで、ピンクのシルクタフタの裏地が付き、全体にボーンが入っている。スカートは後ろあき。ギンプとアンダースリーブはクリーム色の刺繍入りネット。
ミセス M・J・キング（Mrs M. J. King）所蔵

身頃側面拡大図
フリルとひだを寄せた黒いシフォンが、すべての縁に付いている

ピンクのシフォンが、黒いシフォンの下に付いている

身頃装飾拡大図
身頃の前中心には、ひだを寄せたサテンがウエスト部分まで付いている

絹糸で刺繍を施した、クリーム色のネットを使ったギンプ

前面

5.7cm
14cm
27.9cm

サテン
7.6cm
8.9cm

106.7cm

ピンクのシフォン
フリルの長さ：19.1cm
縫い目
ピンクのシフォン

外側にあるサテンの表地に縫い留めた、裾の縁の黒いシフォンの幅：20.3cm

背面拡大図

側面はボーン入りで、後ろあきにはすべて糸ループを使ったかぎホックが付いている

身頃、ボレロ、スカートの裏地はすべてピンクのシルクタフタ

黒いシフォンの下に、ピンクのシフォンとタフタが重なっている

11.4cm
8.9cm

ボレロの下には幅の広いウエストバンド

縫い目

黒いベルベットのリボン

縫い留めていない

ウエスト部分のみ縫い留めである

38.1cm

縫い目

ウエストバンド、身頃、スカートの内側にあるタグには、「バートン・オン・トレントのマクステッド＆ハラッド社（Maxted & Harrad, Burton-on-Trent）」と書いてある

サテンのスカートは、前と後ろの中心に向かってウエストを絞った形になっている

ピンクのシルクタフタのアンダースカートは、裾に黒いシフォンのフリル付きで、脇の縫い目を境に、側面から背面にかけては3段、前面には2段入っている

縫い目

アフタヌーン・ドレスまたはイブニング・ドレスとして着用された、とても美しいドレスである。ピンクのシルクタフタを使った総裏仕上げ。この頃から、さらさらした絹が裏地やスカートによく使われるようになった。

294

◆ 漆黒のサテンに、ピンクと緑の小さな花柄を織り込んだドレス

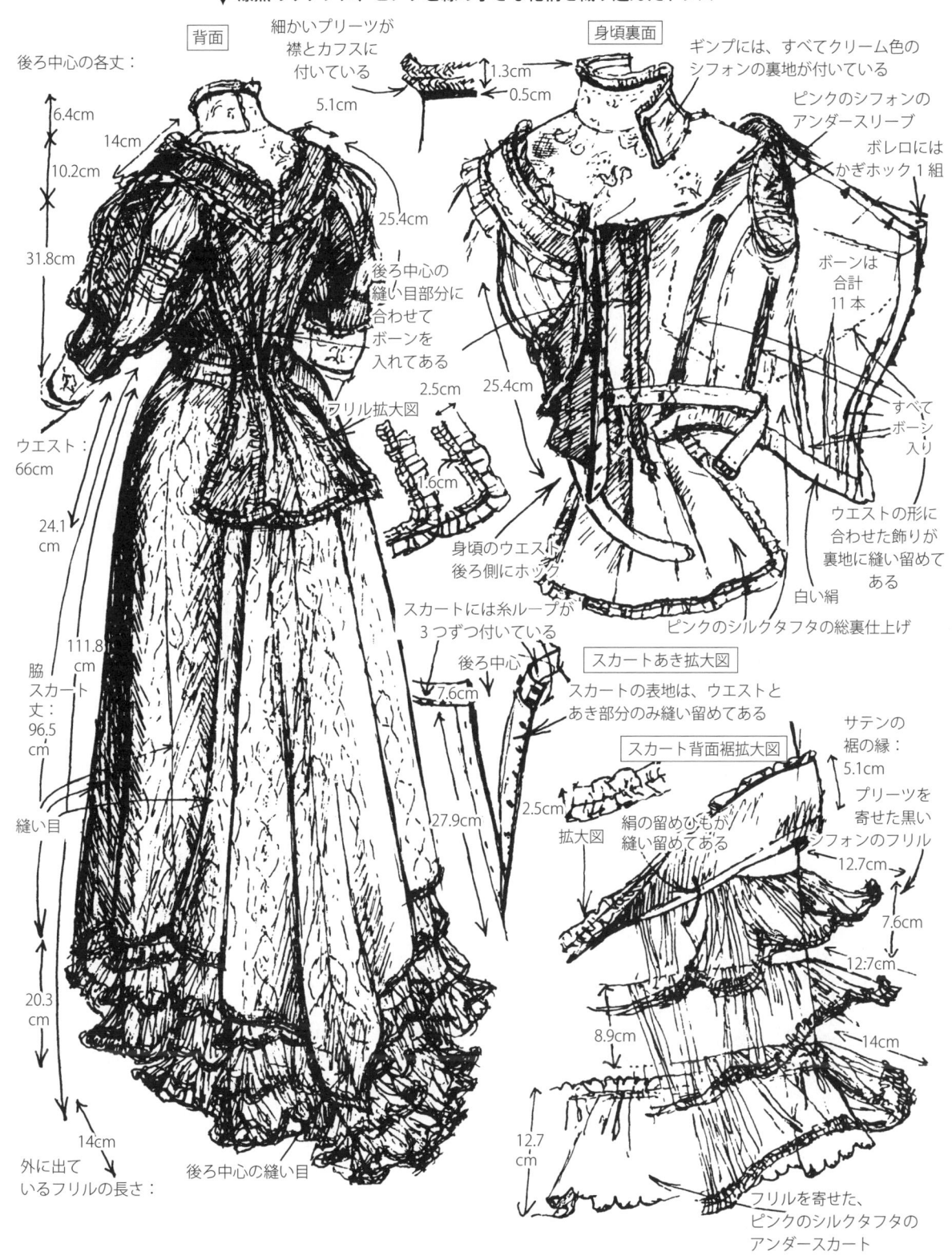

[背面]　細かいプリーツが襟とカフスに付いている　[身頃裏面]　ギンプには、すべてクリーム色のシフォンの裏地が付いている

後ろ中心の各丈：
6.4cm
14cm
10.2cm
5.1cm
1.3cm
0.5cm

ピンクのシフォンのアンダースリーブ

ボレロにはかぎホック1組

31.8cm
25.4cm

後ろ中心の縫い目部分に合わせてボーンを入れてある

ボーンは合計11本

25.4cm

すべてボーン入り

ウエスト：66cm

2.5cm
1.6cm

フリル拡大図

ウエストの形に合わせた飾りが裏地に縫い留めてある

身頃のウエスト後ろ側にホック

白い絹
ピンクのシルクタフタの総裏仕上げ

24.1cm

スカートには糸ループが3つずつ付いている

[スカートあき拡大図]

脇スカート丈：96.5cm

111.8cm

後ろ中心
7.6cm

スカートの表地は、ウエストとあき部分のみ縫い留めてある

縫い目

[スカート背面裾拡大図]

サテンの裾の縁：5.1cm

2.5cm

拡大図

絹の留めひもが縫い留めてある

プリーツを寄せた黒いシフォンのフリル

12.7cm
7.6cm
12.7cm

27.9cm

20.3cm

8.9cm

14cm

14cm

12.7cm

外に出ているフリルの長さ：

後ろ中心の縫い目

フリルを寄せた、ピンクのシルクタフタのアンダースカート

バイアスに裁断した生地が腰のラインに滑らかに沿い、幅の広い裾回りにはたくさんのひだが優雅に波打っている。台形にカットしたパネルで裾回りにボリュームを出してあり、ウエストをはじめ、背中心にすらプリーツはない。このサテンのスカートは前面と背面のウエストを絞り、シルクタフタのアンダースカートに間隔を開けて縫い留めた留めひもで、スカートの形を整えてある。

1900 〜 1901 年

地方の裕福な紳士と結婚したばかりの、社交界の女性を撮影した写真より。夫のノーフォークジャケット、妻のツイードのスーツとカンカン帽は、どちらも田舎で過ごすのに最適な装いである。同じ女性を描いた 1925 年のスケッチでは、彼女はロー・ウエストの宮廷服を着ている。

1909 年

左の女性：『カントリー・ライフ（Country Life）』、12月25日号より。ドニゴール公爵（Marquess of Donegall）と夫人は 1902 年に結婚。夫人は正装用のイブニング・ドレスを身に着けている。

右の男女：同じく『カントリー・ライフ（Country Life）』に掲載された、「アクアスキュータム（Aquascutum）」*1 というブランドの、軽い総羊毛製コートの広告より。「あらゆる天候に合います」と書かれている。

1927 年

『イラストレイテッド・ロンドン・ニュース（The Illustrated London News）』に掲載されたテニスのアマチュア・チャンピオンのヘレン・ウィルス（Helen Wills）*2 と、その婚約者の F・S・ムーディ・ジュニア氏（Mr F. S. Moody Jr）。彼はラウンジ・スーツと中折れ帽を、彼女はクロシュとロー・ウエストのドレスを身に着けている。膝丈のスカートは 1920 年代中期の典型的なデザイン。

＊1：アクアスキュータム（Aquascutum）　英国の高級服の仕立て屋から始まったブランド。世界初のウールの防水コート製造で知られる。
＊2：ヘレン・ウィルス・ムーディ（Helen Wills Moody）[1905 - 1998]　米国出身の女子テニス選手。

第 5 章
1900～1930 年

　自動車の出現によって遠出が簡単になり、週末を田舎で過ごすことが出来るようになると、裕福な女性たちの社交の幅が広がった。それにつれて必要とされる衣服の種類が増え、1909 年のコートの広告に見られるような「防水」や「防風・防寒」用の他、「旅行、レース、スポーツ、カントリー・ウェア、ドライブ」用のために仕立てた機能的な服や、アフタヌーン・ドレス、イブニング・ドレス、エドワード時代[*1]を代表する、透けるように薄いドレスなど、大人の女性のためのファッションが生まれた。

　T・H・ホールディング（T. H. Holding）は 1890 年代の終わり頃にも、イングランドのテーラーメードの服について次のような貴重な意見を残している。「この 20 年近く、仕立屋たちは数多くのドレスを作ってきた。しかし、とりわけイングランドの淑女のために初めてドレスを作ったという栄誉は、ワイト島（the Wight）の都市カウズ（Cowes）の故モーガン氏（Mr Morgan）に与えられるべきだと思う。パリの有名なワース（Charles Frederick Worth）[*2]も同じことを長年にわたり行ってはいるのだが。ワース（Worth）が絹やサテンといった高価で繊細な生地を使う一方で、イングランドの仕立屋は、一般的にこうした生地の使用を女性用の服地に限定したに過ぎない」。しかしワース（Worth）はリンカンシャー州出身の英国人で、ロンドンの生地商スワン・アンド・エドガー（Swan & Edgar）の見習いだった。1846 年、彼は無名で資金もないままパリへ渡った。12 年後にはスウェーデン出身のボベルグ（Bobergh）と手を組んで婦人服製造業を開始し、フランス皇后ウジェニー（Empress Eugénie）[*3]やパリのエレガントな女性たちからの注目や支持を大いに集めるようになった。彼は 30 年にわたってパリの流行をリードし、イングランドにも大きな影響を与えた。

　1911 年 6 月号の『レディース・フィールド（The Ladies Field）』は、新しいスタイルを提案している。「新たに魅力的なドレスが登場し、バークシャー州のアスコット（Ascot）でちょっとした評判を呼んでいます。現在パリで大人気のファッションで、片側が少し短くなったスカートが登場するのですから。足首がちらりとのぞけば、それを目にした人はもっと見たいと思わずにはいられません」。この新しいドレスには大きな帽子をかぶり、足首に黒糸で刺繍を施したローズピンク（薄ばら色）の絹のストッキングと、最新流行の黒い靴を身に着けた。

　これまで何世紀もの間、女性のファッションは時として極端な域に達することがあった。徐々に進化や発展を重ねては、極限に行き着いて衰退の道をたどってきた。巨大なフープ入りのファウンデーション、大きな帽子や膨らんだヘアスタイル、長いトレーン、身体にぴったりと貼りつくようなスカートなどのように、膨らませ、つまみ上げ、パッドを入れ、ドレープを寄せて、上げたり下げたり、内や外へ折り曲げたりと、工夫が凝らされてきた。イングランドでは、これまで女性が膝丈のスカートを履いたり髪を短くしたりすることはなかったが、1920 年代になり、このような劇的な変化が起きた。それだけではなく、胸元やウエスト、ヒップの曲線は消え、ある時点からは立体感も留め具もなくなり、前後の形がまったく同じドレスが登場した。

[*1]：エドワード時代　ヴィクトリア女王亡き後、王位を継承したエドワード 7 世の時代（在位 1901-1910）。
[*2]：チャールズ・フレデリック・ワース（Charles Frederick Worth）[1825-1895]　英国のデザイナー。パリのオートクチュール（高級仕立て服）の礎を築いた。
[*3]：ウジェニー（Marie Eugénie de Montijo de Guzmán）[1826-1920]　フランス皇后、フランス皇帝ナポレオン 3 世の妃。

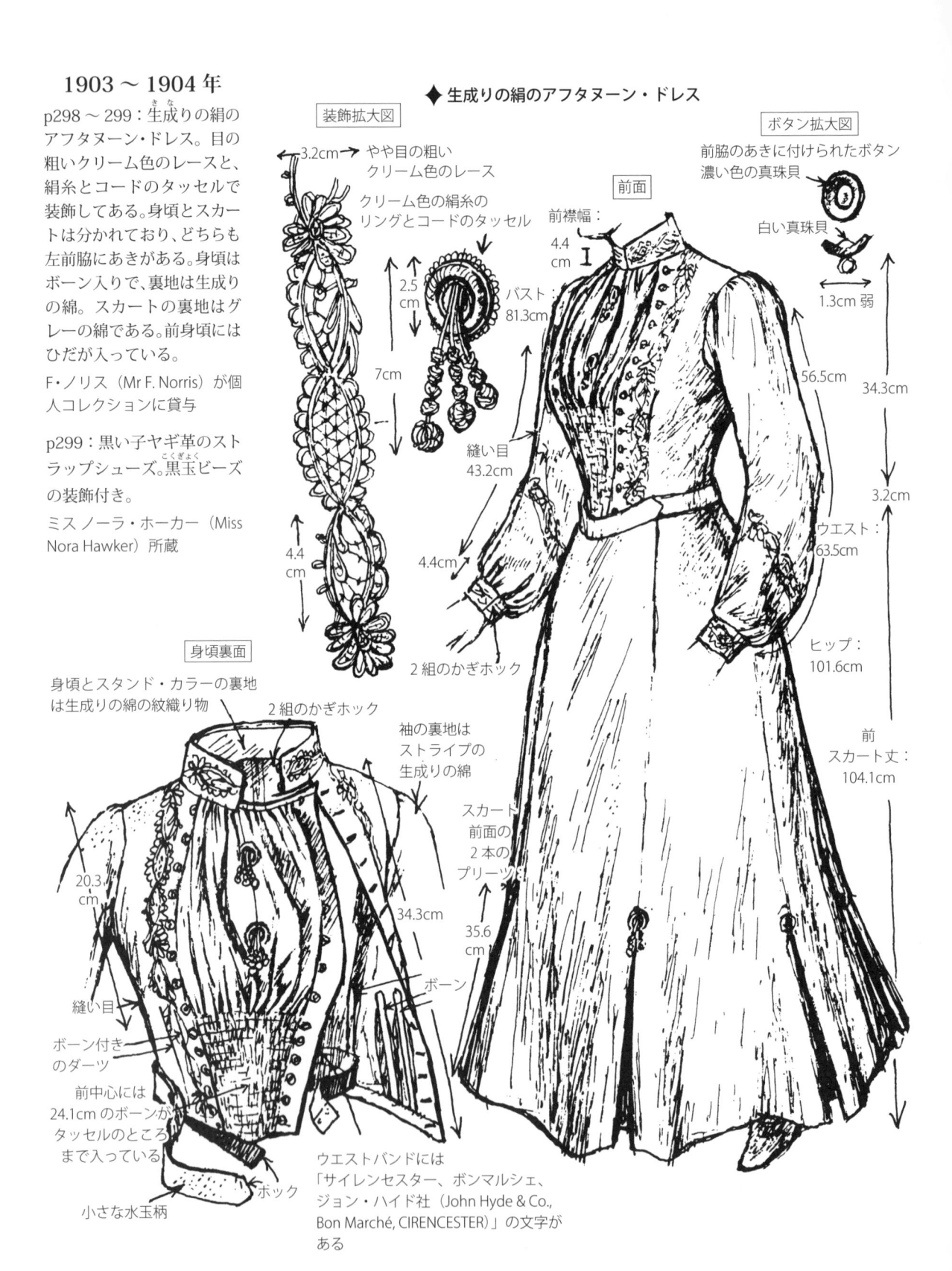

1903～1904年

p298～299：生成りの絹のアフタヌーン・ドレス。目の粗いクリーム色のレースと、絹糸とコードのタッセルで装飾してある。身頃とスカートは分かれており、どちらも左前脇にあきがある。身頃はボーン入りで、裏地は生成りの綿。スカートの裏地はグレーの綿である。前身頃にはひだが入っている。

F・ノリス（Mr F. Norris）が個人コレクションに貸与

p299：黒い子ヤギ革のストラップシューズ。黒玉(こくぎょく)ビーズの装飾付き。

ミス ノーラ・ホーカー（Miss Nora Hawker）所蔵

◆ 生成りの絹のアフタヌーン・ドレス

装飾拡大図
- 3.2cm
- やや目の粗いクリーム色のレース
- クリーム色の絹糸のリングとコードのタッセル
- 2.5cm
- 7cm
- 4.4cm

ボタン拡大図
- 前脇のあきに付けられたボタン 濃い色の真珠貝
- 白い真珠貝
- 1.3cm弱

前面
- 前襟幅：4.4cm
- バスト：81.3cm
- 縫い目 43.2cm
- 56.5cm
- 34.3cm
- 3.2cm
- ウエスト：63.5cm
- 4.4cm
- 2組のかぎホック
- ヒップ：101.6cm
- スカート前面の2本のプリーツ
- 35.6cm
- 前スカート丈：104.1cm

身頃裏面
- 身頃とスタンド・カラーの裏地は生成りの綿の紋織り物
- 2組のかぎホック
- 袖の裏地はストライプの生成りの綿
- 20.3cm
- 34.3cm
- ボーン
- 縫い目
- ボーン付きのダーツ
- 前中心には24.1cmのボーンがタッセルのところまで入っている
- ホック
- 小さな水玉柄
- ウエストバンドには「サイレンセスター、ボンマルシェ、ジョン・ハイド社（John Hyde & Co., Bon Marché, CIRENCESTER）」の文字がある

20世紀初めの数年間は、身頃とドレスの裾に装飾や凝ったデザインを施すことが多くなった。プリーツやフリルを付けたスカートは膝から下が広がり、デイタイム・ドレスはもちろん、外出着まで、裾が床に付くロング丈になった。シンプルな前身頃のデザインは長く続かず、すぐにドレープやフリルで飾られるようになる。

◆ 1907年：
『イラストレイテッド・ロンドン・ニュース (The Illustrated London News)』、3月号広告ページのファッション・プレートより

テーラー・メードの外出着

◆ 家族写真より
レディ・イブリン・メイソン (Lady Evelyn Mason) 1904年の写真

2連の真珠のネックレスをねじり、結んである

◆ 生成りの絹のアフタヌーン・ドレス

背面

身頃の前面と側面に合計7本のボーン入り

5.1cm
10.2cm
36.8cm
19.1cm
3.2cm

後ろスカート丈：105.4cm

脇と後ろのプリーツ：34.3cm

ループ状のテープ
後ろ中心
インバーティド・プリーツ

スカートあき拡大図

裏地は濃いグレーの綿
スカートは前脇あき
27.9cm
かぎホック

◆ 黒い子ヤギ革の靴

縁は横畝（うね）織りのリボンでくるまれている

4.4cm
24.1cm

大小の黒玉（こくぎょく）ビーズを使った装飾

黒い円形のシンプルな靴用ボタン

ミス ノーラ・ホーカー (Miss N. Hawker) の母が履いた靴

別布の裾の縁
つやのある黒い綿の幅：4.4cm

1903～1904年には、手首の部分からゆったりと膨らんだ「袋状」の袖が流行した。凝ったデザインの大きな帽子を載せるために、髪にはパッドを入れて横幅を広くするスタイルとなっていった。

1903〜1907年

p300〜301：クリーム色がかった白いサテンのアフタヌーンまたはイブニング・ドレス。身頃とスカートは分かれており、縁には細いリボンが付いた水玉模様の白いネットのフリルが付いている。身頃は幅の広いベルトの上までゆったりと膨らみ、左前脇あき。インナーとしてボーンの入った白い綿の身頃が内側に付いており、あきは前中心にある。スカートも身頃と同じく左前脇あきで、背面の裾は、フリルの付いたトレーンを引いている。白い綿のアンダースカート付き。
ミス ノーラ・ホーカー（Miss Nora Hawker）所蔵

p300〜301：ドレスホルダー2点。
スノースヒル・コレクション（Snowshill Collection）

ドレスを挟み、ホルダーに付いた細いコードやチェーンをウエストに引っかけて、両手を自由にする。ここに紹介した2組はシンプルなもの。

◆ 1907年：『イラストレイテッド ロンドン・ニュース』(The Illustrated London News)誌、7月号より

ミセス ロバート・ゴーレット（Mrs Robert Goelet）

「数百万ポンドの相続人の母」というキャプションがついている

◆ ドレスホルダー：1

べっ甲
内側にバネ
金属
3.8cm
6.4cm

◆ クリーム色がかった白いサテンのドレス

側面

プリーツを寄せたリボンが数本
レース
白の細いリボンをあしらった、水玉模様入りの白いネット
5.1cm
19.1cm
35.6cm
白いサテン
25.4cm
9.5cm
3.8cm
前身頃はサテン地がゆったりと膨らんでいる
縫い目
白の細いコードでスカートを持ち上げている
前スカート丈：101.6cm
縫い目
前面はフリル3段
26.7cm
縫い目から後ろはフリルが2段増えている

スカート裾拡大図

丈夫な白い綿のアンダースカート
斑点模様の入った白いネットのフリル
10.2cm
プリーツ
サテンの裾の縁
白いタフタのフリル

上品な小柄の女性のために作られた、優雅なドレス。サテンの身頃はベルトの上でゆったりと膨らみ、前後の身頃と袖は細いタックで装飾されている。こうした身頃や袖にも、肩の部分のようなドレープを入れ、フリルとギャザーの付いた裾のトレーンとのバランスを見事に保っている。

◆ クリーム色がかった白いサテンのドレス

襟装飾拡大図

白く細いリボンをあしらった、水玉模様入りの白いネット

ネックラインの縁に白いコードを通してある

背面

22.9cm

ウエスト：61cm

細いタックの入ったサテン

5.1cm

38.7cm

背面拡大図

白く細いサテンのリボンをあしらったネットが、ネックラインに縫い留めてある

7本と13本のサテンのタックが入っている

縫い目

ネット

ベルトの後ろ中心にボーンが入っている

◆ ドレスホルダー：2

ベルトにかけるホック

1.9cm

6.4cm

金属製で、玉虫色の光沢がある暗い藍色に仕上げてある

コードやチェーンを付けるリング

8.9cm

5.1cm

先端は赤いベルベット

脇縫い目

縫い目

A～B間に付けられた、スカートを持ち上げるためのひもの長さ：30.5cm

後ろスカートの総丈：129.5cm

フリルの幅：71.1cm

スカート裾拡大図

サテン

白く細いサテンのリボン

8.3cm

8.9cm

11.4cm

上端のみ、白く細いサテンのリボンが縫い留めてある

脇縫い目とこの部分からフリルが増えている

後ろ中心は合計8段のフリル

腰から下にはギャザーやプリーツがなく、裾のフリルとトレーンの重みで滑らかなラインを描いている。この図のような「扇状」のプリーツや、「太陽光線」のような放射状の形を作るようなスカートも登場した。ドレス背面の縫い目にはひもが付いており、ドレスホルダーを使ってスカートを持ち上げた。これらのドレスに使うには、ここに紹介したドレスホルダーは、2つともシンプルすぎるデザインである。

1903～1907年 ♦ クリーム色がかった白いサテンのドレス

p302～303：引き続き、クリーム色がかった白いサテンのアフタヌーンまたはイブニング・ドレスの解説。ゆったりと膨らんだ身頃の拡大図と裏面の図から、かぎホック付きの前脇あきで、襟元はコードとリボンで留める方式であることがわかる。内側には、ボーン入りで体に沿った綿のインナーの身頃が付いている。

ミス ノーラ・ホーカー（Miss Nora Hawker）所蔵

【身頃右側面拡大図】
- 身頃の前中心
- 身頃の前中心
- 水玉模様の入ったネットのフリルがここに付いている
- 左前脇にタック7本
- 右前脇に、とても細いタックが7本
- 前中心にタックが19本
- ベルトは裏地なし
- 右前脇で留めるベルトには、かぎホックが3組付いている

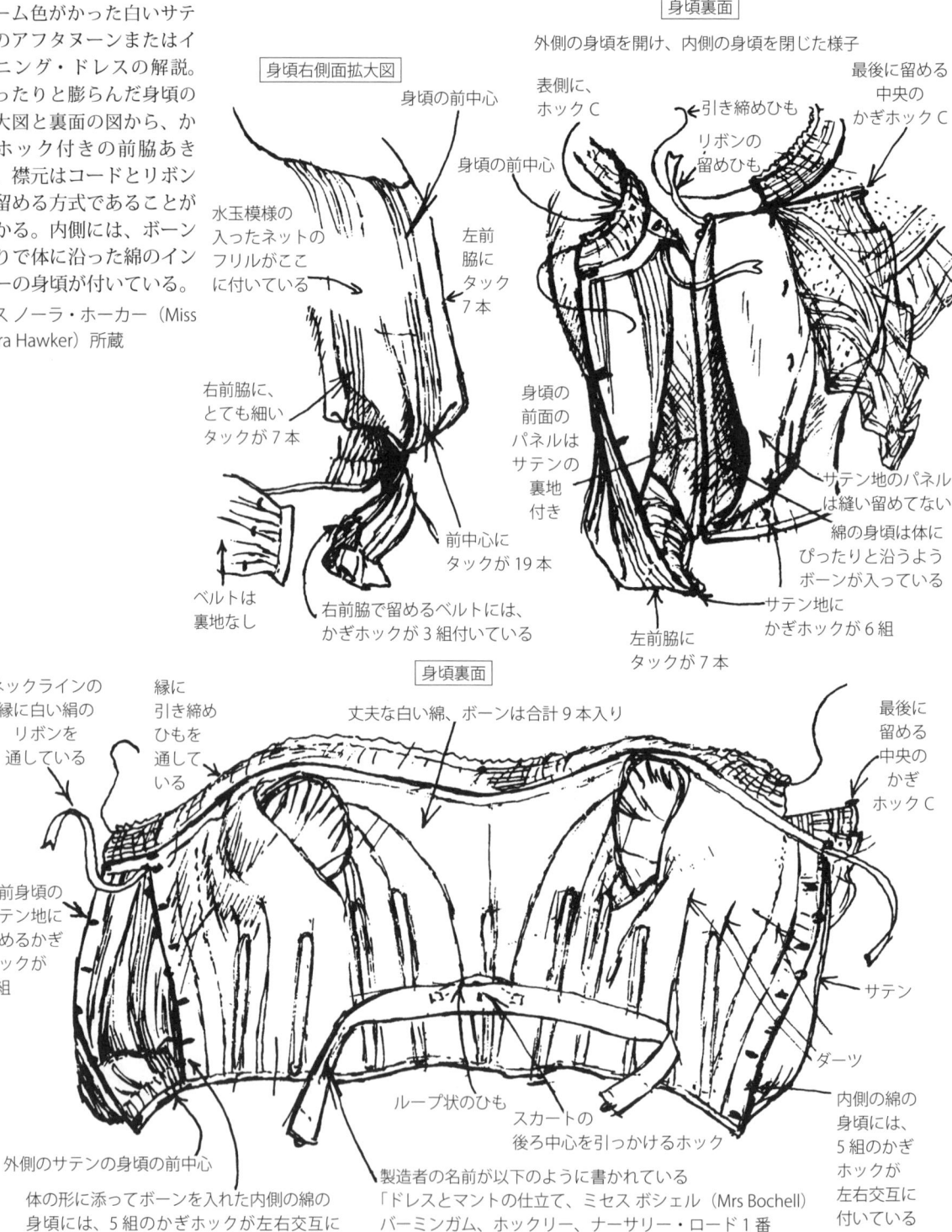

【身頃裏面】
外側の身頃を開け、内側の身頃を閉じた様子
- 表側に、ホックC
- 引き締めひも
- リボンの留めひも
- 最後に留める中央のかぎホックC
- 身頃の前面のパネルはサテンの裏地付き
- サテン地のパネルは縫い留めてない
- 綿の身頃は体にぴったりと沿うようボーンが入っている
- サテン地にかぎホックが6組
- 左前脇にタック7本

【身頃裏面】
- ネックラインの縁に白い絹のリボンを通している
- 縁に引き締めひもを通している
- 丈夫な白い綿、ボーンは合計9本入り
- 最後に留める中央のかぎホックC
- 左前身頃のサテン地に留めるかぎホックが6組
- サテン
- ダーツ
- 内側の綿の身頃には、5組のかぎホックが左右交互に付いている
- 外側のサテンの身頃の前中心
- 体の形に添ってボーンを入れた内側の綿の身頃には、5組のかぎホックが左右交互に付いている
- ループ状のひも
- スカートの後ろ中心を引っかけるホック
- 製造者の名前が以下のように書かれている「ドレスとマントの仕立て、ミセス ボシェル（Mrs Bochell）バーミンガム、ホックリー、ナーサリー・ロード1番（1, Nursery Road, Hockley, Birmingham）」

かぎホックがとても丁寧に縫ってあるため、ドレープの寄った身頃のどこにあきがあるのか、少し見ただけでは分からない。内側の白い綿の身頃ははボーン入りでぴったりと体に沿うため、コルセットは必要ないと思えてしまう。当時はこうしたファウンデーションを必ず着けて、胸の下部からウエストやヒップにかけてのラインを調整し、当時のドレスの特徴であるヒップラインを滑らかに見せた。

◆ クリーム色がかった白いサテンのドレス

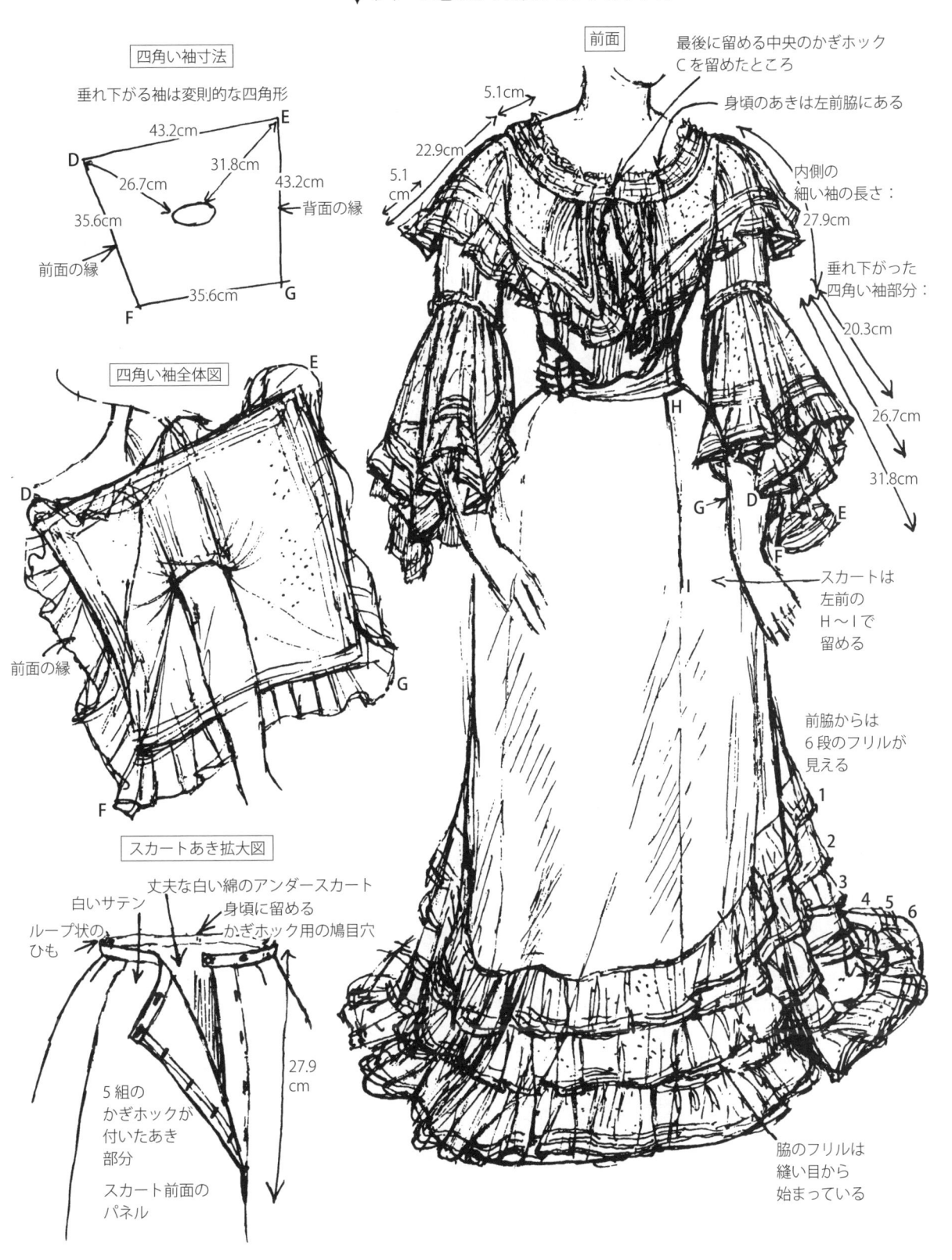

四角い袖寸法

垂れ下がる袖は変則的な四角形

- D–E: 43.2cm
- 26.7cm / 31.8cm
- E–G: 43.2cm
- D–F: 35.6cm
- F–G: 35.6cm
- 背面の縁
- 前面の縁

四角い袖全体図

前面の縁

スカートあき拡大図

- 白いサテン
- ループ状のひも
- 丈夫な白い綿のアンダースカート
- 身頃に留めるかぎホック用の鳩目穴
- 5組のかぎホックが付いたあき部分
- スカート前面のパネル
- 27.9cm

前面

- 最後に留める中央のかぎホックCを留めたところ
- 5.1cm
- 22.9cm
- 5.1cm
- 身頃のあきは左前脇にある
- 内側の細い袖の長さ: 27.9cm
- 垂れ下がった四角い袖部分: 20.3cm / 26.7cm / 31.8cm
- スカートは左前のH～Iで留める
- 前脇からは6段のフリルが見える
- 脇のフリルは縫い目から始まっている

スカート背面に大量のプリーツを集中させることがなくなり、これまでより軽くなったものの、長い裾には重みがあるため、引き続きスカートはホックで身頃に留めなければならなかった。

1903〜1907年

p304〜305：深みのある黄色いシルクタフタの上に、黒いネットを重ねたドレス。目の細かいネットに黒いサテンのリボンやレースの装飾が施されている。身頃とスカートは分かれている。前あきの身頃は前面がゆったりと膨らみ、ボーン入りで、白い綿の総裏仕上げ。スカートはタフタ製で、裏地は白い綿。裾の縁はパッド入りで、フリルが付いている。スカートに重ねたネットは取り外し可能。

チャスルトン・ハウス（Chastleton House）所蔵

◆ 黄色いシルクタフタの上に、黒いネットを重ねたドレス

シルクタフタにネットのレースを重ねてある

側面

ループ状にしたサテンのリボン

レース拡大図

幅：1cm

身頃のネットの長さ：33cm

27.9cm

30.5cm

ネックラインの縁のレースは、非常に細い糸ですき間を大きくあけて編んだ「クモの巣」風

袖装飾拡大図

ドレスに使われたハチの巣状の黒いネットも、非常に細い糸を使っている

黒いサテンのリボン

黒いサテンのリボン

スカート前面のネットの長さ：109.2cm

104.1cm

127cm

114.3cm

スカート裾拡大図

ギャザーを寄せた黒いサテンのリボンは縁にレースが付いている

12.7cm

とても目の細かいレースのフリルが、袖とスカートの縁に付いている（ネックラインのものとは別のレース）

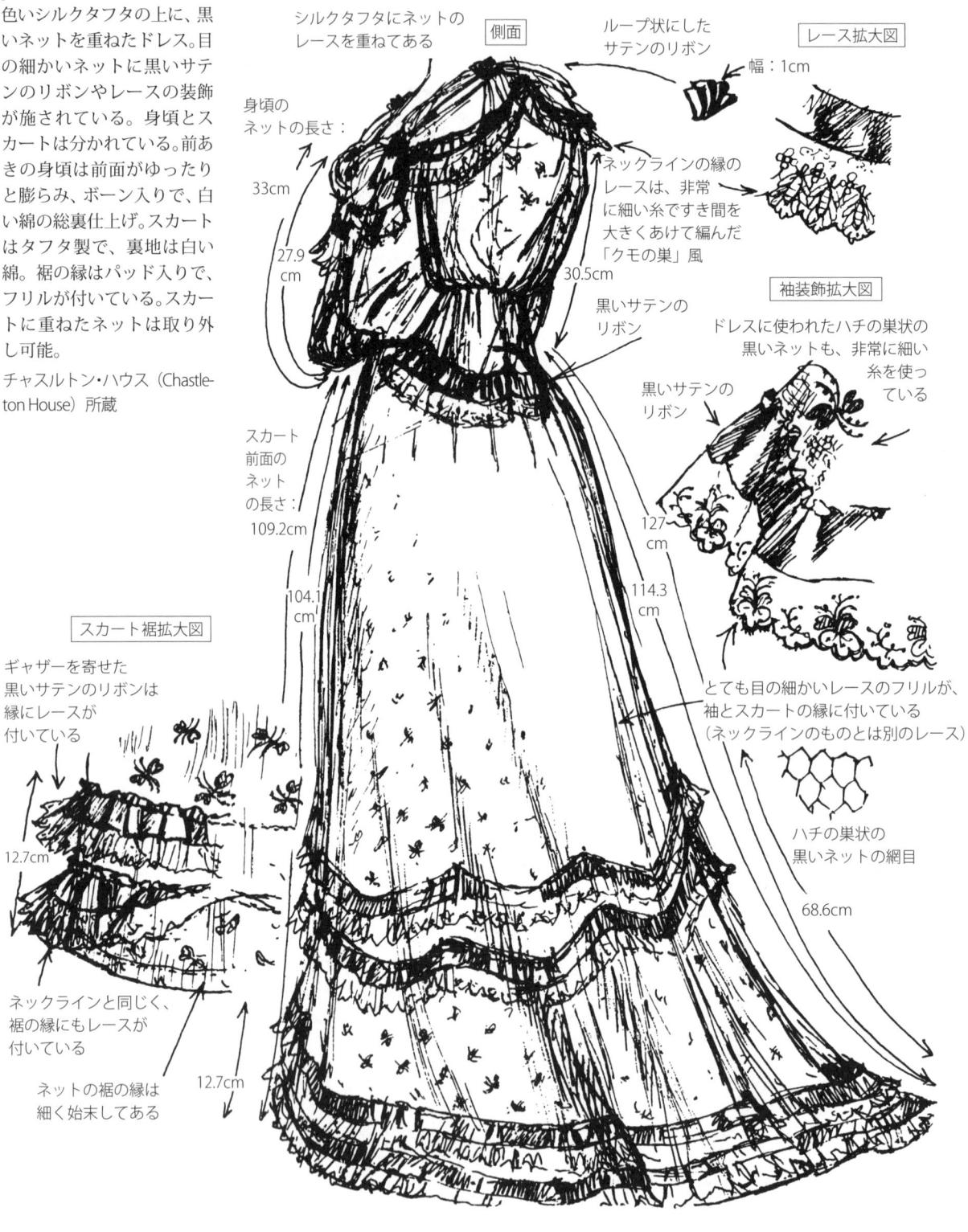

ハチの巣状の黒いネットの網目

68.6cm

ネックラインと同じく、裾の縁にもレースが付いている

ネットの裾の縁は細く始末してある

12.7cm

とても繊細で魅力にあふれたアフタヌーンまたはイブニング・ドレス。前身頃のゆったりとした膨らみや、広がったスカート、装飾に使ったリボンや目の細かいクモの巣状のレースのフリルなどは、すべて、この時代の美しいドレスの特徴である。

◆ 黄色いシルクタフタの上に、黒いネットを重ねたドレス

前面

20.3cm

ネックラインの前部にかぎホック付き

シルクタフタに重ねたネットの袖：27.9cm

身頃のネット部分は前脇にかぎホックがあり、ゆったりと膨らんでいる

黄色いシルクタフタの身頃には、前脇あきの体に沿った白い綿のインナーウェアが付いている

身頃前面拡大図

身頃のあきを開いたところ

身頃のシルクタフタ部分、ネット部分それぞれにかぎホックが4組付いている

黄色いシルクタフタの袖はここまで

ネットのフリルの長さ：17.8cm

ネットの袖はシルクタフタの袖の縫い目に縫い留めてある

スカート表面のネット部分には、合計16本のダーツが入っている

Aで留めるホック

シルクタフタの縫い目

金属の留め具B

かぎホック2組

Bで留めるホック

裏側にボーンが入っている

スカートのシルクタフタ部分前面に2本の縫い目

縫い目

スカートのシルクタフタ部分裾拡大図

黄色いシルクタフタ

黒いネットを折り畳んだフリルが縁に付いている

7.6cm

白い綿の裏地

7.6cm

7.6cm

シルクタフタの表側の裾の縁には幅5.1cmのパッドが入っている

45.7cm

裏側には黄色い綿のフリルが2枚付いている

スカートのシルクタフタ部分の裾の縁にはパッドを詰め、外側にはプリーツを寄せたネットのフリルを、内側には綿のフリルを付けている。これにより、スカートにドレープが入り、裾の広がった流行のラインを作りだしている。ネックラインと袖にはたくさんのギャザーやドレープ、幅の広いフリルを付け、そのコントラストでウエストの細さを際立たせている。

1903〜1907年

p306〜307：引き続き、深みのある黄色いシルクタフタの上に、黒いネットを重ねたドレスの解説。ボーンとあきの状態が分かる身頃の裏面の図、スカートあき部分の拡大図など。

チャスルトン・ハウス（Chastleton House）所蔵

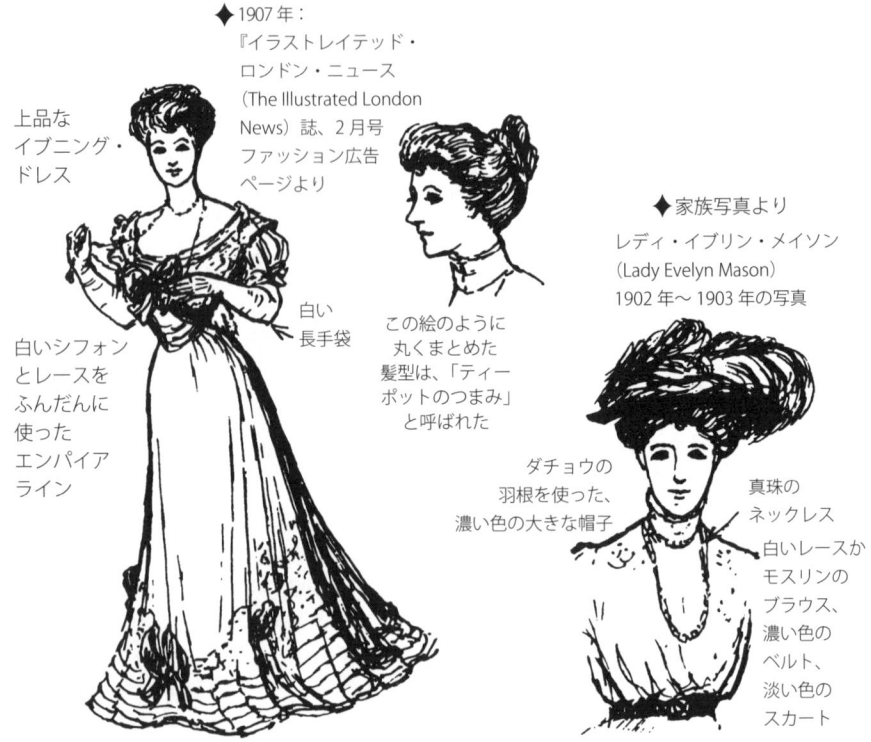

上品なイブニング・ドレス

白いシフォンとレースをふんだんに使ったエンパイアライン

白い長手袋

◆1907年：『イラストレイテッド・ロンドン・ニュース (The Illustrated London News)』誌、2月号ファッション広告ページより

この絵のように丸くまとめた髪型は、「ティーポットのつまみ」と呼ばれた

◆家族写真より
レディ・イブリン・メイソン (Lady Evelyn Mason)
1902年〜1903年の写真

ダチョウの羽根を使った、濃い色の大きな帽子

真珠のネックレス

白いレースかモスリンのブラウス、濃い色のベルト、淡い色のスカート

◆黄色いシルクタフタの上に、黒いネットを重ねたドレス

[身頃裏面]

身頃の最前面のネット部分、その下のシルクタフタ部分、内側の白い綿の部分はすべて独立しており、脇の縫い目部分でのみ、つながっている

ドレス保護パッド

ネックラインの縁には黒いベルベットの引き締めひもが通してある

ネット部分はここまで

Aで留めるホック

ドレープの入った前身頃のネット部分にホック4個
ゆったりと膨らんだシルクタフタ部分にホック4個

内側の白い綿の身頃には11本のボーンが入っている

ウエスト・バンド

ボーン入りで、体にぴったりと沿う身頃の一番内側の白い綿の部分にはかぎホック9個付き

身頃のネット部分には糸ループ4個、黄色いシルクタフタには金属の留め具が4個付いている

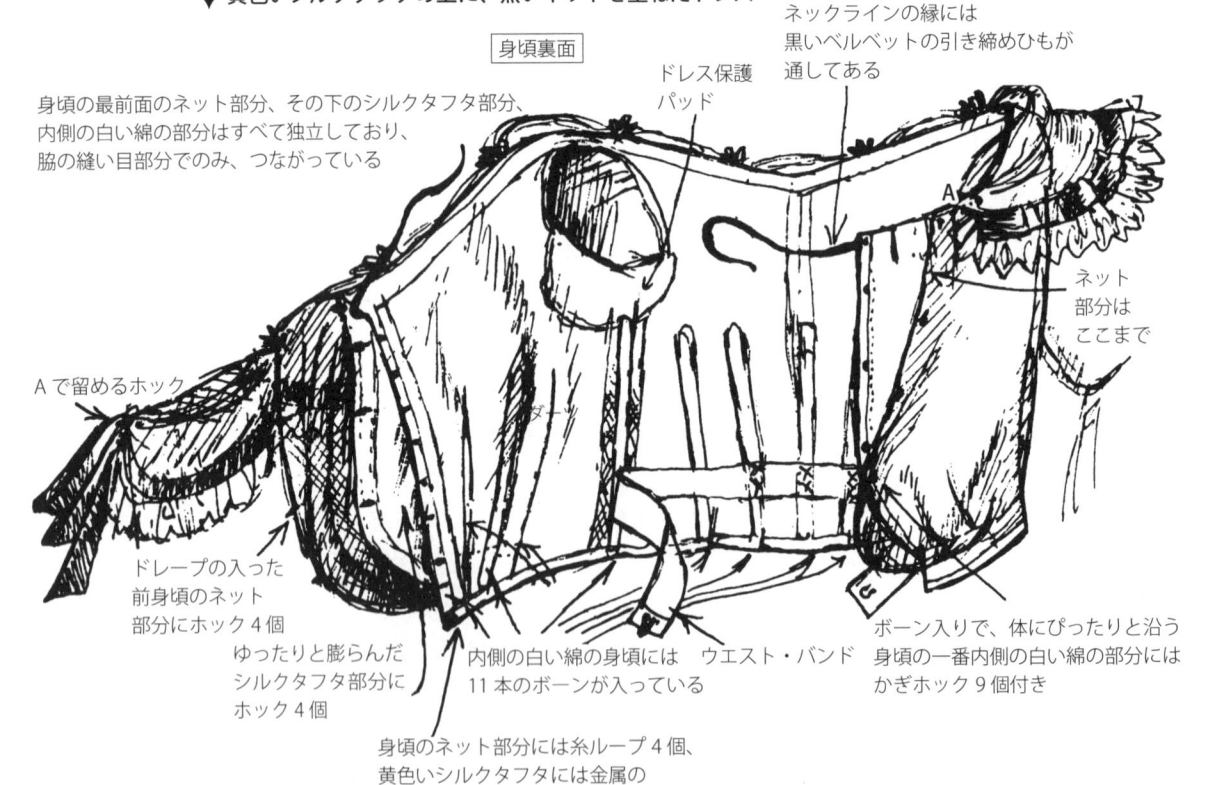

上段に示したファッション広告のスケッチの女性は、エドワード時代の絵画の典型的な装いで、きつくウエストを締める、前面の平らなコルセットを着けている。こうしたドレスの身頃には全体にボーンが入っており、ドレープの生む軽さや透明感は見た目だけのものであった。

◆ 黄色いシルクタフタの上に、黒いネットを重ねたドレス

身頃、袖、スカートはすべて白い綿の裏地付き

背面

ループ状にした黒いサテンのリボン

ネット部分は後ろ身頃にぴったりと沿っている

身頃背面

ネットをシルクタフタに重ねてある

ネットをシルクタフタに重ねてある

ウエスト：61cm

縁はシルクタフタでくるまれている

スカートのネット部分は後ろあきで、あきはここまで

スカートのネット部分の縫い目は、後ろ中心の1カ所のみ

ネット部分の縫い目

シルクタフタ部分の縫い目

黒い絹で縁をくるんである

スカートあき拡大図

縁はシルクタフタでくるまれている

スカートのネット部分、シルクタフタ部分それぞれに、かぎホックが2組付いている

黄色いシルクタフタ部分のスカートの後ろ中心

ここにネットのフラウンスが付いていて、背面のみ少しギャザーが入っている

ネット部分の縫い目は後ろ中心の1本

シルクタフタ部分のスカート背面には縫い目が2本

19世紀に作られた細かいレースやネットのドレスは非常にもろく、フリルや装飾がいかに繊細であって、保存価値が高くても、自信の重みに耐えられないために保存が難しい。しかし、この頃の身頃やスカートのように、裏地や丈夫な土台が付いているものには、耐久性がある。

307

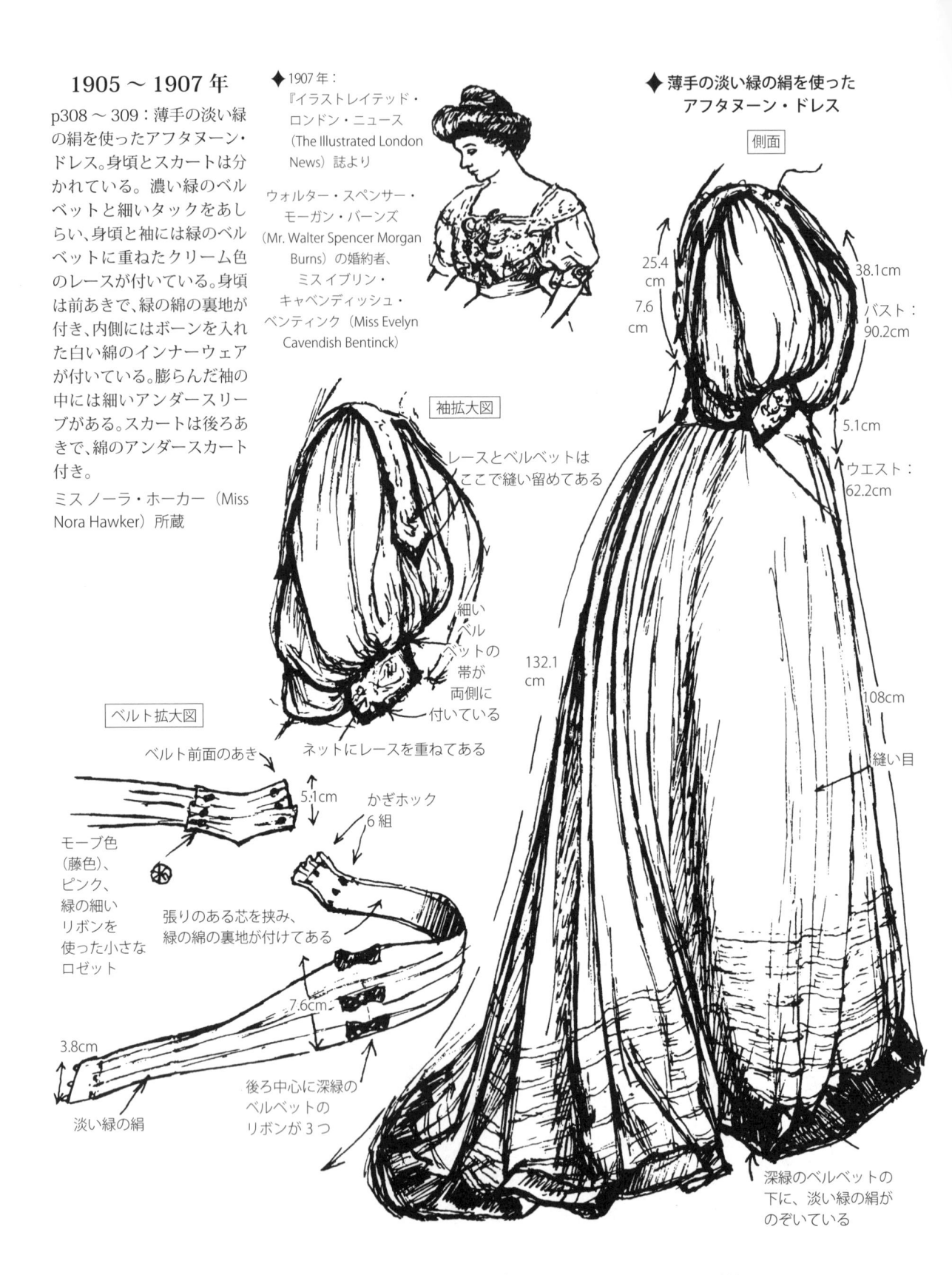

1905～1907年

p308～309：薄手の淡い緑の絹を使ったアフタヌーン・ドレス。身頃とスカートは分かれている。濃い緑のベルベットと細いタックをあしらい、身頃と袖には緑のベルベットに重ねたクリーム色のレースが付いている。身頃は前あきで、緑の綿の裏地が付き、内側にはボーンを入れた白い綿のインナーウェアが付いている。膨らんだ袖の中には細いアンダースリーブがある。スカートは後ろあきで、綿のアンダースカート付き。

ミス ノーラ・ホーカー（Miss Nora Hawker）所蔵

◆ 1907年：
『イラストレイテッド・ロンドン・ニュース
(The Illustrated London News)』誌より

ウォルター・スペンサー・モーガン・バーンズ (Mr. Walter Spencer Morgan Burns) の婚約者、ミス イブリン・キャベンディッシュ・ベンティンク（Miss Evelyn Cavendish Bentinck）

◆ 薄手の淡い緑の絹を使ったアフタヌーン・ドレス

側面

25.4cm
7.6cm
38.1cm
バスト：90.2cm
5.1cm
ウエスト：62.2cm
132.1cm
108cm
縫い目

深緑のベルベットの下に、淡い緑の絹がのぞいている

袖拡大図

レースとベルベットはここで縫い留めてある

細いベルベットの帯が両側に付いている

ネットにレースを重ねてある

ベルト拡大図

ベルト前面のあき
5.1cm
かぎホック6組
モーブ色（藤色）、ピンク、緑の細いリボンを使った小さなロゼット
張りのある芯を挟み、緑の綿の裏地が付けてある
7.6cm
3.8cm
淡い緑の絹
後ろ中心に深緑のベルベットのリボンが3つ

美しいドレスの、とりわけ魅力的な背側面の図である。ドレープの入った身頃、大きく膨らんだ袖、ベルベットとレースの装飾、そして、やや高めのウエストラインを強調する幅の広い帯状のベルトが、長く裾を引くスカートのラインを見事に引き立てている。

♦ 薄手の淡い緑の絹を使ったアフタヌーン・ドレス

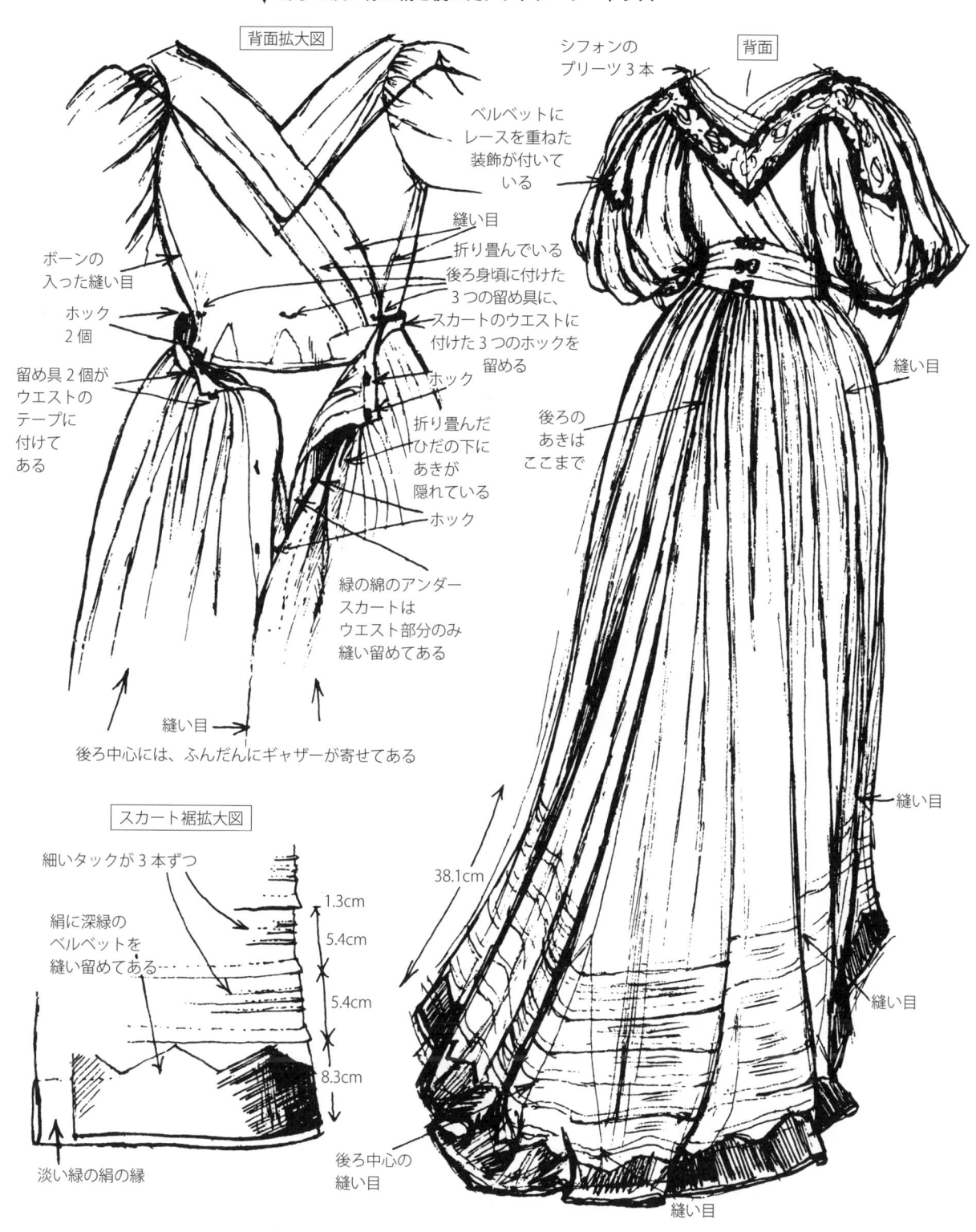

[背面拡大図]

[背面]

シフォンのプリーツ3本

ベルベットにレースを重ねた装飾が付いている

ボーンの入った縫い目

ホック2個

留め具2個がウエストのテープに付けてある

縫い目

折り畳んでいる

後ろ身頃に付けた3つの留め具に、スカートのウエストに付けた3つのホックを留める

ホック

折り畳んだひだの下にあきが隠れている

ホック

緑の綿のアンダースカートはウエスト部分のみ縫い留めてある

縫い目

後ろのあきはここまで

後ろ中心には、ふんだんにギャザーが寄せてある

縫い目

[スカート裾拡大図]

細いタックが3本ずつ

絹に深緑のベルベットを縫い留めてある

1.3cm
5.4cm
5.4cm
8.3cm

淡い緑の絹の縁

後ろ中心の縫い目

38.1cm

縫い目

縫い目

縫い目

スカートの裾に入れた細いタックや、縁に付けたベルベットなど、当時の流行を取り入れている。一方で、この頃からスカートには高めのウエストに向かって流れるような動きが生まれ、同様に前後の身頃の装飾にもウエストに向かって流れるラインが入ってくる。

309

1905～1907年

p310～311：引き続き、薄手の淡い緑の絹を使ったアフタヌーン・ドレスの解説。身頃前面の拡大図、裏面、襟と袖に付いた装飾の拡大図など。留め具の構造、ボーン入りの内側の綿の身頃、そして現在は失われているハイネックのレースまたはシフォンのギンプが付いた、新方式のスナップボタンの留め具の様子が分かる。製造者の名前がウエスト・バンドに記してある。

ミス ノーラ・ホーカー（Miss Nora Hawker）所蔵

◆ 薄手の淡い緑の絹を使ったアフタヌーン・ドレス

[身頃あき拡大図]
- 畳まれたシフォン
- 胸元にハイネックのレースもしくはシフォンのギンプが付いていたが、現在は失われている
- 身頃の前あき部分は淡い緑の絹で、ドレープ部分の左右の身頃の重なりは、まずAとBの、次にC～Dのかぎホックを外してあける
- 絹
- 緑の綿
- ループ状のテープ
- C～Dに3組のかぎホック

身頃のウエスト・バンドには以下のように製造者の名前が書いてある
「A・グリフィン（A. Griffin）、ドレスとマントの仕立て、バーミンガム、エジバストン（Edgbaston, Birmingham）」

[身頃あき拡大図]
- まずシフォンのかぎホックを外し、次に内側のボーン入りの白い綿の身頃のホックを外してあける
- ベルベット
- 絹
- 緑の綿の裏地
- 身頃の内側はボーンの入った白い綿

[身頃裏面]
- 失われたシフォンかレースのパーツは、新方式のスナップボタンで留めてあった
- スナップボタンは縫ってあるのではなく、裏側からはめ込んである
- ボーンの入った白い綿の身頃
- ベルベット
- 絹
- 緑の綿
- ダーツ3本
- 合計5本のボーン入り
- ループ状のテープ
- 新方式の留め具
- 金属のバックル
- 製造者の名前
- 緑の綿
- 緑のベルベット
- 畳まれたシフォン
- 袖にぴったりと沿う緑の綿の裏地を裏返したところ
- 内側の白い綿の身頃には9組のかぎホック付き
- シフォンにレースを重ねてある

このドレスはあまりに完璧に見えるため、欠けている部分があるとは気づきにくいが、身頃の裏側のネックラインに付いている留め具の存在から、パーツが失われていることが分かる。失われたのはハイネックのレースもしくはギンプで、おそらく身頃に合わせて、クリーム色のレースまたは折り畳んだネットやシフォンで作られていたと思われる。

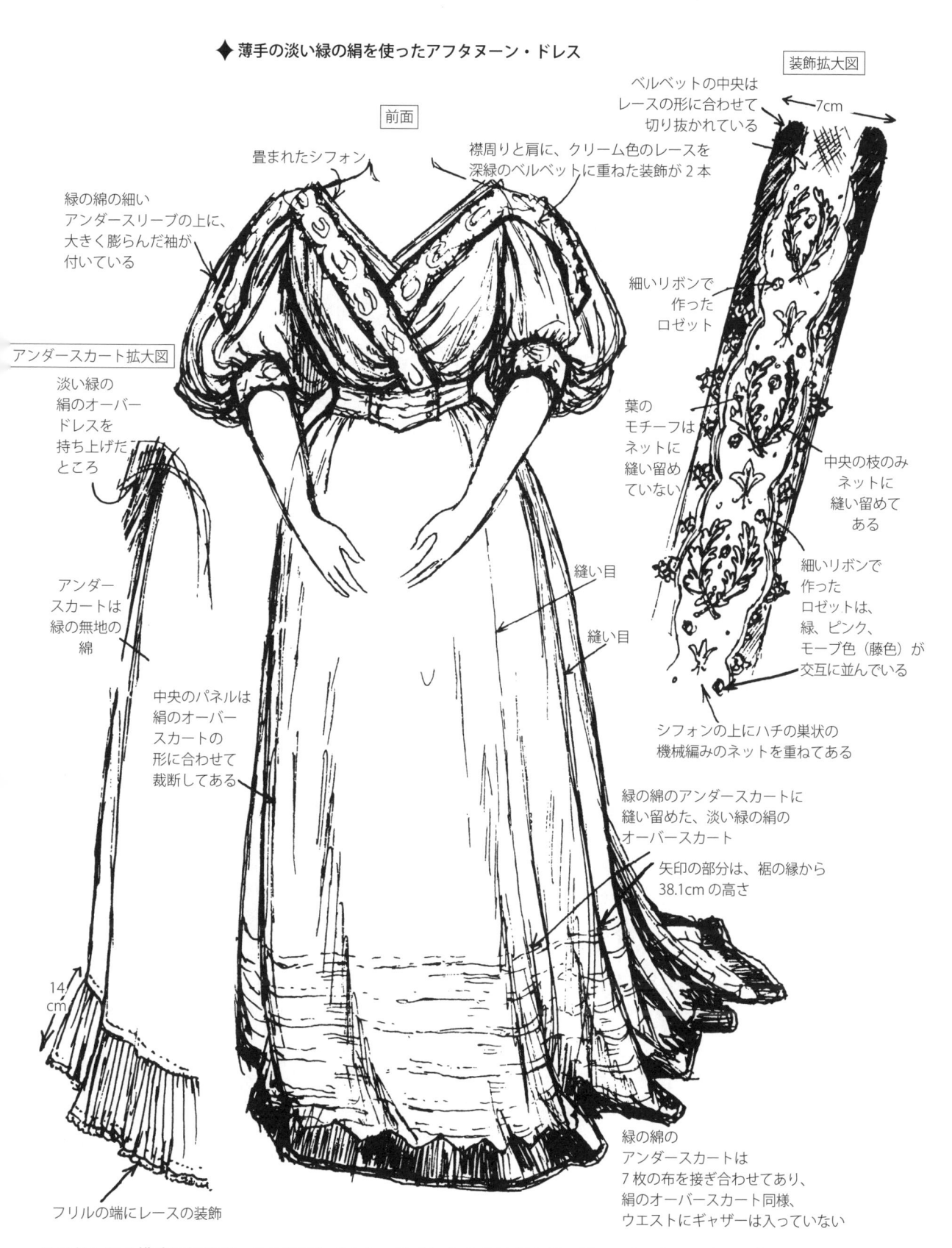

◆薄手の淡い緑の絹を使ったアフタヌーン・ドレス

前面

装飾拡大図

←7cm→

ベルベットの中央はレースの形に合わせて切り抜かれている

襟周りと肩に、クリーム色のレースを深緑のベルベットに重ねた装飾が2本

畳まれたシフォン

緑の綿の細いアンダースリーブの上に、大きく膨らんだ袖が付いている

細いリボンで作ったロゼット

葉のモチーフはネットに縫い留めていない

中央の枝のみネットに縫い留めてある

アンダースカート拡大図

淡い緑の絹のオーバードレスを持ち上げたところ

細いリボンで作ったロゼットは、緑、ピンク、モーブ色(藤色)が交互に並んでいる

アンダースカートは緑の無地の綿

シフォンの上にハチの巣状の機械編みのネットを重ねてある

縫い目

縫い目

中央のパネルは絹のオーバースカートの形に合わせて裁断してある

緑の綿のアンダースカートに縫い留めた、淡い緑の絹のオーバースカート

矢印の部分は、裾の縁から38.1cmの高さ

14cm

緑の綿のアンダースカートは7枚の布を接ぎ合わせてあり、絹のオーバースカート同様、ウエストにギャザーは入っていない

フリルの端にレースの装飾

このドレスの構造で興味深いのは身頃と分かれ、独立した7枚はぎのアンダースカートで、ウエスト・バンドから吊り下げてある。表地の緑の絹は前と脇の縫い目部分のみが縫い留めてある。

311

1908年 ♦ ピンクの綿のサテンのドレス

p312〜313：深みのある柔らかなピンクの綿のサテンのドレス。身頃とスカートは分かれている。黒い綿のサテンとブレード、装飾を施したピンクのボタンで美しく整えられている。ギンプには細かくボーンを入れ、タックを寄せたネットをシフォンに重ねてある。同素材のアンダースリーブは失われている。身頃とスカートはホックで留めてある。身頃は前あきで裏地付き、全体にボーンが入っている。スカートは後ろあきで、ベルトは失われている。

ミス ノーラ・ホーカー（Miss Nora Hawker）所蔵

背面

♦ 1907年：家族写真より

著者の母、エルシー・イヴス（Elsie Eves）の独身時代の写真

白いフリルとタック
ブレードの装飾

5.1cm
7.6cm
15.2cm
肩からウエストまでの丈：34.3cm
5.1cm
後ろあきの長さ：25.4cm
後ろスカート丈：137.2cm

[スカートあき拡大図]

身頃は白い綿の裏地付き

- 身頃のボーンを入れた部分に留め具をかがってある
- ボーンが背面、側面、前面に入っている
- 黒いサテンの縁取り
- 縫い目
- 脇縫い目
- 黒いサテンの縁取り
- 縫い目
- 25.4cm
- ホックはスカートの背面、側面、前面に付いている
- ホックで閉じる
- 折り畳んだ部分の奥にあきが隠されている
- ピンクの絹糸でかがった鳩目穴
- 後ろ中心の縫い目
- 縫い目

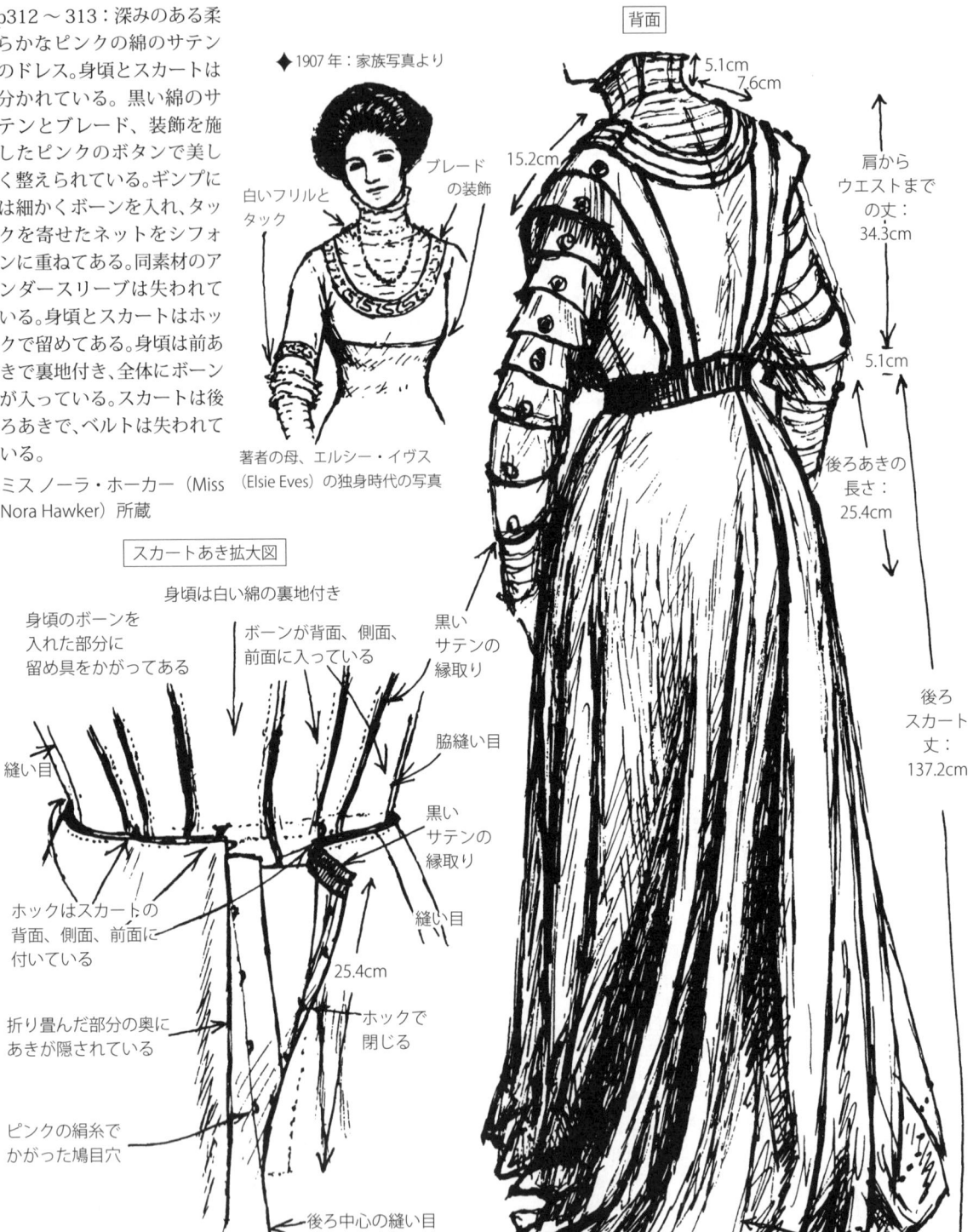

このドレスは、ミス ノーラ・ホーカー（Miss Nora Hawker）の母が1908年7月の園遊会で着たもので、その年の後半に本人が亡くなった後、数多くの遺品と共に保管されていた。おそらくバーミンガム（Birmingham）のフォードレッド（Fordred）にあるモーズ・アンド・ローブス（Modes & Robes）で作られたものであることが、青紫色のディナー・ドレス（p322〜323）とよく似たスカート背面のプリーツの形や、裾に付けたフレンチ・ノット・ステッチから推測される。

◆ ピンクの綿のサテンのドレス

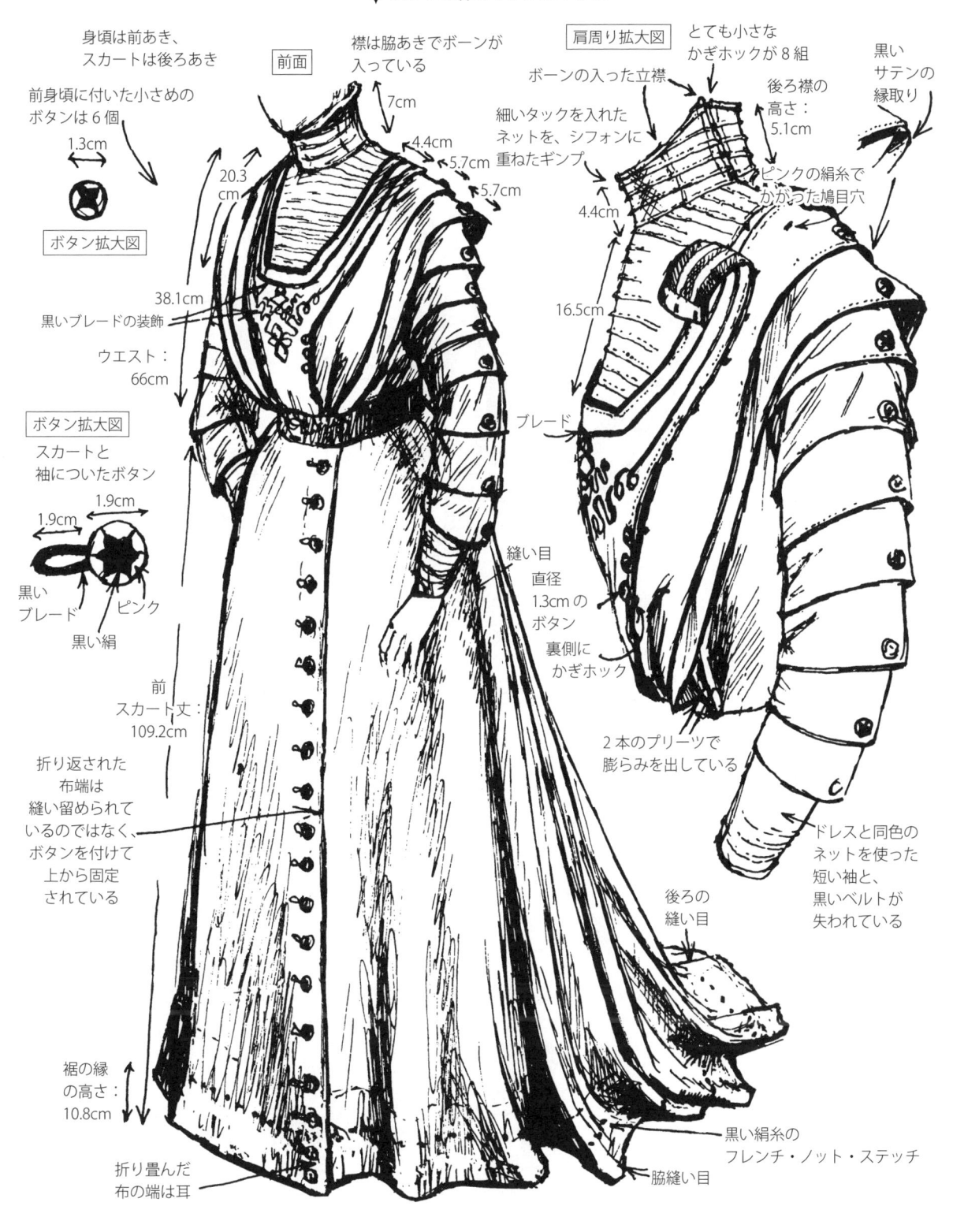

前面

身頃は前あき、スカートは後ろあき

前身頃に付いた小さめのボタンは6個

1.3cm

ボタン拡大図

襟は脇あきでボーンが入っている

7cm

4.4cm
5.7cm
5.7cm

20.3cm

38.1cm

黒いブレードの装飾

ウエスト：66cm

ボタン拡大図

スカートと袖についたボタン

1.9cm × 1.9cm

黒いブレード
ピンク
黒い絹

前スカート丈：109.2cm

折り返された布端は縫い留められているのではなく、ボタンを付けて上から固定されている

裾の縁の高さ：10.8cm

折り畳んだ布の端は耳

肩周り拡大図

とても小さなかぎホックが8組

ボーンの入った立襟

後ろ襟の高さ：5.1cm

黒いサテンの縁取り

細いタックを入れたネットを、シフォンに重ねたギンプ

4.4cm

ピンクの絹糸でかがった鳩目穴

16.5cm

ブレード

縫い目直径1.3cmのボタン 裏側にかぎホック

2本のプリーツで膨らみを出している

後ろの縫い目

ドレスと同色のネットを使った短い袖と、黒いベルトが失われている

黒い絹糸のフレンチ・ノット・ステッチ

脇縫い目

生地を折り畳み、ボタンを付けたスカート前面の装飾は中心から少しずれた位置にあり、この部分の下には縫い目が隠れている。この頃のドレスのスカートには、こういった装飾や刺繍がよく使われた。

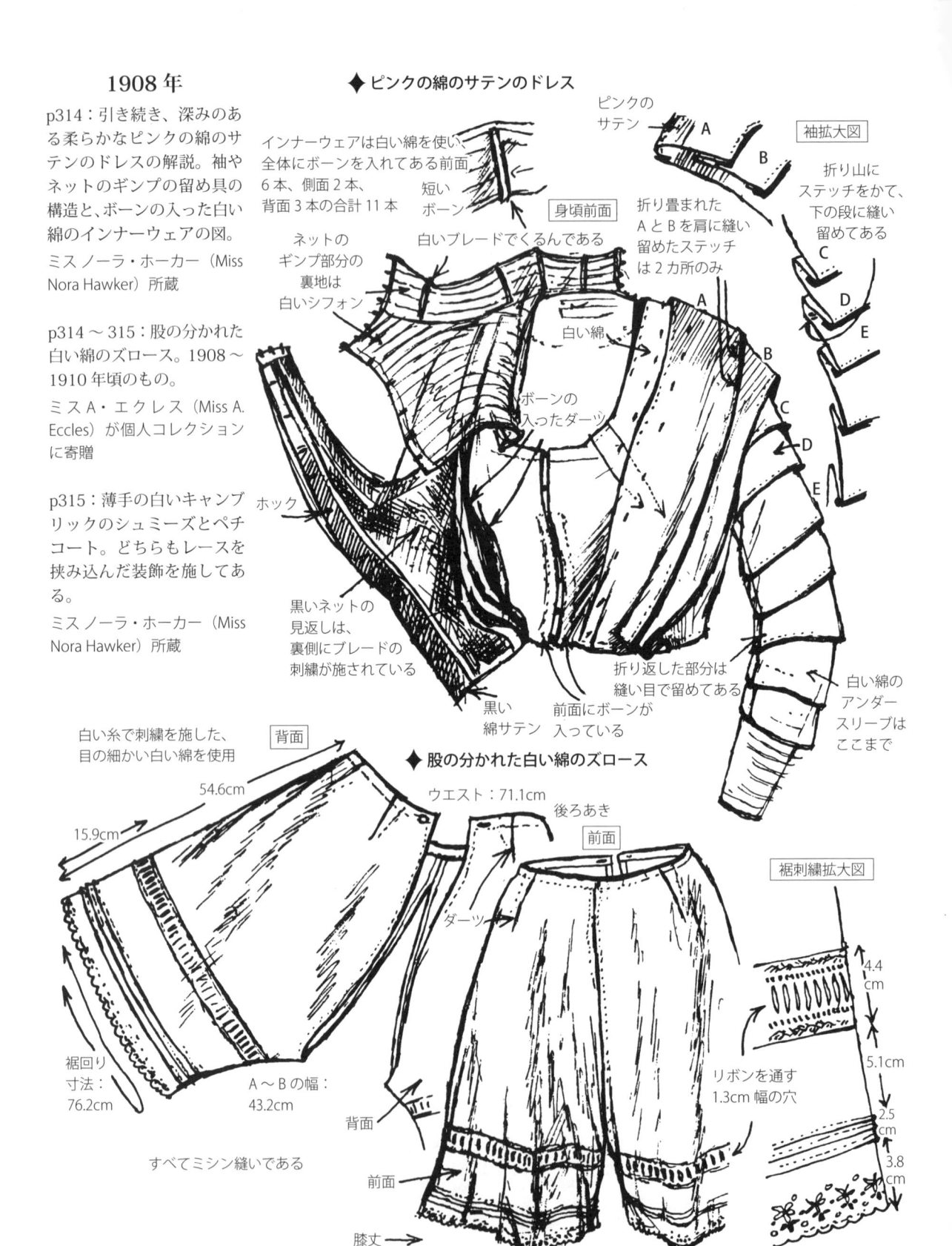

1908年

p314：引き続き、深みのある柔らかなピンクの綿のサテンのドレスの解説。袖やネットのギンプの留め具の構造と、ボーンの入った白い綿のインナーウェアの図。
ミス ノーラ・ホーカー（Miss Nora Hawker）所蔵

p314〜315：股の分かれた白い綿のズロース。1908〜1910年頃のもの。
ミス A・エクレス（Miss A. Eccles）が個人コレクションに寄贈

p315：薄手の白いキャンブリックのシュミーズとペチコート。どちらもレースを挟み込んだ装飾を施してある。
ミス ノーラ・ホーカー（Miss Nora Hawker）所蔵

◆ ピンクの綿のサテンのドレス

- ピンクのサテン
- 袖拡大図
- インナーウェアは白い綿を使い、全体にボーンを入れてある前面6本、側面2本、背面3本の合計11本
- 短いボーン
- 身頃前面
- 折り畳まれたAとBを肩に縫い留めたステッチは2カ所のみ
- 折り山にステッチをかけて、下の段に縫い留めてある
- 白いブレードでくるんである
- ネットのギンプ部分の裏地は白いシフォン
- 白い綿
- ボーンの入ったダーツ
- ホック
- 黒いネットの見返しは、裏側にブレードの刺繍が施されている
- 黒い綿サテン
- 折り返した部分は縫い目で留めてある
- 前面にボーンが入っている
- 白い綿のアンダースリーブはここまで

◆ 股の分かれた白い綿のズロース

- 背面
- 白い糸で刺繍を施した、目の細かい白い綿を使用
- 54.6cm
- 15.9cm
- ウエスト：71.1cm
- 後ろあき
- 前面
- ダーツ
- 裾刺繍拡大図
- 裾回り寸法：76.2cm
- A〜Bの幅：43.2cm
- すべてミシン縫いである
- 背面
- 前面
- 膝丈
- リボンを通す1.3cm幅の穴
- 4.4cm
- 5.1cm
- 2.5cm
- 3.8cm

ピンクの綿のサテンのドレスのあきの入り方は、エドワード時代に見られるドレスのあきの様子の好例である。ドレスのあきは整然とボーンが並ぶギンプの後ろ脇から始まり、ウエストに沿って左脇、前、右脇を通って、そのままスカートの後ろ中心のあきにつながっている。

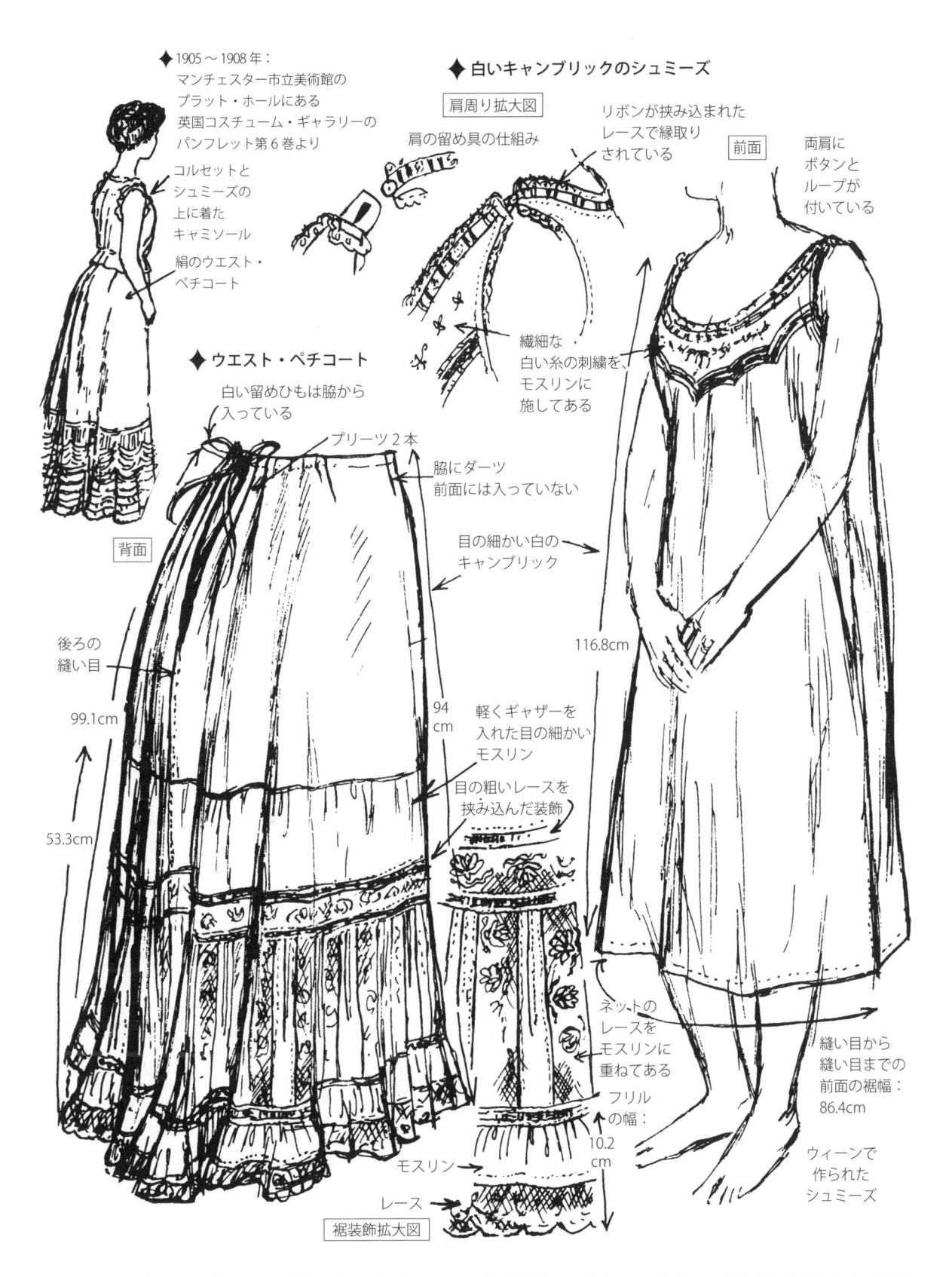

◆ 1905～1908年：
マンチェスター市立美術館の
プラット・ホールにある
英国コスチューム・ギャラリーの
パンフレット第6巻より

コルセットとシュミーズの上に着たキャミソール

絹のウエスト・ペチコート

◆ 白いキャンブリックのシュミーズ

肩周り拡大図
肩の留め具の仕組み

リボンが挟み込まれたレースで縁取りされている

前面

両肩にボタンとループが付いている

繊細な白い糸の刺繍を、モスリンに施してある

◆ ウエスト・ペチコート

白い留めひもは脇から入っている

プリーツ2本

脇にダーツ
前面には入っていない

目の細かい白のキャンブリック

背面

後ろの縫い目

99.1cm

53.3cm

94cm

軽くギャザーを入れた目の細かいモスリン

目の粗いレースを挟み込んだ装飾

116.8cm

ネットのレースをモスリンに重ねてある

フリルの幅：10.2cm

モスリン
レース

裾装飾拡大図

縫い目から縫い目までの前面の裾幅：86.4cm

ウィーンで作られたシュミーズ

この頃の股の分かれたズロースは膝丈になっており、レースの装飾が付いたペチコートと共に1910年には使われなくなる。
白いキャンブリックのシュミーズは、フランク・ホーカー（Frank Hawker）が妻のためにウィーン（Vienna）で買ったものだが、早すぎる死のために、妻が身に着けることはなかった。

1907〜1908年

p316〜317：クリーム色のサテンのイブニング・ドレス。スミレの花枝柄が自然な色づかいでプリントされており、身頃と袖、スカートには銀のビーズで豪華な刺繍をあしらった装飾が入っている。ドレープの入った身頃は、後ろ脇と後ろ中心にあきがある。身頃のインナーウェアはボーン入りで、白い綿のサテンを使い、ネックラインからヒップまで届くロング丈。

ミセス H・マクスウェル（Mrs H. Maxwell）の母が着用したもので、夫人がスノースヒル・コレクション（Snowshill Collection）に寄贈

◆1908年：家族写真より

ドレスが仕立て直される前の様子

ミセス H・マクスウェル（Mrs H. Maxwell）の母

◆クリーム色のサテンのイブニング・ドレス

前面

前身頃のビーズ装飾とドレープは仕立て直されている

ウエスト：61cm

ビーズのフリンジ

前スカート丈：114.3cm

縫い目

身頃前面拡大図

仕立て直された身頃の前面

刺繍拡大図

銀メッキを施した長いビーズが2列と、ネットに丸いビーズが2列、刺繍されている

丸いビーズ

ビーズとドレープで装飾された前身頃

銀メッキを施したガラスビーズのフリンジ

縫い目

中央はビーズが盛り上がっている

1908年に撮影された写真には、このとても優雅なドレスを着たミセス H・マクスウェル（Mrs H. Maxwell）の母が写っている。ネックラインをビーズで飾り、身頃にゆったりとドレープを入れたこのドレスは、のちに、より体に沿ったシルエットに仕立て直された。

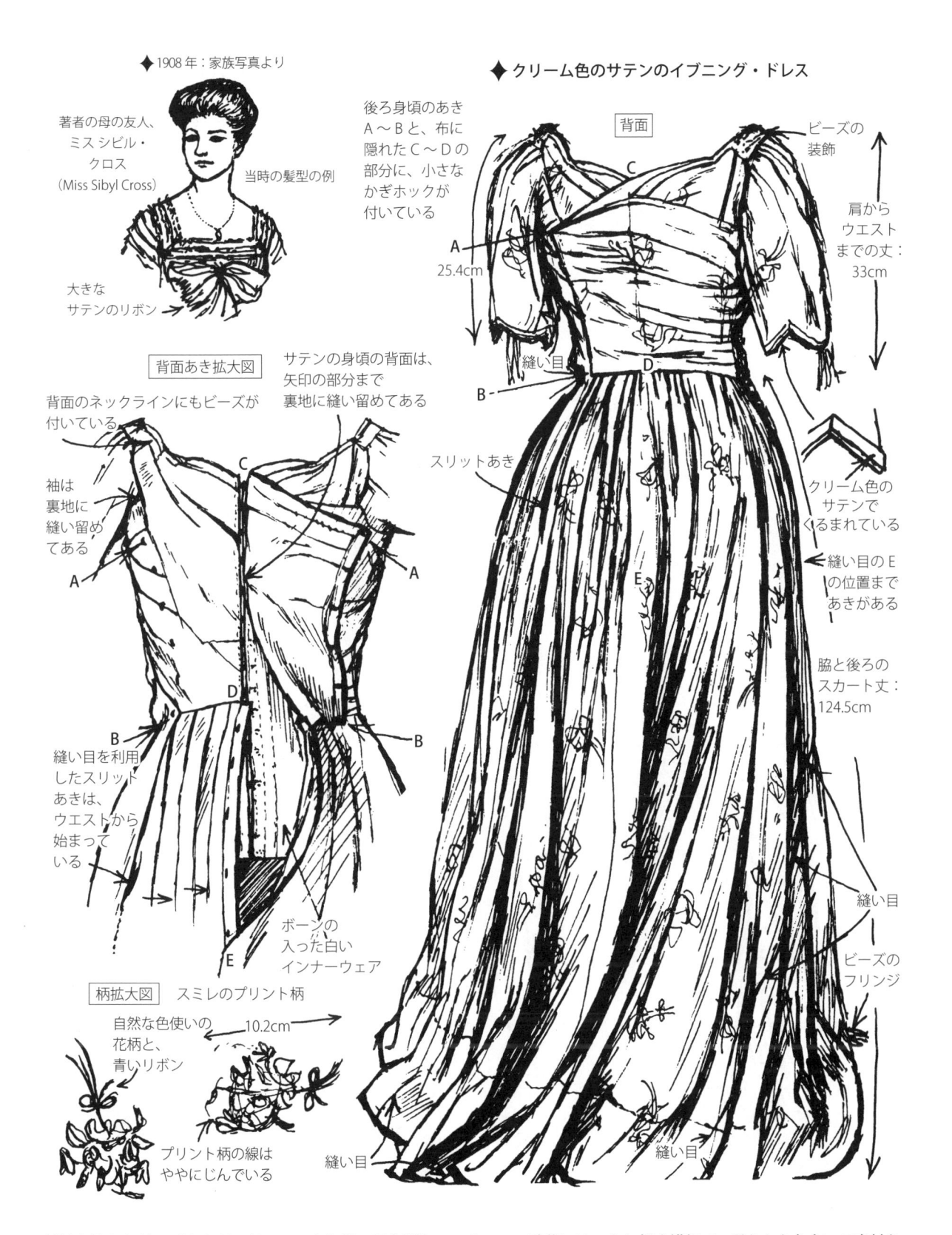

◆ 1908年：家族写真より

著者の母の友人、
ミス シビル・クロス
(Miss Sibyl Cross)

当時の髪型の例

大きなサテンのリボン

◆ クリーム色のサテンのイブニング・ドレス

背面

後ろ身頃のあきA〜Bと、布に隠れたC〜Dの部分に、小さなかぎホックが付いている

ビーズの装飾

肩からウエストまでの丈：33cm

A 25.4cm

縫い目

D
B

クリーム色のサテンでくるまれている

縫い目のEの位置まであきがある

脇と後ろのスカート丈：124.5cm

縫い目

ビーズのフリンジ

縫い目

背面あき拡大図

背面のネックラインにもビーズが付いている

サテンの身頃の背面は、矢印の部分まで裏地に縫い留めてある

袖は裏地に縫い留めてある

スリットあき

縫い目を利用したスリットあきは、ウエストから始まっている

ボーンの入った白いインナーウェア

柄拡大図　スミレのプリント柄

自然な色使いの花柄と、青いリボン

← 10.2cm →

プリント柄の線はややにじんでいる

刺繍を施した長いパネルが、ドレスの主な縫い目を隠している。この時代には、より軽く繊細で、柔らかな色合いの素材を使った、切り替えのない1枚の生地からドレスを作れるようになった。しかし、実際にはスカートをはじめドレス全体が、ボーン入りで丈の長い身頃の裏地に「ぶら下がった」状態である。身頃のインナーウェアはほぼコルセットのような役割を果たし、ヒップに届く丈になっている。

1907〜1908年

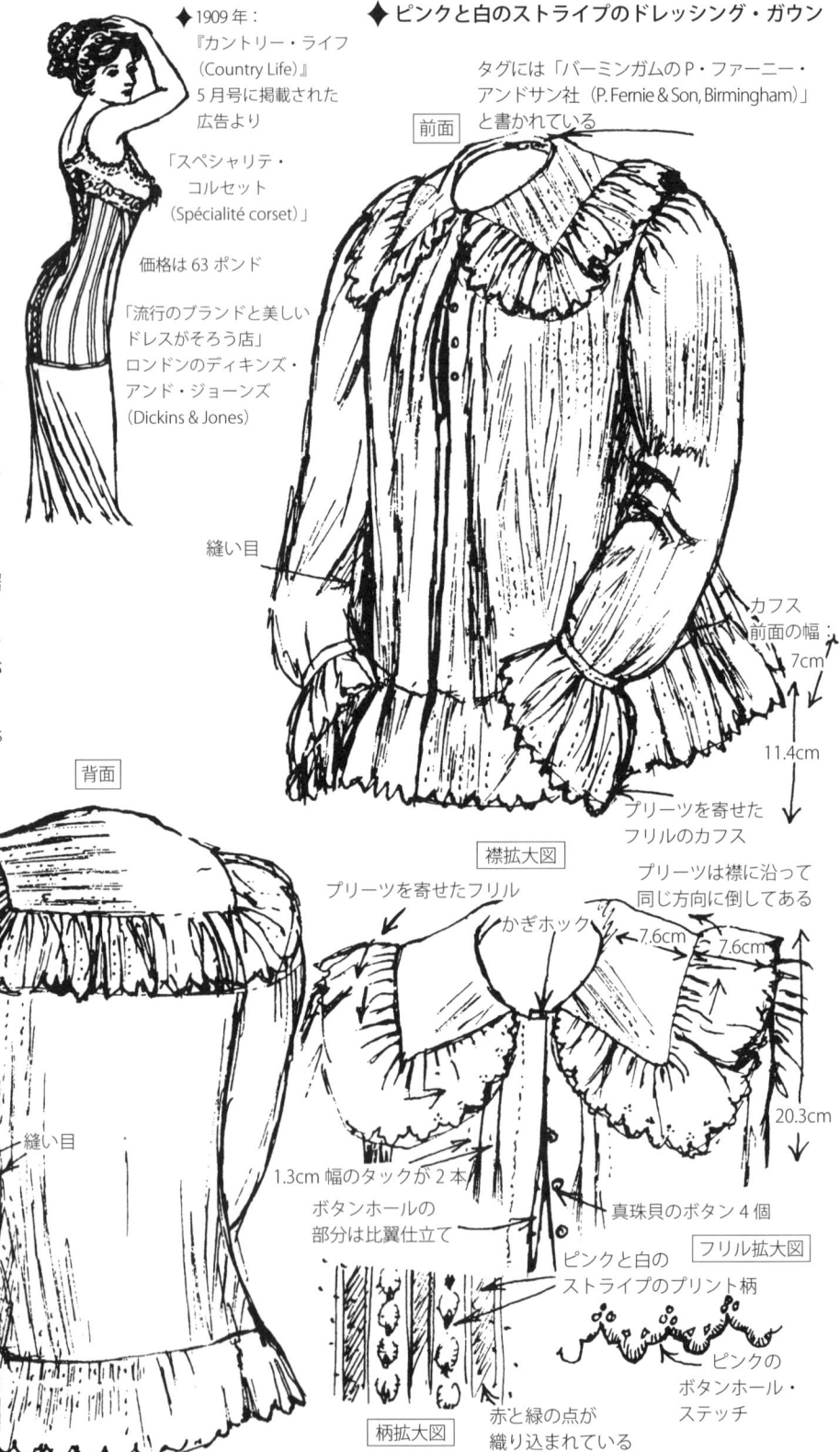

p318：1900〜1907年のピンクと白のストライプのドレッシング・ガウン。薄い羊毛の毛織物を使用している。(Mrs A. McKewan)が着用したもの。
ミス ノーラ・ホーカー（Miss Nora Hawker）所蔵

p318：p316〜317で紹介した、クリーム色のサテンのイブニング・ドレスの、インナーウェア付きのボーンの入った白い身頃と、かぎホックの付いたあきの図。
スノースヒル・コレクション（Snowshill Collection）

p319：白いキャンブリックのニッカーズ。脇あきで裾にフリルが付き、縫い目はとても細かい。ミセス N・J・ホーカー（N. J. Hawker）が着用したもの。
ミス ノーラ・ホーカー（Miss Nora Hawker）所蔵

◆ 1909年：『カントリー・ライフ（Country Life）』5月号に掲載された広告より
「スペシャリテ・コルセット（Spécialité corset）」
価格は 63 ポンド
「流行のブランドと美しいドレスがそろう店」ロンドンのディキンズ・アンド・ジョーンズ（Dickins & Jones）

◆ ピンクと白のストライプのドレッシング・ガウン

タグには「バーミンガムのP・ファーニー・アンドサン社（P. Fernie & Son, Birmingham）」と書かれている

前面

カフス前面の幅 7cm
11.4cm
プリーツを寄せたフリルのカフス
プリーツは襟に沿って同じ方向に倒してある
7.6cm　7.6cm
20.3cm

背面
19.1cm
62.2cm
縫い目
10.8cm

襟拡大図
プリーツを寄せたフリル
かぎホック
1.3cm 幅のタックが 2 本
ボタンホールの部分は比翼仕立て
真珠貝のボタン 4 個
ピンクと白のストライプのプリント柄
赤と緑の点が織り込まれている
柄拡大図

フリル拡大図
ピンクのボタンホール・ステッチ

1909年から1916年にかけて、ドレスのウエストから上の部分には裏側にボーンを入れ、コルセットにはバストの下からももの中央辺りまで長いボーンを入れて（p355左下の絵を参照）、それまでより低い位置の形を整えるようになった。着心地の悪さや、座ったりくつろいだりすることの難しさは計り知れない。

◆ クリーム色のサテンのイブニング・ドレス

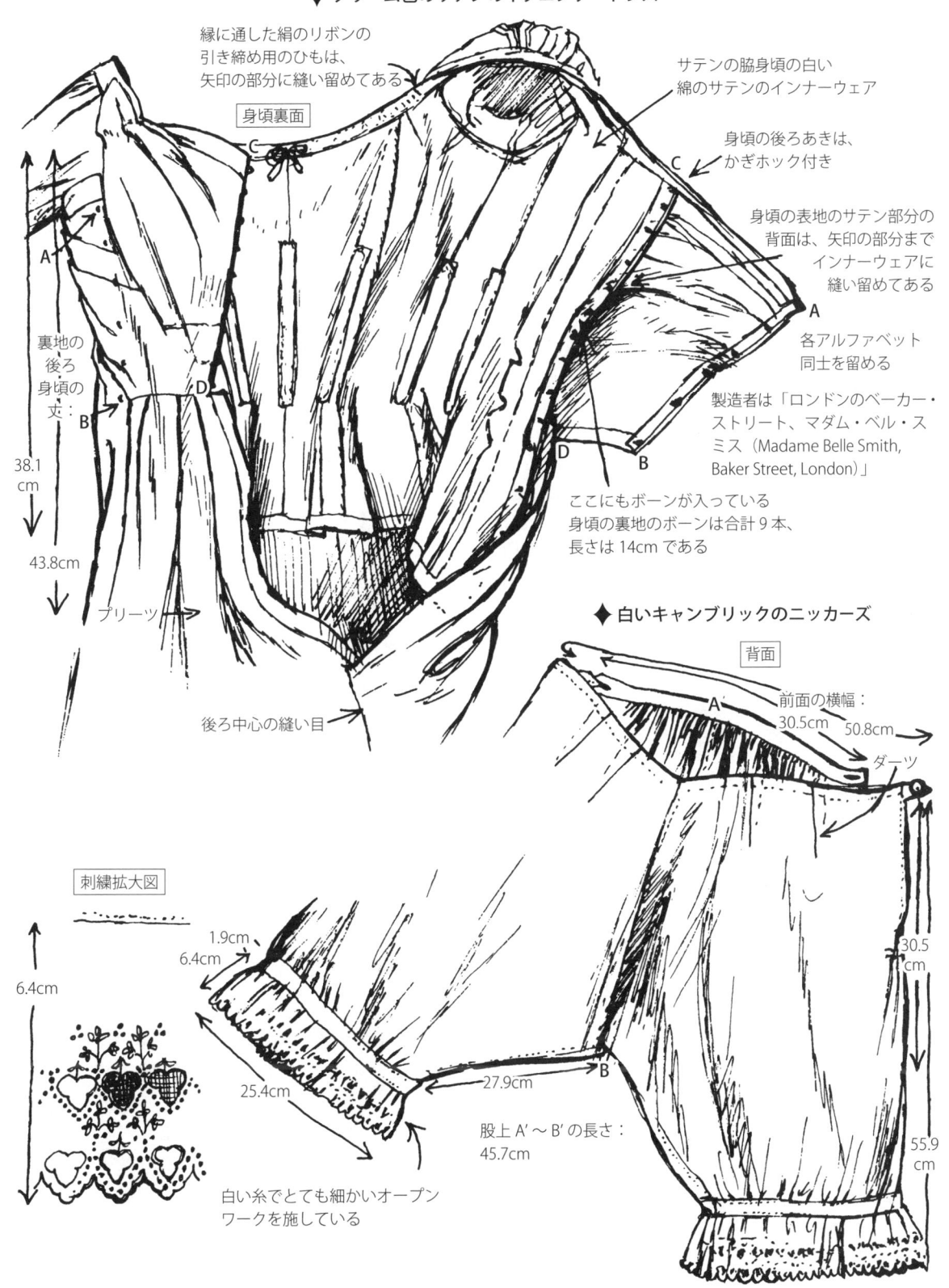

縁に通した絹のリボンの引き締め用のひもは、矢印の部分に縫い留めてある

身頃裏面

サテンの脇身頃の白い綿のサテンのインナーウェア

身頃の後ろあきは、かぎホック付き

身頃の表地のサテン部分の背面は、矢印の部分までインナーウェアに縫い留めてある

各アルファベット同士を留める

製造者は「ロンドンのベーカー・ストリート、マダム・ベル・スミス（Madame Belle Smith, Baker Street, London）」

裏地の後ろ身頃の丈：
38.1cm
43.8cm

ここにもボーンが入っている
身頃の裏地のボーンは合計9本、長さは14cmである

プリーツ

後ろ中心の縫い目

◆ 白いキャンブリックのニッカーズ

背面

前面の横幅：30.5cm　50.8cm

ダーツ

30.5cm

刺繍拡大図

6.4cm

1.9cm
6.4cm
25.4cm
27.9cm

股上 A'～B' の長さ：45.7cm

白い糸でとても細かいオープンワークを施している

55.9cm

女性たちが、機会さえあればネグリジェ（p324～325）やマント、ドレッシング・ガウンを好んだのも無理はない。ここに紹介したような脇あきのニッカーズは腰のラインが滑らかになるため、この頃にはズロースに取って代わる存在となった。

1908年

◆ 青紫色の絹のクレープ・デ・シンを使ったディナー・ドレス

p320～321：柔らかな青紫色の絹のクレープ・デ・シンを使ったディナー・ドレス。体を包み込むようなハイ・ウエストの身頃で、袖はぴったりとしている。後ろあきで、表地はボーン入りのロング丈のインナーウェアに縫い留めてあり、ライラック色（明るい紫色）のサテンのアンダースカートはウエストで縫い留めてある。スカートの裾の縁にはパッド入り。

バーミンガム（Birmingham）のハンズワース・ウッド（Handsworth Wood）に住むミセス ノーラ・ジェーン・ホーカー（Mrs Nora Jane Hawker）が着用し、ミス ノーラ・ホーカー（Miss Nora Hawker）が保存

肩周り拡大図

クレープ・デ・シンの短い袖はドレスと同色

前身頃

側面

短い袖、細い袖どちらも、透けるほどに薄い上質な絹の裏地が付いている

タック拡大図

透けるほど薄い青い絹の袖にギャザーを寄せ、白い絹のアンダースリーブに縫い留めてある

ひだを寄せたタックが5本

刺繍拡大図

銀メッキを施した糸

金糸

3.8cm

目の粗いネットにブレードの刺繍を施したもの

青と銀の糸

フリンジ拡大図

銀糸のボール・フリンジ

こちらは青い絹糸

オーバースカート前面拡大図

青い絹糸の大きなフレンチ・ノット・ステッチ

パッド入りの縁

7.6cm

20.3cm

35.6cm

20.3cm

ウエスト：66cm

薄手の青い絹

クレープ・デ・シン

139.7cm

114.3cm

7.6cm

1908年12月13日、ミセス ノーラ・ジェーン・ホーカー（Mrs Nora Jane Hawker）はこの魅力的なドレスを着て、夫のフランク・ホーカー氏（Frank Hawker、MBE*の受勲者(じゅくん)）と共に会食に出かけた。これは夫人が生涯で最後に身に着けたイブニング・ドレスとなり、夫人の死後は夫が、のちに娘が保管し、現在は筆者が借り受けている。

＊：MBE（Member of the Order of the British Empire） 第5位の大英帝国勲章。

◆ 青紫色の絹のクレープ・デ・シンを使ったディナー・ドレス

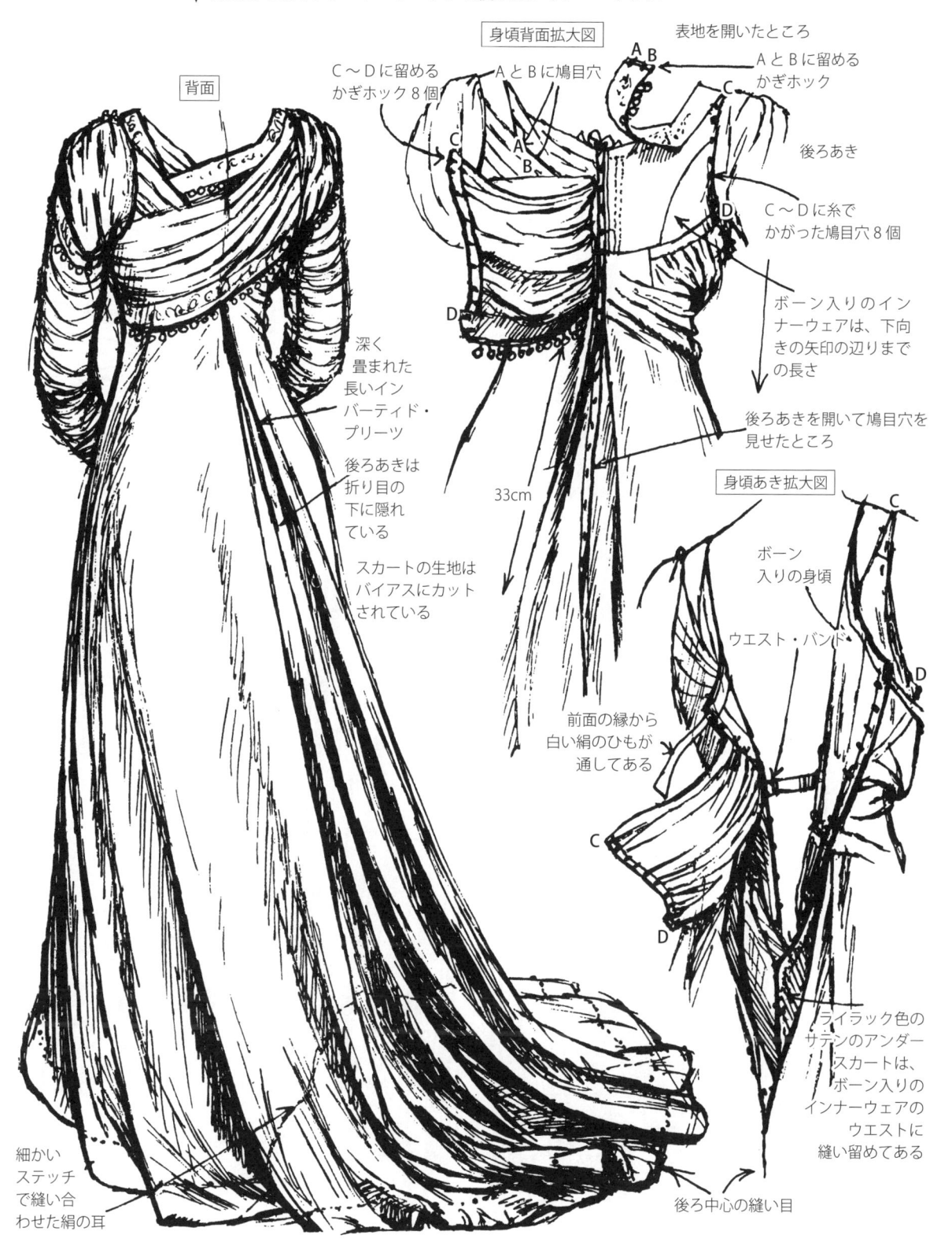

[背面]

[身頃背面拡大図]

表地を開いたところ

C〜Dに留める
かぎホック8個

AとBに鳩目穴

AとBに留める
かぎホック

後ろあき

C〜Dに糸で
かがった鳩目穴8個

ボーン入りのイン
ナーウェアは、下向
きの矢印の辺りまで
の長さ

深く
畳まれた
長いイン
バーティド・
プリーツ

後ろあきは
折り目の
下に隠れ
ている

スカートの生地は
バイアスにカット
されている

後ろあきを開いて鳩目穴を
見せたところ

33cm

[身頃あき拡大図]

ボーン
入りの身頃

ウエスト・バンド

前面の縁から
白い絹のひもが
通してある

ライラック色の
サテンのアンダー
スカートは、
ボーン入りの
インナーウェアの
ウエストに
縫い留めてある

後ろ中心の縫い目

細かい
ステッチ
で縫い合
わせた絹の耳

このドレスは、当時新たに登場した、ウエストの位置が高く細身の「エンパイア・ライン」と呼ばれる形の非常に良い例で、細い袖や刺繍の装飾、ボール・フリンジは1908年と1909年にとても好まれたデザインである。1909〜1910年には、スカートの背面からプリーツや膨らみが消える（ボール・フリンジについてはp380〜381の、1814年のドレスも参照）。

1908年　　◆青紫色の絹のクレープ・デ・シンを使ったディナー・ドレス

p322～323：引き続き、柔らかな青紫色の絹のクレープ・デ・シンを使ったディナー・ドレスの解説。このドレスの表地は、切り替えのない1枚の生地で作られ、ボーン入りで体に沿った丈の長いインナーウェアに縫い留めてある。身頃の表地はハイウエストであるが、ライラック色（明るい紫色）のサテンのアンダースカートは、通常のウエストの位置に縫い留めてある。

ミス ノーラ・ホーカー（Miss Nora Hawker）所蔵

p323：ピンクのアルパカのペチコート。裾の縁には詰め物入り。

ミセス M・S・マラム（Mrs M. S. Mallam）所蔵

前面

前中心

身頃前面拡大図

とても細いタックの入った青い絹

前中心

35.6cm

20.3cm

ボール・フリンジとタッセル

7本のタッセル

ハイ・ウエストの部分から計った前スカート丈：114.3cm

スカート裾拡大図

ドレス前面の開いた部分は、膝あたり（E）と裾の縁（F）の部分に付けた絹糸で留めてある

スカート前面の表地を持ち上げたところ

20.3cm

前面のパネルはライラック色のアンダースカートに縫い留めてあり、アンダースカートの裾にはタックとフリルが付いている

両側に5本ずつのタッセルが付いている

裾回り寸法：538.5cm

バーミンガム（Birmingham）のフォードレッド（Fordred）にあるモーズ・アンド・ローブス（Modes & Robes）は、このような素晴らしいドレスを作ることができ、さぞ誇りに思ったであろう。上質で繊細な装飾をたっぷり使い、とても美しく仕上げてある。

◆ 青紫色の絹のクレープ・デ・シンを使ったディナー・ドレス

|レース拡大図|

黄色の細いリボンを通した白いレースが、インナーウェアのハイ・ウエストの位置に縫い留めてある

|裏面|

ボーン入りの身頃

目の細かい絹のアンダースリーブ

刺繍を施した帯状の飾り

A
B

かぎホック

白い絹のリボンを縁に通してある

絹でくるまれた防水素材のドレス保護パッド

身頃の縫い目には10.2cmの、ダーツには11.4cmのボーンが入っている

縫い目

ボーンは合計13本

白いレース

ループ状のテープが両側に1本ずつ付いている

◆ ピンクのアルパカのペチコート

|側面|

プリーツ

インナーウェアのウエストには、裾の縁の全周に幅20.3cmのフリルを付けた、ライラック色のサテンのアンダースカートが縫い留めてある

ウエスト・バンドには、かぎホック1組と製造者の名前が以下のように書かれている
「バーミンガム（Birmingham）のフォードレッド（Fordred）にある、モーズ・アンド・ローブス（Modes & Robes）」

94cm

25.4cm

101.6cm

|あき拡大図|

後ろ中心の縫い目にあきがある

25.4cm

このペチコートは、ドレスの下に着けたと思われる形である

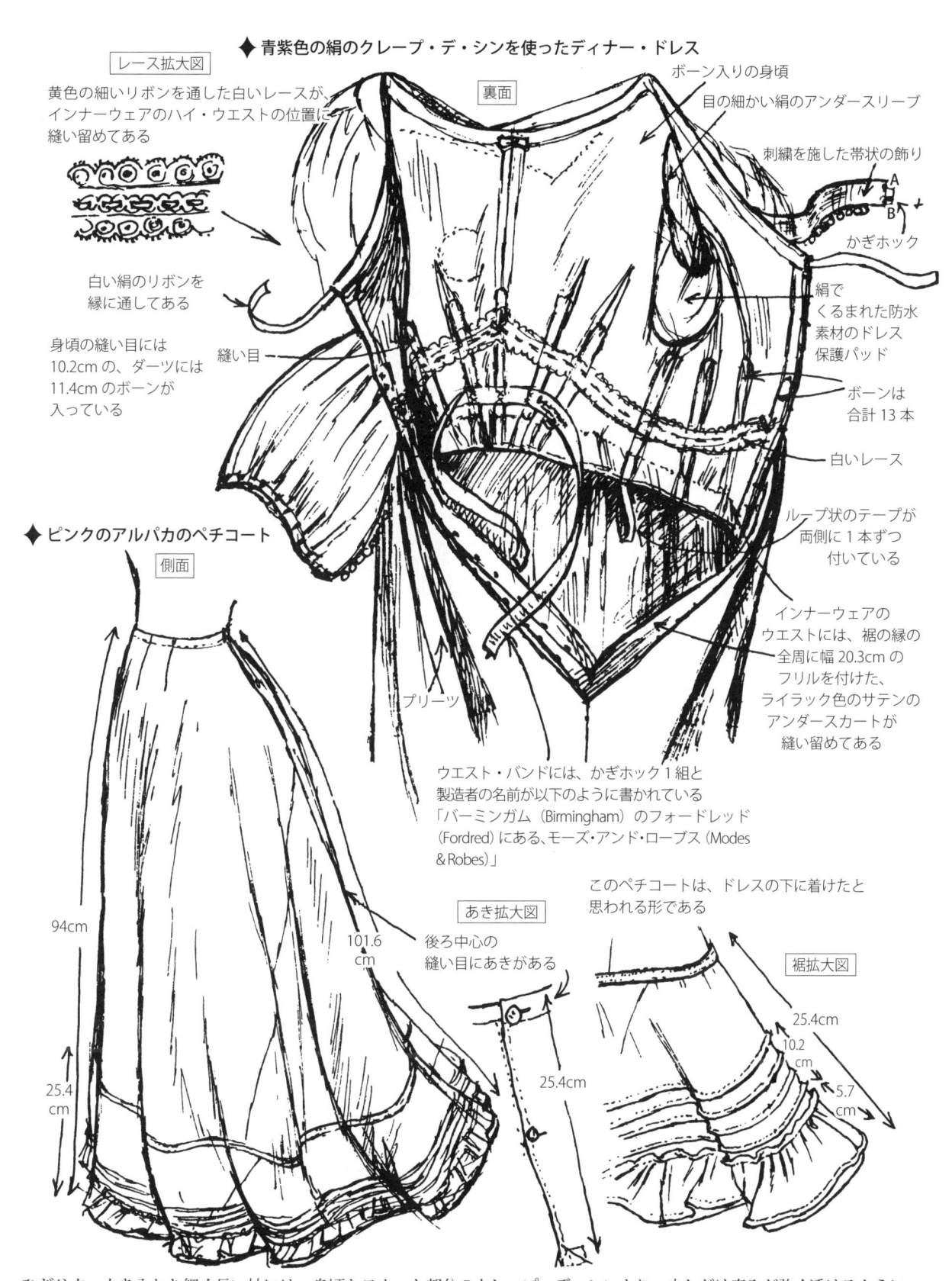

|裾拡大図|

25.4cm
10.2cm
5.7cm

ひだやタックを入れた細く長い袖には、身頃とスカート部分のクレープ・デ・シンより、少しだけ青みが強く透けるように薄い絹を使っている。身頃の中心からほんの少しだけずらした装飾やドレープが魅力的である。絹はすべてバイアスカットされている。ピンクのアルパカのペチコートは、この頃の典型的なデザインである。

1908 年頃

♦ 目の細かいクリーム色のネットを使ったネグリジェ

p324～325：とても目の細かいクリーム色のネットを使ったネグリジェ。高いウエストライン、身頃と袖に非常に細いタックを入れ、レースやフリルで装飾してある。襟元には、縁にレースを付けた三角形のネットのショールが付いており、肩の辺りにドレープを寄せて、前と後ろで留めてある。細く長い袖は、手首に小さな真珠貝のボタンが付いている。フリルや装飾に使われたレースは、上質なバッキンガムシャー・レースを使用。

チャスルトン・ハウス（Chastleton House）からスノースヒル・コレクション（Snowshill Collection）に貸与

[ショール拡大図]
前面のギャザー
留め部分

非常に目が細かく、透けるように薄いネットの縁にレースをあしらった三角形のショール

[側面]

前身頃丈：34.3cm
縫い目
17.8cm
4.4cm
ウエスト：66cm

とても細いタック5本
細いタック11本
8.9cm

ウエストから測った前スカート丈：114.3cm

♦ 1907年：『イラストレイテッド・ロンドン・ニュース（The Illustrated London News）』誌、6月号より

ヘイマーケット（Haymarket）劇場で上演された演劇「私の妻（My Wife）」でトリクシー（Trixie）役を演じた女優 ミス マリー・ローア（Miss Marie Lohr）

横に広がったヘアスタイル

後ろ中心の縫い目

透けるように薄く非常に目が細かいハチの巣状のネットを使っている

使われた素材も、細身の長い袖とスカートも共に素晴らしく、優雅で、透明感のあるドレス。1907年にはウエストラインが高くなり始め、この頃には身頃と袖の繊細なタックに加えてレースの装飾で縦の線を強調した、スリムなロングドレスの新しい形が生まれている。

◆ 目の細かいクリーム色のネットを使ったネグリジェ

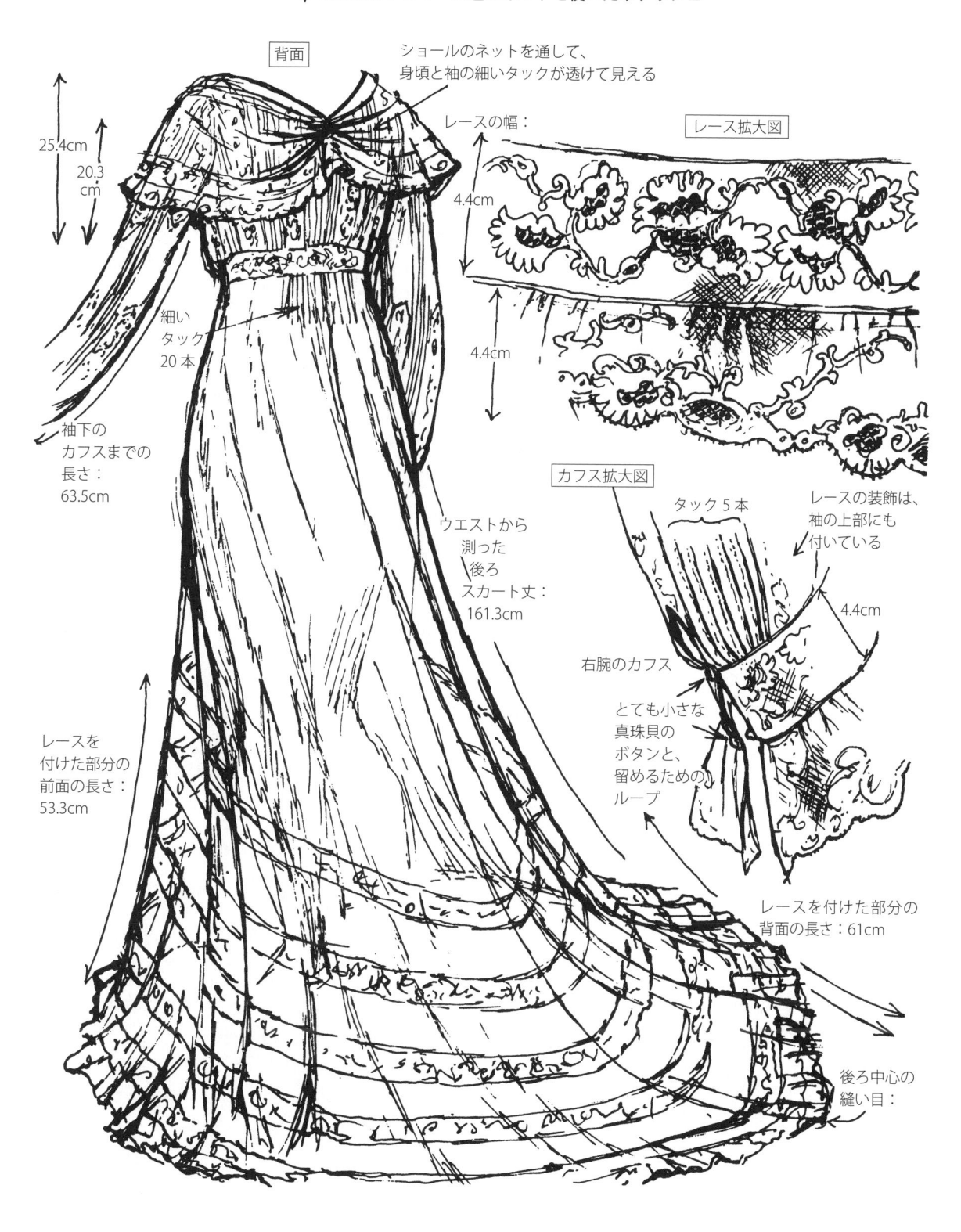

背面

ショールのネットを通して、身頃と袖の細いタックが透けて見える

レースの幅：4.4cm

レース拡大図

25.4cm
20.3cm

4.4cm

細いタック20本

袖下のカフスまでの長さ：63.5cm

ウエストから測った後ろスカート丈：161.3cm

カフス拡大図

タック5本

レースの装飾は、袖の上部にも付いている

4.4cm

右腕のカフス

とても小さな真珠貝のボタンと、留めるためのループ

レースを付けた部分の前面の長さ：53.3cm

レースを付けた部分の背面の長さ：61cm

後ろ中心の縫い目：

しかし、広がった裾を長く引くこの保守的なスタイルは、すぐに「時代遅れ」となる。この頃には、p324 左下の女性の図のような、幅の広い肩のラインを模した、横に広がった髪型も登場した。

1907年～1909年

p326：小さなイブニング・バッグと長いイブニング・グローブ。バッグはクリーム色のスエードと金メッキを施したフレームを使い、ブロンズのビーズで装飾してある。グローブはオレンジ色がかったピンクの子ヤギ革を使っている。
ミス ノーラ・ホーカー（Miss Nora Hawker）所蔵

p326：黒いレースの長いスカーフ。絹糸を使い、凝った花柄を機械で編んでいる。
ミセス J・S・フィソン（Mrs J. S. Fison）が個人コレクションに寄贈

p327：白いサテンの日傘。ガーゼのフリルとひだを寄せた白いリボンの装飾がされ、長い籐製の持ち手が付いている。
スノースヒル・コレクション（Snowshill Collection）

◆ 小さなイブニング・バッグ
クリーム色のスエードを使用
11.4cm
金メッキを施したフレーム
拡大図
11.4cm
16.5cm
とても小さなブロンズのビーズと白い糸の刺繍

◆ 1909年：『カントリー・ライフ（Country Life）誌、5月1日号より
帽子に付けたチュールのスカーフ
アンダースリーブとギンプは白いネット
アフタヌーン・ドレスと、モスリンに刺繍を施した長いスカーフ

◆ 長いイブニング・グローブ
◆ 1907年：『レディース・テーラー（The Ladies' Tailor）誌に掲載されたファッション・プレート
外出着
デイタイム・ドレス、長手袋、小さなハンドバッグの組み合わせ
上の1907年と1909年（右上の図）のウエストの位置とスカートの膨らみの違いに注目
共布の縁取り
ボタンは失われている
40.6cm
14cm
13.3cm
オレンジ色がかったピンクの子ヤギ革を使用、縫い糸も同じ色である

◆ 黒いレースの長いスカーフ
とても細かい機械編みの黒いレースを使っている
長さ：3m
拡大図
幅：41.9cm

イブニング・バッグとイブニング・グローブは、ミス ノーラ・ホーカー（Miss Nora Hawker）の母が1908年に亡くなる少し前に使っていたものである。これらは、豪華なレースや薄いガーゼを使ったスカーフ、凝った作りの日傘と同様、エドワード時代の女性にとって重要な装飾品だったが、大きな帽子や裾の長いドレスと共に、流行の中心から消えていく。

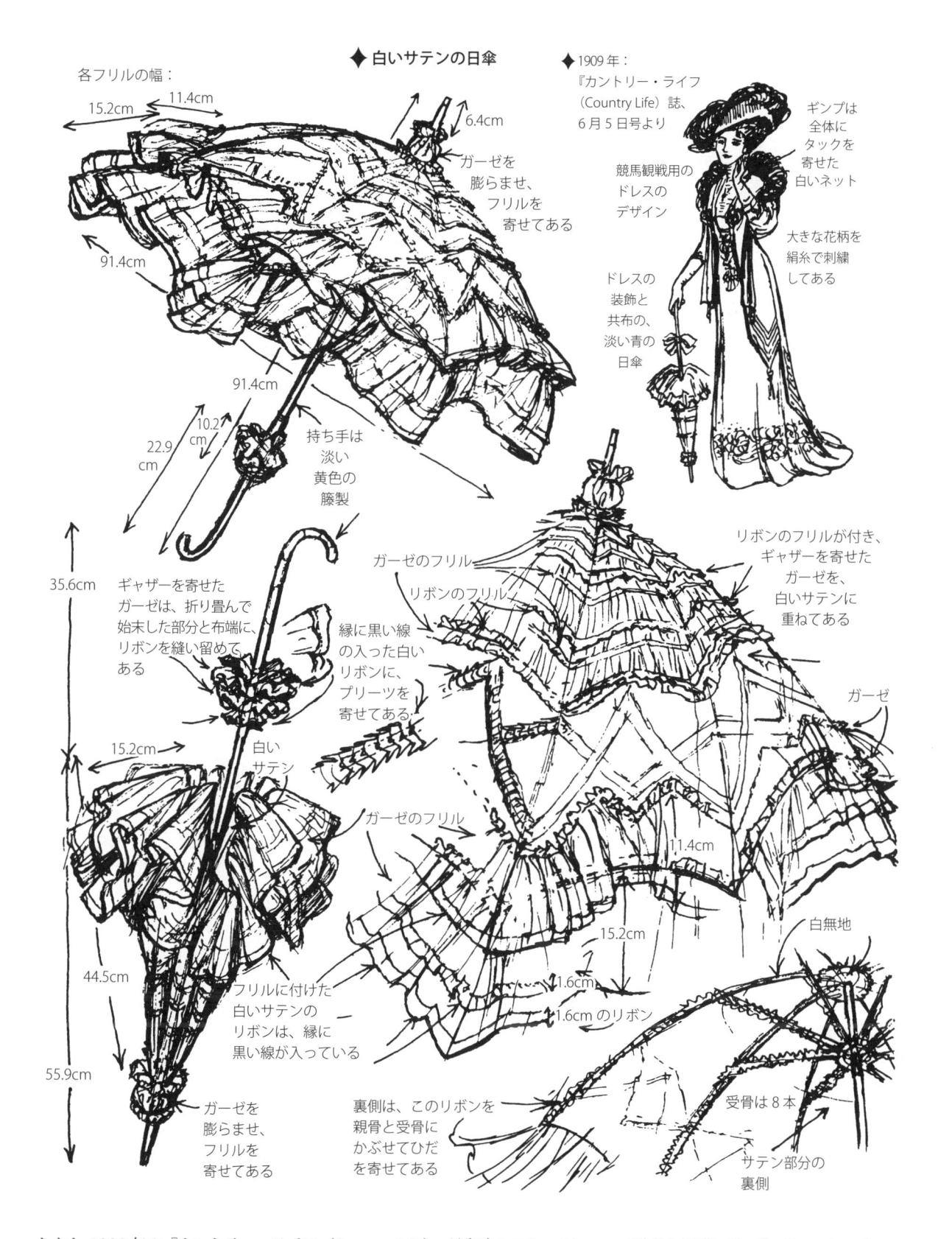

◆ 白いサテンの日傘

各フリルの幅：
15.2cm
11.4cm
6.4cm

ガーゼを膨らませ、フリルを寄せてある

◆ 1909年：『カントリー・ライフ（Country Life）誌、6月5日号より

競馬観戦用のドレスのデザイン

ギンプは全体にタックを寄せた白いネット

大きな花柄を絹糸で刺繍してある

ドレスの装飾と共布の、淡い青の日傘

91.4cm
91.4cm
10.2cm
22.9cm

持ち手は淡い黄色の籐製

35.6cm

ギャザーを寄せたガーゼは、折り畳んで始末した部分と布端に、リボンを縫い留めてある

15.2cm

ガーゼのフリル
リボンのフリル

縁に黒い線の入った白いリボンに、プリーツを寄せてある

白いサテン

リボンのフリルが付き、ギャザーを寄せたガーゼを、白いサテンに重ねてある

ガーゼ

ガーゼのフリル

11.4cm
15.2cm
1.6cm

白無地

44.5cm

フリルに付けた白いサテンのリボンは、縁に黒い線が入っている

1.6cmのリボン

55.9cm

ガーゼを膨らませ、フリルを寄せてある

裏側は、このリボンを親骨と受骨にかぶせてひだを寄せてある

受骨は8本

サテン部分の裏側

しかし1909年の『カントリー・ライフ（Country Life）』が当時のスカーフについて論じた記事には、「こういったスカーフなどは、今シーズン流行の品のひとつである」と書かれている。

1908年頃

p328：生地にレースを挟み込んだ、ロング丈のコンビネーション。タック、刺繍、レースの挟み込みで装飾されている。股の分かれた横幅の広い裾はレース付きで、ふくらはぎ丈。背面のあき部分には小さな真珠貝のボタンが付いている。すべて丁寧な手縫い仕上げ。

個人コレクション

1904〜1907年

p329：青と白のダマスク織りの綿を使った、前面が平らなコルセット。全体にボーンが入っている。

p329：1904年に作られた、青いサテンの幅広リボンを使ったコルセット。

スノースヒル・コレクション (Snowshill Collection)

◆ レースを挟み込んだ、ロング丈のコンビネーション

背面あき拡大図

繊細な白いレース
細かいファゴティング
小さな真珠貝のボタン 1cm

背面

10.2cm

背面には3本の細いタックが入っている

6.4cm
8.9cm
5.1cm

前面

20.3cm

バスト：81.3cm
ウエスト：72.4cm
ヒップ：96.5cm

小さな赤い文字で製造者の名前の入ったタグ「オックスフォード・アンダークロージング (Oxford Underclothing)、ホロクシーズ (Horrockses) の反物を使用」を裏側に縫い留めてある

45.7cm

5.1cm
26.7cm
3.8cm

109.2cm

裾回り寸法：106.7cm

すべて非常に細かな手縫い仕上げ

胸元装飾拡大図

6.4cm

レースとキャンブリックが交互に使われている

2.5cm幅の部分に入れた細いタックは前中心に向かって倒されている

3.2cm幅

リボンを通すスリット

刺繍拡大図

5.7cm

中央の刺繍の部分

目の細かいキャンブリックに少しギャザーを寄せている

1908年頃のドレスとアンダーウェアは、レースを縫い込み、フリルやタックを寄せ、非常に優雅で手の込んだ仕上がりである。ウエストラインは高く、まるでドレスのように膝から下にたくさんの装飾が付いている。このような、裾が広く股の分かれたデザインは、この後2年ほど使われた。

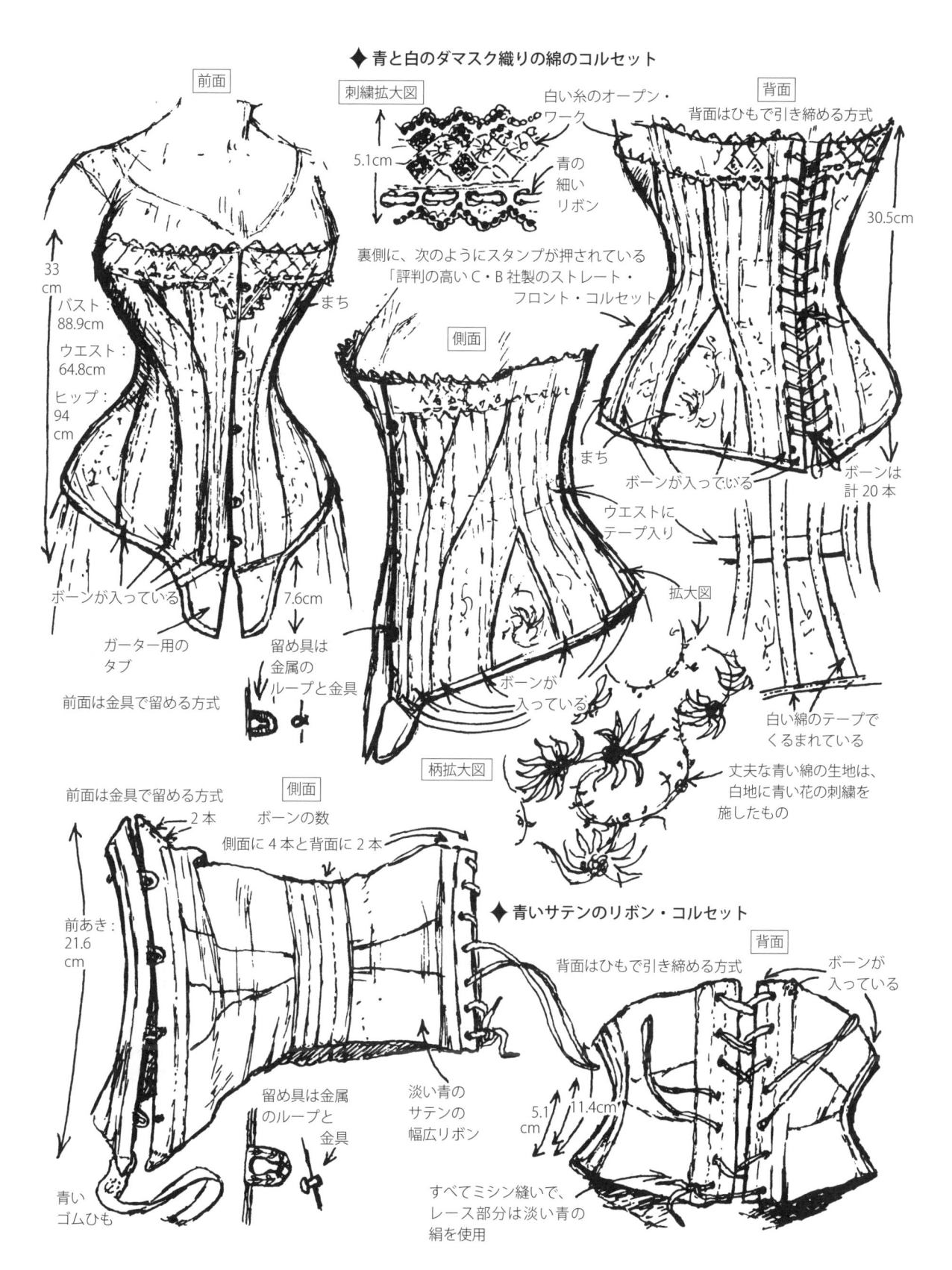

◆ 青と白のダマスク織りの綿のコルセット

【前面】

【刺繍拡大図】
5.1cm
白い糸のオープン・ワーク
青の細いリボン

【背面】
背面はひもで引き締める方式
30.5cm
ボーンは計20本

33cm
バスト：88.9cm
ウエスト：64.8cm
ヒップ：94cm

ボーンが入っている
ガーター用のタブ
前面は金具で留める方式
7.6cm
留め具は金属のループと金具

裏側に、次のようにスタンプが押されている
「評判の高いC・B社製のストレート・フロント・コルセット」

【側面】
まち
ボーンが入っている
ウエストにテープ入り

拡大図
白い綿のテープでくるまれている

【柄拡大図】
丈夫な青い綿の生地は、白地に青い花の刺繍を施したもの

◆ 青いサテンのリボン・コルセット

【側面】
前面は金具で留める方式
2本
ボーンの数 側面に4本と背面に2本
前あき：21.6cm
留め具は金属のループと金具
青いゴムひも
淡い青のサテンの幅広リボン

【背面】
背面はひもで引き締める方式
ボーンが入っている
5.1cm 11.4cm
すべてミシン縫いで、レース部分は淡い青の絹を使用

青と白のダマスク織り綿のコルセットは、ミス ノーラ・ホーカー（Miss Nora Hawker）の母が1904～1907年に使ったもの。ボーンやまちを使ってウエストを細く見せ、胸や腰に向けて豊かなカーブを描く魅力的な体形を作りだしている。リボン・コルセットは、スポーツをする際やネグリジェを着る時に使われた。

1909年頃 ◆生成りの絹に、深い青のサテンとレースで装飾したドレス

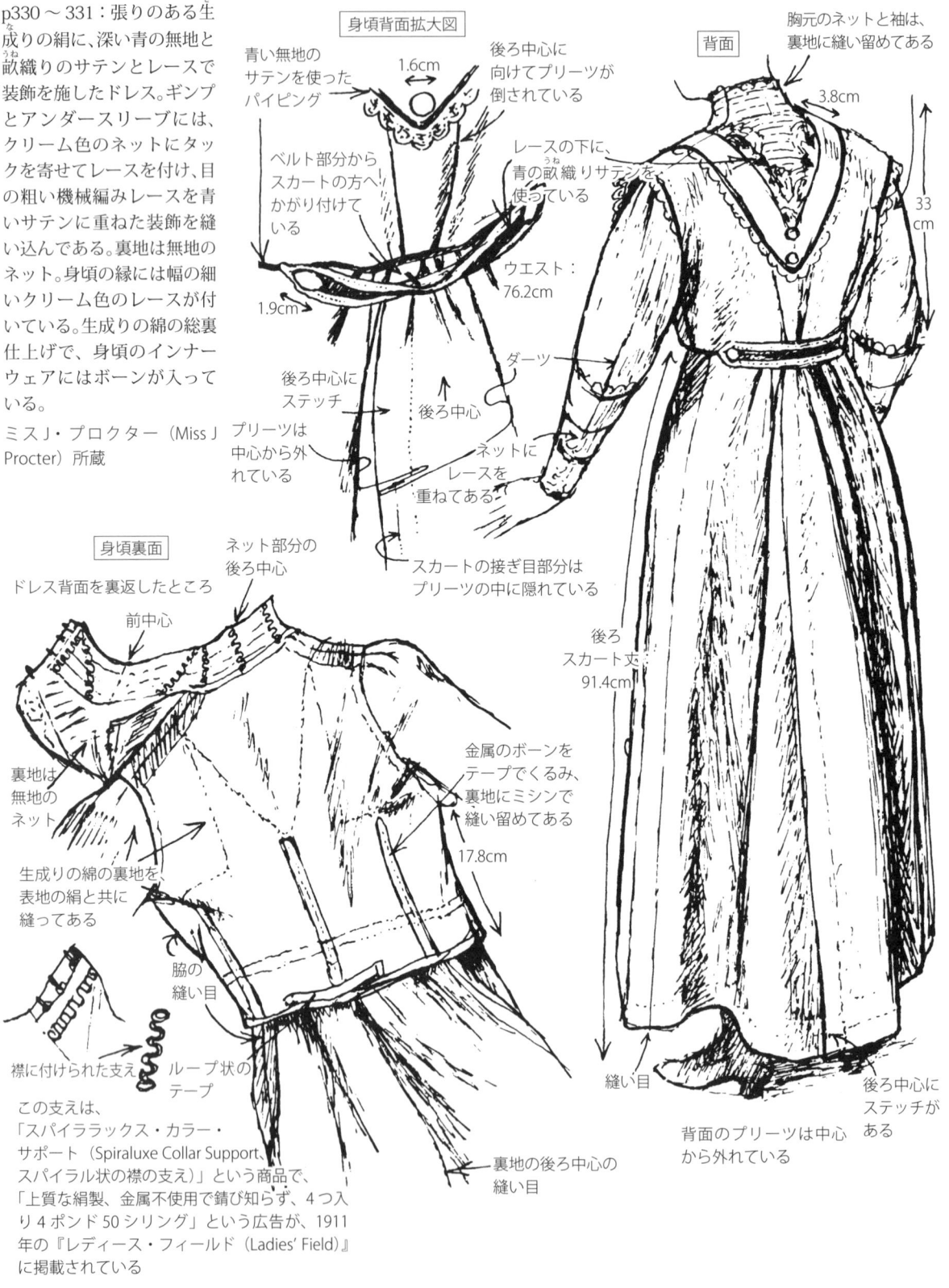

p330〜331：張りのある生成りの絹に、深い青の無地と畝織りのサテンとレースで装飾を施したドレス。ギンプとアンダースリーブには、クリーム色のネットにタックを寄せてレースを付け、目の粗い機械編みレースを青いサテンに重ねた装飾を縫い込んである。裏地は無地のネット。身頃の縁には幅の細いクリーム色のレースが付いている。生成りの綿の総裏仕上げで、身頃のインナーウェアにはボーンが入っている。

ミスJ・プロクター（Miss J Procter）所蔵

【身頃背面拡大図】
- 青い無地のサテンを使ったパイピング
- 1.6cm
- 後ろ中心に向けてプリーツが倒されている
- ベルト部分からスカートの方へかがり付けている
- レースの下に、青の畝織りサテンを使っている
- 1.9cm
- 後ろ中心にステッチ
- プリーツは中心から外れている
- ネットにレースを重ねてある
- スカートの接ぎ目部分はプリーツの中に隠れている

【背面】
- 胸元のネットと袖は、裏地に縫い留めてある
- 3.8cm
- 33cm
- ウエスト：76.2cm
- ダーツ
- 後ろスカート丈 91.4cm
- 縫い目
- 後ろ中心にステッチがある
- 背面のプリーツは中心から外れている

【身頃裏面】
- ドレス背面を裏返したところ
- ネット部分の後ろ中心
- 前中心
- 裏地は無地のネット
- 生成りの綿の裏地を表地の絹と共に縫ってある
- 金属のボーンをテープでくるみ、裏地にミシンで縫い留めてある
- 17.8cm
- 脇の縫い目
- ループ状のテープ
- 襟に付けられた支え
- 裏地の後ろ中心の縫い目

この支えは、「スパイララックス・カラー・サポート（Spiraluxe Collar Support、スパイラル状の襟の支え）」という商品で、「上質の絹製、金属不使用で錆び知らず、4つ入り4ポンド50シリング」という広告が、1911年の『レディース・フィールド（Ladies' Field）』に掲載されている

スカートは細くストレートになり、丈も短くなったものの、依然として後ろ中心には膨らみが少し残っている。膝から下に工夫を凝らしたデザインを施して、細く見せる効果を狙っている。

◆ 1911年：『レディース・フィールド (The Ladies' Field)』6月号のファッション広告より

麻製の正装の外出着：59ポンド6シリング

◆ 1911年：パリのラウール・シュー社 (Raoul Shoe Co.) の広告より

バックル付きの靴：21ポンド

ボタン付きのブーツ：19ポンド6シリング

グレーの生地
光沢のあるエナメル

◆ 生成りの絹に、深い青のサテンとレースで装飾したドレス

【身頃前面】
前あきを開いたところ

生成りの綿の裏地

身頃には新方式の留め具を3つ使用
このパイピングの縁は、25.4cmに渡って裏地に縫い留めてある

4.4cm
2.5cm
25.4cm

袖下縫い目の長さ：19.1cm

身頃はこの部分で裏地に縫い止めてある

31.8cm

青いサテン

裏地

スカートには新方式の留め具とかぎホックを使っている

こちら側に細いポケット口

25.4cm

拡大図

濃い青の畝織りサテン、身頃と袖のレースの下にも同じ生地を使っている

青い無地のサテンの平らなパイピング：0.3cm

【レース拡大図】

大小のクリーム色の機械編みのレース

1.6cm

8.9cm

これらのレースは目が粗いが、青によく映えている

【前面】
無地の青いサテン
幅の細いレース
タックを寄せたネット
裏地は無地のネット

11.4cm

切り替えまでの袖丈：30.5cm

6.4cm
15.2cm

前スカート丈：90.2cm

【ボタン拡大図】
共布の見返し

40.6cm

縫い目

1.9cm

スカートに付いている共布のくるみボタンは、縁を縫い留めてある

裾回り寸法：165.1cm

1911年になると、スポーツ・ウェアを除くあらゆる女性用の衣服の広告に、細長いシルエットのドレスが登場し、裾回りも腰回りも幅が狭くなる。対照的に、帽子の幅は非常に広くなる。このドレスにはチュニック丈の上着を合わせ、スカートはウエストより少し高めの位置に縫い留めてある。ネットの袖と前身頃は裏地に縫い留めてある。

1909年頃

♦ 白い綿のコンビネーション

p332：身頃の上部と脚回りの装飾に刺繍を施した、白い綿のコンビネーション。後ろから見るとペチコートの形に、前から見ると股の分かれたズロースの形になっている。1911～1917年に着用された。

ミスA・エクレス（Miss A. Eccles）が個人コレクションに寄贈

p333：p330～331に引き続き、張りのある生成りの絹地に、深い青の無地と畝織りのサテンとレースで装飾を施したドレスの解説。チュニック型の身頃の留め具、ギンプ、インナーウェアの様子が分かる図、ドレスの前面を開き、ポケットを見せた図など。

ミスJ・プロクター（Miss J Procter）所蔵

背面

細かいレースの縁取りが、ネックラインと袖に付いている

拡大図

10.2cm

バスト：86.4cm

ウエスト：76.2cm

ヒップ：101.6cm

22.9cm

17.8cm

タックの長さ：10.2cm

襟装飾拡大図

ミシン縫いされた白いオープンワーク刺繍を、薄い綿に重ねてある

麻のボタン 1.3cm

前面

ボタンの穴は糸でかがってある

19.1cm

前あきの長さ：63.5cm

96.5cm

裾装飾拡大図

1.9cm

7cm

ミシンを使った白いオープンワーク

裾拡大図

ペチコートの後ろ側を持ち上げたところ

前面は、縫い目Aから裾までを縫って、脚の部分を作っている

22.9cm

22.9cm

ズロースの裾回り寸法：71.1cm

背面がペチコート、前面がズロースになった珍しいコンビネーションは、1917年頃まで着用されていた

1898年頃から1911年頃までは、黒いストッキングの足首の部分に、オープンワークなどの刺繍を施したものもあった

複数の機能を1つにまとめた、この合理的なコンビネーションはかなり変わっている。また、裾の開いたズロースが消える1911年頃まで後少し、という頃に使われていたというのも興味深い。袖の形は1909～1914年頃のドレスと似ている。

◆生成りの絹に、深い青のサテンとレースで装飾したドレス

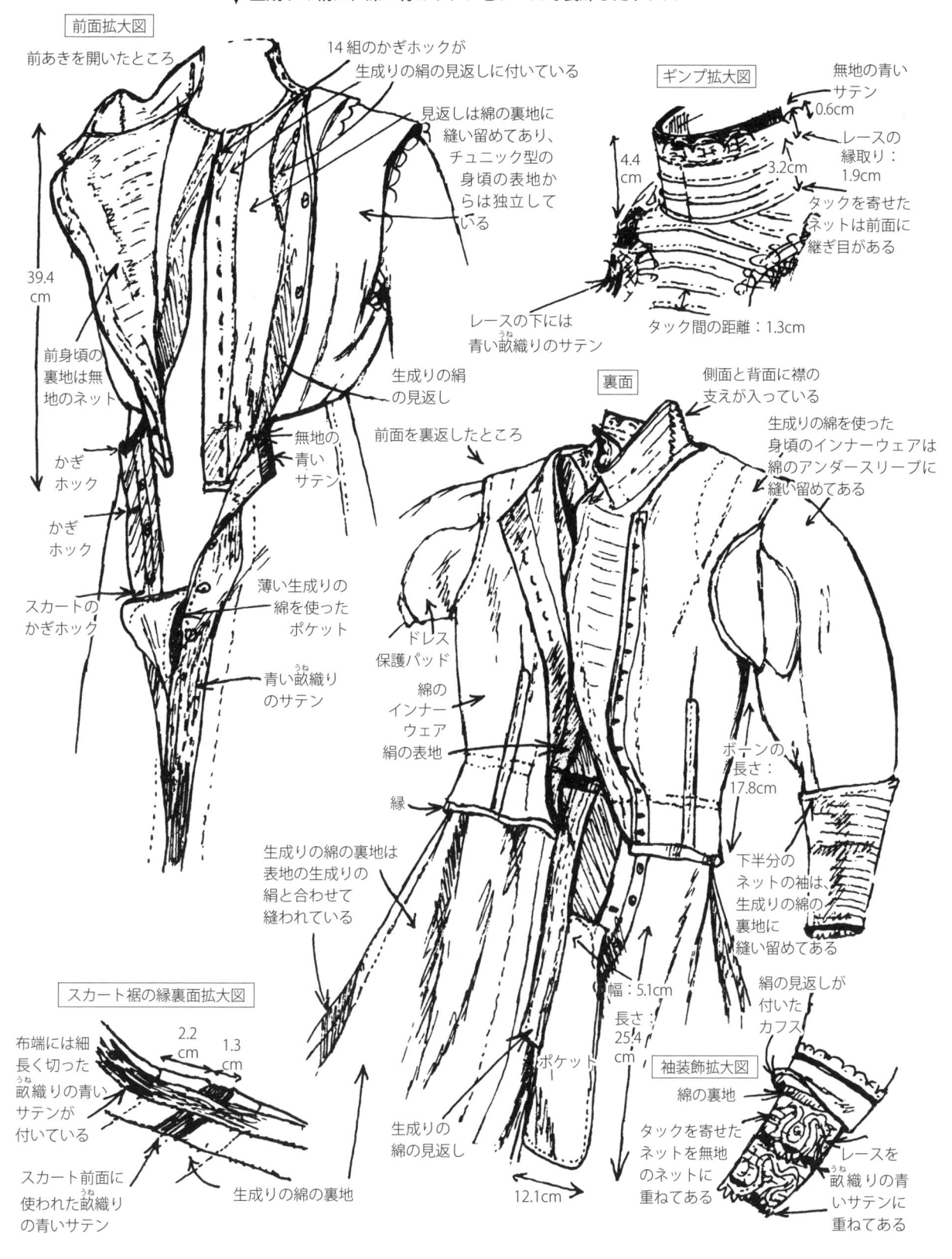

前面拡大図

- 前あきを開いたところ
- 14組のかぎホックが生成りの絹の見返しに付いている
- 見返しは綿の裏地に縫い留めてあり、チュニック型の身頃の表地からは独立している
- 39.4cm
- 前身頃の裏地は無地のネット
- かぎホック
- かぎホック
- スカートのかぎホック
- 生成りの絹の見返し
- 無地の青いサテン
- 前面を裏返したところ
- 薄い生成りの綿を使ったポケット
- 青い畝(うね)織りのサテン

ギンプ拡大図

- 無地の青いサテン 0.6cm
- レースの縁取り:1.9cm
- 4.4cm
- 3.2cm
- タックを寄せたネットは前面に継ぎ目がある
- レースの下には青い畝織りのサテン
- タック間の距離:1.3cm

裏面

- 側面と背面に襟の支えが入っている
- 生成りの綿を使った身頃のインナーウェアは綿のアンダースリーブに縫い留めてある
- ドレス保護パッド
- 綿のインナーウェア
- 絹の表地
- 縁
- ボーンの長さ:17.8cm
- 下半分のネットの袖は生成りの綿の裏地に縫い留めてある
- 生成りの綿の裏地は表地の生成りの絹と合わせて縫われている
- 幅:5.1cm
- 長さ:25.4cm
- ポケット
- 生成りの綿の見返し
- 12.1cm

スカート裾の縁裏面拡大図

- 布端には細長く切った畝(うね)織りの青いサテンが付いている
- 2.2cm
- 1.3cm
- スカート前面に使われた畝(うね)織りの青いサテン
- 生成りの綿の裏地

袖装飾拡大図

- 絹の見返しが付いたカフス
- 綿の裏地
- タックを寄せたネットを無地のネットに重ねてある
- レースを畝(うね)織りの青いサテンに重ねてある

このドレスの身頃は、前後がほぼ同じV字形のネックラインで、これは1907〜1912年のドレスによく見られたデザインである。スカート前面のパネルにあるポケットは、少し変わっている。これは持ち主の好みで付けられたのだろう。

1909〜1910年頃

♦ビーズで装飾した、黒いネットのイブニング・ドレス

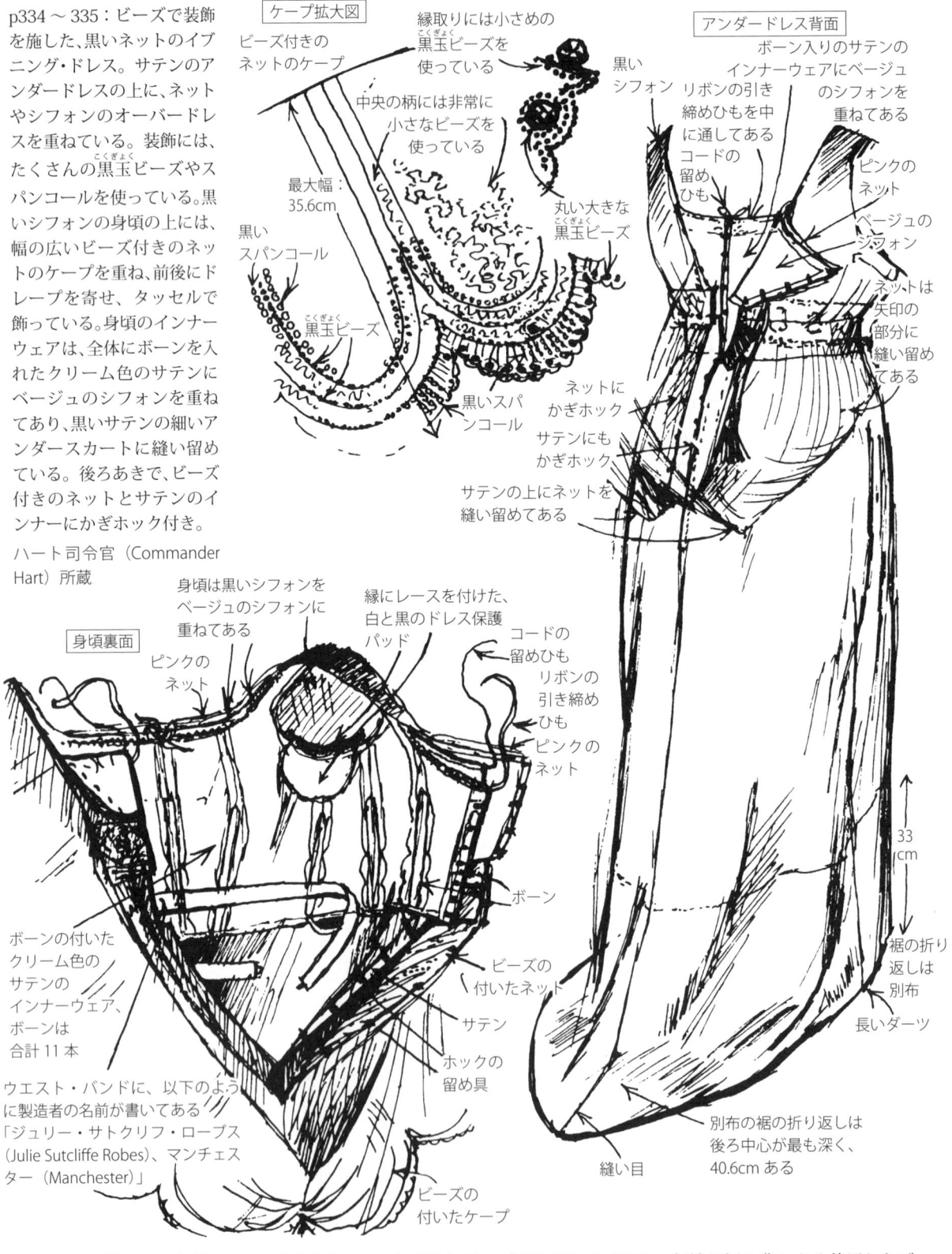

p334〜335：ビーズで装飾を施した、黒いネットのイブニング・ドレス。サテンのアンダードレスの上に、ネットやシフォンのオーバードレスを重ねている。装飾には、たくさんの黒玉ビーズやスパンコールを使っている。黒いシフォンの身頃の上には、幅の広いビーズ付きのネットのケープを重ね、前後にドレープを寄せ、タッセルで飾っている。身頃のインナーウェアは、全体にボーンを入れたクリーム色のサテンにベージュのシフォンを重ねてあり、黒いサテンの細いアンダースカートに縫い留めている。後ろあきで、ビーズ付きのネットとサテンのインナーにかぎホック付き。

ハート司令官（Commander Hart）所蔵

【ケープ拡大図】
- ビーズ付きのネットのケープ
- 縁取りには小さめの黒玉ビーズを使っている
- 中央の柄には非常に小さなビーズを使っている
- 最大幅 35.6cm
- 黒いスパンコール
- 黒玉ビーズ
- 丸い大きな黒玉ビーズ
- 黒いスパンコール

【アンダードレス背面】
- 黒いシフォン
- ボーン入りのサテンのインナーウェアにベージュのシフォンを重ねてある
- リボンの引き締めひもを中に通してあるコードの留めひも
- ピンクのネット
- ベージュのシフォン
- ネットは矢印の部分に縫い留めてある
- ネットにかぎホック
- サテンにもかぎホック
- サテンの上にネットを縫い留めてある
- 33cm
- 裾の折り返しは別布
- 長いダーツ
- 別布の裾の折り返しは後ろ中心が最も深く、40.6cm ある
- 縫い目

【身頃裏面】
- 身頃は黒いシフォンをベージュのシフォンに重ねてある
- 縁にレースを付けた、白と黒のドレス保護パッド
- ピンクのネット
- コードの留めひも
- リボンの引き締めひも
- ピンクのネット
- ボーン
- ビーズの付いたネット
- サテン
- ホックの留め具
- ビーズの付いたケープ
- ボーンの付いたクリーム色のサテンのインナーウェア、ボーンは合計11本
- ウエスト・バンドに、以下のように製造者の名前が書いてある「ジュリー・サトクリフ・ローブス（Julie Sutcliffe Robes)、マンチェスター（Manchester）」

背が高く体格のいい女性のために作られた、とても高級なビーズ付きドレスである。刺繍の柄の豊かさや使用したビーズとスパンコールの多様さ、そして高度な職人技を見ると、いったいどれほどの時間がかけられたのかと驚嘆せずにはいられない。

◆ 1911年：
『レディース・フィールド
(The Ladies' Field)』
より

流行の髪型

◆ ビーズで装飾した、黒いネットのイブニング・ドレス

背面

ビーズ付きのネットのケープ

身頃と袖は、ベージュ色の
シフォンを重ねた
黒いシフォン

35.6cm

背面拡大図

黒いシフォンの身頃と袖は、
ビーズ付きの黒いネットのスカートに
縫い留めてあり、ベージュのシフォンを
重ねた身頃のインナーウェアは、黒いサテンの
スカートに縫い留めてある

折り畳んだ
ピンクの
ネット

ケープ

ベージュの
シフォンの
部分は矢印の
ところまで

縫い目：
7.6
cm

大きく
平らな
ビーズ

小さな
黒玉(こくぎょく)ビーズ

ビーズ付きの
ネットのスカートを
サテンのスカート
に縫い留め、
背面のギャザーが
ケープの下に
まとまるよう
固定してある

1.3cm

タッセル

12.7cm

ビーズ装飾とフリンジの
付いたパネルが、
かぎホックで留めた
背面のあきを
隠している

ビーズ付きの
ネットは背中に
ギャザーを寄せ、
少しトレーンを
引く、タイトな
サテンの
スカートに
被せてある

小さな
黒玉(こくぎょく)ビーズの
フリンジで
出来ている

あきは
矢印の部分まで

丸みを
帯びた
長いビーズ

装飾拡大図

ビーズを
ふんだんに
付けた
縁飾りの幅：
30.5cm

ネットに付けた
ビーズの列は、裾の縁飾りに
近づくにつれ広がっている

後ろあきを
かぎホックで留める方式

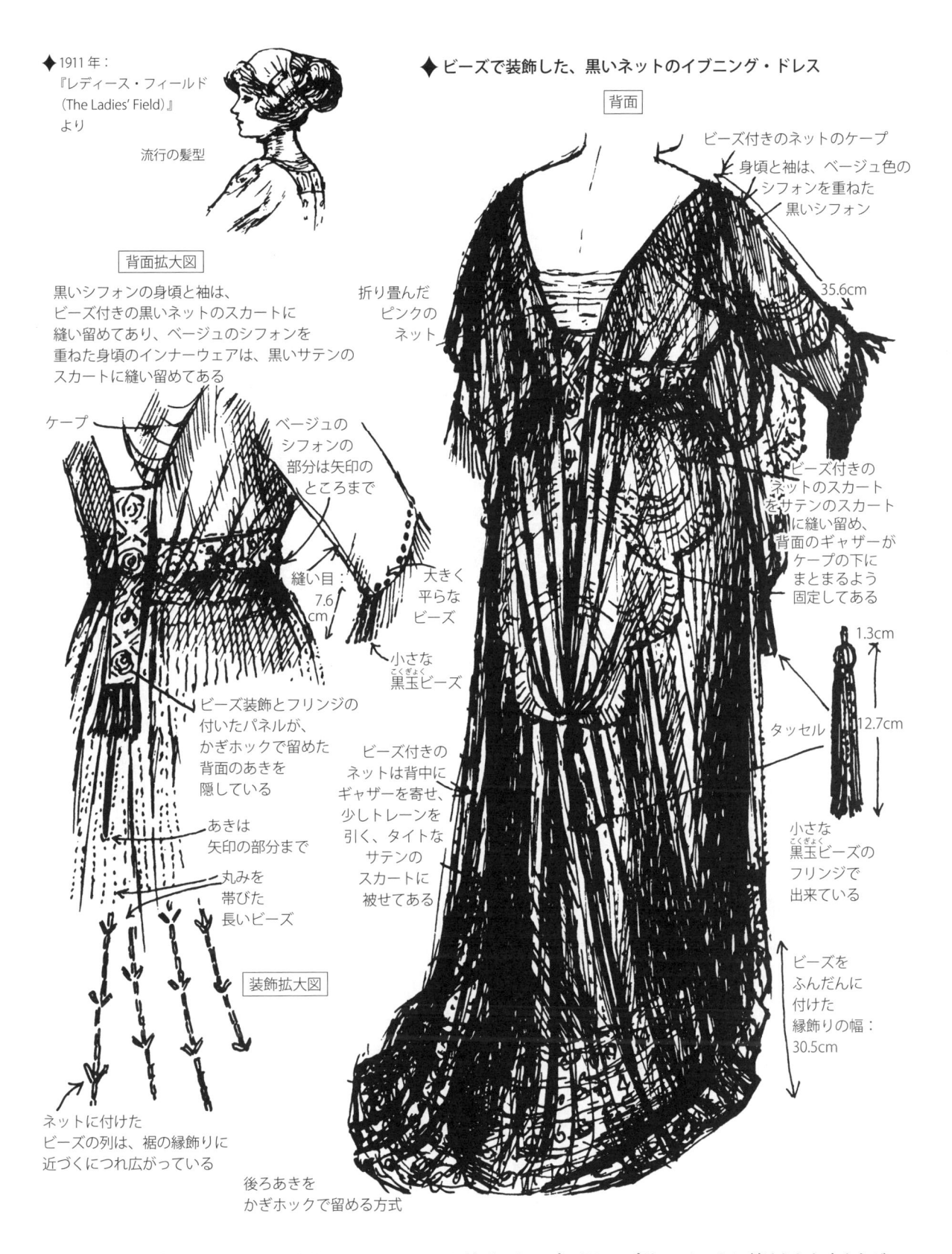

ふんだんにビーズを使った裾回りの装飾と、ゆったりとした波形のケープのドレープが、スカートに付けられた小さなビーズの列を引き立てている。身頃に使った黒いシフォンは目が細かくて非常に薄く、魅力にあふれたこのドレスに、ほのかな繊細さを添えている。

1909〜1910年頃

p336〜337:引き続き、ビーズで装飾を施した黒いネットのイブニング・ドレスの解説。側面と前面の図など。ビーズの装飾を施したシフォンやネットのオーバードレスは、ネックラインと袖の部分のみアンダードレスに縫い留めてあり、ネットは床まで垂れ下がっている。折り畳んだ背面のネットは、アンダードレスの裾にあるビーズ付きのネット部分と、スカートの縫い目部分にステッチをかけて留めてある。

ハート司令官（Commander Hart）所蔵

◆1911年：『レディース・フィールド（The Ladies' Field）』の広告より

「粋なレース用コート」価格は10.5ギニー*

白いレース

ボタンはヒップに近い低い位置に付いている

黒サテン

白いレースの装飾

「現在のパリの流行を忠実に再現」

「後ろの流れるような装飾は流行のデザイン」

背面には絹糸のフリンジ

◆ビーズで装飾した、黒いネットのイブニング・ドレス

[側面]

ビーズ付きのネットのケープは、矢印のところで縫い留めてある

前面と同じ、折り畳んだピンクのネット

71.1 cm

12.7 cm

86.4 cm

12.7 cm

137.2 cm

108 cm

[身頃背面拡大図]

折り畳んだピンクのネットは背面にも付いている

ケープを持ち上げたところ

平らな黒玉ビーズの付いた黒いシフォンをベージュのシフォンに重ねてある

プリーツの入ったネットのスカート

細身のサテンのアンダースカート

平たいビーズ

拡大図

ビーズ付きネット部分の上端

黒いサテン部分の上端

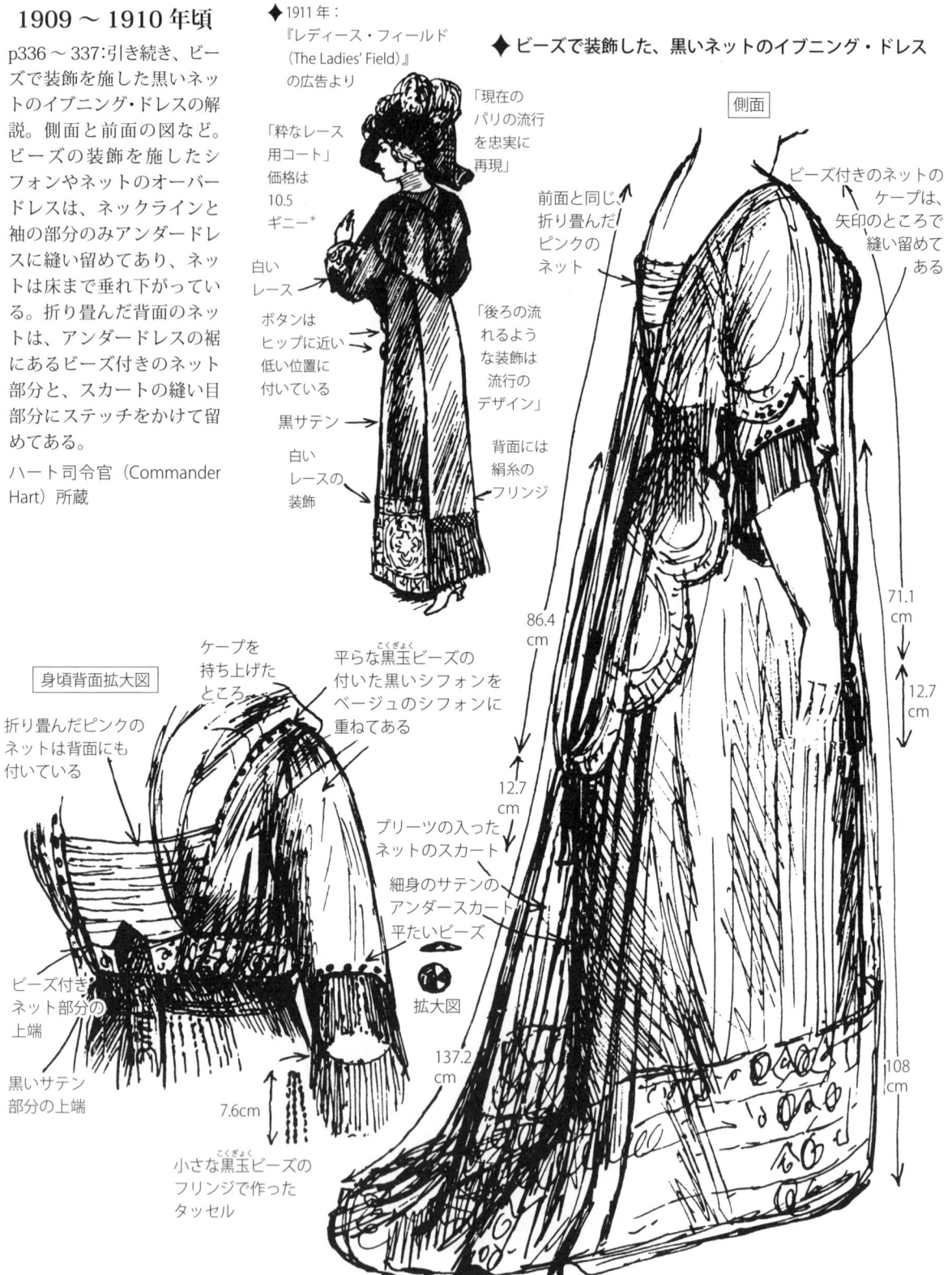

7.6cm

小さな黒玉ビーズのフリンジで作ったタッセル

このイブニング・ドレスは当時の流行と過去のデザインを兼ね備えており、さまざまな興味深い特徴と、優雅で上品な雰囲気がある。裾を引くビーズ付きのネットのオーバードレスは、トレーンの下にあるスリムなアンダードレスのスカートを完全に隠してはいない。

*：ギニー（guinea）英国の金貨。1663年から1813年まで鋳造された。

◆ビーズで装飾した、黒いネットのイブニング・ドレス

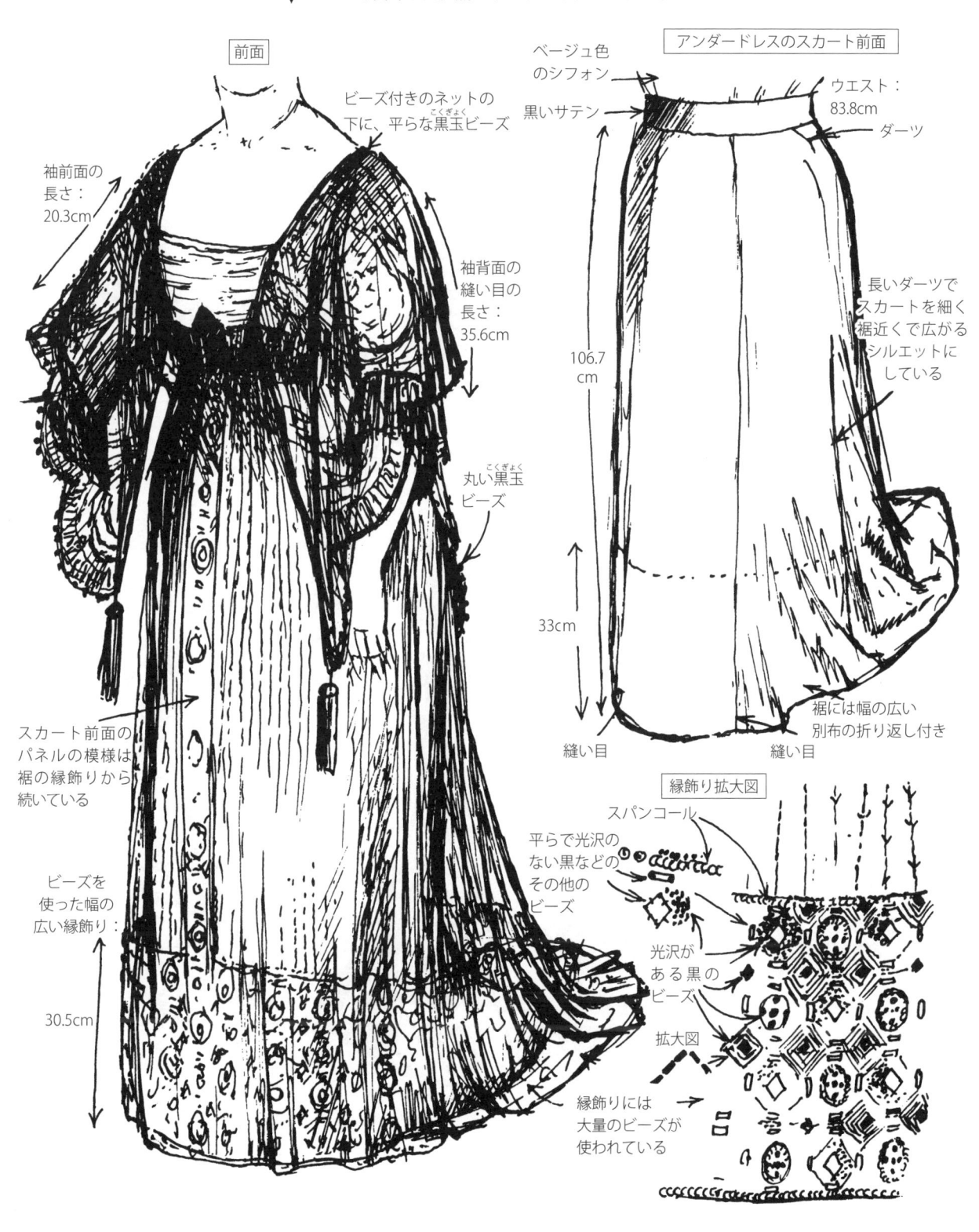

前面

袖前面の長さ：20.3cm

ビーズ付きのネットの下に、平らな黒玉(こくぎょく)ビーズ

袖背面の縫い目の長さ：35.6cm

丸い黒玉(こくぎょく)ビーズ

スカート前面のパネルの模様は裾の縁飾りから続いている

ビーズを使った幅の広い縁飾り：30.5cm

アンダードレスのスカート前面

ベージュ色のシフォン

黒いサテン

ウエスト：83.8cm

ダーツ

長いダーツでスカートを細く裾近くで広がるシルエットにしている

106.7cm

33cm

縫い目　縫い目

裾には幅の広い別布の折り返し付き

縁飾り拡大図

スパンコール

平らで光沢のない黒などのその他のビーズ

光沢がある黒のビーズ

拡大図

縁飾りには大量のビーズが使われている

身頃に付けられたネットはほぼ肌色と言っていいピンクで、まるで胸元を広くあけているように見える。この頃のドレスとコートは、見る者の視線を高いウエストラインではなく、ヒップの辺りに引きつけるものが多かった。帽子と髪型は、これ以前の時代より、高さが増している。

1911年頃

◆ 濃紺のベルベットのイブニング・ドレス

p338～339：引き続き、濃紺のベルベットのイブニング・ドレスの解説。身頃には、クリーム色のベネシャン・レースをクリーム色のシフォンに重ねてある。身頃のインナーウェアとアンダースカートは張りのあるクリーム色のシルクタフタを使用。身頃は白い綿の紋織り物の裏地付きで、全体にボーンが入っており、背面のあきは糸ループを使ったかぎホックで留める方式。短いトレーンには鉛の重りが3つ付いており、スカートの内側にボタンで留められるようになっている。また、スカート前面にはスリットがあり、シフォンにレースを重ねた装飾が見えている。

チャスルトン・ハウス(Chastleton House)からスノースヒル・コレクション(Snowshill Collection)に貸与

側面

インナーウェアは白いタフタ

濃いクリーム色のレース

34.3cm

ダーツ

身頃前面

細いシフォンの袖を、体に沿ったシフォンの身頃に縫い留めてある

表地のドレープを寄せたシフォンは、白いシルクタフタで裏打ちされている

レース

折り畳んだベルベット

ダーツ

ダーツ2本

縫い目

矢印の部分まであきがある

レース拡大図

身頃に使われているのは極めて美しいベネシャン・レースで、花のモチーフなど、非常に多くの種類のフィリングが見られる

レース拡大図

袖に使われた、クリーム色のレースのフィリング

モチーフを繋ぐ、橋渡しの役目のレースは主にこの形

36.8cm

11.4cm

38.1cm

22.9cm

29.2cm

縫い目

裾のスリットから見えるレースとシフォンは、張りのあるクリーム色のシルクタフタに付いている

スカートの裏側には、トレーンを内側に折り畳んで留めるボタンと、それを固定するための、2組の留めひもがある

細身でストレートの、ほぼ筒状のスカートが付いた豪華なベルベットのドレスである。座りやすいように、スカートの背面には深いプリーツが入っている。大きく畳んで成形したウエスト・バンドを高い位置に付けることで、胸の近くまでをベルベットで覆い、レースの身頃をこの上なく優雅で魅力的に見せている。スカート前面のスリットからのぞくレースは、アンダースカートに見せかけた装飾である。

◆ 濃紺のベルベットのイブニング・ドレス

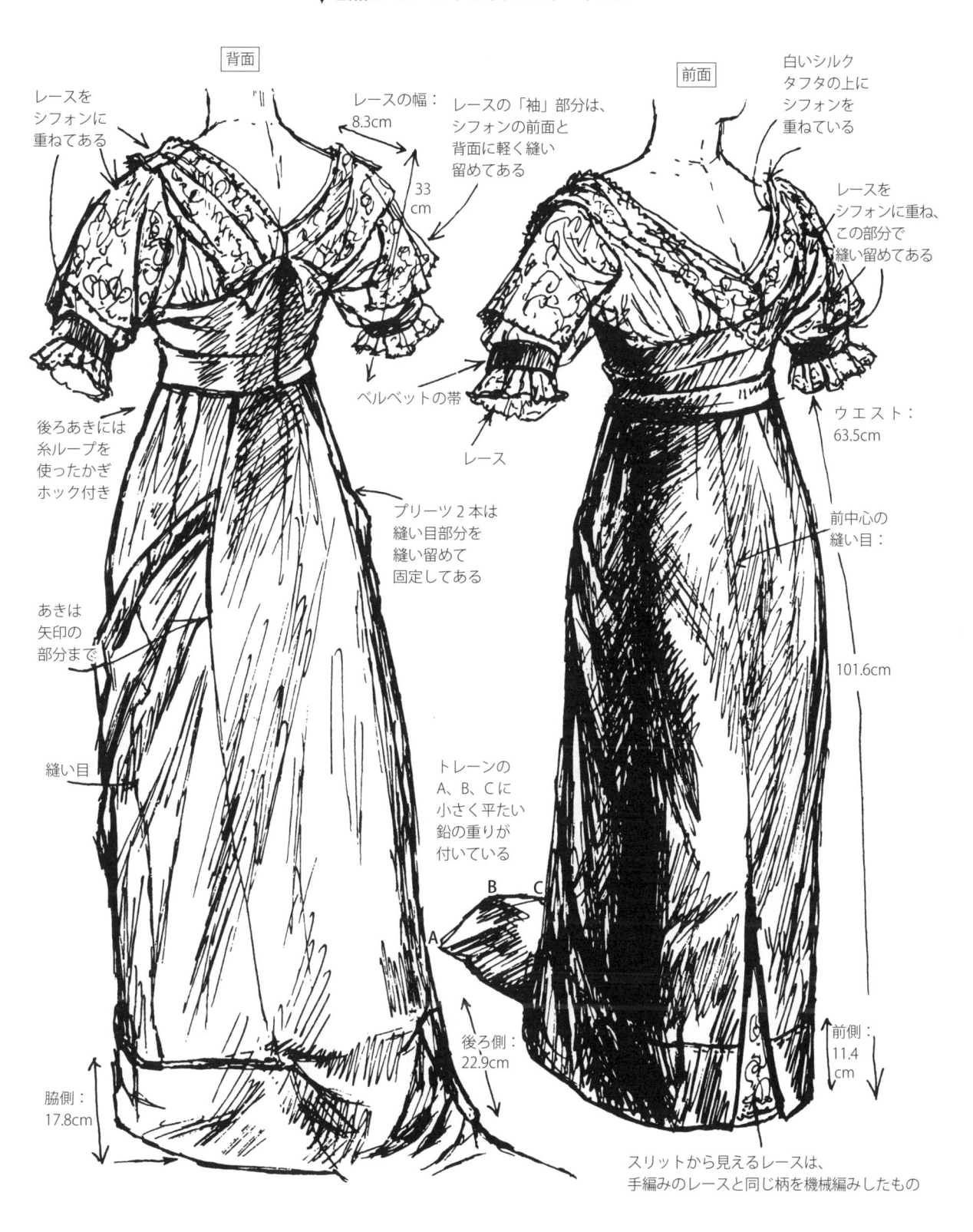

背面

レースをシフォンに重ねてある

レースの幅：8.3cm

レースの「袖」部分は、シフォンの前面と背面に軽く縫い留めてある

33cm

前面

白いシルクタフタの上にシフォンを重ねている

レースをシフォンに重ね、この部分で縫い留めてある

後ろあきには糸ループを使ったかぎホック付き

ベルベットの帯

レース

ウエスト：63.5cm

プリーツ2本は縫い目部分を縫い留めて固定してある

前中心の縫い目：101.6cm

あきは矢印の部分まで

縫い目

トレーンのA、B、Cに小さく平たい鉛の重りが付いている

B C
A

後ろ側：22.9cm

前側：11.4cm

脇側：17.8cm

スリットから見えるレースは、手編みのレースと同じ柄を機械編みしたもの

ミセス ウィッカム・スティード（Mrs Wickham Steed）によると、こうしたイブニング・ドレスのトレーンに付いている小さな鉛の重りは、階段を降りる時に楽しげな音を立てたという。

339

1911年頃

p340〜341：引き続き、濃紺のベルベットのイブニング・ドレスの解説。後ろあきの図、ボーンの入った身頃の裏側、シルクタフタのアンダースカートの拡大図など。トレーン裏側の図からは、折り畳んでスカートの裏側に留めるためのボタンとループ、固定するための留めひもの仕組みがわかる。

チャスルトン・ハウス (Chastleton House) からスノースヒル・コレクション (Snowshill Collection) に貸与

◆ 濃紺のベルベットのイブニング・ドレス

背面あき図

身頃は裏地にボーンが入っている

身頃の裏地

この裏側にある鳩目穴にホックを留める

シルクタフタのアンダースカート

◆ 1911年：『レディース・フィールド (The Ladies' Field)』6月号の広告より

コルセットで押さえた、流行の「真っ直ぐな腰」

「筒形」あるいは「直線」と呼ばれた体形

滑り留め付きのベルベットのストッキング留めの広告、ラウール・シュー社 (Raoul Shoe Co.)

黒いストッキングと室内履き

同じくイブニング・シューズの広告

スカート前面拡大図

ベルベットのスカートの前面にあるスリットあき

白い絹の見返しが付いている

糸でかがり付け、スカートの位置を固定している

シフォンにレースを重ねてある

シルクタフタのアンダースカートの縁

トレーン拡大図

トレーンは内側に折り畳んで固定できる仕組み

29.2cm
38.1cm

スカートの裏側には、トレーンを内側に折り畳んで留めるボタンと、それを固定するための、2組の留めひもがある

シルクタフタのアンダースカートが生み出すかすかな衣擦れの音が、この優雅なドレスをいっそう豪華で贅沢なものにしている。この頃になると、コルセットの上にペチコートやズロースを着けた。

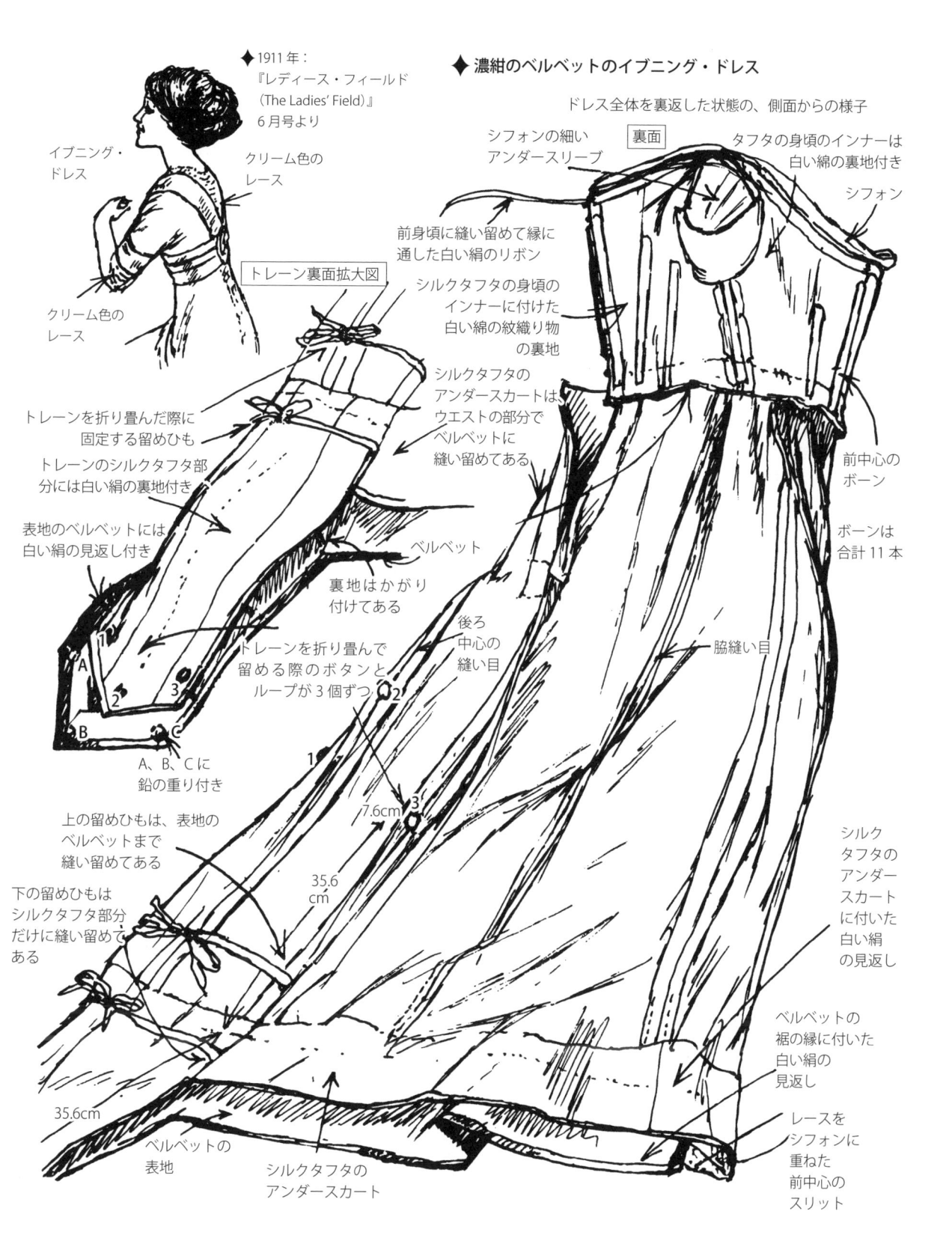

♦ 1911年：
『レディース・フィールド
(The Ladies' Field)』
6月号より

イブニング・ドレス

クリーム色のレース

クリーム色のレース

♦ **濃紺のベルベットのイブニング・ドレス**

ドレス全体を裏返した状態の、側面からの様子

裏面

シフォンの細いアンダースリーブ

タフタの身頃のインナーは白い綿の裏地付き

シフォン

前身頃に縫い留めて縁に通した白い絹のリボン

シルクタフタの身頃のインナーに付けた白い綿の紋織り物の裏地

トレーン裏面拡大図

シルクタフタのアンダースカートは、ウエストの部分でベルベットに縫い留めてある

前中心のボーン

ボーンは合計11本

トレーンを折り畳んだ際に固定する留めひも

トレーンのシルクタフタ部分には白い絹の裏地付き

表地のベルベットには白い絹の見返し付き

ベルベット

裏地はかがり付けてある

後ろ中心の縫い目

脇縫い目

トレーンを折り畳んで留める際のボタンとループが3個ずつ

A、B、Cに鉛の重り付き

7.6cm

35.6cm

上の留めひもは、表地のベルベットまで縫い留めてある

シルクタフタのアンダースカートに付いた白い絹の見返し

下の留めひもはシルクタフタ部分だけに縫い留めてある

ベルベットの裾の縁に付いた白い絹の見返し

35.6cm

ベルベットの表地

シルクタフタのアンダースカート

レースをシフォンに重ねた前中心のスリット

この時代の女性向けのファッション広告には、「美しくなりたいのであれば、ヒップの膨らみをまったく無くしてしまうことだ」と、書かれている。しかし、エドワード時代の女性たちに突然ヒップを平らにしろと言っても無理な話である。その他に興味深いのは、この頃になっても黒いストッキングが履かれていて、絹のデイタイム・ドレスやイブニング・ウェアに合わせていたことだ。ただし、正装の際は白いストッキングを履いた。

1911年

◆ 金糸のブロケードを白いサテンに重ねた宮廷服

p342～343：豪華な金糸のブロケードを白いサテンに重ねた宮廷服と、揃いの靴と靴を入れるバッグ。このドレスに合わせたマントもある。1911年6月に行われたジョージ5世（George V）*の戴冠式で、レディ・イブリン・メイソン（Lady Evelyn Mason）が着たもの。ハイ・ウエストで、体に沿った細身のトレーン付きドレス。金糸を使った細い線が入っている。身頃にはネットとレースを使い、人造宝石が付いている。クリーム色のシルクタフタの裏地にはボーンが入っている。

ミセス ウィッカム・スティード（Mrs Wickham Steed）がチャスルトン・ハウス（Chastleton House）に寄贈し、現在はスノースヒル・コレクション（Snowshill Collection）に貸与

前面

短いレースの袖にさらにレースを重ねてある

プリーツを寄せたシフォン

人造ダイヤモンドを付けた豪華なリボンが、ネックライン、身頃、ウエストに縫い留めてある

リボン拡大図

レースの縁の裏側に絹のリボンを付け、重り用の波形の金属を入れている

身頃裏面拡大図

身頃はクリーム色のシルクタフタの裏地付きで、胸元にはプリーツを寄せたシルクタフタのフリルが付いている

前中心

人造宝石を付けたネット

ギャザーを寄せたレース

身頃には通常のウエストの位置まで合計8本のボーン入り

トレーン右側は、B、C、D部分を糸でかがり付けている

トレーン左側は、B、C、D に付いたホックと鳩目穴で留める仕組み

スカートの裏地は厚手の白いサテン

86.4cm

E部分に付いていた、金もしくは人造宝石の装飾は失われている

裏地は金糸の織物

鉛の重りが付いている

61cm

22.9cm

4.4cm

細い金のひも

7.6cm

30.5cm

金糸のブロケードを使った、靴と揃いの靴用バッグ

裾の縁を持ち上げて縫い留め、金糸の織物を付けた見返しを見せている

クリーム色の凝ったレースを薄い金糸の織物に重ねてある

◆ 揃いの靴と、靴を入れるバッグ

小さな金のビーズを使ったロゼット

ドレスに合わせた靴

4.1cm

靴の製造は、ロンドンのスローン・ストリートにあるピーター・ヤップ（Peter Yapp）

ドレープを寄せたレースとネットの小さな身頃と、タイトなスカートが作る細長いシルエットは、当時最も流行したスタイルである。スリムなヒップが隠れないよう、トレーンの両端をスカートの脇に留める工夫も加えられていた。

*：ジョージ5世（George V）[1865-1936] イギリス王（在位 1910-1936）。在位期間中には第一次世界大戦が起こった。

◆ 金糸のブロケードを白いサテンに重ねた宮廷服

背面あき拡大図

- レース
- ネット
- プリーツを寄せたシフォン
- 金糸のブロケードの縁には、袖ぐりの部分から細いリボンが通してある
- ネット
- 人造ダイヤモンドを付けたリボンは、縫い目部分にある7個のスナップをFの部分で留める
- スナップボタン 5個
- かぎホック 9組 スナップ 5個
- ホックと鳩目穴のセットとスナップが、交互に付いている
- ダーツの長さ：22.9cm
- 45.7cm

背面

- プリーツを寄せたシフォン 20.3cm
- ネット
- レース
- 身頃丈：29.2cm
- ダーツ 17.8cm
- ウエスト：71.1cm
- トレーン
- ダーツ
- 中央の縫い目
- トレーンの裏地は透けるように薄い金糸の織物
- ウエストからの長さ：162.6cm
- 106.7cm
- スカートの裏地は白いサテン
- 裏側に、1ペニー硬貨ほどの大きさの丸い鉛の重りを付け、金糸の織物で覆ってある

生地拡大図

- 大きな柄の入った金糸のブロケード
- 裏側に鉛の重りが付いている
- 縫い目

このドレスはトレーンに施した金糸の線や、柔らかなレースで豊かなドレープを入れた裾、透けるように薄く、まばゆいばかりの小さな身頃まで、とても豪華な仕立てである。さらに楽しいエピソードを加えてくれたのは、ドレスに合わせた靴の中に入っていたメモで、そこには「この靴はワンサイズ大きい！」と書かれていた。

1911年 ◆ 金糸のブロケードのマント

p344〜345：豪華な金糸のブロケードのマント（コート）。p342〜343で取り上げた、レディ・イブリン・メイソン（Lady Evelyn Mason）が戴冠式に着た、宮廷服に合わせたものである。

ミセス ウィッカム・スティード（Mrs Wickham Steed）がチャスルトン・ハウス（Chastleton House）に寄贈し、現在はスノースヒル・コレクション（Snowshill Collection）に貸与

◆1911年：
『レディース・フィールド（The Ladies' Field）』戴冠式を記念した特別号、第54巻691号（6月10日発行）の広告より

コードとタッセル

豪華な装飾を施したパネル

「美しい仕立てのコートで、デイタイム・ウェアやイブニング・ウェアに粋な装いを」

ロンドンのボンド・ストリート（Bond Street）*2とコンデュイット・ストリート（Conduit Street）にある、レドメイン社（Redmayne&Co.,LTD.）の広告

側面

7.6cm

太いコードを付けた縫い目

33cm

81.3cm

縫い目

45.7cm

59.7cm

縫い目

ドレスとトレーン

これらの宮廷服とマントの製造元：ロンドンのリージェント・ストリート（Regent Street）*1にあるジェイズ社（Jay's Ltd.）

側面拡大図

布端は矢印の部分まで縫い留めてある

40.6cm

背面は脇の布に縫い留めてある

裏地は白いクレープ・デ・シン

30.5cm

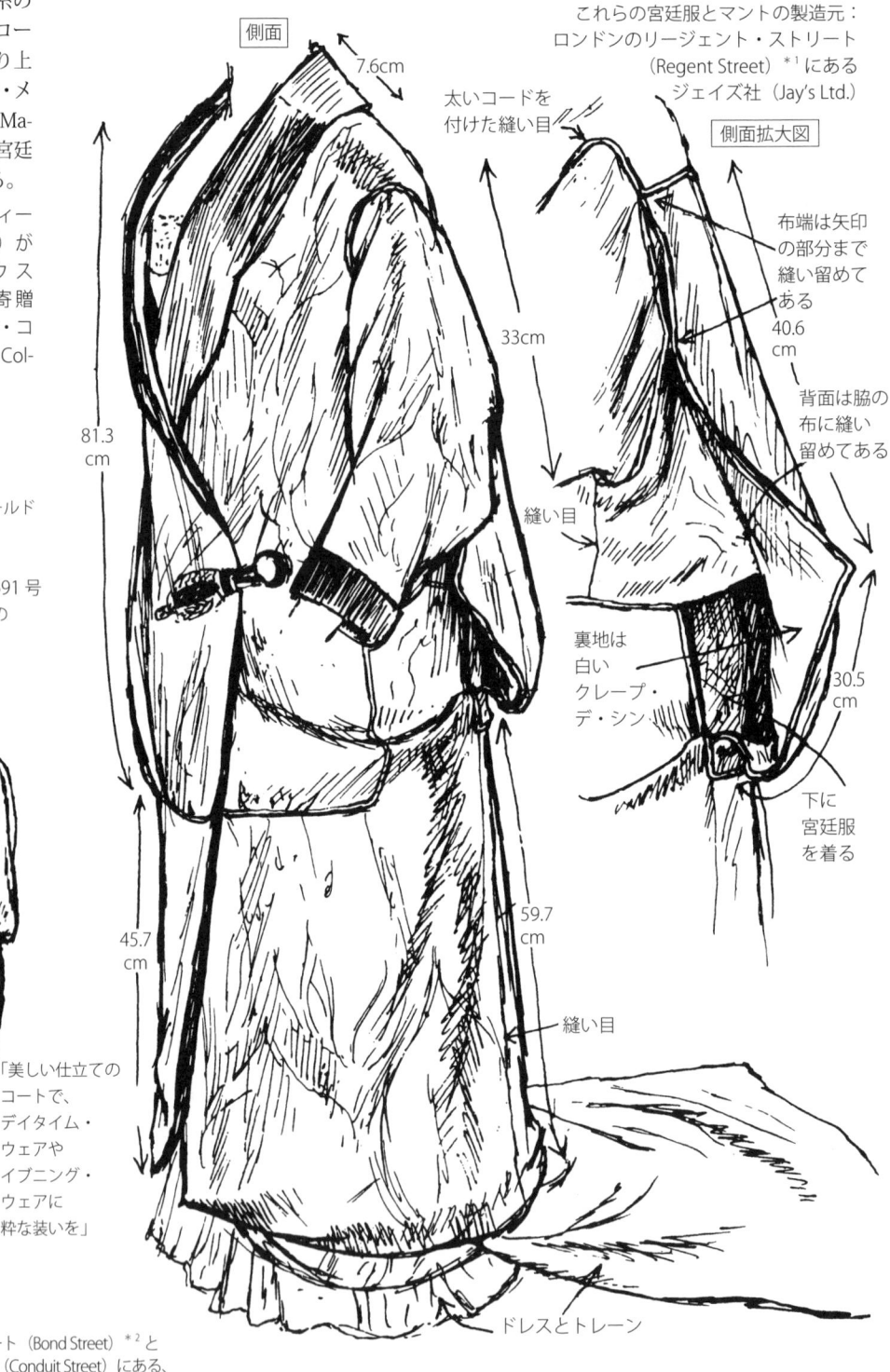

下に宮廷服を着る

戴冠式で着用されたこのコートは、実際には「マント」と呼ばれた。注目すべきは、細身でハイウエストのドレスが流行していた時代にも関わらず、こうしたコートや上着などは非常にゆったりとしたシルエットで、かなり低い位置のヒップラインを強調し、背中は膨らみ、コウモリの羽のような袖が付いている点である。

*1：リージェント・ストリート（Regent Street）　*2：ボンド・ストリート（Bond Street）　どちらも、ロンドン有数の高級ショッピング街。

◆ 金糸のブロケードのマント

背面

7.6cm 縫い目
14.6cm

襟、カフス、見返しは、深みのある青のベルベット

45.7cm

66 cm

15.2 cm　5.1cm
カフスの幅:

縫い目

ボタン拡大図

3.8 cm
青いベルベット
金糸のブロケード
縫い目の部分に浅い折り目が入っている

縫い目

ボックス・プリーツ

下に着たドレスの裾

縫い目

前面あき拡大図

襟と見返しは深みのある青のベルベット

裏地は白いクレープ・デ・シン

ループ拡大図
17.8 cm
金色のコード
青のベルベット
こちら側は裏地にポケットが付いている
中に着たドレス

反対側にあるボタンを留める、ボタンホールの付いたタブ

22.9cm

コート前面の裾の両側に鉛の重りが入っている

縫い目

しかしこうした特徴は、腰の低い位置で前あきを留める、同様の形のコートを紹介する当時のファッション広告でも見られた。前面あきのベルベットの見返しには、裾に鉛の重りが入っている。

1905～1912年

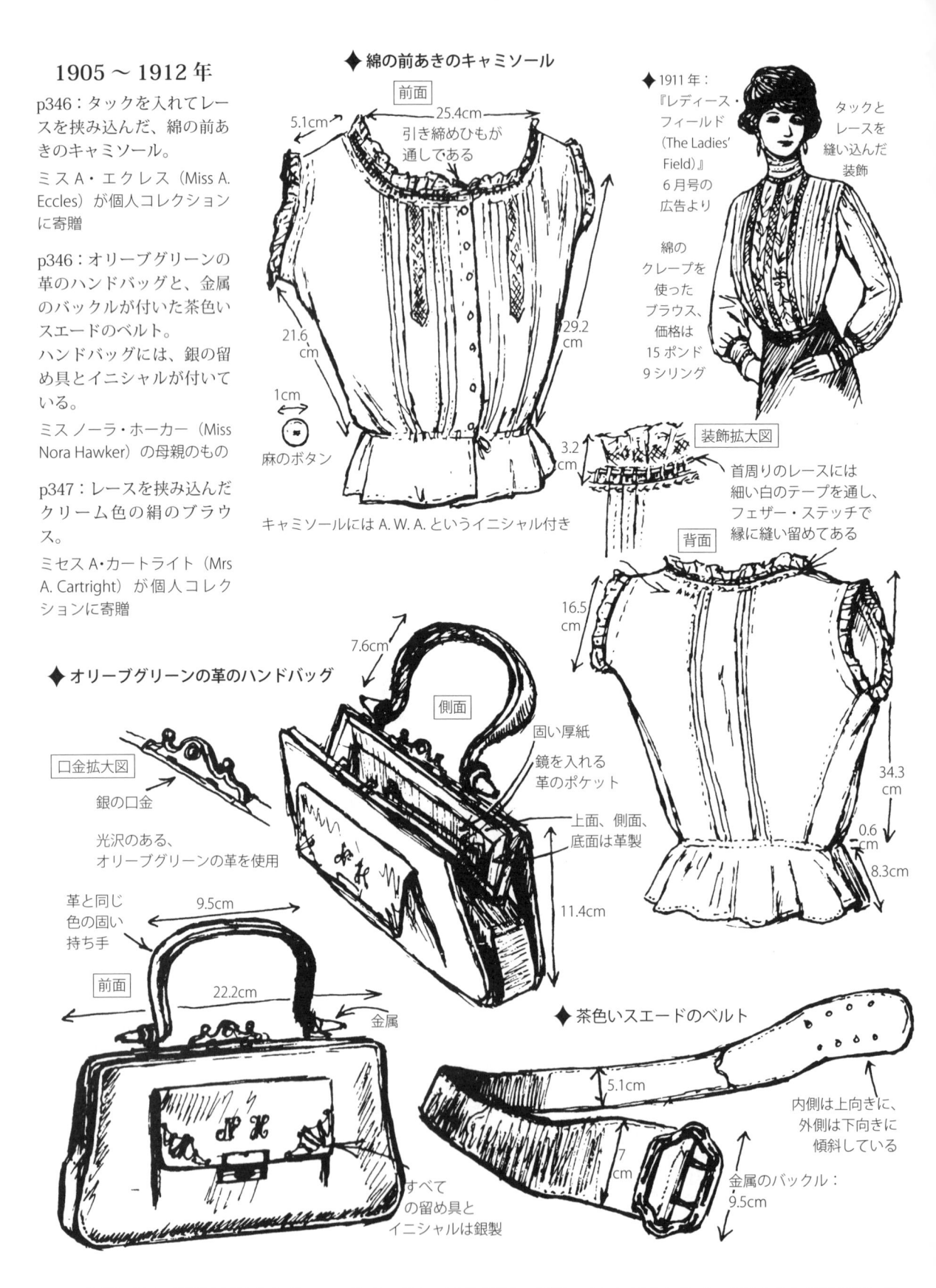

p346：タックを入れてレースを挟み込んだ、綿の前あきのキャミソール。

ミス A・エクレス（Miss A. Eccles）が個人コレクションに寄贈

p346：オリーブグリーンの革のハンドバッグと、金属のバックルが付いた茶色いスエードのベルト。

ハンドバッグには、銀の留め具とイニシャルが付いている。

ミス ノーラ・ホーカー（Miss Nora Hawker）の母親のもの

p347：レースを挟み込んだクリーム色の絹のブラウス。

ミセス A・カートライト（Mrs A. Cartright）が個人コレクションに寄贈

◆ 綿の前あきのキャミソール

前面
5.1cm
25.4cm
引き締めひもが通しである
21.6cm
29.2cm
1cm
麻のボタン
3.2cm

キャミソールには A. W. A. というイニシャル付き

背面
16.5cm
34.3cm
0.6cm
8.3cm

装飾拡大図
首周りのレースには細い白のテープを通し、フェザー・ステッチで縁に縫い留めてある

◆ 1911年：『レディース・フィールド（The Ladies' Field）』6月号の広告より

タックとレースを縫い込んだ装飾

綿のクレープを使ったブラウス、価格は15ポンド9シリング

◆ オリーブグリーンの革のハンドバッグ

7.6cm
側面
固い厚紙
鏡を入れる革のポケット
上面、側面、底面は革製
11.4cm

口金拡大図
銀の口金
光沢のある、オリーブグリーンの革を使用

革と同じ色の固い持ち手
9.5cm
前面
22.2cm
金属

すべての留め具とイニシャルは銀製

◆ 茶色いスエードのベルト

5.1cm
7cm
内側は上向きに、外側は下向きに傾斜している
金属のバックル：9.5cm

1885年頃に初めて製造販売された革のハンドバッグは、品質が高く、通常、ここに紹介したバッグのものと同様の固い持ち手が付いていた。大きな金属のバックルが付いた革のベルトは、一般的なブラウスとスカートに合わせて使われた。

◆ レースを挟み込んだ、クリーム色の絹のブラウス　　◆ 1912年夏：家族写真より

前面

6.7cm
11.4cm
6.7cm
2.5cm
45.7cm
43.8cm
11.4cm

首の部分にブローチを付けた跡がある

前面のタック：19.1cm

裾はカーブしている

前面装飾拡大図

首の周囲と前中央に、さまざまな柄のレースを挟み込んで装飾を施している

2.2cm
2.5cm
3.2cm

髪にベルベットのリボン

筆者の姉ベティ（Betty）を抱いた母

白いブラウス

ハイ・ウエストのスカート、内側のウエスト・バンドにはボーンが入っている

畳んだネットのフリルが2枚、首の周りと手首の周りに付いている

1.3cm
1cm

フリル拡大図

背面

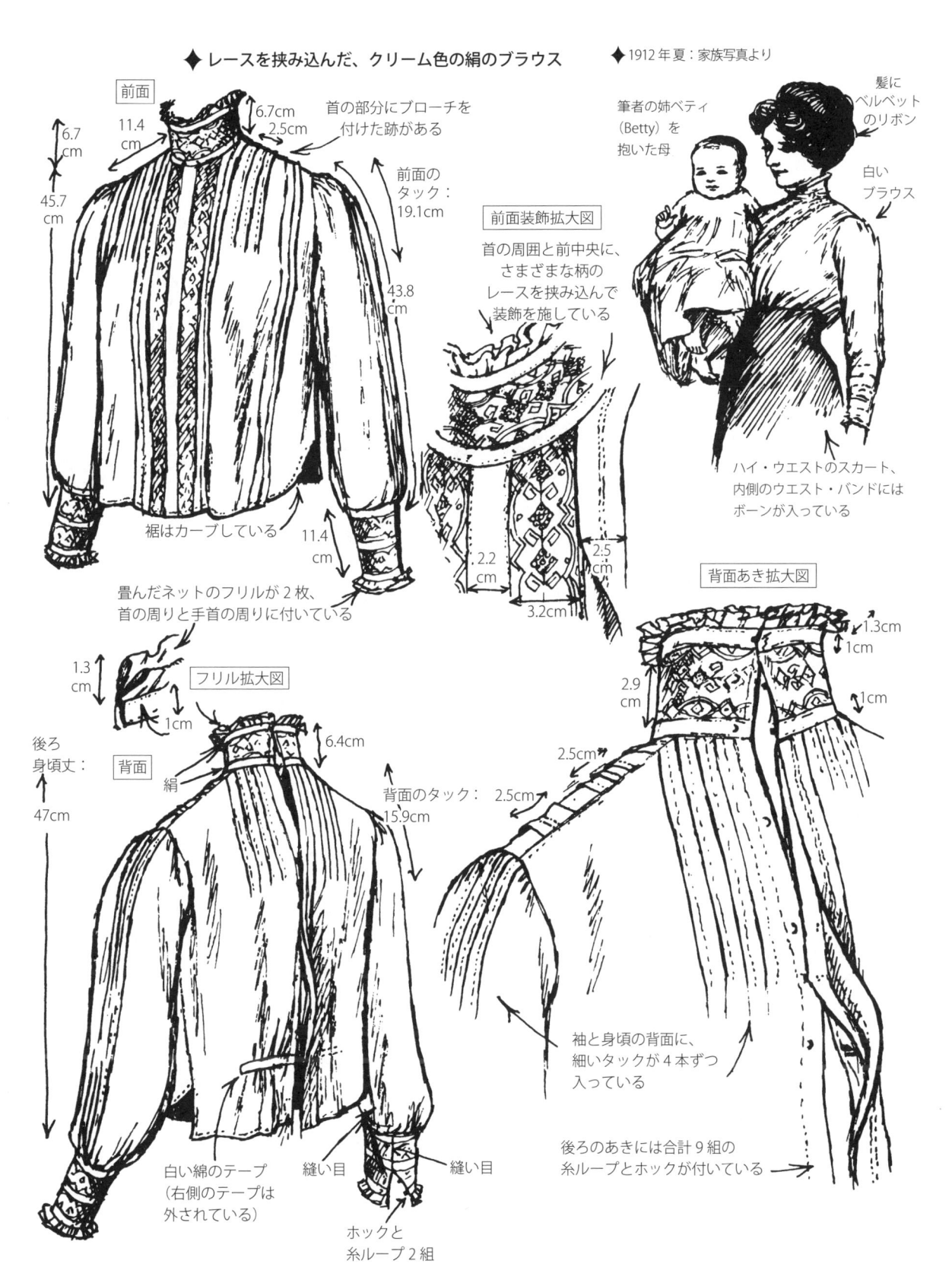

絹

後ろ身頃丈：47cm

6.4cm

背面のタック：15.9cm

2.5cm
2.5cm

背面あき拡大図

1.3cm
1cm
2.9cm
1cm

袖と身頃の背面に、細いタックが4本ずつ入っている

後ろのあきには合計9組の糸ループとホックが付いている

白い綿のテープ（右側のテープは外されている）

縫い目
縫い目

ホックと糸ループ2組

ただしウエストラインの高いエンパイア・シルエットが流行した1907〜1914年は例外で、当時はボーンの入ったブラジャーやコルセットと一続きになったスカートを履くこともあった。1820年頃からは、ステイズの上にキャミソールを着て、ドレスを保護した。1890年代には、これを「ペチコート付き身頃」と呼んだ。ブラウスは1860年代の初めに登場している。

1913年頃　　◆刺繍を施した、白いローンのアフタヌーン・ドレス

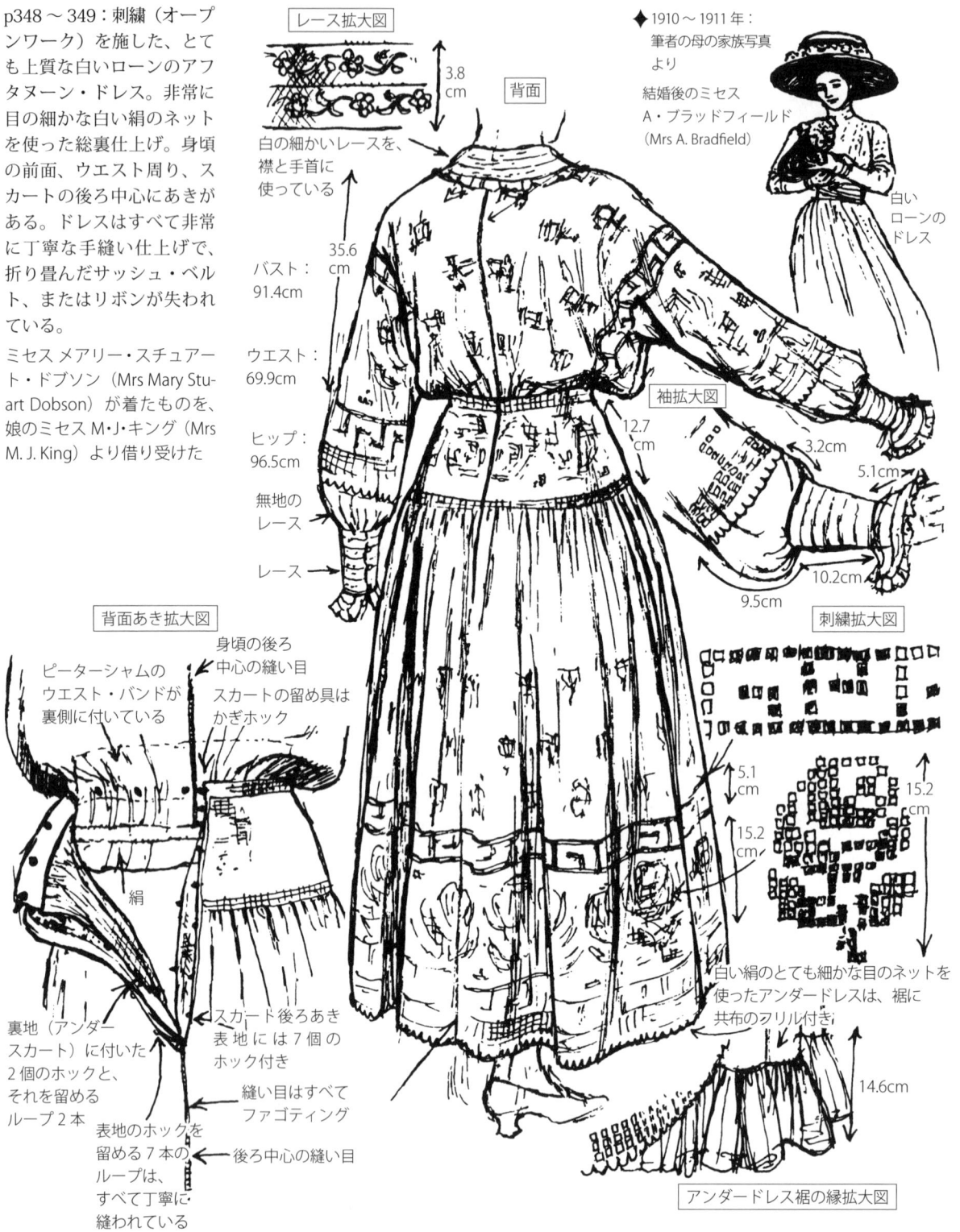

p348〜349：刺繍（オープンワーク）を施した、とても上質な白いローンのアフタヌーン・ドレス。非常に目の細かな白い絹のネットを使った総裏仕上げ。身頃の前面、ウエスト周り、スカートの後ろ中心にあきがある。ドレスはすべて非常に丁寧な手縫い仕上げで、折り畳んだサッシュ・ベルト、またはリボンが失われている。

ミセス メアリー・スチュアート・ドブソン（Mrs Mary Stuart Dobson）が着たものを、娘のミセス M・J・キング（Mrs M. J. King）より借り受けた

◆ 1910〜1911年：筆者の母の家族写真より

結婚後のミセス A・ブラッドフィールド（Mrs A. Bradfield）

白いローンのドレス

レース拡大図　3.8cm

背面

白の細かいレースを、襟と手首に使っている

35.6cm
バスト：91.4cm
ウエスト：69.9cm
ヒップ：96.5cm

無地のレース
レース

袖拡大図
12.7cm
3.2cm
5.1cm
10.2cm
9.5cm

刺繍拡大図
5.1cm
15.2cm
15.2cm

背面あき拡大図

ピーターシャムのウエスト・バンドが裏側に付いている

身頃の後ろ中心の縫い目
スカートの留め具はかぎホック

絹

裏地（アンダースカート）に付いた2個のホックと、それを留めるループ2本

表地のホックを留める7本のループは、すべて丁寧に縫われている

スカート後ろあき表地には7個のホック付き

縫い目はすべてファゴティング

後ろ中心の縫い目

白い絹のとても細かな目のネットを使ったアンダードレスは、裾に共布のフリル付き

14.6cm

アンダードレス裾の縁拡大図

このようにセンスがよく魅力にあふれた白いドレスは、長いあいだアフタヌーン・ドレスとして人々に好まれ、特に1910〜1914年は人気が高かった。このドレスは、見事な刺繍が施されている上に、まるで高価なアンダーウェアのようにすべて手縫いで仕上げてある。

◆ 1911年：
『レディース・フィールド(The Ladies' Field)』6月号の写真より

「クロッケー用のフロック」

白い麻のイギリス刺繍と、膨らみのあるサテン・ステッチを施し花柄のリボンのサッシュベルトを着けている

◆ 刺繍を施した、白いローンのアフタヌーン・ドレス

袖拡大図

金属の輪を糸でかがった小さなボタン

無地のローン

レース

縁は波形

1.9cm

前面

身頃と袖の肘下までは続け裁ちしてある

53.3cm

すべての縫い目はファゴティング

刺繍拡大図

7cm

78.7cm

33.7cm

10.8cm

大小の花のモチーフはどちらも小さな四角いオープンワーク

前面あき拡大図

縁はファゴティング

身頃、袖、スカートは、とても目の細かい絹のネットの裏地付き
裏側に付いたピーターシャムのウエスト・バンドに3個のホックが付いている

この部分の2個のスナップはサッシュ・ベルト用だろうか？

表地の絹のウエスト・バンドにも、3組のかぎホック付き

絹のネット

スカートは、ウエストに付いたスナップとかぎホックで背中の中央に留める

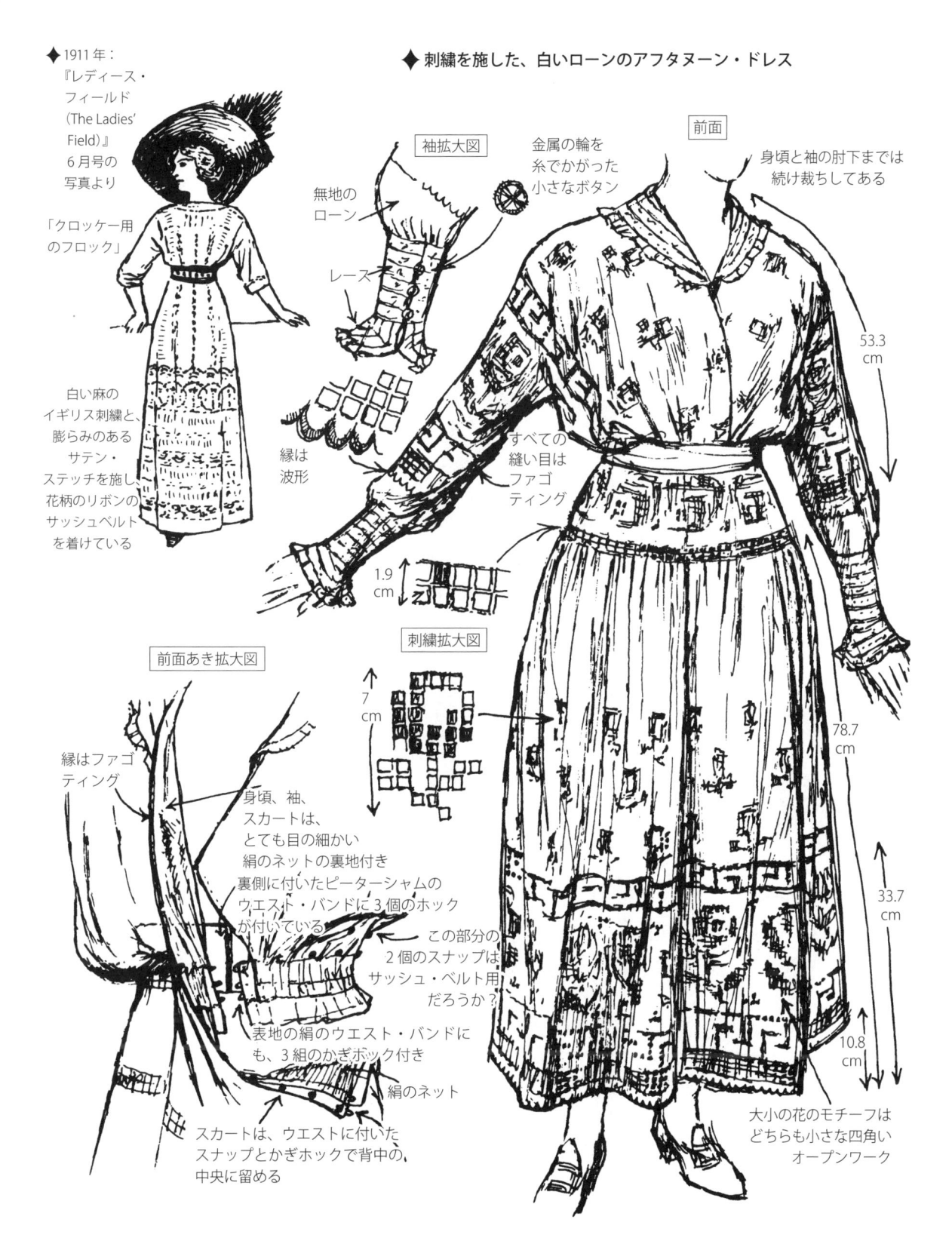

この頃になるとウエストラインの位置が下がり、腰回りと裾が装飾などで強調され、流行の変化を感じさせる。上の、1911年の写真では、オープンワーク刺繍のドレスの下に黒いスリップを着用しているのだが、ここで取り上げたドレスの下には、そうしたスリップは合わせなかったであろう。1910～1911年には大きな帽子が流行したが、1912年にかけてサイズは小さくなった。

1914年

p350〜351：濃い紫色のサテンに銀糸で花柄を織り込んだブロケードのイブニング・ドレス。レディ・イブリン・メイソン（Lady Evelyn Mason）が娘のバイオレット（Violet）を謁見させるために、宮廷を訪れた際に着たもの。袖はドレスと同色の絹のネット。肩から垂れている白い人造宝石の付いた垂れ飾りは、長さが腰の辺りまである。後ろあきはトレーンの下に隠れている。ボーン入りで、白いサテンの裏地付き。
ミセス ウィッカム・スティード（Mrs Wickham Steed）がチャスルトン・ハウス（Chastleton House）に寄贈し、現在はスノースヒル・コレクション（Snowshill Collection）に貸与

◆1914年：家族写真より

のちのミセス ウィッカム・スティード（Mrs Wickham Steed）である、レディ・イブリン・メイソン（Lady Evelyn Mason）の娘、バイオレット（Violet）が18歳の時の写真

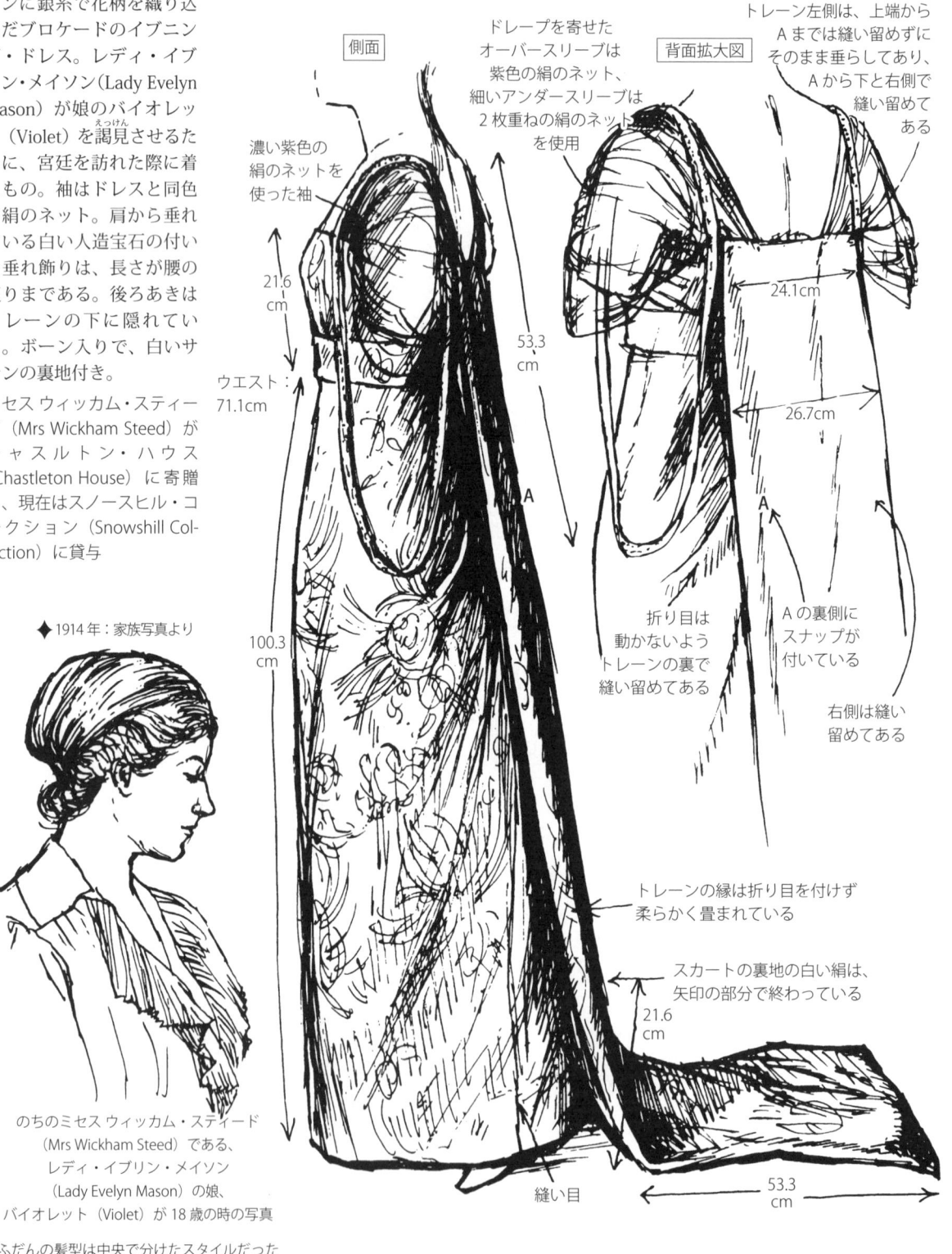

ふだんの髪型は中央で分けたスタイルだった

◆ 濃い紫色のサテンに銀糸で花柄を織り込んだ、ブロケードのイブニング・ドレス

側面

濃い紫色の絹のネットを使った袖

21.6 cm

ウエスト：71.1cm

100.3 cm

21.6 cm

縫い目

53.3 cm

ドレープを寄せたオーバースリーブは紫色の絹のネット、細いアンダースリーブは2枚重ねの絹のネットを使用

53.3 cm

折り目は動かないようトレーンの裏で縫い留めてある

トレーンの縁は折り目を付けず柔らかく畳まれている

スカートの裏地の白い絹は、矢印の部分で終わっている

背面拡大図

トレーン左側は、上端からAまでは縫い留めずにそのまま垂らしてあり、Aから下と右側で縫い留めてある

24.1cm

26.7cm

Aの裏側にスナップが付いている

右側は縫い留めてある

1910年に登場し、1915年頃まで作られたこの図のような細身の「足かせ」のようなスカートは、ヴィクトリア朝時代後期のドレスと同様に、動きを制限した。ただしこの頃になっても、活発な女性は幅の広い実用的なスカートを履いていた。

◆ 濃い紫色のサテンに銀糸で花柄を織り込んだ、
ブロケードのイブニング・ドレス

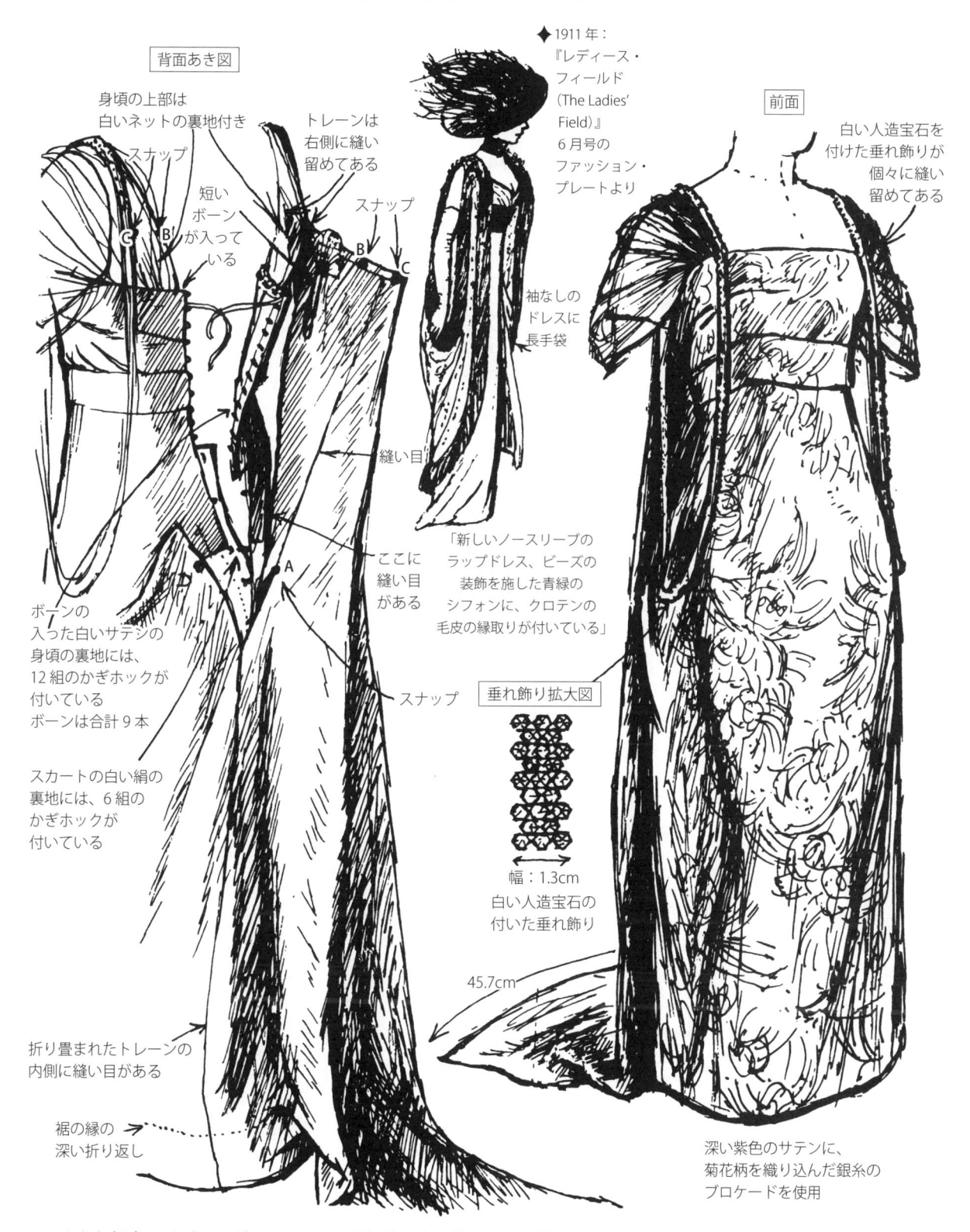

[背面あき図]

身頃の上部は
白いネットの裏地付き

スナップ

短いボーンが入っている

トレーンは
右側に縫い留めてある

スナップ

◆1911年：
『レディース・フィールド
(The Ladies' Field)』
6月号の
ファッション・
プレートより

[前面]

白い人造宝石を
付けた垂れ飾りが
個々に縫い留めてある

袖なしのドレスに長手袋

縫い目

ここに縫い目がある

ボーンの入った白いサテンの身頃の裏地には、12組のかぎホックが付いている
ボーンは合計9本

スナップ

「新しいノースリーブの
ラップドレス、ビーズの
装飾を施した青緑の
シフォンに、クロテンの
毛皮の縁取りが付いている」

[垂れ飾り拡大図]

←幅：1.3cm→
白い人造宝石の
付いた垂れ飾り

45.7cm

スカートの白い絹の
裏地には、6組の
かぎホックが付いている

折り畳まれたトレーンの
内側に縫い目がある

裾の縁の
深い折り返し

深い紫色のサテンに、
菊花柄を織り込んだ銀糸の
ブロケードを使用

このような細身のイブニング・ドレスには、「視線を上に持ってくる効果」を出すために、ガーゼやレースの膝丈のチュニックを合わせることが多かった。このドレスに下がっている輝く宝石付きの垂れ飾りは、逆に視線を下方向に向けさせてヒップを目立たせている。1922年の宮廷服で正装した図はp364左下にある。

1914年

p352～353：淡い青の絹に、金糸で花柄を織り込んだブロケードのイブニング・ドレス。身頃はシフォンにネットを重ね、真珠、クリーム色と銀メッキのビーズ、白い人造宝石を使った刺繍を施してある。後ろあきで、白い絹の裏地付き。細い「足かせ」のようなスカート。

オスウェストリー（Oswestry）のコンスタンス・ブラウン（Constance Brown）が着用したもので、本人がスノースヒル・コレクション（Snowshill Collection）に寄贈

p352：艶のある、銀色の子ヤギ革のイブニング・シューズ。

ミス ノーラ・ホーカー（Miss Nora Hawker）所蔵

◆ 淡い青の絹に金糸で花柄を織り込んだ、ブロケードのイブニング・ドレス

背面あき拡大図　裏返しにした状態
シフォン
ネットに裏地が付いている
シフォンのアンダースリーブ
ネット
背面
袖：33cm
白い絹
後ろあき 29.2cm
ボーンが入っている
A～Bには幅の広いピーターシャムが付いている
ウエスト：72.4cm
71.1cm
白い絹の裏地は、ふくらはぎの辺りまで付いている
104.1cm

身頃刺繍拡大図

白い人造宝石が、青いジョーゼットに銀糸で縫い留めてある
5.1cm
拡大図
真珠
ネットにクリーム色のビーズ
ネットに付いたクリーム色のビーズの列
色の濃い銀のビーズの模様に、真珠の縁取り
ウエストには幅0.6cmのコード・パイピング付き
真珠
前スカートの縫い目

◆ 銀色の子ヤギ革のイブニング・シューズ

24.1cm
4.4cm
靴の後ろ半分のみ、白い子ヤギ革の裏地付き
この靴は、ミス エリザベス・ローラソン（Miss Elizabeth Rollason）が履いた

模造宝石や人造宝石は、このような細身のドレスの小さな身頃によく使われたが、こうした装飾はネットやガーゼといった繊細な生地には重すぎて、保存が難しかった。ここに紹介したドレスは、カレン・フィンチ（Karen Finch）によって、見事に修復されている。

◆ 淡い青の絹に金糸で花柄を織り込んだ、ブロケードのイブニング・ドレス

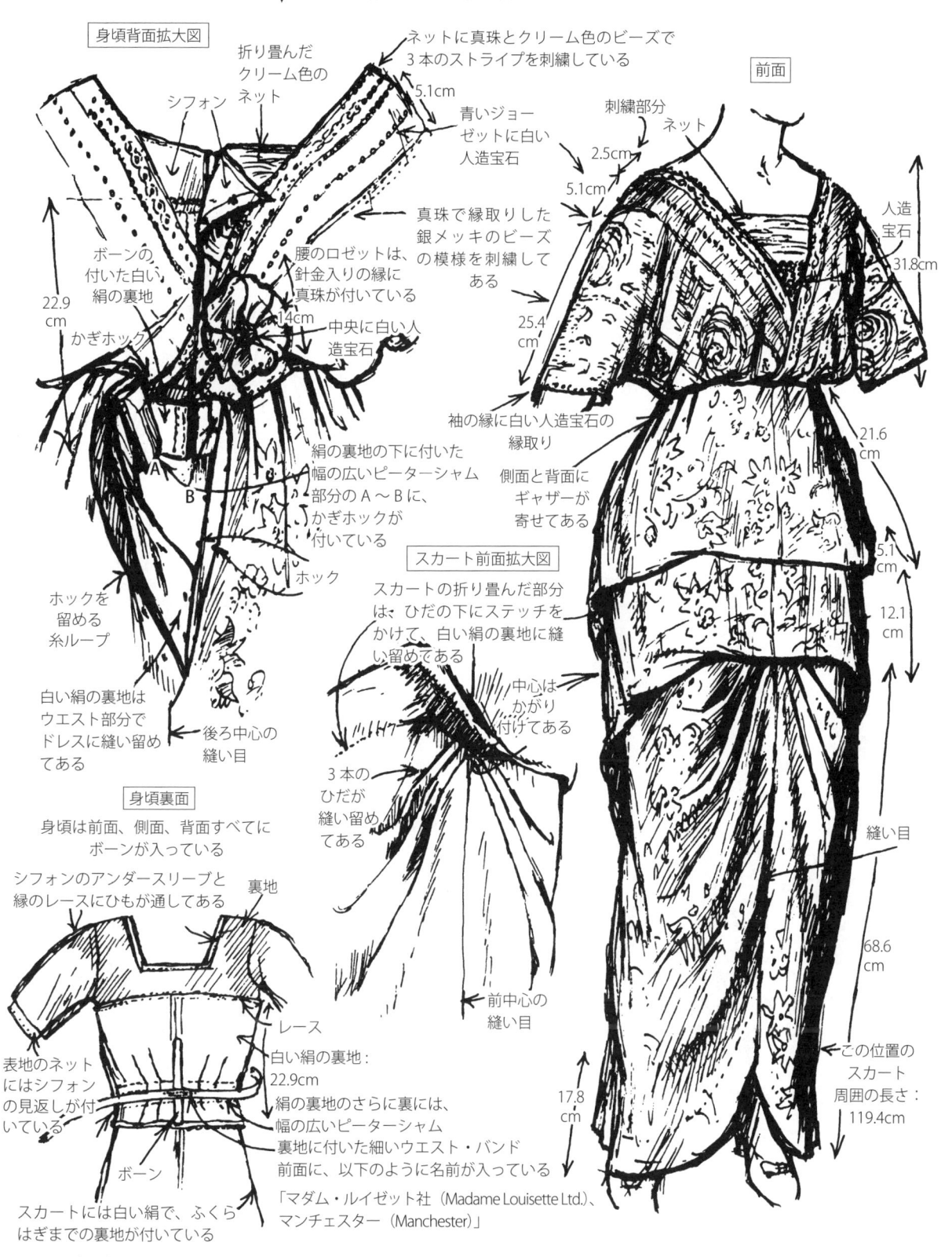

身頃背面拡大図

- 折り畳んだクリーム色のネット
- シフォン
- ネットに真珠とクリーム色のビーズで3本のストライプを刺繍している
- 5.1cm
- 青いジョーゼットに白い人造宝石
- 真珠で縁取りした銀メッキのビーズの模様を刺繍してある
- ボーンの付いた白い絹の裏地
- 22.9cm
- かぎホック
- 腰のロゼットは、針金入りの縁に真珠が付いている
- 14cm
- 中央に白い人造宝石
- 絹の裏地の下に付いた幅の広いピーターシャム部分のA〜Bに、かぎホックが付いている
- A
- B
- ホック
- ホックを留める糸ループ
- 白い絹の裏地はウエスト部分でドレスに縫い留めてある
- 後ろ中心の縫い目

前面

- 刺繍部分
- ネット
- 2.5cm
- 5.1cm
- 人造宝石
- 31.8cm
- 25.4cm
- 袖の縁に白い人造宝石の縁取り
- 側面と背面にギャザーが寄せてある
- 21.6cm
- 5.1cm
- 12.1cm

スカート前面拡大図

- スカートの折り畳んだ部分は、ひだの下にステッチをかけて、白い絹の裏地に縫い留めてある
- 中心はかがり付けてある
- 3本のひだが縫い留めてある
- 前中心の縫い目
- 縫い目
- 68.6cm
- 17.8cm
- この位置のスカート周囲の長さ：119.4cm

身頃裏面

- 身頃は前面、側面、背面すべてにボーンが入っている
- シフォンのアンダースリーブと縁のレースにひもが通してある
- 裏地
- レース
- 表地のネットにはシフォンの見返しが付いている
- 白い絹の裏地：22.9cm
- 絹の裏地のさらに裏には、幅の広いピーターシャム裏地に付いた細いウエスト・バンド前面に、以下のように名前が入っている
- 「マダム・ルイゼット社（Madame Louisette Ltd.）、マンチェスター（Manchester）」
- ボーン
- スカートには白い絹で、ふくらはぎまでの裏地が付いている

ドレープを寄せた身頃は、宝石やビーズの装飾を引き立てる最適なカッティングではあるが、このドレスのように、肩の部分に負担がかかりすぎることも多かった。ウエストには少しだけボーンが入っている。この頃、多くの女性が窮屈なコルセットを使わなくなり、ドレープの入ったドレスを好み、公然と化粧をするようになった。

1917～1918年

p354～355：白いモスリンのドレス。前身頃、セーラー・カラー、カフス、裾の縁には手縫いの花柄の刺繍を施し、スカートの腰の部分、襟、カフスにはレースを挟み込んである。前あきで裏地は付いておらず、スカートは幅が広く足首が見える丈である。

ミセスJ・B・ホートン（Mrs J. B. Hooton）が10代の終わり頃にインドで着たもので、本人が個人コレクションに寄贈

◆白いモスリンのドレス

◆1916年：『デイリー・メール（Daily Mail）』10月2日刊の広告より

サージのスーツ、価格は39ポンド6シリング

スーツの販売店はロンドンのニュー・オックスフォード・ストリート（New Oxford Street, London）にある「ヘンリー・グレイヴ（Henry Glave）」

色は黒または紺

◆1916年：『ヘアドレッサーズ・ウィークリー・ジャーナル（Hairdressers' Weekly Journal）』より

1916年8月のロンドンの流行の髪型

前面

ウエストは前面と背面のみギャザーが寄っている

36.8cm

袖前面の縫い目の長さ：43.2cm

43.2cm

2枚重ねのモスリン 2.5cm

25.4cm

白いレースを挟み込んである

レース拡大図

3.2cm

スカートのあきは矢印の部分まで

69.9cm

白いモスリンに白い綿糸を使い、手で刺繍してある

スカート刺繍拡大図

A、B

スカートにはAとBの水玉柄が交互に刺繍されている

水玉柄

縫い目

22.9cm

3.8cm

縫い目

裾の縁

ファゴティング

1916年10月2日刊の『デイリー・メール（Daily Mail）』の広告に掲載された、ロンドンのホワイトリーズ（Whiteleys）百貨店の靴

つやのある子ヤギ革にエナメル加工を施したツーストラップシューズ

つま先はパリで流行の形

靴の価格は14ペンス11シリング

ミセスJ・B・ホートン（Mrs J. B. Hooton）は、「ダルジー」と呼ばれるインドの服の仕立職人がベランダに座り、ミシンの前に腰を下ろして手と足を駆使してこのドレスを作る様子を眺めたという。当時、服作りは男性の仕事で、女性が携わることはなかった。

◆ 白いモスリンのドレス

前面あき拡大図
衿元のパネルの横幅：←11.4cm→
12本の細いタック
前あきに5組のホックと糸ループ付き

背面
ファゴティング
縫い目
24.1cm
39.4cm
袖の縫い目
14.6cm
ウエスト：73.7cm
ベルトは失われている
あき部分の多いオープンワークのレースを挟み込んでいる
レースにギャザーを寄せてある
縫い目
縫い目

18.4cm
前面にギャザー
スナップ
ループ状のテープ
白いピーターシャムのウエスト・バンドに、2組のかぎホック
外側にウォッチ・ポケット
3組のホックと糸ループ

◆ 1916年：『デイリー・メール（Daily Mail）』10月4日刊の広告より
丈夫なクーティルを使ったコルセット、価格は5ポンド

◆ 1916年：『デイリー・メール（Daily Mail）』10月5日刊の広告より
ツイルフィット社（Twilfit）製のコルセット、価格は1ポンド11.5シリング～21ポンド

この頃になると、髪型はウェーブやカールを付けたスタイルになる。左上の女性のスケッチのような、幅広でクラウンの低い帽子をこのドレスにも合わせただろう。スカートは足首が見えるほど短くなった。一部の女性は、ウエストから腿の辺りまでの体形を整えるコルセットをまだ使っていた。

1919年

◆緻密なレースと厚手の絹を使った、クリーム色のドレス

p356～357：緻密なレースと厚手の絹を使った、クリーム色のアフタヌーンまたはイブニング・ドレス。肩回りと袖の部分にクリーム色のシフォンとレースを重ね、絹の身頃部分にファゴティングで留めたのち、クリーム色のサテンの長いスリップに縫い留めてある。絹とレースの表地は後ろ脇に、スリップには後ろ中心にあきがある。縁にはボール・フリンジの装飾付き。オスウェストリー（Oswestry）のコンスタンス・ブラウン（Constance Brown）が着用したものを、スノースヒル・コレクション（Snowshill Collection）に寄贈

前面

サテンのスリップと絹の身頃の上に、クリーム色の豪華なレースとシフォンを重ねてある

ドレスは角張ったデザイン

シフォンはここまで

シフォンの袖の縁

ロー・ウエスト：106.7cm

クリーム色の厚手の絹：29.2cm

43.2cm

A

B

86.4cm

26cm

29.2cm

レース拡大図

A〜B間のレース

20.3cm

A

B

厚手の絹は大きなブレードを縫い付けたような質感で、つや消しの生地にサテン・ステッチで模様を刺繍してあり、裏側には反転した模様が浮き出ている

ここの端には折り返しがない

レース拡大図

肩の辺りのレース

クリーム色の絹糸を編んだ玉

1.3cm

肩の部分にシフォン

絹部分は、縁に2本のパイピングが付いている

レースはあきの多いオープンワーク

部分的に多くのコードを使って立体的に飾り、大きくあきを残したデザインでありながら、とても丁寧かつ贅沢に作られている

◆1923年：広告より

白またはピンクのサテンのブラジャー

穴のあいた伸縮性のある新しい絹を使った、被ったり履いたりして身に着ける方式のベルト　レース付き

◆1918年：広告より

ピーチ色のブロケードを使ったコルセット

ウエストにはゴムが入っており、背面は上から下まで編み上げて留める方式

第一次世界大戦（1914～1918年）の後は、縦に長いシルエットが再び人気となった。ただし今回の流行はウエストの切り替え位置が低く、1920年にはヒップの位置まで下がり、細いスカートは足首丈になる。また、髪を短く切った「ボブ」と呼ばれるショートヘアの女性が多くなり、体の曲線を強調せず、胸のないボーイッシュな装いをした。

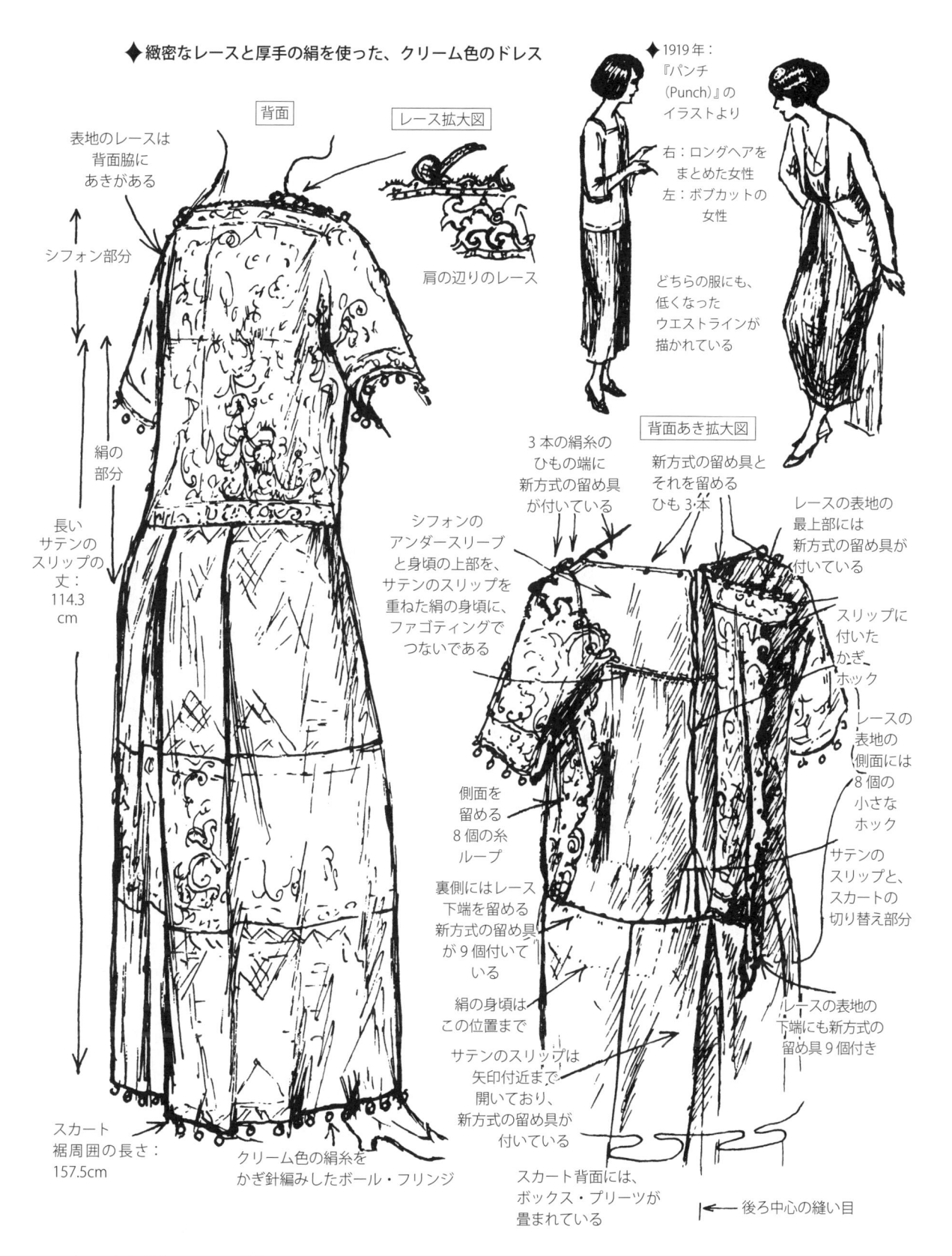

◆ 緻密なレースと厚手の絹を使った、クリーム色のドレス

[背面]

[レース拡大図]

表地のレースは背面脇にあきがある

肩の辺りのレース

シフォン部分

絹の部分

長いサテンのスリップの丈：114.3cm

◆ 1919年：『パンチ（Punch）』のイラストより

右：ロングヘアをまとめた女性
左：ボブカットの女性

どちらの服にも、低くなったウエストラインが描かれている

[背面あき拡大図]

3本の絹糸のひもの端に新方式の留め具が付いている

新方式の留め具とそれを留めるひも3本

シフォンのアンダースリーブと身頃の上部を、サテンのスリップを重ねた絹の身頃に、ファゴティングでつないである

レースの表地の最上部には新方式の留め具が付いている

スリップに付いたかぎホック

レースの表地の側面には8個の小さなホック

側面を留める8個の糸ループ

サテンのスリップと、スカートの切り替え部分

裏側にはレース下端を留める新方式の留め具が9個付いている

絹の身頃はこの位置まで

サテンのスリップは矢印付近まで開いており、新方式の留め具が付いている

レースの表地の下端にも新方式の留め具9個付き

スカート裾周囲の長さ：157.5cm

クリーム色の絹糸をかぎ針編みしたボール・フリンジ

スカート背面には、ボックス・プリーツが畳まれている

← 後ろ中心の縫い目

1918年にはまだウエストを強調したコルセットが作られていたが、1920年になると、ドレスから体を締めつけるアンダーウェアが消えた。ドレスは肩から足首までまっすぐに布が落ち、その多くは前と後ろの形がまったく同じで、留め具のないデザインになった。

1921年

p358〜359:濃い朱色とピーチ色のジョーゼットのイブニング・ドレス。前面と背面に銀糸の装飾が施されている。ドレス表地の両側面があいており、下に着たドレスと同じ生地のスリップの、脇パネルが見える仕組みになっている。スリップ内側には、ピーチ色のクレープ・デ・シンのペチコートが付いている。袖は長い羽のようなに肩から垂れ、長い帯ひもは腰の後ろで結ぶ。

バイオレット・メイソン (Violet Mason) が着たもので、チャストルトン・ハウス (Chastleton House) に寄付されたのち、現在はスノースヒル・コレクション (Snowshill Collection) に貸与

◆ 濃い朱色とピーチ色のジョーゼットのイブニング・ドレス

背面

横幅:43.2cm

スリップ背面

スナップを使いスリップのストラップをドレスに留めてある

スリップの上端

16.5cm

31.8cm

82.6cm

脇の部分のみギャザーが入っている

ドレスに合わせたピーチ色のジョーゼットのスリップ

スリップの内側にセットになったペチコートはクレープ・デ・シン製で、スリップ上端の部分で縫い留めてある

77.5cm

ペチコートには計13個のスナップが付いており、スリップより7.6cmほど丈が短い

脇には銀糸の刺繍を施した濃い朱色の生地が使われている。

ピコット編みの縁飾り

スリップの脇パネルに付けられた刺繍入りの生地

ドレスはパリ (Paris) のCH. ドレコール (CH. Drecoll) で1921年の秋に購入したもの

レディ・イブリン・メイソン (Lady Evelyn Mason) の娘であるバイオレット・メイソン (Violet Mason)、現在のミセス ウィッカム・スティード (Mrs Wickham Steed) が、1921年の秋にパリで買ったドレス。この上なくファッショナブルな色使いの、豪華で洗練されたこのドレスは、背の高い優雅な上流階級の女性にぴったりである。

◆濃い朱色とピーチ色のジョーゼットのイブニング・ドレス

刺繍拡大図　　　前面　　　刺繍拡大図

濃い朱色のジョーゼットに銀糸を使ってミシン刺繍を施してある。流れるような1本の線が途切れずに模様を描いている。

濃い朱色

54 cm

86.4cm

ドレスの前面と背面は細部に至るまで同じデザイン

ヒップ：101.6cm

両脇の朱色の帯ひも：104.1cm

この図では帯ひもをリボン結びにして片方の端を短く、もう片方を長く垂らしている

濃い朱色

ピコット編みの縁飾り

81.3cm

77.5 cm

帯ひもの端

76.2 cm

上半分は濃い朱色のジョーゼット

ドレスの表地は、ピーチ色のジョーゼットを2枚重ねてある

48.3cm

ピーチ色のスリップの刺繍を施した脇パネルが横から見える

ドレス前面と背面の横幅は、各48.3cm

非常に手の込んだ刺繍が、このドレスを特別なものにしている。肩から裾まで、完全に直線でできており、前後の形の差はない。スリップとペチコートの左脇にあるあきだけが、前後を判断するヒントになっている。

1921年

p360：引き続き、濃い朱色とピーチ色（薄いオレンジ色）のジョーゼットのイブニング・ドレスの解説。脇の長い帯ひもをほどいて、表地と同じ布を使ったスリップの脇パネルを見せた図。
スノースヒル・コレクション（Snowshill Collection）に貸与されている

p361：ライラック色（明るい紫色）の絹のアフタヌーン・ドレス。幅の広いフラウンスが付いている。少女用のドレスである。
ミス ノーラ・ホーカー（Miss Nora Hawker）が着たもので、本人から貸与

◆ 濃い朱色とピーチ色のジョーゼットのイブニング・ドレス

側面

朱色のジョーゼット上部には銀糸の刺繍が施されている

同様の刺繍が入った腕の下A～Bの長さは20.3cm

スリップの脇にも、同じ装飾が使われている

19.1cm
7cm

ピーチ色のスリップは脇の部分のみギャザーが入っており、その下の絹のペチコートも同様である

生地を2枚重ねにしたピーチ色のスカート表地

ピーチ色のスリップ

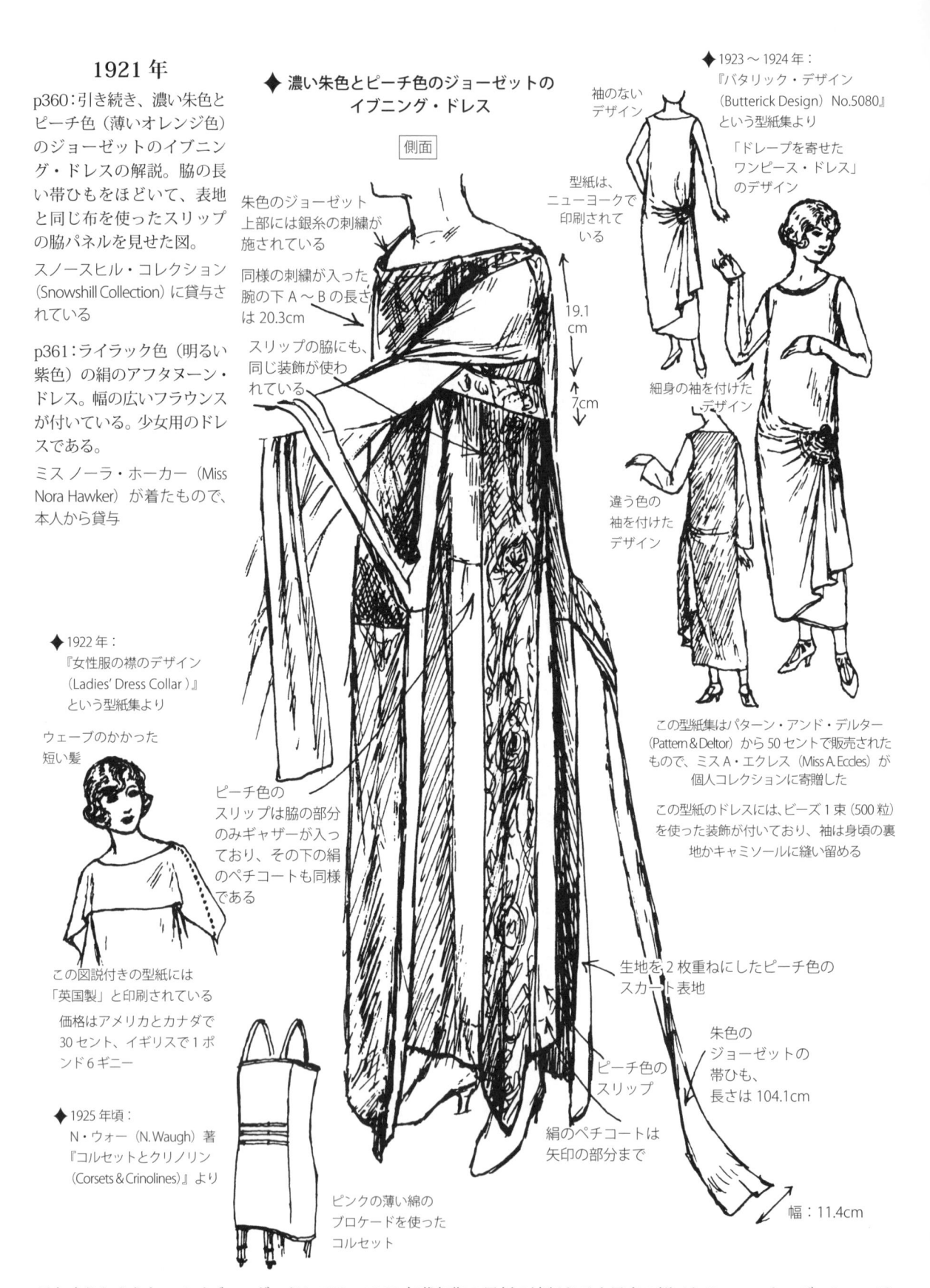

絹のペチコートは矢印の部分まで

朱色のジョーゼットの帯ひも、長さは104.1cm

幅：11.4cm

◆ 1923～1924年：
『バタリック・デザイン（Butterick Design）No.5080』という型紙集より

袖のないデザイン

型紙は、ニューヨークで印刷されている

「ドレープを寄せたワンピース・ドレス」のデザイン

細身の袖を付けたデザイン

違う色の袖を付けたデザイン

この型紙集はパターン・アンド・デルター（Pattern & Deltor）から50セントで販売されたもので、ミス A・エクレス（Miss A. Eccles）が個人コレクションに寄贈した

この型紙のドレスには、ビーズ1束（500粒）を使った装飾が付いており、袖は身頃の裏地かキャミソールに縫い留める

◆ 1922年：
『女性服の襟のデザイン（Ladies' Dress Collar）』という型紙集より

ウェーブのかかった短い髪

この図説付きの型紙には「英国製」と印刷されている

価格はアメリカとカナダで30セント、イギリスで1ポンド6ギニー

◆ 1925年頃：
N・ウォー（N.Waugh）著『コルセットとクリノリン（Corsets & Crinolines）』より

ピンクの薄い綿のブロケードを使ったコルセット

目もくらむようなこのイブニング・ドレスは、1920年代初期の最新の流行を示す最高の例である。ファウンデーションは平らな作りになり、女性の体に詰め物や「成形」を加えることはなくなった。

◆ライラック色の絹のアフタヌーン・ドレス

[前面]

襟とカフスのフリルは、クリーム色の刺繍入りネット

5.7 cm

後ろ身頃丈：43.2 cm

[フリル拡大図]

5.7 cm

[背面]

後ろあきはボタンで留める方式
一番上はかぎホック

13.3 cm

30.5 cm

前身頃丈：45.7 cm

5.7 cm

[ボタン拡大図]

1.3 cm

共布のくるみボタン

腰の下までの丈の白い絹

ベルト通し用ループ

布端は耳のまま

4.4 cm

5.1 cm

35.6 cm

35.6 cm

50.8 cm

71.1 cm

[フラウンス拡大図]

パイピング：0.32 cm

裾周り寸法：142.2 cm

脇の縫い目

折り返しは別布の、淡い青の絹

29.2 cm

上端にパイピングを入れたスカートのフラウンスには、軽くギャザーが寄せてある

付属のベルトは失われている

ロンドンのデベナム・アンド・フリーボディ
（Debenham & Freebody）社製である

まったく対照的なスタイルではあるが、この少女のドレスにも、左のドレスのような直線的な特徴が表れている。フラウンスは膝の上で終わり、パイピングを施した縫い目が、腰のラインを強調している。p360 右上のドレスの型紙のイラストには、袖なしのデザイン、腰に付けた装飾、裾を持ち上げて膝の辺りを強調したスカートのデザインなどが描かれている。

1922〜1923年頃

p362〜363：クリーム色のレースとネットのアフタヌーン・ドレス。ネットは3種類使っている。使っている。ピーチ色（薄いオレンジ色）のクレープ・デ・シンのスリップ付き。ロー・ウエストで、細く長い袖が付いており、袖口意外には留め具が付いていない。身頃の前面、袖、スカートの上2段のフラウンスにはリメリック・レースを使っている。一番下のフラウンス）はすべて、刺繍枠を使って手で刺繍を施してある。

個人コレクション

◆クリーム色のレースとネットのアフタヌーン・ドレス

前面

6.4cm

スリップ・オーバー・ドレスのデザイン

袖丈：71.1cm

50.8cm

ネット絹

袖下の縫い目の長さ：53.3cm

26.7cm

78.7cm

◆1923年：『バタリック・デザイン（Butterick Design）No.4332』という型紙集より

シンプルな袖か幅の広い袖のデザインを選べる

この型紙集はパターン・アンド・デルター（Pattern & Deltor）から45セントで販売されたもので、ミス A・エクレス（Miss A. Eccles）が個人コレクションに寄贈した

レース拡大図

身頃の前面に使ったリメリック・レース

12.7cm

ネットに花のアップリケを施した機械編みに、刺繍枠を使って手刺繍を加えてある
一番下のフラウンスは、すべて刺繍枠を使った手刺繍

35.6cm

50.8cm

刺繍拡大図

アップリケの花びら

3.8cm

5.1cm

流れるような線は手で刺繍したもの

中心のみ縫い留めてある

大きな花の柄は、花の中心と花びらの周りを縫い留めてある

この上品で「粋」なデザインのドレスは、とても良い状態で保存されている。しかし機械編みのレースは、これ以前に作られていた手編みのレースが持つ美しさにはかなわない。このスカートは床と水平な線を強調して本来の裾の位置をあやふやにする効果を出し、この後すぐに起きる大きな変化を予告しているようである。

♦ クリーム色のレースとネットのアフタヌーン・ドレス

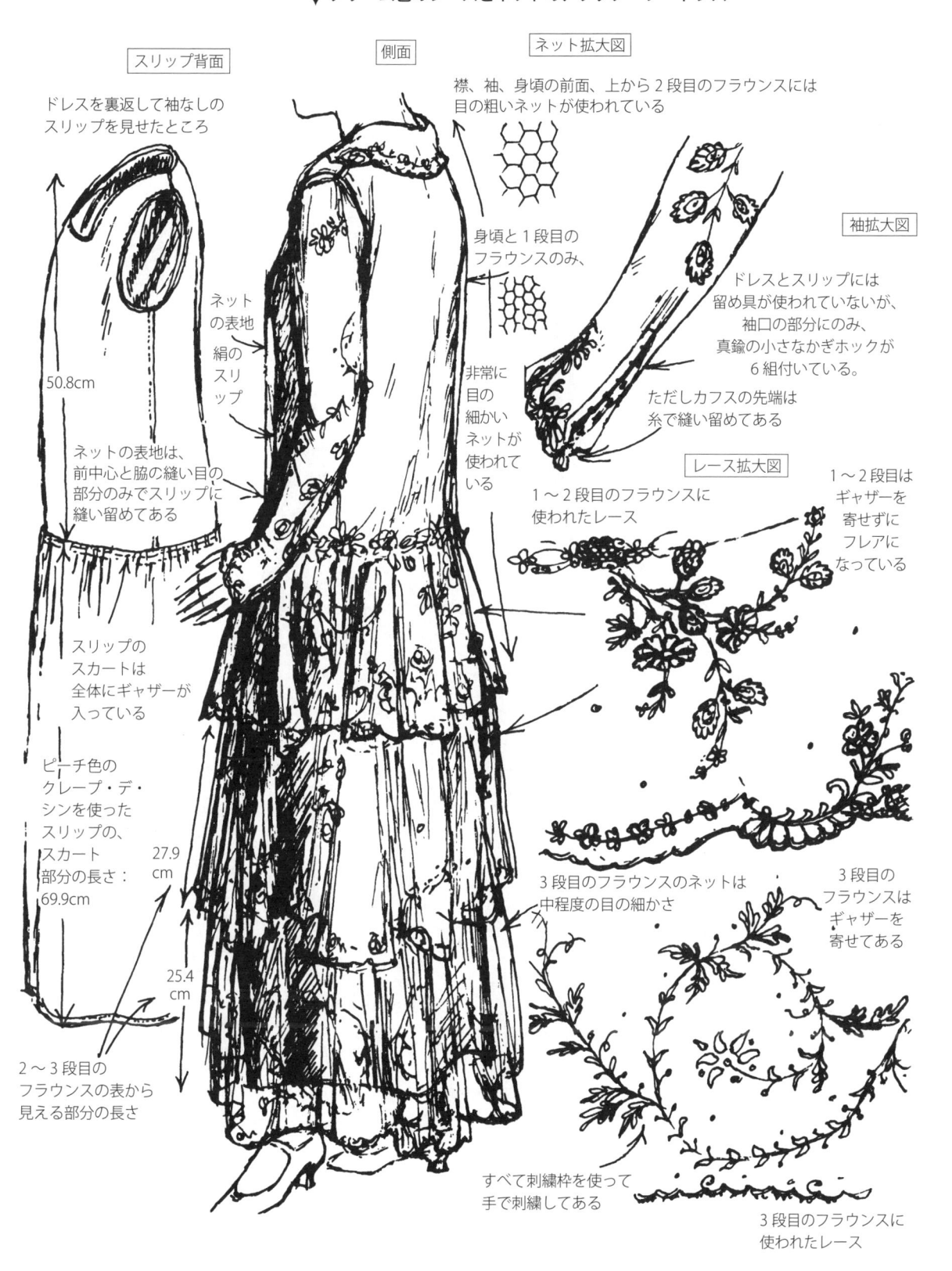

スリップ背面

ドレスを裏返して袖なしのスリップを見せたところ

50.8cm

ネットの表地 絹のスリップ

ネットの表地は、前中心と脇の縫い目の部分のみでスリップに縫い留めてある

スリップのスカートは全体にギャザーが入っている

ピーチ色のクレープ・デ・シンを使ったスリップの、スカート部分の長さ：69.9cm

2〜3段目のフラウンスの表から見える部分の長さ

側面

ネット拡大図

襟、袖、身頃の前面、上から2段目のフラウンスには目の粗いネットが使われている

身頃と1段目のフラウンスのみ、非常に目の細かいネットが使われている

袖拡大図

ドレスとスリップには留め具が使われていないが、袖口の部分にのみ、真鍮の小さなかぎホックが6組付いている。

ただしカフスの先端は糸で縫い留めてある

レース拡大図

1〜2段目のフラウンスに使われたレース

1〜2段目はギャザーを寄せずにフレアになっている

3段目のフラウンスのネットは中程度の目の細かさ

3段目のフラウンスはギャザーを寄せてある

27.9cm

25.4cm

すべて刺繍枠を使って手で刺繍してある

3段目のフラウンスに使われたレース

留め具が使われていないこのドレスは、アメリカでは「スリップ・オーバー（かぶり着）」と呼ばれる。バタリック（Butterick）社*の型紙は、アメリカでは1919年8月19日に、イギリスでは1919年3月23日に特許を取った。

＊：バタリック（Butterick）社　アメリカの仕立屋エベネゼ・バタリック（Ebenezer Butterick）によって設立された服飾用型紙の会社。

1923年頃

p364〜365：淡い赤紫色のジョーゼットのイブニング・ドレス。装飾には銀糸の織物と銀色のブレード、3本の長いタッセルをあしらった見事なビーズ刺繍を使っている。ビーズ刺繍は全体を小さなカラービーズで覆い、一部に人造宝石を使っている。2枚の大きな正方形の生地を肩から垂らして「袖」としている。ピンクのクレープ・デ・シンのスリップが付いた脇あきのドレスである。

チャスルトン・ハウス（Chastleton House）からスノースヒル・コレクション（Snowshill Collection）に貸与

◆淡い赤紫色のジョーゼットのイブニング・ドレス

前面

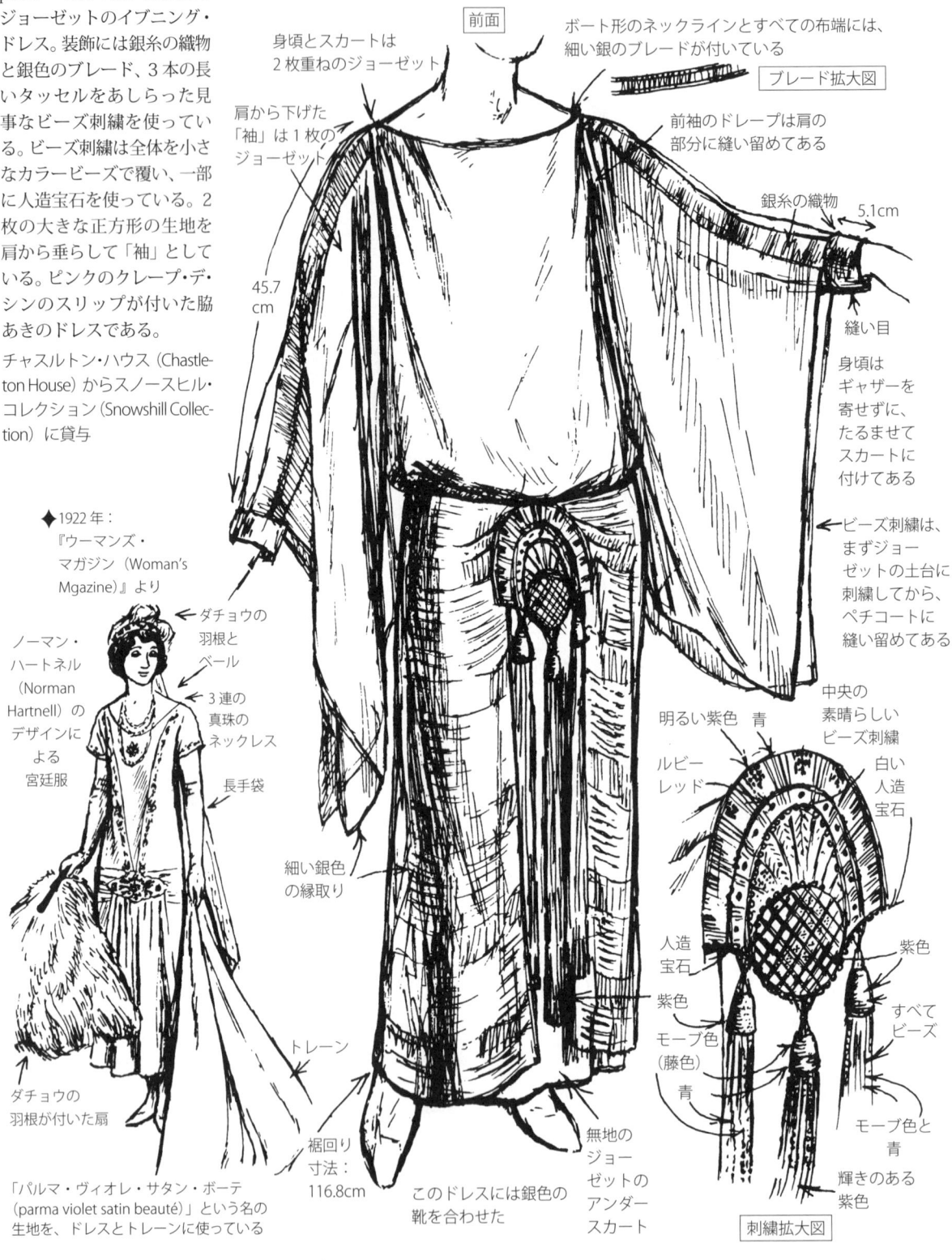

- 身頃とスカートは2枚重ねのジョーゼット
- ボート形のネックラインとすべての布端には、細い銀のブレードが付いている
- ブレード拡大図
- 肩から下げた「袖」は1枚のジョーゼット
- 前袖のドレープは肩の部分に縫い留めてある
- 銀糸の織物 5.1cm
- 45.7cm
- 縫い目
- 身頃はギャザーを寄せずに、たるませてスカートに付けてある
- ビーズ刺繍は、まずジョーゼットの土台に刺繍してから、ペチコートに縫い留めてある
- 細い銀色の縁取り
- トレーン
- 裾回り寸法 116.8cm
- このドレスには銀色の靴を合わせた
- 無地のジョーゼットのアンダースカート

刺繍拡大図
- 中央の素晴らしいビーズ刺繍
- 明るい紫色
- 青
- ルビーレッド
- 白い人造宝石
- 人造宝石
- 紫色
- モーブ色（藤色）
- 青
- 紫色
- すべてビーズ
- モーブ色と青
- 輝きのある紫色

◆1922年：『ウーマンズ・マガジン（Woman's Mgazine）』より

- ノーマン・ハートネル（Norman Hartnell）のデザインによる宮廷服
- ダチョウの羽根とベール
- 3連の真珠のネックレス
- 長手袋
- ダチョウの羽根が付いた扇

「パルマ・ヴィオレ・サタン・ボーテ（parma violet satin beauté）」という名の生地を、ドレスとトレーンに使っている

1922年に発見されたツタンカーメンの墓は、ドレスのデザインにも大きな影響を与え、エジプト風デザインの流行は数年にわたって続いた。ふんだんに使われたビーズ刺繍とタッセルの色調は鮮やかで、また重量も相当なものだった。

＊：ノーマン・ハートネル（Norman Hartnell）［1901-1979］ イギリスのデザイナー。1953年にはエリザベス2世の戴冠式のガウンをデザインした。

◆ 淡い赤紫色のジョーゼットのイブニング・ドレス

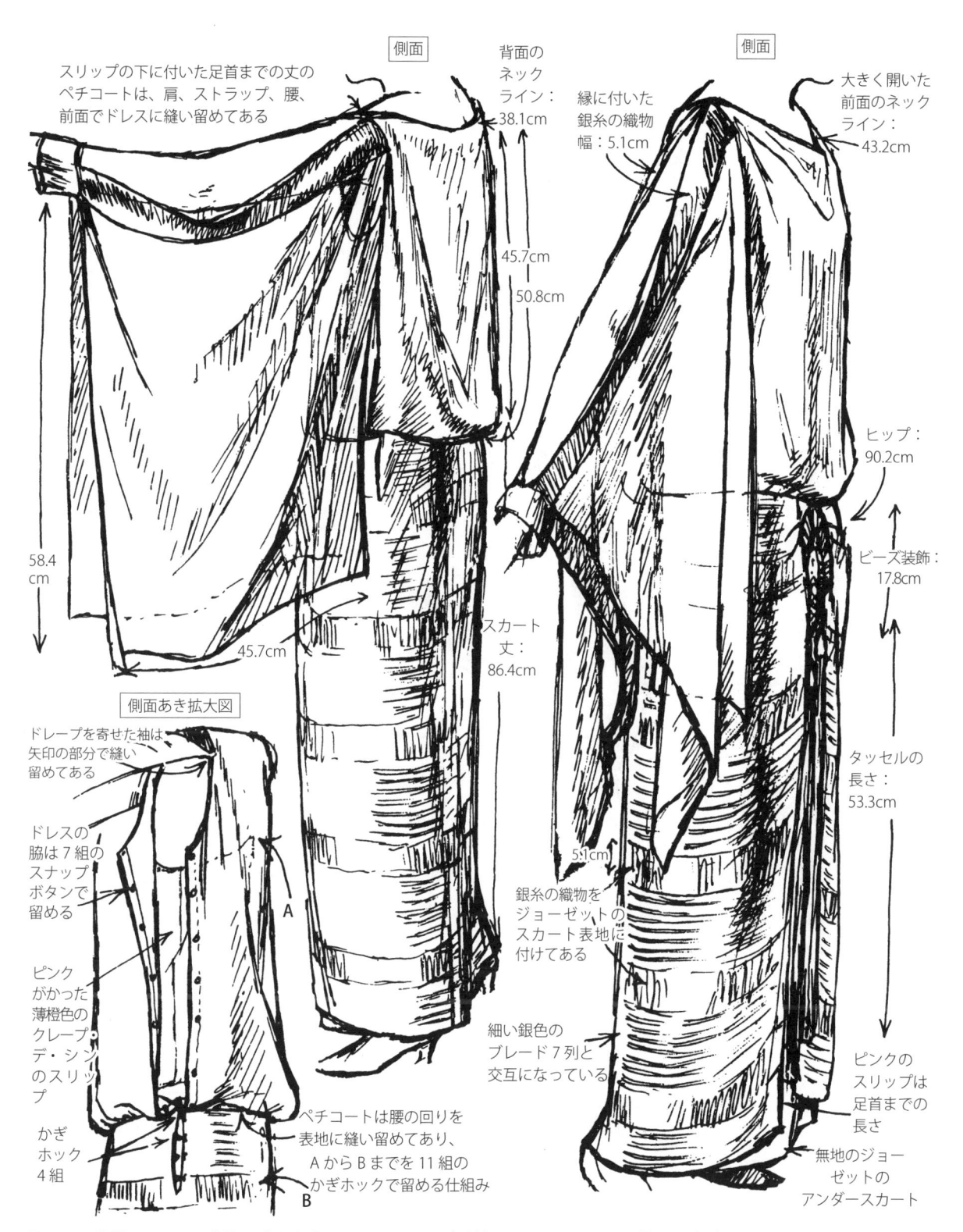

側面

背面のネックライン：38.1cm

スリップの下に付いた足首までの丈のペチコートは、肩、ストラップ、腰、前面でドレスに縫い留めてある

縁に付いた銀糸の織物 幅：5.1cm

側面

大きく開いた前面のネックライン：43.2cm

45.7cm
50.8cm

ヒップ：90.2cm

58.4cm

ビーズ装飾：17.8cm

45.7cm

スカート丈：86.4cm

側面あき拡大図

ドレープを寄せた袖は矢印の部分で縫い留めてある

タッセルの長さ：53.3cm

ドレスの脇は7組のスナップボタンで留める

ピンクがかった薄橙色のクレープ・デ・シンのスリップ

5.1cm

銀糸の織物をジョーゼットのスカート表地に付けてある

かぎホック4組

A

B

ペチコートは腰の回りを表地に縫い留めてあり、AからBまでを11組のかぎホックで留める仕組み

細い銀色のブレード7列と交互になっている

ピンクのスリップは足首までの長さ

無地のジョーゼットのアンダースカート

ドレスの裏側には、この装飾の重さを支えるためのループが付いており、ドレスを掛ける時だけでなく、おそらく着る時にも利用した。銀色のブレードや銀糸の織物が、ドレスに繊細で柔らかな輝きを加えている。このドレスはバイオレット・メイソン（Violet Mason）、のちのミセス ウィッカム・スティード（Mrs Wickham Steed）が着用したものである。

1920年代

p366：白いローンのコンビネーション。股の分かれた古いスタイルである。前あきはボタンで留め、ウエストまで開く。

ミス A・エクレス（Miss A. Eccles）が個人コレクションに寄贈

1924年頃

p366：ストラップの付いたイブニング・シューズ2足。どちらの靴も、半分のみ白い子ヤギ革の裏地が付いている。

p367：目の粗い黒いネットのチュニック型ドレス。全体に銀箔の線が入っている。腰の下に切り替えがあり、スカートは膝下までの短い丈。

ミス A・チャトウィン（Miss A. Chatwin）が個人コレクションに寄贈

◆ 1930年：『バタリック・パターン（Butterick Pattern）No.2859』という最新の型紙より

型紙はニューヨークで印刷されており、価格は30セント

「ブラジャーとパンティーのコンビネーション、若い女性と大人の女性どちらにも」というキャプション

◆ 白いローンのコンビネーション

◆ 1924年：チェスター（Chester）のブラウンズ（Browns）社のカタログより

真珠を刺繍したマロケインを使ったアフタヌーン・ドレス

◆ 1928年：『バタリック パターン（Butterick Pattern）No.1594』という最新の型紙より

型紙の価格は45セント

◆ 1929年：ロンドンのナイツブリッジ（Knightsbridge）にある、ウーランズ（Woollands）社の広告より

交差したデザイン

黒いノッティンガム・レースを使った新作ドレス

価格は78ポンド6シリング

背面

7cm

17.8cm

ウエストの位置は、これまでのどのドレスよりも低い

股下寸法：7.6cm

1.9cm

縁に引き締めひもが通してある

すべての縫い目はミシン製で、ファゴティングが施されている

全体の横幅：50.8cm

前後とも、胸から腰まで布がまっすぐに垂れている

股上のあきは、前面から背面の腰の辺りまで

前面

68.6cm

裾回り：86.4cm

前あきには麻のボタン4つ付き

◆ イブニング・シューズ：1

ブロケードを使用

1.9cm　輝きがある

6.4cm / 5.7cm

24.1cm

黒、銀、紫、青、黄色が使われている

◆ イブニング・シューズ：2

黒いサテンを使用

6.4cm / 5.7cm

人造宝石

21.6cm

この頃になると、女性たちは脚を膝まで出し、ドレスは肩から裾まで自然に下がったデザインになった。1930年代にウエストのくびれが復活するまでこの流行は続く。アンダーウェアも同様である。コンビネーションは、1911年以降あまり見られなかった、股の分かれたデザインである。通常、脚の内側には3～4個のボタンが付いていた。

◆黒いネットのチュニック型ドレス

背面

「銀箔」のテープを並べて黒いネットの上に柄を描いている

柄拡大図

前面

ネット拡大図
0.3cm

44.5cm

ストライプ柄の拡大図

44.5cm

袖前面の長さ：35.6cm

64.8cm

袖背面の長さ：61cm

前袖の肘から下は開いている

64.8cm

柄拡大図

腰の部分に通された、紫色のリボン
3.2cm　7.6cm

袖の柄

45.7cm

45.7cm

57.2cm

右側面　裏面

ヒップ：114.3cm

テープ拡大図
0.2cm
0.5cm

両脇は開いており、中のスリップが見える

くびれのない直線的なチュニック型ドレス

裾の縁拡大図

縁ははすべて巻きかがり

この銀色に輝く黒いドレスのスリップは失われているが、袖の裏地に2枚重ねの黒いシフォンが使ってあるので、スリップも黒だったに違いない。ドレス全体に装飾が施されているが、ビーズ装飾のドレスに比べるとかなり軽く、重さは450gしかない。

1926年

p368～369：青いジョーゼットのイブニング・ドレスと、ドレスに合わせたピンクのイブニング・シューズ。ドレスのスカートには、「ハンカチーフ」状の布が低めのヒップラインに付いている。チュニック型のドレスのスカートは膝丈で直線的なライン、そして「ハンカチーフ」状の布の縁のラインはふくらはぎまでの長さである。ドレスには短い袖があるが、絹の裏地には袖がない。ネックラインに銀のビーズの装飾付き。1926年の2月6日に行われた21歳の誕生日パーティーでミス ノーラ・ホーカー（Miss Nora Hawker）が着たもの。

ミス ノーラ・ホーカー（Miss Nora Hawker）所蔵

◆ 青いジョーゼットのイブニング・ドレス

前面
ネックラインの横幅：25.4cm
6.4cm
10.2cm
45.7cm
53.3cm
50.8cm
61cm
43.2cm

◆ 1926年：『パンチ（Punch）』より
イブニング・ドレス

◆ 1930年：『パンチ（Punch）』より

スカート拡大図
10.2cm　10.2cm
33cm

スカートの布は1枚ずつ縫い留めてあり、少しずつ次の布と重なっている 合計11枚の「ハンカチーフ」状の布が使われている

ほとんどの部分が手縫いで、斜めになったスカートの端は通常の縁かがりよりも細かく縫われている。

刺繍拡大図

バラの花は複数のピンクの糸で刺繍してある

6.4cm

葉は銀糸の織物を使ったアップリケ

銀のビーズ刺繍のビーズは失われている

糸の跡だけが残っている

ネックラインの刺繍

縁は青いジョーゼットと青い絹でくるまれている

ドレスの製造者はバーミンガム（Birmingham）のマダム・ロビンソン（Madame Robinson）

このドレスの下には白いスリップを着た

左側に平らな蝶結びが付いた銀色の付属のリボンベルトは失われている

1920年代のドレスの好例である。ただし、イブニング・ドレスとしては袖なしのものがより一般的だった。数年に渡ってウエストラインは腰の辺りの高さに定着したが、スカートの丈は1925～1926年の膝上丈から1930年代のくるぶし丈まで、さまざまに変化した。変形のスカート裾の縁のラインが、スカート丈の変遷にひと役買った。

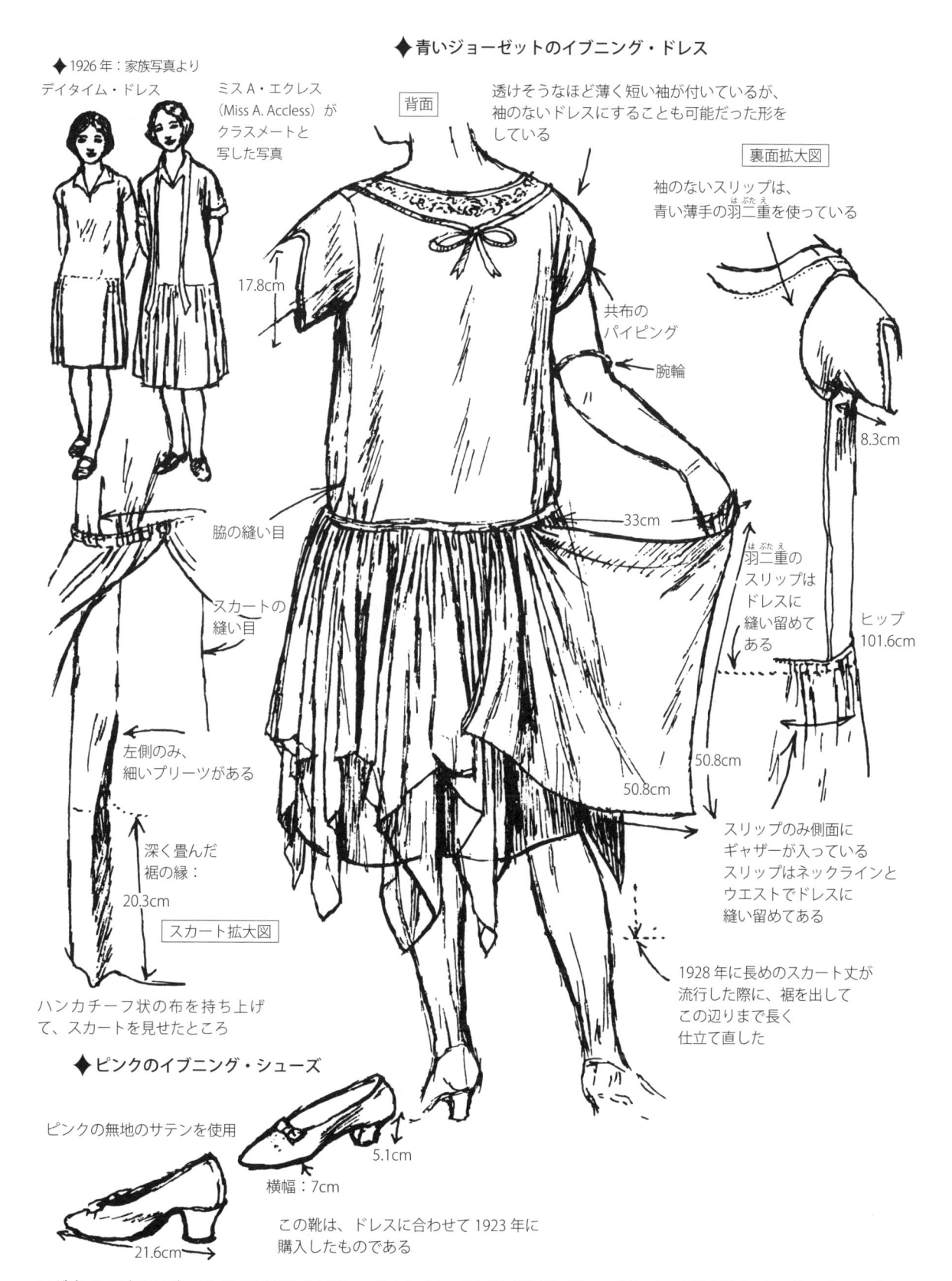

◆ 青いジョーゼットのイブニング・ドレス

◆ 1926年：家族写真より
デイタイム・ドレス

ミス A・エクレス（Miss A. Accless）がクラスメートと写した写真

背面

透けそうなほど薄く短い袖が付いているが、袖のないドレスにすることも可能だった形をしている

裏面拡大図

袖のないスリップは、青い薄手の羽二重（はぶたえ）を使っている

17.8cm

共布のパイピング

腕輪

8.3cm

脇の縫い目

33cm

羽二重のスリップはドレスに縫い留めてある

ヒップ 101.6cm

スカートの縫い目

左側のみ、細いプリーツがある

深く畳んだ裾の縁：20.3cm

スカート拡大図

50.8cm

50.8cm

ハンカチーフ状の布を持ち上げて、スカートを見せたところ

スリップのみ側面にギャザーが入っている
スリップはネックラインとウエストでドレスに縫い留めてある

1928年に長めのスカート丈が流行した際に、裾を出してこの辺りまで長く仕立て直した

◆ ピンクのイブニング・シューズ

ピンクの無地のサテンを使用

5.1cm
横幅：7cm
21.6cm

この靴は、ドレスに合わせて1923年に購入したものである

ロング丈のイブニング・ドレスが流行した後も、デイタイム・ドレスは数年に渡って短い丈の流行が続いた。短い丈のスカートが流行するにつれ、1921〜22年に登場した肌色のストッキングは、より明るく、輝きのあるピンクに変わっていった。

1926年〜1927年

p370：淡い黄緑のジョーゼットのイブニング・ドレスと、繊細なサーモンピンク（赤みがかったピンク）のジョーゼットのイブニング・ドレス。黄緑のドレスは前後の形が同じで、銀色のビーズで刺繍してある。サーモン・ピンクのドレスは背面が直線的で、前面はスカートにギャザーが入っており、銀と白のビーズで刺繍してある。

ミセス M・J・キング（Mrs M. J. King）所蔵

p371：薄い青のモスリンのドレス。銀色のビーズで全体が覆われている。

ミス A・チャトウィン（Miss A. Chatwin）が個人コレクションに寄贈

◆ 黄緑のジョーゼットのイブニング・ドレス

サーモン・ピンクのドレスの背面は、ネックラインから裾まで切り替えなしの布

黄緑のドレスの背面は前面とまったく同じ形

前面

縁に共布のパイピング

16.5cm

ヒップ：96.5cm

22.9cm　7cm

44.5cm

10.2cm

16.5cm

44.5cm

裾回り寸法：198.1cm

刺繍拡大図

銀メッキを施したガラスビーズの装飾

1.3cm

2.5cm

ビーズの下に布端があり、ギャザーを寄せた布を縫い留めてある

ガラスのビーズが5列並んでいる

0.6cm

0.3cm

ビーズ拡大図

◆ サーモン・ピンクのジョーゼットのイブニング・ドレス

前面

銀色のビーズ

25.4cm

19.1cm

106.7cm

61cm

45.7cm

ビーズ刺繍を施したスカートの前面は開いている

裾回り寸法：198.1cm

スカート前面のギャザーは、上端をかがった上にビーズを付けてある

刺繍拡大図

銀メッキを施したガラスの丸いビーズが3つ1組になっていて中には長いビーズもある

白いガラスのビーズ

ビーズ拡大図

◆ 1927年：『バタリック・パターン（Butterick Pattern）No.1594』という型紙より

型紙の価格は40セント

若い女性からミセスまで着られる、被って着るブラウスとショートパンツのセット水着

繊細なビーズ刺繍を施した、黄緑とサーモン・ピンクの2着のドレスは、どちらもミセス M・J・キング（Mrs M. J. King）の姉妹である、のちのミス E・M・ドブソン（Miss E. M. Dobson）が着たもの。この2着はおそらく、p371の胸元をV字形に深く切り込ませ、ビーズをふんだんに使った青いモスリンのドレスより、先に作られたものであろう。

◆ 薄い青のモスリンのドレス

[前面]
[肩拡大図]
裏側から見た肩のギャザー部分

ループの端に小さなスナップが付けてあり、肩のストラップを留められるようになっている

[身頃前面拡大図]
長いビーズ

[背面]

5.7cm

銀メッキを施した長いビーズが7列、青い糸で付けてある　後から付けたものだろうか？

縁はくるまれている

銀メッキを施した中程度の大きさのビーズの列

24.1cm

縫い目

[刺繍拡大図]

ヒップ：106.7cm

銀メッキを施したガラスのビーズが、縁と模様全体に使われている

55.9cm

花形の刺繍の中心に丸い銀色のビーズ

10.2cm

49.5cm

模様の中心にはスパンコール

【使用されているビーズは3種類】

1　模様全体：銀メッキを施したガラスのビーズ

2　模様の中心部：銀のような金属の型抜きスパンコール

3　花の中心部分のみ：小さな銀色の丸いビーズ

[ビーズ拡大図]

すべての縁は青いモスリンでくるまれている

裾回り寸法：167.6cm

ウエストラインの位置とスカートの丈に、スタイルの変化の兆しが見える。この3着のドレスのスカートの裾が鋭角や波形などになっている点も同様である。やがてウエストを強調するスタイルが復活すると、直線的でボーイッシュなプロポーションの流行は終わる。上の図の、1927年の水着の型紙は驚くほどモダンな「ミニスカート」である。

1927年〜1928年

p372〜373：全体にビーズの装飾を施した、小麦色のジョーゼットのイブニング・ドレス。スカートの裾は前面がエプロン風に垂れ、背面が少し長くなっている。

ミス A・チャトウィン（Miss A. Chatwin）が個人コレクションに寄贈

p373：金色のレースの舞踏服。身頃部分はウエストがくびれ、腰に沿ったライン。たくさんのドレープが入ったスカートは側面と背面が長くなっている。ピーチ色のジョーゼットのインナーウェアは失われている。1928年、ミス ノーラ・ホーカー（Miss Nora Hawker）が23歳の頃に着たもの。

ミス ノーラ・ホーカー（Miss Nora Hawker）所蔵

◆1927年：写真より

イブニング・ドレス

側面の生地は腰の部分から垂れている

全体にビーズの刺繍

◆小麦色のジョーゼットのイブニング・ドレス

側面

首周り拡大図

濃いオレンジ色のビーズを使った縁取り

20.3cm

5.1cm

ビーズ3列
ビーズ4列

109.2cm

生地はひと続きで、1カ所のみ縫い目がある

ネックラインに刺繍の縁飾り

たくさんのビーズがすき間なく付いている

ビーズ4列かそれ以上がドレス全体の模様に使われている

数え切れないほどの数の銀メッキを施したビーズ

ビーズ拡大図

スカート前面拡大図

脇の縫い目

濃いオレンジ色のガラスビーズ

アンダースカートは、ドレス前面の矢印の部分に縫い留めてある

ジグザグの縫い目が1カ所ある

裏側は刺繍の糸で覆われている

エプロン風の前面は腰の部分から垂れている

縫い目 7.6cm

53.3cm

無地の縁

エプロン風に垂れた下のアンダースカート前面は刺繍がなく、側面のビーズ刺繍は矢印の差す脇の縫い目の所で終わっている

Aの縁飾りの拡大図

前面の裾に付いている縁飾り 5.1cm

小麦色のジョーゼットのドレスは、このようにビーズがふんだんに使われたドレスとしては、素晴らしい状態で保存されている。重さは1.5kgにもなる。ドレスの表面を覆い尽くすようにびっしりとビーズが付けられ、その並べ方や色によって模様が描かれている。

◆ 小麦色のジョーゼットの イブニング・ドレス

背面

116.8 cm
48.3 cm
5.1 cm
55.9 cm

裾回り寸法：116.8cm

◆ 1927年：写真より

ショートカット

肩には造花を付けている

造花は1924年頃から流行し、ドレスやコートの肩にピンで留めた

前面

16.5cm 22.9cm
26.7 cm
43.2 cm
5.1cm
22.9 cm

◆ 金色のレースの舞踊服

背面

金のブレードのパイピング

ベルベットの花は、縁を金糸でかがり、銀糸と金糸で刺繍が施してある

ベルベットで出来た、ピンクとオレンジ色の花

後ろ中心の丈：43.2cm

ウエストの接ぎ目の位置は背中側が低くなっている

15.2cm
61cm
63.5 cm

スカートの脇と後ろの最も長い部分の丈：61cm

レース拡大図

金糸の織物のレースの柄

この舞踏服は、おそらく1927年秋のドレスであろう。裾の一部が長くなったイブニング・ドレスは、その頃に初めて登場している。長いスカートのアフタヌーン・ドレスやイブニング・ドレスは1928年に復活し、足首丈のものも登場する。金色のレースのドレスに見られるように、ウエストラインも通常の位置に戻る。

1930年

p374：金色のスパンコールとビーズが付いた、イブニング用のハンドバッグと、金色の子ヤギ革のイブニング・シューズ。
どちらも筆者所持品

p374～375：淡い緑のジョーゼットのイブニング・ドレス。金糸と銀糸で豪華な刺繍を、ピーチ色の絹糸で花柄のオープンワークを施してある。淡い黄緑のサテンのアンダースリップ付きで、ドレスと共に留め具はない。スカートのフレア部分とドレスの生地はバイアス・カットである。
個人コレクション

◆ 1929年2月：ファッション写真より

淡い青のシフォンに銀色のビーズ刺繍

◆ 淡い緑のジョーゼットのイブニング・ドレス

ロンドンの百貨店、デベナム・アンド・フリーボディ（Debenham & Freebody）で販売された、パリで流行のドレス

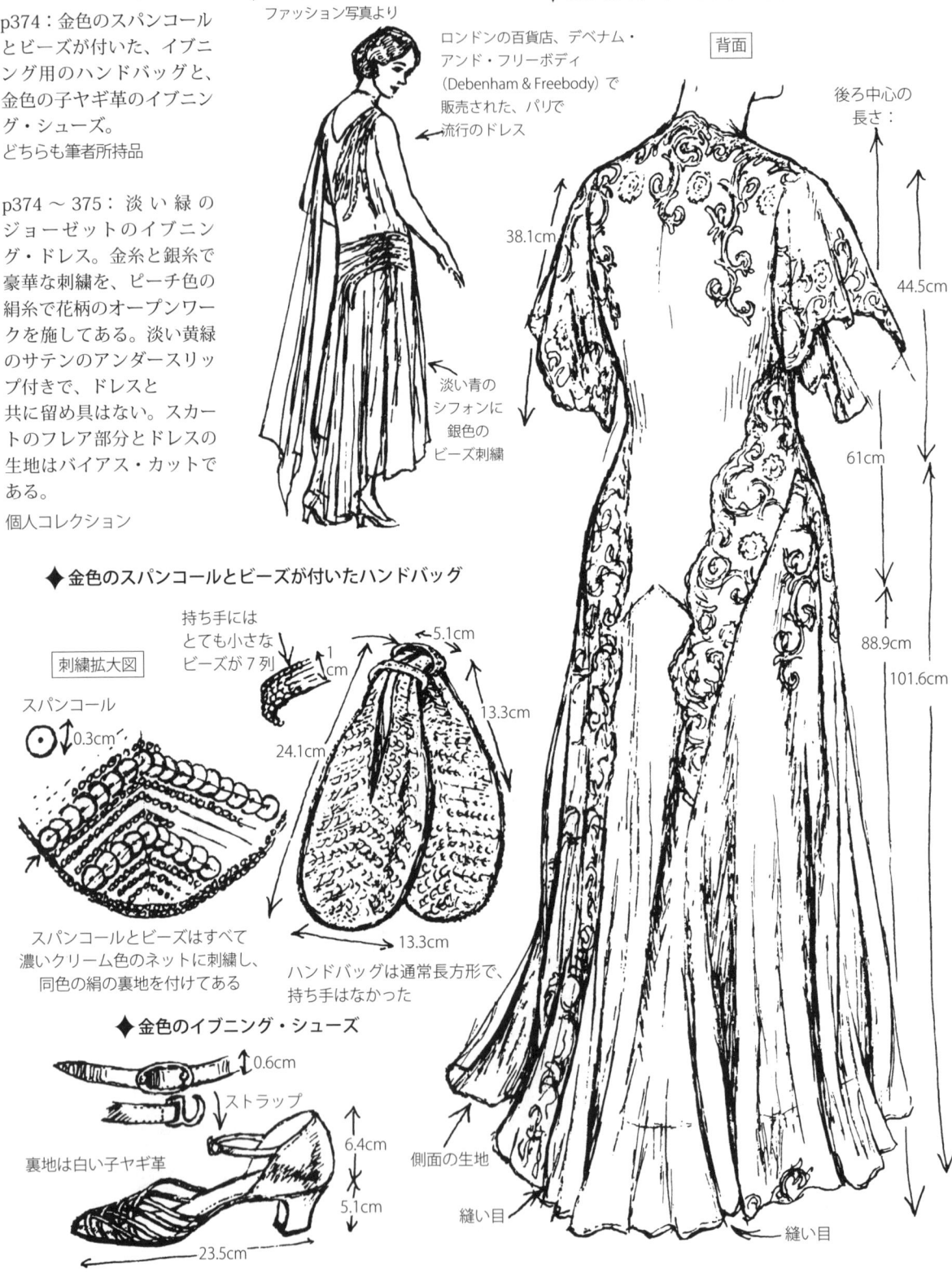

背面

後ろ中心の長さ：
38.1cm
44.5cm
61cm
88.9cm
101.6cm

側面の生地
縫い目
縫い目

◆ 金色のスパンコールとビーズが付いたハンドバッグ

刺繍拡大図
スパンコール 0.3cm

スパンコールとビーズはすべて濃いクリーム色のネットに刺繍し、同色の絹の裏地を付けてある

持ち手にはとても小さなビーズが7列
1cm
5.1cm
13.3cm
24.1cm
13.3cm

ハンドバッグは通常長方形で、持ち手はなかった

◆ 金色のイブニング・シューズ

0.6cm
ストラップ
6.4cm
5.1cm
裏地は白い子ヤギ革
23.5cm

1930年代になると、フォーマルな装いにはロングスカートが復活した。腰の辺りは体のラインに沿い、膝から下がフレアになっている。最初は、ほんの少しだけカーブを作り、通常の位置にウエストのくびれを感じさせている。デイタイム・ドレスの丈は長くなり、1938年頃まで、丈はふくらはぎから足首の間になる。

◆ 淡い緑のジョーゼットのイブニング・ドレス

スリップ拡大図
すべての縁はシフォンでくるんである
19.1cm
20.3cm

前面
ドレスにもスリップにも留め具はない
15.2cm
8.9cm
24.1cm

アフタヌーン・ドレス
パターン No.3113

◆1930年：『ニュー・バタリック・パターン（Butterick Pattern）』という型紙より

イブニング・ウェア
パターン No.3460

かぶって着るフロックで、生地は薄いクレープ・デ・シン、シフォン、コットン・ボイルもしくはレーヨンを使う

ウエストは少しだけくびれがある

脇のパネルは上の部分のみ縫い留めてある

22.9cm
25.4cm

パネル拡大図

スリップの丈：139.7cm

ヒップ：96.5～101.6cm

刺繍拡大図
太い金糸や銀糸を使いミシンで縫われている

模様の輪郭

クモの巣状の細い銀糸の中の柄

緑の絹糸を使ったピコット編み

金糸と銀糸の縁取り

5.1cm

中央はピーチ色の絹糸のオープンワーク

脇のパネルの長さ：83.8cm

裾回り寸法：381cm

縫い目

脇パネルの裾幅：81.3cm

縫い目

髪型は、1920年代の短いスカートに合わせてショートカットが流行していたが、この頃には長くなり始め、柔らかいウェーブやカールになる。ストラップのないフォーマルシューズが圧倒的な人気を集め、夏の装いやイブニング・ウェアには上品なサンダル形の靴を合わせるのが一般的だった。

1868年：『女性の新聞（Lady's Own Paper）』掲載の広告より、糸を使ってステッチをかける手動式の機械、価格4ポンド4シリングの「リトル・ワンザー（Little Wanzer）」というミシン

こうしたミシンは当時多くの種類が販売され、その中にはシンガー社（Singer Co.）*1のミシンも含まれていた。また、1845年にニューヨークの発明家、エリアス・ハウ・ジュニア（Elias Howe Jr）が開発し販売した「ハウ（Howe）」というミシンもあった。

*1：シンガー社（Singer Co.） 1851年に設立された、アメリカの家庭用ミシンの大手メーカー。

付録

この章では、詳細に調べたリージェンシー時代*2のドレス2点を中心に紹介する。1点はウェディング用のペリースとそろいのボンネット、もう1点は1913年の魅力的なイブニング・ドレスで、どちらも筆者の個人コレクションである。また、実用的な衣服の起源を解明した論文も紹介する。この実用的な服装は、当初「改革」や「ブルーマー主義」と呼ばれ、後に「合理的な装い」として知られた。

ここに紹介したイラスト付きの論文が『服飾学会誌（Journal of the Costume Society）』に初めて登場したのは1972年で、続いて1973、1974、1975年に続けて発表された。

p377：グレーの絹を使った1806〜1810年頃のドレスと黒い絹のボンネット。薄く柔らかな綾織りの絹を使った、シンプルで魅力のあるドレスである。このドレスが魅力的な理由は、おそらくその繊細な色合いにあり、グレーの中にかすかにオリーブグリーン（暗い黄緑）が混じっている。簡素で素朴な黒い絹のボンネットは、内に秘めた慎み深さを感じさせる。このドレスをはじめとして、ここに描かれた品々は、クエーカー*3教徒であり、レディ・コーフィールド（Lady Corfield）の高祖母（祖父母の祖母）でもあるミセス フェイル（Mrs Fayle）が使用し、レディ・コーフィールドの厚意により筆者のコレクションに寄贈されたもの。

*2：リージェンシー時代（The regency） ジョージ4世の摂政期間、1811年〜1820年。
*3：クエーカー（Quaker） キリスト教プロテスタントの一派。質素を重んじ、女性は無地の服やボンネットを着用した。

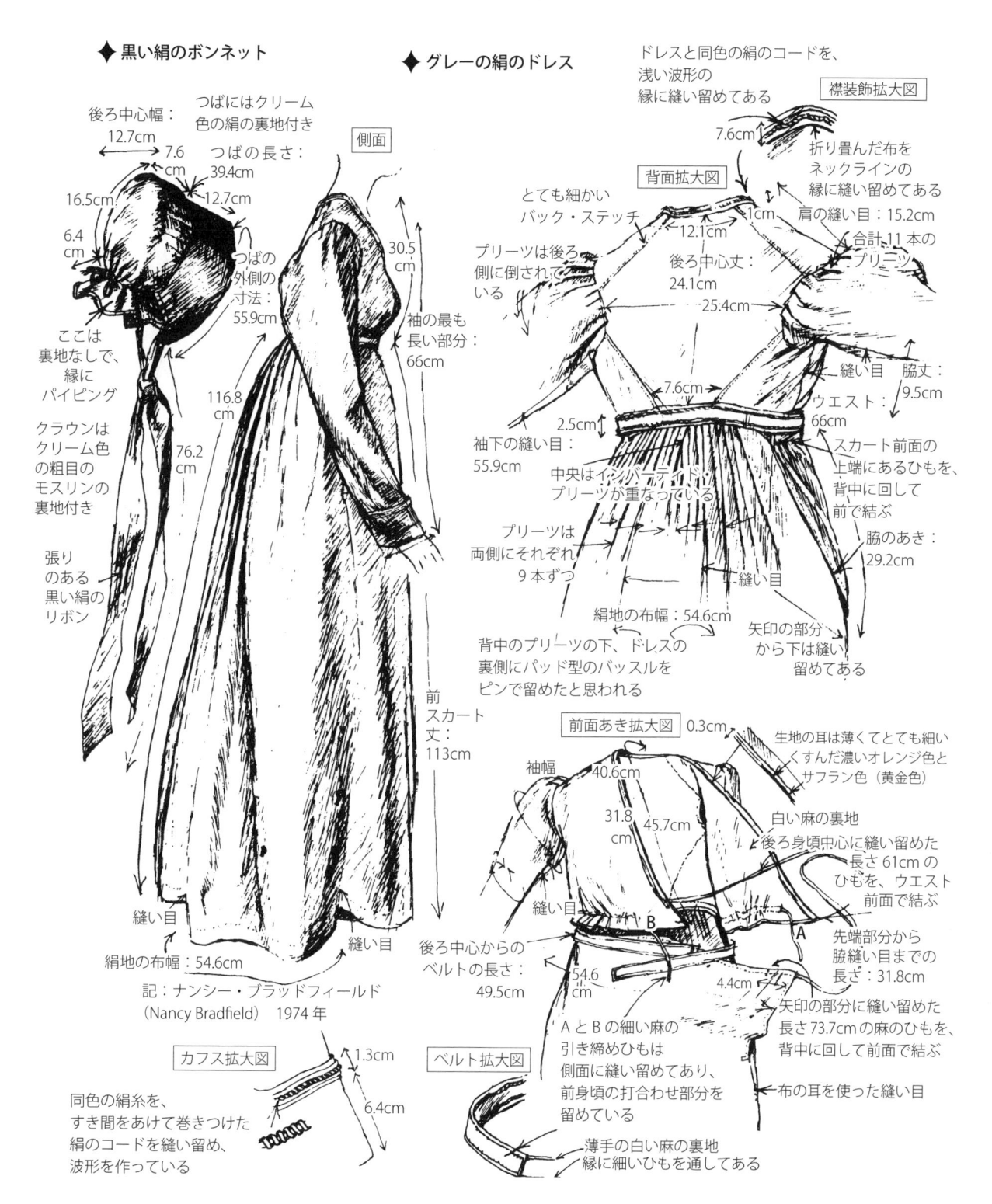

◆ 黒い絹のボンネット　　◆ グレーの絹のドレス

黒い絹のボンネット
- 後ろ中心幅：12.7cm
- 7.6cm
- つばにはクリーム色の絹の裏地付き
- つばの長さ：39.4cm
- 16.5cm
- 12.7cm
- 6.4cm
- つばの外側の寸法：55.9cm
- ここは裏地なしで、縁にパイピング
- クラウンはクリーム色の粗目のモスリンの裏地付き
- 張りのある黒い絹のリボン
- 縫い目
- 絹地の布幅：54.6cm

記：ナンシー・ブラッドフィールド（Nancy Bradfield）1974年

カフス拡大図
- 1.3cm
- 6.4cm
- 同色の絹糸を、すき間をあけて巻きつけた絹のコードを縫い留め、波形を作っている

グレーの絹のドレス（側面）
- 30.5cm
- 袖の最も長い部分：66cm
- 116.8cm
- 76.2cm
- 袖下の縫い目：55.9cm
- 前スカート丈：113cm
- 縫い目

襟装飾拡大図
- ドレスと同色の絹のコードを、浅い波形の縁に縫い留めてある
- 7.6cm
- 折り畳んだ布をネックラインの縁に縫い留めてある
- 1cm
- 肩の縫い目：15.2cm
- 合計11本のプリーツ

背面拡大図
- とても細かいバック・ステッチ
- プリーツは後ろ側に倒されている
- 12.1cm
- 後ろ中心丈：24.1cm
- 25.4cm
- 縫い目
- 脇丈：9.5cm
- ウエスト：66cm
- 7.6cm
- 2.5cm
- 中央はインバーテッド・プリーツが重なっている
- プリーツは両側にそれぞれ9本ずつ
- 絹地の布幅：54.6cm
- スカート前面の上端にあるひもを、背中に回して前で結ぶ
- 脇のあき：29.2cm
- 縫い目
- 矢印の部分から下は縫い留めてある
- 背中のプリーツの下、ドレスの裏側にパッド型のバッスルをピンで留めたと思われる

前面あき拡大図
- 0.3cm
- 生地の耳は薄くてとても細いくすんだ濃いオレンジ色とサフラン色（黄金色）
- 袖幅 40.6cm
- 31.8cm
- 45.7cm
- 白い麻の裏地
- 後ろ身頃中心に縫い留めた長さ61cmのひもを、ウエスト前面で結ぶ
- 縫い目
- 後ろ中心からのベルトの長さ：49.5cm
- 54.6cm
- B　A
- 4.4cm
- 先端部分から脇縫い目までの長さ：31.8cm
- 矢印の部分に縫い留めた長さ73.7cmの麻のひもを、背中に回して前面で結ぶ
- 布の耳を使った縫い目

ベルト拡大図
- AとBの細い麻の引き締めひもは側面に縫い留めてあり、前身頃の打合わせ部分を留めている
- 薄手の白い麻の裏地 縁に細いひもを通してある

ここに興味深い対比がある。前身頃を打合わせにした、このグレーの絹のドレスは、19世紀初期のドレスやファッション・プレートによく見られる形をしている。一方で、次のページで取り上げる上質な白いモスリンのドレスは、胸元をスタマッカーで高く覆って押さえ、スカートの前面はエプロン状のスカートを縫い留めた、1800～1810年のデザインである。通常このような前身頃の場合、後ろ身頃の幅を極端に狭くし、後ろ身頃の内側から肩全体を覆う袖で、ウエストを細く見せる視覚的効果を狙った。このモスリンのドレスの後ろ身頃は、横幅がたった14.6cmと、絹地の幅のほぼ半分である。前面は低めにスタマッカーが付き、身頃とスカートの前面はつながっていない。

◆ 1820年頃：ミセス フェイル（Mrs Fayle）の家族の肖像画より

キャップの生地は非常に薄く透けており、長いフリルは付いていない

透けるほど薄いモスリンのネッカチーフ

ショール

ミセス フェイル（Mrs Fayle）はレディ・コーフィールド（Lady Corfield）の高祖母で、クエーカー教徒だった

上質で目の粗い、透けるほど薄いモスリンを使用

◆ モブキャップ

矢印の部分に付けたコードの、後ろ中心までの長さ：47cm

8.9cm
3.8cm

前中心から後ろ中心までの長さ：29.2cm

後ろ中心の幅：3.8cm

前面から背面までのコードの長さ：10.8cm

顔の周りのコードの長さ：40.6cm

19.1cm

リボンの長さ：33cm

6.4cm

端の始末をしていない布端が裏側に1辺ある

非常に細い縁

端の始末をしていない布端が表側にも1辺ある

クリーム色の薄い絹のリボン

0.6cm

フリル拡大図

縁の裏側
8.9cm
3.8cm

縁に通した白く細いねじれたコードを、頭の後ろで結ぶ

顔の周囲と頭の後ろに付けた長いフリルは、アイロンでとても小さなしわを付けてあるが、プリーツは入っていない

◆ 白いモスリンのドレス

側面

記：ナンシー・ブラッドフィールド（Nancy Bradfield）1974年

前脇身頃丈：26.7cm
前身頃丈：17.8cm
19.1cm

後ろスカート丈：124.5cm

前スカート丈：119.4cm

前面の縫い目から側面の縫い目までの長さ：76.2cm

縫い目

◆ 麻の長いミトン

ミトンは、親指や裏地も含めてすべてバイアス・カットした生地を使っており、すべての縫い目は外側から非常に細かいステッチをかけてある

裏側の布端は始末してない

9.8cm

麻の見返しもバイアス・カット

小さな補修跡

折り目

手の平側拡大図

5.4cm
8.9cm
8.6cm
2.9cm

ステッチの糸が擦り切れて消えかかっている

布の耳を使った縫い目細かく縫ってある

11.4cm

親指の矢印の部分がすり切れている

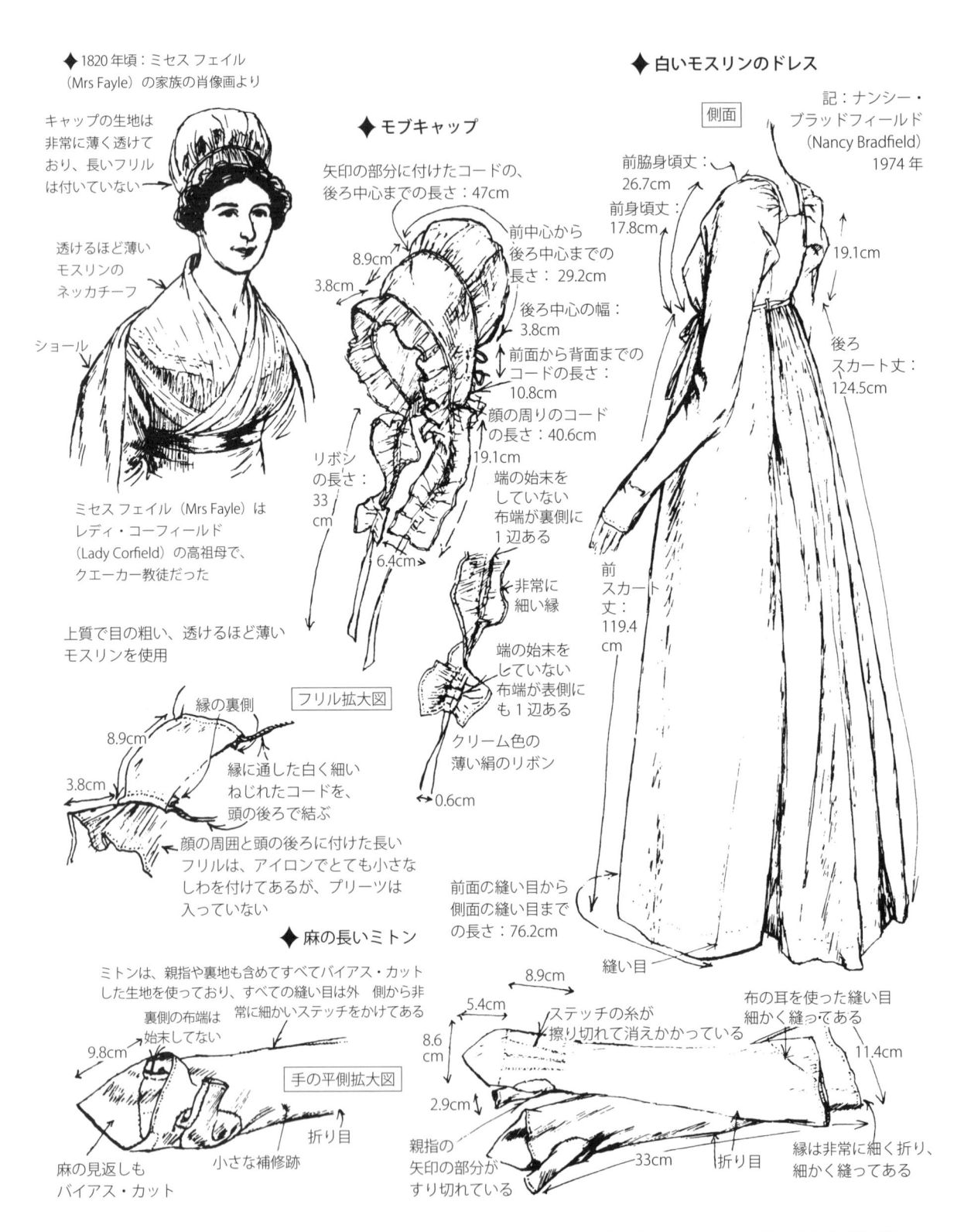

33cm

折り目

縁は非常に細く折り、細かく縫ってある

p378〜379：1806〜1810年の白いモスリンのドレス、そしてモブキャップと麻の長いミトン。先に取り上げたグレーの絹のドレスはとても良い状態で保存されているが、この白いモスリンのドレスはかなり傷みが激しく、特に袖、ウエストのモスリンのリボンの端、前身頃の小さなボタンはひどく擦り切れている。モスリンのドレスの生地は薄くて柔らかいが、透けるほどではない。しかしモブキャップの生地は透けるように薄く、張りもよく保たれている。顔の周りのフリルの繊細な折り目もはっきりと見える。

◆ 白いモスリンのドレス

前面

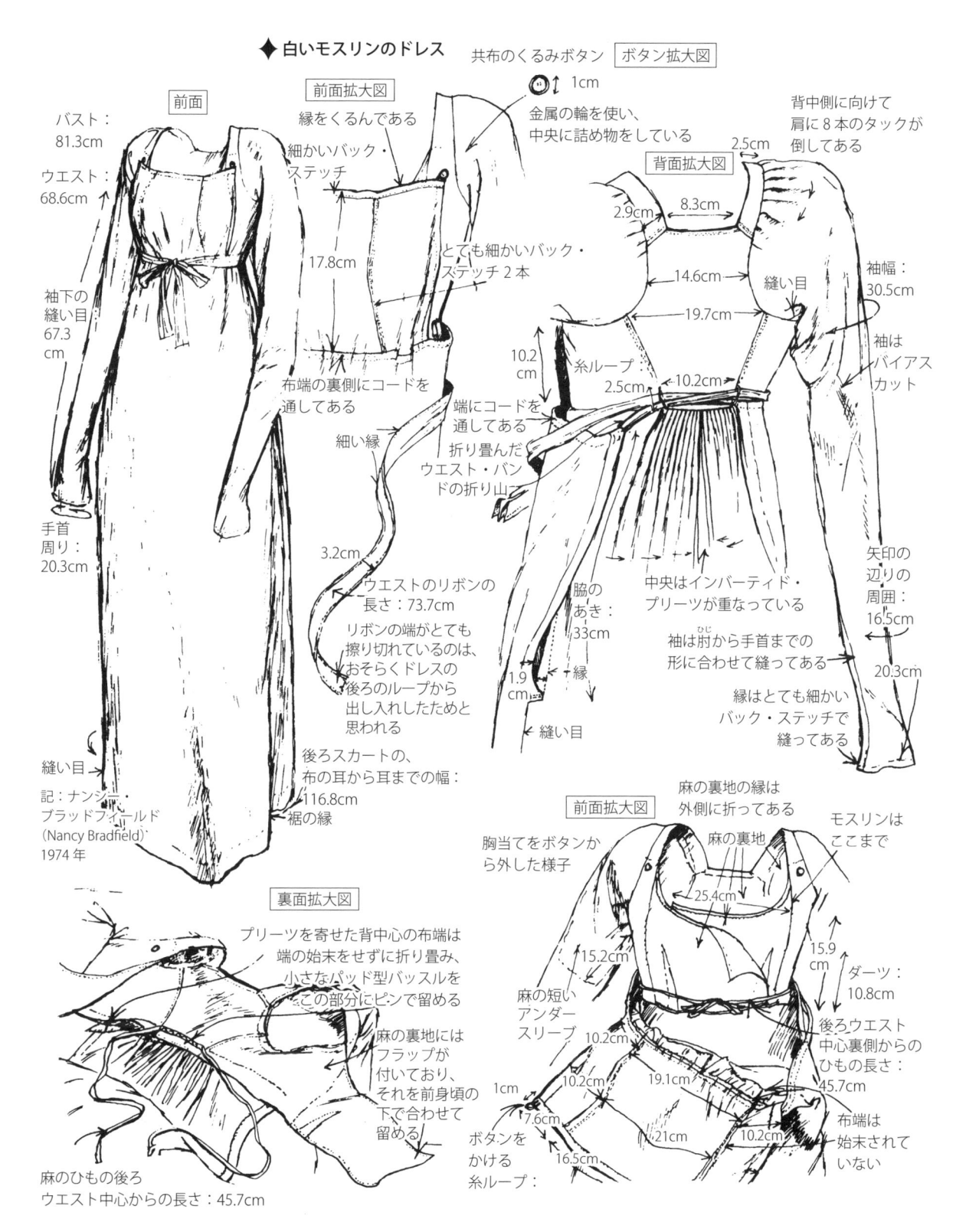

バスト：81.3cm
ウエスト：68.6cm
袖下の縫い目 67.3cm
手首周り：20.3cm
縫い目
記：ナンシー・ブラッドフィールド (Nancy Bradfield) 1974年

前面拡大図

縁をくるんである
細かいバック・ステッチ
17.8cm
とても細かいバック・ステッチ 2本
布端の裏側にコードを通してある
細い縁
3.2cm
ウエストのリボンの長さ：73.7cm
リボンの端がとても擦り切れているのは、おそらくドレスの後ろのループから出し入れしたためと思われる
後ろスカートの、布の耳から耳までの幅：116.8cm
裾の縁

共布のくるみボタン [ボタン拡大図]
1cm
金属の輪を使い、中央に詰め物をしている

背面拡大図

背中側に向けて肩に8本のタックが倒してある
2.5cm
2.9cm　8.3cm
14.6cm
19.7cm
袖幅：30.5cm
10.2cm
糸ループ
2.5cm　10.2cm
袖はバイアスカット
端にコードを通してある
折り畳んだウエスト・バンドの折り山
脇のあき 33cm
1.9cm
縁
縫い目
中央はインバーティド・プリーツが重なっている
袖は肘から手首までの形に合わせて縫ってある
縁はとても細かいバック・ステッチで縫ってある
矢印の辺りの周囲：16.5cm
20.3cm

裏面拡大図

プリーツを寄せた背中心の布端は端の始末をせずに折り畳み、小さなパッド型バッスルをこの部分にピンで留める
麻の裏地にはフラップが付いており、それを前身頃の下で合わせて留める
麻のひもの後ろウエスト中心からの長さ：45.7cm

前面拡大図

麻の裏地の縁は外側に折ってある
モスリンはここまで
胸当てをボタンから外した様子
麻の裏地
25.4cm
15.2cm
15.9cm
ダーツ：10.8cm
麻の短いアンダースリーブ
10.2cm
後ろウエスト中心裏側からのひもの長さ：45.7cm
1cm　10.2cm　19.1cm
7.6cm
21cm　10.2cm
16.5cm
ボタンをかける糸ループ
布端は始末されていない

特に興味を引くのは、ドレスやモブキャップ、ボンネットと共に保存されていた麻の長いミトンである。p90にある、1806年のスケッチの若い女性が使っていたものと非常によく似ている。また、18世紀半ばによく使われたデザインでもある。ただしこのミトンは、見返しに色つきの絹を使ったり刺繍を施したりはせず、完全に無地である。とてもよく使われたもののようで、裏側の糸は切れかかっている。

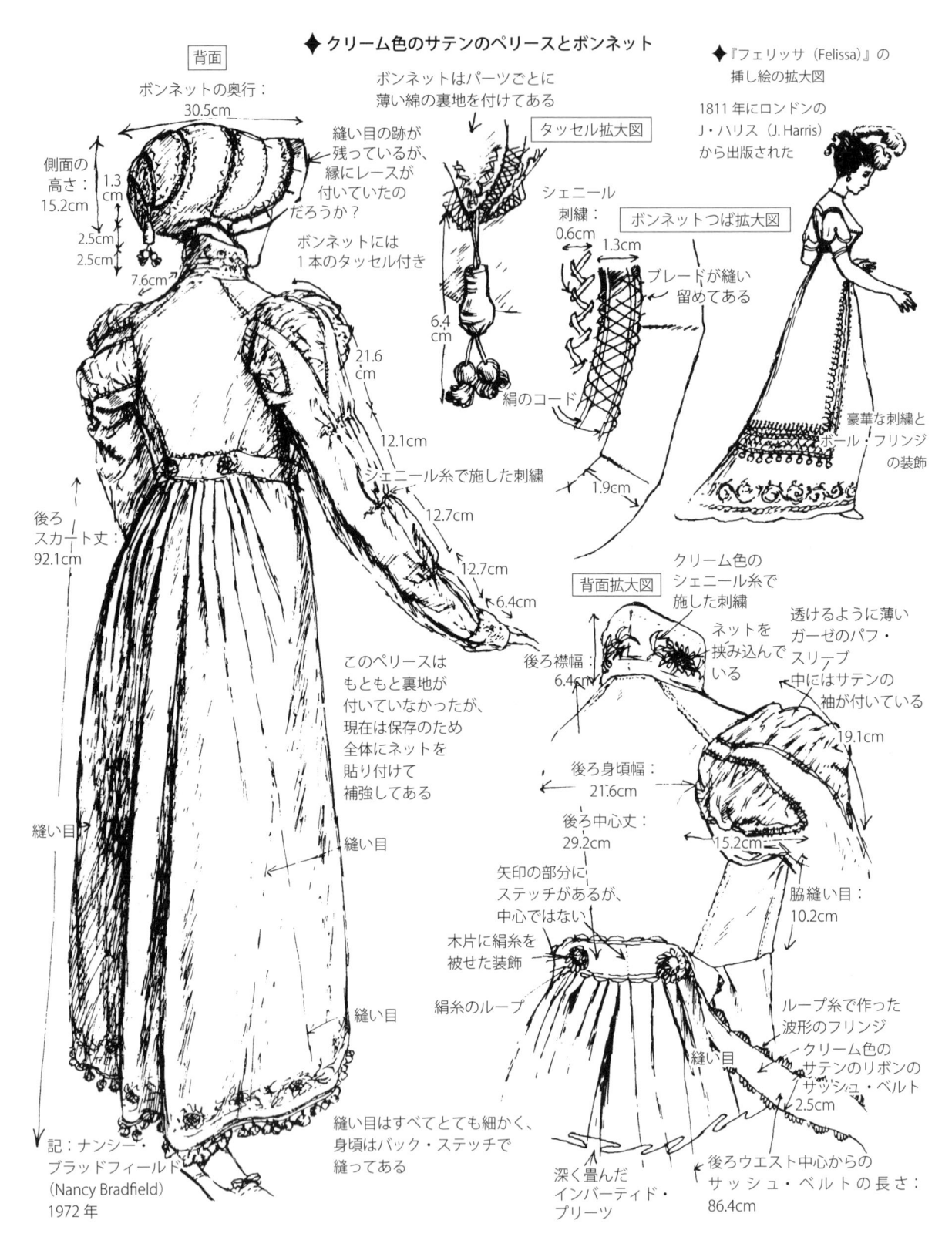

◆ クリーム色のサテンのペリースとボンネット

背面

ボンネットの奥行：30.5cm

ボンネットはパーツごとに薄い綿の裏地を付けてある

◆『フェリッサ (Felissa)』の挿し絵の拡大図

1811年にロンドンのJ・ハリス (J. Harris) から出版された

側面の高さ：15.2cm
1.3cm
2.5cm
2.5cm
7.6cm

縫い目の跡が残っているが、縁にレースが付いていたのだろうか？

ボンネットには1本のタッセル付き

タッセル拡大図

シェニール刺繍：0.6cm
1.3cm

ボンネットつば拡大図

ブレードが縫い留めてある

6.4cm

絹のコード

21.6cm

12.1cm

シェニール糸で施した刺繍

12.7cm

12.7cm

6.4cm

1.9cm

豪華な刺繍とボール・フリンジの装飾

後ろスカート丈：92.1cm

このペリースはもともと裏地が付いていなかったが、現在は保存のため全体にネットを貼り付けて補強してある

背面拡大図

クリーム色のシェニール糸で施した刺繍

後ろ襟幅：6.4cm

ネットを挟み込んでいる

透けるように薄いガーゼのパフ・スリーブ

中にはサテンの袖が付いている

19.1cm

後ろ身頃幅：21.6cm

15.2cm

後ろ中心丈：29.2cm

脇縫い目：10.2cm

縫い目

縫い目

縫い目

矢印の部分にステッチがあるが、中心ではない

木片に絹糸を被せた装飾

絹糸のループ

ループ糸で作った波形のフリンジ

クリーム色のサテンのリボンのサッシュ・ベルト 2.5cm

縫い目はすべてとても細かく、身頃はバック・ステッチで縫ってある

深く畳んだインバーティド・プリーツ

後ろウエスト中心からのサッシュ・ベルトの長さ：86.4cm

記：ナンシー・ブラッドフィールド (Nancy Bradfield) 1972年

p380～381：1814年のペリースと、揃いのボンネット。この繊細なクリーム色のサテンのペリースとボンネットは、1814年にメアリー・ダナム (Mary Dunham) が、バッキンガムシャー (Buckinghamshire) のチャルフォント・セント・ジャイルズ教会 (Chalfont St Giles) でジョン・アンソニー (John Anthony) と挙式した際に着たものである。薄い絹のサッシュ・ベルトが付いた高いウエストラインや、花びら形のガーゼの膨らみが魅力的な袖山、袖にギャザーを寄せた刺繍、そして楽しい形のボンネットも、すべて当時の流行のスタイルである。

380

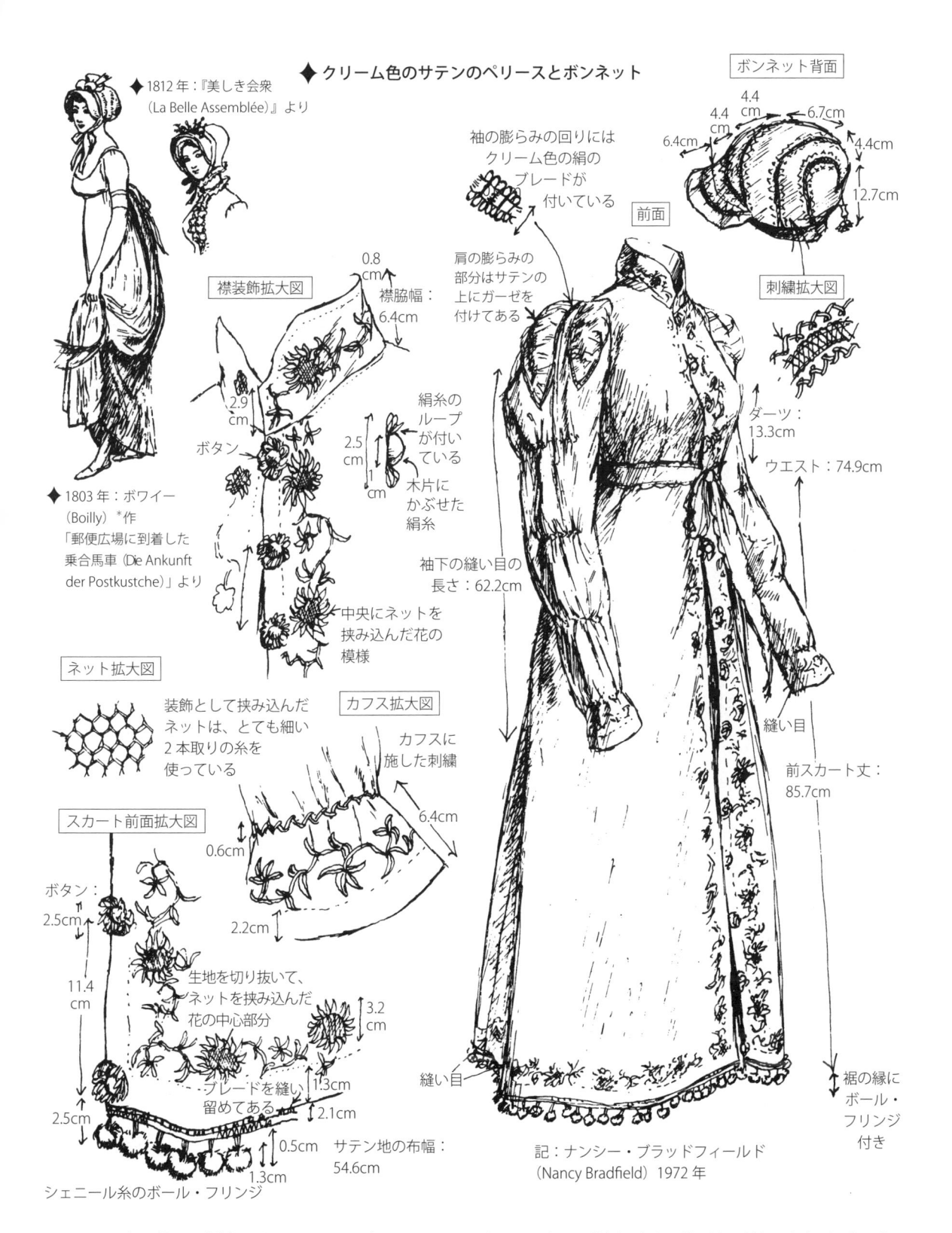

♦ クリーム色のサテンのペリースとボンネット

1812年:『美しき会衆 (La Belle Assemblée)』より

1803年: ボワイー (Boilly)* 作「郵便広場に到着した乗合馬車 (Die Ankunft der Postkustche)」より

ボンネット背面
4.4 cm
4.4 cm
6.7cm
6.4cm
4.4cm
12.7cm

前面

刺繍拡大図

襟装飾拡大図
0.8cm
襟脇幅：6.4cm
2.9cm
ボタン
中央にネットを挟み込んだ花の模様

袖の膨らみの回りにはクリーム色の絹のブレードが付いている

肩の膨らみの部分はサテンの上にガーゼを付けてある

絹糸のループが付いている
2.5cm
1cm
木片にかぶせた絹糸

ダーツ：13.3cm
ウエスト：74.9cm
袖下の縫い目の長さ：62.2cm

ネット拡大図
装飾として挟み込んだネットは、とても細い2本取りの糸を使っている

カフス拡大図
カフスに施した刺繍
0.6cm
2.2cm
6.4cm

前スカート丈：85.7cm
縫い目

スカート前面拡大図
ボタン：2.5cm
11.4cm
2.5cm
生地を切り抜いて、ネットを挟み込んだ花の中心部分
ブレードを縫い留めてある
3.2cm
1.3cm
2.1cm
0.5cm
1.3cm
サテン地の布幅：54.6cm

シェニール糸のボール・フリンジ

縫い目
裾の縁にボール・フリンジ付き

記：ナンシー・ブラッドフィールド (Nancy Bradfield) 1972年

シェニール糸を使った刺繍とボール・フリンジもドレスと同じクリーム色で、花柄の中央に挟み込んだネットも同じ色である。ネットの製造は、1810年にノッティンガム (Nottingham) で始まった。ボール・フリンジの流行は、のちの1908年と1909年、1919年にも繰り返している。ボンネットはリボンを結んで固定し、花や羽根の装飾が付いた。ペリースの下に着たドレスは、他にもさまざまな機会に着たのか、現在は残っていない。ミセス メアリー・アンソニー (Mrs Mary Anthony) の三代後の姪にあたるミセス ベティ・バークス (Mrs Betty Birks) の厚意で、このペリースとボンネット、は筆者のコレクションに加わった。

＊：ボワイー (Boilly) [1761-1845] フランスの画家、版画家。

◆ 青いダマスク織りの絹と、クリーム色のレースのイブニング・ドレス

背面拡大図

青いダマスク織りの絹の、肩から先端までの長さ：55.9cm
縁：1.9cm
レースの袖は身頃と続けて裁ってある
黒いネット

ビーズ付きの帯の各長さ：
C～D間：27.9cm
中央の幅：8.9cm
端の部分の幅：17.8cm

前面へ続く縫い目 C
0.6cmの縁
25.4cm
ウエスト：67.3cm
レース
畳んだ絹：2.5cm
黒いネットの端は始末されていない
11.4cm幅で折り畳んである

0.6cm
1.3cm
5.1cm
6.4cm

48.3cm

青いダマスク織りの絹の部分

側面のダマスク織りの幅：67.3cm

絹地の縦方向を使用
この背面拡大図から、青い絹のカッティングと、その下のアンダースカートの様子が分かる
アンダースカートはクリーム色の細かい絹のレース製で、綿のネットのスリップが付いている

記：ナンシー・ブラッドフィールド (Nancy Bradfield) 1975年

絹はこの下へ折り畳んである

背面

薄手の青いダマスク織りの絹をクリーム色の絹のレースと黒いネットに重ねており、ウエストには、ふんだんにビーズを付けた帯が付いている

こちら側は下にレースを重ねていない
30.5cm
10.2cm
8.9cm

レースの袖：21.6cm
黒いネット：33cm

レース
折り畳んだ絹：25.4cm

黒いネットの長さ：48.3cm

後ろスカート丈：99.1cm

青い絹のウエストから先端までの長さ 147.3cm

レースの縫い目
A～Bの幅：11.4cm
A
B
トレーン先端からの長さ：20.3cm

この部分のトレーンの幅：30.5cm
トレーン先端までの66cmは、下側で縫い閉じてある

ドレスに合わせた青い絹糸のタッセル 14cm

レース拡大図

クリーム色の絹のコード・レース

---

p382～383：青いダマスク織りの絹とクリーム色のレースを使った、1913年のイブニング・ドレス。このドレスのデザイナーは素材の魅力を最大限に引き出し、ドレープによって女性らしい曲線を強調して、見る者の視線を顔や首、ウエスト、そして腰から足首までの長い脚のラインに引きつけている。こうしたデザインはこの後10年も経たない間に変化した。ドレスは肩から裾まで直線的なラインで、前と後ろはまったく同じ形になり、くびれも留め具もない、それまでの常識を覆したデザインになる。

◆ 青いダマスク織りの絹と、クリーム色のレースのイブニング・ドレス

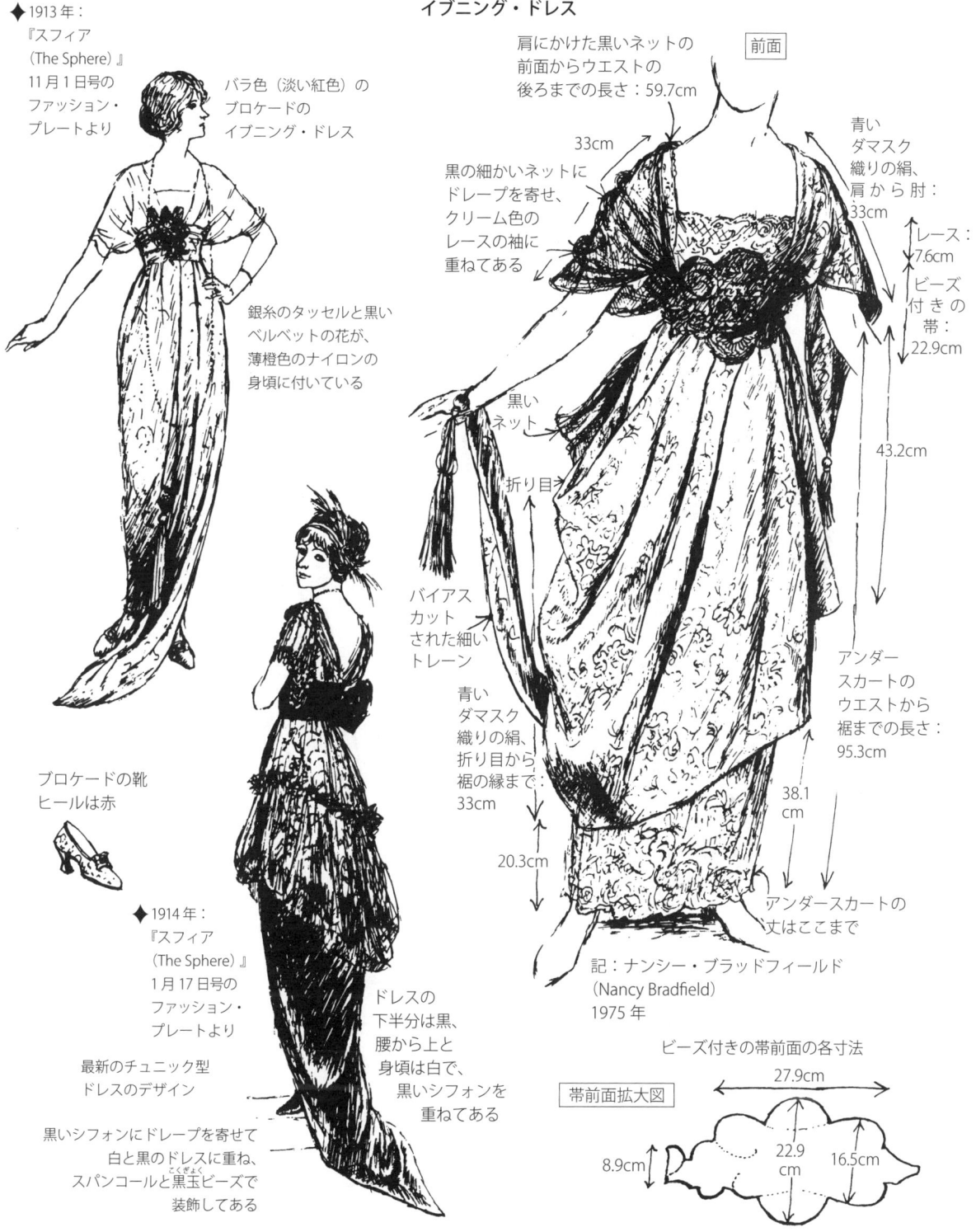

◆ 1913年：
『スフィア（The Sphere）』11月1日号のファッション・プレートより

バラ色（淡い紅色）のブロケードのイブニング・ドレス

銀糸のタッセルと黒いベルベットの花が、薄橙色のナイロンの身頃に付いている

前面

肩にかけた黒いネットの前面からウエストの後ろまでの長さ：59.7cm

33cm

黒の細かいネットにドレープを寄せ、クリーム色のレースの袖に重ねてある

青いダマスク織りの絹、肩から肘：33cm

レース：7.6cm

ビーズ付きの帯：22.9cm

黒いネット

43.2cm

折り目

バイアスカットされた細いトレーン

青いダマスク織りの絹、折り目から裾の縁まで：33cm

アンダースカートのウエストから裾までの長さ：95.3cm

38.1cm

20.3cm

アンダースカートの丈はここまで

記：ナンシー・ブラッドフィールド（Nancy Bradfield）1975年

ブロケードの靴　ヒールは赤

◆ 1914年：
『スフィア（The Sphere）』1月17日号のファッション・プレートより

最新のチュニック型ドレスのデザイン

黒いシフォンにドレープを寄せて白と黒のドレスに重ね、スパンコールと黒玉ビーズ（こくぎょく）で装飾してある

ドレスの下半分は黒、腰から上と身頃は白で、黒いシフォンを重ねてある

ビーズ付きの帯前面の各寸法

帯前面拡大図

27.9cm

22.9cm

8.9cm　　16.5cm

しかし1913年になると、デザイナーたちはデザインのヒントを東へ求めるようになる。これは、バクスト（Bakst）*1 がバレエの『シェヘラザード（千夜一夜物語）』という演目のためにデザインした衣装が、ファッション界に大きな衝撃を与えたことに端を発したものである。とは言え、ディアギレフ（Diaghilev）*2 のバレエ作品が1909年にパリで、1910年にロンドンで発表される以前に、デザイナーのポール・ポワレ（Paul Poiret）*3 はすでに伝統的スタイルから脱却していた。ここに紹介したドレスは、第1次世界大戦前の数年間の典型的なデザインである。1910年にはタッセルが大流行し、ドレスに動きを加えた。

*1：レオン・バクスト（Lon Bakst）[1866-1924] パリで活躍した、ロシア出身の画家、舞台美術家。　　*2：ディアギレフ（Sergey Pavlovich Dyagilev）[1872-1929] ロシアバレエ団の主宰者。　　*3：ポール・ポワレ（Paul Poiret）[1879-1944] フランスのデザイナー。脱コルセットの、解放的なデザインの服を発表した。

◆ 青いダマスク織りの絹と、クリーム色のレースの イブニング・ドレス

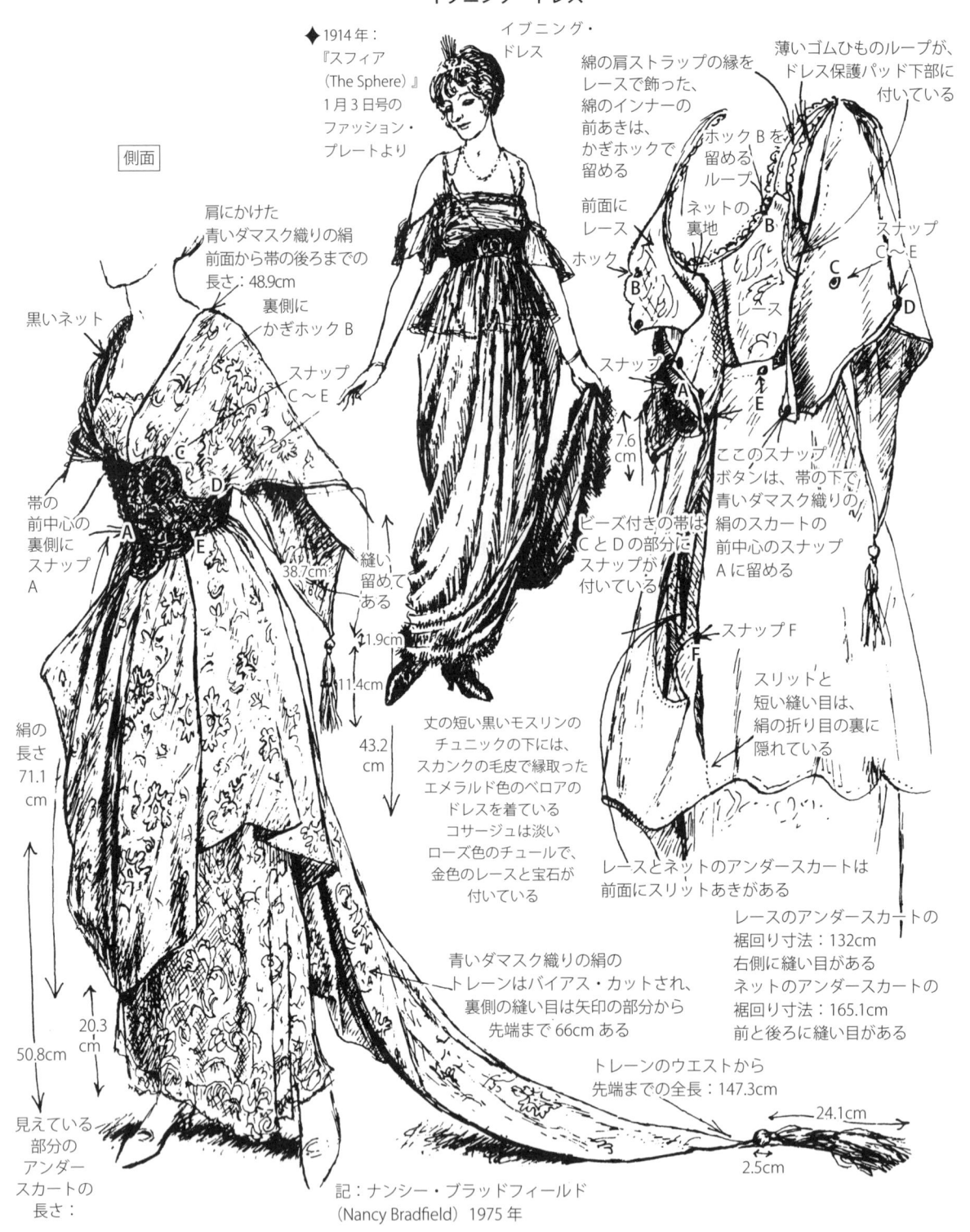

◆1914年：
『スフィア
(The Sphere)』
1月3日号の
ファッション・
プレートより

イブニング・ドレス

側面

肩にかけた
青いダマスク織りの絹
前面から帯の後ろまでの
長さ：48.9cm

裏側に
かぎホックB

黒いネット

スナップ
C〜E

帯の
前中心の
裏側に
スナップ
A

綿の肩ストラップの縁を
レースで飾った、
綿のインナーの
前あきは、
かぎホックで
留める

前面に
レース

ホック

スナップ
A

薄いゴムひものループが、
ドレス保護パッド下部に
付いている

ホックBを
留める
ループ

ネットの
裏地

B

レース

スナップ
C〜E

C

D

7.6
cm

ここのスナップ
ボタンは、帯の下で
青いダマスク織りの
絹のスカートの
前中心のスナップ
Aに留める

スナップF

F

スリットと
短い縫い目は、
絹の折り目の裏に
隠れている

38.7cm

1.9cm
11.4cm

ビーズ付きの帯は
CとDの部分に
スナップが
付いている

43.2
cm

丈の短い黒いモスリンの
チュニックの下には、
スカンクの毛皮で縁取った
エメラルド色のベロアの
ドレスを着ている
コサージュは淡い
ローズ色のチュールで、
金色のレースと宝石が
付いている

レースとネットのアンダースカートは
前面にスリットあきがある

レースのアンダースカートの
裾回り寸法：132cm
右側に縫い目がある
ネットのアンダースカートの
裾回り寸法：165.1cm
前と後ろに縫い目がある

絹の
長さ
71.1
cm

20.3
cm

50.8cm

見えている
部分の
アンダー
スカートの
長さ：

青いダマスク織りの絹の
トレーンはバイアス・カットされ、
裏側の縫い目は矢印の部分から
先端まで66cmある

トレーンのウエストから
先端までの全長：147.3cm

24.1cm
2.5cm

記：ナンシー・ブラッドフィールド
(Nancy Bradfield) 1975年

p384〜385：引き続き、青いダマスク織りの絹とクリーム色のレースを使った、1913年のイブニング・ドレスの解説。1913年10月25日刊の『レディース・ピクトリアル (Lady's Pictorial)』に掲載された、「サイクラックス・ビューティー・プリパレーションズ (Cyclax Beauty Preparations)」の広告には、当時まだ新しく刺激的だったタンゴを踊る男女が描かれている。若い女性が着たドレスの先には、このページのドレスのような長いトレーンではないが、細い小さなトレーンが付いている。女性は先端にタッセルの付いたトレーンを揺らしながら踊っている。

◆1912年：
『イラストレイテッド・ロンドン・ニュース
(The Illustrated London News)』
12月14日号のファッション画より

イブニング・ウェア

黒いベルベットとレースに、白いナイロン・デ・シンを使用

◆ 青いダマスク織りの絹と、クリーム色のレースのイブニング・ドレス

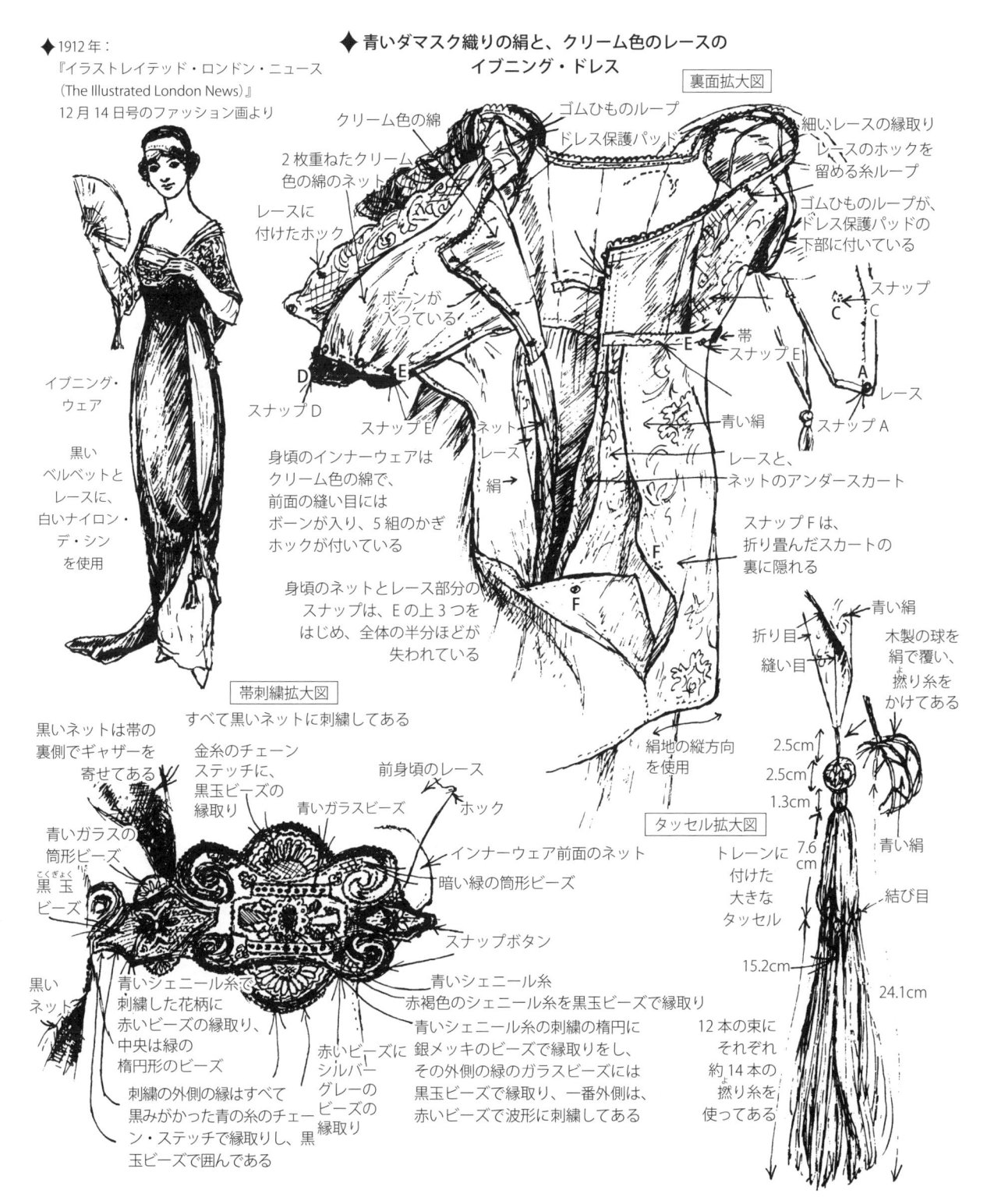

裏面拡大図

クリーム色の綿
ゴムひものループ
ドレス保護パッド
2枚重ねたクリーム色の綿のネット
細いレースの縁取り
レースのホックを留める糸ループ
レースに付けたホック
ゴムひものループが、ドレス保護パッドの下部に付いている
ボーンが入っている
スナップ
C C
スナップ E
帯
スナップ D
スナップ E
ネット
A
レース
スナップ A
身頃のインナーウェアはクリーム色の綿で、前面の縫い目にはボーンが入り、5組のかぎホックが付いている
ネット
レース
絹
青い絹
レースと、ネットのアンダースカート
身頃のネットとレース部分のスナップは、Eの上3つをはじめ、全体の半分ほどが失われている
スナップ F は、折り畳んだスカートの裏に隠れる
F
絹地の縦方向を使用

帯刺繍拡大図

すべて黒いネットに刺繍してある

黒いネットは帯の裏側でギャザーを寄せてある
金糸のチェーンステッチに、黒玉ビーズの縁取り
前身頃のレース
青いガラスビーズ
ホック
青いガラスの筒形ビーズ
黒玉（こくぎょく）ビーズ
インナーウェア前面のネット
暗い緑の筒形ビーズ
スナップボタン
青いシェニール糸
赤褐色のシェニール糸を黒玉ビーズで縁取り
黒いネット
青いシェニール糸で刺繍した花柄に赤いビーズの縁取り、中央は緑の楕円形のビーズ
赤いビーズにシルバーグレーのビーズの縁取り
青いシェニール糸の刺繍の楕円に銀メッキのビーズで縁取りをし、その外側の緑のガラスビーズには黒玉ビーズで縁取り、一番外側は、赤いビーズで波形に刺繍してある
刺繍の外側の縁はすべて黒みがかった青の糸のチェーン・ステッチで縁取りし、黒玉ビーズで囲である

タッセル拡大図

青い絹
木製の球を絹で覆い、撚（よ）り糸をかけてある
折り目
縫い目
2.5cm
2.5cm
1.3cm
青い絹
トレーンに付けた大きなタッセル
7.6cm
結び目
15.2cm
24.1cm
12本の束にそれぞれ約14本の撚（よ）り糸を使ってある

外から見えない場所に付けられた複雑な留め具の数々は、この時代も多くの女性がメイドを雇っていたことを物語っている。このようなドレスを、人の手を借りずに着たり脱いだりすることはできないからである。こうして、第1次大戦の勃発を目前にしたヨーロッパで、ファッションは変化を迎えていた。チュニック型の上着やドレープを入れたデイタイム・ウェアやイブニング・ウェア、さらにはビーズや真珠を付けたロングドレスさえも、視線をウエストより低い腰の高さに誘導した。これらの魅力的なドレスを、母であるミセス L・カーペンター（Mrs L. Carpenter）から譲り受けたミセス マーガレット・ボドレー（Mrs Margaret Bodley）は、幼い頃、母のためにドレスが作られていた様子を覚えているという。現在、このドレスは筆者のコレクションに寄贈されている。

1890年代のサイクリング

　この項のすべての情報は、1890年代終盤にシドニー・バックマン（Sydney Buckman）がまとめた手紙や文書に基づいている。非常に興味深い資料であるため、筆者が借り受けて詳しい調査を行った。

　近年、イングランドにある、キール大学（University of Keele）のヒュー・トレンズ博士（Dr Hugh Torrens）が、地質学者シドニー・サヴォリ・バックマン（Sydney Savory Buckman）の生涯に関する研究を行った際に、非常に興味深い文書を発見した。そこに含まれた手紙や切り抜き、写真は女性の衣服に関するものであったため、筆者が借りて詳しく調べたところ、当時のドレスに関する解明に役立つものがあった。そこで、ビクトリア時代の衣服に関心がある人々のために、これらの概要を公開しようと考えた。

　シドニー・バックマンが「合理服（ブルーマー形のズボン）連盟（Rational Dress League）」に関わるようになったのは、1890年代の後半だった。地質学者である彼は、新たに登場した乗り物、自転車を駆使してフィールドワークに出かけ、「チェルトナム（Cheltenham）の自宅からコッツウォルズ（Cotswolds）まで遠征した」という。また、妻や4人の娘たちにも自転車に乗るよう勧め、家族で遠出することもあった。そのため、女性にとって自転車に乗りやすい、実用的な服装について彼が考えるようになったのも、当然の成り行きだった。果たしてブルーマーは本当にサイクリングにふさわしかったのだろうか。

　バックマン・ファイルに保存された1900年1月発行の『合理服新聞（Rational Dress Gazette）』第16号は、合理服に関する歴史的見地を論じた、非常に価値の高い資料である。エドワード・M・リチャーズ（Edward M. Richards）の論説で、ウェックスフォード・インディペンデント社（Wexford Independent）から再販された『ブルーマー主義（Bloomerism）』に書かれている、この合理服の原点が興味深い。

　1845年のアメリカで、メアリー・クレイン（Mary Crayin）とミセス ノイス（Mrs Noyes）という2人の女性が、短いフロックの下にズボンを履いた姿で初めて公の場に表れた。こうした服は、開拓団が入植した頃から先住民の女性たちが着ていたものと同じ形であり、東方の国々には太古の昔から存在していた服装でもある。

　また、アメリカの女性解放運動家であるミセス アメリア・ブルーマー（Mrs Amelia Bloomer）については、次のように書かれている。「本人もしばしば言明しているように、彼女は決してブルーマーの発明者ではなく、ブルーマー着用の提案者でも、初めて身に着けた人物でもない。彼女は単に、ズボンを履き始めた人々を見て、その長所を理解し、自身の発行する雑誌『リリー（The Lily）』に好意的な記事を書いただけである。もちろん、彼女自身も率先して履き始めた1人だったが」。当時のマスコミが『ブルーマー主義（Bloornerism）』という言葉を作りだし、世間はすぐにその言葉を受け入れ、ミセス ブルーマーを新しい装いの代表として認めたため、おそらく今後もその名が、誤解されたまま永遠に残ることになってしまった」。

　世間の嘲笑やさまざまな反対の声を受けて、1851年には誰もブルーマーを履かなくなり、40年以上にわたって再び日の目を見ることはなかった。

　1895年頃になると、ジャケットとニッカーボッカーを対にしたテーラーメードの服が、アメリカやフランス、ドイツで自転車に乗る女性たちから高い人気を博した。しかしイタリアの女性にはあまり支持されていなかったことが、1897年にフィレンツェの乗合馬車に提示された警告から分かる。そこには、「合理服を着て自転車に乗る女性や、その他の見苦しい服装をした女性は、乗合馬車の使用を禁ずる」と書かれていた。

　1897年2月にチェルトナムで、「西洋合理服クラブ（Western Rational Dress Club）」が発足し、ハーバートン子爵夫人（Viscountess Harberton）が代表の座に着いた。シドニー・バックマンが主事を、彼の妻が部長を務めた。クラブの目的を定めた冊子は一読に値する。

このクラブの目的は次のとおりである。

1．この新しい形の衣服を普及させ、それによって女性の屋外での活動を、より快適で疲れにくいものにする。
2．ニッカーボッカーと呼ばれるズアーブ風パンツの着用を支持し、自転車に乗る際は特に推奨し、すでにこれを取り入れているフランス、ドイツ、アメリカの女性たちに続く。
3．価値ある改革を促進するため、志を同じくするロンドンの連盟と手を取り、必要な行動をすべて実行に移す。自転車に乗る者にとって、スカートには不便な点が非常に多い。普

通の状態で50マイル走るよりも、スカートを履いて30マイル走るほうが疲労が大きい。向かい風の中で自転車をこぐのはほぼ不可能である。危険が増し、重大な事故の原因になる。動くたびにスカートがはためいて見苦しい。スカートを履いて自転車に乗るためには、本体は通常より3.5キロほど重く、ペダルは軽い自転車が必要になるであろう。スカートがあらゆる野外活動に不向きであることは明らかである。移動の際はスカートを持ち上げるという面倒な手間をかけても、湿ったり泥で汚れたりすることは避けられない。建物や乗り物の階段を拭くモップ代わりにすることもやめたほうが良い。合理服にはこうした不都合な点は一切なく、健康、快適さ、安全の観点から称賛に値する。

　このクラブは、(1) 正会員、(2) 副会員、(3) 準会員から成る。自転車に乗る際、常に合理服を着る者は正会員、時折り着る者は副会員、着ることはないがクラブの趣旨に賛同する者は準会員とする。

　年会費は、正会員が2ポンド6ギニー、副会員が2ポンド、準会員が1ポンド6ギニー。投票権があるのは正会員のみ。男性・女性共に入会可能。

部長　M・バックマン（M. Buckman）

　活動的な女性のための合理的で快適な服を支持する者は、この服装の価値に注目が集まるよう、あらゆる手を尽くした。スカートを履いて自転車に乗った女性の事故が頻繁に報道され、その典型的な例が、1897年4月23日金曜日発行の新聞『シチズン（The Citizen）』に以下のように掲載されている。

スカートの危険性、チェルトナムの女性の場合〜

　記者の取材によれば、復活祭前の聖金曜日に、チェルトナム（Cheltenham）に住むある女性が自転車でグロスター（Gloucester）へ向けて出発した。彼女の自転車歴は3年で、初心者ではなかったが、その日はいつもと違う自転車に乗っていた。3.2キロ（2マイル）ほど走ったところでスカートがギアに巻き込まれて身動きが取れなくなり、苦労して何とか自転車から降りた。しかし、同行者たちが手を貸してもスカートは外れなかった。自転車で通りかかった男性も何人か立ち止まり、協力を申し出た。工具を使い、自転車をほぼバラバラにしたが、外すことはできなかった。結局、スカートを切り取って歯車を分解することになった。そして改めて自転車に乗って出発したが、ボロボロになったスカートが再び絡まり、何度も自転車から降りて外さなければならなかった。そしてスカートを気にするあまり緊張したその女性は、グロスターで運転が難しい道に入ったところで気が動転し、路面電車の線路で転倒して顔に深い傷を負い、薬局へ運び込まれた。そして電車で帰宅することとなった。

「ロイヤル・スピットファイヤー（ROYAL SPITFIRE）」という自転車に乗るミスM・クール（Miss M. Coole）

　教訓：自転車に乗る際の安全な服装はニッカーボッカー（ブルーマー）のみである。乗り慣れた自転車かどうか、ハンドルとサドルの間にフレームがあるか、泥よけがあるか、スカートの幅が広いか狭いかは関係ない。ニッカーボッカー（ブルーマー）を履いて自転車に乗る女性は、こうしたことを考える必要はない。スカートが絡まって危険な目に遭う心配は一切不要である。

　1897年の秋頃には7つの自転車クラブが提携し、活動を宣伝するため、ニッカーボッカー（ブルーマー）を履いてロンドンからオックスフォード（Oxford）へ自転車で向かうという計画を立てた。しかしその当日の9月4日は小雨が降る風の強い日で、自転車は遅々として進まなかった。裾が2つに分かれた服は、見物に集まった人々から盛大に冷やかされ、スタート当初はニッカーボッカーの上にスカートを重ねる女性もいた。脱落者が大勢出る中で、最終的に50人ほどのメンバーがオックスフォードに到着し、予定どおりクラレンドン・ホテル（Clarendon Hotel）で会食を開いた。翌朝には、最も自転車向きの服を着た3人を選ぶコンテストが開催された。選ばれた1人、ミス モード・ガトリフ（Miss Maude Gatliff）の服は、とある自転車の広告でミスM・クール（Miss M. Coole）が着ている服と非常によく似ていた（右上の図参照）。

387

1898年にはさまざまな事件が起きた。推進者たちが合理的な服の宣伝に力を入れたにもかかわらず、ニッカーボッカー（ブルーマー）が広く浸透するには至らなかったため、女性たちが不愉快な目に遭うことも多かったに違いない。

ホテルの経営者の中には、ニッカーボッカー（ブルーマー）を履いた女性客を拒否する者もいた。実際のところ、こうした経営者たちはしばしば非常に無礼な態度を取った。その1人、ドーキング（Dorking）でホワイト・ホース・ホテル（White Horse Hotel）を経営するリチャード・S・クック（Richard S. Cook）は、5月11日発行の新聞『デイリー・メール（Daily Mail）』に次のような投書を寄せている。
「合理服と呼ばれる悪趣味な服を着た女性は、当ホテルの喫茶室への入店を禁ずる。他のお客様に対して失礼だからである。これを不当であると法廷に訴える者があれば、私は喜んで出廷し、法の判断を仰ぐ所存である。」

実際、ハーバートン子爵夫人はそのとおりに行動し、翌1899年に起こした訴訟はあらゆる新聞に報道された。子爵夫人は、オッカム（Ockham）にあるオーボエ・ホテル（Hautboy Hotel）に対する訴訟で先例を作ろうと試みたが、失敗に終わった。『デイリー・メール』は、一連の出来事を非常に公正に報じている。

『デイリー・メール』の記事
題：ハーバートン子爵夫人のブルーマー
　ハーバートン子爵夫人がオッカムのオーボエ・ホテル経営者、ミセス スプレイグ（Mrs. Sprague）に対して起こした訴訟の審理が、サリー裁判所（Surrey Quarter Sessions）にて昨日開かれたが、合理服に関する問題の結論は保留とされた。ブルーマー（ニッカーボッカー）の禁止も正当性の主張も、共に認められていない。

　ハーバートン子爵夫人の主張を支持した「サイクリスト・ツーリング・クラブ（Cyclists' Touring Club）」にしてみれば、勝てない訴訟の擁護は、戦略ミスだったと考えているだろう。これより前に、パブの経営者たちが女性の合理服着用に反対して起こした恐るべき訴訟は、ミセス スプレイグの慎重な意見に比べると、はるかに論理的思考に欠けるものだった。パブ経営者たちに対する訴訟をためらった同クラブは、オーボエ・ホテルの才気ある女主人に立ち向かって敗北したが、ミセス スプレイグの行いも賢明とは言えなかった。

　昨日の判決を知ったパブの経営者たちが、自分たちには客の服装を決める権利がある、と考えるようであれば、それは大きな誤りである。陪審は彼らに、服装を指図する権限を与えたわけではない。料理を注文する男性に麻のシャツとバーズ・アイ柄（鳥の目のような小さな点模様）のネクタイ着用を強要できないように、自転車に乗る女性がスカート姿でもブルーマー姿でも入店を拒むことはできない。ミセス スプレイグはブルーマー姿のハーバートン子爵夫人を喫茶室から締め出すことで、常連客に対する義務を果たした。それは「合理的」な装いをした女性の入店に異議を唱える客がいたためであるし、そのような異議の正当性を論理的に客に追求するのは経営者の役割ではない。しかし、ミセス スプレイグは常連客への義務を果たすと共に、ハーバートン子爵夫人を追い出さずに済む妥当な代替案を示すこともできたのではないだろうか。ホテルのバー（酒場）は、女性が昼食を取るのに快適な場所とは言えない。にもかかわらず、どうやら客は食事する場所を選ぶことができないという法律のようであるし、陪審は明らかに、合理服を着た女性の食事は喫茶室ではなく、バーで良いという見解のようである。納得のいかない結果に終わったが、合理服着用のためには法律を変えるしかないだろう。

　合理服のメリットは明らかであるにもかかわらず、一般の女性にはあまり受け入れられなかった。そして、どうやら70年以上前の男性は、自分の妻や家族が、時折り美しい足首がのぞく程度の長いスカートとペチコートを履くのを好んだようである。

　ハーバートン子爵夫人はシドニー・バックマンに宛てた1899年2月5日の手紙で、当時の状況に対する個人的な考えを伝えている。ロンドン中心部のクロムウェル・ロード108番地（108 Cromwell Road, S.W.）から出された手紙には、次のように書かれている。

親愛なるバックマン様

　資料を貸してくださり、心から感謝いたします。お借りした資料の中には読んだことのない記事がいくつかありました。私が『レディース・オウン（Lady's Own）』を購読し始めたのは昨年からですし、必要な記事を保存しておかなかったのです。スカートが関係する自転車事故の記事はすべて複写いたしました。これを弁護士に渡して弁論に取り入れてもらうこともできるでしょう。ところで金曜日の『セント・ジェームズ・ガゼット（St James's Gazette）』紙で知ったのですが、「ザ・ロード（The Road）」という団体がミセス スプレイグを支持し、彼女の訴訟費用の足しにするため寄付を集め始めたそうです。なんでも『近ごろ流行の女性サイクリストたちに多大なる嫌悪を覚えるから』だとか！「ザ・ロード（The Road）」が何なのかは存じ上げませんが、ゲイエティー馬車（Gaiety Coach）についての話を思い出してみれば、おそらく、馬車会社と関係があるのでしょう。彼女が支持を得るのは、私たちにとって幸いです。裕福な団体の後ろ盾を得た者（ハーバートン子爵夫人）が生活のかかった女性（ミセス スプレイグ）を訴えている、というお涙頂戴的なうわさを避けることができるのですから。こういうことは陪審に影響を与えがちです。

　回覧用の複写版は25部ほど作れますので、必要でしたらお知らせください。ご多忙のところ申し訳ありませんが、最終的にはこれがあなたのお仕事を楽にするでしょう。もちろん、合理服が急に広まれば話は別ですが、残念ながらその気配はまったく感じられません。

　私が恐れているのは、先人が確立した以上のものが、この社会に生まれないのではないかということです。人々は運動に参加し、投書し、討論を行っていますが、皆が合理服を着るようになるまでは進歩とは言えません。ここだけの話ですが、合理服を着た女性は1年前に比べて減りましたし、2年前に比べるとさらに少なくなったと思います。でもこのようなことを敵に知られてはなりませんから、外には漏らさないでください。この冬は、私の他に合理服を着た女性を1人も見かけませんでした！そしてクラブの遠乗りは、ほぼ中止しています。とても残念なことです。
変わらぬ感謝を込めて。
F・W・ハーバートン（F. W. Harberton）

　合理服の推奨者であるハーバートン子爵夫人は落胆しているが、ニッカーボッカー（ブルーマー）はこの後も消えることなく、20世紀に入ってからも数年にわたり一部の人々が着用した。

　T・H・ホールディング（T. H. Holding）は、1897年に発刊した『効果的な女性服の製法（The Direct System of Ladies' Cutting）』第3版で、子爵夫人に深く賛同している。

「幸か不幸か、ブルーマーはイングランドでは人気がない。3年ほど前から、ブルーマーを流行らせようというさまざまな試みがヨーロッパで行われてきたが、イングランドの淑女たちはスカートで自転車に乗るという態度を変えない。そして、その普及をタブー視するだけでなく、ブルーマーを履く女性を排斥しようとする動きすらある」

　そして半世紀以上が過ぎ、結果としてイングランドの女性たちは年齢や体形、サイズに関わらず、1964年からパンツスーツを着るようになり、それを趣味の良い装いと捉えている。

参考文献

Alison Adburgham 『A Punch History of Manners and Modes, 1841-1940』 1961.
Max von Boehn 『Die Mode, Menschen und Moden im achtzehnten Jahrhundert』 1909.
　　　　　　　『Die Mode, Menschen und Moden im neunzehnten Jahrhundert, 1790-1817』 1908.
　　　　　　　(English translation) 『Modes and Manners, vols. iv & v』 1927.
Alan Bott 『Our Fathers, 1870-1900』 1931.
Alan Bott & Irene Clephane 『Our Mothers, 1870-1900』 1932.
Anne Buck 『Victorian Costume & Costume Accessories』 1961.
C. W. & P. Cunnington and Charles Beard 『A Dictionary of English Costume』 1960.
C. W. Cunnington 『Englishwomen's Clothing in the Nineteenth Century』 1937.
　　　　　　　　『Englishwomen's Clothing in the Present Century』 1952.
C. W. & P. Cunnington 『Handbook of English Costume in the Nineteenth Century』 1959.
　　　　　　　　　　『History of Underclothes』 1951.
　　　　　　　　　　『A Picture History of English Costume』 1960.
P. Cunnington & Anne Buck 『Children's Costume in England, 1300-1900』 1965.
John W. Dodds 『The Age of Paradox, 1841-1851』 1953.
Joan Edwards 『Bead Embroidery』 1966.
Alison Gernsheim 『Fashion and Reality, 1840-1914』 1963.
Charles Gibbs-Smith 『The Fashionable Lady in the Nineteenth Century』 1960.
T. H. Holding 『The Direct System of Ladies' Cutting, 3rd edition』 1897.
Vyvyan Holland 『Handcoloured Fashion Plates, 1770-1899』 1955.
John Irwen 『Shawls』 1955.
R. Brimley Johnson 『Mrs Delany』 1925.
Francis M. Kelly & Randolph Schwabe 『Historic Costume, 1490-1790』 1925.
Carl Köhler 『A History of Costume』 1928.
James Laver 『Taste and Fashion, from the French Revolution to the Present Day』 1945.
Lady Victoria Manners & G. C. Williamson 『John Zoffany, R.A., His Life and Works, 1735-1810』 1920.
Mrs Bury Palliser 『History of Lace』 1865.
Samuel Pepys 『Diary and Correspondence, deciphered by the Rev. J. Smith from the original shorthand MS. in the Pepysian Library,
　　published by George Bell & Sons』 1898.
Jacques Ruppert 『Le Costume, l'antiquité et le moyen âge』 1930.
Mary Sharp 『Point and Pillow Lace』 1913.
Lawrence E. Tanner & J. L. Nevinson 『Archaeologia, vol. lxxxv, an article on 'Some later Funeral Effigies in Westminster Abbey'』
1936.
Andrew W. Tuck 『Forgotten Children's Books』 1898-99.
Norah Waugh 『Corsets and Crinolines』 1954.

所蔵作品図録

London Museum（ロンドン博物館）『Catalogue No. 5, Costume』
Manchester City Art Galleries（マンチェスター市立美術館）『Gallery of English Costume, women's costume booklets, vols.1 to 6』
Victoria and Albert Museum（ヴィクトリア・アンド・アルバート博物館）『English Printed Textiles. 1720-1836』 1960.
　　　　　　　　　　　　　　　　　　　　　　　　　　　　　『17th and 18th Century Costume』 1959.

定期刊行物

『The Beau Monde』
『La Belle Assembleé』
『Country Life』
『The Englishwoman's Domestic Magazine』
『The Illustrated London News』
『Le Journal des Demoiselles』
『The Ladies' Cabinet』
『The Ladies' Field』
『The Lady's Magazine』
『The Ladies' Mirror』
『The Lady's Monthly Museum』
『The Lady's Own Paper』
『The Ladies' Pocket Magazine』
『The Ladies' Treasury』
『Petit Courrier des Dames』
『Punch, or the London Charivari』

索引

あ

青の細い線（1730年代頃～1830年頃）… 70

「足かせのようなスカート」（1910年～1915年）… 350, 352

アルパカ（1841年より）… 209, 224-225, 260, 278, 322-323

アグリー（1848年～1864年）… 196, 197

アンダーウェア … 3, 12, 91, 104, 133, 220-221, 233, 252, 255, 278, 283, 328, 348, 357, 366

馬毛 … 48, 167, 195, 198

エジプト風デザイン … 364

エプロン、エプロン型／状 … 8-9, 11, 14, 22, 31, 36, 54, 58, 67-68, 78, 94, 100, 104-105, 122, 154-155, 228-229, 230-231, 234-235, 237, 246-247, 372, 377

エポーレット … 151, 186, 211, 214, 241

M字形の襟 … 109, 129

エンパイア・ライン（シルエット）… 306, 321, 347

燕尾服 … 90

扇、羽根扇 … 34, 82-83, 99

か

傘、日傘 … 60-61, 116-117, 144-145, 172-173, 196-197, 326-327

カシミア … 91, 120, 164, 182, 198-199

カフス
　ウィングド … 14-15, 24, 72
　扇形の … 25, 42, 46, 55, 59

カラコ（18世紀および19世紀）… 80-81

カラッシュ … 31, 60-61, 110-111

カラマンカ … 30-31

ガーゼ … 3-4, 15, 17, 54, 67, 76-77, 90, 124-125, 135, 148-150, 152-154, 156-159, 183, 234-235, 242, 264-265, 267, 326-327, 351-352, 380-381

ガーター（1878年より）… 72-73, 93, 255, 279, 285, 329

キャップ … 9, 11, 24, 46-47, 73, 78, 109-110, 118-119, 122, 133, 178-179, 214

　モブ（18世紀および19世紀）… 79, 378-379

　ラウンド・イヤード・（1730年代～1760年代）… 10, 14-15

キャミソール（1920年代より）… 315, 346-347, 360

ギリシャ風 … 89, 91

キルティング … 26-31, 67, 110, 130, 136-137, 198-199, 204-205

ギンプ … 294-295, 310, 314, 326-327, 330, 332-333

靴、シューズ … 10, 12-13, 22-23, 32-33, 36, 40-41, 58, 76, 78-79, 82-83, 86-89, 98, 100-101, 146-147, 167, 172, 177, 189, 194-195, 204, 220-221, 235, 238-241, 262-263, 272-273, 297, 299, 331, 342-343, 352, 354, 364, 366, 369, 375, 383

　ミュール … 33

　ストレーツ（1800年頃～1840年代頃）… 101

クリノリン（1856年頃から1868年）… 7, 166-167, 195, 202-207, 218, 221-226, 230, 233, 238, 254, 360

クリノレット（1868年頃から1873年頃）… 230, 238-239

ケープ、ケープ風 … 102-103, 130-131, 136-137, 160, 163-165, 184, 265, 276-277, 334-336

ゴアード・スカート（1820年代、1860年代後半、1890年代中盤より）… 224, 268, 270

合理服 386-387, 388

黒玉（こくぎょく）… 188, 209, 237, 290, 291, 298, 299, 334-337, 383, 385

コート（女性用）… 138, 139, 277, 296, 336,

　フード付き … 198, 199

コート（男性用）… 6, 109, 129, 296

　フロック … 166

　モーニング … 166, 232

子どもの、子ども用 … 76, 114, 143, 252-253

ゴムひも … 172, 190, 208-209, 256, 259, 262, 275, 329, 384-385

コルセット … 110, 174, 178, 179,

391

200, 239, 251, 254-255, 278-279, 285, 293, 302, 306, 315, 317-318, 328-329, 340, 353, 355-357, 360（ステイズも参照のこと）

コンビネーション … 252, 255, 279, 282-283, 285, 328, 332, 366

さ

サイクリング … 233, 386

サッシュ・ベルト … 95, 128-129, 152, 157-158, 168, 215, 224, 234, 262-263, 282-283, 289, 348-349, 380

ジグザグ模様 … 137, 238

刺繍 … 66-70, 72-73, 82, 91, 98-101, 109, 118-119, 122, 124, 133, 144, 148, 154, 158-159, 162, 170, 172, 178-179, 188, 191, 194, 200-201, 205, 208-209, 215, 234, 246-248, 254, 256-257, 272-273, 281, 291, 294, 313-317, 319-321, 323, 326-329, 332, 334, 348-349, 352-354, 356, 358-364, 366, 368, 370-375, 380-381, 385

ジャケット … 50-51, 69, 80-81, 84-85, 88-89, 210-212, 224, 228-231, 265, 274-278, 290-293, 386

 乗馬用 16-17, 51

 ノーフォーク 296

 フード付き 26-27

 フレンチ 24-25

 短い 112, 114

シュミゼット（19世紀）… 178-179

シュミーズ（1920年まで）… 12-14, 34, 48, 54, 91, 93, 133, 178-179, 204-205, 252, 254, 314-315

ショール … 3, 11, 91, 105, 108, 110, 120-121, 131, 167, 182-183, 185, 197, 324-325, 378

人工の膨らみ（1819年）… 111

人造宝石 … 342, 350-353, 364, 366

スカーフ … 155, 185, 326-327

裾の一部が長くなった … 373

裾の詰め物（1823年頃～1828年および1907年頃～1908年）… 124-127, 146, 148-149, 154, 322

スタマッカー（16世紀後半～1770年代）… 8-10, 12, 14, 17, 23-24, 31-33, 36-38, 40-42, 46-47, 53, 72, 77, 377

スタンド・カラー（1880年頃～1911年頃）246, 249, 259, 298（ギンプも参照のこと）

ステイズ … 12-13, 48-49, 91, 110-111, 132, 149, 193, 347（コルセットも参照のこと）

ストッキング … 12-13, 72-73, 204, 220-221, 251, 263, 297, 332, 340-341, 369

スパンコール … 34, 60-61, 77, 82, 158-159, 208, 334, 337, 371, 374, 383

スペンサー（1790年～1820年代）… 82, 112-115

ズボン（男性）… 166, 232, 271

ズロース … 188-189, 215, 252, 254-255, 278-279, 284, 314-315, 319, 332, 340

袖

 ビショップ・スリーブ（19世紀）… 216

 ジゴ・スリーブ（1824年～1836年頃）… 142, 146, 156

 「馬鹿げた」袖（1829年～1835年頃）… 160

 パフ・スリーブ（1825年～1835年頃）… 108, 112, 114, 124-126, 129, 133, 148-149, 152, 154, 157-158, 161, 261, 268-269

 アンダースリーブ … 92, 104, 122, 124, 193-194, 208, 210-211, 213, 237, 268-270, 274, 282, 285, 294-295, 308, 311-312, 320, 323, 330, 333, 341, 350, 352-353, 357

 ノースリーブ、袖なし … 351, 360-361, 363

た

ターバン … 150

「太陽光線」のような形（1897年より）… 301

ダウン … 204-205

タッセル … 88, 96, 112-113, 118-119, 122, 173, 180-181, 188, 190-191, 198-199, 208, 240-241, 298, 322, 334-336, 344, 364-365, 380, 382-385

付けぼくろ … 7

詰め物 … 49, 61, 73, 136-137, 150, 155, 227, 360, 379

テーラーメード（1877年より）… 297, 386

手袋、長手袋 … 15, 31, 46, 82, 89-90, 99, 189-190, 306, 326, 351, 364

トゥールニュール（1882年～1889年）… 233, 244, 254

ドレス

 アフタヌーン … 3, 88, 176-177, 218-221, 224, 294, 297-299, 308-311, 348-349, 360-363,

373

　デイタイム … 92, 100, 104-105, 133-135, 140-143, 160, 172, 180, 187, 194-195, 200, 213, 216-217, 226-227, 238, 248-249, 250-253, 259, 262-263, 269-270, 298, 341, 369, 374

　イブニング … 3, 98-99, 148-149, 150, 152, 154-155, 168-169, 182, 200-201, 211, 224-225, 257, 259, 266, 268-271, 294, 296-297, 300, 302, 304, 316-320, 334-341, 350-353, 356, 358-360, 364-365, 368-370, 372-375, 382-385

　モーニング … 3, 170-171

　トレーン、トレーン付き … 92-94, 238, 242, 244, 247-248, 264-265, 272-275, 297, 300-301, 335-336, 338-344, 350-351, 364, 382-385

　チュニック型 … 246-248, 332-333, 366-368, 383, 385

　ウェディング … 183, 212-213, 228-231, 256-259

ドレスホルダー … 300-301

ドレス補正具 … 233, 254

ドレッシング・ガウン … 318-319

ドロワーズ … 110

な

鉛の重り … 11, 14-15, 44,-46, 52-53, 56, 290-291, 338-339, 341-343, 345

波形 … 36-37, 44, 46, 54, 64, 66, 68, 77, 135, 184, 236, 264, 292, 335, 342, 349, 371, 377, 380, 385

偽の腰、偽の尻 … 48, 64, 68

ニッカーズ、ニッカーボッカー … 255, 278-279, 284-285, 318-319, 386-388

ネッカチーフ … 8, 10, 15, 24, 27, 40, 47, 75, 78-79, 84, 110, 378

ノッティング・シャトル … 6, 42-43

は

バーサ・カラー … 200-201, 215

パイピング付きの縫い目 … 172, 180, 200, 211, 216, 219

パゴダ、パゴダ型 … 116-117, 140, 144- 145, 216

バスク（薄板）… 110-111

バスク（広がった裾）… 210, 212, 230

バタリックデザイン／パターン／の型紙 … 360, 362-363, 366, 370, 375

バッグ、ハンドバッグ … 15, 38-39, 42, 97, 122-123, 188, 190-191, 266, 292, 326, 342, 346, 374

バックル … 10, 12-13, 40, 58, 88, 98, 113, 122, 135, 162, 204, 290, 310, 331, 346

バッスル … 48, 64, 68, 85, 104, 132-133, 138-139, 166-167, 207, 227, 230, 232-237, 240, 242, 244, 246, 249-250, 252, 254-255, 261

　パッド型 … 7, 79, 87, 93, 94, 256, 258, 259, 377, 379

パトゥン … 29, 36

パニエ … 41, 48, 247

羽根、羽根飾り … 67, 150, 196-197, 209, 292-293, 306, 364, 381

ハビット・シャツ … 151

ハンカチーフドレス（1870年代～1880年代）… 248

「ハンカチーフ状」の布のスカート（1926年～30年）… 368, 369

パンタロン（1790年頃～1850年）… 90

斑点模様 … 32, 91-95, 100, 106, 109, 112, 156, 158-159, 194, 226-227, 264-265, 267, 286-289, 300

ビーズ … 39, 122, 188, 190, 191, 198, 208, 240-241, 262-263, 272-273, 290-291, 298-299, 316-317, 326, 334-337, 342, 351-353, 360, 364-368, 370-372, 374, 382-385

ファービロウ … 64

ブラウス … 271, 287, 306, 346, 347, 370

フラウンス … 38, 40-46, 64-68, 90, 132, 133, 142, 153, 188-189, 192-195, 202-203, 210, 214-215, 223, 226, 233-237, 264-265, 278-279, 307, 360-363

ブラジャー … 347, 356, 366

ブラジャーやコルセットとひと続きになったスカート … 347

フリンジ … 42, 94, 98, 112, 116-117, 120, 144, 158, 163, 173, 180-183, 188, 191-199, 210-213, 224-225, 228-231, 236-237, 240, 244, 290-291, 316-317, 335-336

　ボール … 320-322, 356-357, 380-381

プリンセス・ライン（1840年代より）… 242

防寒、防水 … 28, 297, 323

帽子 … 16, 40-41, 46, 60, 94, 103, 105, 110, 143, 197, 208-209,

393

235, 271, 290, 292-293, 297, 299, 306, 326, 331, 337, 349, 355

カンカン帽 289, 296

シルクハット 166

中折れ帽 296

プリント柄 … 70, 76, 78-80, 84-85, 88-89, 106, 117, 122-123, 132-135, 140-143, 160, 170-172, 174-175, 180, 182, 186, 192-194, 204-205, 246-249, 289, 317-318

ハチの巣状の柄、模様の（1780年代頃）… 88, 182

点描柄の（1780年代）… 70

鮮やかな緑の（1815年頃より）… 171

ブルーマー … 233, 376, 386-389

ブレード … 37, 40-42, 44-46, 52, 62, 76-77, 94, 98-99, 187, 189, 194, 202-203, 205-206, 214, 222-223, 226, 234, 237, 240, 244, 251, 259, 262-263, 264-265, 276-279, 312-314, 320, 356, 364-365, 373, 380-381

ブーツ … 167, 176-177, 202, 204-205, 221, 271, 331

サイドにゴムの入った … 194-195

ヒールの無い … 177, 179, 194, 215

ヘアスタイル、髪型 … 47, 67, 114-115, 178, 271, 297, 324, 354

ベスト … 6, 28, 109, 129, 166, 279

ペチコート … 7-8, 10-11, 13, 16, 20-22, 24-31, 33, 35, 40-42, 44-46, 48, 58, 62, 64-68, 71, 74-75, 86, 91, 93, 133, 149, 153, 161, 167, 179, 188, 195, 203, 205-206, 223, 238, 252-254, 266, 270-271, 278-279, 314-315, 322-323, 332, 340, 358-360, 364-365, 388

サイドを膨らませるフープ付き（1720年代頃～1780年）… 41-42, 48

フープ付き、入り（1710年頃～1780年）… 7, 8, 10, 16, 20-22, 27, 35, 41-42, 48

ペチコート付き身頃 … 347

ペリース（18世紀～1850年代）… 94, 102-103, 138, 376, 380-381

ペルリヌ（1740年から19世紀後半）… 144, 162, 180-181, 186-187

ベール … 209, 213, 228, 278, 364

ポケット … 8-9, 11, 16, 18-19, 23, 25-26, 30, 37-42, 44-46, 56-57, 59, 63, 66, 68, 71, 81, 85, 97, 102, 133-134, 141, 143-144, 146-147, 160-161, 170, 172, 175, 188, 192-193, 198-199, 213-217, 220-227, 231-232, 234-237, 242-253, 258-263, 267-268, 270, 272, 275-278, 293, 331-333, 346, 355

ウォッチ … 187, 192, 214-215, 220-222, 224-227, 231, 237, 243, 246, 251, 253, 263, 277, 278, 355

ボタン

ドーセット、糸の（18世紀～1830年）… 104-105, 349

麻の … 96-97, 255, 280, 332, 346, 366

真珠貝の … 132-133, 158, 160, 179, 208, 212-213, 226-227, 246, 250, 280-281, 284-285, 298, 318, 324-325, 328

ボレロ … 290, 294-295

ポロネーズ … 7, 54, 55, 62-64, 66-71

ボンネット … 89, 105, 110, 112, 114-115, 138-139, 143-145, 173, 178, 182-185, 188-189, 196-199, 202, 209, 214, 235, 289, 376-377, 379-381

ポンパドール（1750年代～1760年代）… 32-33

ボーン入りの身頃 … 26-27, 56-57, 62-65, 69, 74-75, 168-169, 174-177, 180-181, 186, 192-193, 200-201, 211-212, 214-215, 219, 221-224, 236-237, 242-243, 249, 256, 258, 260-263, 265, 268-269, 270, 272, 27-278, 286-288, 290, 291-295, 298-314, 316-317, 319-323, 328-331, 334, 338-343, 350-353

ま

マタニティ・ウェア … 132, 292

マフ … 60-61, 126-127, 290-292

マフ用チェーン … 291

マント … 111, 130-131, 136-137, 185, 199, 209, 344

ミシン、ミシン縫い（1840年代より）… 167, 205, 224-225, 229, 232-233, 236, 238, 242, 244, 246, 249, 253-255, 281, 285, 314, 329-330, 332, 354, 359, 366, 375-376

ミトン … 190, 378-379

メガネ … 204

メリヤス … 150-151, 191, 246-247

モスリン … 6, 7, 41, 66-69, 71, 74-75, 78, 80, 86, 88-89, 91-101, 106-107, 109-110, 112, 115, 118, 122-123, 128-129, 133-135, 144, 160-162, 167-170, 172, 174-175, 178, 182, 186, 188-189, 192-194, 200-201, 203, 212-220, 223, 226, 228, 230-231, 236-237, 240, 243-245, 251, 259, 261, 270, 275,

278-279, 286-289, 306, 315, 326, 354-355, 370-371, 377-379, 384

モーニング・リング … 240-241

喪服 … 236-237

ら

ラッフル … 14, 36-37, 40-41, 44-45, 52-53, 66-68, 77

レティキュール（1800年頃～1820年代頃）… 4, 97, 103, 122, 123, 133, 144, 158, 208, 213, 215

レース … 3-4, 14, 24, 33, 36-37, 40-41, 44-45, 52-53, 72, 76-77, 92, 111, 122, 148, 150, 152-156, 168-169, 178-179, 182-183, 188-189, 190, 196-198, 200, 208, 218-223, 228-231, 236-237, 241-242, 244-245, 252, 256, 259, 261, 266, 268-270, 272-273, 275, 279-288, 298, 300, 304, 306-311, 314-315, 323-326, 328-334, 336, 338-343, 346, 347-349, 351, 353-357, 362-363, 366, 372-373, 380, 382-385

ローブ・ア・ラ・フランセーズ（1745年頃～1770年代）… 7, 18-21, 34-35

ロビング …14-15, 40, 72

用語集

あ

アームスリット：ケープやマントなどの、袖のない外套から腕を出すために作られた裂け目やあきのこと。

アウトラインステッチ：刺繍で、図案の輪郭線を刺す縫い方。

アップリケ：切り取った別布を、土台の布に縫い付けたり、貼り付けたりする技法。また、その模様。

アフタヌーン・ドレス：午後からの社交や外出用のドレスのこと。昼間の礼装。

アルパカ：南米のアンデス山中で飼われる、ラクダ科の哺乳類の毛を紡いだ糸や織物。

綾織り：織り目が斜めになった織り組織の総称。光沢と伸縮性にすぐれる。斜紋織りとも呼ばれる。

アンダーウェア：衣服の一番内側に着用する衣料全般。特に下着、肌着類を指す。

アンダースカート：スカートやドレスの下に着けるスカート、下着、ペチコート。二重になったスカートの内側のものも指す。

アンダースリーブ：二重になった袖の内側の袖（内袖）、下袖、または上袖の切れ目や開いた袖口から見せるようにした装飾用の袖。

アンダードレス：スリップ、ペチコート、アンダースカートなど、ドレスの下に着けるもの、特に下着類の総称。

石突き：杖、傘などの地面を突く部分。また、そこにはめた金具。

イブニング・ウェア：夜間、夜会用の正装の総称。女性ではイブニング・ドレスにあたる場合が多い。

イブニング・グローブ：夜会などに使われる正装用の手袋。

イブニング・コート：イブニング・ドレスの上に着る、婦人用のコート。または男性用の夜会服、燕尾服のこと。

イブニング・シューズ：イブニング・ドレスを着る際に履く靴。

イブニング・ショール：イブニング・ドレスを着る際に合わせて身につける肩掛け。

イブニング・ドレス：日没後の晩餐会、観劇、舞踏会などに着用する礼装。一般には女性用夜会服を指すことが多い。

イブニング・バッグ：夜会などに使われる、装飾性の高い正装用の小型のバッグ。

インナーウェア：下着一般の総称、または重ねた衣服の内側に着る衣服のこと。対語→アウターウェア（外衣）

インバーティド・プリーツ：2本のひだ山が突き合わせになったプリーツ。

ウィングド・カフス：カフスの折り返しの両端がとがり、鳥の翼（ウィング）のように先広がりの形に跳ね上がったカフスのこと。

ウエスト・バンド：スカート、ズボンなどの一部としてウエストにつける帯状の布、腰帯。

ウォッチ・ポケット：懐中時計や小銭を入れる、小さなポケット。

受骨：傘を構成する部品の一種。下図参照。

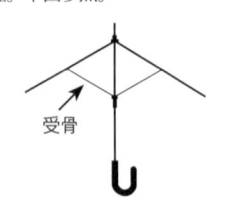

↓受骨

後ろ身頃：身頃の、肩の縫い目から後ろの面。対語→前身頃

ウーステッド：梳毛糸（長い羊毛に撚りをかけた糸）で織った毛織物、あるいは梳毛素材全般。

打合わせ：左右の身頃が重なったあきのこと。主に前あきの重なりをいう。打合いとも呼ぶ。

畝織り：縦または横方向に畝（盛り上がって見える筋）のある織物。

裏打ち：表布の裏に別布などを当てたり張ったりして、厚みや張りの補強をすること。

裏地：衣服や服飾品の裏に用いられる布地のこと。対語→表地。

エナメル：金属や陶器などの表面に焼きつける、ガラス質の塗料。また、琺瑯のこと。

エプロン：衣服の保護や装飾のために付ける前掛け、前垂れ。

エポーレット：肩飾り、肩章。

エンパイア・ライン（シルエット）：ナポレオン治下の、フランス第一帝政時代に流行した古代ギリシャ風のシルエットを取り入れたスタイル。特徴は胸の下で切り替えた円筒形の直線的なシルエット。

燕尾服：男性の夜間第一礼装。上着の後ろの裾が長く、先がツバメの尾のように長く割れている。

オーバーシューズ：防寒・防水などのために、靴の上からさらに履く靴、カバー。

オーバースカート：スカートやドレスなどの上から、さらに重ねて着るスカートの総称。また、二重につくられたスカートの外側のものもいう。

オーバー・ステッチ：縫い目の上に施す飾り縫い、仕上げ縫い。

オーバードレス：他の衣類の上に着るもの、羽織るものの総称。またはドレスの上に重ねて着るドレスのこと。

オープンワーク：地布の糸を抜いたり寄せたり切り取ったりして、美しいあき模様を作る刺繍の総称。

表地：衣服の表側に用いられる布地のこと。対語→裏地。

親骨：傘を構成する部品の一種。下図参照。

↓親骨

か

ガーゼ：目の粗い平織りの、薄くやわらかい綿布。

ガーター：靴下留め。特に、女性用のストッキングが落ちないように留めるもの。

ガウン：一般に、ゆったりとした、丈の長い外衣、上着をいう。あらゆるタイプのドレスから、部屋着、儀礼的衣装まで広義である。

かぎホック：合わせ目を留める、小さな鉤状の金具と、それを受ける輪状の金具（受け金）や糸のこと。

陰ひだ：表面からは見えないひだ。

カシミア：カシミアヤギの毛で作った、光沢のある柔らかい毛織物。

型打ち：主に金属製品を、型を使って押し付けたり鍛造したりして作る方法。

肩山：前身頃と後身頃の、肩の境目。

カットワーク：模様の縁をステッチでかがり、その内側の布地を切り取って透かし模様を作る技法。切り抜き刺繍。

カフス：衣服の手首を覆う部分の総称。袖口。

カメオ：宝石や貝殻、象牙などの色の違った層を利用して、浮き彫りを施した装飾品のこと。

カラコ：18世紀後半に流行した、婦人用のジャケット風外衣。腰丈で、ウエストから裾広がりになっている。

カラッシュ：婦人用の幌型帽子、フード。

ガロッシュ：ゴムや防水布を使ったオーバーシューズのこと。

カンカン帽：麦わら帽子の一種。頭頂部が低く平らで、水平のつばが特徴である。

カントリー・ウェア：野外服の総称。郊外、旅先で着る軽快な服装。対語→タウン・ウェア（街着）

生成り：生のままで、染めたりさらしたりしない糸や布地。糸や布地の漂白していないもの。

ギピュール・レース：地になる網目がなく、模様と模様とを直接つなぎ合わせた、浮彫り風の模様レース。また、粗い目の地に大きな模様のついたレースのこともいう。

ギャザー：布を縫い締めて寄せたひだ、しわ。

キャップ：頭部にぴったりした、つばやひさしつき、またはついていない帽子の総称。

キャミソール：袖なしの胴着、または上半身だけのスリップ状女性用下着。

キャンディ・ストライプ：白地に、キャンディ（飴）に見られるようなカラフルな色を組み合わせたストライプ。

キャンバス：木綿、麻などの太めの糸で緻密に織った丈夫で厚手の平織物。

キャンブリック：控えめな光沢を出した、薄手の平織りの綿織物またはリネン（亜麻）。

キルティング：2枚の布の間全体、または模様の一部に、綿や毛を挟み、ステッチをかけて押さえたもの。保温、装飾用。

ギンガム：格子（チェック）柄や、縦縞（ストライプ）に織った平織物。

金線細工：針金状に細く伸ばした金を編んだり、溶接して装飾品などを形作る技法のこと。

ギンプ：1900年代に用いられた、ドレスの襟元を覆うための繊細なレースで作られた立ち襟。

クーティル：目の緻密な綾織り、または杉綾織りで作った丈夫な織物。

クラウン：帽子の頭部を覆う、山の部分。ハットにのみ使う呼称で、キャップには使われない。

クリノリン：スカートを膨らませるための枠状の下着、またはスカートのこと。

クリノレット：クリノリンとバッスルの中間にあたる、半円状、または円状の枠を使った下着。後部の膨らみを出しつつ、スカートのボリュームを出す。

くるみボタン：木や金属、綿などを芯として布や革で包んで作ったボタンの総称。

クレープ：撚りの強い糸を使って織り、布の表面にしぼ（凹凸、しわ）を出した織物の総称。

クレープ・デ・シン：中国産のちりめん（表面に細かいしぼのある絹織物）をまねて、フランスで織り出した平織物。デシンとも呼ぶ。

クロシュ：つり鐘形の婦人帽。深いクラウンに、幅の狭いブリム（つば）がつく。

クロス・ステッチ：刺繍で、×形に糸を交差させて刺す方法。

ケープ：肩に被い掛けるようにして着る、袖のない外套。

原綿：綿織物の原料にする綿花、またそれから取られた紡績をする前の繊維。

ゴアード・スカート：何枚かのまちを接ぎ合わせたスカート。

コード刺繍：布の上にコード（ひも）やリボンなどを置き、糸で留めつけて模様とする刺繍技法。

コード・パイピング：バイアステープや布で、コードをくるんだ装飾。

コード・レース：飾り紐で模様全体や輪郭をくくったレースの総称。

コーチング・ステッチ：図案に沿って、1本の太い糸、または数本の糸を置き、ところどころを別の糸で留める刺繍技法。

黒玉：樹木の化石。黒色で光沢があり、研磨して宝石の代用とする。ジェット。

コットン・ボイル：薄地で軽く透け感のある、目の粗い綿織物。

コルセット：胸から腰にかけて、体形を整える補正下着。布地にボーン（骨）を入れ、ひもで引き締めて着用する。

コンビネーション：上下のつながった下着、または衣服。

混紡：二種以上の繊維を混ぜて糸をつむぐこと。また、そのようにつむいだ繊維。

さ

サージ：綾織り物の一種。通常、梳毛糸を使った毛織物が多く用いられる。

先金：ひもの先端を包む金物。

サッシュ・ベルト：布製の飾り帯。絹などのやわらかい布で作り、留め具を使わずに巻く。サッシュとも。

サテン：繻子、繻子織物（経または緯糸を多く浮かせて織り、光沢がある）のこと。

サテン・ステッチ：模様の輪郭を平行するように糸を渡し、埋めていくステッチ。

サマー・ドレス：夏期用の開放的なデザインのドレスの総称。

三角帽子：中心に向かってつばの両脇と後ろ側を折り返した、3つの角を持つ帽子。女性は主に乗馬の際に用いた。

シェニール糸：表面を毛羽立てた飾り糸。刺繍や房飾りなどに用いる。

ジゴ・スリーブ：袖の上部が膨らみ、手首に向かって細くなった、羊の脚の形に似た袖のこと。

シニヨン：ねじったり結んだりして束ねた髷。

シフォン：薄く透明感のある絹、あるいは人絹の平織物。

ジプシー・ボンネット：あご下でひもを結ぶ、つばの広い婦人、子供用の帽子。

紗：絡み織り（2本の経糸が緯糸に絡んだ織り方）にした織物の一種。全体に隙間があり、涼し気な風合いを持つ。

ジャージー：メリヤス編みの布地。細い畝があって柔らかく、伸縮性に富む。

ジュストコール：17～18世紀に着用された、ぴったりとした男性用長上着。

シュミゼット：袖なしの短いブラウス、婦人用胸飾り布。

シュミーズ：婦人用の緩やかな下着。袖なしで、ひもで肩から吊り、胸からひざの辺りまでを覆う。

ジョーゼット：撚りの強い糸を使って、比較的荒く織った薄地の平織物。クレープの一種。

ショール：肩掛け。防寒や装飾などに用いる。

シルクタフタ：絹のタフタ。張りと光沢があり、軽い。

人台：衣服の製作や陳列などに用いる人体模型、ボディー。

ズアーブ風パンツ：全体にギャザーをいれてゆったりとさせ、裾で絞った膝下丈のパンツのこと。

スエード：皮の内面を紙ヤスリなどで擦って毛羽立て、ビロードのように仕上げた革のこと。

スクエア・トゥ：角ばった形のつま先。

スクエア・ネック：四角く切り取った感じの襟ぐり。

スタマッカー：16～18世紀に用いられた、装飾性の強い逆三角形の胸当て、胸飾り。

スタンド・カラー：立ち襟の総称。

ステイズ：コルセットを意味する古語。

ステッチ：縫い物や編み物の針目の総称。一縫い、一針、一編み、縫い方、編み方。

397

ストッキング：つま先から大腿部までを覆う、長靴下。特に、薄い女性用長靴下をいう。

ストック・タイ：幅広の帯状の襟飾り、首飾り。

ストライプ：縞、縞模様のこと。縦縞、横縞、斜め縞。

ストラップ：肩吊りひも。

ストラップ・シューズ：足の甲や足首に、ひもやベルトが付いた靴。

ストリング：細ひも。糸とコード（ひも）の中間の太さ。

スナップ：凹凸を押し合わせて留める、一対の留め金。押しホックとも。

スパンコール：ぴかぴか光る、丸い金属片などの飾り。

スペンサー：18～19世紀に着用された、体にぴったりした丈の短い上着。

スポーク：自転車などの車輪の軸と輪とをつなぐ、放射状の細い棒。

スリット：上着やスカートに入れる、細長い切れ込み、あきのこと。

スリップ：ドレスの滑りを良くする、ワンピース型の婦人用下着。

スリップ・オーバー：頭から被って着る服の総称。

スロット・シーム：溝のような縫い目。

ズロース：女性・子ども用の下ばき。履きこみが深く、ゆったりしたもの。

セーラー・カラー：水兵服に見られる、後ろに四角く垂れ下がった襟。

総裏（そううら）：衣服の身頃や袖など、全体に裏地をつけること。また、そのように仕立てた衣服。

袖山：袖が身頃と縫い合わさり、山形になった部分全体。また、その頂点、もしくは頂点から袖下の縫い目の位置まで。

た

タータン・チェック：さまざまな色を使った格子柄の毛織物、その格子柄模様。

ダーツ：立体的に仕上げるために布地を部分的に縫いつまむこと。またその部分。

ターバン：頭に巻くスカーフ状の長い布、被り物。

台襟：洋服の襟の土台となる、首回りを覆う帯状、バンド状の部分。

ダウン：水鳥の羽毛の下に生える、柔らかなむく毛、下毛。

裁ち出し見返し：身頃と見返しを、続けて裁断すること。

裁ち切り：裁ち目を始末せずに、そのままにしておくこと。

タッカー：17～18世紀に用いられた、胸当て、胸飾り。

タック：布地をつまんで縫ったひだ。

タッセル：糸やひもなどを束ねて作った房飾り。

タブ：装飾や留め具の役割をする垂れ飾り、垂れ布。持ち出しともいう。

タフタ：横方向に畝（うね）がある、薄地の平織物。張りと光沢があり、絹が多く用いられる。

ダブル：前あきの打合わせ部分を多くし、ボタンを2列に配した上着。

ダマスク織り：金銀糸などの美しい糸で模様を織り出した、光沢のある紋織物。ダマスクとも。

玉虫織り：色糸を使って緻密に織られた、タマムシの翅のように色の変化がある織物。

玉虫色：タマムシの翅のように、色が変わって見える染め色、織り色。

玉虫タフタ：経糸（たていと）と緯糸（よこいと）で違う色の糸を使って織ったタフタ。

チェーン・ステッチ：輪をつないだ鎖形を線状に刺す、刺繍技法。

チュール：女性のベールなどに用いられる、薄い網状の織物、またはレース。

チュニック：腰から膝あたりまでの丈で筒形の、比較的単純で装飾的傾向の少ない衣服。

チンツ：光沢が出る加工をした、厚手の綿の平織物、更紗。

ツイード：ざっくりとした味わいの、紡毛織物の総称。

ツー・ピース：上着とスカートやズボンが分かれて、ひと組みになっている服の総称。

突き合わせ：布の裁ち目同士、折山同士を平らに密接させること。

付けぼくろ：皮膚に墨や顔料を使って描いたり、布を貼り付けたりして付ける、人工的なほくろ。

続け裁ち：縫い目を付けずに続けて裁断すること。

露先（つゆさき）：傘の骨先端の、布を結びつけてある部分。

デイタイム・ウェア：昼間に着る服装全般。

デイタイム・ドレス：昼間の活動に適したドレスの総称。街着など。

ディナー・ドレス：略式のイブニング・ドレス。

ティペット：主に毛皮、毛織り製の肩掛け、襟巻き。

テーラー・メード：あつらえ、注文仕立ての意。また、女性服を男性服のように仕立てた場合もいう。

デコルテ：肩や背、胸元が大きく開いた襟あきの総称。

トゥールニュール：バッスル（腰当て）にあたるフランス語。

ドーセット・ボタン：リングに糸を渡して作るボタン。糸ボタン。

共布（ともぬの）：衣服本体の布地と色、柄、材質が同一の布地。共ぎれとも。

ドレープ：布を垂らしかけて作る、ゆったりと流れるようなひだや、布のたるみ。

トレーン：後ろに長くひいた裾。

ドレス・シューズ：夜会や社交用などに履く、ドレッシーな靴。または、礼装に合わせて履く靴。

ドレッシング・ガウン：ゆったりとはおる形式の、丈の長い部屋着、化粧着。

ドロワーズ：ゆったりとしたズボン風の下ばき。

ドロン・ワーク：オープン・ワークの一種。糸を抜き取り、かがってあき模様を作る。

な

ナイロン：合成繊維の一種。絹に似た構造をもち、耐衝撃性・耐薬品性が大きく、吸湿性が少ない。

ナイロン・デ・シン：ナイロンを使った、クレープ・デ・シン。

中折れ帽：高いクラウンの中央が、前後縦にへこんだデザインの帽子。

ニードルポイント・レース：ボビン（糸巻き）を使わずに、糸と針だけで作るレースの総称。

ニッカーズ：ニッカーボッカーズの略称。

ニッカーボッカー（ズ）：ひざ下で絞ったゆったりした半ズボン。

縫い代（しろ）：布を縫い合わせる時の、出来上がり線より外側の、裏面に縫い込まれる部分。

ネグリジェ：ワンピース型の、主として婦人用の化粧着、部屋着、寝巻き。

ネッカチーフ：首の回りに巻く、四角形の布。

ネックバンド：首に沿って立つバンド状の襟、または台襟（シャツの襟を取り付ける部分）。

ネット：均等な網目を持つ、レース状の編み物の総称。網、網状のもの。

ノースリーブ：袖なしの意。

ノーフォーク・ジャケット：主に厚手ウール製で腰丈の、スポーティーなジャケット。ボックス・プリーツやベルト状の装飾がつく。

ノッティンガム・レース：英国ノッティンガム発祥の、機械編みレースの一種。

は

バーサ・カラー：肩を包むように覆う飾り襟。

ハーフ・ベルト：コートやジャケットのウエスト、脇や背に部分的に付けたベルト。

バイアス・カット：布地を斜め45度の布目で裁断すること。動き、柔らかさが表現できる。

バイアス・テープ：布目に対して斜めに織った布製のテープ。縫い代の始末や、縁取りに使用される。

ハイ・ウエスト：通常よりも高い位置にあるウエスト。対語→ロー・ウエスト。

ハイ・ネック：身頃から続く、高い襟。

パイピング：布端をバイアステープなどで細くくるみ、ほつれないようにしたり、装飾とすること。

バインディング：布端を布や革で覆って縁を付けたり、補強のためにパイピングをすること。

パゴダ型：仏塔のような形

はしごレース：はしごのような形の細幅レース。

バスク：1）身体にぴったりとして、急に裾の広がる上着や胴着、またその広がった垂れ部分。2）コルセットに強度をもたらすために挿入する、薄板。

バッキンガムシャー・レース：バッキンガムシャー州で16世紀頃から作られた、ボビン・レースの一種。

バック・ステッチ：針目を返しながら縫うこと。

バックル：ベルトや靴に使う留め金具、締め金具。

バッスル：スカートの後部を膨らませるための、枠状やパッド型をした下着、腰当て。

パトゥン：泥よけなどのため、柔らかな靴の下に履いた木靴。コルク製の底や、金属製の輪が付くものもある。

鳩目穴：ひもを通すための丸い小穴。鳩目とも。

パニエ：主に18世紀に用いられた、スカートを膨らませるための枠状の下着。

パネル：別布で、縦にはめこんだり挟み込んだりした飾り布。中心部に入れたものはセンター・パネル、脇側にいれたものはサイド・パネルという。

ハビット・シャツ：乗馬服用のシャツ。

パフ・スリーブ：肩先や袖口に、ギャザーやタックなどで膨らみをもたせた形の袖。

羽二重：良質の撚りのない糸を用いた絹織物。なめらかで、艶がある。

バレージュ：絹や綿と、毛との交ぜ織りの薄く軽い毛織物。

パンタロン：外衣、または下着としての長ズボン。

ピーターシャム：荒い毛羽のある毛織物、またはリボン、ベルトなどに使う畝織りの生地。

ビギン：頭にぴったりとした帽子、頭巾。

ピコット編み：かぎ針編みで作る、小さなループ（輪）状の縁飾り。

ビショップ・スリーブ：下方に向かって広く膨らみ、袖口にギャザーを寄せて、カフスやバンドを付けた長袖のこと。

ひだ山：布の折り目の山。

ピナフォア：胸当てのあるエプロン、または後ろあきで袖なしの服。

ビブ・フロント：装飾的な胸飾り、肩や首から垂れ下がったよだれかけ状の胸当て。

ビュスチエ：胸から腰までを包む、下着の一種、胴衣。

平織り：縦横の糸を1本ずつ交差させて織る、最も基本的な織り方。

ピンキング：特殊な歯のはさみで、布端をギザギザの山形に切ること。

ファージンゲール：16世紀を中心に、スカートを張り広げるのに用いられた下着。

ファービロウ：スカートやペチコートの裾に付けるひだ飾り。

ファウンデーション：体型や衣服の補正機能をもつ、女性用下着の総称。

ファゴティング：布端同士を糸などでかがり、レース風にあらわす装飾技法。

ファッション・プレート：17～20世紀初期の服飾本に挿入された、一枚仕立ての服飾イラスト、図版。

ファンション・ボンネット：一段ごとにひだの付いた、ネッカチーフ型のボンネット。

フィリング：刺繍の文様の余白を埋めるためのステッチ。

フープ：スカートを広げたり膨らませるための円形の腰枠、枠状の下着の総称。

フェイク・ファー：人工毛皮。

フェザー・ステッチ：羽根のような形に、左右交互に連続して施す刺繍技法。

フォーマル・ウェア：正式な会合や訪問時に着る衣服。正装、礼装。

舞踏服：舞踏をする際に着用する衣服。

フラウンス：スカートの裾や袖口などに付ける、フリルよりも大きなひだ飾り。

フラット・シューズ：かかとが低く、底の平らな靴。

フラップ：ポケットなどの口を覆うふた、雨ぶた。

フランネル：平織りまたは綾織りの、毛羽のある厚手で柔らかな毛織物。

ブリム：帽子のつば、ふち。

ブリュッセル・レース：ベルギーのブリュッセルで作られたレースの総称。

フリンジ：ひもや布端の糸を、かがったり束ねたりした房飾り。

プリンセス・ライン：ドレスやコートのウエストに切替えを入れず、縦の切替え線だけで細く締め、裾にかけて拡げたシルエットのこと。

プリーツ：ひだ、折り目のこと。

ブルーマー：全体にゆったりとした、裾口をゴム等で絞った形のズボン、パンツ。

フレア：スカートや袖などに使われる、朝顔状の広がり。

ブレード：絹・綿・麻・毛・ビーズなどで作られた、平たいテープ状のひも。

フレンチ・ノット・ステッチ：刺繍技法で、糸で小さな結び玉を作る刺し方。

フレンチ・ヒール：付け根は太く、先に向かって細くなる形のヒール。

ブロケード：色糸や金、銀糸を使った、絹の豪華な紋織物。

フロック：婦人、子供用のあっさりとしたドレス、ガウン。

フロック・コート：男性の、昼間の礼装。19世紀には、男性の平常着として着用した。

ベール：顔を隠したり保護したり、さらに装飾のために被る不透明または透明の布、ネットなどのこと。

ペチコート：スカートの下に着ける、下着用アンダースカート、またはスカートそのものを指す。時代によっては、ボーンや枠を使ったり、布を何枚も重ねたりして、スカートの膨らみを際立たせた。

ヘッドドレス：頭部に用いる装飾、アクセサリーの総称。

ベネシャン・レース：伊のベネチアで発達したレースの総称。

ペプラム：上着の、ウエストで切り替えて裾広がりにした部分。

ヘム・ステッチ：ほつれ留めや装飾の為に、縁に施すかがり縫い。

ペリース：毛皮の裏打ちや縁取りをした、丈長のコート。

ベルベット：毛羽のある、光沢をもった柔らかな織物。ビロードとも。

ペルリヌ：婦人用の肩掛け、ケープ。

ベルリン・ワーク：独のベルリ

ン周辺産の毛糸を用いた刺繍。

ベロア：毛足が長く、なめらかで光沢のあるベルベットに似た織物。

ベンツ：上着やコートなどの、背や脇の裾に入れる切り込み、割れ目。

ポージー・リング：内側に、詩や言葉を刻んだ指輪。

ボール・フリンジ：丸い房の付いた装飾、縁飾り。

ボーン：骨。また、骨状のもの。

ボタンホール・ステッチ：ボタン穴の縁を堅牢にかがって補強する縫い方。

ボックス・コート：箱型の四角いシルエットのコート。

ボックス・プリーツ：織り目が裏側で突き合わせになった、箱のような形のプリーツ。

ボビン・レース：4本の糸を単位とし、要所をピンで留めながら、ボビン（糸巻き）の糸をねじったり、交差したりして作るレースのこと。

ボレロ：前があいた、ボタンや打合わせのない短い丈の上着。

ポロネーズ：18世紀頃に流行したドレス。スカートが二重になり、後ろをたくし上げて着るのが特徴。

ボンネット：頭頂部から後ろにかけて覆うように深くかぶり、額を出して、あごの下でひもを結ぶ形の帽子。

ポンポン：毛皮・毛糸・羽毛などで作る丸い房。

ま

前身頃：身頃の、肩の縫い目から前の面。対語→後ろ身頃

まち：衣服や袋などの布幅にゆとりを持たせるために補う布。

まつり縫い：布端を始末する技法の一つ。布端を三つ折りにし、縫い目が表に目立たないように表布をごくわずかにすくい、縫いつけていく。

マフ：装飾や防寒のために、左右から手を入れて使用する円筒形の服飾品。

マロケイン：緯糸に、経糸よりもやや太めの糸を用いて、しぼ（凹凸、しわ）を出した織物。

見返し：衣服の、打合わせや前端、襟ぐり、袖ぐりなどの、縫い返されて裏側になる部分に使われる布のこと。

身頃：衣服の、襟や袖などを除いた、胴体を包む部分の総称。

ミトン：親指と、その他の指の2つに分かれている手袋。

耳：織物、生地などの両側の縁。

ミュール：かかとを固定する部分にベルトなどが付いていない、脚を滑り込ませて履くサンダルの一種。

メッシュ：網の目。また、素材を網状に編んだり織ったりしたもの。

メリヤス：一本のループ状の糸の絡み合いによって作られる編み物。伸縮性に富み、表と裏で編み目が異なる。

モアレ柄：波状、木目状の模様。

モーニング・ドレス：女性用の家庭着、日常着。または喪服を指す場合もある。

モーニング・コート：男性の昼間の礼装。前すそを腰のあたりから斜めに裁った男性用礼服。

モーニング・リング：服喪期間に着ける指輪。

モスリン：薄手で柔らかな平織りの毛織物の一種。綿製のものは綿モスリンという。

持出し：あき部分に、別布を付け足したりして重ねる部分のこと。

モブキャップ：耳までかぶさる、柔らかで大きくたっぷりとした、布製の婦人用室内帽。

揉み革：革を揉んで柔らかにし、表面にしぼ（しわ）を付けた革。

紋織物：種々の糸や組織を組み合わせ、複雑な紋柄を織り出した織物の総称。

や

ヨーク：立体的に仕上げるためや装飾のために、肩や胸、背、スカートやズボンの腰の部分などに入れる切り替え用の布、また、その切り替え部分のこと。

ら

ラウンジ・スーツ：日常着の紳士用スーツ。

ラウンド・イヤード・キャップ：縁飾り付きの室内帽子、キャップ。

ラップ・ドレス：前を打合わせにして身体に巻いて着るドレス。

ラッフル：ギャザーやプリーツが入った、フリルよりも幅の広い、ひらひらした縁飾り。

螺鈿：真珠光を放つ貝殻を切り取り、木地や漆塗りの面にはめ込んだり貼付けたりすること。

ラフ：大型で装飾的なひだ襟。

ラペット：衣服や帽子についた、垂れひだ、垂れ飾り

リブ：織物や編み物の畝、畝模様。

リベット：補強のための、金属製の鋲（装飾も兼ねる釘）。

リボン刺繍：刺繍糸の代わりに、細幅のリボンを用いた刺繍の総称。

リメリック・レース：アイルランドのリメ（ム）リック州で発達したレースの総称。

礼装：礼服を身に着けること。

礼服：儀式や儀礼のときに着る、正式な衣服や服飾品のこと。

レーヨン：木材パルプを原料とする、光沢のある化学繊維。

レティキュール：引きひも付きの、小さなハンドバッグ、財布。

ロー・ウエスト：通常よりも低い位置にあるウエスト。対語→ハイ・ウエスト。

ロー・ゲージ：目の粗い編み目のこと。

ロー・ヒール：3センチ以下、の低いヒールの総称。

ローブ：裾が長く、ゆったりした外衣を意味する。ドレス、化粧着、部屋着から、礼服、式服、裁判官などが着る法服などを広義で指す。

ローブ・ア・ラ・フランセーズ：背面の大きなひだが特徴的な、フランス風衣装。

ローン：細い糸を使った、薄手の綿織物。麻に似た風合いを持つ。

ロケット・ペンダント：開閉式で、中に写真などが入れらるようになっている金属の装飾品のついた首飾り。

ロゼット：バラの花形の装飾。

ロビング：肩から前身頃のあき部分に付けて装飾する、主に帯状のパーツ。胸飾りや襟飾りのようなもの。